北京梅赛德斯-奔驰销售服务有限公司

北京梅赛德斯-奔驰销售服务有限公司（简称为“奔驰销售公司”）由梅赛德斯-奔驰（中国）投资有限公司与北京汽车股份有限公司共同出资成立，于2013年正式投入运营，负责梅赛德斯-奔驰进口与国产乘用车、梅赛德斯-奔驰轻型商务车在中国市场的销售、传播与市场营销、客户服务、网络发展等销售管理业务，运营梅赛德斯-奔驰、梅赛德斯-迈巴赫、梅赛德斯-AMG、G级越野车等品牌与产品。

2023年，梅赛德斯-奔驰携手经销商合作伙伴，向中国客户累计交付约76.5万辆新车，并在多个战略业务板块实现高质量的韧性发展。

立足中国汽车市场，在践行可持续发展愿景、推进电动化转型的战略背景下，奔驰销售公司与遍布全国的授权经销商精诚协作，持续“聚焦豪华”，致力于以“油电双行”的产品矩阵与“客户为先”的服务体验，满足中国客户不断升级的可持续豪华出行需求。同时，依托梅赛德斯-奔驰星愿基金，奔驰销售公司以公益积极践行企业社会责任，致力于在业务发展和企业责任领域塑造最令人向往的豪华汽车品牌。

全新 EQE 纯电 SUV

全新长轴距 E 级车

新一代 V 级 MPV

梅赛德斯-奔驰星愿基金

与时代和鸣，与伙伴同行

2007年，梅赛德斯-奔驰开启在华公益之旅。2010年，奔驰携手经销商伙伴与中国青少年发展基金会共同设立梅赛德斯-奔驰星愿基金，深耕环境保护、文化艺术、驾驶文化、教育支持，以及社会关爱“4+1”领域。

2023年，梅赛德斯-奔驰星愿基金以“动态聚焦、公益为公”为重点，依时所需、应势而动，注重公益项目的长效价值与意义，与合作伙伴、经销商伙伴、员工、客户等多方共同努力，推进美好生活的可持续发展。

动态聚焦，深耕生态环境保护，延续自然之道

守护绿水青山，共筑山水人合：中国世界遗产地保护和管理项目

作为奔驰在华推进 16 年的公益项目，中国世界遗产地保护和管理项目与 14 处 * 中国世界遗产地直接开展深度合作，覆盖 225 万公顷遗产地，间接惠及逾 20 余万人。项目延展四个可持续生计子项目，四川大熊猫栖息地世界遗产地雅安和卧龙片区高山蜂蜜项目、中国丹霞赤水世界自然遗产地赤水竹编项目、中国南方喀斯特世界遗产地石林撒尼刺绣项目、贵州梵净山世界自然遗产地松桃苗绣项目，2023 年，依托社会趋势与需求，4 个可持续生计项目稳步推进。

2023 年 7 月，在泉州申遗成功两周年之际，奔驰星愿基金全新启动泉州“古厝新声”世界遗产地保护和管理项目，支持闽南传统民居非遗技艺传承、跨文化交流、青少年遗产教育等工作，促进多元文明交融互鉴，构筑可持续的和美生活。

*14 处特指与联合国教科文组织公益合作的中国世界遗产地保护和管理项目所涵盖的中国世界遗产地数量；梅赛德斯-奔驰星愿基金在华参与保护的中国世界遗产地共 15 处。

探索多维生态保护：岷山山系中段雪豹及伴生动物生物多样性调查项目

保护生物多样性，守护自然万物和谐共生。2023 年 4 月，奔驰星愿基金在大熊猫国家公园王朗片区，启动“岷山山系中段雪豹及伴生动物生物多样性调查项目”，为雪豹种群及栖息地保护管理提供详细建议，助力构建高山生态系统野生动物监测网络。

新项目的启动标志着梅赛德斯-奔驰建立起涵盖大熊猫助养与科研、双旗舰物种（大熊猫、雪豹）生物多样性保护、栖息地环境优化、生态修复增汇以及科普教育的可持续发展机制，助力构建可持续绿色生态模式。

雪豹图片由大熊猫国家公园王朗片区提供

赋能青少年参与碳中和行动：可持续未来青年领导力项目

集青年力量，推动气候行动进程。2023 年，奔驰星愿基金启动“可持续未来青年领导力”项目，进一步提升我国青年人才面向可持续未来的领导力，赋能青年开展可持续领域的探索和实践。其中“全球青年零碳未来峰会”中“气候与清洁能源”领域优秀案例的 6 个青年项目团队，获得该项目支持，将持续推进方案落地实践。

兼顾公益为公，文脉传承不息，推进人文之道

可感可知，共助文化传承：故宫博物院公益战略合作

文化遗产生生不息。2023 年，奔驰星愿基金与故宫博物院公益合作的“故宫造办处建筑遗址考古研究”项目发掘面积已达 500 平方米，揭示了明、清至民国时期的遗迹格局；“景福宫研究性保护”项目文物建筑保护修缮方案获批；故宫学开放课题研究项目发表学术论文 22 篇。

在文化艺术领域，奔驰星愿基金还通过可感可知的人文公益体验活动，联动媒体及员工家庭感知中华文脉源远流长，带动公众力量共助文化传承。活动包括开展了故宫造办处及中轴线探访系列活动，参与人数近 100 名；邀请故宫专家，开展中轴线主题文化讲座；带领媒体亲临造办处现场，寻访中轴文脉；在员工与爱心车主间发起线上互动活动；为青少年儿童开展“故宫文化童趣行”研学活动。

“小孩说话也管用”，童言童语促儿童友好建设：安全童行项目

2023 年，第二届安全童行“小孩说话也管用”系列活动启动，以“儿童交通安全友好”为主题，号召儿童投票选出身边不友好交通现象及行为，继而征集儿童对不友好现象及行为提出的“一米视角”解决方案。

活动历时近 3 个月，征集了 600 余份高质量提案，带动经销商开展了 40 余场“‘益’堂安全课”社区公益基地安全科普活动，超 1,300 位员工及爱心车主家庭通过线上公益问答、投票及提案征集、安全一日营深度参与活动，携手北京交通广播电台直播“小孩说话也管用”专题节目，共约 62 万听众收听。

关注乡村教育，点亮学生好“星”情：乡村学校心理健康教育提升项目

2023 年，奔驰星愿基金拓展在“教育支持”领域的公益践行，新增心理健康项目，形成覆盖文化、艺术、自然、安全及心理等领域的多元化教育支持体系，提升青少年综合素质。

星愿基金携手清华大学社会科学学院，启动“乡村学校心理健康教育提升”项目，为乡村教师和学生提供专业、系统、精准和可持续的心理健康教育培训和课程，助力提升乡村学校心理健康教育发展水平。2023 年，项目完成 54 课时视频课录制、河北滦平和云南兰坪两地线下培训，惠及教师超 430 名。

输送关爱，守护社会温暖：紧急驰援受灾地区

梅赛德斯-奔驰积极投身社会关爱，为突发自然灾害提供及时必要的援助。在 2023 年 8 月京津冀暴雨及 12 月甘肃临夏州积石山县地震发生后，梅赛德斯-奔驰及全国经销商合作伙伴通过奔驰星愿基金，第一时间从相关主管部门了解迫在眉睫的应急救灾需求，紧急募集到大批应急、保暖及生活物资，运送至一线受灾地区，为驰援灾区及家园重建贡献力量。

拓展公益渠道，凝聚点滴善意：星愿基金社区公益基地项目

奔驰星愿基金作为公益桥梁，联结着经销商伙伴的公益善举。2019 年，奔驰星愿基金启动“星愿基金社区公益基地”项目，打造以经销店为原点，辐射周围社区的公益基地，鼓励经销商伙伴开展助农、关爱老人儿童等弱势群体、保护生物多样性、传承文化等多元化、个性化、专业化的公益活动。

2023 年，星愿基金依时所需，发布“愿益”云计划，助力社区公益基地增设云端触点，培养日常公益习惯，帮助公益践行者（志愿者）收获权威机构志愿认证，建设志愿文化。截至 2023 年第四季度末，社区公益基地已累计开展公益活动逾 2,400 场，超 16 万人次参与其中。

履行企业社会责任始终是利星行汽车品牌建设的重要内容。从2007年启动“助学兴教，惠泽桃李”希望小学项目，到如今关注青海玉树藏族儿童的“京玉一家亲”项目，利星行汽车一直走在关心并推动乡村儿童教育事业发展的前沿。另一方面，在抗震救灾等紧急时刻，利星行汽车总是第一时间伸出援手，提供物资支持与救援帮助。这些公益投入展现出企业的社会责任感，也提升了利星行汽车的品牌美誉度，使其成为受尊敬的汽车经销商集团。

善举似暖阳，千里驱冬寒

2024新年伊始，利星行汽车积极开展“京玉一家亲”的第三次爱心捐助活动。活动的主要内容是给玉树地区的孩子们寄送利星行志愿者们亲手绘制的小白鞋和亲笔书写的信，为他们带去来自远方的温暖。利星行采购了柔软舒适材质的白鞋，仔细核对玉树孩子们的鞋码，希望通过此举呵护孩子们的双脚，让他们每天动辄几公里的上下学路走得更加舒适柔软。不仅如此，利星行汽车还精心准备了图书、文具、衣物等常规学习生活用品，激励孩子们努力学习，用心读书。

▲利星行志愿者为玉树儿童绘制的小白鞋

活动现场，志愿者们与玉树孩子们远程连线互动。信号成功接通后，大屏幕上出现了几十个玉树学生们的笑脸。志愿者们关切地询问孩子们的身体状况，随后又了解他们的学习、生活情况。孩子们笑颜相视，坦诚相告。同时，孩子们也关心起志愿者叔叔阿姨们，问候大朋友们准备礼物是否辛苦，仿若一个其乐融融的大家庭。连线过程短暂而热烈，双方的温情爱意相互传递，现场不乏感人动情之处，滋养了心灵，驱散了寒意。

乒乓燃活力，体检守健康

一寸光阴一寸金，寸金难买寸光阴。利星行汽车不仅为帮扶学校配备了丰富的健身器材，篮球、足球、羽毛球拍等运动装备同样一步到位——让孩子们在课余时间拥有更多选择，鼓励大家尽情地奔跑、嬉戏、挥洒汗水，为校园生活增添了活力与欢乐。更重要也更长远的是，这些在大中城市习以为常的体育器材为玉树地区的孩子们打开了一扇通往健康与全面的大门，为他们的欢乐拓展了边界，也让孩子们在运动中学会了团队协作，培养了坚韧不拔的意志品质。

▲玉树的孩子们使用刚收到的健身器材进行乒乓球比赛和健身

除了价值不菲的物质援助外，利星行汽车还精心为该校50名受助学生安排了全面体检——从身高、体重的测量到各项身体指标的检查，无微不至地关注着孩子们的身体健康状况，为孩子们的成长保驾护航。利星行希望这些帮助能够带来精神上的鼓励与良好习惯的长久养成，让孩子们感受到社会的关爱与温暖，在内心深处埋下爱与希望的种子。利星行相信在自己以及社会多方爱心力量的共同努力下，孩子们将在充满希望的田野上茁壮成长，勇敢去追逐梦想，绽放属于自己的绚丽光彩，有朝一日成为社会栋梁之材，并将这份爱意与温情如细雨般传递下去。

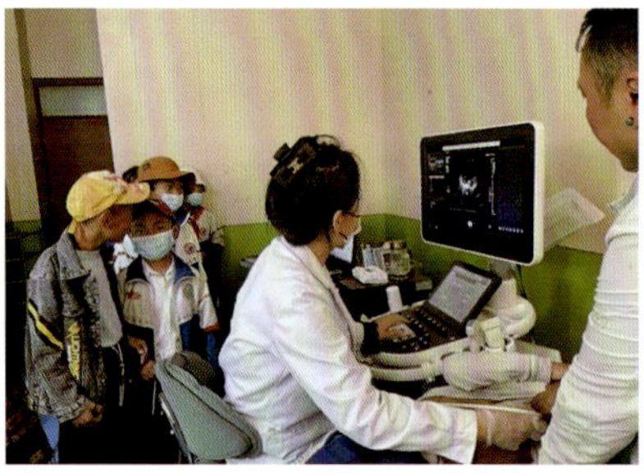

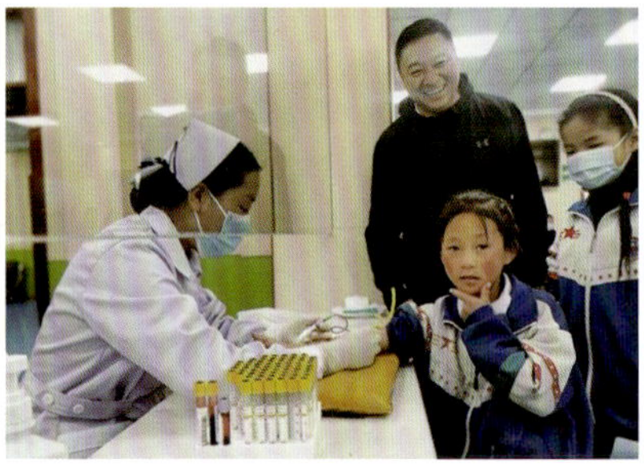

▲玉树的孩子们接受专业医疗团队的体检

益再创佳绩，责任永相随

一家企业之所以受到尊敬，因其肩负着责任的重担。深耕汽车行业31载的利星行集团一路积极践行企业社会责任，其“星相伴 爱相随” 志愿服务队卓越争先，众多志愿者携手同行，公益事业蒸蒸日上。伴随“京玉一家亲”第一学年捐赠活动落幕，利星行汽车公益志愿服务队的公益时长突破2000小时。0到2000小时，是不短的距离，志愿者们通过共同的努力赢得了赞许和荣誉。这不仅是数字的递增，更是爱心的汇聚，他们有一个共同的名字——利星行汽车公益志愿者。

▲玉树学生收到来自利星行的捐赠礼物

近年，利星行汽车的公益之路走得愈发坚定。不单坚定，利星行也常常自省其身，保持清醒。在多年的公益版图上，利星行逐步构建了以青少年教育、特殊青少年群体、全民健康、志愿者服务、社会关爱为主的“五位一体”公益架构，帮扶行动扩散至全国，多次上榜汽车领域社会责任榜单。日前，因其在行业内的杰出贡献和对社会的积极影响，利星行被中国汽车流通协会授予“二手车行业社会责任榜样”荣誉称号。

▲利星行汽车荣获二手车行业社会责任榜样

作为行业领先的经销商集团，利星行汽车任重道远。在追求业绩卓越的同时，通过多种主题活动践行ESG理念，推动企业可持续发展。未来，利星行汽车将继续秉持初心，在业务层面不断攀登高峰，在创新驱动下探索发展新路径，更重要的——在公益之路上持续发挥光热，以更昂扬的姿态书写璀璨新篇。

长久物流 CHANGJIU LOGISTICS 股票代码【603569】

为汽车行业提供综合物流解决方案的现代物流企业

A Modern Logistics Enterprise Providing Comprehensive Logistics Solutions for the Automotive Industry

企业简介 COMPANY PROFILE

扬帆起航 START POIN

1992年，长久将汽车物流作为事业的启航点，从中国的汽车之都——长春扬帆启航。长久，作为国内汽车物流行业最早的践行者，励精图治，一路探索；如今已成长为立足中国、服务全球的汽车产业领域综合物流服务提供商，是国内首批5A级综合物流企业，更是国内首家A股上市的第三方汽车物流企业。

In 1992, ChangJiu Logistics took automobile logistics as its business start point, and started its business in Changchun, the capital of automobiles in China. As the earlie practitioner in the automobile logistics industry in China, ChangJiu strives for excellence and keeps exploring. Nowadays, ChangJiu has become a China-based compar serving the world in terms of providing comprehensive logistics service in the automobile industry. In addition, it is one of the first 5A level comprehensive logistics ente prises in China and the first third-party automobile logistics enterprise listed on the A-share market in China.

深耕产业 DEEP DELVING IN INDUSTRY

长久物流深耕汽车产业生态圈，凭借不断完善的服务能力与产品体系，持续拓展经营范围和服务网络。为汽车产业链上下游客户提供国内及国际端到端全链条综合物流服务，业务覆盖汽车整车运输及配套物流、国际物流、新能源等领域。

ChangJiu Logistics delves deep into the automobile industry ecosystem, and constantly expands business scope and service network by virtue of continuously-improve service capabilities and product systems. Moreover, the Company offers domestic and international end-to-end comprehensive logistics services to upstream and dowr stream customers along the automobile industry chain, with its business covering such fields as vehicle transportation and supporting logistics, international logistics ar new energy, etc.

行稳致远 PURSUIT OF EXCELLENCE

长久物流与时代同行，坚持绿色环保理念，践行数字化、合规化治理，提升企业经营管理效益，持续为员工提供实现自我价值的平台、为客户创造更高价值、为股东创造财富，勇于担当社会责任，在实现公司宏伟愿景的征途中不断向前。

Keeping pace with the times, ChangJiu Logistics insists the idea of green environmental protection, fulfills digital and compliant governance, improves the enterprise management efficiency, and constantly provides employees with a platform to realize their self-worth, creates higher value for customers and wealth for shareholders. What is more, it is bold to shoulder social responsibilities and unceasingly moves forward on the road to achieve grand vision.

业务领域 BUSINESS SCOPE

长久物流，致力于为汽车行业提供综合解决方案

ChangJiu Logistics is dedicated to providing integrated solutions for the automobile industry.

整车事业部、国际事业部、新能源事业部三大业务板块组成了长久物流的“三驾马车”，并驾齐驱，开拓未来。

ChangJiu Logistics are composed of the Vehicle Business Division, International Business Division, and New Energy Business Division, through which the Company develops and explores the future.

长久物流 CHANGJIU LOGISTICS

- 整车事业部 VEHICLE LOGISTICS DIVISION
  - 公路运输 Highway transportation
  - 多式联运 Multimodal transport
  - 社会车辆 Social vehicle
  - 仓储服务 Warehouse service
- 国际事业部 INTERNATIONAL DIVISION
  - 国际铁路 International railway
  - 国际海运 International shipping
  - 国际公路 International road
  - 国际空运 International air freight
  - 增值服务 Value-added service
- 新能源事业部 NEW ENERGY DIVISION
  - 危化品运输 Transport of hazardous chemicals
  - 动力电池回收 Recycle of power battery
  - 梯次利用 Cascade utilization
  - 储能产品 Energy stora

信息技术支撑 Information technology support

数据资产及数据产品 Data assets and data products

客户为先 诚信至上 奋斗为本 开放创新

CUSTOMERS FIRST,CREDIBILITY BASED,ENDEAVOR-ORIENTED,OPEN AND INNOVATION

电话：010-57355999

地址：北京市朝阳区石各庄路99号

网址：www.changjiulogistics.com

官方客服热线：4008185959

微信公众号

极氪智能科技综述

2021年4月15日，极氪品牌正式对外发布。

彼时，全球新能源汽车方兴未艾，中国市场潜力巨大，极氪应运而生，瞄准高端纯电赛道，致力于为用户带来极致的出行体验。

极氪定位于豪华科技品牌，聚焦智能电动出行前瞻技术的研发，依托吉利控股集团发展38年来积累的深厚产业基础和全球优势资源的全面赋能，快速构建了完整的纯电智能科技生态体系，实现智能纯电的快速进化，开拓出纯电发展第三赛道的“极氪模式”。

2024年5月10日，极氪在美国纽交所成功挂牌上市，刷新新能源汽车品牌从发布到IPO上市的最快纪录，迎来企业全球化发展全新里程碑。

2024年7月，豪华旗舰MPV全新极氪009，左舵和右舵版本全球同步发售，从高压系统、核心三电、性能操控，到极氪式安全、豪华和智能体验全面迭代，让豪华MPV进入009时代。

目前，极氪已推出四款在售车型：新豪华猎装轿跑全新极氪001及其高性能版纯电猎装超跑极氪001 FR、豪华纯电MPV极氪009以及四座超豪华旗舰MPV极氪009光辉、新奢全能SUV极氪X、纯电豪华轿车极氪007。到2025年，极氪将有8款车型，为全球用户带来极致出行体验。

在持续丰富的产品阵容基础上，极氪于2023年4月发布欧洲战略，开启进军全球市场的步伐，目前已进入荷兰、瑞典、泰国、阿联酋、沙特等30多个国际主流市场。预计到2024年底，极氪将进入欧洲、东南亚、中东、拉美、澳洲等全球50个国家和地区。

极氪坚持不止于车的服务理念，在为用户提供卓越产品的同时，还打造自成潮流的生活方式。涵盖的内容丰富多元，包括品牌直营体系、极氪能源、极物商城等全方位用户服务，实现了产品全生命周期管理和用户旅程全场景覆盖，满足了不同用户多样化的需求。

智·创未来

“未来车城”位于浙江省绍兴市滨海新区斗门街道，地处绍兴北大门入绍门户区，其前身为绍兴（中国）汽车城，也称袍江汽车城。汽车城始建于 2003 年，因车而建、因车而兴，经过 20 余年的发展，已成为浙东地区规模最大、最具影响的汽车市场，曾成功入选中国商品交易市场百强，位列省级现代服务业集聚示范区专业市场类第一，获评浙江省现代服务业创新发展区。

“未来车城”规划总面积 8.89 平方公里，总体布局“两心、三区、四轴”空间结构。“两心”指“汽车慧客厅”和“汽车协同创新中心”，分别为汽车商贸区和汽车产业区的核心。“三区”以“人、车、城”三要素把片区划分为“商贸区、产业区、生活区”三大功能区。“四轴”分别是中兴大道门户形象轴、袍中路产城融合轴、三江路自主创新轴、康宁路汽车风情轴。

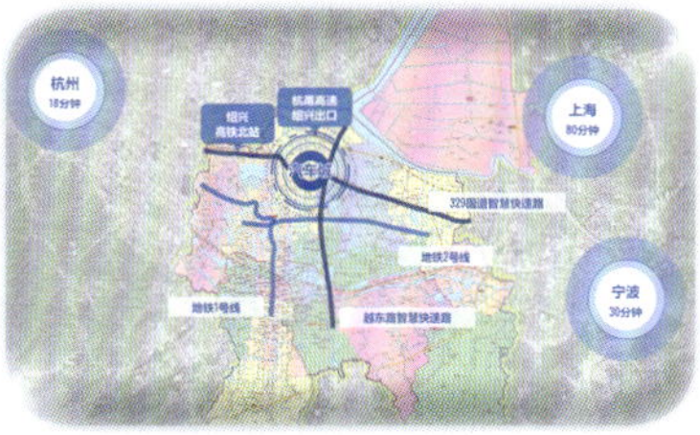

● 交通优势

未来车城居于上海、杭州、宁波等长三角大都市圈几何中心，实现市域 30 分钟、杭甬 60 分钟、长三角 90 分钟通达。

● 产业优势

制造端：未来车城片区及周边集聚比亚迪、三花、中芯国际等汽车产业链头部企业，集群效应凸显。

商贸端：区域内汇集汽车经销商 90 余家、汽车品牌 110 余个，2023 年汽车销量 6.8 万辆，实现营业收入 128 亿元。

● 科创优势

未来车城是绍兴市政府与百度战略合作的核心承载区，百度智能云未来智驾中心即将建成运营。浙江大学绍兴研究院、天津大学绍兴研究院、上海大学绍兴研究院等一批重量级创新平台先后落地，推动新动能加速集结。

未来车城锚定“国内领先、世界一流”的总体目标定位，以“车商贸、车产业、车生活、车服务”“四轮驱动”发展策略，迭代升级汽车城片区，打造全市未来汽车消费体验中心、全省汽车产业创新发展标杆、全国现代服务业腾笼换鸟样板。

诚邀新老朋友前来考察投资，共创未来！

一汽丰田汽车销售有限公司

一汽丰田汽车销售有限公司（以下简称：FTMS），是由中国第一汽车股份有限公司和丰田汽车公司合资组建的一家大型汽车销售有限公司，注册资本2500万美元，其中，一汽占股53%，丰田占股47%。

公司成立于2003年9月，11月正式营业。
总部设在北京，下设8个部门（企划部、销售部、服务部、业务改善部、新业务部、财务部、管理部、党群工作部），29个科室，5个大区，属地员工总编制数为621人。

企划部是公司的“战略中枢”及“营销核心”，销售部是公司的“销售核心”，大区“提级管理”。

用户及服务网络

2022年12月底，一汽丰田千万客户达成，进入千万+的新时代，一汽丰田将全面转型成为“全价值链共创的用户运营型企业”，为客户带去更高品质的产品、服务及体验，履行为客户量产幸福的承诺。

一汽丰田建立了近750家的强大经销商网络，已经深入到五六线市场渠道，同时经销商严格执行着丰田统一的服务标准，为客户打造了最便捷、最优质、最安心、最具性价比的全生命周期呵护。

智能电混双擎技术和丰田QDR

一汽丰田混动技术升级为三阶智能电混双擎，包含满足日常综合使用场景的THS Ⅱ；丰田首创的、专为高性能车型打造的Multi-stage HEV 多级混动；和全新普拉多搭载的兼顾越野、加速和环保性能的2.4T 1MT HEV 超级混动，全方位回应新时代用户多元动力选择需求。THS Ⅱ的电池、电机、电控集小型化、轻量化、精密化于一身，实现了“全温域”、“全速域”、“全场景”下的持续高能。

秉持丰田QDR（Quality高品质、Durability耐久性、Reliability可靠性）生产标准，为用户带来纯正丰田品质产品，是一汽丰田始终坚守不松懈的原则。一汽丰田始终注重产品质量的不断提升，以带给客户更好的优质产品，对每一个零部件都进行严格测试，确保零部件的品质100%符合丰田全球的品质要求。正是在这样严苛的标准之下，一汽丰田天津、长春、成都工厂的产品均多次获得TMC丰田海外品质监查“0”不良的优异成绩，用实际行动确保了产品的高品质。同时对于产品品质的不断锤炼，丰田TNGA架构起到了至关重要的作用。随着技术革新和产业升级，一汽丰田旗下主销产品全部实现TNGA化，从外观设计、核心动力到安全科技再到行驶品质，赋予了产品全新而鲜活的生命力，在产品品质方面也得到全方位的提升。

产品

一汽丰田销售公司目前在售车型涵盖轿车、SUV、MPV、中型客车4大品类共17款车，其中包含新能源车型3款（荣放双擎E+、bZ4X、bZ3等）。

2024
中国汽车市场年鉴

2024 China's Auto Market Almanac

中国汽车流通协会　编著

中国商业出版社

图书在版编目（CIP）数据

2024 中国汽车市场年鉴 / 中国汽车流通协会编著. 北京 : 中国商业出版社, 2024. 10. -- ISBN 978-7-5208-3184-0

Ⅰ. F724.76-54

中国国家版本馆 CIP 数据核字第 20245RT182 号

责任编辑：许启民

策划编辑：武维胜

中国商业出版社出版发行

（www.zgsycb.com　100053　北京广安门内报国寺 1 号）

总编室：010-63180647　　编辑室：010-83128926

发行部：010-83120835/8286

新华书店经销

廊坊市旭日源印务有限公司印刷

*

889 毫米 ×1194 毫米　　16 开　　29 印张　　805 千字

2024 年 10 月第 1 版　　2024 年 10 月第 1 次印刷

定价：980.00 元

*　*　*　*

（如有印装质量问题可更换）

编辑说明

一、《2024中国汽车市场年鉴》是由中国物流与采购联合会主管，中国汽车流通协会主办，行业组织和中国主要汽车生产、流通企业及各地汽车流通协会共同参与编纂的大型资料性工具书，创办于1995年，已连续出版了1995—2023年各年卷。

二、《2024中国汽车市场年鉴》的编纂宗旨是科学、全面、系统、翔实，逐年反映中国汽车行业的发展和汽车市场的变化，内容涵盖中国汽车生产、流通、消费、服务与行业管理的各个方面，以丰富的资料信息为政府、市场、行业和广大消费者服务。

三、《2024中国汽车市场年鉴》反映的内容是上一年度的史实和资料信息。2023年卷设有专文、大事记、新车市场、新能源汽车市场、汽车进出口市场、二手车市场、汽车后市场、汽车报废、汽车流通核心企业、政策法规和标准、统计数据、附录，共计12个部类，力求专业、翔实、全面、系统地记录中国汽车流通的发展历程。在编排上分部类（类目）、栏目、分目、条目4个层次。条目是基本文献形式，除此之外的文献形式还有专文、大事记、统计图表、政策法规等。

四、《2024中国汽车市场年鉴》所有文稿、资料、数据都经有关部门审核；有关条目的数据以国家统计局、海关总署等部门提供的数据为准；各地方和部门的数据以地方和部门提供的数据为准。由于各地、各部门的统计口径不同，个别数字与全国统计数据可能有出入。

五、我国的香港特别行政区、澳门特别行政区和台湾地区的资料暂缺。

六、《2024中国汽车市场年鉴》在编辑、出版过程中得到了国家有关部门和相关行业组织、汽车生产、流通企业以及各地汽车流通协会的大力支持与帮助，在此深表感谢。本书在编辑和印装等方面的不足之处，敬请广大读者批评指正。

《2024 中国汽车市场年鉴》编辑部

2024 年 10 月

《2024 中国汽车市场年鉴》特约编辑

（按姓氏笔画排序）

王　存	中国车辆进出口有限公司
王　治	武汉汽车流通行业协会
王宏昌	中国汽车流通协会有形市场分会
李彤梅	中国汽车流通协会售后零部件分会
李新波	中国汽车技术研究中心有限公司
沈　庆	中国汽车技术研究中心有限公司
周　伟	中国汽车流通协会汽车金融分会
郝庆丰	中国法学会消费者权益保护法学研究会
胡昌晨	马勒汽车技术（中国）有限公司
徐士刚	江苏省汽车流通协会
高　凌	中国汽车售后服务质量监测大数据平台
唐奕奕	中国汽车流通协会汽车市场研究分会
陶　然	国家统计局服务业统计司部门信息处
曹　阳	重庆长安汽车股份有限公司
雷　滨	中国汽车工业协会
简晓荣	中国汽车技术研究中心有限公司

《2024 中国汽车市场年鉴》编辑部

主　　编	沈进军
执行主编	王　都
编辑部主任	杨俊丽
编辑部副主任	石雪莲
稿件统筹	文思婧　李　鑫　李　婷　田　甜　林　逊　张乐琦　崔　玮

《2024 中国汽车市场年鉴》协作单位

（排名不分先后）

北京梅赛德斯-奔驰销售服务有限公司

利星行汽车

北京长久物流股份有限公司

极氪智能科技（杭州）有限公司

一汽丰田汽车销售有限公司

绍兴袍江汽车城开发建设有限公司

北京富欧睿汽车咨询有限公司

《2024 中国汽车市场年鉴》编辑委员会

刘万国	北京祥龙博瑞汽车服务（集团）有限公司党委副书记、总经理、董事
刘文姬	中国汽车流通协会会长助理
刘美良	沈阳大众企业集团有限公司集团总经理
江　涛	成都路行通信息技术有限公司 COO
许　星	广汇汽车服务集团股份公司董事、前总裁
孙绍先	北京运通国融投资集团有限公司董事长
严　斐	广东省汽车流通协会会长
李　石	河北省二手车行业协会秘书长
李　彬	深圳市深业车城有限公司董事长
李加喜	云南省资源再生二手车行业协会会长
李伟利	国家信息中心经济咨询中心副主任
李江天	湖北省汽车流通协会秘书长
李劲峰	江苏省工商联汽车销售商会会长
李振生	北京市汽车流通行业协会会长
李晨迪	大昌行汽车控股有限公司大昌行集团董事长及中国区业务主管
李颜伟	新浪汽车副主编
杨　桦	四川华星汽车集团有限公司董事长
杨汉松	上海信宝博通电子商务有限公司董事长
杨晓勇	蓝池集团有限公司董事长
吴　强	力天集团有限公司董事兼总经理
吴正纲	广西壮族自治区汽车流通协会会长
吴　涛	汽车之家党委书记 & 首席执行官
邱　萍	深圳市佳鸿名车投资有限公司董事长
何　戬	懂车帝总裁
余　德	安吉汽车物流有限公司总经理
余海军	浙江宝利德股份有限公司董事长兼总裁
宋　涛	中国汽车流通协会会长助理
张　毅	新华社资深财经记者
张序安	易车公司 CEO
张宝林	长安汽车（集团）有限责任公司总经理
张亮鸣	广汽商贸有限公司党委委员兼副总经理
张桂阳	盈众控股集团有限公司董事长
张爱群	浙江吉利控股集团有限公司副总裁
张献忠	河南威佳汽车贸易集团有限公司集团总裁
张德安	永达集团董事长
张德志	中国消费者协会消费监督部主任
陈士华	中国汽车工业协会副秘书长
陈可人	浙江省汽车流通协会会长

陈立宏　　广物汽贸股份有限公司党委书记、董事长
陈学勤　　重庆市汽车商业协会秘书长
陈祥达　　澳康达集团董事总经理
邵维民　　山东省汽车流通协会秘书长
武　峰　　北京朗诚律师事务所主任
林建忠　　欧龙汽车贸易集团有限公司董事长
罗　磊　　中国汽车流通协会会长助理
周　昆　　山东远通汽车贸易集团有限公司董事长
周黎明　　湖南汽车城有限公司董事长兼总经理
郑维桢　　中国出版协会年鉴工作委员会副主任（副会长）
郎学红　　中国汽车流通协会副秘书长
赵铁流　　庞大汽贸集团股份有限公司副董事长兼总经理
胡　伟　　成都宏盟汽车集团有限公司董事长
钟　师　　智驾网总编辑
段肖东　　上海览海汽车发展有限公司总裁
姚军红　　浙江大搜车融资租赁有限公司创始人兼 CEO
栽　万　　北京现代汽车有限公司总经理
贾　可　　《汽车商业评论》总编辑
顾超罡　　中国车辆进出口有限公司总经理
高延莉　　中国物资再生协会副会长
唐　华　　上海市汽车销售行业协会会长
黄　毅　　中升集团控股有限公司集团主席
黄志强　　利星行汽车首席执行官
黄俊锋　　厦门信达国贸汽车集团股份有限公司党总支书记、董事长
黄晓军　　北京惠通陆华汽车销售有限公司董事长
崔东树　　中国汽车流通协会汽车市场研究分会（乘联会）秘书长
康　鹏　　捷通达汽车集团股份有限公司董事长
章新挺　　江西省汽车流通协会常务副会长兼秘书长
彭原璞　　国机汽车股份有限公司党委书记、董事长
葛致诺　　福特汽车（中国）有限公司执行董事长
蔡　宾　　上海市汽车服务行业协会会长
蔡仲民　　上海市二手车行业协会会长
蔡真法　　一汽贸易总公司总经理
臧奉江　　通源集团董事长
颜广彤　　天津市浩物机电汽车贸易有限公司党总支书记兼董事长、总经理
颜景辉　　原北京北辰亚运村汽车交易市场副总经理
潘国强　　湖南省二手车流通协会秘书长
薄世久　　吉林省长久实业集团有限公司董事长

目 录

第一部类　专文

第二部类　大事记

第三部类　新车市场

第四部类　新能源汽车市场

第五部类　汽车进出口市场

第六部类　二手车市场

第七部类　汽车后市场

第八部类　汽车报废

第九部类　汽车流通核心企业

第十部类　政策法规和标准

第十一部类　统计数据

第十二部类　附录

第一部类

专文

DIYIBULEI | ZHUANWEN

2023年国民经济回升向好 高质量发展扎实推进

国家统计局

2023年，面对复杂严峻的国际环境和艰巨繁重的国内改革发展稳定任务，在以习近平同志为核心的党中央坚强领导下，各地区各部门认真贯彻落实党中央、国务院决策部署，坚持稳中求进工作总基调，完整、准确、全面贯彻新发展理念，加快构建新发展格局，全面深化改革开放，加大宏观调控力度，着力扩大内需、优化结构、提振信心、防范化解风险，我国经济回升向好，供给需求稳步改善，转型升级积极推进，就业物价总体稳定，民生保障有力有效，高质量发展扎实推进，主要预期目标圆满实现（见图1）。

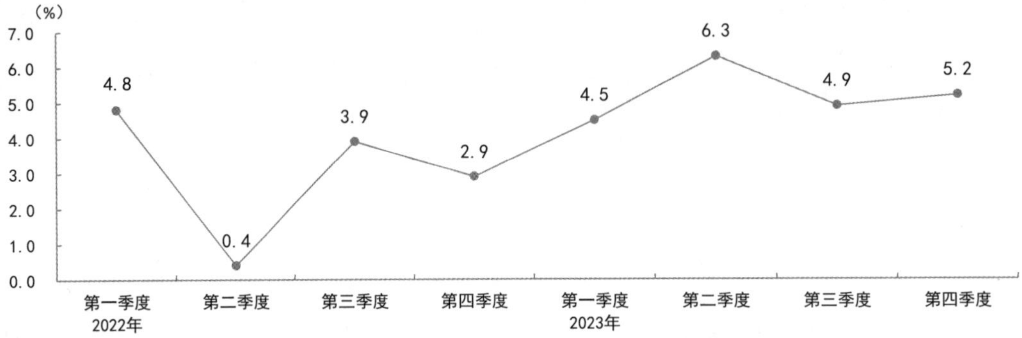

图1　2022—2023年国内生产总值增速度（季度同比）

资料来源：国家统计局（以下图表资料来源相同，不再赘述）。

初步核算，全年国内生产总值1260582亿元，按不变价格计算，比上年增长5.2%。分产业看，第一产业增加值89755亿元，比上年增长4.1%；第二产业增加值482589亿元，增长4.7%；第三产业增加值688238亿元，增长5.8%。分季度看，第一季度国内生产总值同比增长4.5%，第二季度增长6.3%，第三季度增长4.9%，第四季度增长5.2%。

一、粮食产量再创新高，畜牧业生产稳定增长

如图2所示，全年全国粮食总产量69541万吨，比上年增加888万吨，增长1.3%。

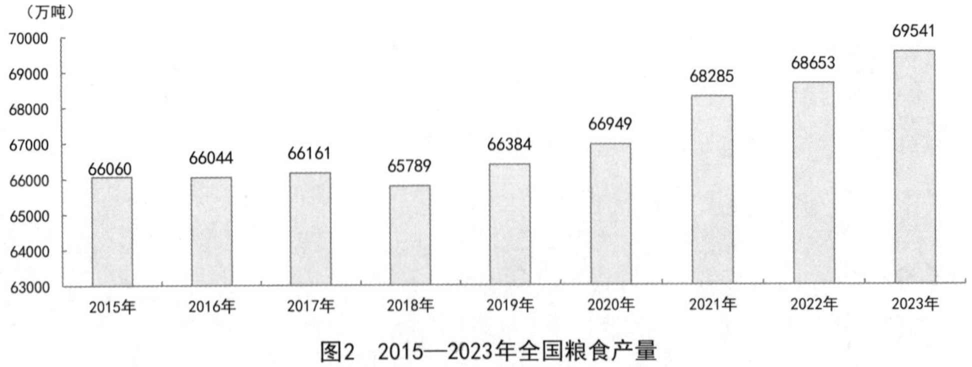

图2　2015—2023年全国粮食产量

其中，夏粮产量14615万吨，下降0.8%；早稻产量2834万吨，增长0.8%；秋粮产量52092万吨，增长1.9%。分品种看，稻谷产量20660万吨，下降0.9%；小麦产量13659万吨，下降0.8%；玉米产量28884万吨，增长4.2%;大豆产量2084万吨，增长2.8%。油料产量3864万吨，增长5.7%。

全年猪牛羊禽肉产量9641万吨，比上年增长4.5%。其中，猪肉产量5794万吨，增长4.6%；牛肉产量753万吨，增长4.8%；羊肉产量531万吨，增长1.3%；禽肉产量2563万吨，增长4.9%。牛奶产量4197万吨，增长6.7%;禽蛋产量3563万吨，增长3.1%。全年生猪出栏72662万头，增长3.8%;年末生猪存栏43422万头，下降4.1%。

二、工业生产稳步回升，装备制造业增长较快

全年全国规模以上工业增加值比上年增长4.6%。12月，规模以上工业增加值同比增长6.8%，环比增长0.52%（见图3）。

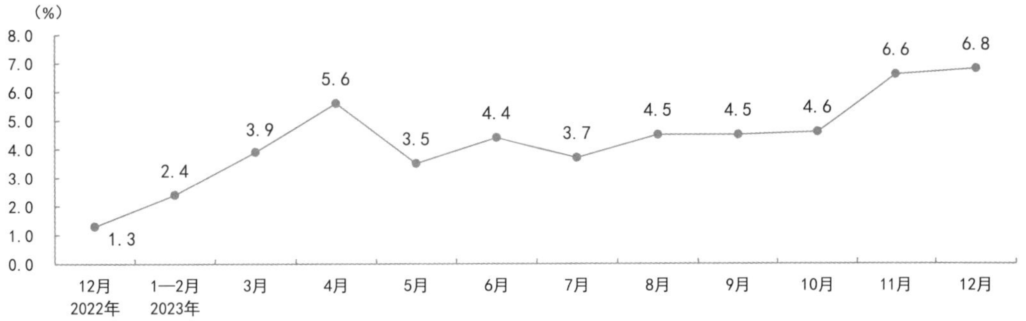

图3　2022年12月—2023年12月规模以上工业增加值增速（月度同比）

分三大门类看，采矿业增加值增长2.3%，制造业增长5.0%，电力、热力、燃气及水生产和供应业增长4.3%。装备制造业增加值增长6.8%，增速比规模以上工业快2.2个百分点。分经济类型看，国有控股企业增加值增长5.0%；股份制企业增长5.3%，外商及我国港澳台商投资企业增长1.4%；私营企业增长3.1%。分产品看，太阳能电池、新能源汽车、发电机组（发电设备）产品产量分别增长54.0%、30.3%、28.5%。12月，规模以上工业增加值同比增长6.8%，环比增长0.52%。2023年，全国规模以上工业企业实现利润总额76858.3亿元，比上年下降2.3%。其中，汽车制造业增长5.9%。

三、服务业增长较快，接触型聚集型服务业明显改善

全年服务业增加值比上年增长5.8%。其中，住宿和餐饮业，信息传输、软件和信息技术服务业，租赁和商务服务业，交通运输、仓储和邮政业，金融业，批发和零售业增加值分别增长14.5%、11.9%、9.3%、8.0%、6.8%、6.2%。12月，服务业生产指数同比增长8.5%。其中，住宿和餐饮业，信息传输、软件和信息技术服务业生产指数分别增长34.8%、13.8%。1—11月，规模以上服务业企业营业收入同比增长8.5%。其中，文化、体育和娱乐业，信息传输、软件和信息技术服务业，租赁和商务服务业营业收入分别增长18.9%、12.8%、12.7%。

四、市场销售较快恢复，服务消费快速增长

全年社会消费品零售总额471495亿元，比上年增长7.2%。按经营单位所在地分，城镇消费品零售额407490亿元，增长7.1%；乡村消费品零售额64005亿元，增长8.0%。按消费类型分，商品零售418605亿元，增长5.8%;餐饮收入52890亿元，增长20.4%。基本生活类商品销售稳定增长，限额以上单位服装、鞋帽、针纺织品类，粮油、食品类商品零售额分别增长12.9%、5.2%。升级类商品销售较快增长，限额以上单位金银珠宝类，体育、娱乐用品类，通信器材类商品零售额分别增长13.3%、11.2%、7.0%。全国网上零售额154264亿元，比上年增长11.0%。其中，实物商品网上零售额130174亿元，增长8.4%，占社会消费品零售总额的比重为27.6%。12月，社会消费品零售总额同比增长7.4%，环比增长0.42%。全年服务零售额比上年增长20.0%（见图4）。

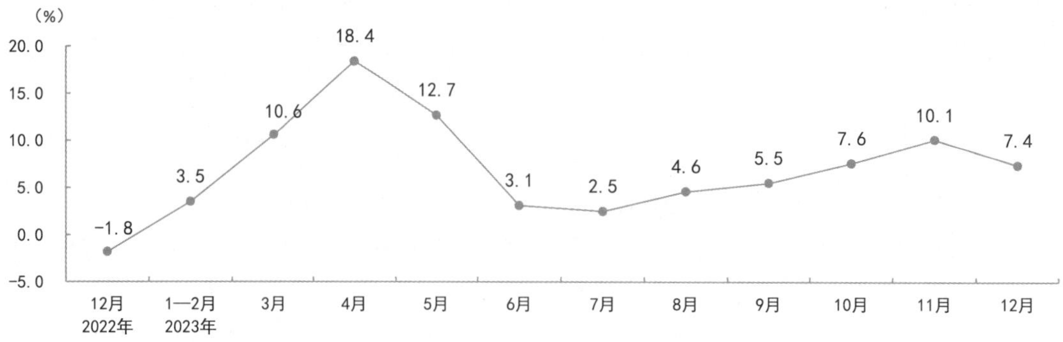

图4 2022年12月—2023年12月社会消费品零售总额增速（月度同比）

五、固定资产投资规模增加，高技术产业投资增势较好

全年全国固定资产投资（不含农户）503036亿元，比上年增长3.0%；扣除价格因素影响，增长6.4%。分领域看，基础设施投资增长5.9%，制造业投资增长6.5%，房地产开发投资下降9.6%。全国商品房销售面积111735万平方米，下降8.5%；商品房销售额116622亿元，下降6.5%。分产业看，第一产业投资下降0.1%，第二产业投资增长9.0%，第三产业投资增长0.4%。民间投资下降0.4%；扣除房地产开发投资，民间投资增长9.2%。高技术产业投资增长10.3%，快于全部投资7.3个百分点。其中，高技术制造业、高技术服务业投资分别增长9.9%、11.4%。高技术制造业中，航空、航天器及设备制造业，计算机及办公设备制造业，电子及通信设备制造业投资分别增长18.4%、14.5%、11.1%；高技术服务业中，科技成果转化服务业、电子商务服务业投资分别增长31.8%、29.2%。12月，固定资产投资（不含农户）环比增长0.09%（见图5）。

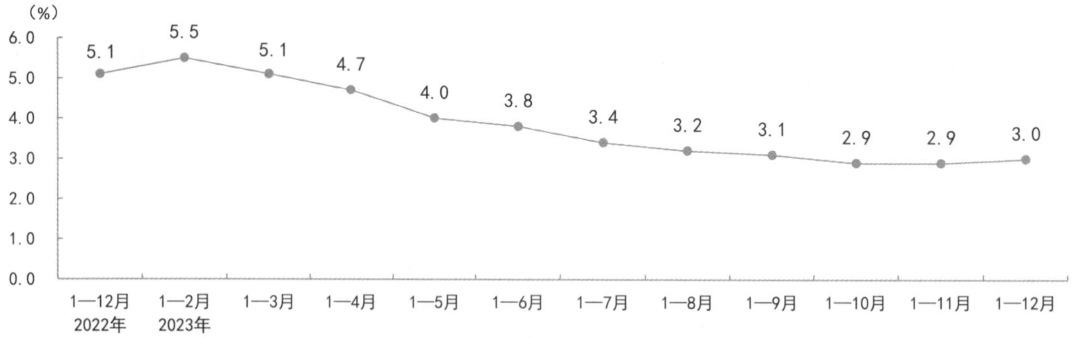

图5 2022—2023年固定资产投资（不含农户）增速（累计同比）

六、货物进出口总体平稳，贸易结构持续优化

全年货物进出口总额417568亿元，比上年增长0.2%。其中，出口237726亿元，增长0.6%；进口179842亿元，下降0.3%。进出口相抵，贸易顺差57884亿元。民营企业进出口增长6.3%，占进出口总额的比重为53.5%，比上年提高3.1个百分点。对共建“一带一路”国家进出口增长2.8%，占进出口总额的比重为46.6%，比上年提高1.2个百分点。机电产品出口增长2.9%，占出口总额的比重为58.6%。12月，货物进出口总额38098亿元，同比增长2.8%。其中，出口21754亿元，增长3.8%；进口16345亿元，增长1.6%。

七、居民消费价格小幅上涨，核心CPI总体平稳

全年居民消费价格（CPI）比上年上涨0.2%。分类别看，食品烟酒价格上涨0.3%，衣着价格上涨1.0%，居住价格持平，生活用品及服务价格上涨0.1%，交通通信价格下降2.3%，教育文化娱乐价格上涨2.0%，医疗保健价格上涨1.1%，其他用品及服务价格上涨3.2%。在食品烟酒价格中，

猪肉价格下降13.6%，鲜菜价格下降2.6%，粮食价格上涨1.0%，鲜果价格上涨4.9%。扣除食品和能源价格后的核心CPI上涨0.7%。12月，居民消费价格同比下降0.3%，环比上涨0.1%（见图6）。

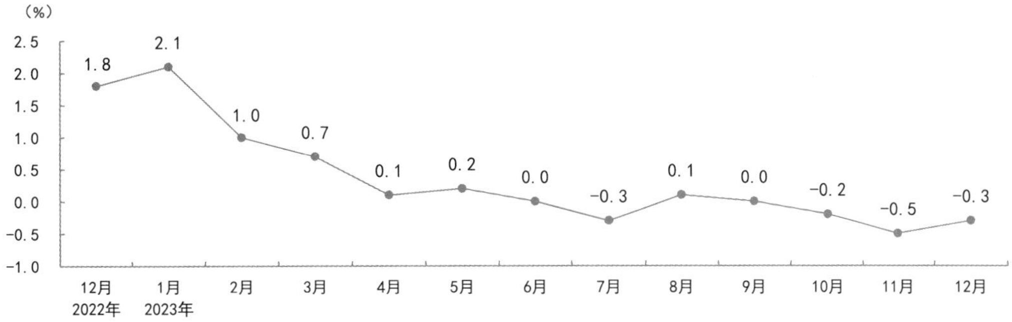

图6　2022年12月—2023年12月居民消费价格上涨情况（月度同比）

全年工业生产者出厂价格比上年下降3.0%；12月同比下降2.7%，环比下降0.3%。全年工业生产者购进价格比上年下降3.6%；12月同比下降3.8%，环比下降0.2%（见图7）。

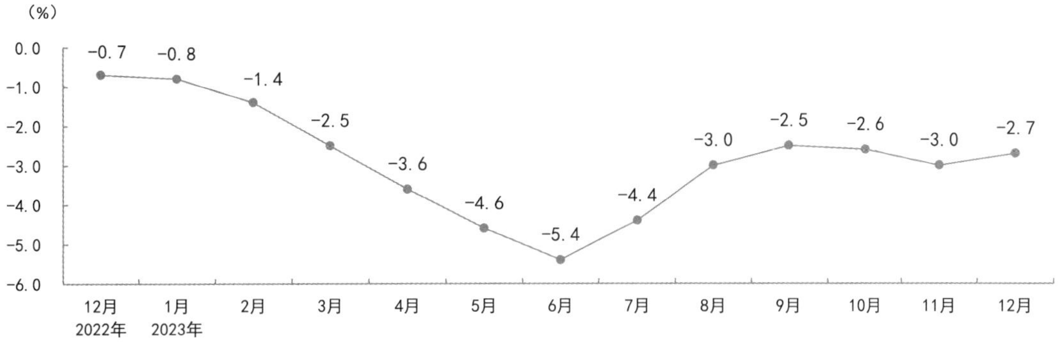

图7　2022年12月—2023年12月工业生产者出厂价格上涨情况（月度同比）

八、就业形势总体稳定，城镇调查失业率下降

全年全国城镇调查失业率平均值为5.2%，比上年下降0.4个百分点。12月，全国城镇调查失业率为5.1%。本地户籍劳动力调查失业率为5.2%；外来户籍劳动力调查失业率为4.7%，其中外来农业户籍劳动力调查失业率为4.3%。16—24岁、25—29岁、30—59岁（不包含在校生）劳动力调查失业率分别为14.9%、6.1%、3.9%。31个大城市城镇调查失业率为5.0%。全国企业就业人员周平均工作时间为49.0小时。全年农民工总量29753万人，比上年增加191万人，增长0.6%。其中，本地农民工12095万人，下降2.2%；外出农民工17658万人，增长2.7%。农民工月均收入水平4780元，比上年增长3.6%（见图8）。

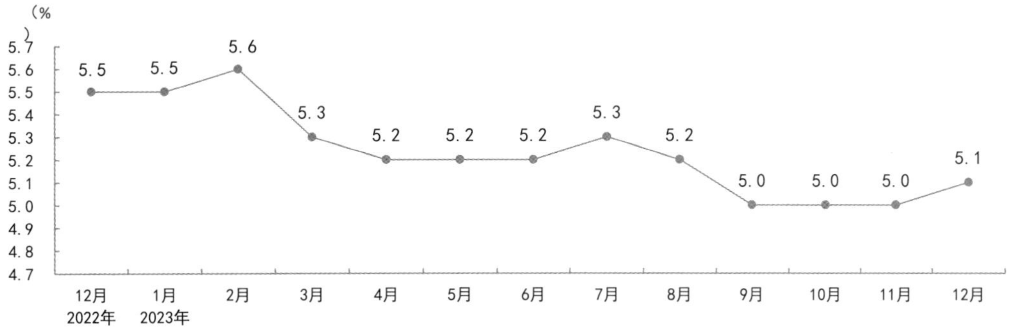

图8　2022年12月—2023年12月全国城镇调查失业率（月度同比）

九、居民收入继续增加，农村居民收入增速快于城镇

全年全国居民人均可支配收入39218元，比上年名义增长6.3%，扣除价格因素实际增长6.1%。按常住地分，城镇居民人均可支配收入51821元，比上年名义增长5.1%，扣除价格因素实际增长4.8%；农村居民人均可支配收入21691元，比上年名义增长7.7%，扣除价格因素实际增长7.6%。全国居民人均可支配收入中位数33036元，比上年名义增长5.3%。按全国居民五等份收入分组，低收入组人均可支配收入9215元，中间偏下收入组20442元，中间收入组32195元，中间偏上收入组50220元，高收入组95055元。全年全国居民人均消费支出26796元，比上年名义增长9.2%，扣除价格因素实际增长9.0%。全国居民人均食品烟酒消费支出占人均消费支出的比重（恩格尔系数）为29.8%，比上年下降0.7个百分点；全国居民人均服务性消费支出增长14.4%，占人均消费支出的比重为45.2%，比上年提高2.0个百分点（2023年各月份其他指标环比数据见表1）。

总体来看，2023年我国顶住外部压力、克服内部困难，国民经济回升向好，高质量发展扎实推进，主要预期目标圆满实现，全面建设社会主义现代化国家迈出坚实步伐。同时也要看到，当前外部环境复杂性、严峻性、不确定性上升，经济发展仍面临一些困难和挑战。下阶段，要坚持以习近平新时代中国特色社会主义思想为指导，全面贯彻落实党的二十大和二十届二中全会精神，按照中央经济工作会议部署，完整、准确、全面贯彻新发展理念，加快构建新发展格局，聚焦高质量发展这一首要任务，坚持稳中求进、以进促稳、先立后破，加大宏观调控力度，统筹扩大内需和深化供给侧结构性改革，统筹新型城镇化和乡村全面振兴，统筹高质量发展和高水平安全，切实增强经济活力、防范化解风险、改善社会预期，巩固和增强经济回升向好态势，持续推动经济实现质的有效提升和量的合理增长。

表1　2023年各月份其他指标环比数据表

单位：%

时间	规模以上工业增加值环比增速	固定资产投资（不含农户）环比增速	社会消费品零售总额环比增速
1月	0.64	1.54	0.72
2月	0.41	1.92	2.09
3月	0.64	-0.67	0.41
4月	-0.18	-1.38	0.91
5月	0.77	0.69	0.45
6月	0.76	-0.23	0.33
7月	0.13	0.01	-0.01
8月	0.61	0.18	1.30
9月	0.40	0.13	0.18
10月	0.42	0.10	0.37
11月	0.87	0.21	0.09
12月	0.52	0.09	0.42

资料来源：国家统计局。

注：（1）国内生产总值及其分类项目增长速度按不变价计算，规模以上工业增加值及其分类项目增长速度按可比价计算，均为实际增长速度；其他指标除特殊说明外，按现价计算，为名义增长速度。

（2）根据季节调整模型自动修正结果，对近一年来各期国内生产总值、规模以上工业增加值、固定资产投资（不含农户）、社会消费品零售总额环比增速进行修订。修订结果及2023年四季度 GDP 环比数据、2023年12月其他指标环比数据如下：2022年及2023年各季度 GDP 环比增速分别为0.6%、-2.1%、4.0%、0.6%、2.1%、0.6%、1.5% 和1.0%。

（3）规模以上工业的统计范围为年主营业务收入2000万元及以上的工业企业。由于规模以上工业企业范围每年发生变化，为保证本年数据与上年可比，计算产品产量等各项指标同比增长速度所采用的同期数与本期的企业统计范围尽可能相一致，和上年公布的数据存在口径差异。主要原因：一是统计单位范围发生变化。每年有部分企业达到规模纳入调查范围，也有部分企业因规模变小退出调查范围，还有新建投产企业、破产、注（吊）销企业等影响。二是部分企业集团（公司）产品产量数据存在跨地区重复统计现象，根据专项调查对企业集团（公司）跨地区重复产量进行了剔重。

（4）服务业生产指数是指剔除价格因素后，服务业报告期相对于基期的产出变化。

（5）社会消费品零售总额统计范围是从事商品零售活动或提供餐饮服务的法人企业、产业活动单位和个体户。其中，限额以上单位是指年主营业务收入2000万元及以上的批发业企业（单位、个体户）、500万元及以上的零售业企业（单位、个体户）、200万元及以上的住宿和餐饮业企业（单位、个体户）。

由于限额以上批发和零售业、住宿和餐饮业企业（单位、个体户）范围每年发生变化，为保证本年数据与上年可比，计算限额以上单位消费品零售额等各项指标同比增长速度所采用的同期数与本期的企业（单位、个体户）统计范围相一致，和上年公布的数据存在口径差异。主要原因是每年都有部分企业（单位、个体户）达到限额标准纳入调查范围，同时也有部分企业（单位、个体户）因规模变小达不到限额标准退出调查范围，还有新开业、破产、注（吊）销企业（单位、个体户）的影响。

网上零售额是指通过公共网络交易平台（包括自建网站和第三方平台）实现的商品和服务零售额之和。商品和服务包括实物商品和非实物商品（如虚拟商品、服务类商品等）。社会消费品零售总额包括实物商品网上零售额，不包括非实物商品网上零售额。

（6）服务零售额指企业（产业活动单位、个体户）以交易形式直接提供给个人和其他单位非生产、非经营用的服务价值总和，旨在反映服务提供方以货币形式销售的属于消费的服务价值，包括交通、住宿、餐饮、教育、卫生、体育、娱乐等领域服务活动的零售额。

（7）固定资产投资增速按可比口径计算。

（8）进出口数据来源于海关总署。

（9）就业人员是指16周岁及以上，有劳动能力，为取得劳动报酬或经营收入而从事一定社会劳动的人员。

（10）为更好反映就业情况，国家统计局对劳动力调查统计制度进行了完善，测算并发布不包含在校生的16—24岁、25—29岁、30—59岁劳动力调查失业率，更精准反映已毕业步入社会、真正需要工作青年的就业失业情况，更完整反映青年从学校毕业到稳定工作过程中的就业失业全貌。

（11）农民工是指户籍仍在农村，进城务工和在当地或异地从事非农产业劳动6个月及以上的劳动者。本地农民工是指在户籍所在乡镇地域内从业的农民工。外出农民工是指在户籍所在乡镇地域外从业的农民工。

（12）全国居民人均可支配收入中位数是指将所有调查户按人均可支配收入水平从低到高顺序排列，处于最中间位置的调查户的人均可支配收入。

全国居民人均可支配收入五等份分组是指将所有调查户按人均收入水平从低到高顺序排列，平均分为五个等份，处于最高20% 的收入群体为高收入组，依此类推依次为中间偏上收入组、中间收入组、中间偏下收入组、低收入组。

（13）部分数据因四舍五入，存在总计与分项合计不等的情况。

2023年汽车市场与汽车流通行业

中国汽车流通协会会长　沈进军

当前，消费日益成为拉动经济增长的重要基础性力量。把恢复和扩大消费摆在优先位置，需要全面发挥汽车消费稳增长、扩内需的压舱石作用，通过改善汽车消费条件，创新汽车消费场景，让汽车消费潜力得以充分释放。

一年来，我国经济总体回升向好，高质量发展不断向纵深扎实推进。作为消费的顶梁柱和压舱石，汽车市场的率先恢复增长，为保持经济平稳运行和稳定宏观经济大盘，发挥了重要的支撑作用，并呈现以下四个方面特征。

一、新车市场在惨烈“价格战”等诸多困难挑战之下，努力实现复苏

2023年，新车市场遭遇惨烈“价格战”的袭扰，汽车产业以及流通行业在多重压力下整体利润率持续承压。中国汽车流通协会数据显示，汽车市场供给相对过剩与需求不足的矛盾仍然十分凸显，2023年，乘用车累计零售2169.9万辆，同比增长5.6%。其中，新能源乘用车国内累计零售773.6万辆，同比增长36.2%。

2023年汽车出口延续2022年年末强势增长特征。11月海关汽车出口52.4万辆，同比增长41.6%;1—11月海关汽车出口476.2万辆，同比增长59.8%，出口金额927亿美元增长70.9%。乘联会统计口径下的12月乘用车出口（含整车与CKD）38.5万辆，同比增长49%，环比增长3%。1—12月乘用车出口383万辆，同比增长62%。12月新能源车占出口总量的26.6%。随着出口运力的提升，12月自主品牌出口达到33.1万辆，同比增长45%，环比增长3%；合资与豪华品牌出口5.4万辆，同比增长81%。

中国汽车出口暴增成为世界第一。出口增长的原因是由于全球有6000多万辆的国际市场需求，而中国自主品牌燃油车品质提升、智能化领先带来的竞争力提升，叠加引领电动车的国际潮流带来的海外市场新蓝海；又由于出口单价高，利润好，自主品牌依托出口获得巨大的利润并分担了内销的成本压力，因此出口量攀升世界第一。

二、二手车新政加速落地，新车市场价格传导影响，二手车零售业态加速形成，有望完成两位数的突破性增长

据公安部统计，2023年全国汽车保有量达3.36亿辆，其中，新能源汽车2041万辆。汽车市场进入存量市场阶段，二手车对于盘活存量、拉动增量的作用越发凸显出来。巨大的置换消费将带来结构升级进而拉动新车销售。伴随着二手车新政的落地执行，二手车经销业务和零售业态正在加速形成，全年二手车市场总体呈现淡季不淡、旺季不旺的市场特点。2023年全国二手车累计交易量1841.33万辆，同比增长14.88%，累计交易金额为11795.32亿元。

与此同时，受新车价格等因素影响，二手车行业企业经营状况和利润水平不容乐观。中国汽车流通协会数据显示，2023年以来，二手车经理人指数持续处于荣枯线以下，12月二手车经理人指数为44.1%，相比11月稍有提升，但仍处于荣枯线以下，二手车市场表现一般。

三、汽车流通行业面临着来自市场竞争加剧和产品加速变革的双重压力，经销商盈利能力持续承压，转型调整势在必行

对于汽车流通行业和广大经销商而言，2023年是承受来自汽车市场更加激烈竞争以及汽车

产品更快速度迭代的双重压力最大的一年。一方面，渠道的发展和形态又产生了新的变化，传统燃油车的销售渠道价值稳定着汽车消费市场的大盘；另一方面，以新能源汽车高速增长为显著特征的新产品带来的销售和售后服务模式的变革，对流通和经销商发出历史必答题。广大经销商积极应对，全行业共同前行，加快以数字化驱动精益运营，努力激活用户价值，通过数字化运营实现降本增效和用户增长；全面布局和加速推动二手车经销业务；加速融入新能源汽车产业链布局，积极打造新能源汽车销售服务新模式。总体看，2023年以来，汽车产业链中无论是生产企业还是流通企业，都在承受市场变革带来的巨大压力，如何更好地利用现有渠道的价值，产业链各方携手前行，实现生产、需求和供给的协同发展，实现市场需求与产业发展的有机协调，是我们面临的最大挑战和机遇，转型调整势在必行。

2023年上半年，乘用车累计销量952.4万辆，同比增长2.7%。销量增长的原因，在于2022年同期销量基数较低、多项宏观政策及品牌促销降价等综合因素的作用。但与此同时，伴随汽车市场的竞争加剧，以价换量为目标的大幅度降价促销行为等多重因素叠加，使得汽车经销商整体盈利水平持续下滑，据数据统计分析，经销商的盈利比例仅有22.9%，且合资品牌的盈利比例更低，仅为12.4%。广大汽车经销商集团都感受到了前所未有的市场压力和生存挑战，品牌优化，效率提升，内控审计等精细化运营的核心任务紧迫而艰巨。

四、促消费稳增长接续利好政策出台，推动汽车市场和流通行业优化发展环境

进入2023年，车市需求相对不足、消费预期偏弱等不利因素影响仍旧较大，协会同行业一道，持续向政府相关部门反映当前市场和行业面临的困难，为国家出台一系列促进汽车消费、稳定汽车增长的相关政策措施提供了有力支撑。1月28日，国务院召开常务会议，明确要求促进接触型消费加快恢复，促进汽车等大宗消费政策全面落地。组织开展丰富多样的促消费活动，合理增加消费信贷。2月13日，中共中央、国务院发布《关于做好2023年全面推进乡村振兴重点工作的意见》，鼓励有条件的地区开展新能源汽车下乡。5月17日，国家发展和改革委员会、国家能源局发布《关于加快推进充电基础设施建设　更好支持新能源汽车下乡和乡村振兴的实施意见》，支持新能源汽车产业高质量发展。6月8日，商务部办公厅发布《关于组织开展汽车促消费活动的通知》，组织各地商务主管部门和中国汽车流通协会，统筹开展“百城联动”汽车节和“千县万镇”新能源汽车消费季活动。7月21日，国家发展和改革委员会同有关部门制定《关于促进汽车消费的若干措施》，要求各地区、各有关部门及时出台配套政策措施并抓好政策落实，支持有关行业协会、商会、汽车企业、金融机构等开展汽车促销活动，不得出台地方保护的政策，避免恶性竞争，共同维护行业秩序，营造有利于汽车消费的政策和市场环境。7月31日，国务院转发国家发展和改革委员会《关于恢复和扩大消费的措施》通知。8月3日，公安部发布26项便民措施，进一步促进汽车消费，实施国产新能源小客车及国产其他小客车新车上牌前生产企业提前查验、车辆管理所免予查验制度，进一步简化二手车异地交易登记和二手车出口登记手续。8月21日，商务部、国家发展和改革委员会、金融监管总局发布《关于推动商务信用体系建设高质量发展的指导意见》，提出推动金融机构与商贸流通企业开展合作，合理增加对消费者购买汽车等产品的消费信贷支持，持续优化利率和费用水平。9月27日，财政部、国家税务总局发布《关于延续实施二手车经销有关增值税政策的公告》，持续加大二手车行业税费优惠政策力度。10月10日，国家金融监管总局发布《关于金融支持恢复和扩大消费的通知》，其中提出支持扩大汽车消费，优化汽车贷款政策，适当放宽汽车消费信贷申请条件，降低汽车消费门槛，简化汽车贷款流程。在车辆销售、拥有、使用、置换、处置环节向消费者提供新车贷款、电池租赁、维修保养贷款、置换车接续贷、二手车融资等多种金融服务。在新能源配套设施建设方面给予信贷支持，助力新能源汽车下乡。加大对二手车市场的金融支持力度，通过活跃二手车市场促进汽车更新消费。

2023年中国汽车流通协会工作回顾

中国汽车流通协会

一、积极准确反映行业诉求，努力做好政府帮手，发挥桥梁纽带作用

（一）及时向政府有关部门报送汽车流通行业发展情况，反映行业诉求，提出政策建议

汽车消费体量大、潜力足、产业带动作用强，促进汽车消费对稳定我国消费大盘和产业链高质量发展具有积极作用。为进一步稳定和扩大汽车消费，优化汽车购买使用管理制度和市场环境，更大力度促进新能源汽车持续健康发展，中国汽车流通协会（以下简称协会）多次向国务院、商务部提交促消费措施等政策建议。

由于疫情等因素的影响，从2022年开始，不符合国六 b 排放标准的新车库存积压严重，不满足 RDE 要求的库存车辆超过180万辆。协会积极调研、收集数据，建议延长销售期限，并得到采纳。2023年5月8日，生态环境部等五部门联合发布了《关于实施汽车国六排放标准有关事宜的公告》，针对部分实际行驶污染物排放试验（RDE 试验）报告结果为“仅监测”等轻型汽车国六 b 车型，给予半年销售过渡期，允许销售至2023年12月31日。

2023年7月17日，协会向财政部、国家税务总局、商务部分别提交了《关于二手车增值税减按0.5% 征收政策评估情况的函》的报告。9月27日，财政部、国家税务总局下发了《关于延续实施二手车经销有关增值税政策的公告》，明确二手车增值税减按0.5% 征收的政策，延长至2027年底。

近年来，协会积极组织会员单位，充分利用各方资源，配合商务部的“消费提振年”活动。2023年4月17日，协会向商务部提交《促进汽车行业持续健康发展汇报材料》，指出消费不振是当前汽车市场复苏面临的核心问题。2023年6月8日，商务部印发的《商务部办公厅关于组织开展汽车促消费活动的通知》当中，明确提出由中国汽车流通协会组织开展、落实汽车促消费活动，贯彻落实党中央、国务院有关决策部署，充分发挥行业协会作用，顺应城乡居民多样化购车需求，打通全链条、贯通全渠道、联通线上线下，组织全国百余城市协调联动，推动千余县（区）竞相参与，带动万余镇（乡）共享盛惠，营造良好氛围，促进汽车消费，惠及广大人民群众。

2023年3月中旬，协会向国家发展和改革委员会、商务部等部委提出了促进汽车消费的若干建议，相关内容得到了采纳。7月20日，国家发展和改革委员会等部门印发《关于促进汽车消费的若干措施》的通知，提出优化汽车限购管理政策、支持老旧汽车更新消费、加快培育二手车市场、加强新能源汽车配套设施建设、着力提升农村电网承载能力、加强汽车消费金融服务等促消费方案，进一步明确了政府扶持汽车流通行业的决心。同时，协会还提交了诸多政策建议，如：2023年5月，制定《商务部市场运行和消费促进司、中国汽车流通协会党建联学共建活动方案》，开展学习贯彻习近平新时代中国特色社会主义思想主题教育，全面学习贯彻党的二十大精神；6月29日，机关党委制定了《关于建立商务部直属机关党委委员基层党建联系点的若干规定（试行）》并在此基础上细化建立“九联系”工作机制，组织商务部直属机关党委委员与业务相关领域的典型企业、内贸平台载体、开放平台、基层部门、行业组织等建立基层党建联系点，协会协助做好了相关工作；7月14日，为更好发挥线上交易平台促进汽车消费流通的作用，参与商务部电子商务司组织的汽车线上平台座谈会；9月11日，为改善二手车鉴定不规范不专业的现状，向商务部提交《关于进一步规范二手车交易环节中鉴定评估工作的请示报告》；9月18日，为完善报废机动车回收拆解管理，促进行业持续健康发展，参与商务部消费促进司组织的“报废机动车回收拆解管理座谈会”；后续还提出了《关于对当前汽车市场和流通行业困难情况的汇报及政策建议》《关于汽车市场近期运行情况和政策建议的报告》等一批高质量政策建议。经过协会与行业的努

力，一系列建议被有关部门采纳，陆续出台有关政策，推动行业高质量发展。

（二）承接国务院等相关部门委托调研新能源汽车课题研究，促进新能源汽车产业健康发展

汽车产业作为国民经济重要的支柱产业，是体现国家竞争力的标志性产业。我国汽车产业正经历从燃油汽车向电动汽车、再向网络化、无人驾驶、智能化汽车的发展方向急速前进。新能源汽车产业已从市场培育期步入市场化的发展阶段，从政策和市场双驱动转向市场驱动为主的新发展阶段，也成为我国由汽车大国走向汽车强国的重要基础。同时，在新能源汽车生产销售、购买使用、加快老旧车辆淘汰更新，以及进一步促进活跃二手车市场等方面仍面临不少挑战。在此基础上受国务院研究室委托，开展《关于新能源汽车产业的若干问题研究》课题工作，为新能源汽车产业的健康发展保驾护航。

此外，当前市场整体下行增加了经销商的经营压力，2022年，1757家经销商退网，影响了众多消费者。现行法律规范稍显笼统，难以为经销商、消费者提供更加细化的制度性法律保护，法定义务强制力稍显不足，缺少相应的罚则。基于此，协会多次向商务部建议，商务部委托协会对“完善汽车品牌经销商退出机制”进行课题研究工作。6月28日，中国汽车流通协会召开“完善汽车品牌经销商退出机制”研究项目推进工作研讨会，向政府部门汇报了课题研究成果。

（三）切实解决行业急难愁盼问题，充分发挥协会桥梁作用

一是在湖北东风汽车巨额补贴事件中发挥重要作用。2023年3月1日至3月31日，市民购买在武汉经开区生产的东风旗下东风系列汽车品牌以及在江夏区生产的上汽通用旗下别克、雪佛兰等汽车品牌，可分别享受相应的政府补贴。经广泛调研并征询专家意见，协会认为，此次武汉汽车补贴不同于常规的汽车品牌厂家主导的市场化降价促销活动，而是由地方政府面向当地整车生产企业开展的补贴促销行为，协会形成《关于反映近期武汉汽车补贴相关情况的紧急报告》，积极向国家反垄断局、商务部等多个政府部门提交材料，指出这种行为是特定性补贴的性质，不利于汽车市场的公平竞争和长远发展，同时造成消费者持币观望，不利于汽车市场的消费信心恢复。经过协会等多方呼吁和努力，相应行为最终停止，及时稳定和恢复了市场信心。

二是在石家庄4S店受到强行拆迁过程中向地方政府及中央政府相关部门进行反馈。集中式拆迁不仅造成经销商巨额损失，使得刚刚走出疫情又逢汽车市场消费不振的民营企业处在艰难境地，也不利当前的全国促进汽车消费工作的接续开展，同时也给消费者购车、保养、维修等带来不便。协会收到会员反馈后立即向相关政府部门致函反映行业诉求，得到了媒体的广泛关注，维护了汽车经销商的合法权益，促成了问题的解决。

（四）积极完成政府相关部门交办的工作和任务

2023年6月，商务部印发《商务部办公厅关于组织开展汽车促消费活动的通知》，中国汽车流通协会配合各地商务主管部门，向服务企业、行业协会、会展集团、车展主办方发布《关于落实商务部2022年（春季）全国消费促进月工作的通知》，并无偿构建促消费平台，组织汽车消费活动。此外，协会协助国务院研究室，针对新能源汽车发展与出口、产业链、售后服务问题等进行相关调研；协会还就商务部提出的汽车领域突出的问题，提出了汽车领域产能过剩、市场供过于求、中央对汽车领域的改革政策迟迟不能出台且已出台政策落实不到位、市场潜力仍有很大释放空间、新能源汽车产业高速发展，配套基础设施建设仍有较大缺口、汽车金融服务、适当调整税收政策，促进汽车消费等建议；对关于二手车领域的问题，提出了二手车领域现阶段的政策痛点和堵点尚未解决、汽车行业信息公开度不够，尤其是二手车的保险和维保信息不公开、我国部分消费者还没有养成购买二手车的消费习惯、大力发展二手车出口业务等建议；针对新车加价问题，分析了其主要原因，并提出了尽快完善平行进口车相关政策，制衡锚定进口车价格，从而抑制进口车不合理加价问题促进汽车市场良好发展的建议。

二、做好产业协调工作，促进汽车产业和谐发展

厂商关系是产业发展的核心因素之一，实现和谐共赢的厂商关系对汽车市场和行业健康发

展具有重要意义，2023年，协会继续从多角度和各层面开展产业协调工作，与生产企业建立通畅的沟通渠道，引领产业健康发展。

（一）做好2023年汽车经销商库存系数和库存预警指数、二手车经理人指数和汽车消费指数的调查和发布

2023年，协会持续推进汽车经销商库存预警指数、库存系数、汽车消费指数和二手车经理人指数的系列指数调查研究工作，在汽车市场复杂多变的形势下，通过每月度实时发布，系列指数受到汽车市场、生产企业以及社会各界高度关注，成为衡量和反映市场运行态势的重要景气指标。协会发布的系列指数，已成为国务院办公厅、国家发展和改革委员会、商务部、工业和信息化部和国家统计局等政府部门定期采信的重要行业指标数据。

（二）建立厂商对话机制，组织厂家渠道发展与管理、售后服务、二手车业务的定期沟通机制

2023年，协会通过线上、线下多种形式与生产企业开展产业协调沟通对话，共计召开6场次线下研讨交流活动，分别组织汽车厂家渠道部、售后服务部、二手车业务部负责人，就新能源汽车高速增长下的渠道创新及挑战、数字化驱动下的新营销与售后服务、新政下厂商二手车业务发展等重要议题进行交流和讨论，反馈经销商经营状况和声音，帮助生产企业更准确把握流通环节遇到的问题、困难和情况。同时，通过20场线上直播活动，就行业关注的国内市场发展、海外市场动向、企业优秀案例等内容进行及时传递共享。

（三）做好汽车经销商生存状况调查和研究工作

汽车经销商生存状况和满意度状况是协会最为重要的监测指标。2023年，协会继续开展授权品牌经销商生存状况调查，及时了解和掌握经销商在复杂多变的市场形势下的真实生存状态，2月6日，正式发布了《2022年度汽车经销商生存状况调查报告》。同时，由于2023年上半年汽车消费需求恢复缓慢，终端交易价格持续下探，汽车市场走势及经销商经营情况面临诸多挑战和不确定性，协会组织安排半年度汽车经销商生存状况调查，并于8月16日向行业企业和全社会发布《2023年上半年全国汽车经销商生存状况》调查结果。生存状况调查工作得到了政府部门、汽车厂家的高度重视，集中反馈了经销商在经营过程中的诉求。

三、密切联系企业，多角度提升会员服务工作水平和服务会员能力

（一）持续加强发展会员工作

会员是协会工作的出发点和落脚点。2023年，协会在突破一万家会员的新起点上继续砥砺前行，持续加强发展会员工作，采取多种有效方式与行业企业沟通联系，2023年总共开展区域活动10余场，带领会员单位参观学习3场。随着为会员服务的功能逐步完善和各项行业工作的渐次深入，协会会员队伍不断壮大，为协会发展增添了新的活力。

截至2023年10月11日，协会共有会员11424家，新增加了661家单位会员，会员年均增长率达6.0%，其中，副会长增加3家，常务理事增加46家，理事增加107家，会员增加558家。

（二）助力经销商拥抱数字化浪潮，夯实数字化建设基础

当前，汽车流通行业正面临一个高度竞争、瞬息万变的市场现况，汽车经销商的转型升级让行业场景变得更加多元与复杂，而数字化又是一个涉及面广、过程繁复的系统工程，AI、大数据、云计算等技术正在深入改变汽车流通领域。数据是真正能帮助企业保持竞争力的核心，数字化既是手段，也是过程，更是系统，数字经济已经成为汽车经济增长的新引擎。在数字化转型升级不断加速的背景下，越来越多汽车经销商纷纷拥抱数字化。因此，协会在9—11月进行了经销商数字化建设情况调研，并依据调研数据形成了《2023中国汽车经销商数字化转型调研报告》，为广大汽车经销商解决数字化转型与建设业务提供了借鉴参考。

（三）助力经销商进入二手车新时代

在新的汽车流通领域变革的大环境下，二手车逐步地进入经销商集团的发展战略中。2023年二手车新政全面落地，经销商集团对二手车业务有了全新的认识，需要全面搭建二手车管理

体系以及培养二手车人才。因此，协会与凯达研究院共同于2023年3月开始举行品牌经销商二手车实战技巧竞赛活动，全年共举办区域活动5场，参加队伍近百支，为经销商集团在今后的二手车业务的实践与发展提供了相互学习借鉴的平台。

（四）积极开展行业各细分领域赋能会员工作

协会高度重视会员单位的走访和交流工作。协会领导班子和各部门工作人员积极开展调研，2023年以来，持续利用各种手段与企业交流协会工作思路，听取对协会工作的意见和建议，拉近协会与会员企业之间的距离。

2023年，协会收到了多家汽车经销商企业的意见与建议。根据会员所提需求，在进行了大量的资料收集、全方面学习，并结合经销商的意见与建议后，针对武汉以及石家庄问题，向有关部门提供相关材料以及书面建议。帮助经销商企业表达意愿。

伴随着我国二手车出口资质或将全面放开，为助力行业对中国汽车贸易发展形成更客观、更全面的认识，对未来发展潜力和发展前景更加充满信心，从而凝聚更多共识，形成更大合力，推动汽车贸易规模快速扩大、质量效益持续提高。2023年3月10日，中国汽车进出口高峰论坛在北京举办。会议期间，重磅发布了《中国汽车进出口行业发展报告》，对2022年中国汽车进出口情况进行权威解析，对关乎产业快速发展的问题予以分析，并对2023年进出口形势提出展望。同时启动了《中国汽车出口国际营销服务平台》，为中国汽车出口持续赋能。

（五）继续开展“百城联动”汽车节和“千县万镇”新能源汽车消费季专项活动

2023年，“百城联动”汽车节和“千县万镇”新能源汽车消费季专项活动取得初步成果。在商务部指导下，协会响应商务部“2023消费提振年”工作安排，统筹开展“百城联动”汽车节和“千县万镇”新能源汽车消费季活动。协会联合各地政府和相关会员单位，共同举办系列活动，集多方之力全面推动全国汽车巡展，成功举办展览活动等近百场，对于稳定扩大汽车消费成效显著。自2023年6月至9月，共举办活动170余场，累计参与企业7000家，总展览面积超过206万平方米，总计入场人数237万人次，线上参与总访问量超过2162万人次，累计销售车辆103164台，销售额约256亿元。

（六）做好品牌经销商工作

品牌经销商分会依然以实现经销商和厂商的共赢为愿景，推动各品牌业务在中国的长远发展为目标。基于经销商之声综合调研的结果，通过工作组、会议为平台，现场调研相结合的方式，了解经销商诉求、主机厂现状，努力推动共性问题的解决。2023年分会联合凯达卓越开展一系列调研工作，包括：经销商之声调研（H1、H2期）、百强经销商集团运营数据调研、月度市场脉搏调研、经销商裸车利润专项调研、代理制模式专项调研、员工敬业度 & 雇主满意度专项调研等多维度的调研。1—10月共计开展调研近40次，覆盖9000人次专项反馈，收集专项议题超300条。各品牌工作组召开线上、线下会议已累计达40余场。

2023年2月，协会举办“凯达大会”，召开专题会议14场，汇集奔驰、宝马、一汽奥迪、上汽奥迪、捷豹路虎、进口大众、一汽红旗等7个豪华品牌厂家高层及核心经销商管理层百余负责人参会。各品牌厂家对经销商提出的议题高度重视，大众进口品牌对于经销商提出的关于返利问题，当场给予反馈，获得经销商的高度认可。协会还结合市场现状与经销商诉求的紧迫性组织相应专项会议。其中，通过专业数据分析和实时有效的沟通，捷豹路虎品牌厂商保持了较稳定的供货节奏，在优化车辆资源配置、保障返利速度、品牌重塑和客户运营等方面加大投入。玛莎拉蒂品牌厂商根据市场供需情况及时调整了下半年的商务政策及批、零售目标。奔驰品牌延缓EQ代理制的推行，并相应调整了商务政策等。

协会为经销商与厂家搭建通畅的沟通渠道和有效的沟通机制，积极宣导行业新政和法律法规，了解品牌的销售和运营情况，关注品牌未来发展方向，努力推动行业可持续发展。

（七）为会员提供多元化的数据对标与效能咨询服务

2023年，协会召开了中国汽车经销商大会，与经销商分享行业运营标杆数据，通过经销商精细化管理流程的梳理，全面促进了经销商的运营管理能力，不断地提升了领跑者集团的市场引领作用。

以季度为单位，持续调研了全国汽车经销商集团的运营情况。共收集了2.9万个集团数据字段、36.8万个单店数据字段。

为参与数据调研的经销商集团提供《集团＆单店运营对标报告》3800余份。为经销商集团的运营质量提升提供了科学的数据管理依据。

研发升级经销商综合能力评价模型，精准地向行业发布了《2022中国汽车经销商集团特征解读与综合能力评价》《2022中国汽车品牌综合竞争力评价》等调研报告。

持续分析上市经销商集团半年度及年度财务报告，分析指标达到1.5万个，为经销商提供标杆管理体系，并全面赋能经销商管理。

（八）发挥行业专家的智囊参谋作用，组织开展汽车市场流通体系调研和报告编写工作

协会专家委员会是协会行业工作的智囊团。2023年，专家委员会继续组织专家广泛参与行业调研、市场分析、企业经营状况诊断和技术培训等方面的工作。协会专家定期对全国乘用车市场、豪华车市场、二手车市场运行态势进行数据分析，并形成专家研究报告，报送国家有关部委和会员单位，为会员企业发展提供决策参考。同时，继续配合国家市场监督管理总局做好汽车流通行业经营者集中反垄断审查征询意见工作，组织专家对经营者集中案件进行分析评估并出具意见。结合汽车市场新变化和流通行业新特征，组织专家编写调研报告、政策建言和评论分析，为行业和会员发声，向政府反映行业诉求，提出改善汽车市场营商环境，促进汽车消费等多领域的专家建议和方案，重点开展了商务部委托的品牌经销商退出机制研究和现代汽车流通体系建设研究两项课题。

（九）加强与地方汽车流通行业组织的密切协作

为引领全国汽车流通行业发展，掌握国内汽车市场动态情况，协会与各省、市汽车流通行业协（商）会保持紧密联系与合作，在信息共享、行业培训、经验交流、会展活动、维护企业权益、规范市场秩序等方面开展项目合作，实现共同发展。2023年3月2日，协会在江苏省无锡市组织召开了2023年全国汽车流通行业省市协（商）会工作会议并同期出席2023中国汽车消费论坛活动，来自全国32个省、市共40余位会长、秘书长共同交流了办会经验、策划了促进汽车消费活动，各协会还就新能源汽车、二手车经销新政落地、二手车出口等工作展开座谈。7月3日，协会在四川省成都市中国二手车大会期间组织召开了省、市汽车流通协（商）会座谈会，来自全国20余位省、市协会会长、秘书长交流了汽车市场情况。2023年，协会组织开放了汽车流通统计信息各省市共享平台，为各地方协会提供查询属地汽车市场、二手车行业统计数据信息的服务，赋能各地更好地掌握当地市场动态。2023年，协会还同10余家地方汽车流通行业协（商）会，共同举办全国汽车流通行业职业技能竞赛各省级赛区的选拔赛工作，为各地方协会提供参与国家级行业竞赛的平台，与地方协会抱团前行，以增强服务行业的能力。

四、开展二手车行业品牌活动，促进繁荣二手车市场

（一）成功召开2023年中国二手车大会

7月，以“拓新路 启新程”为主题的2023年中国二手车大会在成都召开。时隔两年，二手车大会这个行业年度盛会在广大二手车人的期许与憧憬中再次回归线下。这不但代表着疫情过后二手车行业重新启航，更代表着在新政策导向之下，二手车行业及从业人员对未来发展的一次全新谋划。

2023年是二手车行业新政策全面落地执行的第一年。历经淬炼的中国二手车行业进入了全新发展阶段，新思想、新理念、新业态、新品牌如雨后春笋般不断涌现，行业的新生态和新格局已逐步形成。二手车行业共同经历并成功走出最为艰难的疫情冲击和行业调整的叠加期，迎来了中国二手车行业全新发展的春天。大会期间召开了二手车行业的各大专题论坛，包括二手

车出口、法务、新能源、新营销、拍卖、交易市场、二手车经销商、"行"认证暨二手车鉴定评估、厂家二手车和经销商集团二手车论坛。

（二）成功举办第七届全国二手车鉴定评估师技能大赛

持续4个月的第七届全国二手车鉴定评估师技能大赛顺利举办，经过初赛和复赛，最终在7月的二手车大会期间举办了总决赛。二手车鉴定评估是二手车交易过程中极为重要的一个环节，大赛是二手车鉴定评估师职业技能的试金石，通过举办二手车鉴定评估师大赛，选拔出行业发展急需的优秀评估师。大赛代表着二手车行业的工匠精神，将带动全行业不断进步、不断提高，为消费者呈现出一个更加良好、透明、诚信的二手车市场环境，从而推动整个二手车行业走向规范和透明。

（三）做好二手车交易市场分会、二手车经销商分会、二手车鉴定评估师分会、二手车出口分会的工作，服务行业各业态企业

深入贯彻二手车新政要求，组织开展交易市场经营情况和二手车经销商生存状况及营商环境问卷调查，组织开展二手车区域调研活动，积极宣贯二手车新政，促进区域二手车市场间的联动和繁荣。2023年以来，在政策及市场作用下，二手车市场保持持续活跃，消费潜力进一步得到释放，整体市场正在向着更好的方向发展。为加快推进二手车交易市场转型升级，构建二手车流通新格局，协会就二手车交易市场新模式定位、综合服务能力提升、信息化及数字化建设等要素指标开展研讨交流，广泛收集有关信息和数据。充实行业数据资源，为政府制定政策提供建言，为会员企业提供精准服务。

2022年，商务部等17部门《关于搞活汽车流通扩大汽车消费若干措施的通知》（商消费〔2022〕92号）颁布后，汽车流通行业反响热烈，二手车流通发展迎来重大历史机遇期。为准确调研和把握区域市场最新动态，促进二手车经营主体转型发展，促进二手车消费，帮助会员企业深度了解行业政策精神，转变经营思路，提升服务水平。协会二手车事业部于2023年2月举办2023年二手车行业区域论坛（北京站）。作为疫情后的第一场二手车行业线下活动，区域论坛活动在业内获得极大反响，超过300余位企业代表参会，为整个行业树立了一个良好的开端。

3月，在二手车利好政策的影响下，二手车流通与消费市场呈现顺畅、活跃的发展态势，增长势头持续向好。为准确把握二手车流通新发展阶段，贯彻新发展理念，构建新发展格局，加快推进二手车交易市场转型升级的步伐，实现高质量发展，促进二手车便利交易。协会二手车交易市场分会在南宁市召开2023年工作会议暨第二届第一次理事会会议。会议围绕政策变化、市场发展趋势、行业动态、企业创新模式等多个维度进行了深入交流，参会人数超过200人。

4月，协会二手车经销商分会在重庆召开2023年第一次理事工作会议。会议上作了2022年分会理事工作报告及分会2023年工作展望，分析了二手车经销商的现状和面临的困局、如何更好地从经纪转经销、二手车商规范化发展的挑战与机遇、讲解了二手车新政策、探讨分析了二手车商品牌化发展、二手车商如何高效转化客户线索、二手车商在新政下如何打造核心竞争力。随着二手车商品属性、税收和限迁等新政策的全面落地，市场日趋透明和诚信，消费者对二手车的信任度将得到很大提升。同时，协会启动2023年度中国二手车经销商生存状况和营商环境调研活动；组织企业做好二手车商品属性、限迁和税收等政策实施落地情况的调研工作；6月，协会组织召开了二手车战略发展研究会参事会议，为二手车大会和行业发展出谋划策。4月，协会在昆明召开了二手车鉴定评估师分会理事会，深入分析了分会工作面临的形势，研究部署年度阶段时期的工作任务和举措，确立了年度五项重点工作：积极扩大会员基本面，通过建立优秀会员企业的鉴定技术分享机制，强化分会影响力；完善分会会员的工作管理制度；确认配合二手车鉴定评估师行业大赛的组织和服务工作；做好行业人才服务工作；积极推动国家标准"行"认证在全行业贯彻实施的工作。另外，根据分会章程要求，会议期间成功选举了新一届分会领导班子。同月，协会还举办了主题为"拥抱新变革　聚力创未来"的二手车行业区域活动（杭州站）。会议为新政下、疫情过后正经历行业变革期的二手车商及从业人员带来深度、多维度的二手车行业剖析，为二手车人拨开迷雾，看清趋势，迎接未来。活动引起了浙江省内乃至长江三角洲地区二手车人的广泛关注与积极参与。5月，协会举办了2023年全国二手车行业区域论坛（佛山站）。通过会议，协会了解到部分广东省品牌二手车经销商在新政下已经完成了经纪转经销的备案，并且积极配合地方政府部门开展二手车增值税的缴纳，同时还看到了“行”认证对品牌二手车经销商的业务增长起到了推动作用。在2023年中国二手车大会期间，协会还根据二手车交易市场特征，从交易规模、盈利能力和服务水平三个维度及具体指标要素的分析，分享了《2023年度中国汽车流通行业二手车交易市场百强排行榜》报告，发布了百强排行榜单，极大鼓舞和促进了交易市场的主体发展。

当前，直播已成为汽车消费的新兴常态方式。直播电商为汽车行业带来了“新渠道”“新模式”“新效率”的机会，激发了年轻新用户的潜在购买动力，为促进产品迅速爆发式增长，注入了强劲动力。协会开展二手车新营销活动，也获得了会员企业的一致好评。8月，在哈尔滨举办的2023年全国二手车行业区域活动（哈尔滨站）上，协会联合懂车帝在活动当天上午举办了二手车直播内容实战培训活动。新营销活动加上二手车区域活动，为东北区域二手车行业搭建了沟通交流的机会，在东北三省产生了极大反响，获得东北地区会员企业的广泛好评。随着协会多次举办二手车行业区域活动，发挥协会行业平台的作用，组织优秀企业代表分享，引导参会企业转变思维，改革经营方式，促进行业快速向好发展，已经成为全国二手车行业的共识。9月，在山东省枣庄市市中区人民政府的邀请下，协会举办了2023年二手车行业区域研讨会议（枣庄站），结合山东省商务厅举办的“惠享山东消费年·2023山东二手车展销会”，为鲁南地区二手车行业发展注入了新的能量，坚定了地方由传统业态迈向高质量发展的决心。

（四）构建二手车出口领域的新形态

自国家开展二手车出口试点工作以来，为二手车行业带来了一个新的风口，越来越多的二手车企业纷纷投身于出口业务当中。5月，协会在台州举行了2023年中国二手车出口高峰论坛。本次论坛主题为“聚势谋远 共拓新程”，旨在聚合国内二手车出口的骨干企业，发挥各方的优势资源，共同探讨中国二手车出口的新机遇。论坛得到浙江省商务厅、台州市人民政府、台州市商务局等地方政府的大力支持。会议上来自本土及中亚、日本、德国等多个国家的企业代表超过400人参加会议。本次二手车出口高峰论坛为行业内的企业搭建了交流合作的宝贵机会，通过行业专家、二手车出口企业、物流公司、金融机构等，分别从宏观经济与国际走势、数据分享、业务探讨交流、国际交流的几个主题，为中国二手车出口业务发展提供了丰富的内容和思路。协会持续推动二手车出口领域健康发展，一是在二手车出口领域搭建二手车出口方面的平台；二是推进物流、金融等保障体系的服务；三是助力二手车出口形成提质增效新格局，全方位服务会员企业，更好地为二手车出口保驾护航。

（五）《二手车经销服务规范》团标的建立，促进二手车经销服务高质量发展

由中国汽车流通协会提出并归口，中国汽车流通协会牵头编制的团体标准《二手车经销服务规范》（项目编号：2020-TB-4），经由来自标准化管理部门、行业协会、认证机构、鉴定评估公司、二手车经销企业等相关机构组成的协会团标审查会审核通过，经中国汽车流通协会批准，已在2023年中国二手车大会上正式发布。本标准的发布实施会极大促进和提高二手车经销服务主体在经济活动中的管理能力和竞争能力，满足市场现实需求，解决当下标准缺失的问题，促进行业健康可持续发展，为构建二手车行业标准体系及国家标准的制定提供基本的应用数据支持。

（六）“行”认证公益赋能行业诚信发展

2023年，“行”认证坚持以推广《二手车鉴定评估技术规范》国家标准为目的，以公益赋能行业健康发展为战略方针，通过帮助二手车经营企业建立标准化鉴定评估体系，强化其车辆鉴定技术质量水平，进一步激发企业诚信经营内生动力，从而培育了一批具有品牌化、标准化、规范化的行业诚信示范企业。另外“行”认证在鉴定评估机构执业规范、建立溯源监督体系等一系列务实管理举措层面也进行了相应的优化，取得了“以硬监督守护二手车放心消费软环境”

的阶段性成果，并得到了行业与消费市场的共同认可与青睐。根据协会“行”认证办公室统计，2023年共有148家企业申请“行”认证，企业申请类型包含：二手车鉴定评估机构、二手车经销商、二手车交易市场以及经销商集团，目前共有76家顺利通过考核。认证数据方面，截至10月中旬，各授权机构提报符合国家标准的车辆达20余万辆次，数据的持续提升，标志着“行”认证的贯标工作即将进入行业快速普及的新阶段。8月，“行”认证办公室对于授权机构提出的关于更新里程调表的鉴定技术标准与方法、动力系统诊断规则等诉求进行总结与梳理，并制定相应的执行规范指导意见。优化后的技术规范对响应消费者购买二手车的质量诉求将起到重要的引领作用。后续，协会将加大“行”认证的贯标力度以及研究车辆鉴定技术的深度，逐步引领行业诚信、健康、高质量发展。

五、积极制定、宣贯汽车流通领域相关标准，并进行国家职业标准的研制与探索

（一）加快团体标准研制，满足行业高质量发展需求

为满足行业需求，协会加快了标准的研制工作，批准发布了五项团体标准，分别是：《二手车经销服务规范》《营地消费便利度评价规范》《汽车俱乐部服务管理规范》《质量分级及领跑者评价要求 汽车零配件批发服务》《质量分级及领跑者评价要求 汽车零配件零售服务》。同时，推进在编团体标准11项。截至2023年10月，协会牵头制定并已经发布的汽车流通领域标准共计37项，其中国家标准6项、行业标准1项、团体标准30项。

（二）积极推进汽车流通领域标准的宣贯工作

协会对已发布的各项标准进行了全面宣贯，通过多种形式开展标准宣贯，促进标准的落地实施。包括组织线上线下标准解读、从业人员贯标培训、从业人员岗位技能大赛、企业标准诊断、企业对标达标质量提升现场指导、达标企业供需对接、企业标准自我声明公开指导、贯标经验交流等工作，帮助行业企业学习标准、应用标准，通过标准化活动提质、降本、增效，实现经济效益和社会效益双丰收。

（三）贯彻国家八部门文件，扎实开展汽车流通行业“领跑者”评估工作

协会自2019年起，积极贯彻国家八部门关于企业标准“领跑者”的相关文件精神，陆续承担了“汽车救援服务”“二手车鉴定评估服务”“二手车零售服务”“汽车零配件批发服务”“汽车零配件零售服务”五个重点领域的第三方评估机构工作，全面激发行业企业服务质量提升的动力与步伐，充分发挥领跑企业的服务引领、带动、示范作用，促进整个行业的标准与服务质量升级，推动行业高质量发展。协会将根据汽车流通行业各细分领域的标准化程度不同，继续做好标准化基础服务，培育更多的领跑者重点领域，以评代促，引导行业企业全面提升标准质量和服务水平，满足汽车消费者在购买和使用环节更高品质的服务需求。

六、做好信息授权统计工作，及时准确反映行业状况

协会继续围绕汽车流通全生命周期的信息要素开展多元化统计工作，对协助政府部门了解行业状况、指导企业经营发挥着重要作用。同时通过统计数据看汽车市场变化，为会员单位提供行业性信息服务。

协会经国家统计局审批并授权开展年度全国汽车流通信息统计工作，每月向国家统计局，商务部等部委上报并向全行业公布月度二手车行业统计信息，此项统计已于2019年纳入国家统计局社会消费品零售总额计算参考中，成为国内唯一的关于二手车市场运营状况的权威信息来源。

为满足会员企业对于信息及时性的诉求，2023年协会推出新车、二手车板块周度报告，主要描述周度销售规模，分析周度市场运行特征以及对月度市场进行预测，提高了统计信息的反馈频次和准确性。

跟踪汽车经销商上市公司报告并作分析，在行业信息发布会等渠道进行发布，通过对上市

企业财报的专业、客观和全面分析，把握汽车经销商头部企业的发展趋势，为广大经销商发展提供数据与参考。

建立“中国汽车流通信息产品平台”为会员提供系统性的汽车市场分析报告及交易数据汇总查询。内容围绕区域、价格、库存水平、消费特征等不同角度形成专题性报告，全面阐述月度汽车市场特征。会员企业可随时在线查询或下载留存。

针对汽车流通信息统计工作涉及范围广、数据量大、统计周期长等特点，协会加大了资源整合力度，利用协会资源平台，充分发挥协会汽车市场研究分会、进口车专业委员会的专业优势，不断提升对乘用车和进口车统计数据的针对性与准确性，将多维度的信息及时送达会员。

七、推进 CADA 培训体系建设，向行业输送专业人才

（一）不断完善协会行业培训体系规划与建设，升级“中国汽车流通协会教育培训”服务平台使用功能

2023年，协会继续完善行业培训体系规划与建设，在原有的二手车鉴定评估师培训、二手车金融业务营销与资产管理实训等项目基础上，新开发了汽车用品采购师、汽车用品运营师、汽车用品销售顾问岗位技能培训项目，为汽车用品类会员企业提供专业性、针对性较强的培训内容，助力行业企业不断提升综合竞争力，助力行业企业顺利向高质量发展转型。

根据行业发展现状更新传统培训项目培训内容、培训形式和考核方式。教育培训平台增设了电子证书查询功能，方便持证人员使用或展示证书；各类岗位技能理论考试全部采用在线考试形式，利于多维度分析考试结果，以考促培，保障培训结果，更好地服务于协会合作机构、广大会员企业及参训学员。

（二）做好二手车鉴定评估师培训项目改革和升级

协会根据《二手车鉴定评估师技术规范》GB/T30323 2013、《乘用车鉴定评估技术规范》T/CADA 18-2021、《二手纯电动乘用车鉴定评估技术规范》T/CADA 17-2021标准、行业发展需要及广大会员的要求开展二手车鉴定评估师岗位技能培训工作。培训以满足行业发展需求为导向，着重培养学员实际操作能力，辅以系统的基础理论和评估方法课程，让学员掌握评估方法，全面提升二手车鉴定评估师素质、专业技术水平、增强二手车鉴定评估师创新能力，规范二手车鉴定评估师执业准则。

2023年，二手车鉴定评估师培训项目（含电动汽车）扩大了合作机构的规模，覆盖了全国范围内的85%以上的省市自治区及直辖市。截至9月，本年度二手车鉴定评估师培训项目共开班152期，为行业成功输送了3164名合格的二手车鉴定评估师。同时，为保障培训机构顺利开展培训工作，协会相继组织了二手车鉴定评估师认证讲师（含电动汽车）培训认证工作，扩充了协会的讲师团队，为相关培训项目的开展奠定了良好的基础。

（三）开展多元化的培训服务项目

2023年，在协会培训部的统筹下，各类服务于会员企业的主题培训百花齐放。协会联合国家开放大学汽车学院，继续开展服务汽车流通行业在职人员学历提升的教育工作，为流通行业从业者提供了在岗提升学历水平的学习平台。同时，协会还在汽车生产厂家、汽车经销商、汽车金融、商用车、汽车俱乐部等细分领域，开展各类专题培训，先后举办了1期二手车经销商财税管理专题培训课、4期二手商用车鉴定评估师专题培训、3期汽车用品岗位技能培训、8期直播运营员岗位技能培训，联合中国退役军人就业创业服务促进会启动第一期退役军人特色培训，缓解相关领域人才短缺的问题。另外，为有效地促进汽车救援行业健康发展、国家新职业汽车救援员人员的技能提升，协会依据《汽车救援员》国家职业技能标准，先后组织了13期汽车救援员培训师师资培训班，为汽车救援员职业技能培训启动打下坚实基础。

（四）以赛促训，拓宽技能人才评价的方法和手段，举办全国汽车流通行业职业技能竞赛

2023年，举办了第三届全国汽车流通行业职业技能竞赛（国家级二类竞赛），竞赛项目包括

二手车经纪人、营销员、汽车维修检验工、汽车救援员4个工种，进一步拓宽和丰富了行业技能人才评价渠道。竞赛于7月正式获批，9月正式启动，将在全国范围内的27个选拔赛区，举办89场选拔赛，预计参赛规模将超千人。本届竞赛中协会还联合了各地方省市协商会共同推动了省级技能竞赛的开展，形成了以中国汽车流通协会、中国就业培训技术指导中心联合主办和各地方省市协商会协办的“国赛＋省赛”的竞赛体系，受到行业企业及全国汽车类职业院校的高度重视和广泛关注，有效推动了行业职业培训的广泛开展，在行业内形成了尊重技能、尊重技能人才的良好氛围。

八、做好汽车市场年鉴、行业报告编撰工作，准确反映汽车市场和流通行业年度情况

为更好地服务行业，全视角、全口径地记录汽车市场年度情况，协会组织力量编纂《中国汽车市场年鉴》，年鉴坚持“体现特色、坚持本真、内容全面”的编纂要求，结合市场发展特点，不断完善年鉴框架结构，改进资料的编排方式，力求做到框架设计得系统、完整、严谨、科学。同时，按照国家要求及《年鉴编撰体例规范》，规范撰稿者组稿内容，更加确保年鉴出版质量。继续在原有的数字出版方式基础上，建设年鉴数据库，更加方便读者使用，体现年鉴的工具性，提升了年鉴社会认知度和影响力。

2023年3月30日，协会发布了年度《中国汽车流通行业发展报告》（行业蓝皮书），全面记录汽车流通行业年度发展历程。报告梳理和记录了年度汽车流通行业发展情况，系统分析汽车市场和流通领域的年度变化，针对现阶段流通领域普遍关注的话题，2023年特开设了汽车出口和海外市场专题，以及数字化转型专题。同时，挖掘二手车行业发展机遇，关注渠道网络变化，洞悉行业数字化转型趋势。而且，从多角度展示优秀流通企业风采和先进经验，促进行业及企业间的能力提升和相互借鉴，进一步推进授权渠道体系高质量发展，满足汽车行业从业者及服务机构对汽车流通领域发展情况的关注。2010年至今，协会已连续出版发行十四期行业蓝皮书。同时，于2023年3月29—31日在浙江宁波举办“转折·探寻新十年”2023汽车流通行业蓝皮书论坛，以年度首场聚焦汽车流通领域发展状况的行业大会进一步扩大行业蓝皮书的影响力。

做好《2023中国二手车行业流通发展报告》（行业白皮书）编制工作。2023年二手车行业白皮书围绕“二手车消费趋势特点”主题，同时还引入新能源、出口等行业热点关注板块方向进行国内外市场发展模式对标分析，全方位聚焦二手车流通行业，为行业企业发展提供决策参考。

九、扩大主流思想与媒体宣传，增强协会品牌影响，推动中国汽车流通行业新时代高质量发展

（一）高举伟大旗帜，持续推动协会工作走深走实

协会坚持把学习宣传贯彻党的二十大精神作为首要任务，在学懂弄通做实习近平新时代中国特色社会主义思想上持续发力。配合协会党支部学习集中开展专题学习上宣传8次、线上专题学习上宣传4次，促使学习质量效果进一步提升。协会支部书记为地方组织部组织宣讲2次，通过广泛宣讲汽车流通领域发展，切实推动党的创新理论深入基层、深入行业、深入人心。

（二）推动媒体融合，巩固壮大主流思想舆论

一是抓好政治宣传。围绕迎接学习宣传贯彻党的二十大精神这一主线，广泛对接相关媒体，累计发布协会月度数据、协会会议活动、政策动态、专家解读、行业信息等相关稿件26800余篇。积极借助各类宣传平台，围绕市场经济发展，及时跟进和宣传解读政府各有关部门关于汽车行业的重大决策部署，凝聚社会各方力量，构建全方位、立体式传播网络。同时，加强舆情信息管理。高度重视舆情信息的收集、整理和发布，做好汽车行业企业关注的重大事件、热点问题的新闻报道。

二是壮大宣传矩阵。在协会网站、微信公众号、视频号等宣传基础上，还与多家媒体共驻共建，

加强媒体合作。为及时向广大汽车消费者宣传国家政策，向社会传递行业信息以及会员企业品牌力量，协会不断加强与广大新闻媒体的合作，丰富协会传播渠道，构建协会媒体传播全方位矩阵。经过多年努力，建立了协会核心媒体库和分类媒体群，其中核心媒体库近1200家媒体，包含人民日报社、新华社、中央广播电视总台、中国汽车报、易车、懂车帝、汽车之家等主流媒体，并且还拓展了抖音、快手、小红书等新兴媒体独立KOL近3000余人。涵盖了主流门户网站、电视台、电台、报纸、杂志、内参、长视频和短视频直播、自媒体公众号等传播渠道。

三是强化主题宣传。聚焦“汽车流通”、在协会各大主题会议、区域论坛、展览博览会、联合共创主办等相关会议上，创新制作短视频、长图、金句海报、H5推广等宣传产品。1—9月累计刊发报道超1万篇，其中，在媒体全网发布稿件约26800篇，阅读量超5700万人次。特别是精心策划的“百强经销商排行榜”“中国二手车大会”等行业品牌活动，直播场均观看超100万人次。

（三）厚植制度新风，提升宣传制度建设

一是完善工作机制。建立完善协会新闻制度，通过网格化管理机制和“日发文、日提报、日通过”工作机制，让协会意识形态，舆论阵地有序推进，有源可查，有规可循，并落实到协会秘书处及各分支机构，推动协会宣传工作任务落到实处。

二是深化提升实践。在对协会秘书处新闻制度进行强化管理后，协会进行整体的宣传升级。不仅对协会网站、微信公众号功能进行硬件升级，也在分支机构总结会上对分支进行精细化宣传工作培训，大力营造汽车流通行业国家级协会发声渠道的品牌氛围。

（四）聚焦会员需求，敢于举旗亮剑发声

在会员企业遇到困难、行业发展遇到瓶颈的时候，协会在把握意识形态基准上，及时召开意识形态分析研判会议，研判化解苗头性、倾向性问题，敢于举旗亮剑，站在行业发展的角度为会员、为行业发声。在重点敏感时间节点上，发布《武汉汽车降价事件对汽车市场的影响》《破除限购，为汽车行业松绑》《提振民营经济信心 关爱汽车经销商群体发展》等文章，唱响行业高质量发展好声音，助力营造积极健康的营商环境。

十、国际交流合作进入新时期

2023年，协会国际交流工作进入新时期。多次组织会员单位走出国门进行考察交流，为会员企业拓宽国际视野，寻求国际合作伙伴，开拓国际市场，提供了支撑平台。

8月，由中国汽车流通协会会长沈进军带队，共计20多位汽车经销商集团和二手车经销商的企业代表共同参与访俄代表团，受邀前往莫斯科进行了为期一周的考察交流活动。在俄罗斯汽车经销商协会热情协助下，考察团一行开展了密集的会议与交流活动。在俄MIMS汽配展上，各企业与俄当地企业进行了深入交流，充分展现了中国企业的风采。对于处在变革转型期的汽车经销商集团和二手车经销企业而言，此次考察对帮助会员企业寻找新的突破口、新的业务模式产生了积极而深远的影响。

9月，协会受邀参加了第四届欧盟国际汽车流通论坛并发表重要讲话。该论坛由欧洲汽车经销商协会（CECRA）主办，美国、加拿大、澳大利亚等国家经销商协会负责人共同参与，中国汽车流通协会会长沈进军代表中国以视频参会的方式，发表观点。9月下旬，由中国建材国际阿联酋公司主办、JAFZA迪拜杰贝阿里自由区协办的“第二届CNBM新能源大会”在迪拜JAFZAONE会展中心举行。谢赫穆罕默德亲王、中国驻阿拉伯联合酋长国大使馆经商处朱炼参赞、中国汽车流通协会会长沈进军受邀出席本次大会并发表致辞。

11月，2023中国汽车流通行业年会上，协会邀请来自美国、欧盟、加拿大、俄罗斯等10余个国家和地区的汽车流通行业协会领袖、各国嘉宾携当地近百名经销商参与年会，并参加多场专项资源对接会。同时，就汽车市场新商业模式对传统经销商的影响和挑战以及中国新能源品牌汽车出口等话题交换了各自的看法和观点。

2023年汽车工业发展

中国汽车工业协会

2023年是全面贯彻落实党的二十大精神的开局之年，是三年新冠疫情防控后经济恢复发展的一年。这一年，以习近平同志为核心的党中央团结带领全党全国各族人民，顶住外部压力、克服内部困难，全面深化改革开放，加大宏观调控力度，着力扩内需、优结构、提信心、防风险，我国经济持续回升向好，高质量发展扎实推进。汽车产业作为国民经济支柱产业，受到党中央国务院高度重视。一系列组合政策出台落地，促进汽车消费、稳定市场预期、加速转型升级，推动产业高质量发展。广大行业企业凝心聚力、砥砺前行，紧抓发展机遇，克服不利挑战，创造出令人瞩目的业绩，推动汽车行业实现了质的有效提升和量的合理增长，成为拉动工业经济增长的重要动力。具体来看，汽车产销创历史新高，乘用车延续良好发展，商用车保持较快增长，新能源汽车和汽车出口起到较强支撑。

一、2023年汽车工业经济运行分析

（一）汽车产销创历史新高，经济效益高于制造业总体

1．汽车产销突破3000万辆，全年实现两位数增长

2023年，汽车产销累计完成3016.1万辆和3009.4万辆，同比分别增长11.6%和12%，产销量双双突破3000万辆，累计增速实现较快增长。从全年汽车产销变化情况来看，第一季度汽车行业步入促销政策切换期，传统燃油车购置税优惠政策的退出、新能源汽车补贴的结束等造成提前消费，年初以来的新能源降价以及3月以来的促销潮又对终端市场产生波动，汽车行业经济运行总体面临较大压力，产销呈现小幅下降；第二季度在中央和地方促消费政策、轻型车国六实施公告发布、多地汽车营销活动、企业新车型大量上市等因素共同拉动下，叠加车企半年度节点冲量和4月、5月同期基数相对偏低，形势明显好转，市场需求逐步恢复；第三季度，汽车产销整体表现好于预期。市场总体呈现“淡季不淡，旺季更旺”的态势，“金九银十”效应重新显现；进入第四季度，伴随政策效应持续显现，各地车展及促销活动持续发力，加之企业年底收尾冲刺，车市热度延续，再现“翘尾”现象。汽车产销创造历史新高，超预期完成全年目标（见图1）。

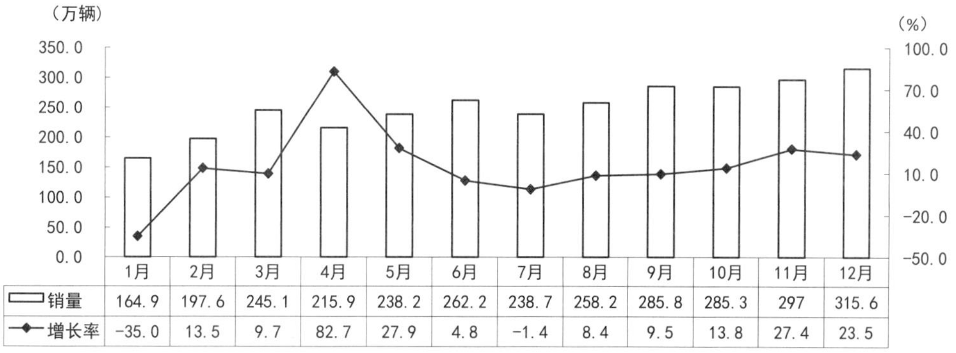

	1月	2月	3月	4月	5月	6月	7月	8月	9月	10月	11月	12月
销量	164.9	197.6	245.1	215.9	238.2	262.2	238.7	258.2	285.8	285.3	297	315.6
增长率	-35.0	13.5	9.7	82.7	27.9	4.8	-1.4	8.4	9.5	13.8	27.4	23.5

图1　2023年汽车月度销量及同比增长变化情况

资料来源：中国汽车工业协会（以下图表资料来源相同，不再赘述）。

2．行业经济效益平稳运行，主要指标增速高于制造业总体

2023年，汽车行业经济效益主要指标与产销情况走势大致相当，开局行业整体运行面临较

大压力，主要指标呈现负增长，随着行业形势逐渐好转，行业经济效益持续向好，主要指标实现由负转正。下半年以来，总体保持平稳运行，主要指标高于制造业总体。不过也应看到，近年来汽车市场在整体保持增长的状态下，行业利润率却在逐年降低，单车利润率也在下降，行业面临着“增量增收不增利”的尴尬局面，企业普遍面临较大的经营压力。

国家统计局公布的数据显示，2023年，汽车制造业工业增加值同比增长13%，高于同期制造业增加值8个百分点；累计完成营业收入100975.8亿元，同比增长11.9%，高于同期制造业10.6个百分点；实现利润总额5086.3亿元，同比增长5.9%，利润增速明显低于营收增速，行业利润率仅为5%，处于近年来历史最低水平，不及规模以上工业企业利润率5.8%的平均水平；汽车类零售总额累计完成48614亿元，同比增长5.9%，占社会消费品零售总额的10.3%，略低于上年（见图2）。

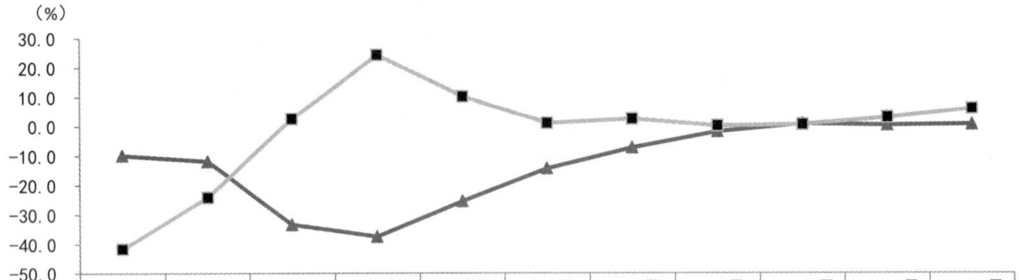

	1—2月	1—3月	1—4月	1—5月	1—6月	1—7月	1—8月	1—9月	1—10月	1—11月	1—12月
2022年	-9.9	-11.9	-33.4	-37.5	-25.5	-14.4	-7.3	-1.9	0.8	0.3	0.6
2023年	-41.7	-24.2	2.5	24.3	10.1	1.0	2.4	0.1	0.5	2.9	5.9

图2 2022—2023年各月汽车制造业实现利润累计增长

（二）乘用车延续良好发展态势，中国品牌汽车继续亮眼表现

1．乘用车市场表现良好，产销实现较快增长

2023年，乘用车产销累计完成2612.4万辆和2606.3万辆，同比分别增长9.6%和10.6%，乘用车产销量创历史新高。从月度产销变化情况来看，乘用车作为主要的消费产品，占据了市场的主体，其全年走势与汽车市场整体基本一致。开年由于受到政策切换与价格波动影响，市场承受了较大压力。伴随消费日趋回暖，乘用车市场形势逐渐好转，回归正常节奏。尤其是下半年以来，在国家及地方政策推动下，加之多地车展与促销活动火热进行，各大车企新品持续发布，进店客流显著增加，进一步拉动了乘用车消费，继重迎“金九银十”后，年底也再现“翘尾”现象。乘用车销量实现两位数增长，为稳定住汽车消费基本盘发挥重要作用（见图3）。

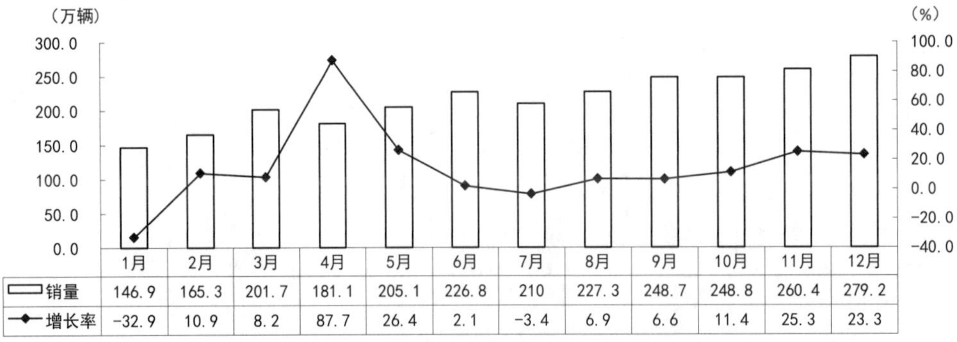

	1月	2月	3月	4月	5月	6月	7月	8月	9月	10月	11月	12月
销量	146.9	165.3	201.7	181.1	205.1	226.8	210	227.3	248.7	248.8	260.4	279.2
增长率	-32.9	10.9	8.2	87.7	26.4	2.1	-3.4	6.9	6.6	11.4	25.3	23.3

图3 2023年乘用车月度销量及同比增长变化情况

当下，汽车消费者，特别是不断壮大的年青一代消费群体，对品质、性能、服务等汽车产品附加属性愈加看重。汽车消费整体呈现升级趋势，乘用车市场价格结构走势持续上行，高端

车型销售增长明显。这一趋势在能源革新、产品迭代的新能源汽车产品中更加凸显，高端化、智能化新能源产品越来越受到消费者的青睐。协会统计数据显示，传统燃油乘用车中，尽管10万—15万元价格区间仍为主要销量贡献集中区段，但从增长速度来看，35万元以上市场表现相对更好，市场涨幅最大区间在50万元以上。新能源乘用车中，主力销量价格贡献区间已从前几年的10万元以下升级为15万—20万元价格区间，销量结构逐步从以前的哑铃形转变为现在的纺锤形，而从增长速度来看，35万—40万元价格区间涨幅最快。

2023年，高端品牌乘用车延续良好发展态势，继续保持两位数增长。全年高端品牌乘用车共销售451.6万辆，同比增长15.4%，高于乘用车增速4.8个百分点，占乘用车销售总量的17.3%，占比高于上年0.8个百分点（见图4）。

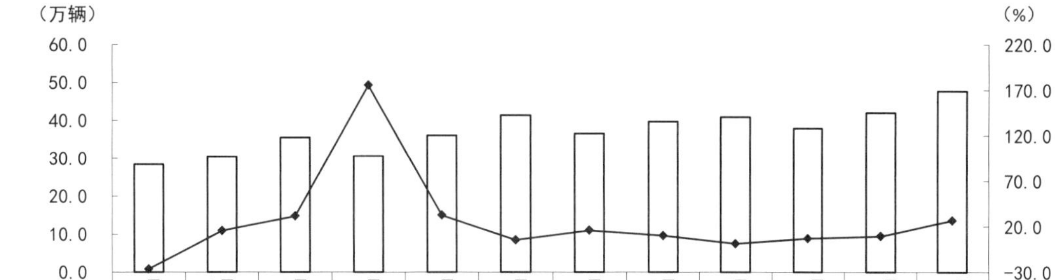

	1月	2月	3月	4月	5月	6月	7月	8月	9月	10月	11月	12月
销量	28.4	30.4	35.5	30.6	36.1	41.4	36.6	39.7	40.9	37.9	42	47.7
增长率	-26.7	15.4	31.3	175.1	32.4	5.2	15.8	9.9	1.1	6.8	9.3	26.6

图4　2023年高端品牌乘用车月度销量及同比增长变化情况

2. SUV和轿车占据乘用车细分市场主导

从乘用车细分市场表现情况来看，运动型多用途乘用车（SUV）和多功能乘用车（MPV）产销呈现两位数明显增长，基本型乘用车(轿车)产销小幅增长，交叉型乘用车产销呈较快下降。其中，运动型多用途乘用车（SUV）和基本型乘用车（轿车）二者销量合计占据乘用车总体销量的90%以上，占据主导地位。2023年，基本型乘用车（轿车）产销累计完成1150.8万辆和1149万辆，同比分别增长2.9%和3.4%。其中，新能源轿车产销分别完成452.7万辆和452.2万辆，同比增长21.9%和23.6%，占轿车产销总量的比重分别达到39.3%和39.4%。2023年基本型乘用车（轿车）月度销量及同比增长变化情况如图5所示。

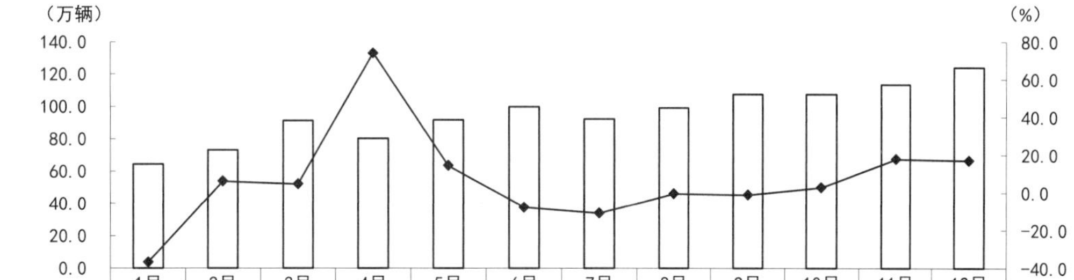

	1月	2月	3月	4月	5月	6月	7月	8月	9月	10月	11月	12月
销量	64.4	73.1	91.3	80.2	91.6	99.8	92.3	99.1	107.5	107.4	113.5	124.1
增长率	-36.9	6.1	4.6	74.0	14.4	-7.8	-10.9	-0.5	-1.1	2.8	17.8	17.0

图5　2023年基本型乘用车（轿车）月度销量及同比增长变化情况

轿车销量排名前十位的品牌依次为：秦PLUS、轩逸、海豚、朗逸、Model 3、海鸥、速腾、五菱缤果、新凯美瑞和比亚迪汉，分别销售45.6万辆、37.2万辆、36.7万辆、35.2万辆、30.1万辆、28万辆、28万辆、23.4万辆、22.9万辆和22.8万辆。与上一年度相比，除海鸥和五菱缤果为2023年新上市外，海豚销量增速最为显著，秦PLUS、速腾和Model 3销量也保持两位数较快增长，其他品牌销量呈不同程度下降。2023年，上述十个品牌共销售310万辆，占轿车销售总量的27%。2023年，运动型多用途乘用车（SUV）产销月度数次创新高，继续超越基本型乘用车（轿车），保持领先地位。全年产销累计完成1324.2万辆和1320.6万辆，同比分别增长16.4%和18%。其中，新能源SUV产销分别达到433万辆和427.1万辆，同比增长50.3%和54.3%，占SUV产销总量的比重分别达到32.7%和32.3%。2023年运动型多用途乘用车（SUV）月度销量及同比增长变化情况如图6所示。

SUV销量排名前十位的品牌依次为：Model Y、元PLUS、宋PLUS DM-i、哈弗H6、CS75、MGZS、Aion、博越、新CR-V和新瑞虎7改款，分别销售64.7万辆、41.2万辆、33.3万辆、27.3万辆、25.4万辆、25.1万辆、24.9万辆、22.5万辆、21.7万辆和20.7万辆。与上一年度相比，除哈弗H6和新CR-V销量呈小幅下降外，其余品牌销量均呈不同程度增长，其中宋PLUS DM-i增速更为显著。2023年，上述十个品牌共销售306.9万辆，占SUV销售总量的23.2%（见图6）。

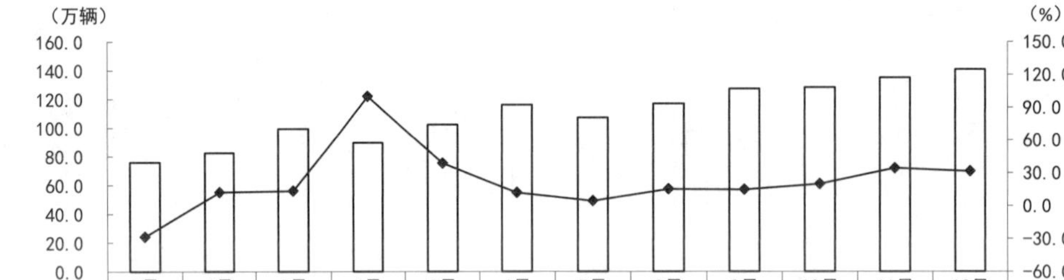

	1月	2月	3月	4月	5月	6月	7月	8月	9月	10月	11月	12月
销量	75.8	82.4	99.3	89.4	102.4	116.0	107.2	116.9	127.3	128.3	135.0	140.7
增长率	-28.3	12.3	13.4	100.0	38.7	11.9	4.4	15.2	14.7	19.9	34.3	31.4

图6 2023年运动型多用途乘用车（SUV）月度销量及同比增长变化情况

2023年，多功能乘用车（MPV）产销累计完成111.2万辆和110.2万辆，重回百万辆，同比分别增长16.8%和17.7%。其中，新能源MPV产销23.8万辆和23.1万辆，同比均增长2.2倍，占MPV产销总量的比重分别达到21.5%和20.9%。2023年多功能乘用车（MPV）月度销量及同比增长变化情况如图7所示。

MPV销量排名前十位的品牌依次为：别克GL8、腾势D9、五菱宏光、传祺M8、赛那、格瑞维亚、传祺M6、五菱佳辰、奥德赛和菱智，分别销售12.1万辆、11.9万辆、9.3万辆、8.6万辆、8.4万辆、5.6万辆、5.4万辆、4.6万辆、4.1万辆和3.1万辆。与上一年度相比，格瑞维亚和腾势D9增速更为显著，传祺M6、传祺M8和赛那实现两位数增长，别克GL8小幅增长。2023年，上述十个品牌共销售73.2万辆，占MPV销售总量的66.4%（见图7）。

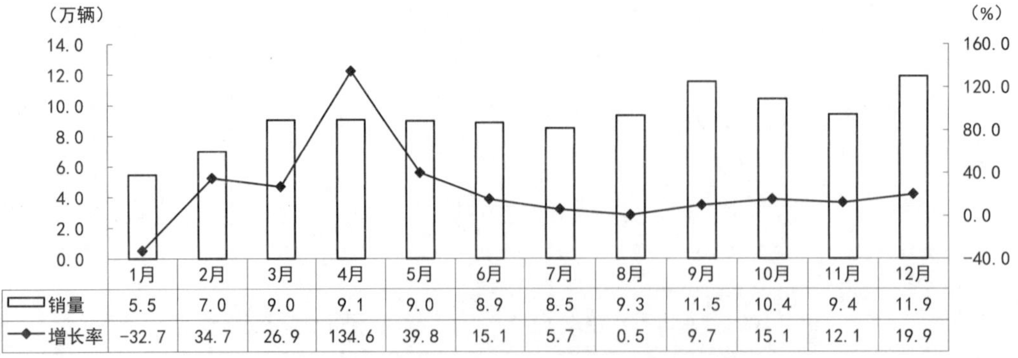

	1月	2月	3月	4月	5月	6月	7月	8月	9月	10月	11月	12月
销量	5.5	7.0	9.0	9.1	9.0	8.9	8.5	9.3	11.5	10.4	9.4	11.9
增长率	-32.7	34.7	26.9	134.6	39.8	15.1	5.7	0.5	9.7	15.1	12.1	19.9

图7 2023年多功能乘用车（MPV）月度销量及同比增长变化情况

2023年，交叉型乘用车产销累计完成26.2万辆和26.5万辆，同比分别下降17.2%和18.1%。其中，新能源交叉型乘用车产销2.7万辆和2.5万辆，同比下降43.7%和49.2%，占交叉型乘用车产销总量的比重分别达到10.1%和9.3%（见图8）。

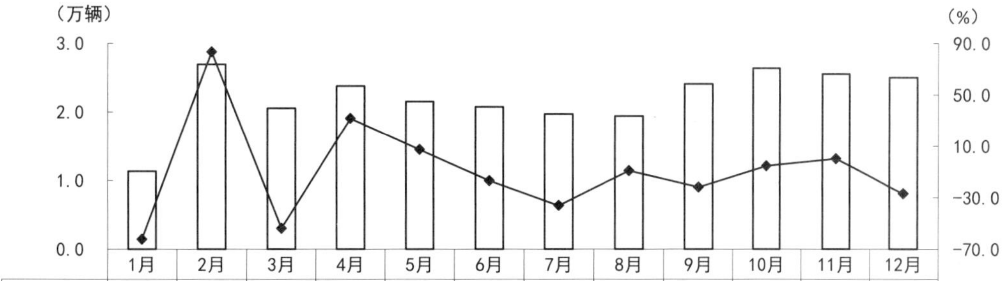

	1月	2月	3月	4月	5月	6月	7月	8月	9月	10月	11月	12月
销量	1.1	2.7	2.1	2.4	2.2	2.1	2.0	1.9	2.4	2.6	2.6	2.5
增长率	-62.4	83.3	-53.9	31.5	7.2	-16.9	-36.2	-9.2	-22.0	-5.4	0.1	-27.1

图8 2023年交叉型乘用车月度销量及同比增长变化情况

3. 中国品牌乘用车市场份额稳步提升

2023年以来，中国品牌乘用车月度市场占有率保持在50%以上，累计份额稳步提升。中国品牌汽车依托多年的技术沉淀和科技创新，紧抓电动化、智能化、网联化转型契机，不断提升技术研发水平，加速产品迭代升级，持续打造出丰富多元的汽车产品，可以更好满足不同消费群体的个性化与极致追求，越来越得到大众的认可与青睐，逐步形成品牌的新特征和新优势，实现向上突破。与此同时，企业国际化步伐不断加快，越来越多中国品牌汽车特别是新能源汽车产品进入国际主流汽车市场，中国汽车品牌综合竞争力持续提升。

2023年，中国品牌乘用车共销售1459.6万辆，同比增长24.1%，占乘用车销售总量的56%，占有率比上年提升6.1个百分点。其中，中国品牌新能源乘用车共销售728.9万辆，同比增长39.3%，占新能源乘用车销售总量的80.6%。

2023年，外国品牌乘用车共销售1146.7万辆，同比下降2.8%，占乘用车销售总量的44%。其中，德系、日系、美系、韩系和法系五大主要外国品牌乘用车分别销售462.7万辆、375.9万辆、228.4万辆、42.3万辆和12.9万辆，分别占乘用车销售总量的17.8%、14.4%、8.8%、1.6%和0.5%。与上一年度相比，日系和法系品牌乘用车销量呈两位数下降，其他三大主要品牌乘用车销量呈不同程度增长（见图9）。

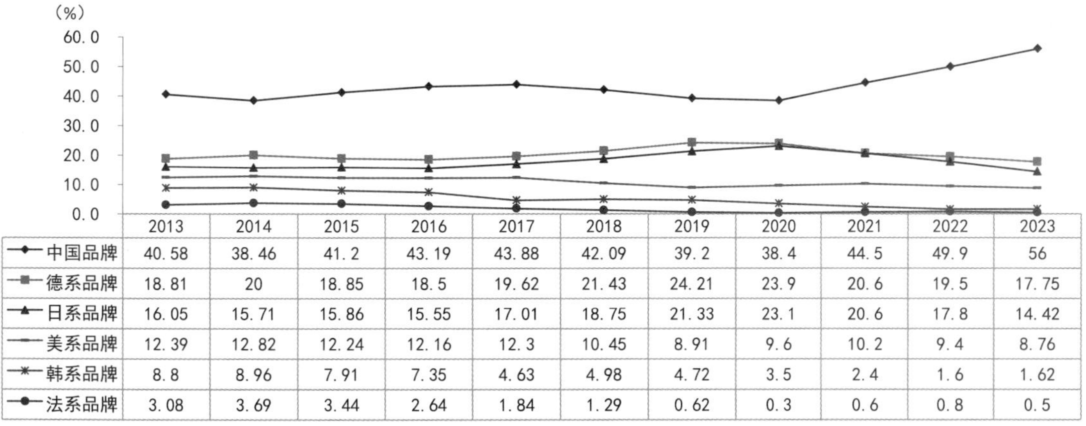

	2013	2014	2015	2016	2017	2018	2019	2020	2021	2022	2023
中国品牌	40.58	38.46	41.2	43.19	43.88	42.09	39.2	38.4	44.5	49.9	56
德系品牌	18.81	20	18.85	18.5	19.62	21.43	24.21	23.9	20.6	19.5	17.75
日系品牌	16.05	15.71	15.86	15.55	17.01	18.75	21.33	23.1	20.6	17.8	14.42
美系品牌	12.39	12.82	12.24	12.16	12.3	10.45	8.91	9.6	10.2	9.4	8.76
韩系品牌	8.8	8.96	7.91	7.35	4.63	4.98	4.72	3.5	2.4	1.6	1.62
法系品牌	3.08	3.69	3.44	2.64	1.84	1.29	0.62	0.3	0.6	0.8	0.5

图9 2013—2023年乘用车品牌分国别市场占有率变化情况

2023年，中国品牌轿车表现突出，市场占有率较上年快速提升，全年共销售559万辆，同比增长20.9%，占轿车销售总量的48.7%，占有率比上年提升7.1个百分点。其中：销量排名前十位的中国品牌轿车依次为：秦 PLUS、海豚、海鸥、五菱缤果、比亚迪汉、Aion S、帝豪、逸动、UNI-V 和 MG4。与上一年度相比，除汉和帝豪销量有所下降，其他品牌销量均呈不同程度增长。2023年，上述十个品牌共销售246.2万辆，占中国品牌轿车销售总量的44%。

中国品牌SUV市场占有率较上一年度也有较明显提升，全年共销售807.5万辆，同比增长29.2%，占SUV销售总量的61.1%，占有率比上年提升5.2个百分点。其中，销量排名前十位的中国品牌SUV依次为：元PLUS、宋PLUS DM-i、哈弗H6、CS75、MGZS、Aion、博越、新瑞虎7改款、宋Pro DM-i和缤越。与上一年度相比，除哈弗H6销量呈小幅下降外，其余品牌均呈不同程度增长，其中宋Pro DM-i、宋PLUS DM-i和元PLUS增速更为明显。2023年，上述十个品牌共销售259.9万辆，占中国品牌SUV销售总量的32.2%。

中国品牌MPV市场占有率较上一年度微降，全年共销售66.6万辆，同比增长17.4%，占MPV销售总量的60.5%，占有率比上年减少0.1个百分点。其中，销量排名前十位的中国品牌MPV依次为：腾势D9、五菱宏光、传祺M8、传祺M6、五菱佳辰、菱智、岚图梦想家、上汽MAXUSG50、极氪009（BEV）和传祺E9。与上一年度相比，腾势D9和岚图梦想家销量增长迅速。2023年，上述十个品牌共销售51.3万辆，占中国品牌MPV销售总量的77%。

（三）商用车市场回暖，产销保持较快增长

1．商用车产销呈两位数增长，前十企业继续保持较高市占率

2023年，商用车产销累计完成403.7万辆和403.1万辆，同比分别增长26.8%和22.1%，呈现两位数较快增长。在商用车主要品种中，与上一年度相比，货车和客车产销均呈明显增长。受宏观经济持续回升向好、物流行业回暖升温、旅游市场强势复苏、海外出口市场需求旺盛等利好因素影响，加之2022年商用车产销位于近年来历史低位、同期基数相对较低，2023年我国商用车市场企稳回升，实现恢复性增长。其中，新能源商用车、天然气重卡和海外出口市场表现尤为亮眼，成为拉动整体市场复苏增长的主要动能（见图10）。

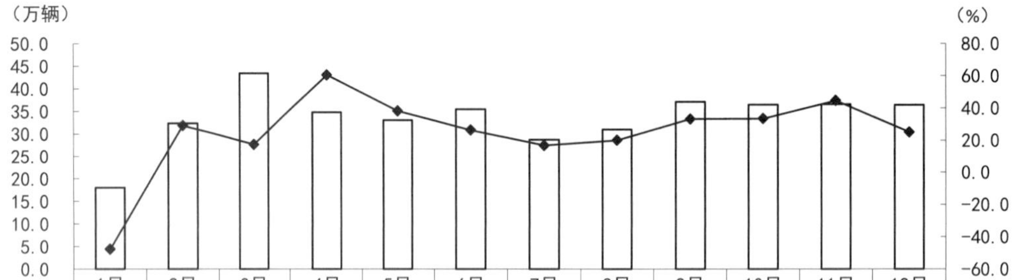

	1月	2月	3月	4月	5月	6月	7月	8月	9月	10月	11月	12月
销量	18.0	32.4	43.4	34.8	33.0	35.5	28.7	31.0	37.1	36.5	36.6	36.4
增长率	-47.7	29.1	17.4	60.5	38.2	26.3	16.8	20.0	33.2	33.4	44.6	25.1

图10　2023年商用车月度销量及同比增长变化情况

从商用车按燃料类型细分品种销售情况来看，与上一年度相比，主要传统燃料类型产品均呈现不同程度增长，其中天然气车得益于油气价差进一步拉大涨幅最为显著，成为拉动商用车市场快速增长的主要动能之一。具体来看，2023年，天然汽车累计销售21.2万辆，同比增长3.6倍；柴油车累计销售209.5万辆，同比增长8.7%；汽油车累计销售128.7万辆，同比增长26.5%。新能源方面，在行业加快转型升级、推动绿色低碳发展的浪潮下，得益于利好政策加持、补能技术发展等多重因素驱动，继2022年实现爆发式增长后，2023年新能源商用车市场同样延续良好发展势头，呈现较快增长。全年累计销售44.7万辆，同比增长32.3%，占商用车销售总量的11.1%，市场占有率持续提升。

商用车销量排名前十位的企业依次为：北汽福田、东风公司、上汽通用五菱、中国重汽、长安汽车、中国一汽、江汽集团、长城汽车、江铃股份和上汽大通，分别销售62.7万辆、43.2万辆、40.1万辆、32.3万辆、31.6万辆、24.2万辆、23.1万辆、20.2万辆、20万辆和17万辆。与上一年度相比，除江铃股份销量小幅下降外，其他企业均呈不同程度增长。2023年，上述十家企业共销售314.5万辆，占商用车销售总量的78%（见图11）。

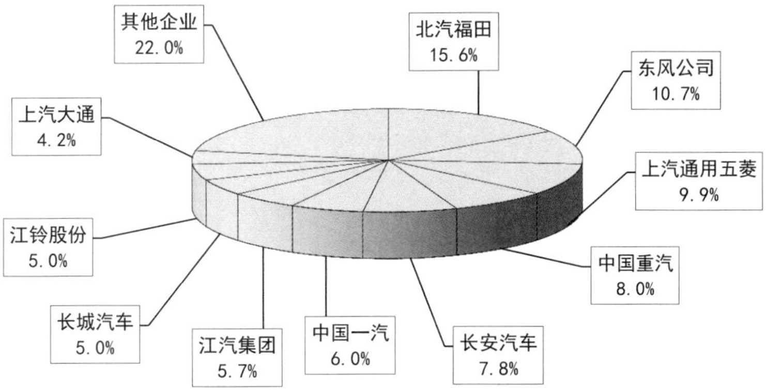

图11　2023年前十家商用车生产企业销量占有率

2．货车产销明显增长，重型货车表现更为突出

2023年，货车产销累计均完成353.9万辆，同比分别增长27.4%和22.4%。在货车主要细分品种中，与上一年度相比，四大类货车品种产销均呈两位数增长。其中，重型货车增幅最为显著。受益于经济复苏、基建投资走强、物流运输升温，重型货车市场回暖势头明显，购车需求持续增长。此外，天然气重卡和海外出口市场的优异表现，也为重型货车市场复苏注入了强劲动能。

具体来看，2023年，重型货车产销累计完成91.7万辆和91.1万辆，同比分别增长45.1%和35.6%；中型货车产销累计完成10.6万辆和10.7万辆，同比分别增长15.4%和12%；轻型货车产销累计完成188.4万辆和189.5万辆，同比分别增长20.7%和17.1%；微型货车产销累计完成63.3万辆和62.6万辆，同比分别增长28.2%和23.6%（见图12、图13）。

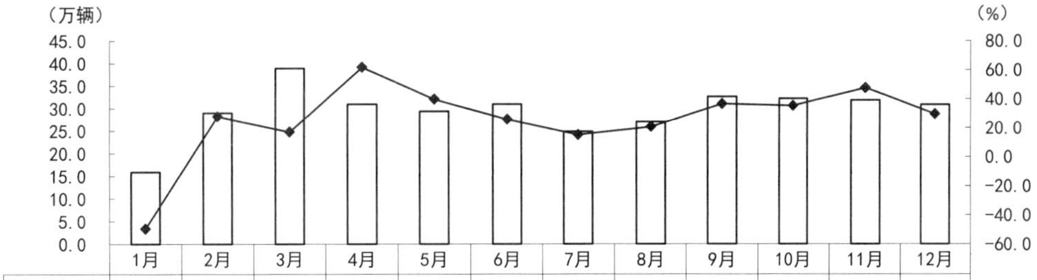

	1月	2月	3月	4月	5月	6月	7月	8月	9月	10月	11月	12月
销量	15.9	29.0	38.9	31.0	29.4	31.0	24.8	27.0	32.6	32.2	31.8	30.9
增长率	-49.5	27.7	17.0	61.7	39.8	25.8	15.0	20.5	36.5	35.2	47.5	29.5

图12　2023年货车月度销量及同比增长变化情况

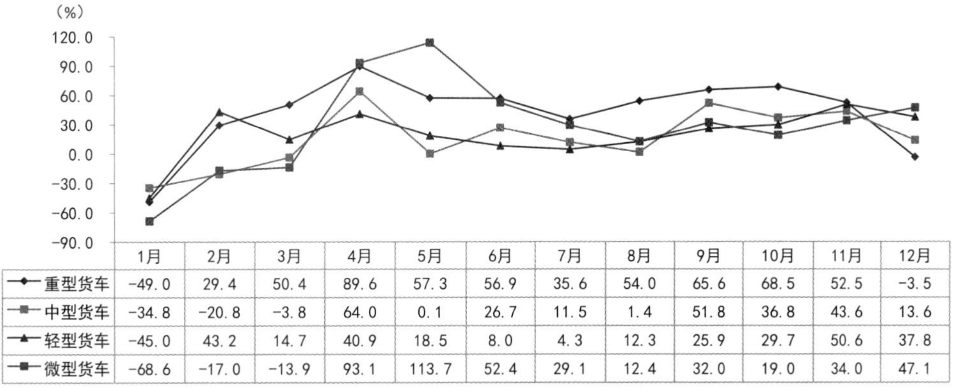

	1月	2月	3月	4月	5月	6月	7月	8月	9月	10月	11月	12月
重型货车	-49.0	29.4	50.4	89.6	57.3	56.9	35.6	54.0	65.6	68.5	52.5	-3.5
中型货车	-34.8	-20.8	-3.8	64.0	0.1	26.7	11.5	1.4	51.8	36.8	43.6	13.6
轻型货车	-45.0	43.2	14.7	40.9	18.5	8.0	4.3	12.3	25.9	29.7	50.6	37.8
微型货车	-68.6	-17.0	-13.9	93.1	113.7	52.4	29.1	12.4	32.0	19.0	34.0	47.1

图13　2023年货车细分品种销量增长率

3．客车产销两位数增长，市场呈现一定复苏态势

2023年，客车产销累计完成49.8万辆和49.2万辆，同比分别增长22.5%和20.6%。在客车

主要品种中，与上一年度相比，三大类客车品种产销均呈不同程度增长，其中轻型客车增长更为明显。具体来看，大型客车产销累计完成5.5万辆和5.4万辆，同比分别增长5.1%和4%；中型客车产销累计完成3.9万辆和3.8万辆，同比分别增长5.9%和3.8%；轻型客车产销累计完成40.4万辆和40万辆，同比分别增长27.2%和25.1%（见图14）。

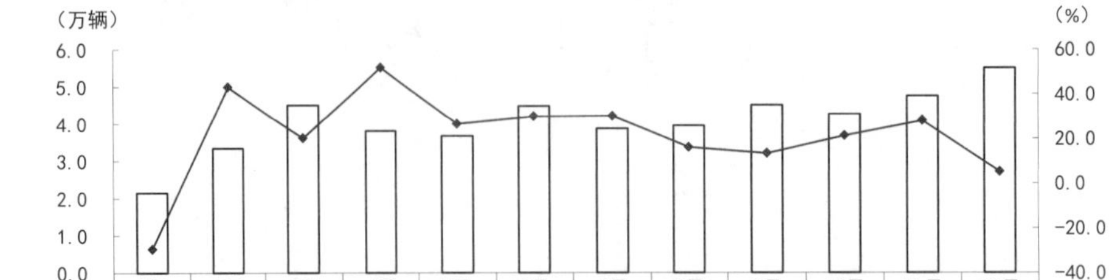

	1月	2月	3月	4月	5月	6月	7月	8月	9月	10月	11月	12月
销量	2.1	3.3	4.5	3.8	3.7	4.5	3.9	4.0	4.5	4.3	4.8	5.5
增长率	-29.5	43.1	20.2	51.9	26.6	29.9	30.1	16.1	13.3	21.2	28.0	5.1

图14 2023年客车月度销量及同比增长变化情况

2023年，伴随经济形势持续好转，三年疫情防控平稳后，旅游市场强势复苏，国民出行意愿高涨，国内客车市场被压制的需求得到逐步释放，长途客车和旅游客车销量大幅增长。且随着乡村游、周边游、精品游等线路越来越受到民众青睐，使得中小型、高端化的旅游客车变得越发受欢迎，加之营运车辆“7改9”“大改小”的发展趋势、电商物流的快速发展、蓝牌轻卡的替代效应等利好因素叠加，推动轻型客车市场快速增长。与此同时，客车海外市场需求依旧旺盛，继续保持高速增长，新能源客车出口也处于快速发展期，为客车市场的复苏增长提供了有力支撑。未来，城镇化的发展、公交都市的建设、万人标台的提升、农村客运公交化运营持续推进等有利因素预计将对客车市场需求形成有力支撑。“双碳”目标的达成，公共领域全面电动化试点的推动，将加快传统燃油客车向新能源客车转化的进程，加之各大客车企业都在积极布局新能源领域，相信随着技术水平的不断进步、产品线的愈加丰富，新能源客车制造成本将逐渐下降，产品质量将持续提升，需求将进一步增长，新能源客车市场发展前景向好，将成为推动客车行业高质量发展的重要动力。“一带一路”倡议的推进和国际市场的开拓，新能源客车认可度的不断提高，环保意识的加强，各国节能减排政策趋严，疫情后海外市场需求的逐步恢复以及部分国家基于经济复苏、改善民生的需要，都将为我国客车行业海外出口提供更为广阔的发展空间，特别是新能源客车出口预计将迎来更快发展。

4．皮卡车产量微降，销量微增

中国汽车工业协会统计的皮卡车企业数据显示，2023年，皮卡车产销累计完成52.2万辆和52.1万辆，产量同比下降0.9%，销量同比增长0.3%。分燃料类型看，汽油车产销实现两位数增长，柴油车产销小幅下降。具体来看，汽油车产销累计完成14.7万辆和14.6万辆，同比分别增长20.8%和21.5%；柴油车产销累计完成36.3万辆和36.4万辆，同比分别下降8.4%和7.2%。2023年皮卡车月度销量及同比增长变化情况见图15。

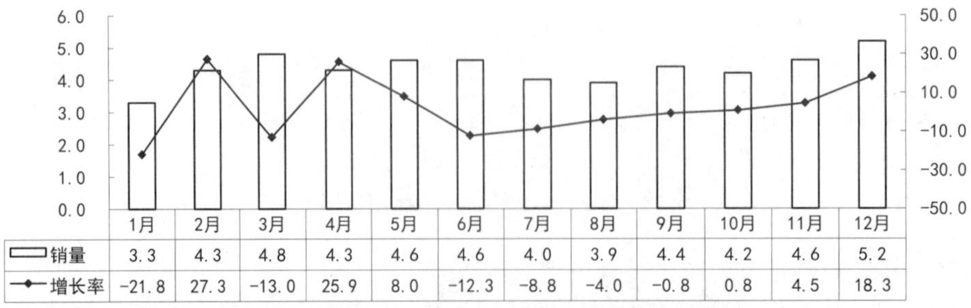

	1月	2月	3月	4月	5月	6月	7月	8月	9月	10月	11月	12月
销量	3.3	4.3	4.8	4.3	4.6	4.6	4.0	3.9	4.4	4.2	4.6	5.2
增长率	-21.8	27.3	-13.0	25.9	8.0	-12.3	-8.8	-4.0	-0.8	0.8	4.5	18.3

图15 2023年皮卡车月度销量及同比增长变化情况

皮卡车销量排名前十位的企业依次为：长城汽车、江铃股份、上汽大通、江汽集团、郑州日产、江西五十铃、北汽福田、保定长安、河北中兴和山东唐骏欧铃，分别销售20.2万辆、6万辆、5.5万辆、5.4万辆、3.8万辆、3万辆、2.5万辆、2.2万辆、1.5万辆和0.7万辆。与上一年度相比，长城汽车、江汽集团、北汽福田和山东唐骏欧铃销量均呈增长，其中山东唐骏欧铃增速更为显著。2023年，上述十家企业销量合计50.8万辆，占皮卡车销售总量的97.6%。

（四）新能源汽车保持较快增长，产销再创历史新高

2023年，新能源汽车延续快速增长态势，月度产销数次创历史新高，全年产销也再次刷新纪录，分别完成958.7万辆和949.5万辆，同比分别增长35.8%和37.9%，市场占有率达到31.6%。其中，纯电动汽车产销累计完成670.4万辆和668.5万辆，同比分别增长22.6%和24.6%；插电式混合动力汽车产销累计完成287.7万辆和280.4万辆，同比分别增长81.2%和84.7%；燃料电池汽车产销累计均完成0.6万辆，同比分别增长55.3%和72%。尽管纯电动汽车从数量上来说仍占据绝对主导，但仅就增长势头而言，适应性更强、更能满足消费者需求与偏好的插电式混合动力汽车表现更优（见图16）。

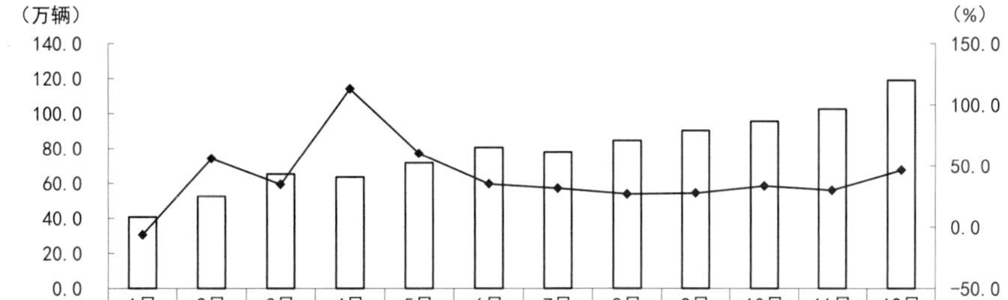

	1月	2月	3月	4月	5月	6月	7月	8月	9月	10月	11月	12月
销量	40.8	52.5	65.3	63.6	71.7	80.6	78.0	84.6	90.4	95.6	102.6	119.1
增长率	-6.3	55.9	34.8	113.0	60.2	35.2	31.6	27.0	27.7	33.5	30.0	46.4

图16　2023年新能源汽车月度销量及同比增长变化情况

新能源汽车作为产业转型升级的主要方向，发展空间广阔。2023年以来，新能源汽车继续保持快速增长，主要得益于以下五方面因素：一是一直以来，党中央和国务院高度重视新能源汽车产业发展，从政策促进、产业链培育、基础设施建设、消费引导等各方面给予支持，持续发力，我国新能源汽车产业已进入良性发展轨道，顺利占领先机。二是经过改革开放以来近40年的培养，中国品牌强势崛起，实现突破。2023年以来，中国车企加大推出新能源汽车新品力度，市场供给丰富多元，能够快速满足更多消费者的极致需求。中国品牌乘用车市场份额稳定保持在50%以上，中国品牌新能源乘用车在新能源乘用车中的市场份额更是高达80.6%。三是供应链和整车综合制造能力、水平、质量都大有提升，新能源产业生态链呈现出强有力的竞争发展态势，如电池、电机等核心产业供应链继续保持领先，智能化、网联化技术创新加速发展。四是部分先行企业长期坚持深耕海外，厚积薄发，推动海外市场迅速扩张，新能源汽车出口成为增长新动能。五是2023年以来，在全球经济复苏缓慢、发展动能减弱的背景下，我国宏观经济持续稳定复苏，持续回升向好。国家层面密集出台多项促汽车消费、稳行业增长措施，延续新能源汽车购置税减免、充电基础设施建设、新能源汽车下乡等利好政策相继出台、落地，政策指引性强，进一步加速了新能源汽车产业发展，为推动新能源汽车消费释放新活力，如图17所示。

发展新能源汽车，是推动产业绿色发展、加快转型升级、支撑国家“双碳”战略的重要举措，是我国从汽车大国迈向汽车强国的必由之路。近年来，在国家政策的支持和引导下，通过各方共同努力，我国新能源汽车产业蓬勃发展，成为引领全球汽车产业转型的重要力量。产销规模全球领先，2015年以来新能源汽车产销量连续9年位居全球首位。关键技术水平不断提高，三电等关键领域创新活跃，智能座舱、智能驾驶等技术加快发展应用。产业配套体系逐步健全，动力电池、关键材料、电驱动等配套能力有效满足产业发展需要，充、换电基础设施建设加速布局。

产品供给质量持续提升，消费者认可度日益提高（见图17）。

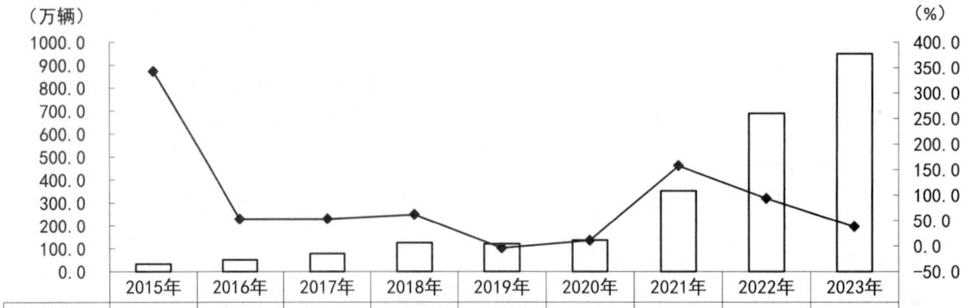

	2015年	2016年	2017年	2018年	2019年	2020年	2021年	2022年	2023年
销量	33.11	50.66	77.67	125.62	120.6	136.7	352.1	688.7	949.5
增长率	342.9	53.0	53.3	61.7	-4.0	10.9	157.5	93.4	37.9

图17　2015—2023年新能源汽车销量及同比增长变化情况

经过多年发展，我国新能源汽车产业已从培育期进入快速发展阶段，具备了一定的积累，在部分领域形成了一定的竞争优势。但也要清醒地认识到，在发展过程中仍存在一些问题，如核心技术创新能力有待加强、基础设施建设和产业生态尚需健全、多数企业规模化盈利能力尚不具备、新能源汽车使用环境仍需优化等。需要加快提升自主创新能力，持续优化产业发展环境，推进高水平对外开放，加强国际交流合作，推动产业健康、持续发展。

（五）重点企业集团整体运行平稳

2023年，汽车销量排名前十位的企业集团销量合计为2571.5万辆，同比增长9.9%，占汽车销售总量的85.4%，低于上年同期1.7个百分点。行业内重点企业集团整体运行平稳，骨干企业的稳定发展为汽车行业的健康运行打下了坚实的基础。

2023年，汽车销量排名前十位的企业（集团）依次为：上汽集团、中国一汽、比亚迪股份、长安汽车、广汽集团、东风公司、吉利控股、奇瑞控股、北汽集团和长城汽车，分别销售491.2万辆、336.7万辆、302.4万辆、255.3万辆、250.6万辆、242.1万辆、211.4万辆、187.8万辆、170.8万辆和123万辆。与上一年度相比，比亚迪股份和奇瑞控股销量增速更为明显，吉利控股、北汽集团和长城汽车销量也呈两位数增长，长安汽车、中国一汽和广汽集团销量小幅增长，其他企业销量呈不同程度下降（见图18）。

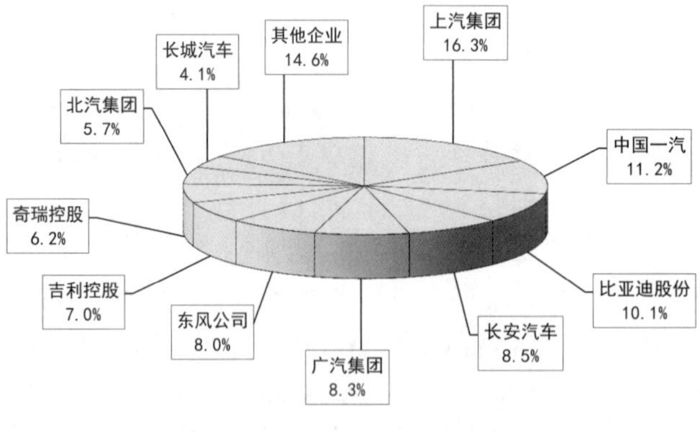

图18　2023年前十家汽车生产企业销量占有率

当前，新一轮科技革命正在加速演进，汽车行业正在积极向电动化、智能化、网联化转型，行业内重点企业（集团）纷纷抢抓新机遇，积极探索新的发展思路，寻求新的商业运营模式，加大技术研发力度，加快塑造新品牌，布局新产品，提升综合竞争力，更好支撑和引领我国汽车产业实现高质量发展。

（六）汽车出口接近500万辆，再创历史新高

中国汽车工业协会统计数据显示，2023年，汽车累计出口491万辆，同比增长57.9%，占汽车销售总量的比重为16.3%，较上一年度提升4.7个百分点。从全年汽车出口形势来看，汽车出口一直延续快速增长态势，各月出口量均保持在30万辆以上，其中自8月以来月度出口量更是突破40万辆（见图19）。

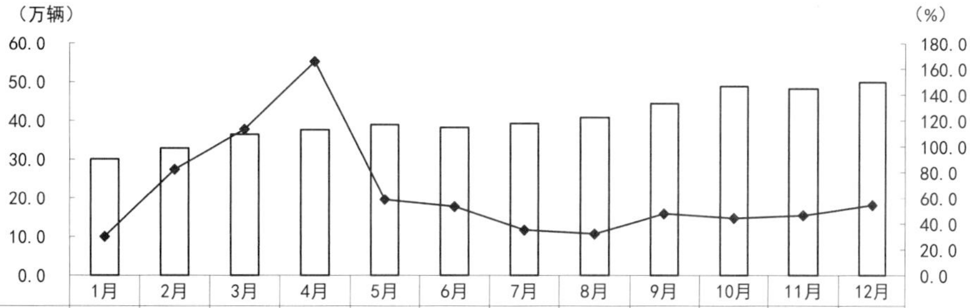

	1月	2月	3月	4月	5月	6月	7月	8月	9月	10月	11月	12月
出口量	30.1	32.9	36.4	37.6	38.9	38.2	39.2	40.8	44.4	48.8	48.2	49.9
增长率	30.1	82.2	113.3	165.6	58.7	53.2	35.1	32.1	47.7	44.2	46.3	54.3

图19　2023年汽车企业月度出口量及同比增长变化情况

2023年，我国汽车出口继续保持快速增长主要受以下四方面因素共同驱动：一是海外刚需拉动。疫情后经济逐步恢复，被抑制的消费需求逐步释放。二是国际供给不足。俄乌冲突等因素导致西方汽车供应链恢复缓慢，海外汽车制造商供应能力出现一定程度下滑，而我国汽车产业链相对完备，并通过转型升级形成新优势，可及时向海外市场提供优质汽车产品，有效弥补海外市场的供应缺口。三是中国品牌自身实力提升。近年来，在汽车行业“四化”变革的大背景下，国内汽车行业加速创新转型，在新能源、智能网联等领域竞争力快速提升，助力中国汽车品牌和产品更好走出去、走进去和走上去。四是海外投资促进。中国汽车企业积极响应“一带一路”倡议，加快海外市场布局，通过海外建厂、联合海外销售渠道、独立建设海外销售渠道等多种方式，加快市场开拓，促进我国汽车出口量持续攀升。

分车型看，乘用车累计出口414万辆，同比增长63.7%；商用车累计出口77万辆，同比增长32.2%。分燃料类型看，传统燃油汽车累计出口370.7万辆，同比增长52.4%；新能源汽车累计出口120.3万辆，同比增长77.6%。出口量位居前十位的企业依次为：上汽、奇瑞、吉利、长安、特斯拉、长城、比亚迪、东风、北汽和江汽，分别出口109.9万辆、92.5万辆、40.8万辆、35.8万辆、34.4万辆、31.6万辆、25.2万辆、23.1万辆、19万辆和17万辆。与上一年度相比，从增速上来看，比亚迪出口同比增长3.3倍，奇瑞出口同比增长1倍，长城出口同比增长82.5%，位列前三位。2023年，上述十家企业共出口429.4万辆，占汽车企业出口总量的87.4%。

海关总署数据显示，2023年1—11月，汽车累计出口476.2万辆，同比增长59.6%。其中新能源汽车累计出口159.1万辆，同比增长66.2%。汽车出口量前十的国家中，俄罗斯、墨西哥和比利时出口量位居前三，市场表现较强。新能源汽车出口的前三大国家为比利时、泰国和英国。过去十多年，我国汽车出口一直在100万辆左右徘徊。自2021年，我国汽车出口迎来了爆发式增长，实现了跨越式的突破，相继突破200万辆、300万辆大关，2023年出口量更是逼近500万辆。出口的高速增长为推动我国汽车产业高质量发展、畅通“双循环”新发展格局发挥了积极作用。当前，我国汽车产业国际化发展也步入了新的阶段，国际竞争环境、产业变革和技术发展也在经历着巨大变化，需要政府、行业和企业协同联动，加强顶层设计、国际合作、品牌塑造，推动我国汽车出口与国际化发展量质并举，行稳致远（见图20）。

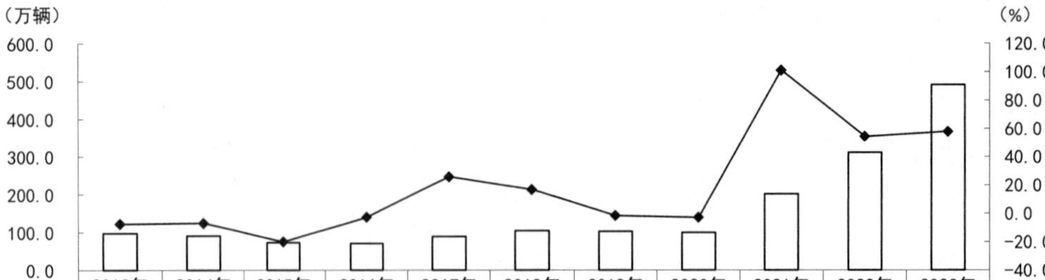

	2013年	2014年	2015年	2016年	2017年	2018年	2019年	2020年	2021年	2022年	2023年
出口量	97.7	91.0	72.8	70.8	89.1	104.1	102.4	99.5	201.5	311.1	491.0
增长率	-7.5	-6.9	-20.0	-2.7	25.8	16.8	-1.6	-2.9	101.1	54.4	57.9

图20　2013—2023年汽车企业整车出口量及同比增长变化情况

二、当前行业存在的主要问题

（一）内需市场增长缓慢加剧行业竞争

2023年我国汽车完成销售3009.4万辆，同比增长12%，其中国内市场销售2518.4万辆，同比增长6%。尽管内需市场有所恢复，止住了2017年后的“五连降”，但相较2017年国内市场最高点2798.8万辆仍少280.4万辆。近年来，内需市场销量基本维持在2400万辆水平。内需市场增长缓慢，进一步加剧了行业的“内卷”。未来3—5年，随着市场竞争加剧，以及国家对汽车整车企业产能调控力度加大，产业结构将面临较大调整。

（二）市场预期与消费信心不足

近三年，由于疫情的影响、经济发展的放缓，消费者信心受到影响，国家统计局发布的消费者信心指数显示，自2022年11月跌至85.5的历史低点后，直到2023年第一季度明显回升，但随后又回跌至低位徘徊，当前总体仍处于低位缓慢恢复过程中。面对不确定性增强、薪资涨幅有限等可预见的情况，或多或少影响消费者的消费意愿，使得消费信心趋于谨慎，有待提升。

（三）行业盈利能力持续恶化

2023年，汽车制造业营业收入首次超过10万亿元，同比增长11.9%，行业利润率仅有5%，为近年来新低。当前行业处于转型调整关键时期，企业研发费用不断上涨。多数新能源汽车企业和传统汽车企业的新能源汽车业务普遍处于亏损状态，尚未形成规模效益；传统燃油车盈利能力在市场份额不断遭受挤压、“油电竞争”愈演愈烈的背景下也在逐渐下降。行业整体面临“增量增收不增利”的局面，盈利能力持续恶化。如果汽车售价大范围继续下探，汽车行业利润率势必还会进一步下行。

（四）国际市场存在诸多挑战

当前，地缘政治和贸易保护主义形势依然严峻，已经存在或有可能发生的事件一定程度将会影响企业出海，例如：红海危机、欧盟反补贴调查、法国环境积分、俄罗斯报废税、部分目的市场高关税、欧美长臂制裁等。此外，随着我国出口快速增长，出口国家和车型不断增加，企业海外发展也面临着标准认证不统一、海外融资缺乏、金融结算风险、海外数据合规等问题，需要协调解决。

（五）“卡脖子”项目造成供应链中断风险

我国在持续加强芯片、操作系统和新能源原材料供给等“卡脖子”领域的项目攻关，但距离完全消除风险还很遥远，加之极端贸易保护主义时有发生，中国汽车产业仍需警惕供应链中断或产品被迫降级的风险。

（六）网络舆论环境更趋复杂

网络秩序是社会公共秩序的重要组成部分。部分自媒体为博眼球、赚流量，故意采取夸大事实、刻意炒作、造谣诽谤等手段，扰乱市场秩序，影响车企品牌形象，给产业发展带来负面影响。

第二部类

大事记

DIERBULEI | DASHIJI

2023年汽车行业大事记

1月

5日 东风有限宣布，东风有限、东风日产两级总部开启一体化整合运营。东风有限将撤销五大事业部及下设机构，职能全部转移至东风日产的相应部门，同时设立东风有限武汉办公室。

6日 特斯拉中国官网显示，特斯拉国产车型大幅降价，Model 3起售价22.99万元，Model Y起售价25.99万元，创下历史最低价格。

8日 “红旗品牌新能源汽车全球战略发布会”在广州召开，会上红旗正式发布了新能源品牌和“旗妙双翼”的全新logo。会上公布三款新能源品牌旗下新车，分别为E001、E202、E702。

9日 小鹏汽车与小灵狗出行、神州租车正式签署三方战略合作协议，并在宁波完成首批小鹏P7的交付仪式。通过本次合作，小鹏汽车扩大在出行租赁平台的鹏友圈，将与合作伙伴共同打造汽车短时租赁轻资产运营新模式，携手推进构建绿色出行生态。

10日 天津市宣布从1月11日起至2月底期间，发放第二期“津乐购”消费券，总计金额1.15亿元。公告显示，汽车消费补贴总计安排资金6000万元，购车最高可享6000元补贴。

同日 商务部官网印发包括杭州、武汉、广州、沈阳、南京、成都在内的六市服务业扩大开放综合试点总体方案的通知。《武汉市服务业扩大开放综合试点总体方案》提出，建设新能源公共技术研发平台，打造全国新能源和智能网联创新中心。

16日 滴滴发布声明称，即日起恢复“滴滴出行”的新用户注册。声明还表示，公司已经对审查中发现的安全问题进行了全面整改，后续将采取有效措施，切实保障平台设施安全和大数据安全，维护国家网络安全。

17日 宁德时代宣布与蔚来签署5年全面战略合作协议。此次合作是双方基于战略合作关系的又一次深化和升级，涉及新品牌、新项目、新市场的技术合作，供需两端联动，海外业务拓展以及基于长寿命电池的商业模式合作等领域。

18日 Faraday Future官方宣布，公司已与湖北省黄冈市政府达成了不具约束力的合作框架协议。根据协议，FF计划未来将中国总部迁至黄冈市。

19日 国务院新闻办举行新闻发布会，会上商务部发言人表示，汽车、家电、家居、餐饮是消费的顶梁柱，将着力稳定和扩大汽车消费，支持新能源汽车购买使用，扩大二手车流通。商务部还将打通二手车信息平台，推广上海的汽车全生命周期信息平台和中国汽车流通协会有关经验做法，建设全国性的二手车信息共享平台，使群众敢于买二手车，促进汽车的梯度消费，活跃汽车的流通市场。

29日 上海市人民政府印发《上海市提信心扩需求稳增长促发展行动方案》提出，将延续实施新能源车置换补贴，2023年6月30日前个人消费者报废或转出名下在上海市注册登记且符合相关标准的小客车，并购买纯电动汽车的，给予每辆车10000元的财政补贴。

同日 浙江省发改委网站发布了《浙江

省加快新能源汽车产业发展行动方案》指出，到2025年，浙江省新能源汽车年产量超120万辆，占全省汽车生产总量比重超过60%，新能源汽车产量占全国比重10%左右。同时支持优势企业拓展海外市场，到2025年，力争新能源整车出口量超过20万辆。

2月

1日　奇瑞汽车宣布，正式开启全系车型整车终身质保政策。奇瑞汽车表示，自2023年1月1日起，凡购买奇瑞集团旗下星途、奇瑞、捷途、奇瑞新能源四大品牌全系车型均可享受。

3日　工业和信息化部等八部门发布关于组织开展公共领域车辆全面电动化先行区试点工作的通知提出，要在全国范围内启动公共领域车辆全面电动化先行区试点工作，试点期为2023—2025年。试点工作的主要目标提到，一是车辆电动化水平要大幅提高。试点领域新增及更新车辆中新能源汽车比例显著提高，其中城市公交、出租、环卫、邮政快递、城市物流配送领域力争达到80%。

5日　浙江台州最大的汽车经销集团“浙江中通控股集团”也因资金问题而突然关门跑路，导致大批员工没有拿到工资。据悉，中通集团下的19家4S店均已关停。

7日　四川省人民政府印发《聚焦高质量发展推动经济运行整体好转的若干政策措施》（以下简称《措施》），提出36项重要措施，其中提到关于新能源汽车等相关政策措施。该《措施》施行有效期至2023年12月31日。

8日　北京大兴商务局宣布从2023年2月10日起，开始发放总金额2000万元的汽车消费券，直至奖励资金核销完毕为止，届时大兴区内的30余家汽车4S店均可以使用，每辆车至高直降3000元。

13日　四维图新宣布，已与宝马集团签署许可协议，将为宝马在中国市场的下一代自动驾驶功能提供ADAS（高级驾驶辅助系统）地图、HD（高精）地图及LBS（基于位置的服务）等产品及服务。

14日　广州市印发支持市场主体高质量发展促进经济运行率先整体好转若干措施的通知。若干措施通知提出，广州将出台促进汽车消费专项政策，通过一揽子综合措施进一步激发汽车消费活力。继续实施新能源指标直接配置措施，2023年上半年额外增加3万个节能车增量指标配置额度，并临时放宽非本市户籍人员申请节能车增量指标资格条件。

16日　上海市印发《上海市公共停车场（库）充电设施建设管理办法》（以下简称《办法》）的通知，《办法》规定自4月1日起，至2028年3月31日，上海市新（改、扩）建的公共停车场（库）应当按照“一类地区具备充电功能的停车位不少于总停车位15%、二类地区具备充电功能的停车位不少于总停车位12%、三类地区具备充电功能的停车位不少于总停车位10%”的标准配建充电设施。

17日　重庆长安汽车股份有限公司公告，根据业务需要，公司拟与重庆长安新能源汽车科技有限公司、宁德时代新能源科技股份有限公司共同出资设立电池合资公司。

21日　均瑶集团正式官宣造车，并发布“吉祥大出行”战略构想，通过吉祥航空以及云度汽车，从硬件、软件和服务三个维度，为用户提供陆空一体化服务体验。

23日　吉利汽车集团宣布中高端新能源系列银河正式发布，涵盖“智能电混”和“智能纯电”两个产品系列，“智能纯电”E系列采用吉利银河智能“纯电”架构，覆盖A级到D级智能纯电产品；“智能电混”L系列采用吉利银河智能“电混”架构，覆盖A0级到B级智能电混产品。

26日　全国首个新能源二手车交易平台

“优车够”正式上线。线下门店已覆盖江苏、安徽、四川、河南、山西等地。

3月

6日 神龙汽车开启大降价，湖北省联合了多家车企推出了政企购车补贴，其中，东风车系补贴力度最为猛烈。

同日 极氪认证官方二手车业务子品牌——极氪认证（ZEEKR Certified）正式上线，为用户提供买车、卖车、换车全场景一站式服务，打造产品全生命周期价值管理体系。

7日 力帆科技（集团）股份有限公司公告称，其全资子公司河南力帆新能源电动车有限公司已向法院申请破产清算。

8日 广州市人民政府印发《广州市建设国际消费中心城市发展规划（2022—2025年）》（以下简称《规划》），《规划》提出广州市要推进全市公交车辆、出租车全面置换为新能源车辆，加快党政机关公务车辆、国有企业公务车辆、市政作业车辆有序置换为新能源车辆，综合运用经济奖励、政策支持等多种手段鼓励私人部门购买新能源汽车，提升新能源车在私人部门的渗透率。

9日 上汽集团旗下子公司上汽金控、华域上海、东华汽车、中联电子拟与战新基金、现代产业基金、重庆渝富等共同出资设立“河南尚颀汇融尚成一号产业基金合伙企业（有限合伙）”。该基金聚焦汽车电子、半导体、新能源及产业链延伸相关领域，重点挖掘自动驾驶、智能座舱、低碳出行及与产业链相关的半导体、信息安全等细分赛道项目。

13日 嘉兴上汽芯程股权投资合伙企业（有限合伙）于近日成立，注册资本5.01亿元。该企业由上海汽车工业（集团）有限公司、上海上汽恒旭投资管理有限公司共同出资。用于投资双碳、智能网联、汽车电子、先进制造、新材料、半导体以及其他汽车产业多元外延领域。

15日 上汽集团宣布宁德—墨西哥国际自营航线首发启航，上汽旗下运载量最大的汽车滚装船——安吉凤凰号搭载首批千辆MG品牌新车，从福建宁德港专属滚装码头驶向墨西哥拉萨罗卡德纳斯（Lazaro Cardenas）港。随着宁德—墨西哥航线的正式开通，上汽宁德基地成为国内首个集仓储、公路运输、铁路运输和远洋运输等多种物流模式于一身的整车生产基地。

22日 吉利汽车首个共享出行定制车品牌命名公布，定名曹操汽车。曹操汽车整合了吉利积累的产业基础和智造优势及曹操出行服务1.5亿用户的共享出行实践优势，专为共享出行市场推出的造车品牌。曹操汽车计划为共享出行市场带来深度定制化产品，升级乘客、司机和出行平台体验。

27日 博世集团旗下全资子公司博世汽车部件（苏州）有限公司（以下简称“博世苏州”）于近日在苏州举行了博世新能源汽车核心部件及自动驾驶研发制造基地的奠基活动。博世苏州将投资约70亿元人民币（约合10亿美元）在苏州建立博世新能源汽车核心部件及自动驾驶研发制造基地，用于研发和制造配备新一代碳化硅功率模块单元的电驱产品、新一代智能集成制动系统IPB2.0、智能解耦制动系统以及博世中国高阶智能驾驶解决方案在内的多款自动驾驶核心技术。

30日 赛力斯集团旗下重庆赛力斯蓝电汽车有限公司正式发布全新新能源汽车品牌——蓝电。这是赛力斯集团旗下又一个全新的新能源品牌。同时，蓝电品牌首款车型蓝电E5正式上市，新车定位电混中型SUV。

31日 中国汽车流通协会发布最新一期“中国汽车经销商库存预警指数调查”显示，3月汽车经销商库存预警指数达62.4%，同比下降1.2%（2022年同期因疫情高发库存预警指数较高），环比则上升了4.3个百分点，整体形势不容乐观。

4月

4日　深圳市发布《关于调整新能源小汽车增量指标申请条件的通告》，调整深圳市新能源小汽车增量指标个人申请条件。更改后，持有效深圳市居住证的非深户籍人员，申请新能源小汽车（纯电动小汽车、混合动力小汽车）增量指标的，不要求最近连续24个月以上在本市缴纳基本医疗保险。

7日　奇瑞汽车宣布到2025年，奇瑞汽车各品牌将全面新能源化，即所有产品线都将提供纯电动或混合动力的选择。其中，其现有产品将全面电混化，2023—2024年，鲲鹏超性能混动 C-DM 将搭载于奇瑞集团20款以上产品。为此，奇瑞集团预计到2025年共投资超过1000亿元，打造超过300个以上的瑶光实验室，并建立超2万人的研发团队。按照规划，到2025年，奇瑞集团预计将实现超过1000项的技术新突破。

9日　特斯拉储能超级工厂项目落户临港新片区。该工厂规划生产特斯拉超大型商用储能电池（Megapack），初期规划年产商用储能电池可达1万辆，储能规模近40GWh，产品提供范围覆盖全球市场。该工厂项目计划于2023年第三季度开工，2024年第二季度投产。

11日　长城汽车向生态环境部、国家市场监督管理总局、工业和信息化部递交举报材料，就比亚迪秦 PLUS DM-i、宋 PLUS DM-i 采用常压油箱，涉嫌整车蒸发污染物排放不达标的问题进行举报。

12日　为促进车辆智能化、网联化技术应用和产业发展，规范智能网联车辆测试与应用，杭州市人民政府办公厅发布了《关于印发杭州市智能网联车辆测试与应用管理办法的通知》（以下简称《通知》）。《通知》指出，智能网联车辆测试与应用按照鼓励创新、安全可控、包容审慎、开放合作、绿色环保的总体思路，遵循从低风险等级到高风险等级道路、从简单类型到复杂类型测试、从低技术等级到高技术等级自动驾驶系统的原则，实行分级分类管理。

同日　海南省三亚市人民政府办公室于近日印发了《三亚市废弃汽车治理工作方案》，拟通过开展废弃汽车专项治理工作，对废弃汽车要建立常态化执法监管机制、完善废弃汽车治理制度体系以及健全报废汽车回收利用体系。

同日　江汽集团正式发布新能源乘用车品牌“江淮钇为”，其第二代纯电平台“DI 平台”将在5年内发布4款重磅产品。

18日　北京市商务局印发《加快恢复和扩大消费持续发力北京国际消费中心城市建设2023年行动方案》，提出延续实施新能源车置换补贴政策，对乘用车置换新能源小客车符合条件的车主给予补贴。

同日　东风日产 × 易车“融合创新合力共赢——私域用户运营共建战略发布仪式”在上海车展易车展馆内隆重举办。双方将协同资源、产品与人力，共建“公私合域运营”生态闭环，打造创新的数字营销和用户运营，实现优势互补、品牌共赢。

20日　重庆龙华实业集团旗下门店或关门歇业或转让，大量用户赠送或购买的保养无法正常兑现，旗下龙奥汽车销售服务有限公司拟被大昌行汽车控股集团有限公司收购。

25日　云南省印发《云南省促进绿色消费实施方案》的通知。通知指出，将大力推广新能源汽车，落实免限行、路权等支持政策。持续推进绿色交通基础设施建设，实施绿美交通行动，到2025年，形成一批绿色示范公路、示范场站、示范港口、示范航道和示范企业。以昆明、玉溪、保山及普洱4个州市为试点，打造云南省绿色出行示范。

27日 国务院办公厅于近日发布了《关于推动外贸稳规模优结构的意见》。其中，明确要培育汽车出口优势，各地方、商协会组织汽车企业与航运企业进行直客对接，引导汽车企业与航运企业签订中长期协议。鼓励中资银行及其境外机构在依法合规、风险可控前提下，创新金融产品和服务，为汽车企业在海外提供金融支持。各地方进一步支持汽车企业建立和完善国际营销服务体系，提升在海外开展品牌宣传、展示销售、售后服务方面的能力。

30日 面对行业发展中的重大事件，中国汽车流通协会先后就武汉“价格战”和石家庄4S店大面积拆迁等问题发出了行业的声音，引起了业界强烈反响并得到政府有关部门的高度重视和积极回应；4月，协会还就行业反应比较强烈的国六环保排放标准的切换时间问题，组织业内企业及有关专家做了充分的调研并形成报告递交有关政府部门，最终得以解决。

5月

8日 生态环境部等5部门发布《关于实施汽车国六排放标准有关事宜的公告》，自2023年7月1日起，全国范围全面实施国六排放标准6b阶段，禁止生产、进口、销售不符合国六排放标准6b阶段的汽车。

同日 广东省发展改革委等部门印发《广东省全面推行清洁生产实施方案（2023—2025年）》。其中提及持续推进城市公交、出租汽车、城市物流配送车辆的电动化，推动氢燃料电池汽车的示范运用，加快高速公路服务区、港区、公交站场等建设加氢、充电站（桩），全面推进港口船舶岸电使用。到2025年，实现高速公路服务区快充站全覆盖，港口码头泊位岸电覆盖率达70%以上。

9日 浙江吉利控股集团有限公司与重庆长安汽车股份有限公司签署战略合作框架协议。双方将围绕新能源、智能化、新能源动力、海外拓展、出行等产业生态展开战略合作，共同推动中国品牌向上，为用户创造更加美好的消费出行体验。

10日 广汽埃安官方公众平台发布信息，已经与滴滴自动驾驶公司签订深化合作协议，共同发布无人驾驶新能源量产车项目——“AIDI计划”，并宣布将成立合资公司。这是国内首次以整车企业和自动驾驶公司合资的形式推进无人驾驶新能源汽车规模化量产。

13日 江铃汽车发布公告称，由于政府审批事项未能在约定的时间内完成，江铃汽车和沃尔沃卡车协商一致同意，决定终止关于江铃重汽100%股权转让的交易。

17日 国家发展和改革委员会、国家能源局发布《关于加快推进充电基础设施建设更好支持新能源汽车下乡和乡村振兴的实施意见》（以下简称《意见》）。《意见》明确：加强公共充电基础设施布局建设，推广智能有序充电等新模式，支持农村地区购买使用新能源汽车。

23日 日本政府正式宣布将把先进半导体制造设备等23个产品列入出口管制清单。经过两个月的公示期后，日本最新的出口管制预计将于7月23日正式生效。

24日 广东省能源局印发《广东省推进能源高质量发展实施方案》（以下简称《方案》）。新能源汽车方面，《方案》明确：加快新能源汽车推广应用，大力推进电动汽车充电基础设施建设，加快建设适度超前、科学布局、安全高效的充电网络体系。到2025年，全省规划累计建成集中式充电站4500座以上、公共充电桩25万个以上。积极开展车网互动示范，在广州、深圳、佛山、东莞、珠海建设车网互动充电站V2G示范工程。

同日 江铃汽车在互动平台表示，江铃重汽已暂停生产和销售，坚定新能源转型，持续加快新能源产品的研发及投放，通过产品平台化、模块化，实现客户多元化组合和城配物流全场景覆盖。目前新能源产品覆盖轻卡、轻客、皮卡系列。

26日　以“砺心磐　启新巅”为主题的2023中国汽车经销商大会在长沙隆重召开。大会邀请行业专家、企业人士就国家宏观经济形势、汽车流通行业趋势、市场回顾与预测、经销商运营发展等话题展开分析解读、探讨交流。

28日　安徽省发布《安徽省新能源汽车和智能网联汽车产业生态建设方案》，提出到2025年，构建纯电动为主、插电混合动力为辅、氢燃料示范的发展格局，形成整车、零部件、后市场三位一体格局。到2027年，将安徽打造成为具有全球知名度和影响力的“智车强省”。

29日　滴滴自动驾驶与法雷奥签署战略合作及投资意向书，法雷奥将对滴滴自动驾驶进行战略投资，并联合研发L4级无人驾驶出租车智能安全解决方案。

30日　大众汽车集团（中国）与合肥经开区共同签署协议，宣布大众汽车集团（中国）全资控股科技公司项目落户合肥经开区。项目总投资约10亿欧元，集整车研发、零部件研发和采购职能于一体，将成为大众汽车集团在中国最大的科技和创新中心。

6月

2日　国务院常务会议提出，研究促进新能源汽车产业高质量发展的政策措施。为更大释放新能源汽车消费潜力，会议提出要延续和优化新能源汽车车辆购置税减免政策。

2日　广东省印发了关于《广东省推进能源高质量发展实施方案》的通知，其中提及加快新能源汽车推广应用，大力推进电动汽车充电基础设施建设，加快建设适度超前、科学布局、安全高效的充电网络体系。到2025年，全省规划累计建成集中式充电站4500座以上、公共充电桩25万个以上。

7日　江苏省人民政府办公厅发布《关于推动外贸稳规模优结构若干措施的通知》（以下简称《通知》），关于汽车领域，《通知》提到，支持南京二手车出口试点企业优化扩容，指导苏州尽快启动二手车出口业务，稳步扩大二手车出口。

8日　重庆市印发了《关于印发重庆市2023年度充换电基础设施财政补贴政策的通知》（以下简称《通知》）。《通知》覆盖桩、站、平台、宣传等环节，重点支持充换电基础设施“短板”建设和配套运营服务等方面。主要包括充电桩建设、换电站建设运营、市级监测平台升级、营造推广氛围等四方面共9项政策。

8日　上海临港新片区智能网联汽车创新引领区启动发布会上，友道智途、图森未来、赛可智能、云骥智行四家企业15辆车获颁全国首批无驾驶人路测牌照。

16日　由工业和信息化部、国家发展和改革委员会、农业农村部、商务部和国家能源局联合组织开展的2023年新能源汽车下乡活动正式启动。

19日　国务院办公厅印发《关于进一步构建高质量充电基础设施体系的指导意见》（以下简称《指导意见》），《指导意见》提出，到2030年，基本建成覆盖广泛、规模适度、结构合理、功能完善的高质量充电基础设施体系，有力支撑新能源汽车产业发展

21日　《财政部　税务总局　工业和信息化部关于延续和优化新能源汽车车辆购置税减免政策的公告》（财政部　税务总局　工业和信息化部公告2023年第10号），对购置日期在2024年1月1日至2025年12月31日期间的新能源汽车免征车辆购置税，其中，每辆新能源乘用车免税额不超过3万元；对购置日期在

2026年1月1日至2027年12月31日期间的新能源汽车减半征收车辆购置税，其中，每辆新能源乘用车减税额不超过1.5万元。

21日 广汽集团旗下出行科技与服务公司如祺出行完成8.42亿元B轮融资，由广汽工业领投，多家产业基金及财务投资人跟投。完成本轮融资后，如祺出行将推动构建全开放的自动驾驶运营科技体系，探索可商业化的自动驾驶产品落地应用。

7月

4日 以“拓新路 启新程”为主题的2023年中国二手车大会在天府之国成都隆重召开。来自商务部、成都市的领导，协会和行业专家与五湖四海的二手车兄弟相聚一堂，研判行业发展趋势，共谋高质量发展之策。

6日 天津市发布《关于加快推进充电基础设施建设更好支持新能源汽车下乡和乡村振兴若干举措》（以下简称《若干措施》）的通知。《若干举措》按照因地制宜、适度超前布局的原则，提出了3方面16项措施，包括完善县乡充电网络规划布局、落实新建居住社区配建标准要求、优化居民个人充电桩报装流程、推动公共充电基础设施建设等。

7日 商务部等17部门发布《关于搞活汽车流通扩大汽车消费若干措施的通知》（以下简称《通知》），《通知》指出，汽车业是国民经济的战略性、支柱性产业。为进一步搞活汽车流通，扩大汽车消费，助力稳定经济基本盘和保障改善民生，将支持新能源汽车购买使用、加快活跃二手车市场、促进汽车更新消费、推动汽车平行进口持续健康发展、优化汽车使用环境、丰富汽车金融服务。

14日 为进一步加强汽车金融公司监管，引导其依法合规经营和持续稳健运行，国家金融监督管理总局修订发布了《汽车金融公司管理办法》，自2023年8月11日起施行。此次修订对行业准入门槛、业务运营范围、风险管理和对外开放等方面作出调整，进一步规范和引导汽车金融公司的发展。

同日 国家发展和改革委员会等三部门发布《关于实施农村电网巩固提升工程的指导意见》，其中提出，因地制宜完善农村电网网架结构。服务新能源汽车下乡。统筹考虑乡村级充电网络建设和输配电网发展。

15日 广汽传祺正式发布官方认证二手车品牌。每辆传祺官方认证二手车不仅有传祺厂家背书，更加创新性地邀请权威第三方机构为每台车提供查验报告，做到一码溯源，向消费者公示传祺官方认证二手车的维修、保养等车况信息，确保车况真实透明。

18日 广州市商务局会同公安、海关、税务、交通等部门发布了《广州市进一步提升二手车出口便利化促进外贸高质量发展的若干措施》，在优化二手车出口流程、便利车辆转让过户、推进通关便利化、压缩退税时限。

20日 国家发展和改革委员会、工业和信息化部、公安部等十三部门联合印发《关于促进汽车消费的若干措施》，旨在进一步稳定和扩大汽车消费，优化汽车购买使用管理制度和市场环境，更大力度促进新能源汽车持续健康发展。

20日 上海市交通运输委员会、上海市发展和改革委员会、上海市经济信息化委员会发布《上海交通领域氢能推广应用方案（2023—2025年）》（以下简称《方案》）通知。《方案》提到，围绕上海城市群燃料电池汽车示范应用实施方案目标，积极推进燃料电池汽车在交通领域的商业化示范应用，重点发展重卡、公交、冷链、非道路移动机械等应用场景，到2025年，力争实现示范应用燃料电池汽车总量超过1万辆。

26日 大众汽车集团宣布计划向小鹏汽车投资约7亿美元，收购小鹏汽车约4.99%的股权，在合作的初期阶段，双方计划面向中国的中型车市场，共同开发两款大众汽车品牌的电动车型。这两款专属于中国市场的新车将补充基于MEB平台的产品组合，并计划于2026年面市。

27日　徐工集团与丰田汽车签订徐工—丰田氢能领域战略合作协议。此次合作，双方将以徐州为中心打造氢能整机及核心零部件产业基地，带动徐州氢能全产业链发展。

8月

1日　长安福特正式接手福特电马在中国市场的运营业务，并为现有所有福特电马车主全面升级高通第三代8155芯片，以提升整车系统的响应速度和智能化水平。福特电马取消原有的独立直营，正式加入长安福特的产品阵营和销售渠道体系。

3日　山东省发展和改革委员会印发了《关于进一步完善居民电动汽车充电桩分时电价政策的通知》（以下简称《通知》），提到在居民家庭住宅以及居民住宅小区、农村社区等执行居民电价的非居民用户设置的，由国网山东省电力公司直接抄表和收费到户的电动汽车充电桩。

4日　深圳市印发《深圳市加快打造“新一代世界一流汽车城”三年行动计划（2023—2025年）》，提出到2025年，汽车技术水平、场景应用和产业规模位居全国前列，新能源汽车、智能网联汽车竞争优势进一步扩大，产业空间布局不断完善。

同日　小马智行与丰田汽车（中国）投资有限公司、广汽丰田汽车有限公司举办签约仪式。三方宣布共同设立合资公司，以支持未来自动驾驶出租车（Robotaxi）前装量产和规模化部署。

7日　浙江省政府办公厅印发了《浙江省完善高质量充电基础设施网络体系促进新能源汽车下乡行动方案（2023—2025年）》，提出到2025年，按照“有人建、有人管、能持续”要求，构建布局科学、智能开放、快慢互补、经济便捷的充电基础设施网络体系，全省累计建成充电桩230万个以上、乡村不少于90万个，其中建成公共充电桩12万个、乡村不少于2万个，满足400万辆以上新能源汽车充电需求。

7日　河南省人民政府办公厅于近日印发了《持续扩大消费若干政策措施》，河南省将购车补贴政策延续至2023年12月底，对在省内新购汽车的消费者按照购车价格的5%给予补贴（最高不超过10000元/台）。

13日　比亚迪推出官方二手车商城，用户可以在线360度查看车辆，并直接在平台上完成交易。该商城将打通看车和交易平台，并在全国范围内严格筛选符合二手车交易资质的经销商建立线下展厅，提供与新车一致的交付流程。

14日　由吉利和百度联手打造的“汽车机器人战略合作项目”迎来重要进展，全新品牌极越正式发布。极越定位为吉利控股旗下高端智能汽车机器人品牌，首款车型命名“极越01”。

15日　公安部推出公安机关服务保障高质量发展若干措施，内容包括简化新车注册登记手续、便利办理二手车转让登记以及推行二手车出口登记异地通办这三方面内容。

同日　浙江省印发了《浙江省新能源汽车下乡“十大行动”清单》（以下简称《清单》）。《清单》内容包括对未来乡村充电基础设施推广行动、美丽城镇充电基础设施改造行动、公路沿线充电基础设施建设行动等共十项行动。

21日　甘肃省发展和改革委员会于近日印发了关于《加快推进充电基础设施建设更好支持新能源汽车下乡和乡村振兴的若干措施》，旨在进一步提升甘肃省电动汽车充电基础设施服务保障能力，补齐农村地区公共充电基础设施建设短板，充分释放农村地区新能源汽车消费潜力，更好推动新能源汽车下乡。

22日 法法汽车（湖北）有限公司成立，该公司的经营范围含道路机动车辆生产、新能源汽车整车销售、汽车零部件研发、智能车载设备制造等，股东信息显示，该公司由FF Hong Kong Holding Limited全资持股。

28日 成都市印发《鼓励将传统能源汽车更换为新能源汽车奖励政策实施细则》，对2022年8月6日至2027年8月5日期间在本市将传统能源汽车更换为新能源汽车的单位和个人实施置换奖励。

9月

1日 工业和信息化部等七部门印发《汽车行业稳增长工作方案（2023—2024年）》。其中提出，2023年，汽车行业运行保持稳中向好发展态势，力争实现全年汽车销量2700万辆左右，同比增长约3%，其中新能源汽车销量900万辆左右，同比增长约30%；汽车制造业增加值同比增长5%左右。2024年，汽车行业运行保持在合理区间，产业发展质量效益进一步提升。

同日 湖南省印发《湖南省恢复和扩大消费的若干政策措施》（以下简称《措施》）的通知，《措施》提出要优化汽车购买使用管理，严格执行二手车异地交易登记跨省通办和全面取消二手车限迁政策。兑现对二手车经销企业的奖补政策，推动二手车交易市场规范化经营，开展二手车诚信评价和示范经营创建活动。加大汽车促销力度，开展“惠购湘车”活动

5日 天津市印发《天津市贯彻落实〈关于恢复和扩大消费的措施〉具体举措分工方案》，其中提及持续优化小客车调控措施。促进二手车交易健康有序发展。

7日 工业和信息化部等七部门联合发布《汽车行业稳增长工作方案（2023—2024年）》，提出“鼓励企业以绿色低碳为导向，积极探索混合动力、低碳燃料等技术路线，促进燃油汽车市场平稳发展”。这是近年来中央少有旗帜鲜明的表态，要重视燃油车发展，并首次明确对混合动力路线的支持。

同日 上海市出台《上海市搞活汽车流通扩大汽车更新消费若干措施》，来推动汽车消费市场升级转型，加快老旧汽车淘汰更新，新一轮老旧汽车“以旧换新”补贴，自2023年8月1日至2023年12月31日。

同日 肇庆市与小鹏汽车科技有限公司在广州举行投资协议签约仪式，小鹏智能新能源汽车新车型项目落户肇庆高新区。根据此次协议，新车型项目总投资约20亿元，用于研发推出2款新车型。

13日 吉林省印发《关于促进消费若干措施》（以下简称《措施》）的通知，《措施》表示要满足城乡居民多层次购车需求。落实新能源汽车购置税减免政策，同时提出要便利二手车交易流通，全面落实取消二手车限迁（除国家要求淘汰的相关车辆外）、便利二手车交易登记等政策措施。

14日 山东省发布《山东省推动新能源汽车下乡三年行动计划（2023—2025年）的通知》。目标到2023年年底，全省新能源汽车保有量增长35%、达到140万辆，公共、居民充电基础设施分别达到11万台和35万台；到2025年年底，全省新能源汽车保有量达到240万辆。

同日 上海市发展和改委员会发布关于调整《上海市促进汽车消费补贴实施细则》部分内容的通知。通知表示，上海市将延续实施新能源汽车置换补贴。

19日 北京市市场监管综合执法总队与中国汽车流通协会共同启动并完成了《北京市汽车行业市场竞争状况分析》课题研究，为

政府对关于汽车行业固定价格、分割市场等垄断协议行为的查处提供了有益思路和参考。同时，为配合《北京市反垄断合规指引》发布，中国汽车流通协会同北京市市场监管综合执法总队还联合举办专项培训，邀请150余名汽车生产厂家和经销商代表共同学习和宣贯。

同日　小马智行获得北京市智能网联汽车政策先行区首批乘用车“车内无人、车外远程”出行服务商业化试点通知书，获准在北京亦庄开启车内无人自动驾驶出行服务（Robotaxi）收费。

20日　广州市住房和城乡建设局印发《广州市绿色低碳城区建设技术指引（试行）》，明确了新能源汽车配套设施：优先支持城区同步规划建设新能源汽车充电桩等配套设施。合理配置电动车充电桩，加强电动汽车充电站供给。结合清洁能源公共交通工具的使用，合理布局可再生能源充电站、加气站、新型燃料加油站等设施。

21日　天津市发展和改革委员会同相关单位于近日研究制定了《天津市进一步构建高质量充电基础设施体系的实施方案》，明确到2030年，力争全市新增各类充电桩不少于10万台，车桩比处于全国主要城市前列。

22日　《财政部　国家税务总局联合发布关于延续实施二手车经销有关增值税政策的公告》（财政部　国家税务总局公告2023年第63号），对从事二手车经销的纳税人销售其收购的二手车，按照简易办法依3%征收率减按0.5%征收增值税政策延续至2027年12月31日。

23日　岚图汽车与腾讯签署战略合作协议，双方将在数字化营销、智能座舱、导航地图、云服务、海外生态、智能制造、网联安全等领域展开深度合作，丰富智能生态，共同探索未来智能出行。

25日　海南省工业和信息化厅印发了《海南省2023—2025年鼓励新能源汽车推广应用若干措施》。强调支持开展试点示范，鼓励有条件的市县申报国家公共领域车辆全面电动化先行区试点，对入围市县给予1000万元专项奖励；支持开展氢燃料电池汽车、甲醇汽车等新技术试点示范应用，按照示范规模、社会效益及经济效益予以单个试点或示范项目不超过2000万元的财政支持，每年支持试点示范项目不超过4个。

26日　云南省发布《关于恢复和扩大消费的若干措施》，明确要鼓励汽车消费。延续和优化2023年新能源汽车车辆购置税减免政策，对购置日期在2024年1月1日—2025年12月31日期间的新能源汽车免征车辆购置税，其中，每辆新能源乘用车免税额不超过3万元。

10月

10日　全国企业破产重整案件信息网显示，威马汽车科技集团有限公司申请破产重整。

12日　广汽集团公告，公司全资子公司广汽资本有限公司拟与广州开发区投资集团有限公司按同等比例，共同出资设立规模不超过1.55亿美元等额人民币的专项基金，投资滴滴自动驾驶公司（Voyager Group Inc.）不超过1.49亿美元。

同日　商务部等9部门联合发布《关于推动汽车后市场高质量发展的指导意见》，提出力争到2025年汽车后市场规模稳步增长市场结构不断优化，规范化水平明显提升，后市场在汽车产业链、价值链、创新链中的作用更加突出新产品、新技术应用更加普及新业态、新模式发展更加成熟，行业管理制度更加完善汽车使用环境持续优化，更好满足消费者多样化汽车消费需求有效推动汽车后市场高质量发展。

17日　安徽省印发《安徽省高质量充换电服务体系建设方案（2023—2027年）》。目标到2027年，基本建成覆盖广泛、规模适度、结构合理、功能完善、开放融合、惠及民生的现代化高质量充换电服务体系，主要城区力争形成半径不大于2公里的充电服务圈。全省建成换电站不少于500座，充电桩不少于50万个，满足100万辆新能源汽车充电需求。省充换电基础设施综合监管服务平台公共充电桩接入率达到100%。

20日 人力资源和社会保障部发布《关于授予2021—2022年度职业技能竞赛优秀选手全国技术能手称号的决定》，由中国汽车流通协会和中国就业培训技术指导中心联合举办的两届全国汽车流通行业职业技能竞赛中15名优秀选手，被授予"全国技术能手"称号，成为汽车流通行业国家级高技能人才。

24日 广汽集团发布《关于广汽三菱重组的关联交易公告》。公告称，广汽集团拟对广汽三菱、广汽三菱汽车销售公司实施股权调整等重组事项。一方面，三方股东（广汽集团、三菱汽车、三菱商事）共同向广汽三菱及其销售公司增加投入用于清偿债务，其中广汽集团投入不超过15.77亿元，另外三菱方面合计投入不少于上述金额。另一方面，广汽集团以1元对价分别受让三菱汽车、三菱商事持有的广汽三菱30%、20%股权。重组完成后，广汽三菱将成为广汽集团全资子公司，其产能则将被广汽埃安接收。

同日 一汽解放汽车有限公司宣布与华为技术有限公司签署全面深化合作协议——AI、智能驾驶及智能座舱专项合作备忘录。

同日 哪吒汽车宣布在印度尼西亚展开全面销售。哪吒V作为首发车型在印尼上市，售价为3.79亿印尼卢比（约17万元人民币）。

25日 深圳市印发《深圳市新能源汽车充换电设施管理办法》，明确要根据新能源汽车发展需求，逐步提高住宅小区、工商业建筑物、公园（含城市公园、森林公园、郊野公园）等配套的社会公共停车场充电设施配建比例，加大高速公路服务区充电设施建设力度。

同日 济南泊思红旗体验中心官方认证二手车中心店正式开业，是全国首批红旗官方认证二手车中心。

26日 Stellantis集团与零跑汽车宣布，Stellantis集团计划投资约15亿欧元以获取零跑汽车约20%的股权，这将使Stellantis集团成为零跑汽车的一个重要股东。

30日 上海小米景明科技有限公司成立，经营范围含移动终端设备销售、电子产品销售、新能源汽车整车销售、交通及公共管理用标牌销售、二手车经纪、洗车服务、电动汽车充电基础设施运营等。

11月

2日 深圳市印发实施《深圳市新能源汽车超充设施专项规划（2023—2025年）》。对深圳超充基础设施建设提出了具体目标：力争到2023年底，建成不少于150座公用超充站；2024年3月底前，建成不少于300座公用超充站。

6日 国家发展和改革委员会印发《国家碳达峰试点建设方案》（以下简称《方案》）。《方案》明确，促进交通运输绿色低碳发展。加快推动交通运输工具装备低碳转型，大力推广新能源汽车，推动公共领域车辆全面电气化替代，淘汰老旧交通工具。

同日 厦门市人民政府办公厅于近日印发关于《"电动厦门"发展规划（2023—2025年）》，发展目标是到2025年，公共领域新增和更换车辆全部采用纯电动汽车，部分自动驾驶、有条件自动驾驶车辆实现规模化推广。

同日 广东省发展和改革委员会等八部门联合发布《广东省加快氢能产业创新发展意见》。发展目标明确：到2025年，氢能产业规模实现跃升，燃料电池汽车示范城市群建设取得明显成效，推广燃料电池汽车超1万辆，年供氢能力超10万吨，建成加氢站超200座。推动珠三角各市重载货运车辆、工程车和港口牵引车的电动化转型，力争到2027年新增车辆基本实现电动化。

9日　四川印发《四川省加快推进充电基础设施建设支持新能源汽车下乡和乡村振兴工作方案》（以下简称《方案》），其中发展目标提出，到2025年，建成单桩功率原则上不小于60千瓦乡村公共充电桩2.2万个以上，其中城乡融合片区不低于1.5万个，农村片区不低于7000个。

12日　东风乘用车公司与神龙公司首款车型战略合作框架协议签字仪式在武汉举行。神龙汽车表示，本次战略签约既是东风公司支持神龙汽车新能源事业发展的具体落地，也是神龙汽车实施战略转型融入东风大自主事业的开局之作。

13日　2023中国汽车流通行业年会暨博览会在珠海开幕，来自商务部、国家市场监督管理总局等相关负责人，经销商、主机厂、服务商、互联网平台等汽车流通市场参与主体，行业专家学者，以及来自欧盟、美国、澳大利亚、俄罗斯等地区和国家的国际同行参会，共议“新时代、新汽车、新服务”主题下的汽车流通行业新方向与解决方案。

同日　湖北省人民政府办公厅发布《湖北省汽车产业转型发展实施方案（2023—2025年）》（以下简称《方案》）。《方案》提出总体目标，到2025年，建成全国重要的新能源汽车生产基地，新能源汽车产量占全省汽车总产量比重达到40%以上，产值达到3500亿元。

18日　领克官方二手车品牌—领鉴正式发布，通过线上、线下联动，切实解决用户卖车、买车及估值需求。

30日　华晨宝马汽车有限公司与梅赛德斯－奔驰（中国）投资有限公司宣布签署合作协议，双方将以50 ∶ 50的股比在中国成立合资公司，在中国市场运营超级充电网络，满足中国客户对豪华充电服务日益增长的需求。

12月

5日　交通运输部办公厅发布《自动驾驶汽车运输安全服务指南（试行）》（以下简称《指南》）。《指南》包括适用范围、基本原则、应用场景、自动驾驶运输经营者、运输车辆、人员配备、安全保障和监督管理等八部分。《指南》明确，从事城市公共汽电车客运、道路旅客运输经营的自动驾驶汽车应随车配备1名驾驶员或运行安全保障人员。

7日　工业和信息化部、财政部、国家税务总局三部门印发《关于调整减免车辆购置税新能源汽车产品技术要求的公告》，2024年1月1日起，申请进入《减免车辆购置税的新能源汽车车型目录》（以下简称《减免税目录》）的车型，需符合新能源汽车产品技术要求。

11日　工业和信息化部、财政部、国家税务总局三部门联合发布《关于调整减免车辆购置税新能源汽车产品技术要求的公告》，明确了2024年后新能源汽车减免车辆购置税政策适用的技术要求、过渡期政策，并更新了相关标准和企业要求。

15日　一嗨租车与上汽大众签署了深度战略合作协议，同步展开万辆新车采购交付。双方的合作涉及车辆采购、汽车金融、品牌营销、会员联动、汽车后市场、二手车销售以及汽车智能等多个领域。

16日　北京市相关部门出台《北京市智能网联汽车政策先行区有条件自动驾驶功能汽车道路测试管理细则（试行）》，梅赛德斯－奔驰成为首批获批北京市有条件自动驾驶（L3级）高速公路道路测试牌照的企业之一，正式在京启动指定高速公路的有条件自动驾驶系统实测。

26日 上海市制定《上海市鼓励购买和使用新能源汽车实施办法》。新能源汽车“绿牌”2024年依然可以免费申领，不过“门槛”有所提高。新政策自2024年1月1日起施行，有效期至2024年12月31日。

28日 工业和信息化部发布关于2024—2025年度乘用车企业平均燃料消耗量与新能源汽车积分管理有关事项的通知。2024年度、2025年度的新能源汽车积分比例要求分别为28%和38%。

31日 中国汽车流通协会发布数据显示，2023年，我国二手车累计交易量1841.33万辆，同比增长14.88%，与同期相比增加了238.5万辆，累计交易金额为11795.32亿元。基本型乘用车累计交易1089.67万辆，同比增长14.42%；SUV共交易237.84万辆，同比增长16.68%；MPV共交易114.14万辆，同比增长17.77%；交叉型乘用车共交易36.07万辆，同比增长2.85%。商用车情况：载货车共交易了149.72万辆，同比增长15.53%；客车107.26万辆，同比增长3.11%。

同日 中国汽车工业协会发布数据显示，2023年，我国汽车产销量分别达3016.1万辆和3009.4万辆，同比分别增长11.6%和12%，年产销量双双创历史新高。

同日 中国汽车流通协会发布的最新一期“中国汽车经销商库存预警指数调查”显示，2023年12月中国汽车经销商库存预警指数为53.7%，同比下降4.5个百分点，环比下降6.7个百分点，是2023年以来的最低值。

同日 随着新能源汽车市场的快速发展，汽车经销商加快布局新能源汽车。2023年汽车经销商集团投资人先后走进奇瑞、哪吒、极氪等新能源汽车生产企业，深入地了解新能源汽车技术特点、市场定位和渠道发展战略。助力汽车经销商更好地把握市场机会和用户需求，选择更适合本企业的新能源品牌，实现转型发展。

同日 由中国汽车流通协会按照国家标准《二手车鉴定评估规范》推出的诚信工具“行”认证，经过近10年的不断探索和完善，得到了广大消费者和经营者的广泛认可，2023年，通过“行”认证检测的车辆将近百万辆。一方面，“行”认证用消费者都能看得懂的语言明示真实车况，买方买得放心；另一方面，帮助通过真实可追溯的大数据，减少消费纠纷，降低经营风险。

同日 中共中央、国务院印发《质量强国建设纲要》，指出要深入实施“标准化+”行动，促进全域标准化建设。中国汽车流通协会作为国家五个重点领域的领跑者评估机构之一，在全行业积极推进标准化建设，并深入开展企业标准领跑者活动，经过测评37家领跑者企业脱颖而出。2023年团体标准T/CADA 27-2023《二手车经销服务规范》发布并实施。

同日 汽车市场供需矛盾加剧给行业企业带来前所未有的挑战，“价格战”、高库存、亏损面扩大等诸多关键词成为2023年汽车市场的现实写照。与此同时，不乏汽车生产厂家和经销商共同应对转型挑战的案例，一些品牌主动停产减产，以降低经销商库存压力；也有的品牌比如宝马集团加大对经销商补贴力度，减轻经销商负担并以多种形式赋能经销商，帮助更多经销商实现经销店绿星标准等措施来强化服务网络建设，以实际行动支持汽车市场高质量发展。

同日 随着汽车市场产品结构的转换，燃油车销量逐年下降，原来搭设的经销网络出现大量冗余，一些经营不善的授权经销企业退出是市场发展的必然结果，豪华品牌、合资品牌以及自主品牌的经销商普遍存在网点布局不合理、盈利能力不足等问题，为了应对深度调整期的网络变革，中国汽车流通协会经报请商务部有关部门批准，于2023年启动了品牌经销商退出机制课题研究，推动保障经销商在渠道退出时的切身权益并维护汽车品牌的价值。

第三部类

新车市场

DISANBULEI | XINCHESHICHANG

2023年中国汽车市场综述

2023年汽车生产3011万辆，同比增9%；新能源汽车生产944万辆，同比增30%，新能源汽车渗透率31%，这是很高的增长。2023年全年厂家狭义乘用车累计销量2553.23万辆，累计增速10.4%。2023年广义商用车销量430万辆，累计增速18.6%。

2023年中国汽车出口呈现持续的向上的态势，2024年国外经济可能面临衰退的影响，国际车企的生产能力逐步恢复，市场车价逐步回落，因此形成更严峻的国际贸易争端趋势。中国出口的新能源车有较强的、旺盛的生命力，虽然有欧美的围堵，但新能源和燃油车出口仍会推动我们厂家销量实现较好的增长。

一、汽车行业总体概述

（一）2023年车市消费总体较强

2023年，汽车消费品零售额48614亿元增长6.0%。消费不旺的问题稍有改善，2023年汽车消费虽然恢复正增长，但未来增长压力仍较大。

2023年12月，社会消费品零售总额43550亿元，同比增长7.4%。其中，汽车消费额5420亿元增长4%，除汽车以外的消费品零售额38131亿元，增长7.9%。

2023年，社会消费品零售总额471495亿元，比上年增长7.2%。其中，汽车消费额48614亿元增长6.0%，除汽车以外的消费品零售额422881亿元，增长7.3%。

近几年的成品油价格相对较高，导致汽车消费的销售额下滑。在总体社会零售中，限额以上的商品零售表现较弱。

（二）2023年汽车产量走弱

2023年是2017年汽车产量见顶以来增长最快的，2023年汽车产量为3011万辆，增长9%，突破3000万辆（见图1）。尤其是2023年12月汽车产量304.0万辆，增长24.5%，其中新能源汽车114.1万辆，增长43.7%。

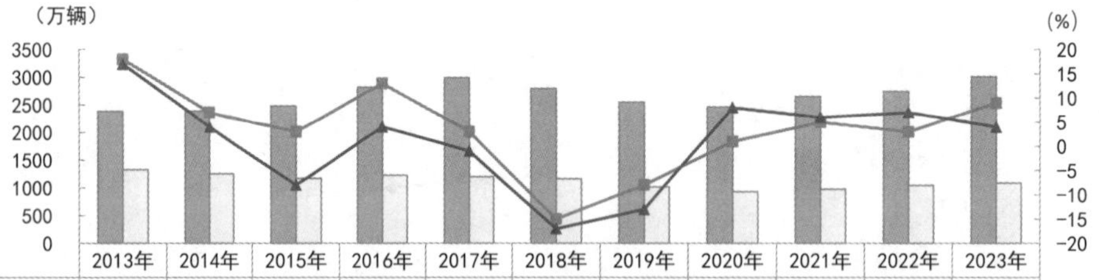

	2013年	2014年	2015年	2016年	2017年	2018年	2019年	2020年	2021年	2022年	2023年
汽车产量	2387	2390	2484	2819	2994	2797	2553	2463	2653	2748	3011
轿车产量	1330	1253	1170	1224	1199	1160	1018	929	977	1047	1086
汽车增速	18	7	3	13	3	−15	−8	1	5	3	9
轿车增速	17	4	−8	4	−1	−17	−13	8	6	7	4

图1　2013—2023年中国汽车产量及增速

资料来源：乘用车市场信息联席会。

（三）2023年我国汽车销量保持领军地位

表1中的总计为70个核心国家的汽车销量，2019年销量9000万辆左右，这些国家基本能跟踪到月度的销量。其他100个国家只能跟踪到年度的销量，2022年共销售300万辆左右，相对8000万辆的70家主力国家，这些国家销量占比约为3%，对整体趋势而言影响不大，因此未计入。

从主力国家代表的世界销量看，2023年的世界销量表现较好，同比增长11%。中国增长

12%，虽然2023年中国车市年初开局走低，但下半年表现较好（见表1）。

表1　2015—2023年世界汽车销量、增速及份额　　　　单位：万辆，%

世界汽车	2015 年	2016 年	2017 年	2018 年	2019 年	2020 年	2021 年	2022 年	2023 年
北美洲	2121	2155	2126	2128	2087	1749	1821	1701	1923
欧洲	1768	1855	1882	1838	1761	1541	1539	1357	1568
南半球	599	541	584	616	587	454	520	522	528
亚洲其他	1813	1811	1929	1954	1971	1532	1577	1753	1894
世界增速	2	5	3	−1	−4	−13	4	−1	11
中国增速	5	14	4	−3	−8	−2	4	2	12
中国	2455	2789	2887	2799	2575	2527	2625	2685	3005
总体	8756	9152	9408	9335	8981	7803	8081	8018	8918
中国份额	28	30	31	30	29	32	32	33	34
北美洲份额	24	24	23	23	23	22	23	21	22
欧洲份额	20	20	20	20	20	20	19	17	18
亚洲其他份额	21	20	20	21	22	20	20	22	21
南半球份额	7	6	6	7	7	6	6	7	6
亚洲其他	23	21	21	21	20	20	21	22	20
南半球	9	9	8	7	6	6	7	7	6

资料来源：乘用车市场信息联席会。

我国汽车市场对世界汽车市场影响力极大。2016—2018年中国汽车占世界30%左右，2019年下降到29%，但仍具有绝对优势。2020—2021年份额回升到32%。2022年中国份额上升到33%。

2023年中国份额保持在34%，其中年初较低是春节因素和车购税优惠政策退出的正常体现，随后5—12月较强增长。2023年北美洲和欧洲市场份额全面回升，南半球市场走势偏弱。

（四）2023年汽车增加值表现较好

12月，规模以上工业增加值同比实际增长6.8%，其中汽车工业增加值增长20%。2023年工业增加值同比增长4.6%，其中汽车制造业增长13%（见图2）。

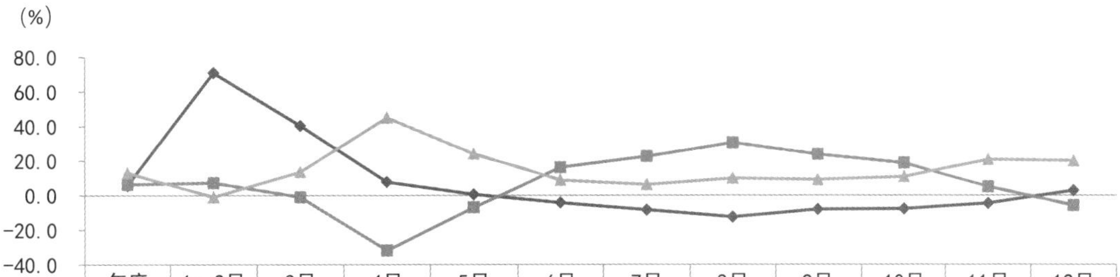

	年度	1—2月	3月	4月	5月	6月	7月	8月	9月	10月	11月	12月
2021年	5.5	70.9	40.4	7.7	0.5	-4.3	-8.5	-12.6	-8.2	-7.9	-4.7	2.8
2022年	6.3	7.2	-1.0	-31.8	-7	16.2	22.5	30.5	23.7	18.7	4.9	-5.9
2023年	13.0	-1.0	13.5	45.0	24.0	8.8	6.2	9.9	9.0	10.8	20.7	20.0

图2　2021—2023年中国汽车工业增加值月度走势

资料来源：国家统计局。

（五）汽车产能利用率

2023年全国工业产能利用率为75.1%，比上年下降0.5个百分点。2023年汽车产能利用率是74.6%，与2021年相近，应该是较平稳的。其中第四季度，全国规模以上工业产能利用率为75.9%，比上年同期上升0.2个百分点，比上季度上升0.3个百分点。分主要行业看，第四季度，汽车制造业为76.9%，较上一年度大增（见表2）。

表2　2018—2023年汽车产能利用率　　单位：%

汽车产能利用率	第一季度	第二季度	第三季度	第四季度	年度
2018 年	80.7	81.4	79.6	77.9	79.9
2019 年	78.3	76.2	76.1	78.5	77.3
2020 年	56.9	74.6	77.6	80.5	72.4
2021 年	78.5	74.2	70.5	75.5	74.7
2022 年	72.1	69.1	75.7	73.2	72.7
2023 年	72.0	73.3	75.6	76.9	74.6

资料来源：国家统计局。

(六) 2023年汽车生产结构特征

2023年汽车生产3011万辆，同比增长9%；新能源汽车生产944万辆，同比增长30%，新能源汽车渗透率31.6%，这是很高的增长（见表3）。

表3　2017—2023年汽车产量　　单位：万辆，%

汽车产量	2017 年	2018 年	2019 年	2020 年	2021 年	2022 年	2023 年
汽车	2994	2797	2553	2463	2653	2748	3011
其中：轿车	1199	1160	1018	929	977	1047	1086
其中：SUV	1033	927	876	853	974	1063	1183
其中：新能源车	72	130	119	146	368	722	944
新能源车渗透率	2.4	4.6	4.7	5.9	13.9	26.3	31.6

资料来源：国家统计局。

(七) 2023年汽车投资恢复增长

2023年全年汽车投资增长19%，汽车投资回暖明显，处于近6年的历史最高位。新能源增长导致汽车行业投资低迷问题逐步改善（见图3）。

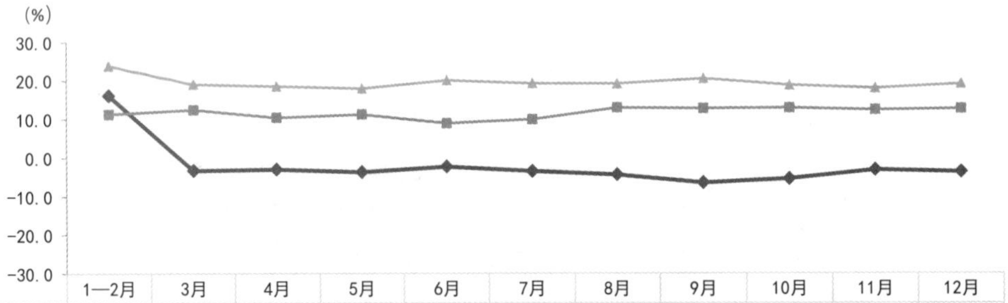

	1—2月	3月	4月	5月	6月	7月	8月	9月	10月	11月	12月
2021年	16.1	-3.3	-3.0	-3.7	-2.3	-3.5	-4.4	-6.5	-5.5	-3.2	-3.7
2022年	11.3	12.4	10.4	11.2	8.9	9.9	12.9	12.7	12.8	12.3	12.6
2023年	23.8	19.0	18.5	17.9	20.0	19.2	19.1	20.4	18.7	17.9	19.0

图3　2021—2023年中国汽车投资额累计增速走势

资料来源：乘用车市场信息联席会（以下图表资料来源相同，不再赘述）。

二、汽车市场结构概述

2023年汽车行业发展正面临需求受疫情管控收缩、供给受疫情冲击、预期严重转弱的三重压力。3—4月和10—12月汽车产业运行严重受到疫情冲击，成为历史上少有的断崖式下滑月度，尤其11月车市遭遇疫情防控下的市场人气低迷，销量表现偏离季节规律，走势相对异常。

由于俄乌危机深化导致国内外环境的复杂性、不确定性超出预期。国家促消费政策对汽车行业稳定恢复的意义重大，有利于车市企稳发展，疫情管控新十条实施后市场恢复，推动12月车市走强。

（一）2023年汽车增速较好

近几年乘商分化特征明显。2023年市场受政策和春节因素影响，乘用车增速相对偏弱，商用车较强（见图4）。

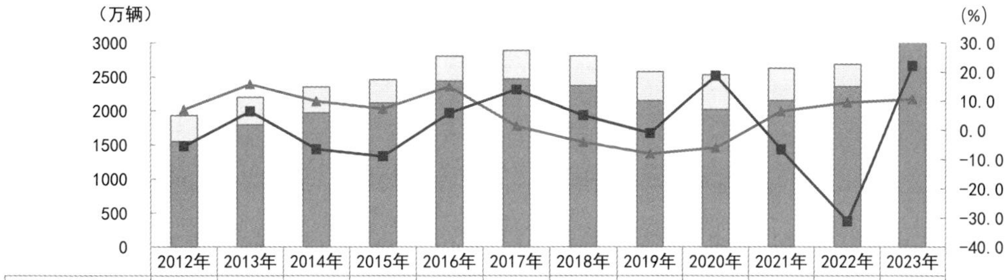

	2012年	2013年	2014年	2015年	2016年	2017年	2018年	2019年	2020年	2021年	2022年	2023年
商用车	381	406	379	345	365	416	437	432	513	479	330	403
乘用车	1550	1793	1970	2115	2438	2472	2371	2144	2018	2148	2356	3009
乘用车增速	7.1	15.7	9.9	7.3	14.9	1.4	−4.1	−8.1	−6.0	6.5	9.5	10.6
商用车增速	−5.5	6.4	−6.5	−9.0	5.8	14.0	5.1	−1.1	18.7	−6.6	−31.2	22.1

图4　2012—2023年中国汽车分车型销量及增速

（二）2023年汽车市场增长较强

2023年，厂家累计汽车销量3002.9万辆，累计增速12%；12月汽车总计销量315.6万辆，同比增长23.9%，环比上月增长6.3%（见图5）。

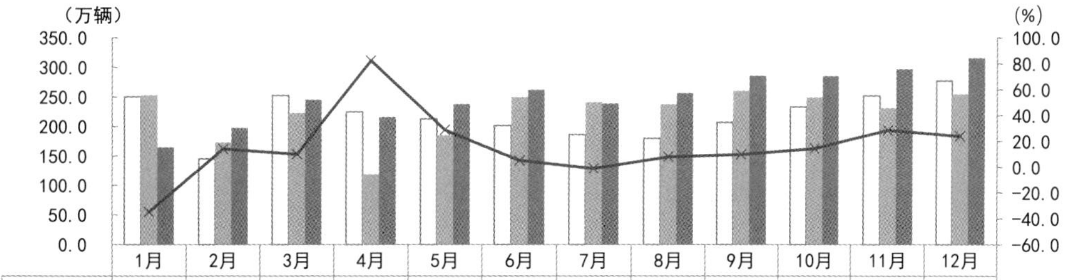

	1月	2月	3月	4月	5月	6月	7月	8月	9月	10月	11月	12月
2021年	250.4	145.3	252.3	224.8	212.8	201.5	186.4	179.9	206.7	233.3	251.9	277.2
2022年	253.3	173.2	222.8	118.4	185.0	249.4	241.0	237.6	260.3	249.4	231.2	254.7
2023年	164.9	197.6	245.1	215.9	238.2	262.2	238.7	256.6	285.8	285.3	297.0	315.6
增速	−34.9	14.1	10.0	82.3	28.7	5.1	−1.0	8.0	9.8	14.4	28.4	23.9

图5　2021—2023年中国汽车月度销量走势

（三）2023年主力车企集团的表现均较好

2023年初新能源推动车市走势分化。央企三强分化，部分国企掉队。比亚迪等新能源企业的表现很好；奇瑞、特斯拉表现相对较强。二线车企表现分化，因为新旧动能转换和新能源车持续亏损压力，自主品牌中小企业走势低迷（见图6）。

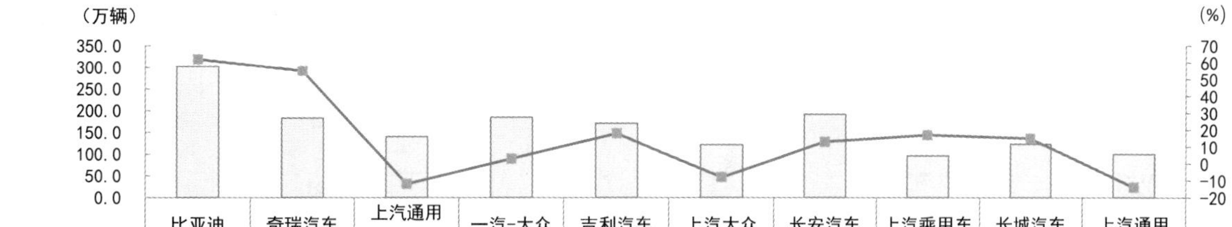

	比亚迪	奇瑞汽车	上汽通用五菱	一汽-大众	吉利汽车	上汽大众	长安汽车	上汽乘用车	长城汽车	上汽通用
2023年销量	302.4	182.6	140.3	184.8	170.8	121.5	191.7	96.5	123.0	100.1
同比增速	62	55	−12	3	18	−8	13	17	15	−14

图6　2023年汽车主力企业销量及增速

2023年车市相对较强，总体车市较强。部分主力厂家出现较大增长，比亚迪、奇瑞、吉利等持续走强。但上汽通用五菱、上汽大众、上汽通用全年负增长。

（四）汽车出口增速特征

由于世界疫情冲击和特斯拉国产，中国汽车出口实现巨大的销量和单价的突破。2023年全年中国汽车实现出口522万辆，出口增速54%的持续强增长。只要国际上有稳定的市场需求，未来中国汽车出口发展仍有巨大空间（见图7）。

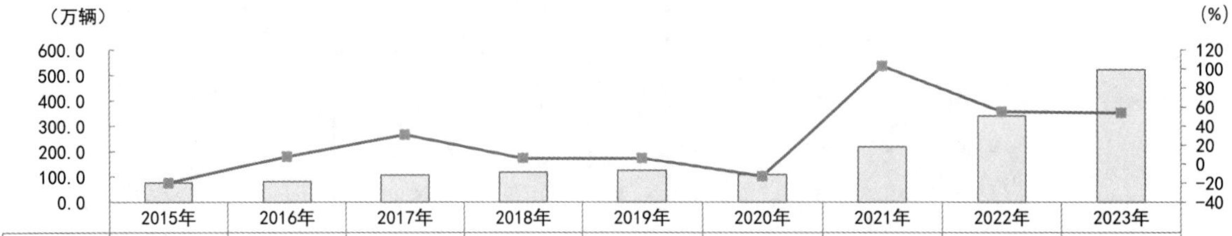

	2015年	2016年	2017年	2018年	2019年	2020年	2021年	2022年	2023年
出口量	76	81	106	117	124	108	219	340	522
增速	−20	8	31	6	6	−13	103	55	54

图7　2015—2023年汽车出口销量及增速

相对于国内汽车销量的逐步复苏，出口市场的表现仍是超强的。2023年的主要动力仍是中国产品竞争力提升和欧美市场的突破，俄乌冲突下的俄罗斯市场的国际品牌全面被中国车替代，尤其是中国的新能源出口竞争力提升带来的出口增量巨大。

（五）整车出口月度走势

2023年出口继续保持强势，保持2022年第四季度的销量，体现中国汽车产业的世界竞争力大幅提升。

2023年12月中国汽车出口达到45.9万辆，12月出口继续保持历史高位的走势，并出现环比小幅下降局面。由于2022年的秩序恢复带来的高基数和个别品牌出口波动，2023年12月的出口仅增长32%，但中国汽车出口暴增的局面仍在持续（见图8）。

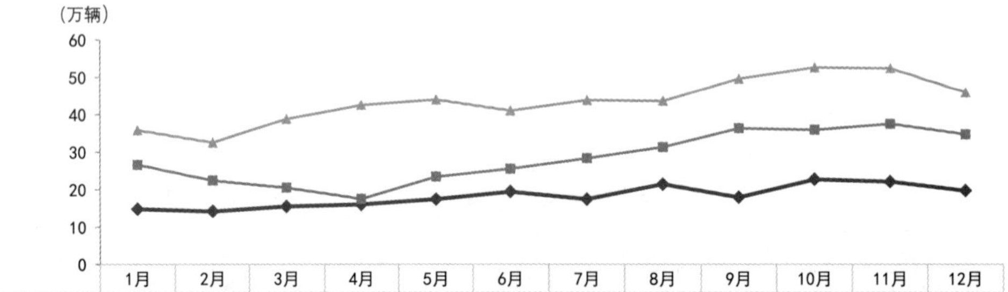

	1月	2月	3月	4月	5月	6月	7月	8月	9月	10月	11月	12月
2021年	14.8	14.2	15.5	16	17.4	19.4	17.4	21.4	17.9	22.7	22.1	19.7
2022年	26.6	22.4	20.5	17.5	23.4	25.5	28.3	31.3	36.3	35.9	37.5	34.7
2023年	35.8	32.5	38.8	42.5	43.9	41	43.8	43.6	49.6	52.6	52.4	45.9

图8　2021—2023年整车出口月度销量走势

（六）汽车整车出口结构特征

2023年全年的汽车出口是全面走强，乘用车是出口主力，增速65%，其中四驱SUV、小客车出口较好，客车和特种车出口表现较平稳。

2023年全年海关货车出口67.4万辆，同比增长19%，相对于国内的货车市场低迷，近期各类货车出口的表现较好（见表4）。

表4　2018—2023年汽车出口量及增速　　单位：万辆，%

汽车出口		出口量						增速		
		2018 年	2019 年	2020 年	2021 年	2022 年	2023 年	2021 年	2022 年	2023 年
乘用车	≤ 9 座小客车	14.6	24.3	28.9	54.3	93.0	140.9	88	71	52
	小轿车	50.6	36.5	27.3	51.4	75.0	129.4	88	46	73
	未列名乘用车	17.0	27.3	22.5	50.7	94.7	154.8	125	87	63
	其他	3.9	2.6	0.7	4.3	0.6	5.3	514	-86	783
	四驱 SUV	0.6	1.4	1.0	3.3	4.2	12.4	230	27	195
乘用车汇总		86.7	92.1	80.4	164.0	267.5	442.8	104	63	66
货车	牵引车	0.1	0.1	0.2	0.7	7.5	14.5	250	971	93
	重卡	5.7	6.9	6.1	11.7	8.9	12.3	92	-24	38
	中卡	2.7	2.5	2.4	4.2	4.6	4.3	75	10	-7
	轻卡	14. 0	13. 8	12. 5	24. 1	33. 2	33. 1	93	38	0.3
	其他货车	0.0	0.2	0.4	0.8	2.5	3.2	100	213	28
货车汇总		22.5	23.5	21.6	41.5	56.7	67.4	92	37	19
客车	轻客	3.6	4.1	2.5	2.3	2.8	3.6	-8	22	29
	大客	1.9	2.0	1.2	1.1	1.4	2.5	-8	27	79
	中客	0.2	0.4	0.4	0.3	0.6	1.0	-25	100	67
客车汇总		5.7	6.5	4.1	3.7	4.8	7.1	-10	30	48
特种车		2.1	2.4	2.4	9.5	10.7	5.1	296	13	-52
总计		117.0	124.5	108.5	218.7	339.7	522.4	102	55	54

从结构看，乘用车出口表现上升的是未列名乘用车，2023年未列名乘用车的出口达到乘用车占比35%。货车中的牵引车增长表现较好，轻卡的市场份额回落。客车中的轻型客车表现较好，大中型客车回暖（见表5）。

表5　2018—2023年汽车出口分车型市场份额　　单位：%

汽车出口		2018 年	2019 年	2020 年	2021 年	2022 年	2023 年
乘用车	未列名乘用车	19. 6	29. 7	28. 0	30. 9	35. 4	35. 0
	≤ 9 座小客车	16. 9	26. 4	35. 9	33. 1	34. 8	31. 8
	小轿车	58. 3	39. 6	34. 0	31. 4	28. 0	29. 2
	四驱 SUV	0. 7	1. 5	1. 2	2. 0	1. 6	2. 8
	其他	4. 5	2. 8	0. 9	2. 6	0. 2	1. 2
乘用车汇总		74. 1	74. 0	74. 2	75. 0	78. 8	84. 8
货车	轻卡	61. 9	59. 0	58. 2	57. 9	58. 6	47. 2
	牵引车	0. 5	0. 5	0. 8	1. 8	13. 3	21. 4
	重卡	25. 4	29. 2	28. 3	28. 3	15. 7	18. 3
	中卡	12. 0	10. 6	11. 1	10. 1	8. 0	6. 4
	其他货车	0. 2	0. 8	1. 7	2. 0	4. 4	4. 8
货车汇总		19. 2	18. 9	19. 9	19. 0	16. 7	12. 9
客车	轻客	62. 5	63. 4	60. 3	62. 1	58. 9	50. 8
	大客	33. 2	31. 1	30. 7	30. 6	29. 1	35. 2
	中客	4. 3	5. 5	9. 1	7. 3	12. 0	14. 0
客车汇总		4. 9	5. 2	3. 8	1. 7	1. 4	1. 4
特种车		1. 8	1. 9	2. 2	4. 3	3. 2	1. 0

（七）新能源汽车整车出口结构特征

2023年的乘用车的出口增速快于2022年增速。纯电动货车的出口总体很强，但12月纯电动出口回落。汽油车的12月出口很强，这是很好的表现（见表6）。

表6　2018—2023年整车分能源类型出口销量及增速　　单位：万辆，%

新能源		2018 年	2019 年	2020 年	2021 年	2022 年	2023 年	增速	
								2022 年	2023 年
乘用车	汽油	68	64	57	108	161	266	50	65
	纯电动	14	24	19	50	95	154	89	63
	插混	0	1	2	4	9	14	123	46
	混合动力	0	0	0	1	2	8	98	357
	柴油	1	1	1	1	1	1	-13	8
	不明	2	2	1	1	0	0	-69	52
乘用车汇总		87	92	80	164	268	443	63	65
货车	柴油	12	13	13	25	40	48	57	21
	汽油	8	8	6	10	13	14	35	8
	纯电动	—	—	0	0	3	3	474	19
	不明	2	3	3	6	0	1	-92	184
	插混	—	—	—	—	—	0	—	-64
货车汇总		23	24	22	41	57	67	37	19
客车	汽油	4	4	2	2	2	4	32	77
	柴油	2	2	2	2	2	2	11	15
	纯电动	0	0	0	0	1	1	155	43
	插混	0	0	0	0	0	0	95	-51
	不明	0	0	0	0	0	0	79	438
客车汇总		6	6	4	4	5	7	32	47
特种车		2	2	2	10	11	5	13	-52

2023年乘用车的新能源车出口占乘用车38%，而货车出口的新能源占比5%，客车出口的新能源占比是15%，体现了中国新能源乘用车的国内外认可度较高（见表7）。

表7　2018—2023年整车分能源类型市场份额　　单位：%

新能源		2018 年	2019 年	2020 年	2021 年	2022 年	2023 年	2023 年			
								一季度	二季度	三季度	四季度
乘用车	汽油	79	69	71	66	60	60	57	61	61	60
	纯电动	16	26	24	30	35	35	39	34	35	33
	插混	1	1	3	3	4	3	3	3	3	4
	混合动力	0	0	0	1	1	2	1	1	2	3
	柴油	2	1	1	0	0	0	0	0	0	0
	不明	3	2	1	0	0	0	0	0	0	0
乘用车汇总		74	74	74	75	79	85	83	84	85	86
货车	柴油	52	53	59	619	70	72	69	73	74	71
	汽油	37	34	28	24	24	21	20	20	21	24
	纯电动	—	—	0	1	5	5	8	5	4	5
	不明	11	13	13	14	1	2	2	2	2	2
	插混	—	—	—	—	0	0	0	0	0	0
货车汇总		19	19	20	19	17	13	15	14	12	12
客车	汽油	63	60	53	46	46	56	48	57	53	63
	柴油	36	37	40	45	38	30	35	29	35	22
	纯电动	1	2	6	7	14	14	17	14	12	14
	插混	0	0	0	1	2	1	0	0	0	2
	不明	0	0	0	0	0	0	0	0	1	0
客车汇总		5	5	4	2	1	1	1	2	1	1
特种车		2	2	2	4	3	1	1	1	1	1

2023年全年出口新能源车173万辆，同比增长55%；其中2023年新能源乘用车出口168万辆，同比增长62%，占比新能源汽车出口97%（见表8）。

表 8　2018—2023 年新能源整车分能源分车型出口销量及增速　　单位：万辆，%

汽车出口		2018 年	2019 年	2020 年	2021 年	2022 年	2023 年	2023 年增速
乘用车	未列名乘用车	15	25	22	50	95	154	63
	≤ 9 座小客车	—	—	—	—	8	11	41
	小轿车	—	—	—	—	1	2	26
乘用车汇总		—	—	—	—	104	168	62
货车	其他货车	—	—	—	—	2	3	46
	牵引车	—	—	0	0	1	0	-84
	轻卡	—	—	—	—	0	0	5400
货车汇总		—	—	0	0	3	3	17
客车	大客	0	0	0	0	0	1	32
	中客	0	0	0	0	0	0	26
	轻客	0	0	0	0	0	0	55
客车汇总		0	0	0	0	1	1	34
特种车		—	—	0	4	4	1	-80
总计		15	25	22	59	112	173	55

三、中国汽车细分市场结构

（一）狭义乘用车企业产销走势

2023年全年厂家狭义乘用车销量累计2553.23万辆，累计增速10.3%；12月狭乘销量合计271.36万辆，同比增长22.2%，环比上月增长6.6%（见图9）。

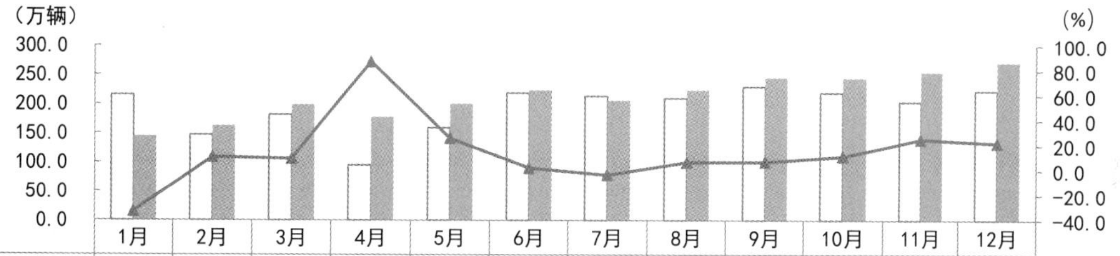

	1月	2月	3月	4月	5月	6月	7月	8月	9月	10月	11月	12月
2022年	215.81	146.72	181.41	95.04	159.10	218.88	213.37	209.70	229.32	219.27	203.39	222.14
2023年	144.80	162.63	198.71	177.68	200.25	223.59	206.15	223.71	245.44	244.38	254.59	271.36
乘用车增速	-32.9	10.8	9.5	87.0	25.9	2.2	-3.4	6.7	7.0	11.4	25.2	22.2

图9　2022—2023年狭义乘用车月度销量及增速

2023年主力车企总体偏弱，自主持续走强，合资车企12月稍有恢复。2023年比亚迪领军，一汽大众年末冲刺。奇瑞汽车、吉利汽车、长安汽车占据领先地位。

乘用车主力厂家阵营迅速分化，新能源车为主的厂家表现较强，自主表现分化尤为明显。比亚迪、奇瑞等增长较猛，而上汽大众等的生产持续下降。

2023年乘用车国内零售2170万辆，增长6%，由于年末价格促销较同期增长超6个百分点，因此乘用车零售增长也是内卷严重的惨胜。乘用车零售独立于其他消费品走强主要是乘用车消费潜力大，2017年的购车用户逐步进入换购周期，电动车带来的家庭第二辆车的增购需求持续释放，加之乘用车普及率仅有千人195辆的首购需求仍较强，共同推动乘用车内需消费的持续增长。

（二）新能源乘用车企业产销走势

新能源乘用车2022年销量650万辆，同比增长96%。2023年新能源乘用车销售887万辆，走势平稳增长。2023年国内零售：新能源775万辆，净增207万辆，增长36%；燃油车1395万辆，净减92万辆，下降6%。燃油车中只有豪华车零售微增，自主品牌与合资全面下滑。新能源车中自主、主流合资与豪华车总体均全面增长（见表9）。

表9　2022—2023年新能源乘用车销量及增速　　单位：万辆，%

新能源	1月	2月	3月	4月	5月	6月	7月	8月	9月	10月	11月	12月
2022年	42.0	31.7	45.6	28.1	42.2	57.0	56.4	63.5	67.4	67.8	73.2	75.1
2023年	38.9	49.5	61.8	60.4	67.8	76.0	73.8	79.6	83.5	88.9	96.1	110.8
增速	-7.4	56.1	35.4	114.5	60.6	33.3	30.8	25.2	23.9	31.1	31.2	47.5

2023年新能源市场进一步分化，比亚迪和特斯拉强势上涨，广汽埃安、长安汽车、吉利等增速很强。上汽通用五菱、奇瑞等调整。理想和蔚来表现很好（见图10）。

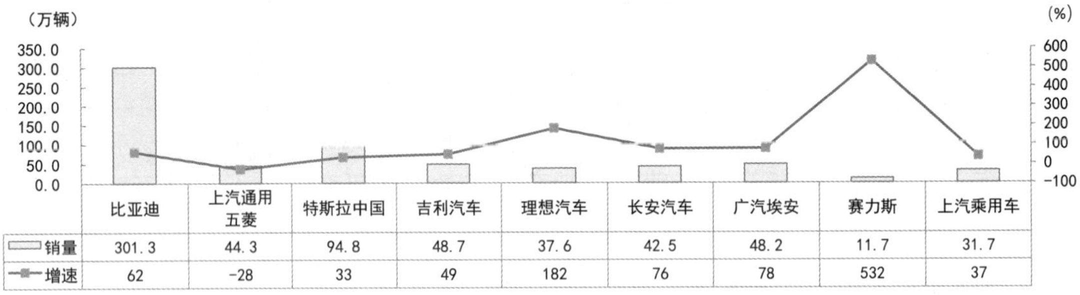

图10　2023年新能源乘用车主力企业销量及增速

（三）传统动力乘用车企业产销走势

2023年传统狭义乘用车销量1666万辆，与上年同期同比持平，年末销量拉动微增。

常规乘用车的持续下行带来较大的市场压力。传统车的走势相对低迷，发展新能源车需要有效的基盘，希望传统车也能稳定并恢复增长（见表10）。

表10　2022—2023年传统燃油乘用车销量及增速　　单位：万辆，%

燃油车	1月	2月	3月	4月	5月	6月	7月	8月	9月	10月	11月	12月
2022年	174.0	115.0	135.9	66.9	116.9	161.9	157.0	146.5	162.3	151.8	130.3	147.2
2023年	105.9	113.1	137.0	117.3	132.4	147.6	132.4	144.1	162.0	155.4	158.5	160.6
增速	-39.1	-1.7	0.8	75.3	13.3	-8.9	-15.7	-1.6	-0.2	2.4	21.7	9.1

常规动力乘用车合资车企为主的局面逐步改变，奇瑞、吉利走强，但自主品牌相对合资品牌优势不明显，合资燃油车技术底蕴仍然较强（见图11）。

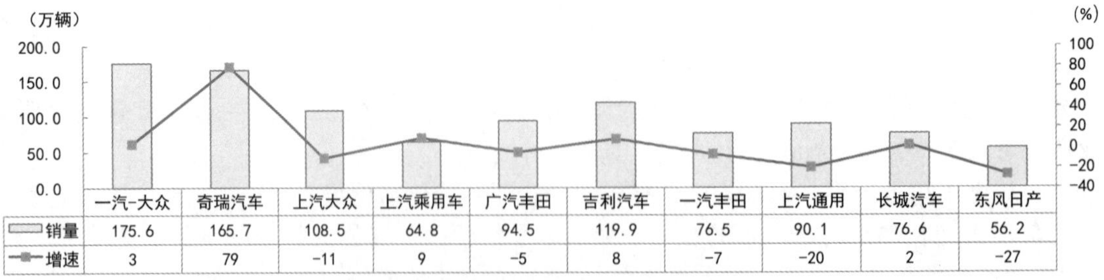

图11　2023年传统动力乘用车主力企业销量及增速

（四）商用车企业产销分类走势

2023年广义商用车销量429.8万辆，累计增速18.7%。开局低迷主要是1月基数因素，随后低基数下的各月表现较强，12月广义商用车销量38.9万辆，同比增长19.6%（见表11）。

表11　2022—2023年商用车销量及增速　　　　单位：万辆，%

商用车	1月	2月	3月	4月	5月	6月	7月	8月	9月	10月	11月	12月
2022年	37.4	26.5	41.4	23.4	25.9	30.6	27.7	27.9	30.9	30.1	27.8	32.5
2023年	19.2	35.0	45.5	37.1	35.2	37.5	30.7	32.9	39.5	39.1	39.1	38.9
增速	-48.8	32.5	9.8	58.8	35.8	22.8	10.9	17.7	27.7	29.8	40.5	19.6

商用车市场主力厂家是北汽福田、上汽通用五菱、东风汽车、长安汽车、上汽大通、中国重汽等。其中北汽福田、中国重汽和江淮表现相对较强，江铃表现较平稳。重卡中的中国一汽和中国重汽表现都很好，部分二线企业走势仍有压力（见图12）。

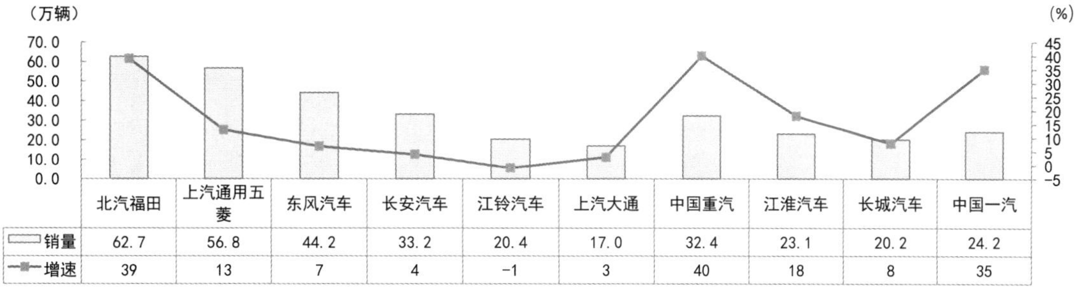

图12　2023年商用车主力企业销量及增速

（五）微车企业产销分类走势

2023年全年累计厂家微车销量88.2万辆，累计增速6.3%；12月微车销量8.8万辆，同比增长14.2%，环比上月增长4.9%（见表12）。

表12　2022—2023年微车销量及增速　　　　单位：万辆，%

微车	1月	2月	3月	4月	5月	6月	7月	8月	9月	10月	11月	12月
2022年	7.8	4.8	10.5	5.0	4.9	5.9	6.5	6.4	8.2	8.5	6.9	7.7
2023年	2.6	5.5	7.3	8.5	8.3	7.3	6.4	6.8	9.1	9.4	8.4	8.8
增速	-66.2	13.6	-30.8	70.8	69.8	23.1	-1.9	5.2	11.6	11.0	21.5	14.2

2023年微车主力厂家销量恢复，上汽通用五菱、东风走势相对平稳。奇瑞等新能源商用车企业表现较强（见图13）。

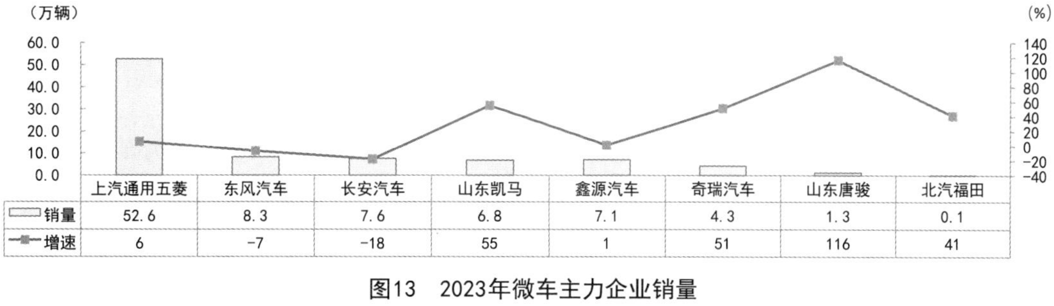

图13　2023年微车主力企业销量

（六）轻型卡车企业产销分类走势

2022年卡车销量238.4万辆，累计降35%；2023年全年厂家销量卡车累计268.11万辆，累计增速22.5%；12月卡车合计销量26.02万辆，同比增长50.9%，环比上月增长2.4%。

2023年全年累计厂家轻卡销量190.92万辆，累计增速18.1%；12月轻卡销量18.8万辆，同比增长37.8%。前期卡车高增长主要是国三柴油车淘汰的影响，各地采取强力措施淘汰国三，带来巨大换购增量，逐步回归常态（见表13）。

表13 2022—2023年轻卡销量及增速 单位：万辆，%

轻卡	1月	2月	3月	4月	5月	6月	7月	8月	9月	10月	11月	12月
2022年	16.2	12.3	18.2	10.7	12.4	14.8	13.0	12.8	13.0	12.6	12.0	13.6
2023年	8.9	17.7	21.0	15.3	14.7	16.0	13.6	14.3	16.4	16.4	18.0	18.8
增速	-44.8	43.6	14.9	41.9	18.5	8.0	4.3	12.3	25.9	29.7	50.6	37.8

2023年的轻卡主力厂家分化较明显。主力车企的福田保持超强的龙头地位。长城的轻卡走势很强，主要是长城皮卡走势很好。

长安已经从微卡强势企业升级成为轻卡第二阵营强势企业（见图14）。

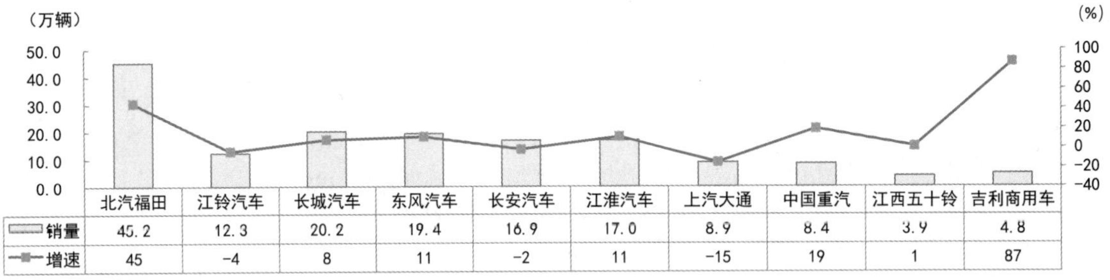

图14 2023年轻卡主力企业销量及增速

（七）中重型卡车企业产销分类走势

2023年全年累计厂家中重卡销量101.81万辆，累计增速32.7%；12月中重卡销量5.86万辆，同比降1.9%，环比上月降26.6%。

前期重卡高增长主要是电商物流拉动公路运输的需求增长，加之金融贷款的增长过快。疫情影响下的居民消费，电商化趋势进一步强化拉动物流运输，同时也有国三淘汰和投资拉动等综合因素。由于汽车金融渗透过高，问题逐步暴露，车市的消费压力较大（见表14）。

表14 2022—2023年中重卡销量及增速 单位：万辆，%

中重卡	1月	2月	3月	4月	5月	6月	7月	8月	9月	10月	11月	12月
2022年	10.5	7.0	8.9	5.1	5.7	6.4	5.2	5.3	5.8	5.5	5.3	6.0
2023年	5.5	8.6	12.7	9.5	8.5	9.8	6.9	7.9	9.6	9.0	8.0	5.9
增速	-47.7	22.3	42.9	85.8	49.3	52.7	32.5	46.9	64.0	64.7	51.4	-1.9

2023年的主力走势分化，重汽和陕汽出口俄罗斯重卡较强，一汽重卡和福田重卡在疫情下逐步恢复。2022年年末东风重卡强势拉升，2023年重汽开局较强，二线重卡相对主力车企的差距仍巨大（见图15）。

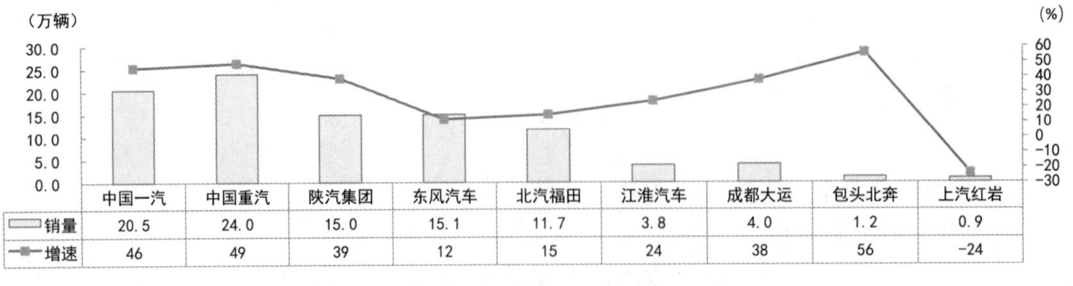

图15 2023年中重卡主力车企销量及增速

（八）轻客企业销售走势

2023年全年累计厂家轻客销量39.63万辆，累计增速23.9%；12月轻客销量4.3万辆，同比增长17.1%，环比上月增长10.3%。由于轻客新能源的突破速度较快，专用车的走势很强，因此轻客的市场增长较好（见表15）。

表15 2022—2023年轻客销量及增速 单位：万辆，%

轻客	1月	2月	3月	4月	5月	6月	7月	8月	9月	10月	11月	12月
2022年	2.5	2.0	3.1	2.1	2.4	2.8	2.5	2.7	3.1	2.6	2.6	3.6
2023年	1.8	3.0	3.9	3.1	2.9	3.4	3.0	3.1	3.7	3.6	3.9	4.3
增速	-27.8	50.3	26.1	50.5	21.9	22.5	23.4	13.0	18.9	37.3	47.2	17.1

轻客企业的走势相对平稳，近期波动不大。二线厂家崛起。近两年上汽大通和长安汽车的走势较强（见图16）。

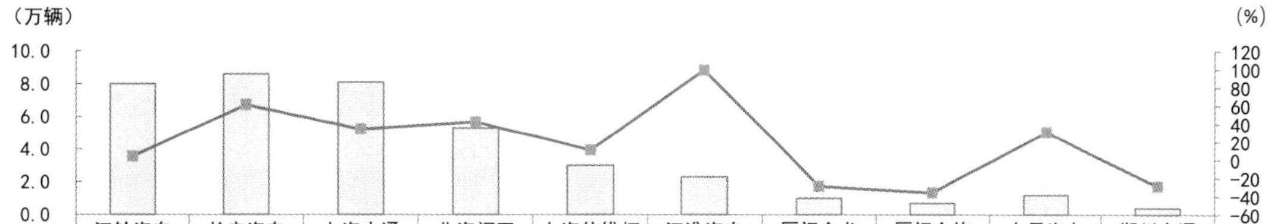

	江铃汽车	长安汽车	上汽大通	北汽福田	上汽依维柯	江淮汽车	厦门金龙	厦门金旅	东风汽车	郑州宇通
销量	8.0	8.6	8.1	5.3	3.0	2.3	1.0	0.7	1.2	0.4
增速	4	61	34	42	11	99	-29	-36	31	-29

图16 2023年客车主力企业销量及增速

（九）大中型客车企业销售走势

2023年全年累计厂家大中客销量9.17万辆，累计增速3.9%；12月大中客销量1.26万辆，同比降22.2%，环比上月增长43.1%。

前两年大中客表现较强，出现高增长，主要是因为新能源公交车的抢补贴行情，是地方政府推动的结果（见表16）。

表16 2022—2023年大中客销量及增速 单位：万辆，%

大中客	1月	2月	3月	4月	5月	6月	7月	8月	9月	10月	11月	12月
2022年	0.54	0.35	0.68	0.43	0.52	0.64	0.52	0.66	0.89	0.91	1.08	1.62
2023年	0.34	0.37	0.63	0.69	0.77	1.04	0.84	0.86	0.83	0.68	0.88	1.26
增速	-37.2	3.5	-6.5	58.5	48.0	62.6	62.3	28.8	-6.2	-25.0	-18.7	-22.2

2023年宇通客车超强，苏州金龙车增幅较小。中车时代、中通客车等客车企业同比增长不佳。一汽丰田等二线车企表现较好（见图17）。

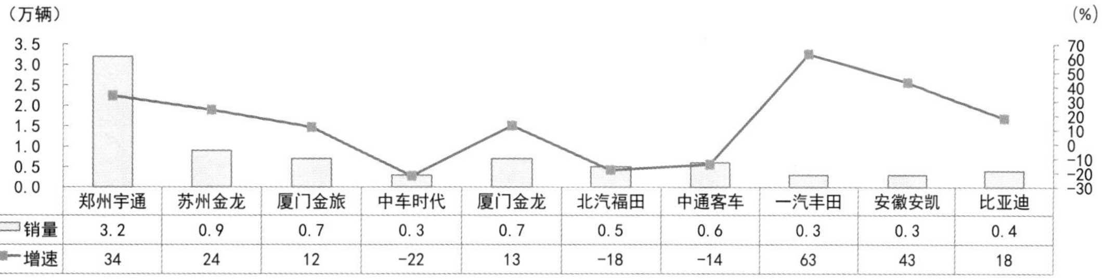

	郑州宇通	苏州金龙	厦门金旅	中车时代	厦门金龙	北汽福田	中通客车	一汽丰田	安徽安凯	比亚迪
销量	3.2	0.9	0.7	0.3	0.7	0.5	0.6	0.3	0.3	0.4
增速	34	24	12	-22	13	-18	-14	63	43	18

图17 2023年大中客型客车主力企业销量及增速

（中国汽车流通协会汽车市场研究分会 崔东树）

2023年中国乘用车市场

2023年轿车市场

一、2023年轿车市场与乘用车市场

第一季度市场受购置税政策退出、新能源国补终止等因素影响，整体较为低迷；第二季度开始汽车促消费政策陆续推出，地方车展和购车补贴多管齐下，共同推动下半年车市反弹，全年汽车消费企稳回升，呈现前低后高走势。乘联分会数据统计，2023年乘用车（轿车 +SUV+MPV）零售累计2170.7万辆，同比增长6%。其中轿车零售累计1023.1万辆，同比与上年持平，增速低于整体乘用车市场（见图1）。

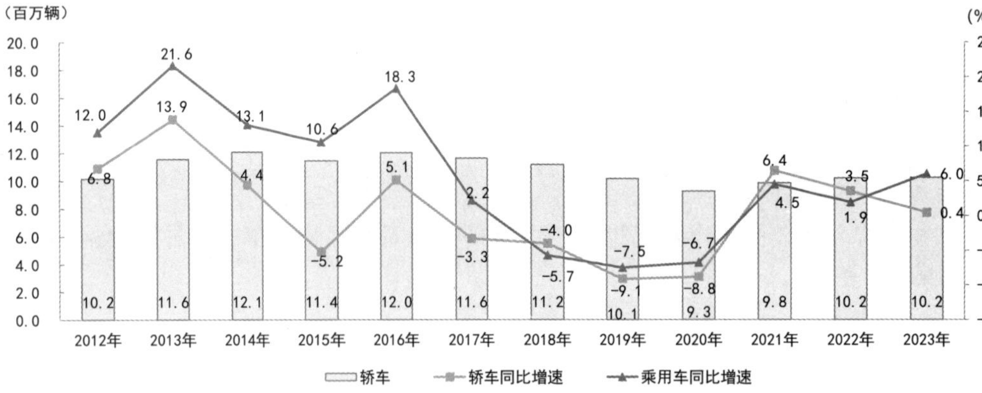

图1 2012—2023年轿车市场增速与乘用车市场增速对比

资料来源：乘用车市场信息联席会（以下图表资料来源相同，不再赘述）。

市场份额方面，SUV 市场份额达到历史新高，而轿车份额在2023年遭遇明显下滑，尤其是销量比重最大的 A 级燃油轿车。经济大环境低迷，行业竞争加剧，新能源、智能驾驶加速渗透等因素导致15万元及以下的 A 级市场价格战进入白热化，小型纯电动 SUV、插电混动 SUV 等产品加速侵蚀轿车市场，同时，A 级以下新能源市场仍未打开局面，导致价格最敏感的 A 级轿车市场份额迅速下滑。2023年，轿车市场份额47.1%，同比下降2.5个百分点（见图2）。

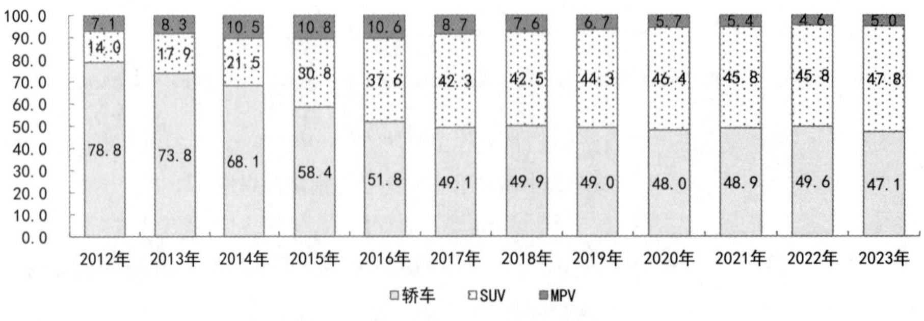

图2 2012—2023年乘用车细分市场占比

轿车市场是各大主机厂销量的重要支柱，2023年零售排名前十五的厂商多数轿车销量占比较高，前十五厂商平均轿车销量占比达到49.3%，超过整体市场轿车份额47.1%。其中合资品牌大众、通用、日产、宝马、本田等品牌传统燃油轿车份额较高，排名保持靠前；自主品牌中比亚迪成为2023年销量冠军，轿车占比同样高于整体市场。上通五菱凭借小型纯电动轿车的先发优势，在轿车市场中的销量较为优秀，而其他自主品牌仍然以SUV为主，但与2022年相比，长安汽车的轿车占比有所提升（见图3）。

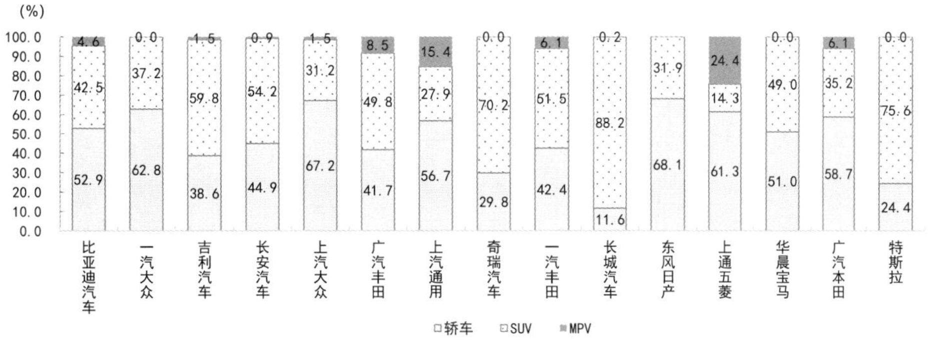

图3　2023年零售销量前十厂商轿车销量表现

二、2023年轿车市场结构特征

（一）车型级别表现

按照乘联分会的车辆分级标准，2023年C级以上轿车份额同比增长1.7%，展现了高端车型需求的稳定性，汽车进入存量市场阶段，增换购需求日益增长，C级以上的车型以传统高端豪华为主，销量稳中有增。同时C级市场也是高端新能源的主要发力市场，新势力品牌为塑造品牌、树立标杆车型等目的，在这个细分市场车型投入较为密集，2023年纯电、插混C级轿车份额均取得增长。B级轿车在2023年取得大幅增长，市场份额同比增长3.8%，主要增量均来自纯电动和插电混动轿车，传统燃油维持稳定。B级轿车市场几乎是每家传统和新能源厂商的必争之地，传统轿车产品以价换量，纷纷挤入20万元以下价格区间；纯电车型以特斯拉Model 3为标杆，涌现大量新产品，插电混动市场则以比亚迪、深蓝、银河等自主新能源品牌为主，逐步蚕食传统燃油市场。A级轿车市场2023年深度下滑，作为体量最大的细分市场，被渗透替代效应明显，市场份额同比下滑5.8%，A级轿车市场除插混市场在比亚迪的推动下有所增长外，纯电、传统燃油轿车均有明显下滑，其中燃油市场受新能源冲击，同比下跌6%，主力合资品牌轿车表现低迷。A0级轿车在2023年受新能源产品推动，份额在多年连续下滑后取得逆势增长，达到2019年水平，同比增长1.8%，主要由比亚迪海豚和上通五菱缤果等车型推动。A00级别轿车份额持续下滑，微型电动车利润瓶颈凸显，相关企业战略重心逐渐转向更高级别和价位段的电动产品（见图4）。

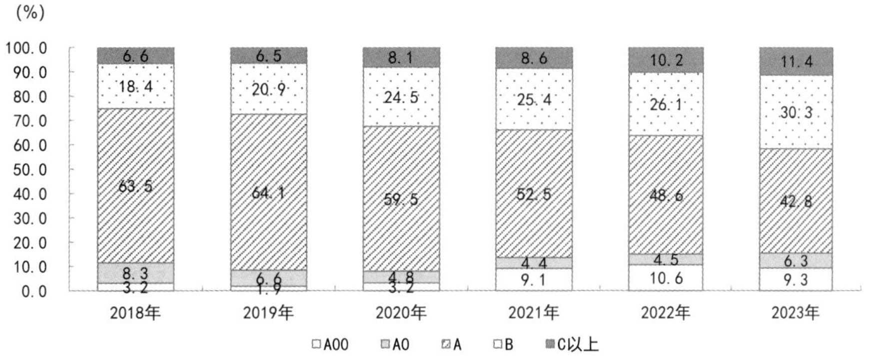

图4　2018—2023年轿车分级别市场份额

（二）燃料类型表现

轿车市场电动化趋势突出，2023年轿车市场新能源渗透率达到37%，略微领先于总体乘用车市场（36%）以及SUV市场（36%）。轿车市场中，纯电动占比29%，同比2022年增长3个百分点；插电混动占比8%，同比增长3个百分点；普通混动同比持平；纯燃油车占比进一步缩减至61%（见图5）。

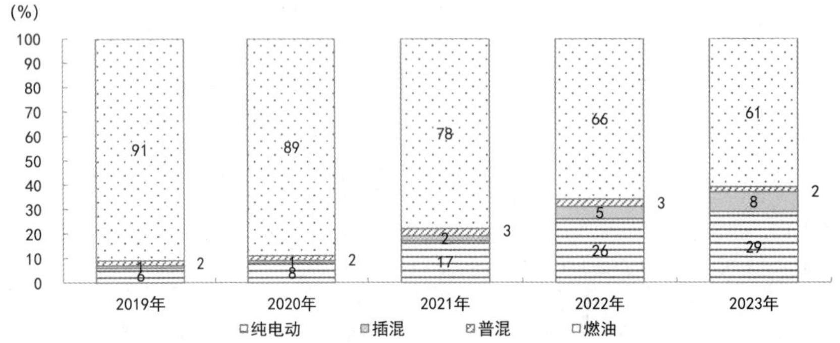

图5 2019—2023年轿车分燃料类型市场份额

电动化率方面，A00级轿车实现100%电动化；A0级轿车2023年电动化率增长迅猛，得益于比亚迪低级别车型的推出，以及主流微型电动车品牌上通五菱的产品向上升级策略；A级轿车市场2023年电动化率提升至近22%，增长较为缓慢，主流品牌尚未有爆款产品，市场仍处于酝酿期；B级市场电动化率大幅提升至29%，主力车型特斯拉Model 3，埃安S等保持稳中有增的良好表现，自主高端品牌以及新势力品牌也积极布局中高端轿车市场，值得一提的是传统燃油品牌例如丰田、宝马等也在B级三项市场开始发力；C级以上轿车电动化率达到38%，同比基本持平（见图6）。

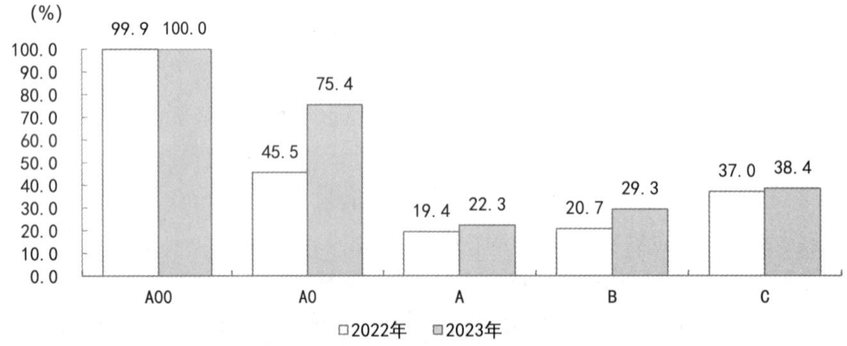

图6 2022—2023年各级别轿车市场电动化率（纯电动+插混）

纯电动轿车销量2023年同比增长12%。其中，A00级微型两厢车2023年市场份额32%，相比2022年（40%）持续下滑，但销量贡献仍然是细分市场第一。A0级市场份额16%，同比翻番，得益于比亚迪、五菱等头部自主品牌在10万左右售价区间的投放力度加大。A级轿车市场份额21%，同比下滑6个百分点，老一代A级纯电轿车进入产品生命周期末期，销量持续下滑，而比亚迪秦、大众ID.3等新产品表现稳健，持续上量。B级市场份额23%，同比增长5个百分点，主力产品为特斯拉Model 3和埃安S，而传统品牌宝马，新势力品牌蔚来、小鹏等销量也持续爬升。C级市场份额8%，与2022年持平，表现较为稳定。车型国别表现方面，自主品牌占据统治地位，占比达到88%，德系凭借大众、宝马等品牌轿车电动化转型，份额提升至5%，同比增长4个百分点；美系份额维持7%。

插电混动轿车销量2023年同比增长49%。其中，A级轿车市场份额46%，较上年提升1个百分点，比亚迪、长安等自主品牌车型占据领先地位。B级轿车市场份额29%，同比大幅增长8个百分点，长安、吉利等品牌车型开始发力，此外传统合资品牌也开始布局插混中型轿车产品。C级轿车份额受挤压下滑，豪华品牌插混产品也出现同比下滑。

普通混动（full-hybrid）轿车市场2023年市场份额稳定在3%左右。自主品牌插混产品在整体产品力以及节能降耗等方面具备更大的优势，部分厂商插混产品更是能够做到油电同价，并且随着电池成本的逐渐降低，插电混动全生命周期保有成本将进一步下降。普通混动市场面临进一步被蚕食的风险。

燃油轿车市场中，A级轿车占比52%，同比下滑5个百分点，合资品牌轿车维持主导地位。中高端市场（B级和C级）表现稳健，销量同比2022年增长7%，份额提升至45%，同比增长6个百分点。

（三）品牌国别表现

分国别表现来看，2023年自主品牌轿车销量464万辆，同比增长13%，份额提升至45%，排名第一，主要得益于新能源车型的强势增长，但值得一提的是自主品牌燃油车销量达到131万辆，同比增长7%，是所有国别燃油轿车中唯一取得较大正增长的（德系同比+1%，基本持平）。比亚迪、长安、埃安等品牌份额增长较为突出，其中比亚迪轿车市场份额达到14%，同比增长5个百分点。德系轿车2023年销量271万辆，同比增长4%，份额27%，主要品牌大众、奔驰、宝马、奥迪份额基本维持。日系轿车2023年销量186万辆，同比下滑19%，市场份额18%，同比下滑5个百分点。日系轿车受自主品牌冲击，下滑较为明显。美系轿车销量71万辆，同比下滑16%，市场份额7%，同比持平。美系品牌中别克、雪佛兰下滑明显。韩系品牌份额2%，维持稳定（见图7）。

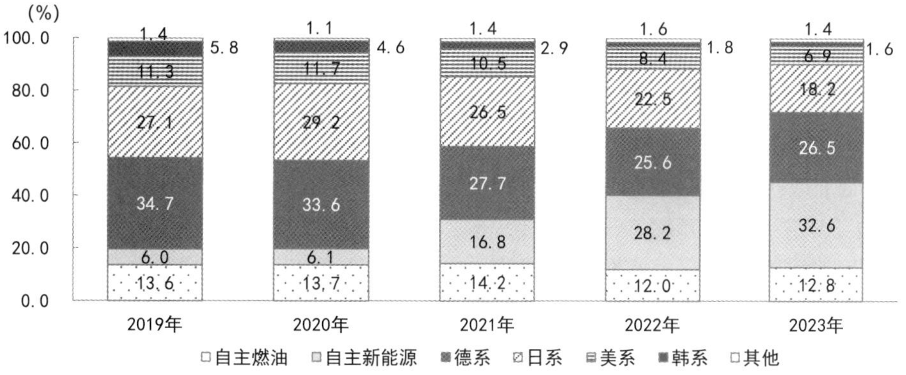

图7　2019—2023年轿车市场分级别销量对比

（四）细分市场竞争格局

2023年轿车市场排名前十的厂商中，国内厂商占据四个席位，比亚迪全年销量143万辆，同比大幅增长50%，排名轿车市场第一，长安、吉利也均取得两位数增长。合资品牌除德系南北大众取得增长以外，其余厂商都有不同程度的下滑，面临来自国产品牌新能源产品的冲击。

纯电动轿车排名前十厂商中，大多为自主品牌、新势力品牌，上汽大众凭借坚定的电动化转型，销量排名挤入前十，成为进入纯电动前十的唯一合资厂商。比亚迪和五菱领跑纯电动市场，埃安、吉利、红旗等国产厂商销量同比增长迅猛，增速均超过50%。奇瑞排名下滑至第七位（2022年第三位），销量同比下降50%。

插电混动轿车排名前五厂商中，比亚迪全年销量55万辆，同比大幅增长44%，排名第一，在插混轿车中市场份额达到72%。长安汽车凭借插混合增程的新产品，全年销量达到9万辆，同比增长475%，排名第二。新势力品牌中哪吒也进入增程市场，排名第四。以比亚迪DMi为代表的插电混动技术和增程技术引领了整个插混市场2023年的增长，并且我们观察到增程市场有持续爆发的潜力，越来越多的厂商包括部分传统合资品牌也宣布加入增程赛道。同时，小排量增程技术（例如1.0升增程发动机）的不断迭代也给增程市场带来了更多的价格竞争优势（见图8）。

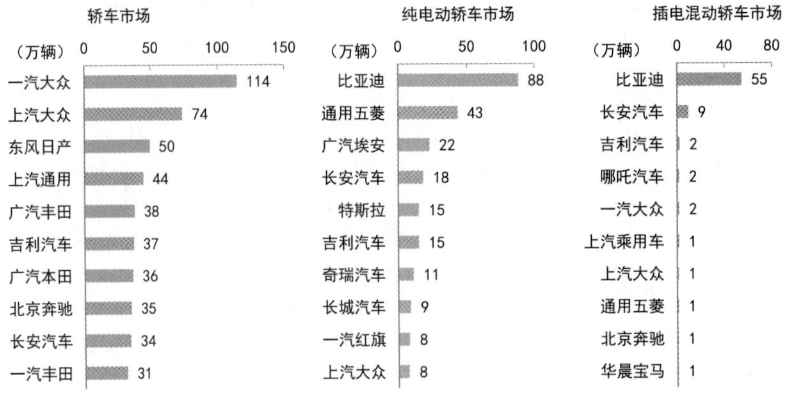

图8 2023年 Top10厂商轿车总销量和新能源轿车销量

按照乘联分会车辆分级标准，C 级轿车2023年销量116万辆，同比增长18%，比亚迪汉23万辆，同比有所下滑，但仍排名细分市场第一。豪华品牌车型奥迪 A6同比增长52%，排名细分市场第二；奔驰 E 级销量保持3% 的正增长，但宝马5系销量同比下滑16%，排名第四；凯迪拉克销量8万辆，同比增长26%，在 C 级轿车排名第五。新产品方面，红旗 E、比亚迪海豹、零跑 C01、哪吒 S 等贡献了主要增量，带动 C 级轿车电动化转型加速；燃油车方面，奥迪 A7L、红旗 H6等车型表现较好；新能源品牌岚图追光、阿维塔12等新产品也为 C 级市场注入了新鲜血液。

B 级轿车2023年销量310万辆，同比增长15%，集中了中高端市场的主力消费车型。Top5产品主要为合资品牌燃油车以及豪华车型，销量表现呈现分化。日系品牌车型凯美瑞、雅阁同比分别下降7%、19%；而排名靠前的德系轿车均取得两位数以上增长，帕萨特同比增长15%，迈腾同比提升24%，新款宝马3系同比增长22%。新能源轿车表现较好，埃安 S 销量近22万辆，同比增长89%，排名跃居 B 级轿车第二；特斯拉 Model 3销量15万辆，同比增长18%；比亚迪驱逐舰、海豹，长安深蓝，蔚来 ET5系列车型也都取得了较好的销量表现。

A 级轿车2023年销量438万辆，同比下滑12%。销量 Top5车型中，日系的轩逸、卡罗拉销量同比大幅下滑，朗逸同比持平，速腾同比增长25%。比亚迪秦系列全年销售46万辆，同比增长36%，排名 A 级轿车榜首。A 级燃油轿车销量表现分化明显，思域、科鲁泽、型格等车型同比增长显著，而帝豪、宝来、雷凌则有明显下滑。新能源方面，大众 ID.3、欧拉好猫、北汽 EU 系列等车型都实现了销量大幅增长。当前 A 级轿车的电动化率为22%，不及市场平均水平，A 级轿车进一步电动化的速度取决于县乡充电基础设施建设进度。

A0轿车2023年销量达64万辆，同比增长39%，成为增速最高的细分市场，实现了燃油向电动化的全面转型。比亚迪海豚、五菱缤果打破了 A0市场的竞争格局，成为销量主力。传统燃油产品除大众 Polo 的销量逆势上涨外，其他燃油车型销量均出现大幅下滑。小型轿车市场需求主要以经济性为主，A00市场已经呈现向上升级趋势，预计将有更多新能源产品进入 A0级市场，进一步增加电动化渗透率。

A00轿车市场2023销量95万辆，同比下滑12%。宏光 MINI 的销量较上年大幅下降41%；比亚迪新产品海鸥给 A00市场带来了纯增量，全年销售24万辆，排名第一；此外长安 Lumin、吉利熊猫等新车型也有较好的销量表现。随着新能源补贴的结束，微型电动车成本优势减弱，厂商转向布局更大的细分市场以及更高的价位段。但在新能源向低线城市渗透的大趋势中，微型电动车也具备更多的市场机会（见图9）。

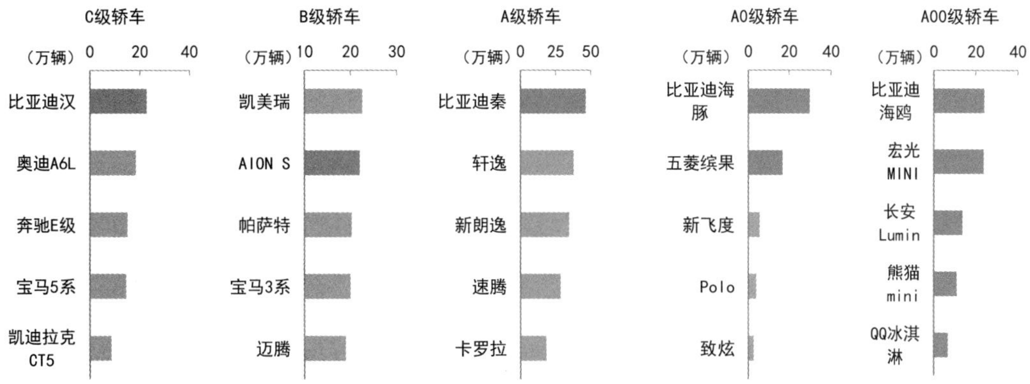

图9　2023年各细分市场 Top5车型排名

（五）区域市场表现

从终端销售数据来看，2023年华东、中南地区轿车市场增速低于整体水平（+1%），西北、东北市场由于基数较低，2023年增长较为明显，同比增速均超过15%。轿车市场区域依旧呈现东强西弱的基本格局，华东和中南轿车销量占全国的65%，较上一年有所收缩，但仍然是轿车的主要支撑性市场（见图10）。

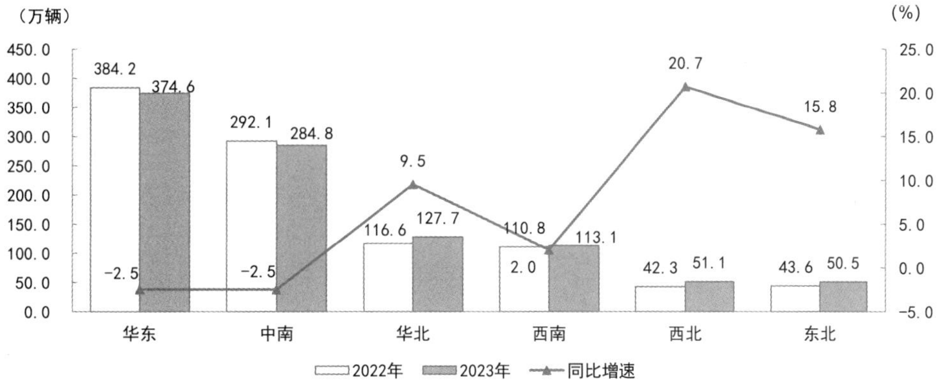

图10　2022—2023年轿车区域市场表现

华东地区2023年轿车新能源渗透率达到39%，同比2022年增长了6个百分点，中南地区轿车新能源渗透率也为39%，同比提升7个百分点。东北轿车新能源渗透率达到28%，同比翻番，主要受插电混动轿车市场的推动。

［马勒汽车技术（中国）有限公司　胡昌晨］

2023年 SUV 市场

SUV 是近年来中国汽车市场最受欢迎的车型之一，它以高底盘、大空间、强动力等特点吸引了众多消费者的青睐。2023年 SUV 市场经历了疫情后的复苏、新能源竞争等多重机遇，实现了较高的增长势头。新能源 SUV 以其更高的续航里程、更低的使用成本、更灵活的动力组合等优势在 SUV 市场异军突起，占比大幅提升。

一、SUV 市场总体走势

（一）2023年 SUV 批发走势

SUV 的发展动力主要是消费者生活方式改变，消费者工作时间减少，个人休闲时间增加，扩大生活半径的需求越来越高。SUV 能很好满足用户周末出行、回老家探亲等假期出行需求。

近两年 SUV 市场从爆发式增长逐步进入调整期。SUV 市场总量从2007年的38万辆到2020年的946万辆呈现高增长态势。其中2017年 SUV 达到1028万辆，过千万大关，成为近期的历史高点。2023年中国 SUV 市场总销量达到1319万辆，同比增长19%，实现了2020年以来连续4年的较强增长（见表1）。

表1　2013—2023年 SUV 销量及增速　　单位：万辆，%

SUV	2013 年	2014 年	2015 年	2016 年	2017 年	2018 年	2019 年	2020 年	2021 年	2022 年	2023 年
销量	304. 0	410. 6	632. 7	894. 0	1028. 5	1000. 8	935. 3	946. 1	993. 1	1108. 3	1318. 9
增速	50. 8	35. 1	54. 1	41. 3	15. 0	-2. 7	-6. 5	1. 1	5. 0	11. 6	19. 0

资料来源：乘用车市场信息联席会（以下图表资料来源相同，不再赘述）。

从2023年的月度走势来看，1月 SUV 市场起步低迷，但从2月开始，SUV 市场表现较好，进入正增长轨道，增速略有波动，下半年一路上扬，持续高速增长（见图1）。

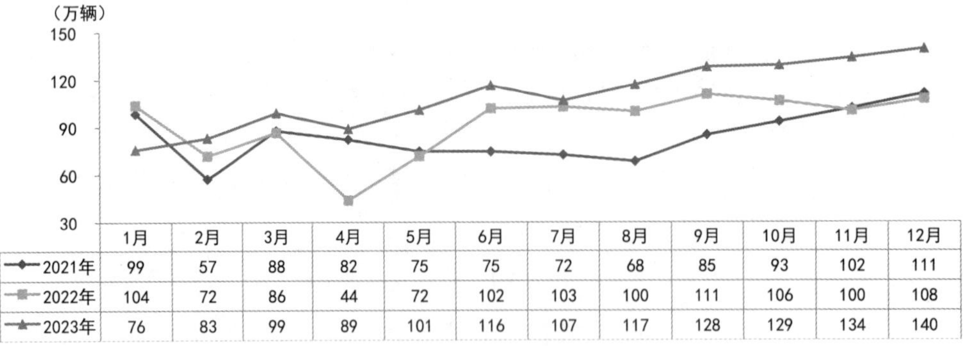

	1月	2月	3月	4月	5月	6月	7月	8月	9月	10月	11月	12月
2021年	99	57	88	82	75	75	72	68	85	93	102	111
2022年	104	72	86	44	72	102	103	100	111	106	100	108
2023年	76	83	99	89	101	116	107	117	128	129	134	140

图1　2021—2023年 SUV 市场月度销量

（二）SUV 车型级别格局

SUV 市场的乘用车占比较稳，内部格局变化不大，主要是 B 级 SUV 走势很强，但 A 级和 A0 级表现一般。主要的增量来自 B 级以上市场，消费升级的趋势推动 SUV 远强于轿车的增长，形成高端远强于主流 SUV 的特征（见表2）。

表2　2016—2023年 SUV 分级别销量及增速　　单位：%

级别	2016 年	2017 年	2018 年	2019 年	2020 年	2021 年	2022 年	2023 年
a00	0. 0	0. 2	0. 1	0. 1	0. 1	0. 1	0. 5	0. 6
A0	26. 1	23. 4	24. 0	23. 9	20. 1	18. 4	15. 9	14. 1
A	63. 0	61. 8	61. 9	61. 5	62. 1	60. 2	57. 1	54. 0
B	10. 4	14. 0	13. 4	13. 9	16. 9	20. 5	25. 0	28. 4
C	0. 5	0. 7	0. 6	0. 7	0. 7	0. 8	1. 5	2. 9

（三）SUV 市场竞争格局

SUV 市场的销量在不断提升之中，但2022年仍未超过轿车销量占比，2023年实现 SUV 的新突破。自主品牌的 SUV 销量占比在2020年的谷底后逐步上升，到2023年占27.2%，形成了 SUV 较强局面。而轿车市场份额下降，主要是自主品牌的轿车销量占比偏低，所以也体现了 SUV 市场自主新突破。

豪华品牌不断上升，主要是轿车和 SUV 的较快增长。由于合资企业反应较慢，新能源停滞，导致合资在各类市场均低迷（见表3）。

表3　2017—2023年乘用车车型各品牌市场份额　　单位：%

乘用车类别	级别	2017 年	2018 年	2019 年	2020 年	2021 年	2022 年	2023 年
轿车	豪华	4.5	5.6	6.0	7.2	7.2	6.4	6. 8
	主流合资	34.7	33.7	32.9	29.8	24.9	21.5	19. 0
	自主	9.8	10.4	9.8	10.0	15.5	20.1	21. 3
轿车汇总		49.0	49.6	48.8	47.0	47.6	47.9	47. 1
MPV	豪华	0.1	0.1	0.1	0.2	0.2	0.1	0. 2
	主流合资	1.2	1.5	1.4	1.5	1.4	1.5	1. 7
	自主	7.4	5.9	5.0	3.7	3.6	2.6	3. 2
MPV 汇总		8.6	7.4	6.5	5.4	5.1	4.2	5. 0
SUV	豪华	2.8	3.1	4.3	5.4	6.0	6.5	7. 0
	主流合资	13.8	14.5	16.6	18.5	15.9	13.7	13. 5
	自主	25.8	25.3	23.8	23.7	25.3	27.7	27. 2
SUV 汇总		42.4	42.9	44.7	47.6	47.3	47.9	47. 8

二、SUV 市场总体走势

（一）SUV 动力结构走势

SUV 实现从传统燃油车到新能源的转变，传统燃油车份额从2022年的72%下降到2023年的61%，下降了11个百分点。而插电混动、纯电动和增程式都有增长，其中针插混增长7个百分点。而纯电动车增长也是在4个百分点。常规燃油车的下降11个百分点。插混比纯电动走势更强，这也是插混的补能优势，尤其是增程的表现较强，所以总体来看是新能源发展成为 SUV 发展的主力（见表4）。

表4　2018—2023年 SUV 分动力类型销量及增速　　单位：%

SUV	2018 年	2019 年	2020 年	2021 年	2022 年	2023 年
常规	96. 6	96. 6	95. 6	87. 5	71. 8	61. 2
纯电动	1. 7	2. 0	2. 0	7. 3	15. 7	19. 9
插混	1. 2	0. 9	1. 2	3. 2	9. 1	15. 9
混合动力	0. 4	0. 5	1. 2	2. 1	3. 5	3. 1

（二）SUV 促销走势

2023年 SUV 市场促销力度持续加大，目前促销处于相对高位水平，2023年下半年走势脱离正常的促销特征而持续增大促销幅度（见图2）。

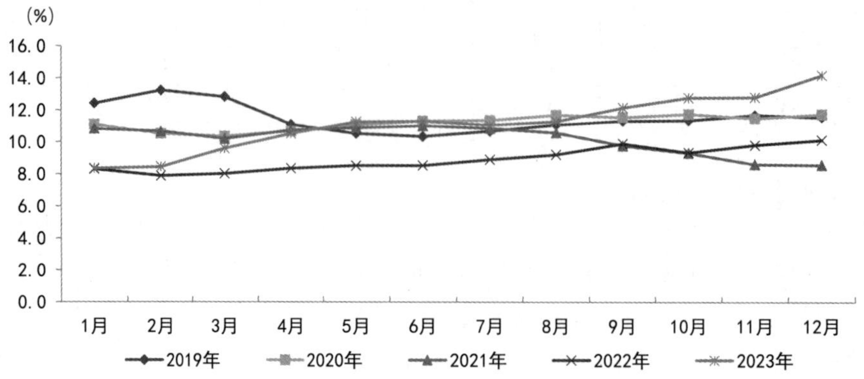

图2　2019—2023年 SUV 促销力度

（三）SUV 进口走势

2017—2019年的进口车市都是相对稳定的，在百万以上的规模。2021—2023年持续下滑。2023年进口整车80万辆，相对2022年下降较大。近两年传统的货车和客车进口企稳，尤其是轻卡的皮卡进口较强，体现美国皮卡的市场认可度较高。而乘用车的进口相对低迷，尤其是 SUV 下滑了16%（见表5）。

表5　2019—2023年乘用车分车型进口量　　单位：辆

车型		2019 年	2020 年	2021 年	2022 年	2023 年
乘用车	小轿车	421010	391200	413191	396891	366722
	四驱 SUV	337877	313081	290145	282122	238210
	≤ 9 座小客车	204957	182533	191169	173976	146675
	未列名乘用车	66743	22590	7653	18191	30125
	其他	884	24	22295	90	28
乘用车汇总		1031471	909428	924453	871270	781760
货车汇总		16154	17593	5460	11684	16018
客车汇总		191	611	604	1042	525
总计		1047816	927632	930517	884107	798824

三、SUV 细分市场结构

（一）A0级 SUV 销量走势

A0级 SUV2023年全年批发数量229.4万辆，厂家批发销售累计增长18%；2023年全年国内零售数量146.75万辆，零售累计降2%。2023年12月批发21.79万辆，占批发份额15.61%，批发较2022年同期同比增长11%，批发环比降3%；2023年12月零售较上年同期同比增长4%，零售环比增长2%。

A0级 SUV 的主力车型变成电动车。A0级 SUV 基本都是时尚车型。比亚迪和广汽埃安电动车的表现很强，日系的燃油车表现退步（见图3）。

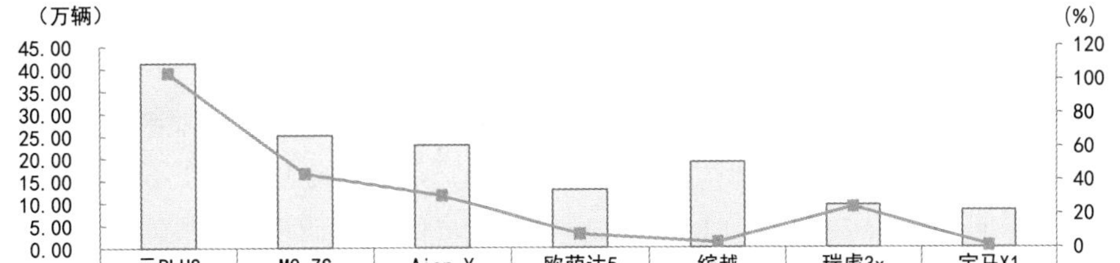

	元PLUS	MG ZS	Aion Y	欧萌达5	缤越	瑞虎3x	宝马X1
销量	41.22	25.13	22.96	12.92	19.02	9.41	8.26
增速	104	44	31	8	3	24	1

图3　2023年A0级SUV主力车型销量和增速走势

（二）紧凑型SUV主力车型市场走势

A级SUV2023年全年批发数量710.13万辆，厂家批发销售累计增长13%；2023年全年国内零售数量558.62万辆，零售累计增长4%。2023年12月批发73.39万辆，占批发份额52.57%，批发较2022年同期同比增长26%，批发环比增长0%；2023年12月零售较上年同期同比降2%，零售环比增长14%。

A级SUV2023年12月批发领军继续是新能源车型比亚迪宋，原有领军的自主燃油车SUV表现仍不错。合资SUV市场压力较大，高价位的SUV可以在动力和品牌间选择。比亚迪动力优势带动品牌优势（见图4）。

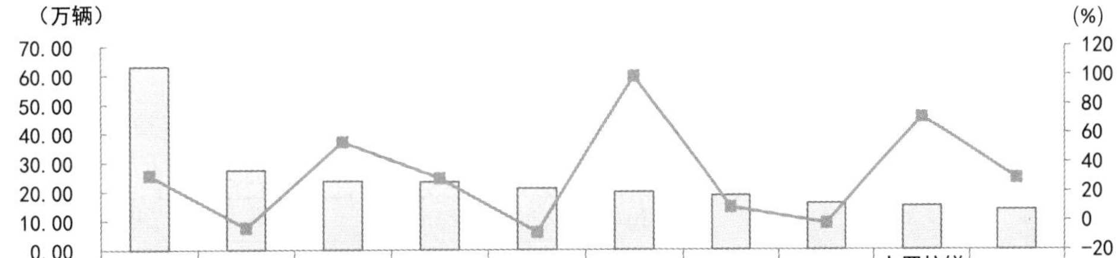

	比亚迪宋	哈弗H6	瑞虎7	瑞虎8	CR-V	锋兰达	RAV4	途观	卡罗拉锐放	探岳
销量	63.06	27.33	23.65	23.30	21.07	19.78	18.62	15.84	14.98	13.69
增速	31	-5	54	29	-8	99	9	-2	71	29

图4　2023年A级SUV主力车型销量和增速走势

（三）B级SUV市场走势

B级SUV在2023年全年批发数量335.46万辆，厂家批发销售累计增长28%；2023年全年国内零售数量298.52万辆，零售累计增长27%。B级SUV在2023年12月批发40.29万辆，占批发份额28.86%，批发较上年同期同比增长58%，批发环比增长16%；2023年12月零售较上年同期同比增长59%，零售环比增长24%。

2023年12月B级SUV批发市场仍是电动车领军，燃油车是奥迪、宝马较强，而豪华车在未来政策促进下仍会有较好表现（见图5）。

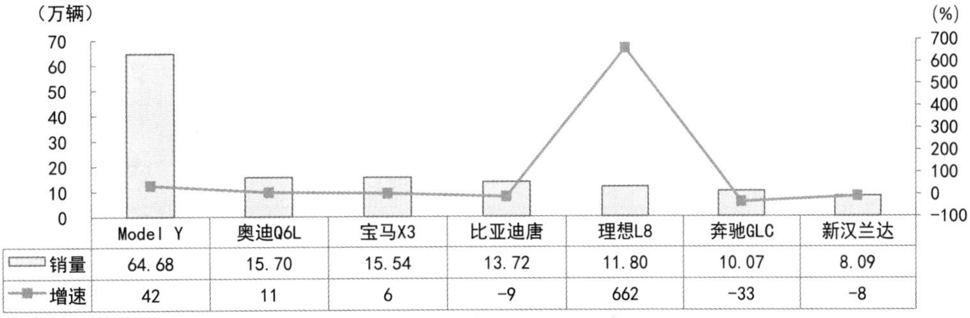

	Model Y	奥迪Q6L	宝马X3	比亚迪唐	理想L8	奔驰GLC	新汉兰达
销量	64.68	15.70	15.54	13.72	11.80	10.07	8.09
增速	42	11	6	-9	662	-33	-8

图5　2023年B级SUV主力车型销量和增速走势

四、SUV 区域市场结构

（一）SUV 城乡市场特征

近几年，SUV 市场在特大城市表现相对较强，从2019年的12.9% 上升到2023年的百分之15%，上升3个百分点。而县乡市场和小城市的 SUV 在全国占比都出现了明显下降的态势。尤其是县乡市场，从2019年的25% 下降到20%，下降了近5个百分点，小型城市下降幅度也较大。

在小型城市及以下市场，SUV 占比下降的主要原因是新能源车的发展带来分化。而新能源车在特大城市表现较强，推动大城市的 SUV 占比提升（见表6）。

表6 2018—2023年分级别城乡 SUV 市场份额 单位：%

SUV	2018 年	2019 年	2020 年	2021 年	2022 年	2023 年
特大城市	11.25	12.12	12.38	13.35	15.41	15.03
大型城市	22.24	22.93	22.85	22.35	23.18	23.88
中型城市	21.21	21.18	21.53	22.10	22.61	24.09
小型城市	19.26	18.88	18.75	18.41	17.16	16.74
县乡	26.04	24.88	24.50	23.78	21.63	20.26

（二）SUV 地区市场特征

SUV 在各区市场的表现也是正呈现明显分化之中，在华东、华南和东部直辖市市场，SUV 市场的占比明显地提升，2023年的东北地区的 SUV 占比也明显提升。而在中西部地区 SUV 市场的占比明显下降，也是 SUV 市场呈现了区域分化的格局。但西北地区增长的原因尚不明确，可能是出口的因素（见表7）。

表7 2017—2023年分区域 SUV 市场份额 单位：%

区域	2017 年	2018 年	2019 年	2020 年	2021 年	2022 年	2023 年
东北	5.7	5.2	5.0	5.7	5.7	5.4	6.0
东部 - 华北	12.7	12.3	12.4	12.3	11.9	11.0	11.1
东部直辖市	5.4	5.7	6.4	6.9	7.4	8.1	8.2
东部 - 华东	13.0	13.1	13.6	13.6	14.0	16.0	15.1
东部 - 华南	13.1	14.2	13.8	13.1	13.8	15.6	14.5
西北	9.6	9.4	9.7	10.4	10.5	9.4	11.3
西南	16.3	16.4	16.0	15.4	15.0	14.1	13.8
中部 - 黄河	9.3	9.1	9.1	9.0	8.4	7.3	7.6
中部 - 长江	14.8	14.7	14.0	13.6	13.4	13.2	12.5

（三）各地 SUV 市场动力结构

从 SUV 市场的市场格局来看，整体动力格局发生明显的变化，新能源表现很强。

纯电动 SUV 市场在华东市场、华南市场以及东部直辖市市场份额都在20% 左右的水平，尤其在东部直辖市市场达到27% 的比例，在华东市场达到24% 的比例，而在西北市场、东北市场以及中部市场，总体来看占比都是极低的状态（见表8）。

表8 2023年分区域各动力类型 SUV 市场份额 单位：%

区域	常规	纯电动	插混	混合动力	2023 年
东北	73.48	7.69	14.24	4.59	55.39
东部 - 华北	64.53	17.18	15.32	2.97	52.93
东部直辖市	46.41	39.95	10.95	2.69	52.92
东部 - 华东	50.99	30.98	16.03	1.99	51.31

续表

区域	常规	纯电动	插混	混合动力	2023 年
东部－华南	49.78	25.99	19.74	4.49	50.87
西北	72.63	6.82	16.85	3.70	57.23
西南	66.66	15.03	15.86	2.45	52.18
中部－黄河	66.29	13.27	17.68	2.76	53.62
中部－长江	67.88	15.33	14.12	2.68	51.31

（四）各类品牌区域变化

SUV 市场的自主品牌持续增长，自主增量主要是在长江中部和华北地区，自主品牌在这些地区获得了份额较大的增长。SUV 自主品牌市场份额较2022年同期在长江中游地区上升6.8个百分点，在华北地区上升6.7个百分点，在东部直辖市上升3.8个百分点，表现都是极强的特征。豪华车在西南地区和中部黄淮地区的表现较强。合资品牌 SUV 全面下滑，下滑幅度较大的是华东和华南地区（见表9）。

表9　2023年分区域分品牌 SUV 市场份额　　单位：%

区域	2023 年				2022 年		
	豪华	合资	自主	年度合计	豪华	合资	自主
东北	13.94	36.44	49.61	55.39	14.02	41.99	43.99
东部－华北	15.34	30.05	54.60	52.98	15.30	35.36	49.34
东部直辖市	29.21	25.29	45.41	53.12	28.61	27.60	43.74
东部－华东	26.31	21.27	52.39	51.39	28.07	26.28	45.64
东部－华南	17.69	28.56	53.72	50.78	19.65	33.37	46.97
西北	9.73	30.80	59.48	57.27	9.83	35.64	54.53
西南	14.26	25.47	60.25	52.25	14.87	28.71	56.42
中部－黄河	10.50	31.42	58.06	53.71	10.28	34.14	55.58
中部－长江	15.81	29.85	54.32	51.39	16.60	33.86	49.53

（五）SUV 各类区域变化

SUV 市场销量前十名是上海、成都、北京、广州、重庆、杭州等主力城市，而相对于2022年的深圳和上海表现相对是比较弱的。2023年增量表现比较突出的主要是成都、乌鲁木齐、郑州、西安等城市，近期二线城市和西北地区城市成为销量增长的核心主力，而华东地区，比如嘉兴、丽水，还有华南地区的东莞、江门、惠州等城市表现相对较差（见表10）。

表10　2023年 SUV 市场销量前十城市　　单位：辆，%

2023 年销量前十名		增速	2022 年销量前十名		2023 年增减量前五	
上海	391779	4	上海	378124	成都	66672
成都	313829	27	北京	263836	乌鲁木齐	56713
北京	308707	17	成都	247157	郑州	55525
广州	270227	11	广州	243319	西安	54984
重庆	247036	22	深圳	232269	天津	46027
杭州	233593	1	杭州	231255	江门	-2808
深圳	230236	-1	重庆	202884	惠州	-3902
武汉	222528	14	武汉	195852	丽水	-4378
郑州	220948	34	苏州	170485	东莞	-7137
西安	218435	34	郑州	165423	嘉兴	-10832

五、SUV 发展特点

SUV 市场总体保持较强的市场表现，未来仍有较好的发展空间。

首先，SUV 作为一种多功能的汽车类型，受到了越来越多消费者的青睐。SUV 不仅能够提供舒适的驾乘体验，还能适应不同的路况和需求，如越野、载货、家庭出行等。SUV 的市场需求在近年来持续增长，尤其是在一、二线城市和年轻人群中。

其次，中国汽车制造商在 SUV 领域投入了大量的资源和创新，推出了许多具有竞争力的产品。这些产品不仅在价格、性能、设计、安全等方面有所提升，还加入了智能化、电动化、网联化等新技术和新功能，满足了消费者的多样化需求和个性化喜好。

最后，政府和社会也为 SUV 市场的发展提供了有利的环境和支持。例如，政府出台了一系列的政策和措施，鼓励汽车产业的转型升级，支持新能源汽车和智能汽车的发展，优化汽车消费的税收和补贴制度，改善汽车使用的基础设施和服务等。社会方面，随着人们生活水平的提高和消费观念的变化，更多人愿意购买和使用 SUV，形成了良好的市场氛围。

综上所述，2023年中国 SUV 市场表现较好，得益于多方面的因素。未来，随着中国汽车产业的进一步发展和创新，以及消费者需求和喜好的不断变化，SUV 市场仍然有着巨大的潜力和空间。我们期待看到更多优秀的 SUV 产品出现在中国市场上，为消费者带来更好的驾乘体验和生活品质。

（中国汽车流通协会汽车市场研究分会　崔东树）

2023年 MPV 市场

2023年 MPV 累计批发销售110.2万辆，同比增长17.6%，远高于轿车的增长率（3.4%），稍低于 SUV 的增长率（18.0%）。MPV 在乘用车中的占比达到4.3%，比2022年同期提高了0.3个百分点，2023年狭义乘用车的增长率（11.0%），是近几年来唯一一次增长率没有拖后腿，并助力整体乘用车市场增长的年份。

一、2023年 MPV 产销概况

（一）政策引导提振消费，销量走势淡季不淡

2023年，在国际形势错综复杂的经济形势下，国家针对汽车行业发展连续出台了引导性政策，提振居民信心、稳定汽车消费。“百城联动”和“千县万镇”的汽车消费活动效果初现，多地陆续发布新的促消费政策与企业促销，合力对2023年车市构成稳定支撑，2023年各个月份 MPV 销量也逐渐走高，实现淡季不淡的局面（见图1）。

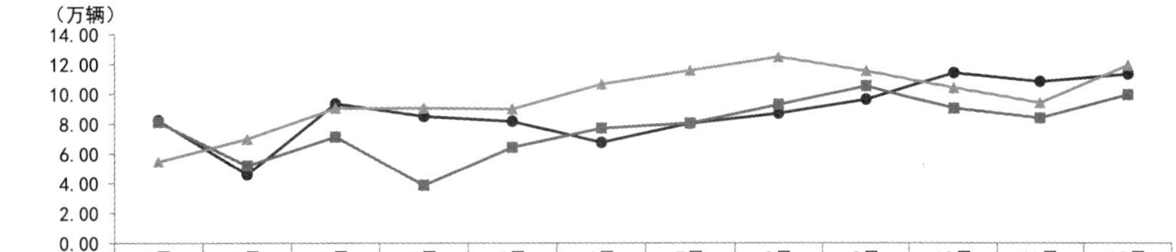

	1月	2月	3月	4月	5月	6月	7月	8月	9月	10月	11月	12月
2021年	8.23	4.59	9.35	8.51	8.17	6.76	8.03	8.70	9.64	11.41	10.83	11.33
2022年	8.12	5.18	7.13	3.86	6.44	7.72	8.05	9.29	10.53	9.04	8.39	9.95
2023年	5.47	6.98	9.05	9.06	9.00	10.66	11.57	12.49	11.55	10.41	9.40	11.93

图1　2021—2023年 MPV 市场月度销量走势对比

资料来源：乘用车市场信息联席会（以下图表资料来源相同，不再赘述）。

（二）MPV 上、下半年销售比

历来汽车销售有“上、下半年销售比”的规律，一般以48∶52为正常年份，如2019年上、下半年“销售比”完美诠释了此规律。自2020—2022年遭受三年疫情以来，上、下半年“销售比”出现了巨大偏差，2023年虽然需求不旺，在新品大量涌现、促消费政策的叠加作用下，上、下半年的“销售比”趋好，回归到43.9∶56.1，情况已有所改善（见图2）。

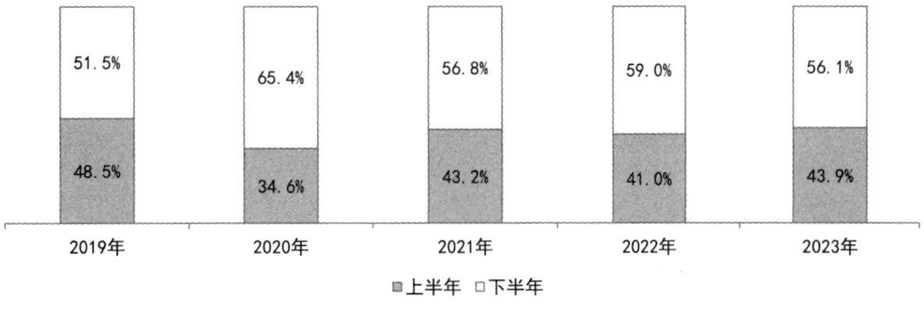

图2　2019—2023年上、下半年销售比

二、市场集中度

（一）Top10企业集中度79.3%，同比下降0.5个百分点

2023年 Top 企业累计销售87.4万辆，同比增长18.4%，高于 MPV 整体市场的增长率（17.6%），

市场集中度稍有下降，达到79.3%，基本保持了良好的健康度。2023年下半年 MPV 新品不断加码上市，激发了市场的部分需求，同时也分流了市场需求，集中度因此稍有下降（见表1）。

表1 2022—2023年 MPV Top10企业销量、同比及占比 单位：辆，%

排名	Top10 企业	2022 年	2023 年	累计同比	2022 年市场占有率
1	广汽乘用车	103333	165967	60.6	15.1
2	上汽通用五菱	239096	147345	-38.4	13.4
3	上汽通用	132821	142253	7.1	12.9
4	比亚迪	26123	121149	363.8	11.0
5	广汽丰田	74510	84379	13.2	7.7
6	一汽丰田	725	56111	7639.4	5.1
7	上汽大通	36179	45098	24.7	4.1
8	广汽本田	44586	40814	-8.5	3.7
9	东风柳汽	48089	38101	-20.8	3.5
10	福建奔驰	33024	32803	-0.7	3.0
Top10 总计		738486	874020	18.4	79.3
总市场		937072	1102452	17.6	100.0
Top10 占有率		78.8	79.3	—	—

企业榜单中，合资车企、自主车企各占5家平分秋色，同比持平，但自主品牌榜单位置较上一年更靠前。广汽乘用车从2022年的第三位，提升为第一，是2023年收获最丰的自主品牌车企，增长率大涨60.6%。比亚迪也是2023年的大赢家，腾势 D9全年销售11.9万辆，成为市场第二畅销车型，为公司赢得300% 以上的增长率。一汽丰田上市即入榜单，且与广汽丰田联手拿下14万辆的订单，丰田系的 MPV 可以与老牌劲旅通用系的产品抗衡了。所不同的是，2022年爆红的企业是广汽丰田，2023年爆红的是比亚迪，风水轮流转；2022年入榜 Top10的企业全部正增长，2023年却只有6家。近4年来，各企业排名位次的剧烈波动，表明市场时时刻刻都潜藏着博弈和竞争（见表2）。

表 2 2020—2023 年 MPV Top10 企业排名变化

排名	2020 年	2021 年	2022 年	2023 年	同比位次变化
1	上汽通用五菱	上汽通用五菱	上汽通用五菱	广汽乘用车	↑ 2
2	上汽通用	上汽通用	上汽通用	上汽通用五菱	↓ 1
3	广汽乘用车	广汽乘用车	广汽乘用车	上汽通用	↓ 1
4	东风柳州	东风柳州	广汽丰田	比亚迪	新晋
5	广汽本田	东风本田	东风柳汽	广汽丰田	↓ 1
6	东风本田	广汽本田	广汽本田	一汽丰田	新晋
7	上汽大通	江淮瑞风	东风本田	上汽大通	↑ 1
8	江淮瑞风	上汽大通	上汽大通	广汽本田	↓ 2
9	长安汽车	福建奔驰	福建奔驰	东风柳汽	↓ 4
10	上汽大众	比亚迪	吉利汽车	福建奔驰	↓ 1

注：上汽通用五菱的产品为五菱品牌，故计为自主品牌企业。

（二）Top15车型市场渗透率为77.7%

据统计，Top15车型的销量为85.6万辆，比2022年净增17.6万辆，同比增长26.0%，渗透率为77.7%；“其余车型”（共44款）销量仅为24.6万辆，同比下降4.3%，车企冷暖自知（见表3）。

表3 2022—2023年 MPV Top15车型销量、同比及占比 单位：辆，%

排名	厂家	车型	2022 年	2023 年	增长率	渗透率
1	上汽通用	别克 GL8	116257	121326	4.4	11.0
2	比亚迪	腾势 D9	9803	119182	1115.8	10.8
3	上汽通用五菱	宏光	150117	93087	-38.0	8.4
4	广汽乘用车	传祺 M8	65346	86099	31.8	7.8
5	广汽丰田	赛那	74510	84379	13.2	7.7
6	一汽丰田	格瑞维亚	725	56111	7639.4	5.1
7	广汽乘用车	传祺 M6	37987	53740	41.5	4.9
8	上汽通用五菱	佳辰	50174	46446	-7.4	4.2
9	广汽本田	奥德赛	44586	40814	-8.5	3.7
10	东风柳汽	菱智	44177	31264	-29.2	2.8
11	东风本田	艾力绅	40028	28733	-28.2	2.6
12	北京现代	库斯途	13679	27984	104.6	2.5
13	岚图汽车	岚图梦想家	7551	26518	251.2	2.4
14	上汽通用	别克世纪	4000	20422	410.6	1.9
15	上汽大通	大通 G50	20781	20069	-3.4	1.8
Top15 总计			679721	856174	26.0	77.7
其余车型（共 44 款）			257351	246278	-4.3	22.3
国产 MPV 合计			937072	1102452	17.6	100.0

分车型看，老牌 MPV 别克 GL8位列榜首，但已经不见多年前的明显优势了，与腾势 D9仅两千多辆的差距，时刻有被反超的可能。细看传祺 M8产品，增长最多的是其 HEV 动力驱动车型，大涨两倍多，带动整体 M8取得31.8% 的增长率。丰田系兵分两路夹击高端 MPV 市场，赛纳已经没有了上年同期的增长气势，但格瑞维亚迅速抢占市场，与赛纳合计销售14万辆，巩固了丰田系在市场的话语权。北京现代库斯途增长一倍、岚图梦想家增长2.5倍和增长四倍的别克世纪，都是2023年车型榜单的亮点之作。另外，“其余车型”是在竞争中趋于萎缩。

（三）Top5集团的集中度为85.5%

从集团销量角度看，Top5集团的集中度达85.5%，同比下降0.7%。行业内不同车企的纷纷入局，导致集中度下降。上汽集团是国内 MPV 最大的生产 / 销售企业，2023年 MPV 占有率为32.7%，市场份额同比降幅最大；广汽集团是2023年增长比较快的汽车集团，拥有26.4% 的市场份额，同比提升2.7个百分点，较2022年的情况增长势头有所缩小；2023年是比亚迪增长势头最猛的年份，销量净增9.5万辆。当前国企上汽、广汽、比亚迪与东风的年销量都在10万辆以上，四者合计占有率达79.2%。除了比亚迪，其他四家都是国营大集团单位，说明国企对 MPV 产品研究有独特见解，并具有集中力量办大事的优势（见表4）。

表4 2022—2023年 Top5集团的 MPV 销量与占有率 单位：辆，%

集团	2022 年	2023 年	增长率	2022 年占有率	2023 年占有率	增减率
上汽集团	442193	360516	-18.5	47.2	32.7	-14.5
广汽集团	222429	291160	30.9	23.7	26.4	2.7
比亚迪汽车	26123	121149	363.8	2.8	11.0	8.2
东风集团	106922	100161	-6.3	11.4	9.1	-2.3
一汽集团	10087	69445	588.5	1.1	6.3	5.2
五集团合计	807754	942431	16.7	86.2	85.5	-0.7
MPV 总计	937072	1102452	17.6	100.0	100.0	0.0
Top5 占有率	86.2	85.5	—	—	—	—

三、MPV 增量九成来自新能源

2023年 MPV 新能源销量达23.1万辆，同比增长219.4%，新能源 MPV 净增15.8万辆，占23年整体 MPV 净增量的95.8%，因此新能源 MPV 成为当前 MPV 主要增长动力。

从新能源的狭义乘用车市场来看，MPV 的增长率（216.9%）远高于轿车（23.6%）和 SUV（54.3%）；从驱动品种看，MPV 除了有纯电和插电外还有燃料电池车，而轿车与 SUV 只有纯电和插电两种形式。2023年新能源 MPV 的渗透率为2.6%，比上年增加1.5个百分点。

（一）新能源车：BEV 和 PHEV

纯电动（BEV）车销量达6.8万辆，同比增长64.6%；插混（PHEV）销量16.3万辆，在上年高增长的背景下，同比再次超高增长425.8%；另外还有燃料电池车（FCV）300辆，合计新能源 MPV 为23.1万辆，同比增长219.4%，渗透率为20.9%。

2023年，纯电 MPV 的产品有26款，占有6.1个百分点，年平均销量0.24万辆 / 车；插电 MPV 有9个车型，占有14.8% 的市场份额，年平均销量1.81万辆 / 车；由此可见插混 MPV 上市效果超好，现阶段插混技术特别适合 MPV 车型，2023年也是插混 MPV 销量大爆发的元年（见表5）。

表5　2021—2023年新能源 MPV 及燃油车 MPV 销量比较　　单位：辆，%

车型	2021 年	2022 年	2023 年	2023 年增长率 / 净增量	2023 年渗透率	渗透率增减
BEV	30828	41053	67572	64.6	6.1	1.7
PHEV	6116	30956	162772	425.8	14.8	11.5
FCV	12	204	300	47.1	0.0	0.0
新能源小计	36956	72213	230644	219.4	20.9	13.2
HEV	86781	94427	169973	80.0	15.4	5.3
天然气	0	127	4411	3373.2	0.4	0.4
传统油车	931497	770305	697424	-9.5	63.3	-18.9
燃油车小计	1018278	864859	871808	0.8	79.1	-13.2
整体 MPV 合计	1055234	937072	1102452	17.6	100.0	0.0
新能源渗透率	3.5	7.7	20.9	—	—	—

（二）节能车：普通混合动力车（HEV）

作为转型期的过渡产品，现阶段 HEV 有很大的现实意义和市场价值。2023年 HEV 销售17.0万辆，同比大增80.0%，渗透率为15.4%，同比提升5.3个百分点。日系车 MPV 车普遍采用普混技术，普混技术的省油技术得到市场普遍的认可。丰田连续两年在广汽丰田和一汽丰田推出以普混技术为动力驱动的大型 MPV 赛纳和格瑞维亚，它们都是以北美款为蓝本引进的 MPV，分别具有商务特性和运动特性，实现了差异化竞争，再加上市场上已有的本田系广汽本田奥德赛和东风本田艾力绅，至此国内“两丰两田”四家合资企业的 MPV 齐聚国内市场，它们全部是拥有以普混技术驱动的 MPV 产品，成为当前日系 MPV 的技术标配。这四款车占有2023年国内 MPV 普混市场的九成。自主品牌企业的普混车有传祺 M8 2.0T、五菱佳辰2.0L、五菱凯捷2.0L、菱智 1.5L、瑞风 M32.0等五款 HEV 车型，它们的销量在逐步提升。

（三）传统油车（ICE）

由表5可见，以发动机为驱动技术的传统油车2023年销售69.7万辆，渗透率为63.3%，仍是 MPV 市场现阶段的主力车型，但增长率下降9.5%，渗透率从2022年的82.2% 下降到63.3%，同比下降了18.9个百分点，跌去近20% 的市场份额，这是一个不容掉以轻心的事，也说明这是在“双碳”战略的大背景下的一个趋势。

四、高端 MPV 在地区的占比越来越高

根据2023年乘联分会流向的数据统计，Top15省市的 MPV 销量，将高端 MPV 和中低端 MPV 销

量的占比作比较，发现除了广西之外，其他省市高端MPV的销量占比均高于中低端MPV的占比（超过50%），比如当地高端MPV销量占比超过80%的地区有四个省市（北京、辽宁、浙江、广东）；占比在70%—80%的有五个省（山东、江苏、河南、陕西、山西）；占比50%—70%的还有五个省市（湖南、上海、四川、安徽、河北）。当梯次排定之后，发现上海无论从人均GDP还是经济发达、新潮观念接受程度，都不应该在这个梯队。2023年上海高端车销量占比为64.2%，仅比2022年提高2.2个百分点，也是一个奇特的存在，值得进一步探究（见表6）。

表6　2023年 Top15省市 MPV 销量占比　　单位：%

序号	地区	高端 MPV	中低端 MPV
1	广东	80.1	19.9
2	山东	77.1	22.9
3	河北	50.0	50.0
4	江苏	76.4	23.6
5	河南	72.3	27.7
6	浙江	80.8	19.2
7	上海	64.2	35.8
8	北京	83.9	16.1
9	辽宁	81.9	18.1
10	四川	62.0	38.0
11	陕西	72.2	27.8
12	安徽	59.1	40.9
13	广西	23.8	76.2
14	山西	77.9	22.1
15	湖南	66.5	33.5

五、2023年 MPV 内需与进出口

2019—2022年MPV内需总量是持续走低的，到了2023年消费进入复苏轨道，但过程也充满了挑战。2023年MPV年内需达到了107.8万辆，市场出现15.8%的增长（见表7），由于2023年MPV市场增量的主要动力来自新能源车，而企业一旦涉足MPV市场，也都是推出高端MPV，因此也带动了2023年平均交易价的提升和产品级别的提高。

2023年出口总量达到4.8万辆，同比增长了37.1%，成为近年来增长最快的年份，也助力我国2023年成为世界上出口汽车第一的国家；国内高端MPV产品丰富多样，导致进口市场继续下跌，全年进口量为2.4万辆（见表7）。

表7　2019—2023年 MPV 排量需求及市占率　　单位：万辆，%

排量	2019 年	2020 年	2021 年	2022 年	2023 年	同比增长
国产	138.4	105.4	105.5	93.7	110.2	17.6
出口	2.0	1.5	4.2	3.5	4.8	37.1
进口	3.9	3.9	3.2	2.9	2.4	-17.2
内需合计	140.3	107.8	104.5	93.1	107.8	15.8

六、产品丰富促进了消费重心转向大型高端商务 / 家用 MPV

（一）传统车企产品丰富与产品定位

随着高端大型MPV产品越来越多地涌现，部分生产厂商对自己的产品也做了市场定位和区隔，避免互相竞争。比如同样是从北美引进的丰田平台下的两款MPV，赛纳定位于商务用途，格瑞维亚偏向于运动和私人；本田旗下的两款MPV，奥德赛定位家庭使用，偏向休闲更年轻化，艾

力绅主打商务，像是奥德赛的plus版本；别克系中“别克世纪”高举高打，是可以与丰田埃尔法媲美的高端商务用车，GL8铺陈了从商务到家用的一系列产品，极大地丰富了产品谱系；广汽传祺在原来的M8基础上，叠加推出了传祺E8、E9等系列，强化了产品型谱。

（二）新能源转型车企加紧入市步伐

比亚迪腾势D9，一款PHEV代表，上市即巅峰，2023年获得年度销量亚军，备受业界关注；吉利汽车极氪009是纯电高端MPV的代表，关注度极高；东风岚图汽车的梦想家同时配备了纯电和插电两种技术路线的产品，数据表明插电更旺销，占其销量的八成以上。

（三）新进者入市轰动舆情

理想汽车MEGA（售价52.98万元）、长城汽车魏派高山（售价33万—40万元）、小鹏汽车X9（售价36万—42万元）、北汽极狐考拉（售价12万—17万元，是2023年较主流的小型MPV）、一汽奔腾M9等，诸多新品的上市，为整个MPV市场在2023年的蓬勃发展奠定了基础，2023年也是近年来唯一高增长的年份。

2023年是国产MPV的大年。2023年市场上MPV新品有12款，新车销量5.6万辆，渗透率为5.1%；无论新品数量及销量，都较上一年稍逊一筹。这两年的新品上市，为多年萎缩的MPV市场注入了力量，但新品效应在缩小（见表8）。

表8　2022—2023年MPV新品上市及销量比较　　单位：辆

NO.	2023年新品	2023年销量	2022年新品	2022年销量
1	极氪009（BEV）	19210	佳辰	50174
2	传祺E92.0T（PHEV）	17519	腾势D9（PHEV）	9803
3	考拉	7286	岚图梦想家（BEV/Phev）	7551
4	传祺E82.0TPHEV	6801	传祺M8（HEV）	5962
5	合创V09（BEV）	1808	红旗HQ9	5662
6	高山	1325	别克世纪Century	4000
7	奔腾M9	1081	风行游艇	3912
8	翼真新能源TX	560	风光380	3832
9	晶马福运	60	T3（BEV）	3546
10	东南ev400	38	大通G90	2967
11	东南ev500	35	大通MIFA9（BEV）	1731
12	小鹏X9	8	格瑞维亚2.5L（HEV）	725
13	—	—	锐胜	242
合计		55731	合计	100107
在国产MPV渗透率		5.1%	在国产MPV渗透率	10.7%

中小型MPV市场需求被众多SUV产品分流了，被近年来推出的、使用成本更低的A0、A00级电动车所代替，因此中小型MPV已经日渐式微。

MPV“空间宽敞、座位多变、乘坐舒适”的特点是由其产品基因决定的，在以智能化、网联化为重要特征的全球科技革新的加持下，MPV产品正在脱胎换骨，它们将带来全新的面貌。研究表明，商务用户的用车核心场景是商务接待、社交接送、中短途商旅；个人用户关注的场景是举家出游、郊外露营等，关注续航里程、安全、节能、智能座舱、辅助驾驶等，其中续航里程排名第一，由此可见插电技术更适合MPV车型。在政策与市场的双重驱动下，投资转向MPV，MPV的“新能源化、智能化和大型化”趋势已蔚然成风，我们看到新一轮竞争已经在路上。

（中国汽车流通协会汽车市场研究分会　唐奕奕）

2023年微型客车市场

一、市场发展概况

（一）2023年交叉型乘用车市场销量概况

2023年，交叉型乘用车共销售26.47万辆，同比下降18.06%，与2022年17.44%的降幅相近。前置动力的荣光V销售10.03万辆，同比下降11.23%，较上年3.50%增幅明显下滑。

若扣除荣光V，则中置后驱的传统微客共销售16.44万辆，跌下20万辆，同比大幅下降21.74%，而上年降幅为25.54%，连续两年下降。传统微客的大幅下降也导致了交叉车型的明显下降，背后是平台经济发展，推动微客有向性价比更高的新能源轻客发展的趋势（见图1）。

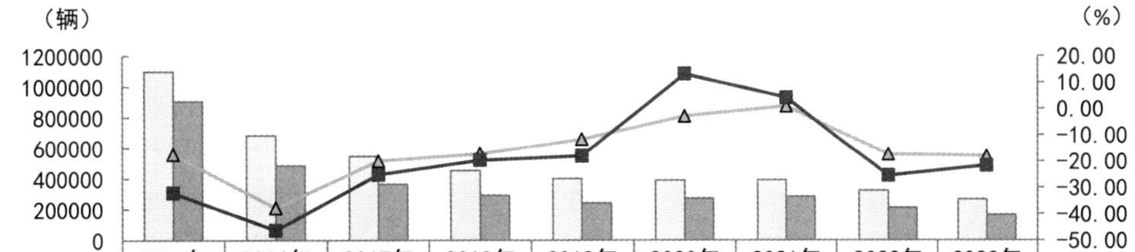

	2015年	2016年	2017年	2018年	2019年	2020年	2021年	2022年	2023年
含荣光V	1099128	683502	546992	452748	399538	388035	391302	323052	264699
不含荣光V	904987	486318	364138	292590	239732	271085	282129	210062	164399
含荣光V增速	-17.47	-37.80	-19.97	-17.23	-11.72	-2.88	0.84	-17.44	-18.06
不含荣光V增速	-32.04	-46.30	-25.12	-19.65	-18.07	13.08	4.07	-25.54	-21.74

图1　2015—2023年交叉型乘用车整体销量走势

资料来源：中国汽车工业协会。

2023年交叉型乘用车主要车企上汽通用五菱、长安汽车、东风小康等车企都出现大幅负增长，仅鑫源汽车微增长0.56%，另有山西成功、新龙马、航天成功、福田、昌河等车企销量过小甚至为零，基本上退出市场。

从企业表现来看，2023年销售排名前五家的企业分别是上汽通用五菱、鑫源汽车、长安汽车、东风小康和奇瑞，分别销售16.67万辆、7.06万辆、1.53万辆、1.06万辆和0.11万辆，除鑫源汽车增长0.56%外，其他分别同比下降18.37%、38.83%、44.10%和8.78%。2023年，上述五家企业共销售26.43万辆，行业集中度为99.85%，较上年的99.39%有微弱提升。

另外，2023年有销量的企业为8家，比上年减少2家，从12月月度数据看，仅有7家有月度销量（山西成功仅2辆），这反映出有一定销量的企业越来越少（见表1）。

表1　2022—2023年国内交叉型乘用车企业销量情况　　单位：辆，%

序号	企业简称	2022年	2023年	同比增长	2023年占比
1	上汽通用五菱	204174	166675	-18.37	62.97
2	鑫源汽车	70220	70614	0.56	26.68
3	长安汽车	25081	15342	-38.83	5.80
4	东风小康	18912	10571	-44.10	3.99
5	奇瑞汽车	1207	1101	-8.78	0.42
6	山西成功	167	315	88.62	0.12
7	福建新龙马	2692	80	-97.03	0.03

续表

序号	企业简称	2022 年	2023 年	同比增长	2023 年占比
8	航天成功	57	1	-98.25	0.00
9	北汽福田	2	0	-100.00	0.00
10	昌河汽车	540	0	-100.00	0.00
	总计	323052	264699	-18.06	100.00

资料来源：汽车工业协会（不含小 MPV，不含微货）。

2023年，从交叉型乘用车细分品种销量来看，总共有18款车型，比上年少1款。过万辆车型有7款（2022年7款），其中上汽通用五菱和鑫源汽车各三款，长安有一款。销量最大是五菱荣光V 为10.03万辆，下降11.23%；五菱荣光、之光分别以3.91万辆、3.18万辆排名第二、第四；鑫源汽车的金杯 X30、金杯 X30L 和 SRMX30L 分别以3.12万辆、2.27万辆、1.40万辆排名第三、第五、第六；新长安之星以1.21万辆排名第七（见表2）。

表2　2022—2023年国内交叉型乘用车产品销量情况　　单位：辆，%

序号	产品名称	2022 年	2023 年	同比增长
1	五菱荣光 V	112990	100300	-11.23
2	五菱荣光	59337	39130	-34.05
3	金杯 X30	23435	31152	32.93
4	五菱之光	31847	24257	-23.83
5	金杯 X30L	18226	22654	24.29
6	SRMX30L	25420	13919	-45.24
7	新长安之星	17345	12103	-30.22
8	东风小康 C 系	5874	4129	-29.71
9	东风小康 K 系	7330	3600	-50.89
10	长安星光	7736	3239	-58.13
11	五菱扬光	—	2988	—
12	SRMX30	3139	2889	-7.96
13	小康 EC36	4230	2319	-45.18
14	开瑞优优	1207	1101	-8.78
15	小康 EC35	1478	523	-64.61
16	太行成功	167	315	88.62
17	启腾 M70	2692	80	-97.03
18	航天新星	57	1	-98.25
19	伽途	2	0	-100.00
20	福瑞达	540	0	-100.00
	总计	264699	323052	-18.06

资料来源：汽车工业协会。

（二）交叉型乘用车市场发展特点及趋势

2023年，受小轻客市场产品的竞争替代影响，交叉车出现了明显下滑。从行业占比地位看，交叉车型在2023年占比0.88%，较2022年的1.20% 下滑，也是首次低于1%。2023年交叉车型出现下滑，主要是中置后驱的传统微客出现了明显下降导致。

结合终端零售数据，从排量结构看，交叉车型以1.5L 为主，占比超过77%，较上年61% 明显提升；其次为1.2L，占比5% 多点，较上年接近25% 的占比大幅下降；另外，1.6L 动力有所增加，占比接近5%。交叉车型持续大型化，商用性质体现明显。

从燃料结构看，动力以汽油机为主，占比稳定；纯电动占比超过8%，较2022年相近，各厂家都较重视新能源车型发展。从排放标准看，2023年交叉车型基本全部为国六排放标准。

从城市分级别市场看，一、二线城市占比近47%，一级至三级占比近70%，占比均与上年相近。交叉车型目前基本属性为城市物流车，说明用户区域表现与经济发展状况强相关。

从交叉型乘用车增换购流向看，2023年换购选择自主品牌的比重约为61%，与2022年相近，其中交叉型乘用车用户流向自主品牌主要为五菱、长安、比亚迪、吉利、奇瑞、哈弗和传祺等品牌。

（三）新产品发展情况分析

2023年，市场主要产品基本以年度款维持为主，市场也是大浪淘沙后的稳定态势，集中度高，厂家在尽力稳定燃油车的同时，在积极拓展新能源车型销售，如预计年底开始推出的纯电新品五菱扬光会有一定规模量。另外，随着政策对三轮车管理加严，催生企业推出新能源Mini客车替代部分电动三轮车市场。

二、重点生产企业发展分析

上汽通用五菱：2023年交叉车型销量为16.67万辆，同比下滑18.37%。前置动力的五菱荣光V销售10.03万辆，同比下降11.23%；传统微客五菱荣光约3.91万辆，同比下降34.05%；五菱之光2.43万辆，同比下降23.83%。

2023年五菱在新能源领域继续发力，取得了较好市场反响。

五菱缤果成为爆款，上市当年销量达到23.37万辆；其后又推出宝骏云朵、宝骏悦也等新品，在年底又推出新能源轿车五菱星光，凭借其搭载的灵犀混动系统和出色的空间设计，以及在智能化配置和经济实用性方面的优势，成为月销万辆级别非常具有竞争力的产品。五菱在不断丰富新能源产品组合，避免过度依赖宏光mini，做强五菱新能源产业。

同时，在商用车领域，年底开始推出的纯电新品五菱扬光，以小轻客的超大空间，高性价比拓展市场，预计会有一定规模量。

长安汽车：2023年交叉车型销售1.53万辆，同比下降38.83%。主力车型新长安之星和长安星光车型均出现大幅下降。

2023年，作为微车起家的长安汽车在狭义乘用车领域销量158.96万辆，同比增长15.07%。在SUV领域，长安CS35PLUS、CS55PLUS、CS75PLUS等通过迭代仍成为各细分市场明星SUV车型。轿跑风格的UNI-V持续热销，销量15.67万辆，同比增长超40%。另外，欧尚Z6、X5PLUS、X7PLUS也延续了热销态势。

在新能源方面，长安Lumin销量翻倍增长，达到14.45万辆；推出深蓝S7，主打增程成为爆款，与深蓝SL03一起强化了深蓝汽车的产品形象。

长安阿维塔11以高阶智驾获得了广泛认可，树立了高端新能源品牌形象，在2023年又推出了全球首搭电子外后视镜的阿维塔12，大幅提升了阿维塔品牌销量。

2023年，为进一步做强做大新能源，长安推出了启源品牌，首款产品A07取得了较好的市场认可。

东风小康：2023年，东风小康交叉车型实现销售1.06万辆，同比下滑44.10%，其主力产品东风小康K系和C系下滑较大。

2023年，东风小康的母公司赛力斯集团推出的问界新M7上市成为爆款并实现了令人瞩目的销售业绩，年底大型SUV问界M9上市也成功占领了四五十万元高端市场，后续产品系列化延伸也相对容易。

鑫源汽车：2023年，交叉车型实现销售7.06万辆，同比增长0.56%，继续排名第二，也是销售前列车企中唯一实现同比增长的。主力车型金杯X30表现较好，销量3.12万辆，同比增长32.93%。

进入交叉车领域较晚的鑫源汽车持续加强X30系列车型的市场拓展，市场地位逐渐稳固。同时，华晨鑫源积极发展X30系列纯电车型，取得了一定的市场表现。

三、交叉型乘用车进出口分析

2023年交叉型乘用车出口总量为44219辆（含荣光V），同比下降24.81%。其中，上汽通用五菱出口25783辆排名第一，长安汽车6661辆，鑫源汽车6627辆，东风小康4501辆，奇瑞汽车1101辆，前五强合计43859辆，集中度99.19%，相较2022年98.68%略有提升（见表3）。

表3 2022—2023年交叉型乘用车企业出口情况　　单位：辆，%

序号	企业	2022年	2023年	同比增长
1	上汽通用五菱	30075	25783	-14.27
2	长安汽车	13351	6661	-50.11
3	鑫源汽车	6627	5813	-12.28
4	东风小康	6864	4501	-34.43
5	奇瑞汽车	1117	1101	-1.43
6	山西成功	167	315	88.62
7	福建新龙马	547	44	-91.96
8	航天圆通	57	1	-98.25
9	东风汽车	1	0	-100.00
10	北汽福田	2	0	-100.00
合计		58808	44219	-24.81

资料来源：汽车工业协会。

四、行业运行存在的问题

因市场趋势的变化，目前传统微车企业的重心已向狭义乘用车转移，产品转型迫在眉睫，由于车型结构、用途、价格、用户特征等因素影响，之前小型MPV市场成为各厂家转型的首选，后以MPV+SUV的产品组合拓展乘用车市场，现在又向新能源领域进行大力度调整拓展。无论是五菱的宏光MINI、缤果、星光，赛力斯的问界M5、M7、M9，还有长安的Lumin、深蓝S7、阿维塔12等车型，都在新能源市场表现抢眼，可以说，主要微车企业根据自身战略和实力向狭义乘用车转型的战略推进各有特色和差异，不断成长，并走在中国新能源市场发展的前列，当然，其在交叉车市场的效果也有差异。

结合近几年的市场趋势和竞争态势，持续建议：

第一，跟上节奏，重视新能源市场。当前，汽车业正处于深刻的重大变革时期，2023年，狭义乘用车市场新能源渗透率达到34.96%，较上年的27.82%大幅提升，未来新能源市场将颠覆传统汽车产业。

在交叉型乘用车领域，含五菱扬光，目前新能源渗透率仅2.32%，需要指出，国家“双碳”战略引领，将推动微客向新能源快速发展。

目前大多省份均在申报创建城市绿色货运配送城市示范推广，交叉车型作为生产资料用车，作为城市物流用车，新能源车型还有很大的发展空间，有广阔应用前景，故各车企必须高度重视新能源市场，跟上变革期节奏，并建立起相应的全套体系。

第二，重视平台化开发差异化产品。目前随着平台经济发展，个体户自备车意愿降低，倾向使用平台运货；货运平台用户更加关注TCO，推动微客有向性价比更高的新能源轻客发展的趋势。但目前也存在产品同质化严重，整车尺寸空间、动力、配置、价格相当，市场内卷严重。

为此，重视平台化开发差异化产品，如平台化开发纯电物流专属平台产品，通过差异化产品和更低成本，更优组合实现新突破。

第三，关注政策及市场变化，打造特色产品。随着民生服务行业对三轮车管理加严，如深圳出台《特殊行业电动三轮车过渡期管理方案》，所有快递配送、环卫作业电动三轮车将被取缔，鼓励更换为新能源厢式物流车，为此，类似政策催生新能源 Mini 客车替代部分电动三轮车市场。

平台化运营推动微客有向新能源轻客发展的趋势，但对三轮车管理的趋严，又催生新能源 Mini 客车。可见，无论是往轻客化和 Mini 化，都要密切关注政策及市场变化，精准产品定义，打造特色产品抓住机会。

另外，主力车企还应关注民生物流领域“最后一公里”市场机会，开拓新兴 B 端市场。

第四，紧抓海外市场机会。这两年中国海外出口快速发展，交叉型车同样也存在海外机会，可关注欧洲、美洲、中东 / 非洲等海外市场机会。

第五，确保交叉车领域必要的资源投入。目前对交叉车型客货兼用的刚需始终存在，加上以后新能源车型大有前景，预计后续销量或有一定下滑，但仍会保持相当的市场容量。

在2023年8家有销量的企业中，年销量过万的企业仅4家，其实，从2023年12月零售数据看，有销量的企业基本就只有上汽通用五菱、长安汽车、鑫源汽车和东风小康四家，其他车企基本停产，因此该市场相对垄断特征进一步明显。

当下狭义乘用车领域新能源要大力拓展，燃油车要维持份额，价格战愈演愈烈，导致燃油车利润下滑，新能源大面积亏损，陷入增量不增收怪圈，而反观微车领域，竞争相对稳定。为此，确保必要的资源投入，就能获得较好效果。

企业要持续重视研发，加大软件投入，并高度重视客户经营，关注存量市场竞争，研究客户置换升级，产品和营销等方面变化调整，打造前后关联的生态链，利用长期的市场沉淀，抓住大量微客用户换购机会，在存量市场竞争的大势下不断壮大。

（长安汽车　曹阳）

2023年中国商用车市场

2023年载货车市场

一、2023年中国货车市场发展环境

2023年，我国面临复杂的外部环境，在各项政策护航下，我国经济回升向好，供给需求稳步改善，转型升级积极推进，全年实现国内生产总值1260582亿元，比上年增长5.2%。全年居民消费价格比上年上涨0.2%，物价总体稳定。工业生产者出厂价格下降3.0%。2023年，随着疫情结束，物流运输业回暖，载货车产业市场需求量上升。

固定资产投资起到了促进经济发展的重要作用，2023年，我国固定资产投资累计增长3.0%，固定资产投资是稳经济的重要抓手。

2023年，我国公路货物周转量较2022年增长7.24%。同期，公路物流运价指数总体平稳（见图1、图2）。

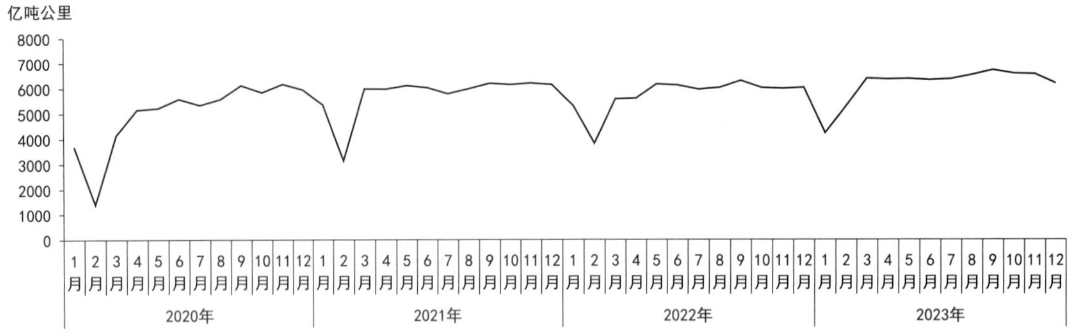

图1　2020—2023年我国月度公路货物周转量

资料来源：国家统计局。

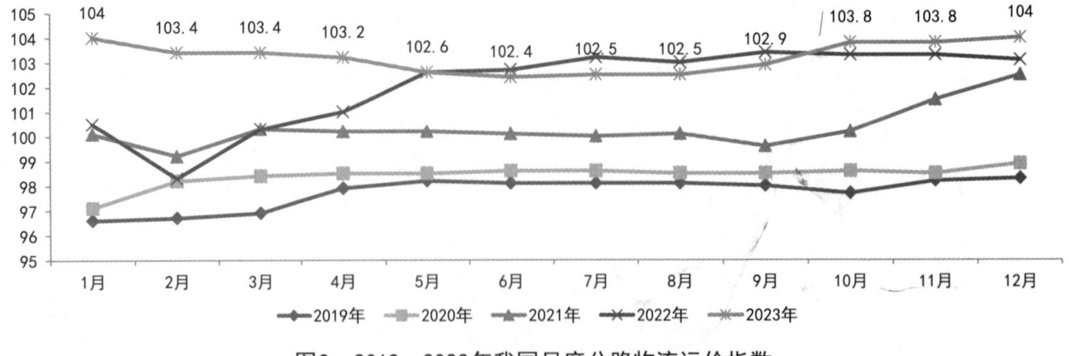

图2　2019—2023年我国月度公路物流运价指数

资料来源：国家统计局。

二、2023年中国载货车市场发展整体情况

中国汽车工业协会统计数据显示，2023年我国载货车共销售352.13万辆，比2022年上升

21.73%。细分领域中，各车型皆有较大规模的增长，其中重型货车增幅最大，全年销量91.1万辆，同比上升35.59%。我国重型货车扭转了2020年达到销量峰值后连续两年下降的趋势（见表1）。

表1 2017—2023年中国货车分车型销售情况 单位：辆，%

车型	2017年	2018年	2019年	2020年	2021年	2022年	2023年	2023年同比增长
重型货车	1116851	1147884	1174252	1618932	1393429	671942	911085	35.59
中型货车	229113	177206	139338	159113	178423	95699	107149	11.96
轻型货车	1718943	1894978	1883166	2198748	2098278	1618091	1876601	15.98
微型货车	568444	665557	653402	708354	604560	506886	626492	23.60
合计	3633351	3885625	3850158	4685147	4274690	2892618	3521327	21.73

资料来源：中国汽车工业协会（以下图表资料来源相同，不再赘述）。

三、2023年中国新能源货车市场

受益于电动化转型，2023年我国新能源载货车销量328247辆，同比增长61%，是表现较好的细分市场。其中，燃料电池货车受益于国家以奖代补政策落地，全年销售4872辆，同比增长129%，2024年，在我国氢能战略和各地方政府推动下，氢燃料电池货车将继续大幅增长（见表2）。

表2 2021—2023年新能源货车分车型销量 单位：辆，%

车型		2021年	2022年	2023年	2023年同比增长
插电式混合动力货车	半挂牵引车	0	0	2	—
	非完整货车	9	5	0	-100
	货车	1137	1468	12998	785
	小计	1146	1473	13000	783
纯电动货车	半挂牵引车	4726	11798	17455	48
	非完整货车	4157	5136	5562	8
	货车	75169	182883	287358	57
	小计	84052	199817	310375	55
燃料电池货车	半挂牵引车	482	1139	2096	84
	非完整货车	20	192	851	343
	货车	74	799	1925	141
	小计	576	2130	4872	129
合计		85774	203420	328247	61

四、我国货车出口大幅增长，企业加大海外布局

2023年我国载货车共实现出口518559辆，比2022年大幅增长48.25%，其中，货车整车出口457882辆，货车非完整车辆出口65548辆，半挂牵引车出口136107辆。在载货车出口量前十企业中，北汽福田、中国重汽和陕汽集团分别居细分领域第一。北汽福田共完成货车出口101297辆，稳居出口规模第一（见表3）。

表3 2023年我国货车分车型出口量前十的企业 单位：辆

排名	牵引车		载货车		货车非完整车辆	
	企业	出口量	企业	出口量	企业	出口量
1	北汽福田	101297	中国重汽	59142	陕汽集团	34317
2	江淮汽车	62680	陕汽集团	22467	中国一汽	26890
3	中国重汽	62042	中国一汽	17927	中国重汽	2304
4	上汽大通	49655	北汽福田	16786	东风集团	1635
5	长城汽车	48262	东风集团	12325	比亚迪	285
6	东风集团	40183	成都大运	2880	庆铃汽车	117
7	长安汽车	28735	上汽红岩	1722	—	—
8	江铃股份	19470	江淮汽车	1319	—	—
9	鑫源汽车	8268	徐州徐工	628	—	—
10	河北中兴	5999	安徽华菱	607	—	—

在海外出口大幅增长的背景下，国内货车企业加大了海外业务布局。一汽解放加速海外市场前瞻布局，持续强化渠道运营能力，在全球市场建设100余家核心销售网络、14个海外KD工厂。东风商用车在海外建立了4个国家服务中心，提供集备件中心、培训中心、技术支持中心和运营中心为一体的一体化服务。陕重汽在阿尔及利亚、肯尼亚、尼日利亚等15个“一带一路”国家建成了本地化工厂。北汽福田正在重点打造“传统能源+新能源、品牌+技术、股权合资+技术合作、供应链协同出海”等属地产业生态。

五、主要货车企业市场表现

（一）重型载货车企业

2023年，我国重型货车企业销量排名发生一定变化，中国重汽继续保持第一，共销售重卡23.42万辆，同比上升47.47%。中国第一汽车集团由2022年的行业第三升至第二，销量增幅为46.84%。东风汽车由2022年的行业第二降至行业第四，销量增幅为13.12%，相较其他品牌增幅较小。2023年我国重型载货车销量排名前9位基本都实现了销售量的较大增长（见表4）。

表4 2021—2023年中国重型载货车分企业销量 单位：辆，%

排名	企业	2021年	2022年	2023年	2023年同比增长
1	中国重型汽车集团有限公司	286367	158829	234229	47.47
2	中国第一汽车集团有限公司	346531	125571	184387	46.84
3	陕西汽车控股集团有限公司	193144	107943	149470	38.47
4	东风汽车集团有限公司	264411	126768	143405	13.12
5	北汽福田汽车股份有限公司	105387	67582	88866	31.49
6	成都大运汽车集团有限公司	30348	17372	25051	44.20
7	安徽江淮汽车集团股份有限公司	34156	14420	19240	33.43
8	徐州徐工汽车制造有限公司	19263	12374	16265	31.44
9	北奔重型汽车集团有限公司	12632	7877	12283	55.94
10	上汽红岩汽车有限公司	63007	13107	10007	-23.65

（二）中型货车企业

中型货车企业中北汽福田继续稳居第一，2023年销量27895辆，降幅18.26%，与第二名中国一汽差距明显缩小。前5名中型货车企业中，中国一汽、江淮汽车、大运汽车实现了销量正增长，其中中国一汽销量增长最大，为40.25%（见表5）。

表5　2021—2023年中国中型载货车分企业销量　　单位：辆，%

排名	企业	2021年	2022年	2023年	2023年同比增长
1	北汽福田汽车股份有限公司	75875	34125	27895	-18.26
2	中国第一汽车集团有限公司	26889	14813	20775	40.25
3	安徽江淮汽车集团股份有限公司	14854	15908	18433	15.87
4	成都大运汽车集团有限公司	20273	11464	14611	27.45
5	东风汽车集团有限公司	14677	8488	7907	-6.84
6	庆铃汽车（集团）有限公司	9022	5127	6340	23.66
7	中国重型汽车集团有限公司	3573	2546	5619	120.70
8	四川南骏汽车集团有限公司	8974	954	3208	236.27
9	浙江飞碟汽车制造有限公司	2281	1045	1004	-3.92
10	陕西汽车控股集团有限公司	190	73	317	334.25

（三）轻型货车企业

多年来，北汽福田稳居轻型货车销量第一，2023年销量达到451732辆，同比增长45.39%。鑫源汽车和吉利四川商用车销量分别增长71.28%和78.74%，进入2023年轻型载货车销量排行榜的第9名和第10名，也是排行榜前10的企业中销量增幅最多的两家（见表6）。

表6　2021—2023年中国轻型载货车分企业销量　　单位：辆，%

排名	企业	2021年	2022年	2023年	2023年同比增长
1	北汽福田汽车股份有限公司	414045	310705	451732	45.39
2	长城汽车股份有限公司	233006	186715	202330	8.36
3	东风汽车集团有限公司	234320	175229	194264	10.86
4	安徽江淮汽车集团股份有限公司	208404	152893	170052	11.22
5	重庆长安汽车股份有限公司	178342	171901	165709	-3.60
6	江铃汽车股份有限公司	186011	127599	122478	-4.01
7	上汽大通汽车有限公司	96255	104577	88724	-15.16
8	中国重型汽车集团有限公司	109364	70598	83240	17.91
9	鑫源汽车有限公司	63546	37670	64520	71.28
10	吉利四川商用车有限公司	6946	28826	51525	78.74

（四）微型货车企业

微型载货车行业较稳定，上汽通用五菱多年来居行业第一，2023年销量368362辆，同比增长26.97%。前7名企业中，除重庆长安外都实现了销量正增长，其中山东唐骏欧铃销量增长116.38%，表现较好（见表7）。

表7 2021—2023年中国微型载货车分企业销量 单位：辆，%

排名	企业	2021 年	2022 年	2023 年	2023 年同比增长
1	上汽通用五菱汽车股份有限公司	370333	290121	368362	26.97
2	东风汽车集团有限公司	87357	70022	72536	3.59
3	山东凯马汽车制造有限公司	41792	43465	67509	55.32
4	重庆长安汽车股份有限公司	55687	68244	61059	-10.53
5	奇瑞汽车股份有限公司	32019	27486	42339	54.04
6	山东唐骏欧铃汽车制造有限公司	13987	6137	13279	116.38
7	北汽福田汽车股份有限公司	1631	847	1198	41.44
8	佛山市飞驰汽车科技有限公司	0	0	200	—
9	福建新龙马汽车股份有限公司	0	251	7	-97.21
10	江西昌河汽车有限责任公司	1151	266	3	-98.87

（中国汽车技术研究中心有限公司　李新波）

2023年客车市场

一、2023年客车市场概况

2023年，受宏观经济稳中向好、消费市场需求回暖因素影响，加之各项利好政策的拉动，商用车市场谷底回弹，实现恢复性增长。

与上年相比，客车产销均实现快速增长，2023年客车产销分别完成49.8万辆和49.2万辆，同比分别增长22.5%和20.6%（见图1）。

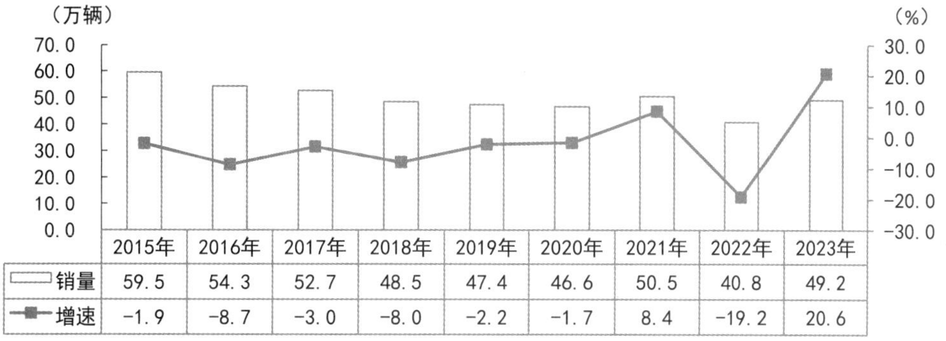

	2015年	2016年	2017年	2018年	2019年	2020年	2021年	2022年	2023年
销量	59.5	54.3	52.7	48.5	47.4	46.6	50.5	40.8	49.2
增速	−1.9	−8.7	−3.0	−8.0	−2.2	−1.7	8.4	−19.2	20.6

图1　2015—2023年客车销量及增速

资料来源：中国汽车工业协会（以下图表资料来源相同，不再赘述）。

从月度客车销量同比增长情况来看，除9月外，其他均为负增长。前半年，受疫情影响，客车市场下滑较深，下半年，随着疫情管控放松，市场逐渐复苏，年底出现翘尾式上扬（见图2）。

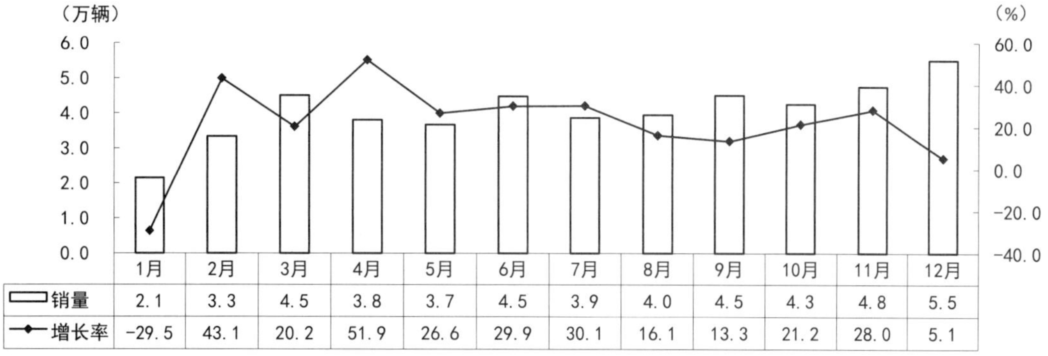

	1月	2月	3月	4月	5月	6月	7月	8月	9月	10月	11月	12月
销量	2.1	3.3	4.5	3.8	3.7	4.5	3.9	4.0	4.5	4.3	4.8	5.5
增长率	−29.5	43.1	20.2	51.9	26.6	29.9	30.1	16.1	13.3	21.2	28.0	5.1

图2　2023年客车月度销量及增速

二、2023年客车细分市场

与上年同期相比，大型客车产销实现小幅增长，中型客车和轻型客车产销明显下降。

2022年，大型客车销售5万辆，同比增长4.0%；中型客车销售3.5万辆，同比下降23.9%；轻型客车销售31.6万辆，同比下降23.1%（见图3）。

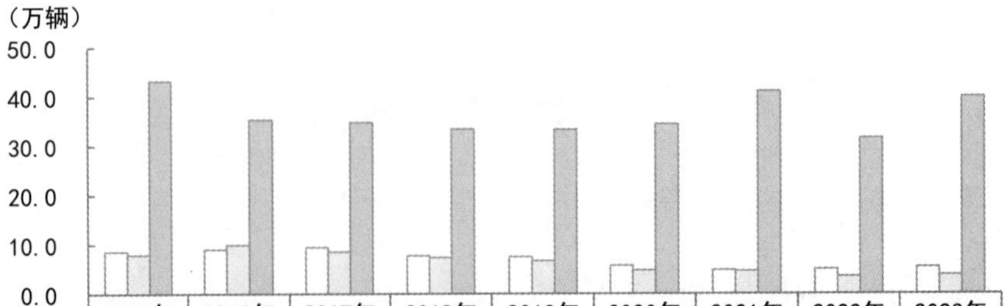

	2015年	2016年	2017年	2018年	2019年	2020年	2021年	2022年	2023年
大型客车	8.6	9.0	9.4	7.7	7.5	5.7	4.8	5.0	5.4
中型客车	7.9	9.9	8.5	7.4	6.7	4.7	4.6	3.5	3.8
轻型客车	43.2	35.4	34.8	33.5	33.3	34.4	41.1	31.6	40.0

图3　2015—2023年客车分车型销量

三、客车市场发展特征

2023年，受新能源汽车购置补贴退出、市场提前透支、部分城市公交客车电动化进程已提前完成等各种因素的影响，新能源客车市场出现了较大幅度的下滑，同时随着旅游市场的爆发，带动了传统动力的公路客车市场呈现了较大幅度的增长。

2023年，新能源物流客车（主要是纯电动轻客）累计销售10.9万辆，我国轻型客车行业的发展前景在多重因素交织下展现出复杂而充满机遇的态势。随着国家政策对绿色出行和新能源汽车产业的持续支持，轻型客车电动化转型成为必然趋势，尤其是在城市物流、通勤客运以及短途旅游等领域，新能源轻型客车将迎来更广阔的应用空间。

伴随经济形势持续好转，旅游市场强势复苏，人民出行意愿高涨，国内客车市场需求得到逐步释放，长途客车和旅游客车销量大幅增长。且随着乡村游、周边游、精品游等线路越来越受到民众青睐，使得中小型、高端化的旅游客车变得越发受欢迎，电商物流的快速发展、蓝牌轻卡的替代效应等利好因素叠加，推动轻型客车市场快速增长。

与此同时，客车海外市场需求依旧旺盛，继续保持高速增长，新能源客车出口也处于快速发展期，为客车市场的复苏增长提供了有力支撑。

海关数据显示，2023年我国客车出口70684辆，同比增长47%。这主要得益于我国客车性价比的提高、投资模式的转变及新能源客车出口的增长等利好因素共同作用的结果。

2023年专用车市场

一、2023年专用车市场概况

随着我国经济由高速增长阶段转向高质量发展阶段，我国专用汽车行业在经历了多年的快速发展之后，2022年市场需求跌至谷底。2023年我国经济运行总体回升向好，得益于消费回升带来的物流运输类产品的普涨，2023年全国专用汽车销售105.49万辆，但市场仍在低位运行（见图1）。

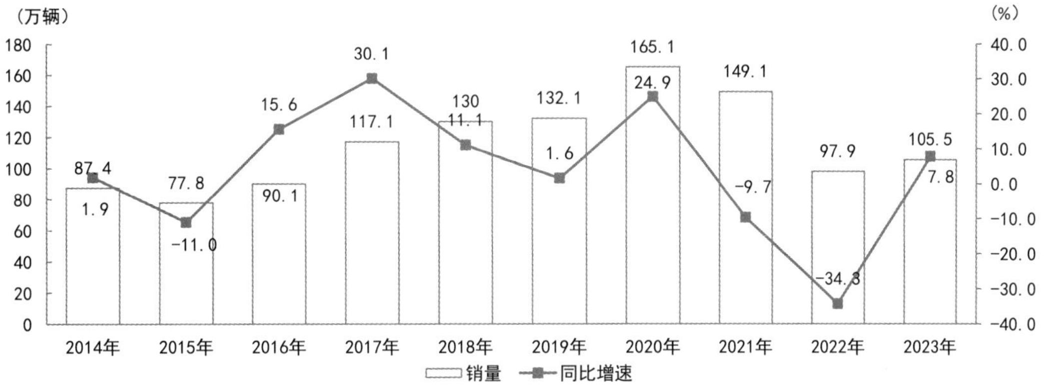

图1　2014—2023年专用车销量及同比增速

资料来源：终端销售数据（以下图表资料来源相同，不再赘述）。

从月度销量看，2023年专用车销量较为平稳，除1月、8月和12月外，其他月份实现了正增长，尤其3月，月度销量11.6万辆，形成全年最高点（见图2）。

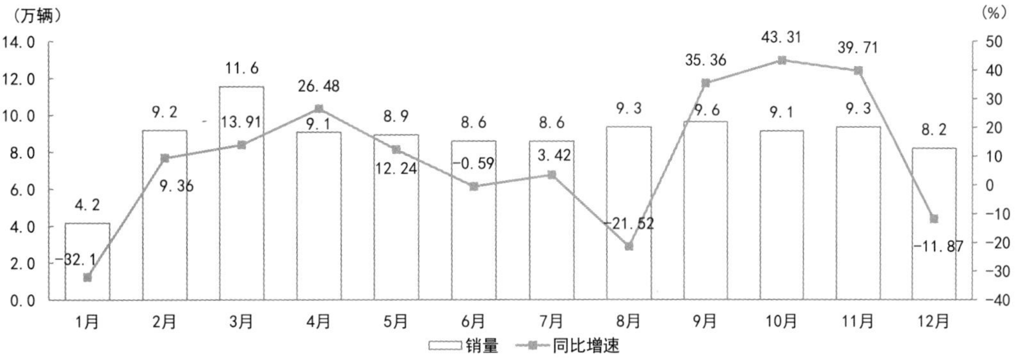

图2　2023年专用车月度销量及同比增速

二、2023年专用车细分市场

从六大类产品来看，与运输相关性较强的厢式汽车和仓栅式汽车增速较为明显。其中，厢式汽车累计销售63.6万辆，同比增长8.8%；仓栅式汽车销售21.5万辆，同比增长11.5%。

与此同时，罐式专用车和自卸专用车销量下滑，同比分别下降7个和2.2个百分点（见图3）。

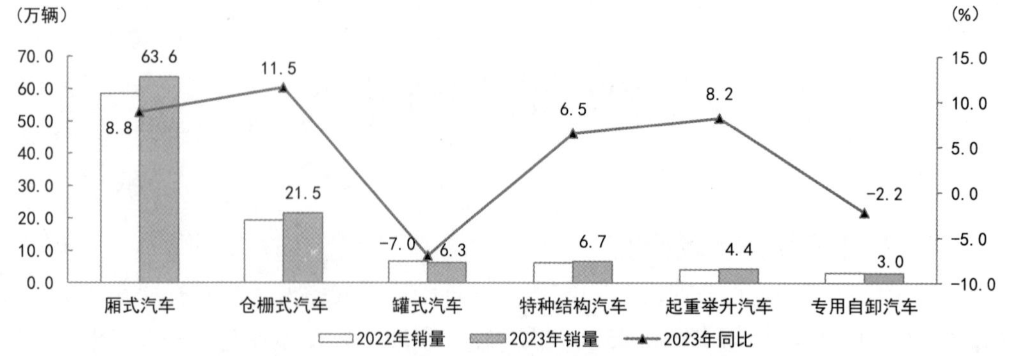

图3　2023年专用车分类别销量及同比增速

2023年，我国新能源专用车销量突破22万辆，新能源渗透率突破20%大关（见图4）。

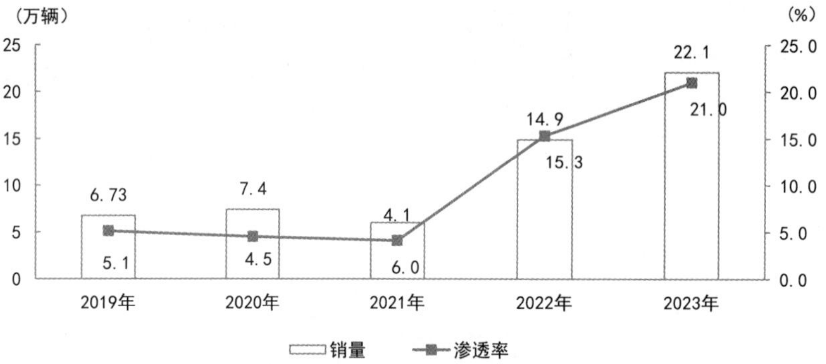

图4　2019—2023年新能源专用车销量及渗透率

其中，以城市配送为核心的物流运输车销量占比和新能源渗透率最高，市政环卫车产品种类最丰富。随着科技水平的不断进步和基础设施的不断完善，新能源专用汽车的应用场景将会不断丰富。

2023年中国区域汽车市场

2023年北京市新车市场

北京市统计局、国家统计局北京调查总队发布的《北京市2023年国民经济和社会发展统计公报》显示，全年实现地区生产总值43760.7亿元，按不变价格计算，比上年增长5.2%。其中，第一产业增加值105.5亿元，下降4.6%；第二产业增加值6525.6亿元，增长0.4%；第三产业增加值37129.6亿元，增长6.1%。三次产业构成为0.2 ：14.9 ：84.8。全年实现工业增加值5008.5亿元，按不变价格计算，比上年增长0.3%。其中，规模以上工业增加值增长0.4%。

截至2023年末，全市机动车保有量758.9万辆，比上年末增加46.2万辆。民用汽车637.6万辆，增加11.9万辆。其中，私人汽车543.1万辆，增加10.6万辆。私人汽车中，载客汽车507.3万辆，其中，新能源载客汽车52.8万辆，增加9.1万辆。

一、2023年北京市新车市场概况

2023年北京市狭义乘用车累计销售64.6万辆，同比增长16%。从月度走势看，上半年一路向上，6月达到高点，之后销量回调，12月成为全年销量最高的月份（见图1）。

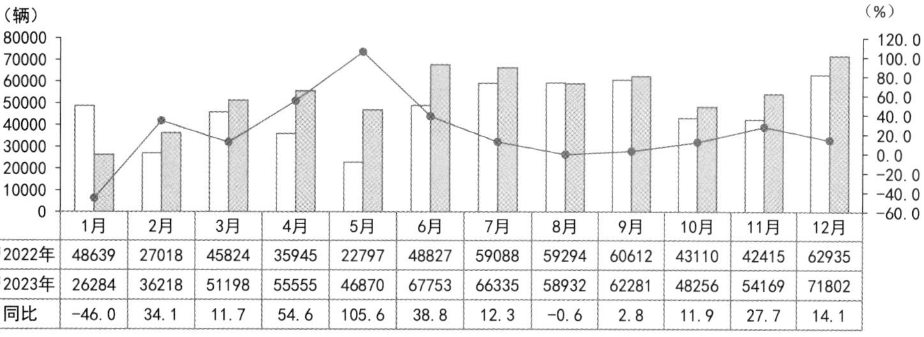

	1月	2月	3月	4月	5月	6月	7月	8月	9月	10月	11月	12月
2022年	48639	27018	45824	35945	22797	48827	59088	59294	60612	43110	42415	62935
2023年	26284	36218	51198	55555	46870	67753	66335	58932	62281	48256	54169	71802
同比	-46.0	34.1	11.7	54.6	105.6	38.8	12.3	-0.6	2.8	11.9	27.7	14.1

图1　2022—2023年北京市狭义乘用车月度销量及同比（含交叉型）

资料来源：中国汽车流通协会（以下图表资料来源相同，不再赘述）。

分系别看，近两年，北京市销量最高的为自主品牌，其次为德系品牌和日系品牌。从各系别增速看，除法系和意大利品牌，其余均为正增长（见图2）。

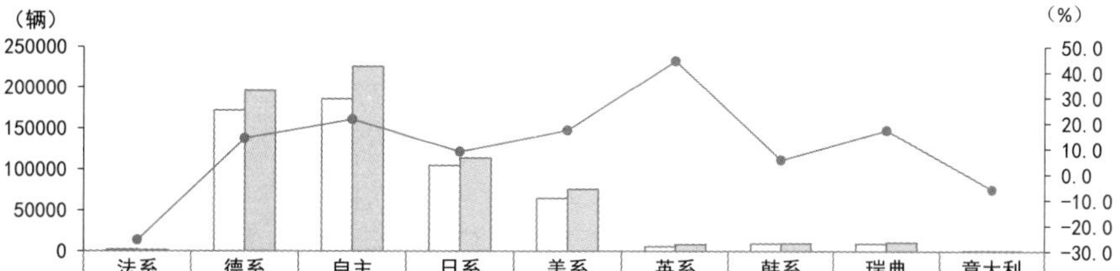

	法系	德系	自主	日系	美系	英系	韩系	瑞典	意大利
2022年	1870	171903	185858	104625	64665	5779	9142	9269	758
2023年	1389	195908	225658	113849	75738	8343	9656	10986	601
同比	-25.7	14.0	21.4	8.8	17.1	44.4	5.6	17.1	-5.9

图2　2022—2023年北京市分系别狭义乘用车销量及同比

分车型看，与上年不同，2023年各车型均实现正增长。销量最高的仍是SUV，同比增长16%。MPV 增长幅度最大，同比增长37.3%。轿车同比增长12.7%（见图3）。

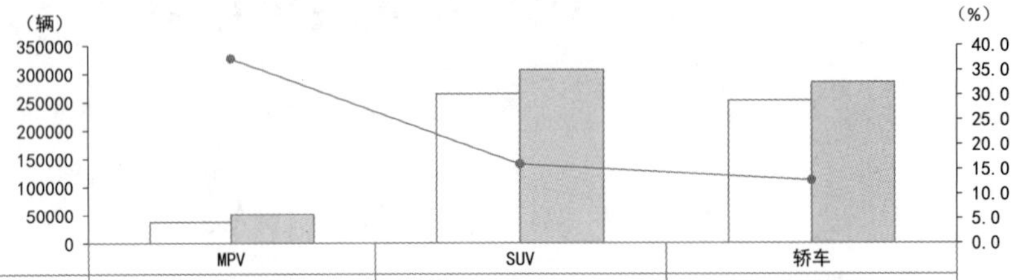

	MPV	SUV	轿车
2022年	37329	264179	252353
2023年	51258	306423	284447
同比	37.3	16.0	12.7

图3　2022—2023年北京市分车型狭义乘用车销量及同比（MPV、SUV、轿车）

二、2023年北京市新能源汽车市场

2023年北京市新能源乘用车累计销售205128辆，同比增长28.2%。从月度销量看，与车市整体走势基本一致，新能源汽车在上半年稳步向上，7月达到全年最高点后，后面几个月略有回调，12月销量上扬，形成翘尾（见图4）。

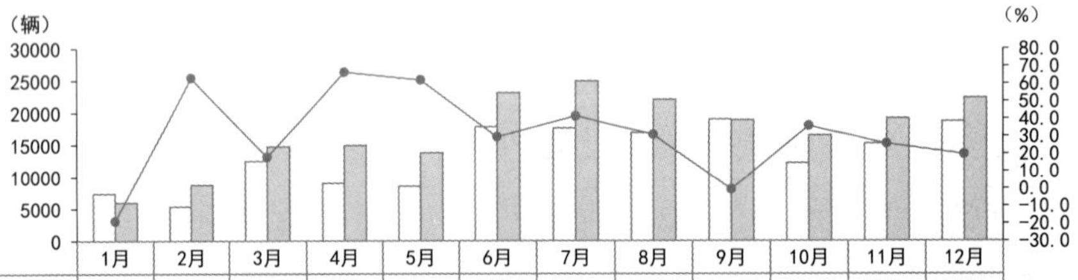

	1月	2月	3月	4月	5月	6月	7月	8月	9月	10月	11月	12月
2022年	7341	5333	12503	8973	8507	17834	17629	16875	18994	12163	15230	18681
2023年	5964	8701	14763	14940	13782	23100	24937	22070	18877	16514	19136	22344
同比	-18.8	63.2	18.1	66.5	62.0	29.5	41.5	30.8	-0.6	35.8	25.6	19.6

图4　2022—2023年北京市新能源乘用车销量及同比

三、2023年北京市进口车市场

2023年北京市进口车累计销量为43685辆，同比增长5.6%。从月度走势看，5月、11月、12月同比增速较高（见图5）。

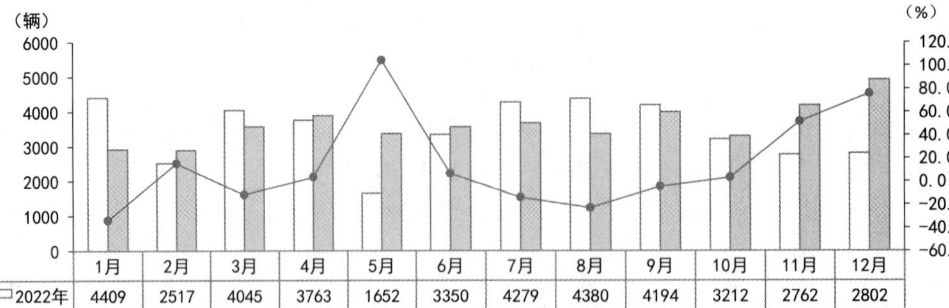

	1月	2月	3月	4月	5月	6月	7月	8月	9月	10月	11月	12月
2022年	4409	2517	4045	3763	1652	3350	4279	4380	4194	3212	2762	2802
2023年	2925	2899	3574	3889	3377	3568	3677	3370	3992	3306	4186	4922
同比	−33.7	15.2	−11.6	3.3	104.4	6.5	−14.1	−23.1	−4.8	2.9	51.6	75.7

图5　2022—2023年北京市进口乘用车月度销量及同比

受益于鼓励消费政策刺激及经济回温，汽车消费需求得以释放。2023年，北京新车市场整体走势较强，其中新能源汽车渗透率达到31.7%，略高于全国。

2023年上海市新车市场

上海市统计局发布的数据显示，2023年上海地区生产总值为47218.7亿元，同比增长5.0%。2023年居民人均可支配收入约8.5万元，同比增长6.6%。全市居民人均消费支出约5.3万元，同比增长14.0%。乘用车新车消费是上海人家庭生活中的一项重要支出。新车由“传统燃油车(ICE)”和“新能源车(NEV)”两部分组成。2023年上海地区用户表现出对车辆消费结构的高端化、智能化、新能源化、个性化、年轻化和品牌意识淡化等特征。

一、2023年上海新车市场概况

(一) 乘用车新车总需求为59.0万辆

根据上海市相关部门2023年上牌量统计，传统燃油车市场:总销量继续萎缩，降为24.1万辆，同比下跌17%，其中，新购车辆:2023年全年发放拍卖牌照为15.6万张，即新购用户为15.6万辆;换购车辆:总量为8.5万辆。新能源车市场:继续小幅攀升，上牌量达到34.9万辆，同比增长4.0%。燃油车的两位数下跌与新能源车的小幅攀升，表明市场结构在继续分化，也成为2023年上海车市的看点(见图1)。

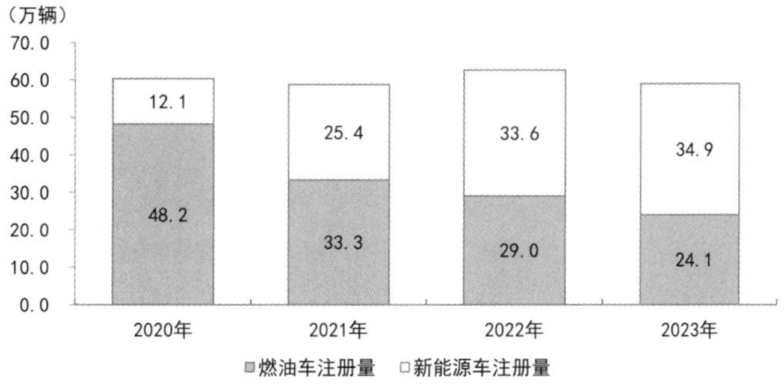

图1　2020—2023年上海乘用车分类注册量

资料来源：乘用车市场信息联席会(以下图表资料来源相同，不再赘述)。

(二) 燃油车与新能源车以4 : 6比例呈现

市场结构的分化，表明燃油车与新能源车市场引发了激烈的竞争，比如2020年时，燃油车依然占有近八成的份额；到了2023年，油车占比仅剩40.8%，而新能源车占比扩张到59.2%，2023年上海新能源的高占比继续居我国一线城市之首，领先国内平均占比近20个百分点(见图2)。

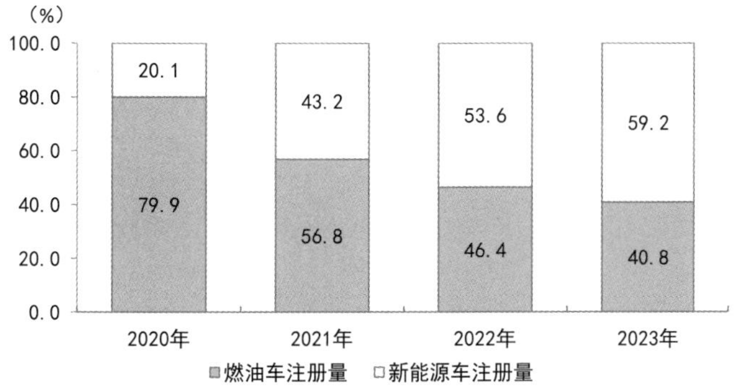

图2　2020—2023年上海燃油车与新能源车占比

二、上海新车市场特征

（一）插混车一落千丈，纯电动车所向披靡

在2022年底时上海宣布了一项新政策，即从2023年起在沪注册的插混新车不再获得免费新能源绿牌，而是需要有蓝色小客车牌照的额度。因此插混车在上海市场的需求一落千丈，2023年插混只占当年新能源车总量的6.4%，由此影响了当年新能源车的增长率，只增长了4%。在绿牌只向纯电动车倾斜的大背景下，如果以2022年的纯电动和2023年的纯电动作一比较的话，经笔者测算，可发现2023年上海纯电动车需求同比增长了65%，高于全国电动车的平均增长率，可以说电动车在上海需求量所向披靡。

（二）燃油车车型需求下降，但消费升级特别突出

2023年燃油车需求24.1万辆（见表1）。其中轿车销量7.9万辆，近3年销量跌去了13万辆，占比跌去10.8个百分点，为32.6%；MPV实际销量基本平稳，2023年为2.4万辆，近3年的占有率几乎翻倍，从2020年的5.2%上升到10.1%；SUV销量9.5万辆，近3年销量跌去9.9万辆，占有率基本持平，为39.3%；进口乘用车销量较3年前下降1万辆，为4.4万辆，进口车占比提升了6.8个百分点，为18.1%（见表1）。

表1　2020—2023年上海燃油车三大车种销量及占有率对比　　单位：万辆，%

燃油车	轿车	MPV	SUV	进口乘用车	合计	轿车占比	MPV占比	SUV占比	进口乘用车占比
2020年	20.9	2.5	19.4	5.4	48.2	43.4	5.2	40.2	11.3
2021年	11.5	2.9	13.3	5.7	33.3	34.5	8.6	39.8	17.1
2022年	9.8	2.4	12.2	4.6	29.0	33.6	8.4	42.1	15.9
2023年	7.9	2.4	9.5	4.4	24.1	32.6	10.1	39.3	18.1

在上海地区的市场上，消费高端化特别明显，以国产轿车为例，B+C级轿车占比从2020年的51.8%，提高到2023年的62.5%，三年间共提升了10.7个百分点。这在SUV和MPV中都有同样的现象存在（见表2）。

表2　2020—2023年上海地区燃油轿车分级别的占有率对比　　单位：%

国产轿车	2020年	2021年	2022年	2023年
B+C级	51.8	54.7	60.0	62.5
A级	30.2	26.6	25.2	25.1
A0+A00	18.0	18.6	14.8	12.4

综上，燃油乘用车整体市场规模在不断缩小，轿车与SUV虽然仍是市场的主力车型，但已互换地位，SUV成为第一大分市场。MPV与进口车在市占率上却都有不同程度提升。

（三）新能源车型总量上升，SUV化明显

2023年新能源车需求34.9万辆。其中轿车销量13.5万辆，销量呈逐年上升态势，但占比却呈跌势，从2021年的47.3%跌为38.7%，下降了8.6个百分点；MPV销量迅速攀升到1万辆，占有率几乎翻倍，达2.7%；SUV销量20.0万辆，占有率提升7.6个百分点，为57.4%；进口乘用车销量持平，占比却下降0.4个百分点，为1.1%。

新能源市场SUV化十分明显。从开始分车型统计的2021年算起，SUV就占有优势，占比从49.8%到2023年的57.4%，提高7.6个百分点，进入2024年，这一比例仍在上升（见表3）。

表3 2021—2023年上海新能源车三大车种销量及占有率对比 单位：万辆，%

新能源	轿车	MPV	SUV	进口乘用车	合计	轿车占比	MPV 占比	SUV 占比	进口乘用车占比
2021 年	11.5	0.3	12.1	0.4	24.2	47.3	1.4	49.8	1.5
2022 年	13.2	0.4	18.7	0.3	32.6	40.6	1.1	57.4	0.9
2023 年	13.5	1.0	20.0	0.4	34.9	38.7	2.7	57.4	1.1

综上，新能源乘用车整体市场销量在迅速提高，市场上SUV占有绝对话语权，市场上每卖出10辆新能源车，就有6辆是SUV，市场前景十分可观。MPV与进口车都是极小众的市场。

（四）2023年上海车市政策：有利于纯电车消费，延续购置补贴

2023年是三年防疫之后放开的第一年，面对复杂严峻的国际环境和繁重的改革任务，上海坚持稳中求进，提振信心、扩大内需、引导消费。2023年全市执行的是“取消插混车免费牌照、沪牌牌照按常规化供应、纯电动车牌不设限”的策略。

1. 2023年不再授予插混车免费绿牌

早在2021年2月，上海有关部门就下发了《上海市鼓励购买和使用新能源汽车实施办法》的文件，指出自2023年1月1日起，消费者购买插混汽车（含增程式）的，不再发放专用牌照额度（“绿牌”），为车企和市场留了两年的缓冲期。2023年政策如期实施，这极大地压缩了2023年上海车市上插混车的需求空间。上海采取此措施也是经过综合评定和平衡的，考虑到上海有限的道路资源，为了更多地支持纯电动汽车和燃料电池汽车应用，收回了对插混车免费发放绿牌的政策，实属无奈之举。但在政策有效期内，上海仍继续落实新能源汽车专用牌照额度总量不设限额的规定。政策实施一年来，插混车需求被压缩得仅剩1/10，而纯电车同比增长了65%。

2. 2023年车辆置换补贴继续实施：新能源车10000元，燃油车2800元

根据上海商务委《上海市搞活汽车流通扩大汽车更新消费若干措施》（沪商规〔2023〕5号）文件，延续了车辆置换补贴政策，通俗地说，即继续对个人购买符合标准的新能源车给予每辆车10000元的财政补贴，“以旧换新”购买燃油车给予每辆车2800元的补贴，注册使用性质必须为非营运的，实施时间自2023年8月1日至2023年12月31日。

3. 私人用车领域纯电市场猛增

进入2023年，插混／增程车跌入了谷底，在私人用车领域仅占有6%的份额，究其原因：一是由于2022年底前有一波追赶政策末班车的心态，出现了插混／增程车的抢购风，透支了需求；二是2023年插混／增程不再获得免费绿牌。一个在2022年曾占有四成新能源市场份额的子市场就这样被改写了。新能源车市场真是喜忧参半，纯电动市场由2022年的15.6万辆，增长到2023年的25.6万辆，净增10万辆，猛增65%，这是政策引导的结果，也是新能源车企们为市场提供新产品的良好结果（见表4）。

表4 2018—2023年上海私人新能源市场的销量及占比 单位：万辆，%

私家车	2018 年	2019 年	2020 年	2021 年	2022 年	2023 年
纯电	1.1	1.6	5.8	12.8	15.6	25.6
插混	4.2	2.8	3.6	6.3	10.7	1.7
合计	5.3	4.4	9.3	19.2	26.3	27.3
纯电占比	20	37	62	67	59	94
插混占比	80	63	38	33	41	6

4. 新能源车消费特点：私车占比奇高

中国汽车流通协会乘用车市场信息联席分会统计，2023年我国新能源乘用车的零售销量是774.2万辆，同比增长36.4%；在上海的新能源乘用车注册量为34.6万辆，同比仅增长4%，拖了全国平均增长率的后腿，但上海的基数很高，新能源车销量渗透率高达59.2%，其中私人拥车又占有78.8%，私人占比进一步提高，创历史新高（见图3）。

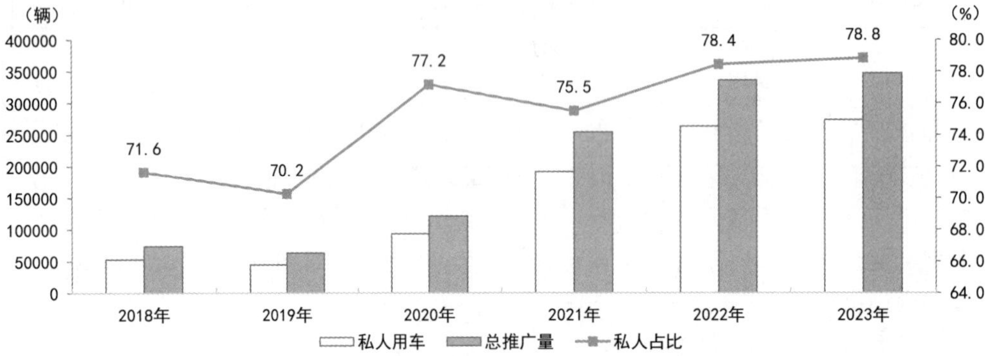

图3 2018—2023年上海新能源车的私人拥有量及占比

（五）2022年上海汽车保有量超过500万辆，同比净增40万辆

1. 拍卖均价微涨

2023年生活回归正常后，人们对私车出行的安全保证有了更深刻的认识，通过拍牌获得车牌成共识。由于拍牌流程固定有序，设有警示起拍价，从历年拍卖成交均价上看，2023年拍卖平均为9.24万元，比2022年微涨200元。年度平均中标率为12.6%，成为近年来中标率最高（见表5）。

表5 2018—2023年沪牌投放量和拍卖均价

指标	2018 年	2019 年	2020 年	2021 年	2022 年	2023 年
沪牌拍牌量（万张）	13.5	11.2	17.3	13.5	18.0	15.6
中标率（%）	5.7	5.9	6.2	4.9	8.5	12.6
拍卖成交均价（万元）	8.79	8.97	9.07	9.18	9.22	9.24

2. 中标率与参拍人数形成剪刀差

沪牌拍卖是车市行情的晴雨表。2023年由于牌照额度的限定和新能源车需求上升带来的分流效果，导致参拍人数逐月减少、中标率逐月提升，参拍人数从2023年1月的12.4万人次，到12月的7万人次，参加人次净减5万人，而中标率从1月的9.0%，飙升到20.0%，净增11个百分点，也成为历史新高。参拍人数与中标率形成了剪刀差（见图4）。

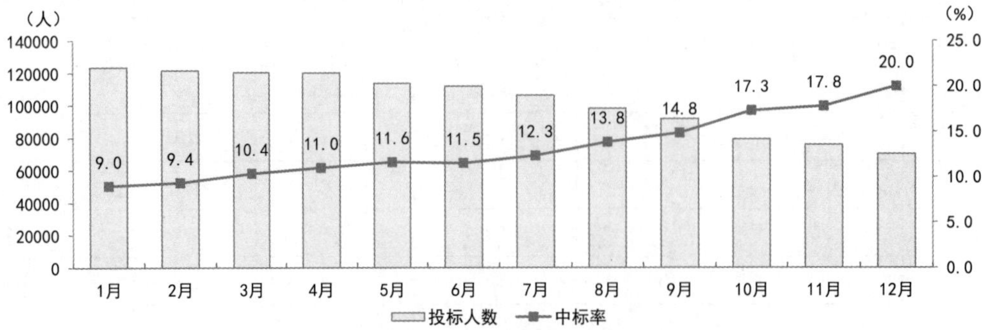

图4 2023年沪牌拍卖中标率与投拍人数走势图

（六）2023年上海保有量近550万辆

截至2023年底，上海已成为国内汽车保有量位居第四的城市，汽车保有量近550万辆，达547.9万辆，同比净增31.6万辆。乘用车保有量首次超过500万辆，达504万辆，净增33.7万辆，同期汽车保有量净增31.6万辆，也就是说2023年净增的乘用车数量反超整体汽车数量，说明商用车是萎缩的。

郊区乘用车（沪C牌照）虽然上牌的成本只是工本费，但受限太多，使用不方便，因此郊区乘用车保有量在逐年下降，沪C用户大部分都想得到沪牌，或者放弃沪C牌照转购新能源车。2023年沪C牌照净减9.8万辆，大于2022年的净减量（3.5万辆）；新能源乘用车净增37.6万辆，高于2022年的32.4万辆，燃油车的保有量净增5.9万辆，低于2022年的净增10.7万辆，这里也可以看到燃油车的萎缩（见表6）。

表6 2020—2023年上海汽车与乘用车保有量及增速　　单位：万辆，%

上海市保有量	2020年	2021年	2022年	2023年	增长率	净增量
乘用车（含新能源）	406.7	430.6	470.3	504.0	7.2	33.7
郊区乘用车	144.4	132.2	128.7	118.9	-7.6	-9.8
新能源乘用车	31.4	56.3	88.7	126.3	42.4	37.6
城区ICE乘用车	230.9	242.2	252.9	258.8	2.3	5.9
汽车保有量	450.6	476.3	516.3	547.9	6.1	31.6

上海2023年在鼓励消费、扩大消费的精神指导下，上海车市形成了淡季不淡的销售趋势，走势昂扬，给行业平稳、有序、健康的发展带来新面貌，为未来车市行情奠定基础。

（中国汽车流通协会汽车市场研究分会　唐奕奕）

2023年重庆市新车市场

2023年，重庆市深入贯彻党中央、国务院决策部署，认真落实市委、市政府工作要求，完整、准确、全面贯彻新发展理念，坚持稳中求进工作总基调，加快构建新发展格局，着力推动高质量发展，经济社会发展主要预期目标圆满实现。

一、2023年重庆市汽车市场发展环境

（一）宏观经济情况

从地区生产总值看，全年全市实现地区生产总值30145.79亿元，成为全国第16个、西部第3个生产总值总量超3万亿元的省市，也是特大城市中第4个生产总值总量超3万亿元的城市。第一、第二、第三产业占比分别为6.9%、38.8%、54.3%，非农比重达到93.1%，第二、第三产业双轮驱动特征明显。

从经济增速看，全年全市生产总值比上年增长6.1%，高于全国0.9个百分点，明显快于2022年全年2.6%的经济增速，也快于新冠疫情三年年均4.9%的增速，实现2023年市政府工作报告目标任务。主要生产行业呈现“一产稳、二产快、三产增，走势向好”的特征，第二产业增加值比上年增长6.5%，高于全国1.8个百分点。

随着推动经济持续回升向好的一系列政策措施落地显效，全市工业生产稳健复苏，新动能不断成长壮大，工业高质量发展扎实推进。其中，新能源汽车发力，汽车行业高速增长。2023年，重庆汽车产业增加值比上年增长9.3%，比前三季度提高3.4个百分点，拉动全市增长1.6个百分点，对全市工业增长的贡献达23.8%。其中，汽车整车制造同比增长7.7%，汽车零部件制造增长10.5%。2023年9月以来，重庆新能源汽车产业取得重大进展，目前，赛力斯新M7上市后订单已突破12万辆，M9订单突破3万辆，深蓝、阿维塔等新能源车企产销也实现快速增长，全年新能源汽车产量50.03万辆，实现历史性突破。

在购车补贴刺激、新能源汽车热销的共同作用下，2023年全市出行类消费拉动作用明显，零售额增长7.9%，拉动全市限额以上单位商品零售额增长3.4个百分点。其中，汽车类增长8.5%、石油类增长6.5%，增速分别较前三季度提高3.7和2.6个百分点。随着自主品牌崛起以及基础配套设施不断完善，叠加地方性补贴和企业促销双重优惠，新能源汽车消费呈快速上升态势。2023年，全市新能源汽车零售额较上年增长67.7%，高于全市限额以上单位商品零售额增速59.9个百分点，拉动全市限上单位商品零售额增长4.0个百分点，新能源汽车占全市汽车类零售额的比重由2022年的20.2%提高至2023年的31.2%，市场占有率明显提升。

（二）汽车行业发展战略

重庆是全国重要的汽车生产基地，近年来，重庆锚定打造万亿级智能网联新能源汽车产业集群目标，持续推动汽车产业加快新能源化、智能化、网联化、高端化、绿色化发展。紧扣构建国家重要先进制造业中心总体目标，以“33618”先进制造业集群为主导，加速产业结构调整，围绕“建成世界级智能网联新能源汽车产业集群”目标，以新能源汽车整车制造龙头企业为引领，大力实施汽车零部件集群发展战略，全面梳理产业链上下游产品和企业，加速布局世界级智能网联新能源汽车产业集群。重庆市人民政府制定并印发《重庆市建设世界级智能网联新能源汽车产业集群发展规划（2022—2030年）》，推动我市汽车产业新能源化、智能网联化、高端化、绿色化发展。

促进汽车消费升级扩容，抓住国际消费中心城市培育建设契机，巩固消费回暖势头，支持汽车经销企业构建城乡一体、线上线下融合的汽车销售和售后服务网络，鼓励其积极整合联动

各方资源，通过政企联动发放购车、加油或充电、停车或洗车等优惠券，采取降价打折、抽奖赠礼、以旧换新补贴等方式，多方合力开展各类汽车展销和惠民消费促进活动。3月全市实施新能源汽车置换补贴活动，对汽车消费的拉动效果明显，撬动区县、生产商、经销商、金融机构促进汽车消费资金超6亿元。6月起开展“爱尚重庆 渝悦消费”汽车惠民促销系列活动，在全市营造良好的促消费氛围，引导恢复消费信心，提振市场消费意愿。

二、2023年重庆市乘用车市场情况

据2023年重庆市国民经济和社会发展统计公报，年末全市民用车辆拥有量928.96万辆，比上年末增长4.2%，其中，私人汽车拥有量855.39万辆，增长4.2%。民用轿车拥有量304.48万辆，增长5.1%，其中，私人轿车282.53万辆，增长4.7%。

2023年，重庆市场广义乘用车累计销量达44.37万辆，同比增长10.6%。其中，轿车市场累计销量达19.05万辆，同比增长4.1%；SUV 市场累计销量达23.67万辆，同比增长18.3%；MPV 市场累计销量达1.26万辆，同比增长0.5%。微客累计销量为0.38万辆，同比下滑超31%。新能源汽车累计销量16.74万辆，同比增长44.9%。

2023年，重庆市自主品牌销量25.42万辆，占比全市汽车销量57.3%，同比增长22.1%；合资品牌销售16.39万辆，占比全市汽车销量36.9%，同比下滑3.7%。自主品牌的快速崛起，主要凭借新能源汽车快速发力，这其中自主品牌累计占比达到86.3%。其次是特斯拉带动的美系品牌，在新能源车销量中占比达8.9%。随着国家促消费政策不断刺激，经济运行中积极因素不断增多，消费内生动力逐步恢复，各类消费开始理性复苏。叠加各地汽车促消费政策，车展等线下活动蓬勃开展，拉动消费效果持续体现（见图1）。

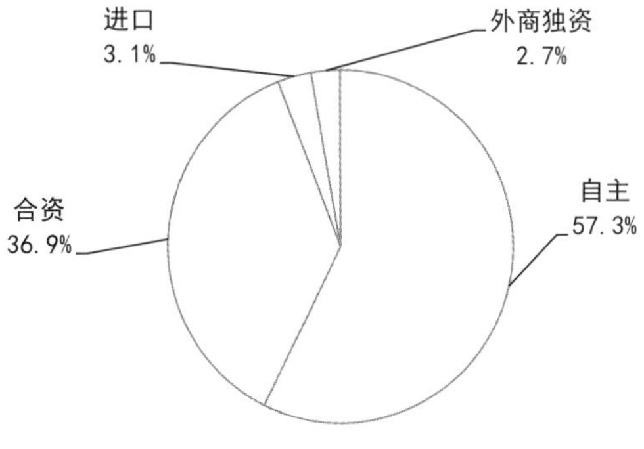

图1 2023年汽车销量分系别占比情况

资料来源：重庆市汽车商业协会（以下图表资料来源相同，不再赘述）。

从具体品牌看，2023年重庆汽车消费自主品牌优势明显。这其中比亚迪凭借新能源赛道优势、长安汽车发挥本土品牌龙头效应，销量领先。具体来看，自主品牌方面，数据显示，比亚迪、长安汽车、吉利汽车分别位居榜单前三。其中，比亚迪全年销量达4.74万辆，夺得年度销量冠军榜。长安汽车虽然位居第二位，但算上深蓝汽车、欧尚汽车，将跃居榜单第一，本地化作战优势明显。吉利汽车借力新能源赛道，也进一步拉大了与哈弗的差距。值得一提的是，理想汽车、深蓝汽车也顺利“上位”，且同比增幅可观。

合资方面，上汽大众以2.11万辆成绩夺得了合资品牌第一。虽然一汽－大众在部分月份得到了大客户批量采购，但依旧不及上汽大众。日产、广汽丰田也是榜单的常客。此外，还有两点值得关注。一是宝马、奔驰、奥迪均进入榜单前15位，且宝马进一步拉开了与奔驰的差距，重庆市场的消费能力可见一斑。二是特斯拉全年销量近1.19万辆，稳居新能源车品牌第三，足见消费者对新能源汽车的青睐（见图2）。

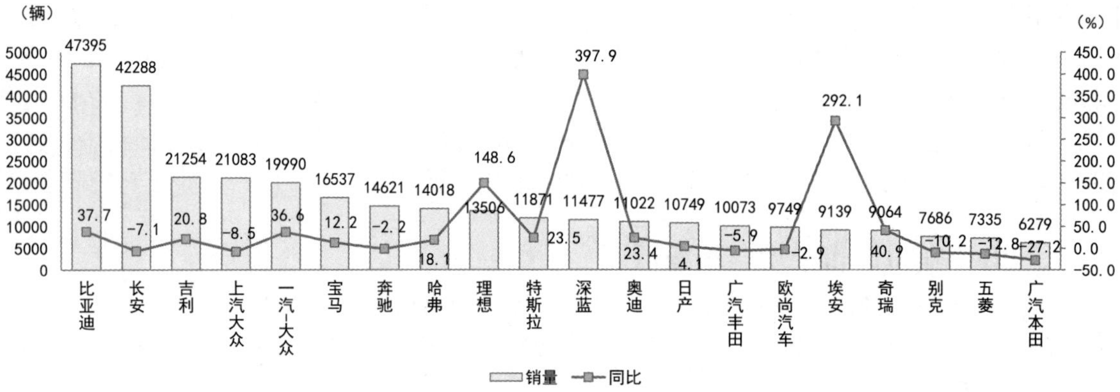

图2　2023年重庆汽车市场品牌销量Top20

2023年重庆市新能源汽车累计销量16.74万辆，同比增长44.9%，市场渗透率达37.7%。纵观全年新能源汽车销售情况，3月重庆市出台《关于实施新能源汽车置换补贴的通知》(渝商务〔2023〕49号)大幅促进新能源车销售;自6月起,组织各区县参加“百城联动”汽车节和“千县万镇”新能源汽车消费季活动，全市组织7场汽车消费季活动，充分挖掘品牌授权与渠道资源、市场下沉拓展、农村市场增量等潜力，推动汽车消费扩容提质，促进新能源汽车消费平稳增长（见图3)。

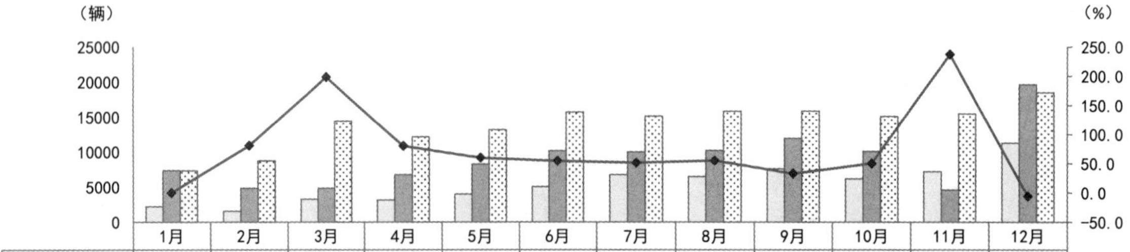

	1月	2月	3月	4月	5月	6月	7月	8月	9月	10月	11月	12月
2021年	2235	1556	3262	3139	3995	5046	6754	6479	7591	6170	7200	11262
2022年	7339	4827	4827	6749	8238	10168	9993	10206	11939	10062	4592	19651
2023年	7331	8723	14411	12141	13164	15700	15127	15826	15870	15120	15480	18484
2023年同比	-0.1	80.7	198.5	79.9	59.8	54.4	51.4	55.1	32.9	50.3	237.1	-5.9

图3　2021—2023年重庆市新能源汽车销售趋势

从具体品牌与车型来看，比亚迪在新能源市场上持续领先，相较上年同期新增1.3万辆，增速达38.5%，占比全市新能源汽车销售28.3%，其车型榜Top20上榜车型达9款，相比上年同期增加2款车型，占细分市场超20%份额。本地品牌长安汽车，携深蓝、阿维塔均入围前20，高中低的产品布局，让其总量超越理想，冲进榜单第二名（见图4)。

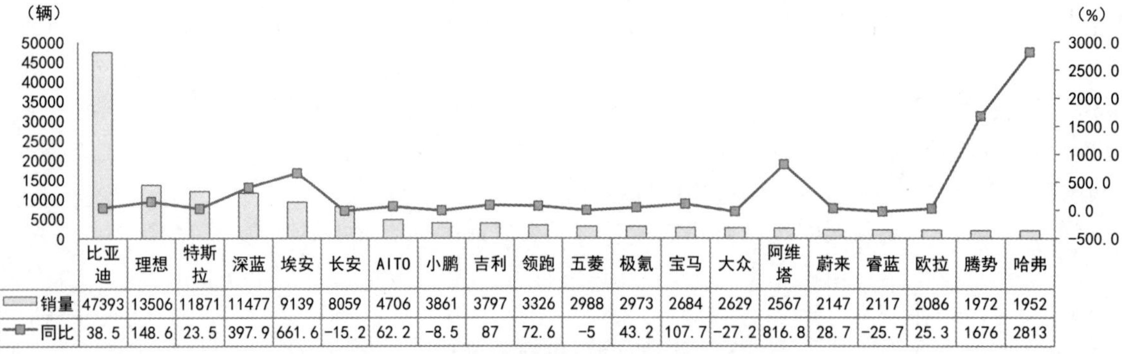

	比亚迪	理想	特斯拉	深蓝	埃安	长安	AITO	小鹏	吉利	领跑	五菱	极氪	宝马	大众	阿维塔	蔚来	睿蓝	欧拉	腾势	哈弗
销量	47393	13506	11871	11477	9139	8059	4706	3861	3797	3326	2988	2973	2684	2629	2567	2147	2117	2086	1972	1952
同比	38.5	148.6	23.5	397.9	661.6	-15.2	62.2	-8.5	87	72.6	-5	43.2	107.7	-27.2	816.8	28.7	-25.7	25.3	1676	2813

图4　2023年重庆市新能源汽车品牌销量Top20

此外，深蓝汽车表现不俗，两款车型纷纷入围车型榜Top20，深蓝S7自7月正式上市以来，销量一路走高，连续3个月位列新能源车型销量第一名。广汽埃安受益于出行市场带动，销量不俗。造车新势力以理想为代表，得益于细分市场主销车辆的优越表现，把握消费需求，位列新能源汽车品牌销量第二名。

除此之外，从单款热销车型的销量排行情况来看，新能源市场竞争越发激烈。除 Model Y 与宋 PLUS DM-i 以外，各车型销量差距非常小。未来，随着越来越多的厂家发力新能源赛道，市场格局将迎来新的变化（见图5）。

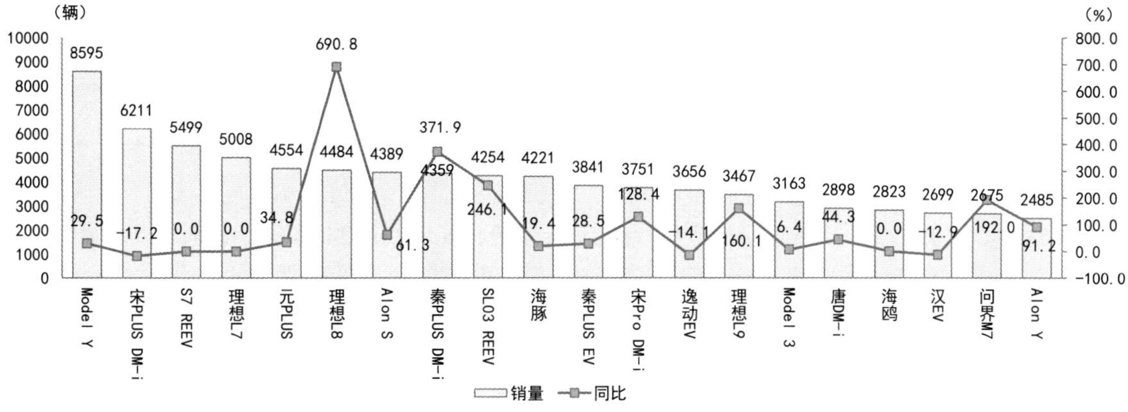

图5 2023年重庆市新能源车型销量 Top20

（重庆市汽车商业协会 陈学勤 叶玉屏）

2023年武汉市新车市场

一、2023年武汉乘用车市场概况

武汉市统计局数据显示，2023年，规模以上汽车产量121.4万辆，同比下降12.6%；限额以上汽车类商品销售额1659.36亿元，同比增长18.5%；限额以上汽车类商品零售额1214.41亿元，同比增长21.3%。年末全市民用汽车拥有量456万辆，比上年末增加34万辆。其中，私人小汽车391.38万辆，增加29.51万辆。根据武汉海关数据，湖北省2023年汽车出口总值汽车（含底盘）211.3亿元；同比增长100.4%；电动载人汽车127.6亿元，同比增长117%。

截至2023年底，武汉市机动车保有量超过450万辆，其中新能源汽车保有量约30万辆，占比约7%，新能源汽车保有量逐年增长。2023年全年武汉市乘用车累计销量418145辆，比上年同期增长9.5%，新能源乘用车累计销量146381辆，比上年同期增长46.83%，渗透率达到35.01%。在省市区各级政府汽车消费补贴政策促进下，武汉市乘用车销量保持了增长态势，新能源乘用车持续保持快速的增长；乘用车和新能源销量同创历史新高。

2015年以来武汉乘用车销量基本在35万—40万辆，其中，2016年、2018年均突破40万辆，2020年受疫情等影响降至32万辆。疫情之后，武汉市汽车销量持续恢复，2023年再次突破41万辆，创下历史销量新高（见图1）。

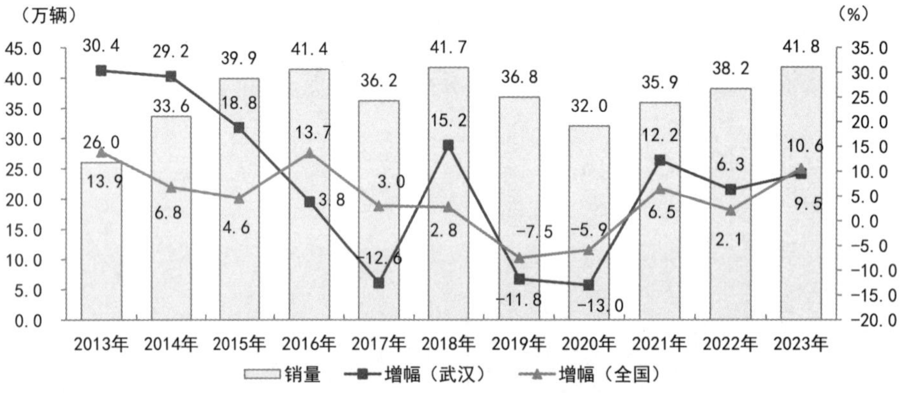

图1 2013—2023年武汉市乘用车销量及增速

资料来源：武汉市汽车流通行业协会（以下图表资料来源相同，不再赘述）。

2023年补贴政策促进汽车消费效果较为明显，在国务院、商务部等国家职能机构的政策指引下，湖北省、武汉市以及部分行政区政府部门积极开展促进汽车消费并筹措补贴消费资金，提振了汽车消费市场信心，促进了消费市场的回暖。3月东风系列车型在补贴加持下让利销售拉动销量尤其明显，当月销量53405辆位于历史销量第二，其中东风系列原本销售疲软的神龙汽车在武汉销售9332辆，包括雪铁龙、标致、富康等品牌，东风本田在武汉销售5796辆，东风乘用车2824辆，岚图汽车340辆，当月销量均出现大幅增长，如图2所示。

2023年第一季度，神龙汽车在汉销量比上年同期增长605.3%，东风本田比上年同期增长41.7%，东风乘用车比上年同期增长74.2%。我们也可以看到传统淡季4—8月汽车销量并未大幅下滑，尤其是第二季度比上年同期销量要高。2023年全年武汉市财政筹措补贴资金4000万元，从5月底开始启动贯穿全年，举行以旧换新购置新能源汽车、汽车下乡、金秋购车季等促进汽车消费活动，同时，结合华中国际车展等大型汽车消费展大力开展促进汽车消费活动，有效提振企业经营信心，汽车经销商和门店广泛积极参与，并不同程度推出品牌和企业优惠政策。2023年12月23日，湖北省商务厅开启“惠购湖北”汽车消费补贴活动，总补贴资金2亿元，活动将持续到2024年3月31日，对2023年全年汽车销售实现销量增长产生促进作用。此外，江岸区、经开区、江夏区、汉阳区、东湖高新区等行政区，筹措资金促进辖区内汽车销售企业促进汽车消费，开展补贴活动，2023年武汉市汽车消费市场全年在各级政府和相关职能部门政策驱动和促消费补贴的促进下，实现了全年汽车销量增长，并创出销量新高（见图2）。

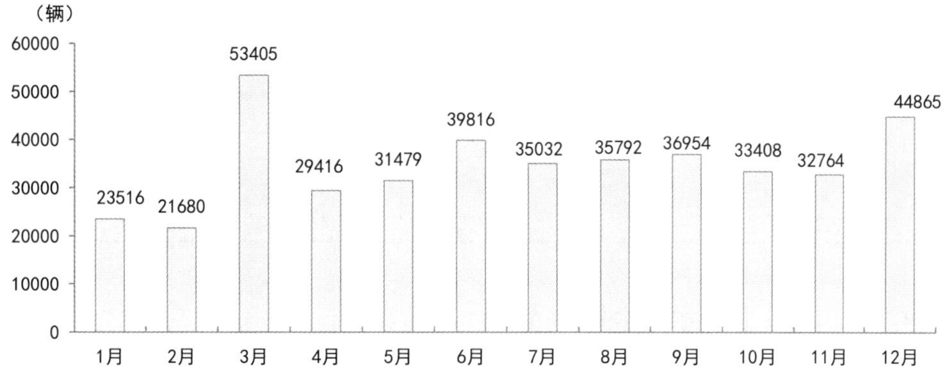

图2　2023年武汉乘用车销量月度走势

新能源汽车仍是整体市场增长主要动力所在。2022年武汉市新能源乘用车销量9.97万辆，接近10万辆；2023年新能源乘用车持续保持较高的增长，全年实现销量14.64万辆，同比增长46.83%，新能源乘用车销量占乘用车市场份额达到35.01%。2023年新能源仍享受免购置税政策，促进汽车消费补贴活动主要也是以新能源汽车为主，5月以旧换新、汽车下乡活动和金秋促消费。新能源汽车品牌中比亚迪、特斯拉、理想、埃安等新能源品牌实现了较大的销量增长。2023年3月开始，每月新能源乘用车销量均已破万，月均销量达1.22万辆，12月销量达16458辆。新能源乘用车销量势头良好，持续保持增长态势（见图3）。

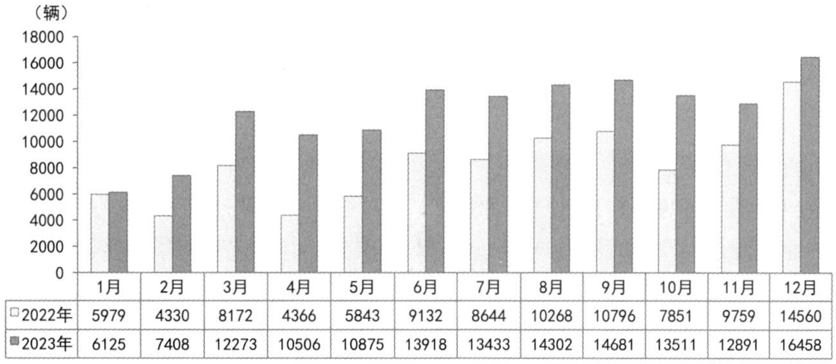

图3　2022—2023年武汉新能源乘用车销量月度走势

2023年湖北省乘用车销量79.24万辆，武汉市汽车市场在湖北省占据重要地位，约占52%以上市场份额；宜昌和襄阳位列湖北省第二梯队，年销量5万辆以上，各占7%以上市场份额；荆州、十堰、恩施年销量均在3万辆以上，各占4%以上市场份额（见表1）。

表1　2023年湖北省乘用车分城市季度销售情况　　单位：辆，%

城市	第一季度	第二季度	第三季度	第四季度	合计	年度市场份额
鄂州市	626	771	837	971	3205	0.40
恩施自治州	8646	6774	8507	8508	32435	4.09

续表

城市	第一季度	第二季度	第三季度	第四季度	合计	年度市场份额
湖北省直辖	3980	3583	4331	4626	16520	2.08
黄冈市	8320	7315	7694	8573	31902	4.03
黄石市	6356	6420	6951	7409	27136	3.42
荆门市	5479	4950	5860	5956	22245	2.81
荆州市	8842	8113	9634	9802	36391	4.59
十堰市	8475	6559	7469	8790	31293	3.95
随州市	3031	2782	3040	3593	12446	1.57
武汉市	98601	100729	107778	111037	418145	52.77
咸宁市	4920	3879	4554	4575	17928	2.26
襄阳市	15967	12625	14113	16254	58959	7.44
孝感市	6117	4944	5869	6911	23841	3.01
宜昌市	13835	13044	15435	17599	59913	7.56
合计	193195	182488	202072	214604	792359	100.00

二、2023年武汉市汽车细分市场分析

（一）分系别销量变化

自主品牌日益增长的趋势明显，2022年自主品牌全年销量130243辆，2023年自主品牌全年销量达170428辆，销量增幅达30.85%，市场占有率由2022年的34%增加至41%，而合资品牌市场占有率由59%下降至52%；进口汽车也呈现下降趋势；外商独资的特斯拉呈增长趋势（见图4）。

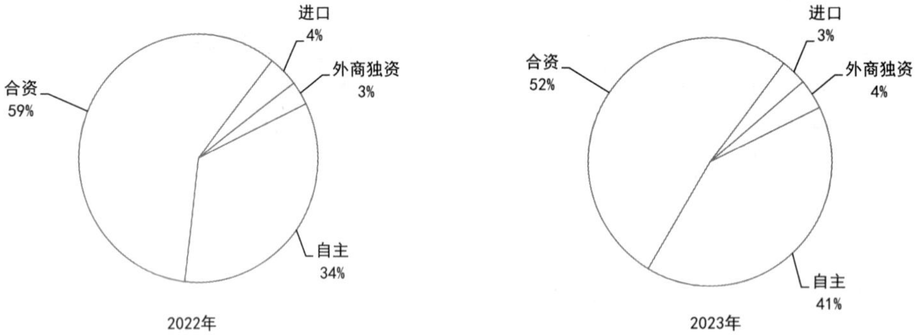

图4 2022—2023年武汉分系别市场份额

（二）2023年乘用车销量Top10品牌

2023年，武汉市乘用车销量前十品牌销量之和为19.7万辆，约占整体销量一半。从2023年品牌销量排名来看，前三位保持排名未发生变化，但是销量数据变化各不相同，比亚迪全年在汉销量接近4.3万辆，该品牌在汉市场占有率已大于10%；超过排名第二东风本田2.2万辆，增幅达55.7%，增长趋势同全国基本一致，得益于该品牌迅速扩张的销售网络渠道和较为完善的产品线，“渠道门店多、车型种类多、销售人员多”是目前该品牌在国内各主要城市的基本情况。东风本田自2022年被比亚迪超过成为排名第二，2023年经过补贴加持，尤其是3月大幅补贴后销量有大幅提升，全年实现小幅增长；上汽大众虽保持排名第三，但是销量比2022年下滑8.1%。东风乘用车再次登上前十排名，得益于网约车型E70的稳健销量和3月东风大幅补贴促进购买行为。特斯拉凭借纯电国际品牌优势和技术优势继续保持良好增长态势，首次进入榜单排名第七。上汽通用五菱由原排名第五下滑至第九，主要是该品牌主打车型市场竞品车型越来越多，仅对标五菱宏光MINI车型就增加了十多种竞品车型（见表2）。

表2　2023年武汉市乘用车销量排名 Top10品牌　　单位：辆

排名	2022 年品牌销量排名		2023 年品牌销量排名		增幅变化	排名升降
	品牌	销量	品牌	销量		
1	比亚迪	27547	比亚迪	42889	55.7	持平
2	东风本田	19938	东风本田	20779	4.2	持平
3	上汽大众	19405	上汽大众	17837	-8.1	持平
4	东风日产	18257	东风乘用车	17454	17.5	上升
5	上汽通用五菱	17744	广汽丰田	17098	2.0	上升
6	广汽丰田	17442	华晨宝马	16954	6.8	上升
7	一汽大众	17427	特斯拉	16485	38.6	上升
8	北京奔驰	16491	北京奔驰	16174	-2.0	持平
9	华晨宝马	15868	上汽通用五菱	15777	-11.1	下降
10	广汽本田	15661	东风日产	15165	-16.9	下降

（三）2023年乘用车销量 Top10车型

车型销量前十排名中特斯拉 Model Y 排名第一，销量过万。十个车型中东风系列占据5个席位，充分说明东风系列在武汉销量处于领先优势；同时3月东风系列大幅补贴也起到促进作用，尤其是雪铁龙 C3-XR，3月销量超过4000辆，该车型当月补贴额度6万元。自主品牌东风乘用车、比亚迪和上汽通用五菱共有4款车型入围，其他除特斯拉为外商独资之外，均为合资品牌。从车型类别来看，轿车车型有6款进入前十，SUV 共有4款进入。从动力方式来看，纯电为主新能源车型有5款，剩下5款燃油车型均为合资品牌。比亚迪和东风本田各有2款车型入围前十（见表3）。

表3　2023年武汉市乘用车销量排名 Top10品牌　　单位：辆

排名	品牌	车型	销量	车型类别	动力方式
1	特斯拉	特斯拉 Model Y	12379	SUV	纯电
2	东风乘用车	风神 E70	9319	轿车	纯电
3	比亚迪	宋 PLUS	7821	SUV	纯电、插混
4	东风本田	本田 CR-V	7056	SUV	燃油（含混动）
5	比亚迪	比亚迪秦 PLUS	6499	轿车	纯电、插混
6	东风日产	轩逸	5682	轿车	燃油
7	东风本田	思域	5408	轿车	燃油
8	上汽通用五菱	宏光 MINI	4855	轿车	纯电
9	上汽大众	朗逸	4747	轿车	燃油
10	东风雪铁龙	雪铁龙 C3-XR	4729	SUV	燃油

武汉具备地理和人口优势，传统汽车产业供应链配套齐全，疫情之后，省市区各级政府出台促进汽车消费政策和拨付财政资金，通过汽车消费补贴形式促进汽车销售，连续3年实现汽车销量增长。同时武汉消费能力提升仍有较大空间，新能源和智能汽车产业链在原有基础上正在加速完善和提升，也给武汉汽车消费市场带来了发展空间。

三、武汉汽车流通渠道和布局变化

（一）武汉是汽车销售渠道和市场竞争的重要战略要地

2015年以来，武汉市乘用车销量基本保持在35万—40万辆，武汉市汽车销售渠道网络近900余家，截至2023年新增近300家销售渠道网络，新增渠道网络主要为新能源销售网络渠道。武汉市限上汽车销售企业368家，恒信汽车、正通汽车等全国知名汽车经销商企业总部均在武汉。截至2023年底特斯拉、蔚来、小鹏、理想等直营模式类型的汽车销售企业大部分已在武汉成立销售公司并纳统纳税（见图5）。

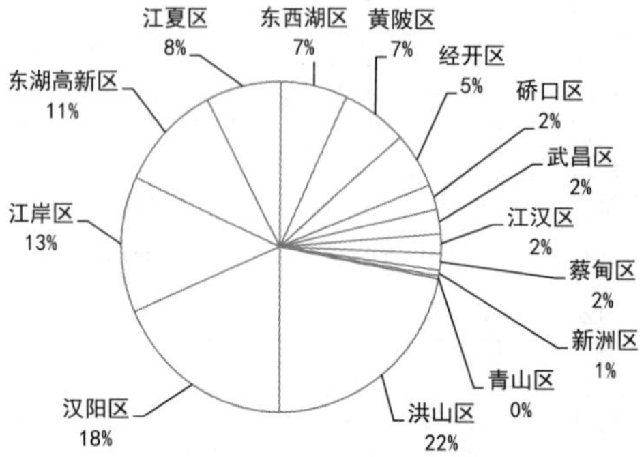

图5 2023年武汉市限上汽车销售企业分布区域

注：限上企业：限额以上企业的简称，这里是指对纳入定期统计报表范围的汽车批发企业和零售企业。批发业（包括外贸企业）年商品销售总额在2000万元以上、零售业年商品销售总额在500万元以上。

根据对368家武汉市汽车销售企业行政区域分布情况来看。洪山区、汉阳区、江岸区等汽车销售企业最为密集，同时东湖高新、江夏和东西湖等区域呈增长态势（见表4）。

表4 武汉主要汽车经销商集团在汉渠道布局情况 单位：辆

企业名称	数量（武汉）	数量（全国）	主营品牌	新能源	全国百强排名
恒信汽车	34家	260家	豪华合资品牌为主	有	第5
正通集团	13家	103家	宝马、奥迪、捷豹路虎等	有	第22
建银汽车	20家	50家	二线豪华合资、长城	有	第75
东风卓联	18家	89家	东风系列	有	暂无
惠恒集团	13家	36家	日系为主、捷豹路虎	无	暂无
三环劲通	10家	18家	东风日产等	有	暂无

以上汽车经销商集团总部除正通集团落户在江岸区，其余总部都在汉阳区。汉阳区作为武汉市4S店最早发祥地，龙阳街道沿街4S店和汽车展厅云集，近年来也落户不少新能源汽车品牌，同时家居市场企业欧亚达家居的转型新能源和二手车展厅也促进了汽车市场在汉阳区的创新发展。汉阳区具备汽车市场发展基础和潜力，是武汉市推动新能源汽车转型和高质量发展的重点区域。

（二）主要新能源品牌在汉渠道布局

2023年武汉市在售新能源乘用车品牌73个，其中新势力品牌28个，经调研统计截至2023年12月武汉市共有销售渠道网络596个。主要集中在洪山、汉阳、江岸和东湖高新区。除传统4S店为主要形式之外，全市入驻商超的汽车销售展厅形式的门店数量139个，新势力品牌入驻数量为121个（见表5）。

表5 武汉市新能源汽车销售网络统计 单位：家

品牌类型	品牌数量	销售渠道门店数量						
		洪山	汉阳	江岸	东湖高新	其他	合计	商超展厅
新能源品牌	73	120	98	76	46	256	596	139
新势力品牌	28	41	49	33	15	104	242	121

注：新能源品牌含传统品牌在售新能源车型和新势力，新势力品牌为新兴新能源车品牌。

随着新能源汽车市场化越来越成熟，竞争越来越激烈，新能源品牌销售网络扩张的速度也在加速布局，尤其是销量上升的品牌网络数量也是增长趋势。截至2023年底，武汉市销售网络数量10家以上的新能源品牌有23个，门店数量358家。

比亚迪在销量增长的同时，加速渠道网络门店的增长布局。武汉市海洋和王朝两个系列的渠道门店数量49家；同时新势力蔚小理均超过10家门店，还有极氪、阿维塔、埃安、深蓝等近期销量增长较快的新势力品牌；传统销量较大的BBA品牌和丰田、本田等品牌的门店数量也超过10家。值得注意的是特斯拉并未上榜，目前特斯拉在武汉销售门店一共9家，蔡甸区有1家独立交付中心，东西湖有1家独立服务中心，经开区有1家钣喷服务中心。

（三）武汉市汽车有形市场现状

截至2023年，武汉市有形汽车市场主要如下。

乘用车销售服务。竹叶山中环商贸城、黄金口汽车市场、汉口北汽车大世界、黄埔科技园、恒信汽车城、海天华中汽车批发市场、铁机汽车园、金鑫龙腾汽车园、东湖和平汽车园区、首拓汽车园、庙山汽车公园等。

商用车销售服务。盟盛人汽车产业园、汉之泰汽车市场、董家店汽车市场等。

二手车销售服务。爱之家二手车市场、一号车市、汉口北二手车市场、竹叶山二手车市场、升官渡二手车市场、港天国际汽车城、白沙洲绅宝二手车市场、中梦二手车市场、汉西优蓝二手车市场等。

汽车配件市场。海天汽配城、常码头汽车用品市场、万国汽配城、太平洋汽配城、黄金口汽配城、烽火汽配城、南湖汽配城、青山汽配城等。

传统汽车有形市场正处于创新变革时期。其一，由于新能源汽车高速发展，传统燃油汽车品牌压力越来越大，汽车市场内品牌格局正在发生变化。以黄金口汽车市场为代表的有形汽车市场率先转型，成为以“蔚小理”等新能源汽车主流品牌为主的新能源汽车市场。其二，以特斯拉等新势力为主的新能源品牌，为增加品牌曝光以人流量较大商超展厅作为门店入驻，尤其是新能源汽车发展初期，带动大部分新势力品牌以入驻商超展厅为主要销售渠道形式；除了传统商场，家居商场也抓住机遇进军汽车市场，以欧亚达家居为代表的家居市场已经初显转型效果，欧亚达奥特莱斯店一层已成为新能源汽车卖场和服务站，欧亚达汉阳国际也在2022年底成功入驻以二手车交易为主的港天国际汽车城。其三，向以数字科技、视频流量为基础开展有形市场运营管理方式转型，依托数字科技提升市场门店商户以及车辆管理，同时通过利用视频流量平台或流量网红提升市场影响力开展市场营销，同时也招商引进数字流量科技汽车营销平台入驻市场。其四，商超门店的高租金成本，促使成熟品牌更倾向回归传统有形汽车市场。汉阳区龙阳街道周边以及江岸区黄埔科技园周边成为新能源品牌入驻重点考虑区域；黄金口汽车市场、竹叶山中环商贸城、华中汽车批发市场、铁机汽车园区等传统有形汽车市场具备汽车销售和服务一条龙能力，市场早已形成品牌效应和市场集聚效应；且物业投入成本远低于商超物业投入。

综合来看，有形汽车市场变化向新能源品牌转移，新势力品牌仍带动商超汽车展厅业态模式，数字化运营推动有形汽车市场变革，全方位服务需求促使汽车品牌回归有形汽车市场。

（武汉市汽车行业流通协会　王治）

2023年山东省新车市场

近年来，国家对汽车市场的政策支持力度不断加大，包括以旧换新补贴、降低二手车经销企业增值税税率等。这些政策为二手车市场的健康发展提供了有力保障。山东省各级政府部门也加强了对汽车二手车市场的监管力度，通过加强市场管理、打击违法违规行为等措施，维护了市场秩序和消费者权益。

山东省的汽车保有量呈现出稳步增长的态势。特别是近年来，随着经济的持续发展和人民生活水平的提高，汽车已经成为家庭出行的重要工具。山东省作为人口大省和经济强省，其汽车保有量在全国范围内也处于较高水平。根据山东省二手车流通协会汇总，截止到2023年底山东省汽车保有量为3040.8万辆（见图1）。

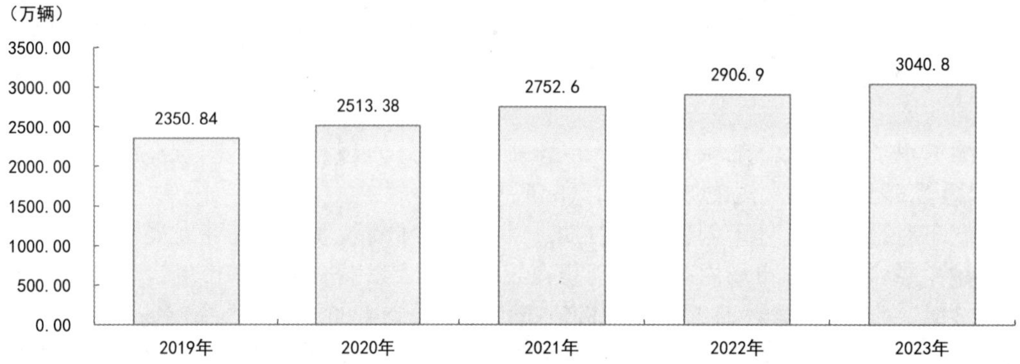

图1 2019—2023年山东省汽车保有量

资料来源：上险数据（以下图表资料来源相同，不再赘述）。

一、2023年山东省乘用车市场概况

2023年山东省乘用车销量呈现出稳步增长的态势，新能源汽车销量增长迅速，传统燃油车销量增长较为缓慢。2023年山东省乘用车终端销量排名第四，累计售出137.9万辆，同比增长14.6%。

2023年，山东省新能源乘用车终端销量为43.2万辆，同比增长92.9%，占乘用车总销量的31.3%。新能源汽车销量的增长，主要得益于政府对新能源汽车的补贴政策和消费者对新能源汽车的认可度提高。

山东省传统燃油乘用车2023年终端销量为94.7万辆，同比增长3.6%，占乘用车总销量的68.7%。传统燃油车销量的增长主要得益于汽车厂商的促销政策和消费者对汽车的刚性需求。

2023年度山东省轿车车型销量较好，累计售出73万辆，同比增长10.3%，占乘用车总销量的53.0%。其中，朗逸、轩逸、卡罗拉等车型销量排名靠前。山东省SUV车型销量也较为可观，累计售出57.7万辆，同比增长23.7%，占乘用车总销量的41.8%。MPV车型销量相对较低，累计售出7.1万辆，同比下降10.2%，占乘用车总销量的5.2%。其中，别克GL8、丰田赛那、本田奥德赛等车型销量排名靠前。

二、山东省乘用车市场特点

根据《2023年二手车市场消费需求洞察》报告分析，燃油二手车需求集中在15万元以下低

价车型，需求占比超过50%；新能源二手车用户偏好“大车”，中型以上需求占比高达62%。

随着新能源汽车市场的快速发展，新能源二手车车源量也在迅速增长。虽然燃油车仍是二手车市场的主体，但新能源车的占比正在逐步提升。用户对新能源二手车的购车意向快速增长，2023年新能源购车意向已超过10%，高于新能源车源占比。这表明新能源二手车市场需求旺盛，未来有望进一步增长。

二手车市场的区域分布受经济发展等因素影响，在山东省内，华东和华南地区是二手车车源的核心区域，而新能源二手车的需求则更加集中在这些区域以及华中、西北、东北地区。

三、山东省二手车出口情况

2023年，山东省二手车出口数量达到2.2万辆，出口金额5.8亿美元，数量和金额同比增长均超过3倍。

山东省的二手车出口市场主要出口至全球112个国家和地区，较上年增加37个，主要集中在哈萨克斯坦、吉尔吉斯斯坦、俄罗斯等国家和地区。随着二手车出口资质的全面放开，预计未来将有更多企业参与二手车出口业务，进一步拓展海外市场。

四、山东省新能源汽车发展情况

山东省新能源汽车保有量达到165.9万辆，增长率为47.41%。这一数据远高于传统汽车的增长率，显示出新能源汽车在山东省的快速发展势头。

新能源汽车保有量排名前5的地市依次为青岛市（27.25万辆）、济南市（19.22万辆）、临沂市（17.4万辆）、济宁市（17.1万辆）和菏泽市（12.93万辆）。这些地区在新能源汽车的推广和应用方面走在了前列。

五、山东省充电基础设施发展

根据商务部门发布数据，截至2023年9月底，山东省公共充电站共计9505座，同比增长60.94%；累计建成充电桩42.96万台，同比增长152.7%。这一数据表明，山东省在充电基础设施方面也在不断完善，以满足新能源汽车的充电需求。

充电站和充电桩的保有量在各地市之间存在一定差异。例如，青岛市在充电站和充电桩的保有量上均位居前列，显示出该地区在新能源汽车充电设施方面的领先地位。

山东省政府通过一系列政策措施推动汽车市场的健康发展，包括新能源汽车的推广应用、充电基础设施的建设等。这些政策为汽车市场的稳定增长提供了有力保障。随着居民收入水平的提高和消费观念的转变，汽车市场需求不断增长。同时，环保意识的增强也促使消费者更加关注新能源汽车等环保型产品。

综上所述，山东省汽车保有量呈现出稳步增长、新能源汽车快速发展、充电基础设施不断完善等特点。未来随着政策推动和市场需求的增长，山东省汽车市场将迎来更加广阔的发展前景。

（山东省汽车流通协会）

2023年江苏省新车市场

2023年，汽车市场外部环境复杂多变，终端销售价格持续下降，几乎所有主机厂和车型都受到了价格战的影响，其惨烈程度前所未有，新车价格战严重侵蚀了经销商应有的利润，汽车经销商的生存状况依然艰难。从长期看，在国民经济持续增长的带动下，我国汽车行业的长期发展值得期待。国家围绕财税补贴、限购限行松绑、发展新能源和金融贷款优化等促消费、稳增长政策，有效提振了消费者信心，进一步巩固和拓宽了汽车消费市场。

一、2023年江苏省汽车市场概况

（一）汽车保有基数较大，销量增幅低于全国均值

据统计，2012—2023年，全省机动车保有量由813.1万辆增至2600万辆。截至2023年底，全省民用汽车保有量达2456.3万辆，比上年末增长8.4%，净增190.6万辆。苏州市汽车保有量突破500万辆（见图1）。

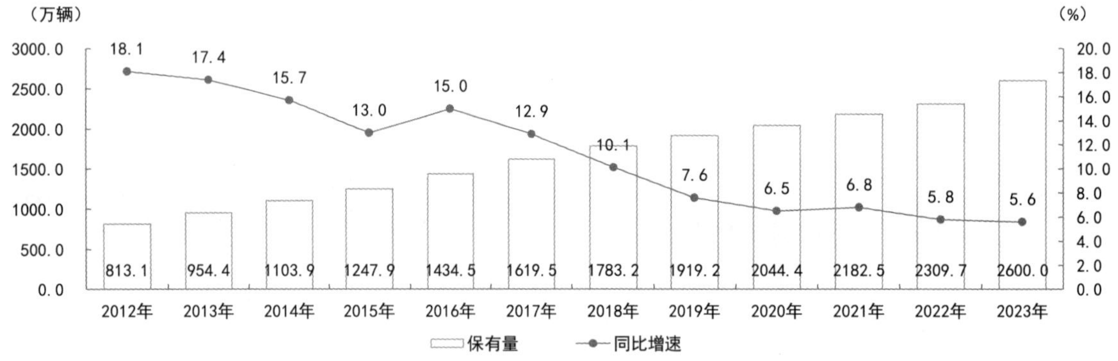

图1 2012—2023年江苏省机动车保有量增长情况

据乘用车上险数据统计，2023年国内乘用车累计销量2171.47万辆，同比增长5.9%；江苏省乘用车销售179.85万辆，同比增长3.6%，低于全国市场平均值；其中扬州、淮安、泰州、常州等地增长率较高，南京、盐城、镇江、苏州四市负增长（见图2）。

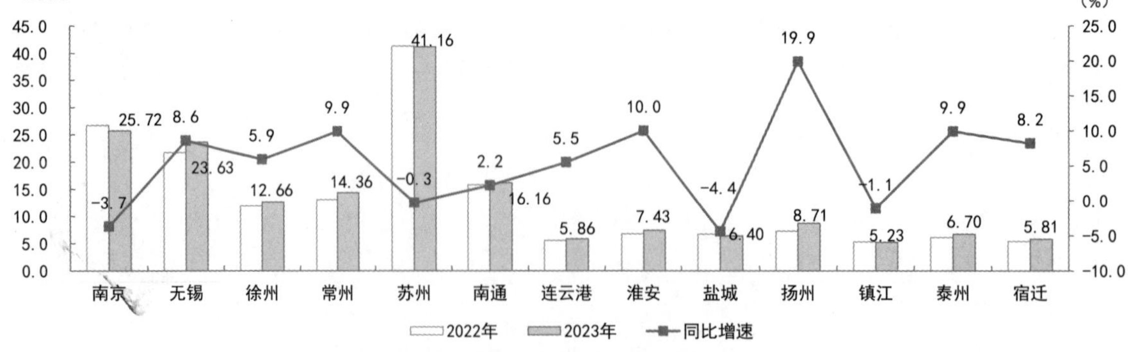

图2 2022—2023年江苏省各地乘用车销量及增速

2023年，各地逐步走出疫情影响，汽车市场在政策引导下逐步走稳。1月，受疫情和春节假期影响，各地经销商处于员工感染和长假半停业状态，各地销量大幅下降，其中宿迁、淮安、

连云港、徐州等苏北城市好于苏南。4月，受湖北汽车降价事件影响，汽车市场一度清冷，各地政府快速出台汽车促销政策，整体市场逐步回暖，12月各地汽车销量大增。2023年江苏省各地乘用车销量及环比增速（见表1）。

表2　2023年江苏省各地乘用车月度销量及环比增速　　单位：辆，%

时间	南京	无锡	徐州	常州	苏州	南通	连云港	淮安	盐城	扬州	镇江	泰州	宿迁
1月	13546	13804	9426	7047	19981	10185	4536	5528	4635	4901	5142	4139	4664
环比	-55	-43.6	-31.9	-51.4	-60.4	-46	-31.1	-25.8	-38.7	-41.4	-7	-40.9	-13.1
2月	15842	15931	7788	8976	23339	10677	3877	4600	4226	4829	2796	4266	3434
环比	16.9	15.4	-17.4	27.4	16.8	4.8	-14.5	-16.8	-8.8	0.6	-45.6	3.1	-26.4
3月	20359	18258	8571	9256	33519	12937	3867	4698	4918	7697	3236	5112	4097
环比	28.5	14.6	10.1	3.1	43.6	21.2	-0.3	2.1	16.4	59.4	15.7	19.8	19.3
4月	19747	17068	9077	9341	31151	11399	4781	5465	4887	7702	3938	4740	4503
环比	-3	-6.5	5.9	0.9	-7.1	-11.9	23.6	16.3	-0.6	0.1	-6.7	-7.3	9.9
5月	20968	17992	10553	12247	36395	11606	5058	6165	5521	7355	4391	5819	4906
环比	6.2	5.4	16.3	31.1	16.8	2.6	5.8	12.8	13	-4.5	11.5	22.8	10.3
6月	25634	18814	11591	11606	39231	14514	4891	7090	5590	10703	6000	6215	4567
环比	22.3	4.6	9.8	-3.2	7.8	24.1	-3.3	15	1.2	45.5	38	6.8	-8
7月	21181	15415	9541	10441	343174	13723	4996	5093	6403	6392	4245	5891	4592
环比	-17.4	-18.1	-17.7	-10	-12.5	-5.4	2.1	-28.2	14.5	-40.3	-30	-6.2	0.5
8月	22298	19355	11180	12972	38388	14956	5207	5923	5839	7049	5005	6216	5720
环比	5.3	25.6	17.2	24.2	11.9	9	4.2	16.3	-8.8	10.3	17.9	5.5	24.6
9月	21777	22403	11089	15370	36174	14198	4650	6827	5645	8729	4251	5619	4723
环比	-1.6	16.8	-0.3	20.8	-5	-4.7	-10.5	15.4	-3.3	24.6	-14.8	-9.4	-17.4
10月	20308	22511	12178	15107	35215	14710	5429	6624	5029	6484	4116	6034	5574
环比	-6.7	0.5	9.8	-1.7	-2.7	3.6	16.8	-3	-10.9	-25.7	-3.2	7.4	18
11月	21809	25276	12193	13846	35317	14728	4904	6988	5112	6451	4310	5932	5106
环比	7.4	12.3	0.1	-8.3	0.3	0.1	-9.7	5.5	1.7	-0.5	4.7	-1.7	-8.4
12月	33612	29404	13427	17239	48334	17830	6419	9280	6223	8910	5242	6995	6161
环比	54.1	16.3	10.1	24.5	36.9	21.1	30.9	32.8	21.7	38.1	21.6	17.9	20.7

（二）汽车经销备案企业大幅增加，汽车消费逐步升级

商务部统一系统平台显示，截至2024年3月，全省备案汽车经销企业4003家，比上年度增加503家，新增企业多为新能源、自主品牌汽车经销商和汽车相关联的业态，汽车流通行业管理规定得到进一步落实。对2022—2023年连续两年上报数据的406家企业数据对比分析显示，汽车销量同比下降5.13%，营业收入下降15.98%，负债额增长46.7%。据抽样调查，经销商资产负债率均值超过80%（见表2）。

表2　2021—2023年江苏汽车经销商经营数据对比　　单位：万元，%

年度	资产总额	固定资产总额	负债总额	营业收入	从业人员（人）	销售量（辆）
2021年	2719334.73	465951.22	1903221.95	7589638.14	23253	372094
2022年	3094468.10	468377.53	2020739.30	7853083.35	29160	345339
2023年	2530748.73	1233473.07	2778908.84	8699952.19	24631	254484
同比增长	-28.81	0.08	46.7	-15.98	40.35	-5.13

（三）自主品牌汽车市场占有率进一步扩大，合资品牌陷入困境

2023年江苏省乘用车销量中自主品牌销售79.21万辆，合资品牌销售53.54万辆，豪华及超豪华品牌销售46.82万辆，自主品牌销量远超合资品牌。全省乘用车品牌销量Top20中，自主品牌数量7个（比上年度增加一个），德系5个，日系5个，美系2个（比上年度减少一个），韩系1个；Top20销量合计占全省销量的72.7%，比上年度提高约3个百分点，品牌集中度进一步提高（见图3）。

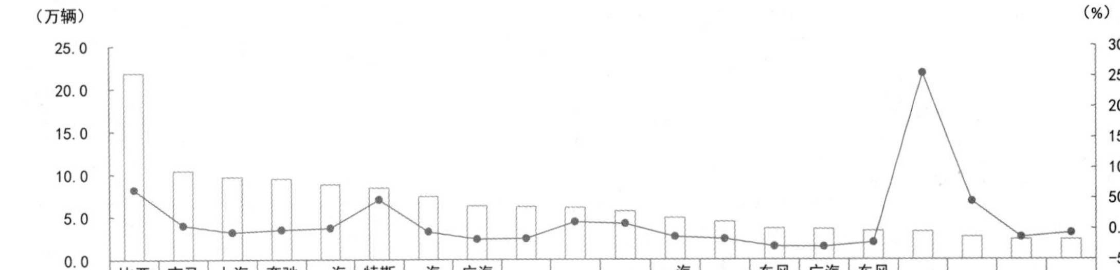

	比亚迪	宝马汽车	上汽大众	奔驰汽车	一汽奥迪	特斯拉	一汽-大众	广汽丰田	别克	吉利	长安	一汽丰田	五菱	东风日产	广汽本田	东风本田	理想	蔚来	奇瑞	现代
销量	21.82	10.41	9.69	9.47	8.80	8.42	7.35	6.25	6.15	6.07	5.64	4.87	4.42	3.62	3.53	3.32	3.23	2.61	2.32	2.29
同比增速	64.3	5.7	-5.7	-1.5	0.9	47.4	-4.8	-17.0	-15.8	11.2	8.2	-12.9	-16.6	-28.9	-29.4	-22.5	254.5	44.5	-13.9	-7.1

图3　2023年全省乘用车品牌销售排名 Top20

比亚迪、特斯拉继续领跑新能源和整体市场，理想汽车、蔚来汽车首次进入江苏省乘用车销量 Top20名单，尤其是理想汽车随着车型增加和换代，销量增长，全年同比增速达到254.5%。除宝马、奥迪等部分豪华品牌，其他合资品牌销量均已不同程度下降，日系品牌销量下降尤为明显。全省销量过万辆的车型有41个，其中新能源车型达15款之多（比上年度增加7款），且销量排名前六车型均为新能源车型；SUV 车型增至12款（比上年度增加5款）。新能源和 SUV 车型得到更多消费者的喜爱。

（四）全省新能源汽车市场呈均衡发展

2023年江苏省新能源乘用车销量为67.95万辆，占全省乘用车总销量的37.8%，比上年增加10个百分点；占全国新能源乘用车销量的9.3%，与上年基本一致。南京、无锡、常州、苏州、镇江等苏南五市新能源乘用车销量占全省63.1%，占有率比上年下降3.6个百分点；徐州、连云港、淮安、盐城、宿迁等苏北五市新能源乘用车销量占全省19%，比上年略有上升，全省新能源汽车市场呈均衡发展。

2023年江苏省新能源销量 Top10品牌占新能源乘用车销量的66.9%，比上年略有增长；销量Top10车型占新能源乘用车销量的40.1%，比上年略有下降。比亚迪、特斯拉仍处于绝对领先地位，其他新势力和新实力车企正在快速追赶。2023年江苏省新能源乘用车 Top10品牌和 Top10车型（见图4、图5）。

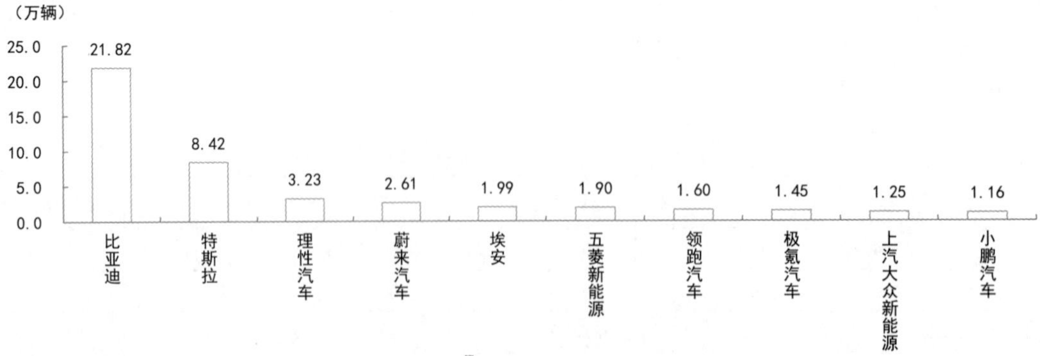

图4　2023年全省新能源乘用车销量 Top10品牌

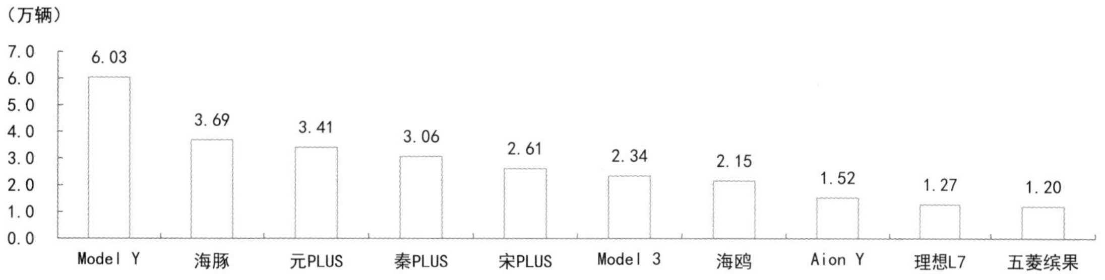

图5　2023年全省新能源乘用车销量 Top10车型

二、江苏省汽车市场主要特点

（一）开展促销活动，提振汽车消费信心

全省各地在省商务厅统筹下开展“苏新消费”系列促销活动，营造消费氛围，出台补贴政策，有效提振汽车消费信心。省汽车流通协会先后在无锡、南京、扬州、连云港等地举办“苏新消费·汽车享购全省行”促销活动。在南通、泰州、盐城等地召开促销活动推进会，组织全省各地经销商与大型企业对接资源达成联合促销意向，多措并举扩大汽车消费。

（二）助推新能源汽车发展，倡导绿色环保

加强新能源汽车厂商的联络，先后组织参观理想汽车、比亚迪和奇瑞汽车芜湖生产车间，了解新能源汽车产品和发展情况。通过绿色能源汽车进机关，协调各级工会组织和相关部门，支持新能源汽车发展，推动形成消费帮促全社会参与的格局。倡导“绿色化、智能化、集约化、共享化”汽车维修业务新模式，推动汽车钣喷中心安全环保智能化发展，引领行企深入践行绿色发展理念。

（三）加强行业自律，维护经营者和消费者合法权益

持续开展经销商生存状况调研工作。根据经销商反馈和调研核实，先后向上汽大众、一汽丰田等多个品牌主机厂致函，要求其采取有效措施改善经销商经营状况，并召开新闻发布会期盼汽车厂商与经销商风雨同舟共商共谋共赢，呼吁广大媒体和社会各界高度关注经销商们的经营与生存状态。开展落实好汽车“三包”管理和争议调解工作，对经营模式创新、行业先进和汽车促消费活动等方面取得成绩的单位和个人进行表彰，弘扬正能量，推动全省汽车市场高质量发展。

（江苏省汽车流通协会）

2023年广东省新车市场

一、汽车保有量

截至2023年底，广东省机动车保有量4174.3万辆，同比增长6.4%；汽车保有量3069.1万辆，同比增长6.0%（见图1）。

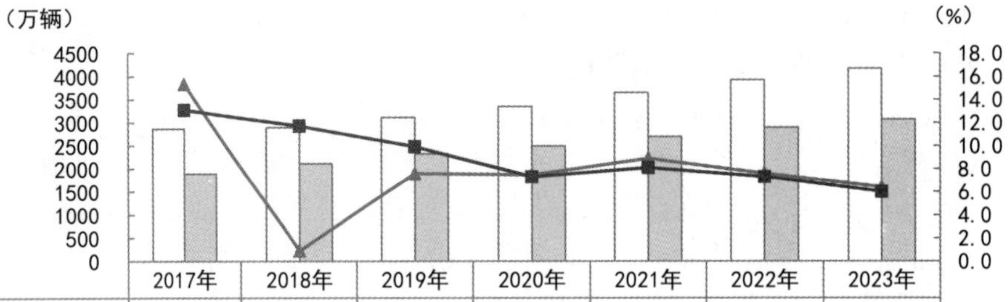

	2017年	2018年	2019年	2020年	2021年	2022年	2023年
机动车	2869	2895	3115	3348	3647	3924	4174
汽车	1894	2116	2327	2497	2699	2895	3069
机动车同比增速	15.3	0.9	7.6	7.5	8.9	7.6	6.4
汽车同比增速	13.1	11.7	9.9	7.3	8.1	7.3	6.0

图1　2017—2023年广东省机动车、汽车保有量及同比增速

资料来源：广东省汽车流通协会（以下图表资料来源相同，不再赘述）。

2023年，广东省汽车保有量排名前五的城市为：东莞、深圳、广州、佛山、惠州。东莞415.0万辆，同比增长6.2%；深圳410.3万辆，同比增长4.3%；广州372.3万辆，同比增长8.4%；佛山363.8万辆，同比增长6.1%；惠州182.9万辆，同比增长6.9%。

全省汽车保有量超过100万辆的城市一共有9座，分别是东莞、深圳、广州、佛山、惠州、中山、江门、汕头和茂名，其中东莞、深圳汽车保有量突破400万辆，广州、佛山超300万辆，茂名是2023年新晋的百万汽车保有量城市。随着非珠三角城市生产总值的快速增长，居民购车需求逐年提升，汽车消费上升空间较大（见图2）。

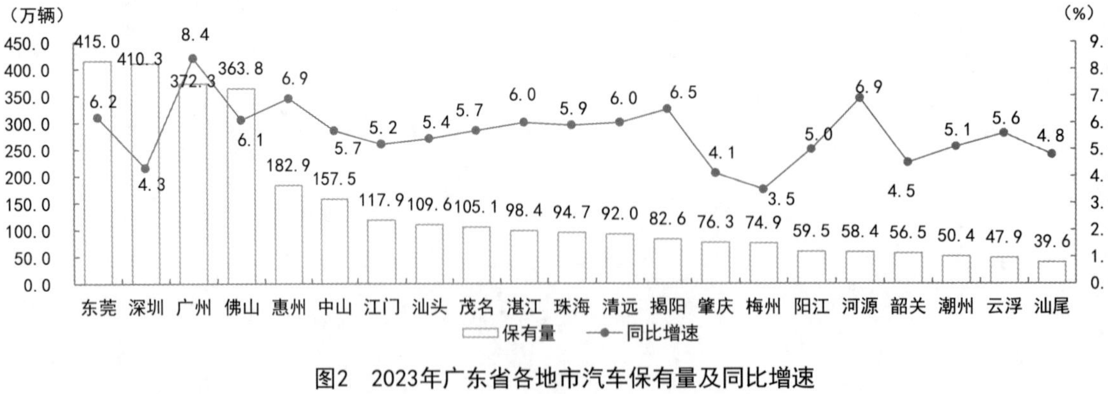

图2　2023年广东省各地市汽车保有量及同比增速

二、汽车零售量

2023年广东省汽车零售量为291.4万辆，同比下降4.0%（见图3）。

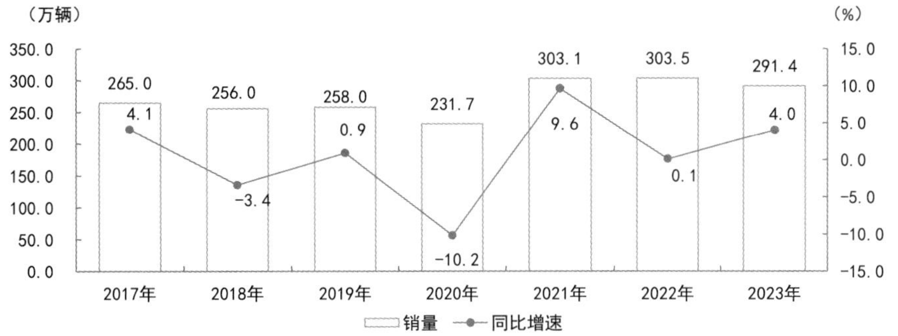

图3 2017—2023年广东省汽车零售量及同比增速

汽车零售量排名前五的城市为：广州、东莞、深圳、佛山、惠州。广州45.8万辆，同比增长5.4%；东莞36.7万辆，同比增长0.7%；深圳36.2万辆，同比下降7.1%；佛山31.9万辆，同比下降11.2%；惠州18.4万辆，同比下降11.5%（见图4）。

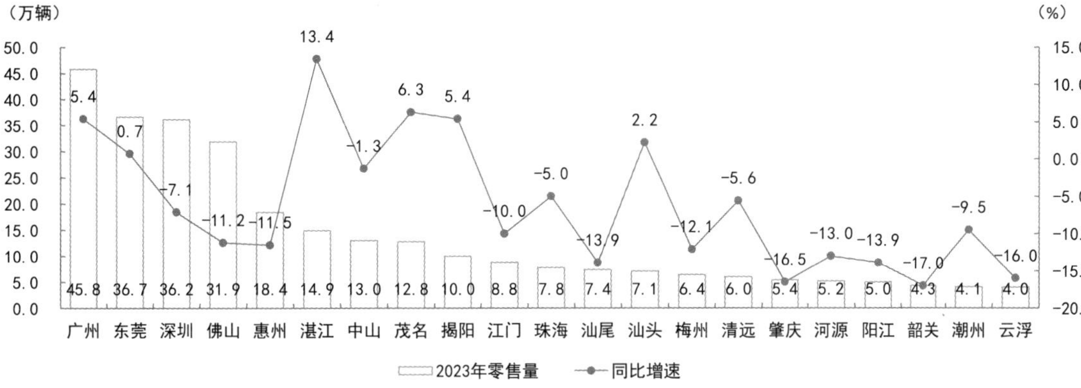

图4 2023年广东省各地市汽车零售量变化及同比增速

比较汽车零售量月度走势，可以看出2023年4月、5月、11月、12月零售量在2022年之上，其余8个月份零售量同比下降，主要原因如下。

① 消费力减弱成为关键因素。历经三年疫情，全球经济环境和增速发生改变，经济周期波动使得消费者对汽车等高消费品的需求趋于谨慎。

② 汽车市场供需失衡。汽车市场总量供大于求，汽车品牌迭代更新快的激烈竞争环境下，各经销商库存销售压力剧增。

③ 相关政策退出。“减征部分乘用车车辆购置税”和“国家新能源汽车补贴政策”于2022年底结束，提前透支了部分消费。

④ 年初的降价潮和各省市补贴引发消费者观望心理（见图5）。

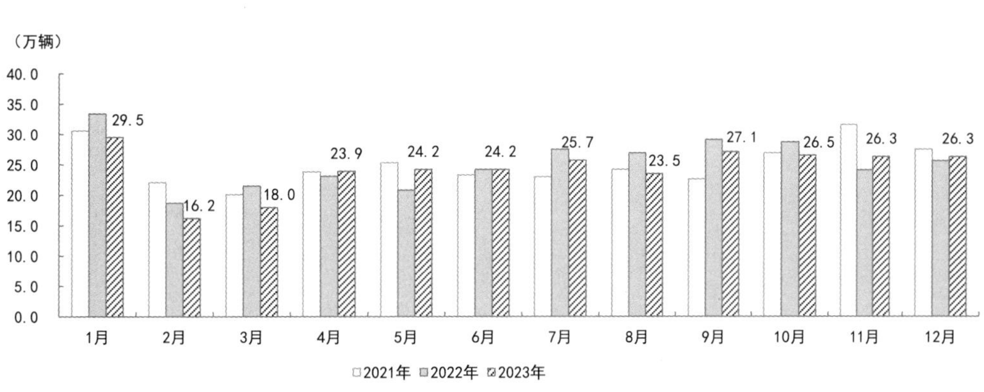

图5 2021—2023年广东省汽车零售量月度销量

三、新能源汽车市场

2023年广东省新能源汽车零售量为91.6万辆，同比增长21.2%，与2021年的增长率151.4%和2022年的增长率77.6%相比，新能源汽车的增长速度从爆发性增长进入高速增长阶段（见图6）。

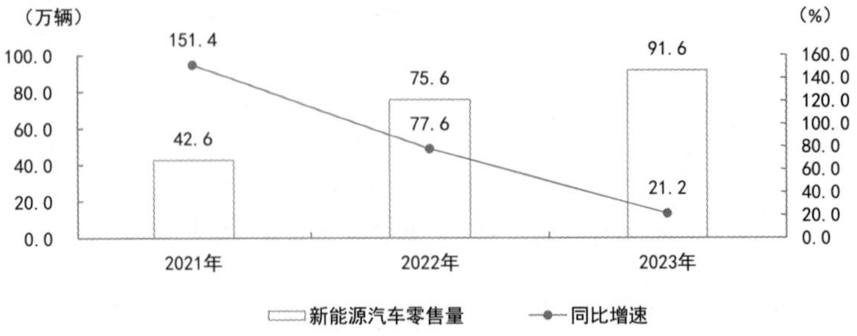

图6　2021—2023年广东省新能源汽车零售量及同比增速

排名前五的城市为：广州、深圳、佛山、东莞、中山。广州23.5万辆，同比增长36.7%；深圳22.7万辆，同比增长6.6%；佛山9.2万辆，同比增长5.6%；东莞8.9万辆，同比增长16.6%；中山5.3万辆，同比增长27.2%（见图7）。

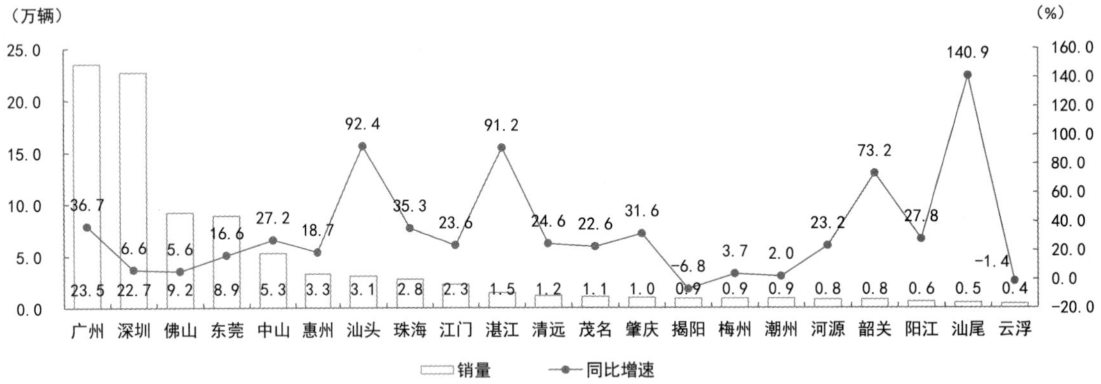

图7　2023年广东省各地市新能源汽车零售量及同比增速

新能源汽车零售量占汽车零售量31.4%，各地市新能源汽车渗透率排名前五的城市是深圳62.7%、广州51.2%、汕头43.8%、中山40.8%、珠海35.5%，这五座城市的渗透率相比上年都有提升。其中，深圳和广州是限牌城市，渗透率超50%（见图8）。

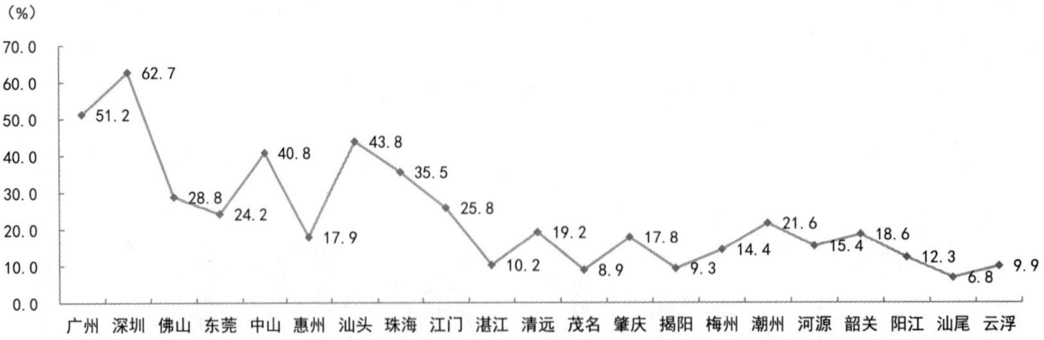

图8　2023年广东省各地市新能源汽车渗透率

2023年新能源汽车各月零售量有11个月较2022年正增长，呈现波动上升趋势。4月、5月同比增长较大主要原因是基数低，2022年同期全国汽车供应链短缺危机影响了广东省新能源汽车销量。12月多家车企官宣下调终端价格，经销商在年底加大优惠力度，12月环比增长27.0%，同比也增长了28.4%（见图9）。

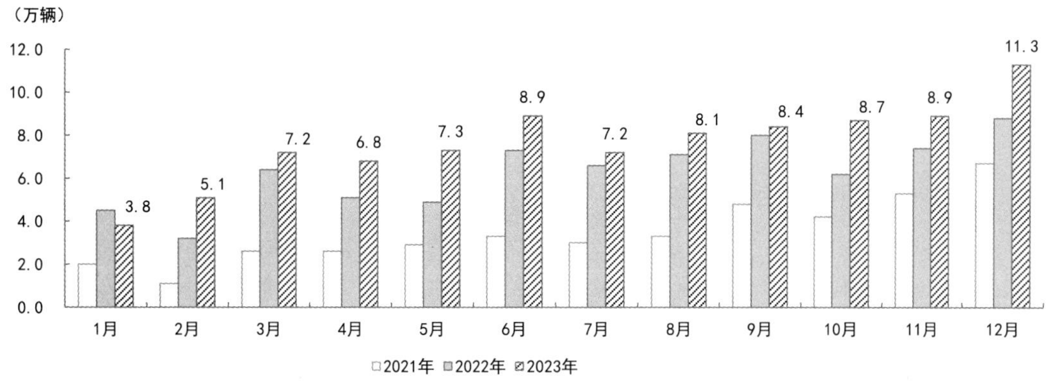

图9　2021—2023年广东省新能源汽车零售量月度销量

2023年燃油车零售量月度波动较大，而新能源车零售量平稳增长。第四季度，燃油车与新能源车零售量的差距进一步收窄，新能源车正在加速对传统燃油车的替代（见图10）。

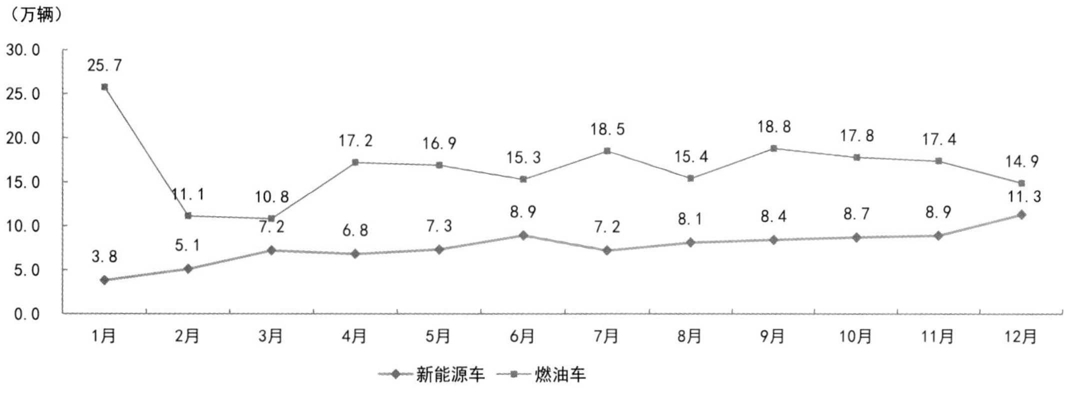

图10　2023年广东省新能源车与燃油车月度销量

（广东省汽车流通协会）

2023年经销商库存指数及预警

一、2023年经销商库存系数分析

2023年进入疫情防控常态化，国内经济逐渐复苏。1月新能源国家补贴政策正式退场，紧接着3月湖北发布的购车优惠政策，引起全行业降价潮，导致终端市场产生波动，汽车行业总体面临较大压力。随着国六b非RDE车型销售期的延长，各地汽车促消费政策的持续实施以及行业新产品的不断投放，叠加新能源汽车持续高景气，汽车市场需求逐步复苏。2023年中国汽车经销商年度平均库存系数为1.60，相比2022年的1.61，同比微降0.6%（见图1）。

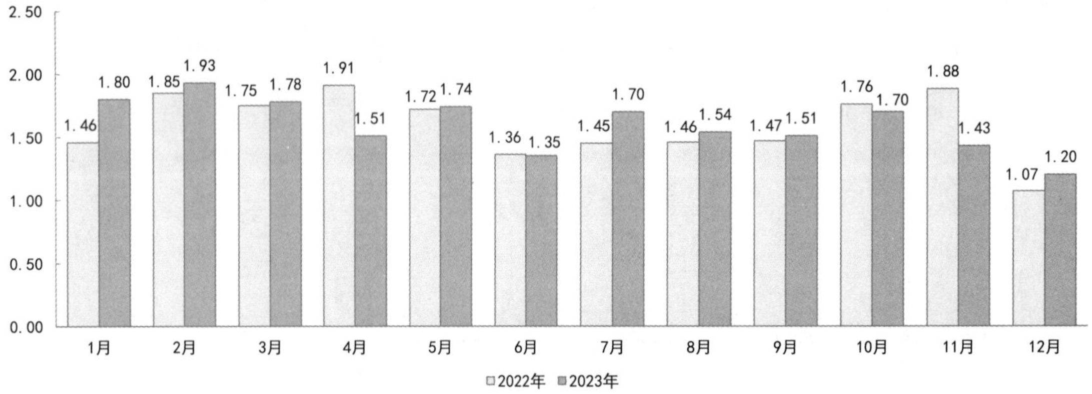

图1 2022—2023年月度汽车经销商库存系数

资料来源：中国汽车流通协会（以下图表资料来源相同，不再赘述）。

2023年第一季度，乘用车市场开年受到政策切换与价格战的影响，市场承受了较大压力，经销商库存水平均高于2022年同期。进入第二季度，此前需求透支效应和降价带来的观望情绪弥漫，但得益于国六b非RDE延期销售政策出台后，加之地方购车促销活动等措施延续，有效地缓解了经销商库存压力，汽车市场呈现出好转态势。第三季度，“金九银十”效应显现，经销商库存水平进入景气区间。到第四季度，汽车市场延续良好发展态势，叠加年末车市迎来新一轮冲量，经销商库存水平处于荣枯线以下（见图2）。

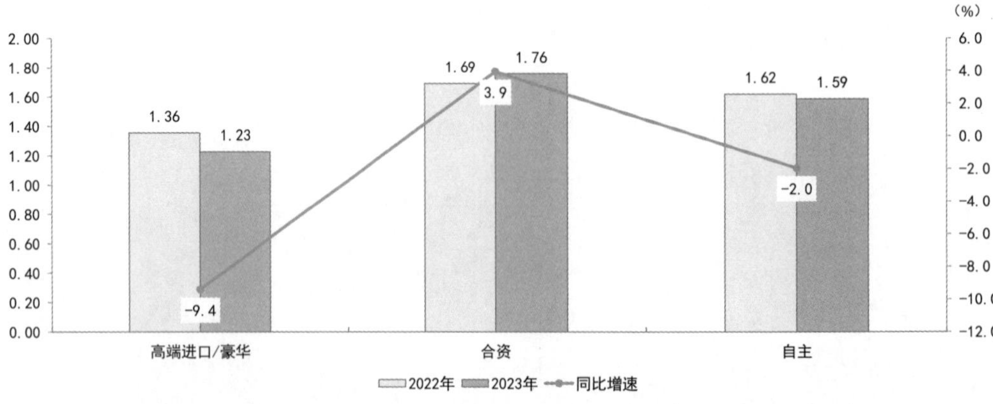

图2 2022—2023年高端进口／豪华、合资、自主品牌年平均库存系数

2023年，高端进口／豪华品牌年平均库存系数为1.23，较2022年同比下降9.4%；合资品牌

年平均库存系数为1.76，较2022年同比上升3.9%；自主品牌年平均库存系数为1.59，较2022年同比下降2.0%。合资、自主品牌位于警戒线以上。从全年来看，高端进口/豪华品牌有2个月库存系数位于警戒线以上；合资品牌有10个月库存系数位于警戒线以上；自主品牌有9个月库存系数位于警戒线以上（见图3）。

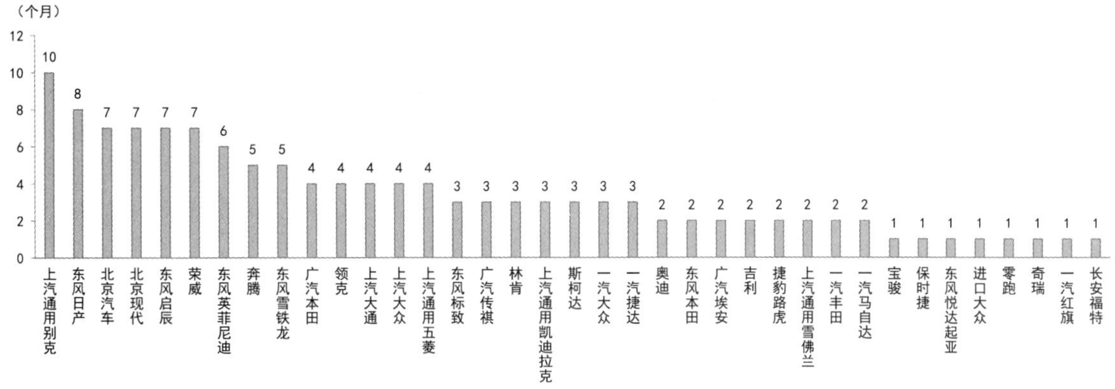

图3　2023年库存系数超过2.00的品牌所占月数

注：年度平均库存系数剔除2月极值

在价格战和汽车市场整体需求疲软的叠加影响之下，大部分品牌的库存压力较为明显，其中，上汽通用别克有10个月、东风日产有8个月，北京汽车、北京现代、东风启辰、荣威等品牌有7个月的库存系数在2.00以上。

二、2023年经销商库存预警分析

2023年汽车经销商年平均库存预警指数为58.1%，与2022年相比基本持平，全年库存预警指数均高于警戒线，汽车行业处于不景气区间内（见图4）。

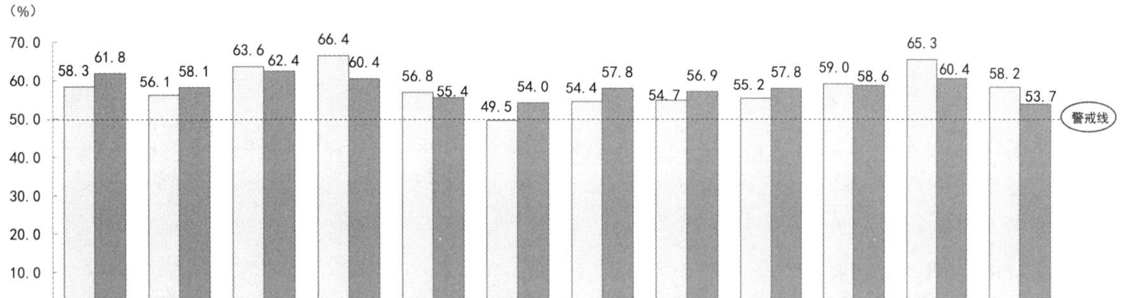

图4　2022—2023年月度汽车经销商库存预警指数

从库存预警指数可以看出，2023年全年经销商库存压力较大。年初价格战反响非同寻常，经销商门店客流迅速提升的同时，消费者持币观望情绪加重。第一、第二季度库存预警指数基本上要高于2022年同期，以价换量的方式短期内达到销量目标，但却在不断蚕食车企和经销商的利润空间。进入第三季度，全国范围进入全面实施排放标准国六b阶段，加上商务部计划在6—12月统筹开展“百城联动”汽车节和“千县万镇”新能源汽车消费季活动，汽车销量强势增长，经销商库存预警指数开始好转。不过由于市场的透支效应，以及市场总需求不足，经销商库存预警指数仍处于较高水平（见图5）。

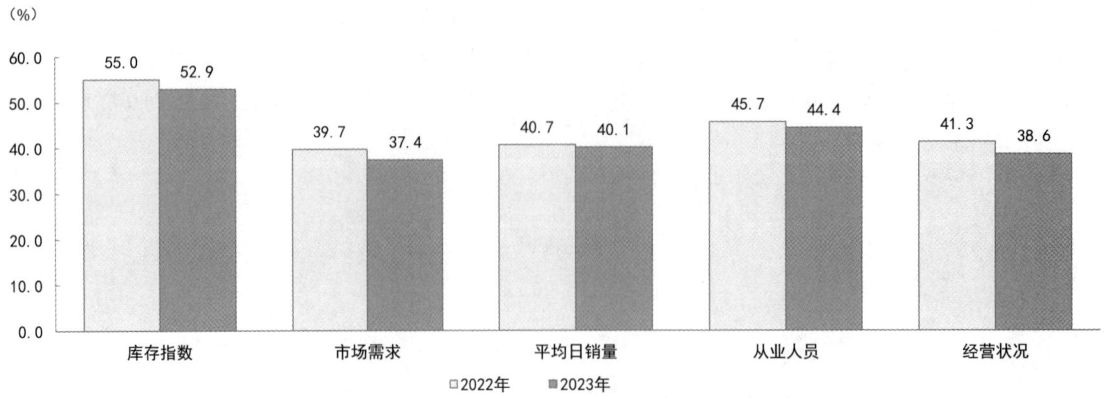

图5 2022—2023年经销商年均库存预警分指数图

车市“价格战”导致汽车市场出现严重的需求不振情况。国家及各地方政府出台一系列促进汽车消费政策，激发消费者的购车需求，但消费者持币待购情况依旧严峻。经销商全年面临着新车盈利较差、客流不足、库存压力加大，以及资金压力回笼慢等问题。经销商各项年均指标同比2022年均有下降（见图6）。

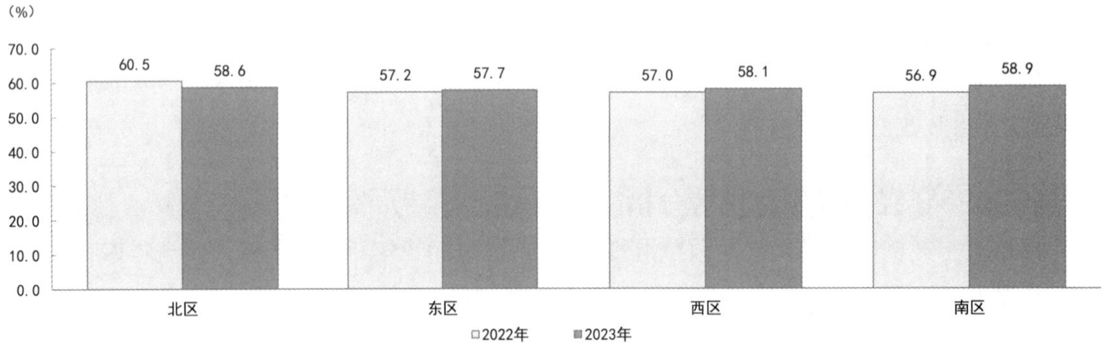

图6 2022—2023年年均库存预警区域分指数情况

2023年，各区年均库存预警指数均在警戒线以上。北区年均库存预警指数为58.6%，东区年均库存预警指数为57.7%，西区年均库存预警指数为58.1%，南区年均库存指数为58.9%。

这里需要说明两点：其一，区域划分标准。北区包含省份及地区：北京、河北、河南、黑龙江、吉林、辽宁、内蒙古、山西；南区包含省份及地区：福建、广东、广西、海南、湖北、湖南、江西；东区包含省份及地区：安徽、江苏、山东、上海、天津、浙江；西部包含省份及地区：甘肃、贵州、陕西、四川、新疆、云南、重庆、宁夏、青海、西藏。其二，库存系数及库存预警指数调查对象及范围。2023年，库存系数的调查对象以中国汽车流通行业百强经销商集团为主，通过组织地方经销商沙龙等活动增加单店样本；调查范围涉及4S 店近2000家，覆盖全国大部分省份；调查的品牌涵盖国内市场上主要量产销售的品牌55个品牌，包括进口品牌、合资品牌、自主品牌。

2023年全国经销商经营状况调查

2024年3月1日，中国汽车流通协会发布2023年全国汽车经销商生存状况调查报告。2023年，汽车市场外部环境纷繁复杂，终端交易价格持续下探，几乎波及所有厂商、所有车型，价格战的惨烈程度前所未有。与此同时，多地促消费政策持续发力，带动汽车消费出现了复苏迹象。多重因素影响，汽车市场显示出强大韧性，乘用车国内消费实现同比增长。但市场规模扩大并不意味着经营者经营利润的丰厚，尤其是新车价格战严重吞噬了经销商本应有的盈利，汽车经销商生存状况依然较为艰难。为及时掌握2023年汽车经销商的经营情况，了解经销商当前面临的压力和困难。全国汽车经销商生存状况调查于2023年1月初正式启动，调查对象以乘用车授权经销商为主，截至2023年2月初，调查共覆盖近60家经销商集团及众多单店经销商，共回收有效问卷1437份。

一、仅约四分之一的经销商完成了年度销量目标

2023年的我国汽车产销量突破3000万辆，创历史新高。但国内汽车消费恢复不及年初预期。厂家在年度普遍制定了较为激进的销量目标，弥补疫情期间销量下滑的缺口。但汽车消费复苏迟缓，汽车市场增长远低于预期恢复期，其中传统燃油车市场继续萎缩（见图1）。

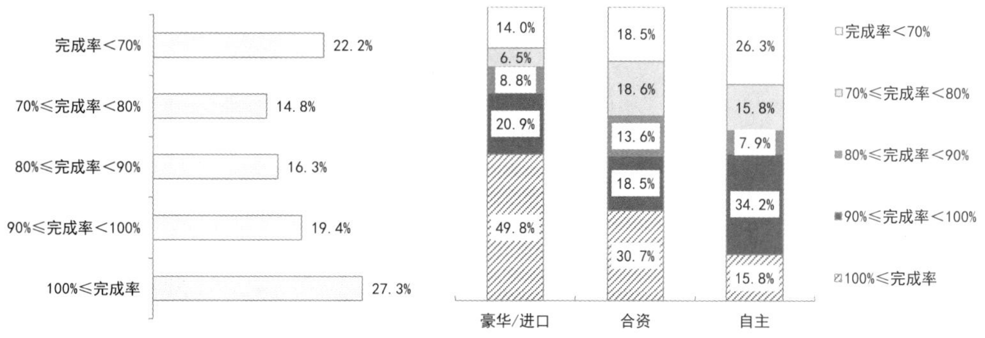

图1　2023年经销商销售目标及分品牌类型的目标完成情况

调查显示，完成年度销量目标的经销商占比仅有27.3%，超过六成经销商完成了任务指标的80%以上。其中，豪华／进口品牌经销商目标完成情况较好，几乎一半的经销商完成年度销售目标，而主流合资品牌目标完成率偏低。

二、经销商生存状况有所改善，亏损面有所收窄

2023年，厂家销量目标激进，导致供需失衡严重。国六b全面实施，成为引发价格战的导火索之一，多重因素共同作用，引发持续全年的价格战，波及包括新能源汽车在内，覆盖了几乎所有品牌车型。

下半年多个厂家出台政策，补贴经销商部分价格折让损失，部分厂家适度调低了全年销量目标。经销商在厂家返利有关的考核指标有所放宽和价格补贴后，弥补了部分新车亏损，经营状况较上半年有所改善。

调查显示，2023年经销商的亏损的比例为43.5%，亏损面收窄，盈利的比例为37.6%，较2022年有所好转（见图2）。

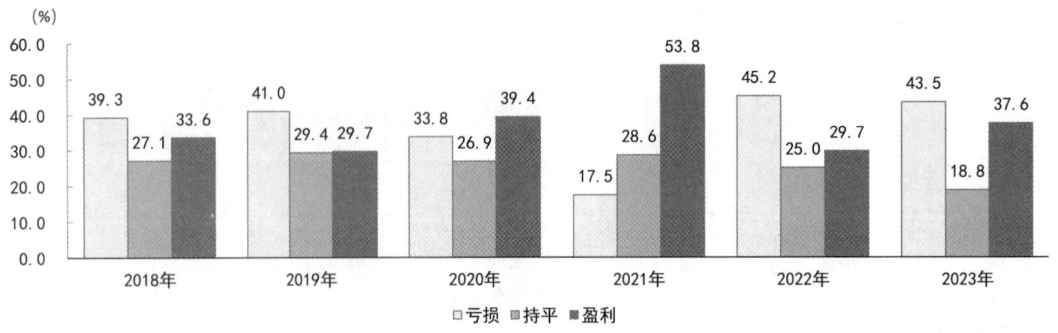

图2 2018—2023年经销商盈利状况

豪华／进口品牌整体盈利情况较好，约1/3的经销商亏损，超过50%的经销商实现盈利。合资品牌及自主品牌的盈利经销商占比分别为29.9%及32.0%。

在经销商利润结构中，新车销售亏损严重，新车毛利贡献为负数，售后金融保险及衍生业务毛利贡献占比提升（见图3）。

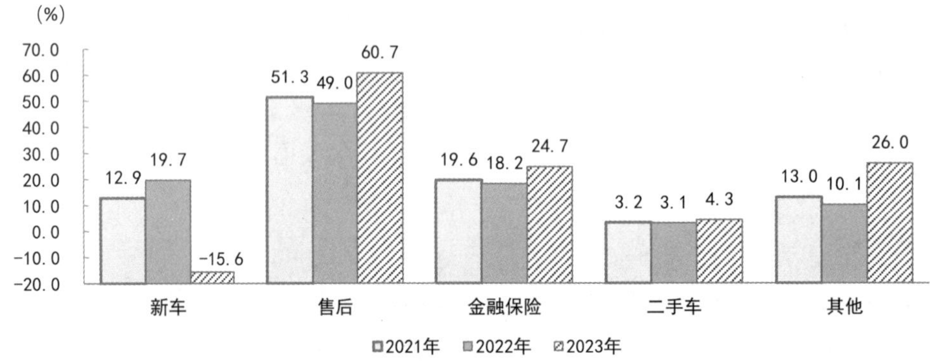

图3 2021—2023年经销商整体利润结构

三、经销商投资品牌意向

针对经销商投资品牌意向的调查显示，经销商对未来投资、收购品牌主要集中在部分传统豪华品牌，而对于自主品牌，投资意向主要集中在新能源独立品牌上。

四、2023年汽车经销商对主机厂满意度下降

调查显示，经销商总体满意度得分为71.7分，经销商对厂家的总体满意度明显下降。主要表现为对厂家考核内容较多、价格混乱、新车销售无利可图、产品竞争力不足等方面不满意（见图4）。

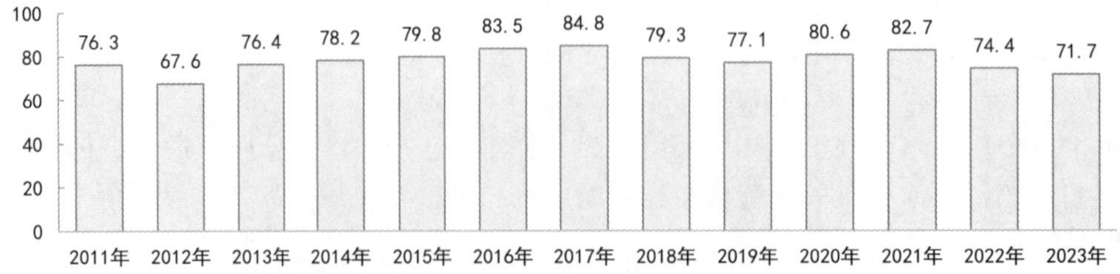

图4 2011—2023年经销商总体满意度情况

另外，经销商对厂家搭售滞销车型、市场秩序管控方面的满意度较低，对于厂家人员及区

域工作人员的满意度指标得分较高。

调查还显示，在汽车经销商四大业务板块中，新车和二手车业务满意度较低，售后服务和金融保险业务满意度较高。

2024年，中国汽车市场仍然是动荡的一年，面临诸多压力与挑战。中国汽车流通协会将持续关注汽车经销商盈利状况，及时了解汽车流通行业状况，将行业状况和经销商诉求及时反馈给厂家和政府相关部门。

全国汽车经销商生存状况调查主要内容包括：企业规模、年度目标完成、营业收入、车辆销售等指标，了解企业的经营情况，同时，根据市场不断变化、发展，了解经销商对政府、厂家及协会的建议、意见等；了解新的经营模式对经销商、市场的影响等。通过经销商生存状况调查，可以了解经销商对厂家政策及管理的满意度，向厂家传递经销商的声音，反映经销商诉求；厂家可以通过行业对比，发现在经销商管理方面存在的问题与不足，为厂家改善和制定管理支持政策提供参考；促进汽车流通行业健康可持续地发展，真实反映经销商的生存状况。

2023年汽车经销商集团发展研究报告

一、中国汽车流通行业的发展与变革

2023年，中国经济延续了回升向好态势，经济增速稳中有升，结构调整稳中有进。汽车市场所呈现出来的战略机遇和风险挑战并存的新常态也更趋明显，综合来看，有利的条件强于不利因素。一方面，经济长期向好的基本趋势增强了市场信心和底气，以新能源、二手车和数字化为代表的新模式、新动能在加快壮大；另一方面，行业产能释放过度和有效需求相对不足的矛盾并存，流通环节中仍存有一些堵点、痛点。车市也同宏观大势一样，体现出结构调整和企稳增长的特征。

从市场层面看，汽车市场的“内卷”仍然还在延续，并且进一步体现为价格的内卷、金融的内卷以及流量的内卷。应当说，协会在2022年对市场提出的基本判断，已经得到了充分验证，那就是汽车产品和消费需求带来的深刻变革，正在倒逼产业体系和流通行业提升经营效率、加速业务转型。伴随着汽车市场进入存量竞争阶段，我们已经不能再惯性和单一地依靠扩张规模做增量，而是要更多地着眼于提升存量的质量效益，通过盘活存量来拉动增量，努力从存量中产生增量。

二、汽车经销商集团全面特征分析

2023年，受整体经济环境影响，百强经销商集团从规模、盈利等多个维度来看，均有不同程度下滑。但在品牌优化、客户服务、二手车、数字化转型等方面，也有诸多亮点。

从渠道维度来看，经销商在加快品牌结构调整的速度，很多经销商集团在放弃一些不盈利的店去拥抱新能源，而且迭代的速度在不断增快。在2023年，百强经销商集团新开店555家，其中新能源占到60%，百强集团新能源渗透率从6.3%快速增长到14.8%；关闭388家店，主要以合资品牌为主。

从效率维度来看，百强汽车经销商集团降本增效的成果显著，单人年产值从2022年的418万元大幅提升到472万元，单店人均销量也从49台大幅提升到119台（见图1）。

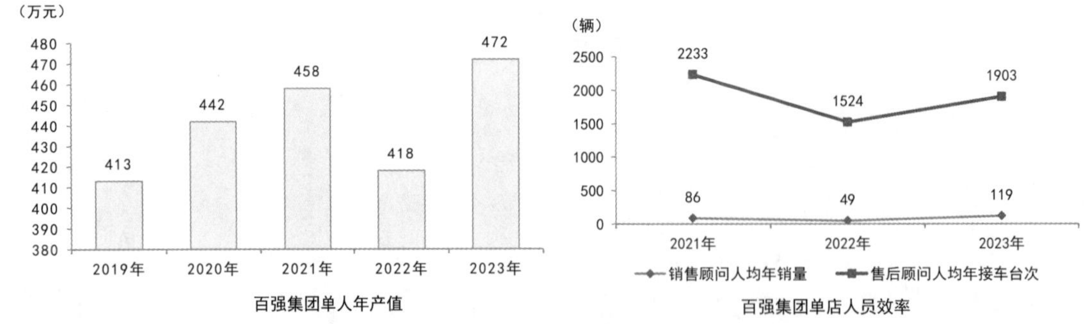

图1 百强经销商集团单人年产值与单店人员效率

资料来源：中国汽车流通协会（以下图表资料来源相同，不再赘述）。

三、百强经销商集团发展状况

为了更好评估百强集团的发展状况，本文从规模、利润、效率、客户这四个维度，多方面考察百强集团在2023年度的全年表现。

1. 规模

特点1：营收总产值基本持平，资产投入增加

2023年百强集团总收入总计19317万亿元，同比增加0.1%。资产投入达9678亿元，同比增长2.5%（见图2）。

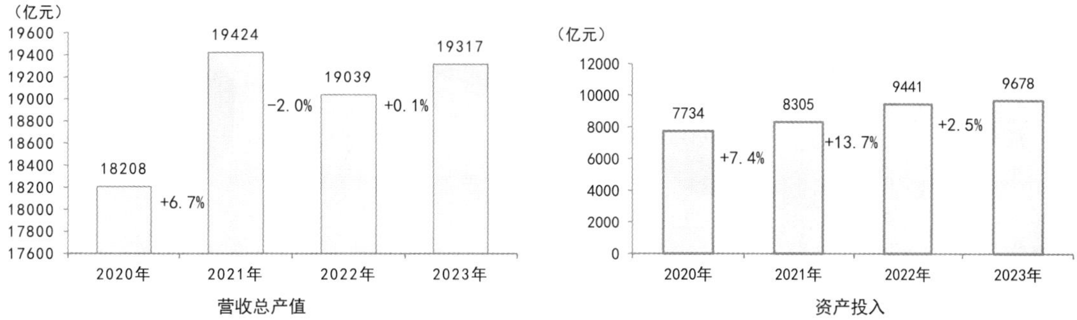

图2　2020—2023年百强经销商集团营收与销量

特点2：新车销量提升，店面数量减少

2023年新能源汽车继续爆发式增长，自主品牌强势崛起，带动渠道网络扩张，百强经销商集团开始全面发力新能源。新车销售707万辆，同比上升4.7%。经销商店面数量达6447家，同比减少1.9%（见图3）。

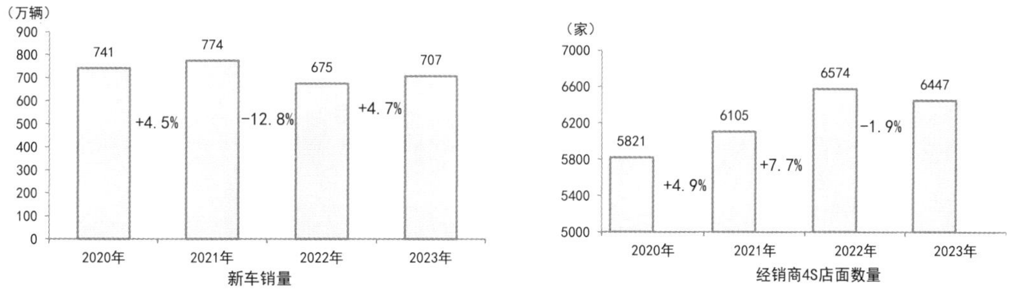

图3　2020—2023年百强经销商集团资产投入与店面数量

特点3：二手车销量降低，售后台次略有提升

受新车价格剧烈波动影响，2023年百强集团二手车销量132万辆，同比降低7%，售后台次5824万台，同比提升2.6%（见图4）。

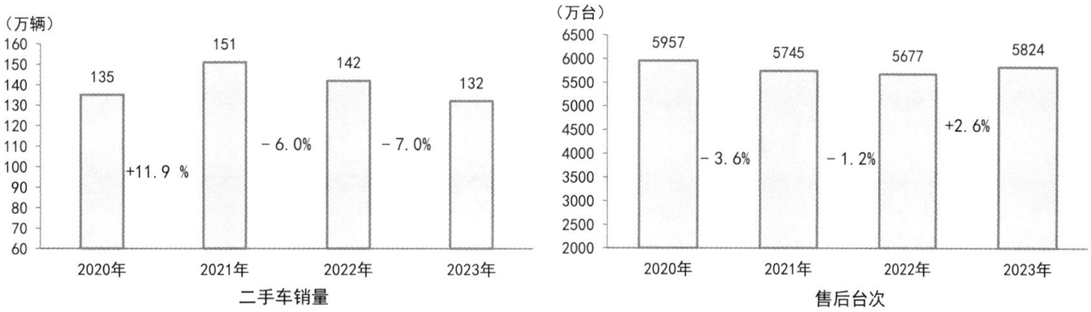

图4　2020—2023年百强经销商集团二手车销量与售后台次

2. 盈利

特点1：总毛利率和新车毛利率继续降低

2023年百强集团总毛利率为6.28%，同比降低0.48%。新车毛利率2.6%，同比降低3.3%（见图5）。

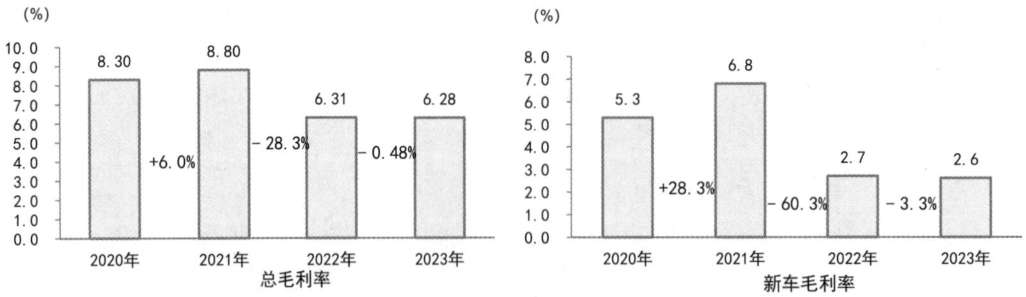

图5　2020—2023年百强经销商集团总毛利率与新车毛利率

特点2：二手车毛利率持续下降，售后毛利率微有提升

2023年百强集团二手车毛利率为6%，同比降低19.1%。售后毛利率43.5%，同比上升0.7%（见图6）。

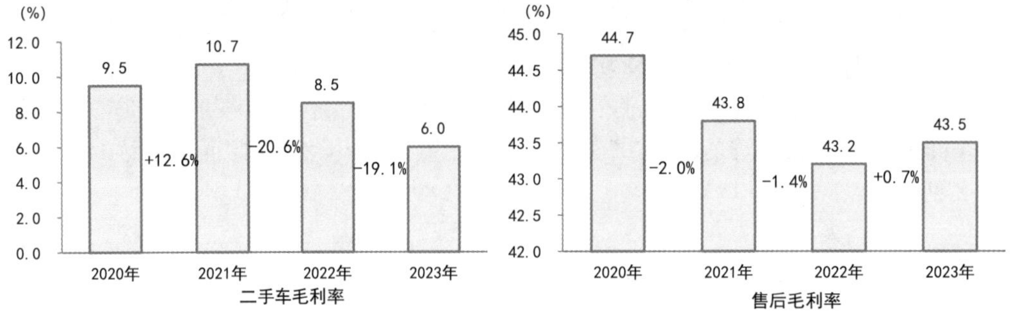

图6　2020—2023年百强经销商集团二手车毛利率和售后毛利率

3. 效率

特点1：销管费用率降低，财务费率降低

2023年百强集团销管费用率为5.56%，同比下降5%。财务费用率0.55%，同比下降23.6%（见图7）。

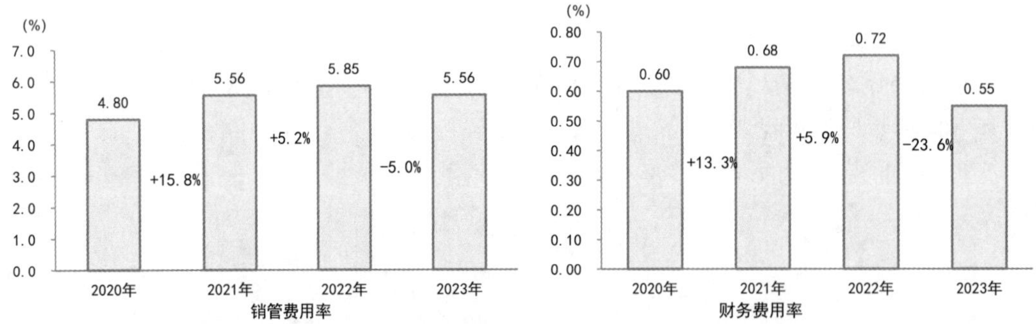

图7　2020—2023年百强经销商集团销管费用率与财务费用率

特点2：员工总数减少幅度高于薪酬降低幅度

2023年百强集团员工人数为40.9万人，同比下降10.3%。薪酬福利638亿元，同比下降5.9%，单人薪酬有所提升（见图8）。

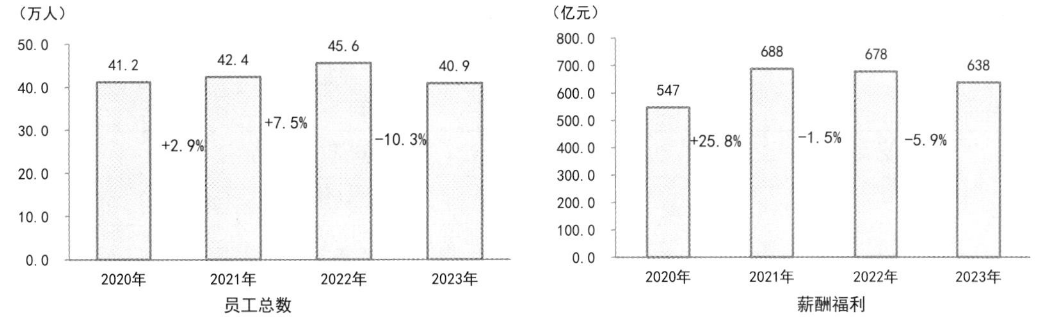

图8　2020—2023年百强经销商集团员工总数与薪酬福利

特点3：单店员工数量下降明显，单店年收入明显提升

2023年百强集团单店员工数量为64人，同比下降7.2%。单店年收入3亿元，同比提升3.3%（见图9）。

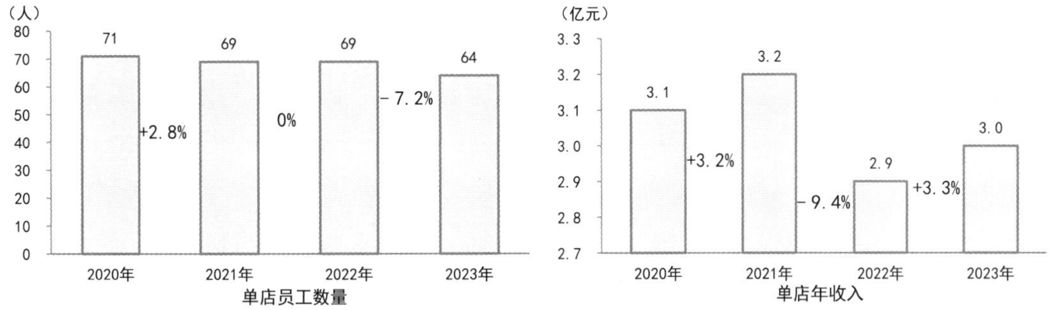

图9　2020—2023年百强经销商集团单店员工数量与年收入

4.客户

特点：基盘客户数量、活跃客户数量明显提升

2023年百强集团基盘客户数量9858万人，同比上升6.9%。活跃客户数量3630万人，同比上升5.6%（见图10）。

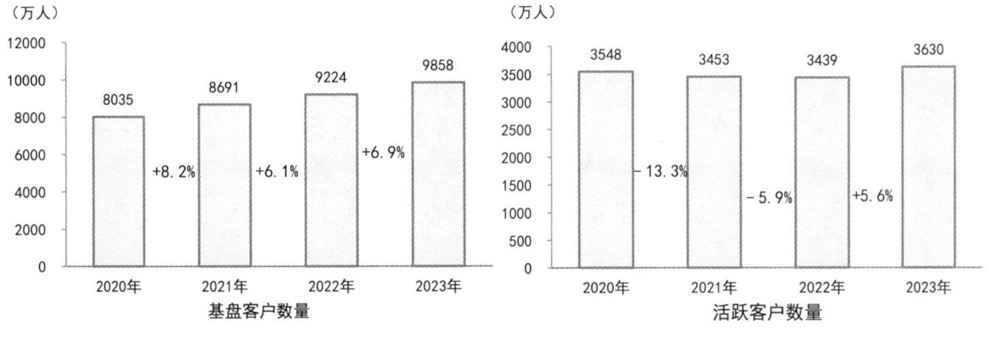

图10　2020—2023年百强经销商集团基盘客户数量与活跃客户数量

四、综合评估

在严峻的市场环境下，依旧有经销商集团突破重围，取得了傲人的业绩。我们从规模、盈利、效率、客户四个维度甄选出了五星级经销商集团（见表1）。

表1 2023年五星级经销商集团

营收规模	五星级经销商集团
500 亿元以上	中升集团、利星行汽车、永达汽车
200 亿—500 亿元	大昌行汽车、广物汽贸、欧龙集团、山东远通
100 亿—200 亿元	湖南永通、宁波骄辰、华宏汽车、捷通达集团
50 亿—100 亿元	南菱汽车、东安汽车、苏州化成、江苏海鹏、沈阳大众

五、中国汽车品牌竞争力研究报告

面对越发复杂的经营环境和竞争格局，经销商需要准确分辨所代理品牌的经营特征及综合竞争力。报告结合多重定量和定性指标，制定了品牌综合竞争力模型，为经销商评价和选择豪华、主流合资和自主品牌给出了权威指引。

《中国汽车品牌综合竞争力研究报告》从2017年“建立模型，推出红绿灯指引”，到2020年“增加经销商盈利模型”；2022年，“升级模型2.0版本，关注品牌定性评价”；2023年，“增加人效指标，引领集团全方位对标”。时间来到了2024年，CBCR 升级至3.0版（见图11）。

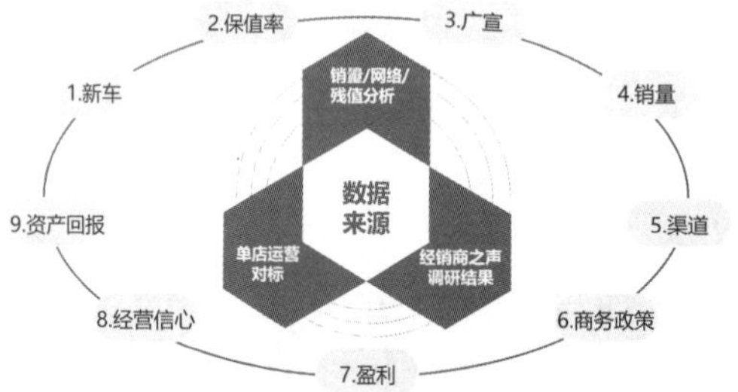

图11 品牌综合竞争力评价模型（PAM）

CBCR3.0基于销量/网络/残值分析、中国汽车经销商之声、单店运营对标数据三大数据源，综合分析新车、保值率、广宣、销量、渠道、商务政策、盈利、经营信心、资产回报九大维度，为汽车经销商提供品牌选择依据。

CBCR3.0，根据不同品牌综合竞争力得分，划分为5种品牌级别。其中明星品牌具有强竞争力，竞争力得分在400分以上。稳健品牌具有较强竞争力，竞争力得分在340—400分。有潜力品牌，具有中等竞争力，竞争力得分在290—340分。待优化品牌，竞争力较低，竞争力得分240—290分。亟待突围品牌，缺乏竞争力，竞争力得分240分以下。亟待突围品牌急需有效管理和盈利能力，经销商需要时刻保持风险意识，尽快建立并适时执行退出机制（见表2）。

表2 CBCR3.0品牌竞争力级别

级别	竞争力分值	竞争力分析
1 级	400 分以上	具有较强的管理和盈利水平，经销商可持续经营并投入更多资源，扩大规模，获取最大利润
2 级	340—400 分	管理和盈利水平较强，经销商可持续经营，辅助精细化管理，努力获得较高投资回报
3 级	290—340 分	管理和盈利水平一般，经销商需要谨慎经营，尽力做到排名前列，及时根据情况调整投入
4 级	240—290 分	管理和盈利水平较低，经销商需要建立退出机制，根据区域地位、团队能力及时总结判断
5 级	240 分以下	急需有效管理和盈利能力，经销商需要时刻保持风险意识，尽快建立并适时执行退出机制

本次品牌综合竞争力研究报告（CBCR）的评价体系分为五大模块20个指标，分别是：产品

维度下涵盖产品更新换代速度、产品价格折扣率、产品保值率等5个指标，营销维度下涵盖知名度等3个指标，管理维度涵盖商务政策等4个指标，渠道维度下涵盖年店均销量5个指标，盈利维度下涵盖渠道盈利能力等3个指标。

（一）产品模块

产品模块由更新换代速度、市场价格折扣率、新车质量满意度、新能源市占率、三年保值率5个指标组成。

1. 更新换代速度

豪华欧系、自主新能源品牌的产品质量和更新换代速度评价得分获得双高，主流合资韩系的新车质量评价得分较高，但更新换代速度的评价得分最低（见图12）。

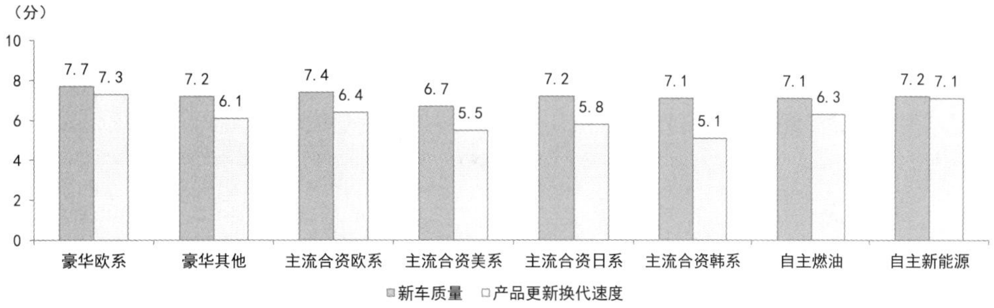

图12　新车质量、产品更新换代速度评价得分（满分10分）

2. 市场价格折扣率和三年保值率

2023年的市场价格达到前所未有的低点，豪华品牌也在其列；自主新能源折扣最少，但三年保值率最低；主流合资日系的三年保值率最高，其次是豪华欧系（见图13）。

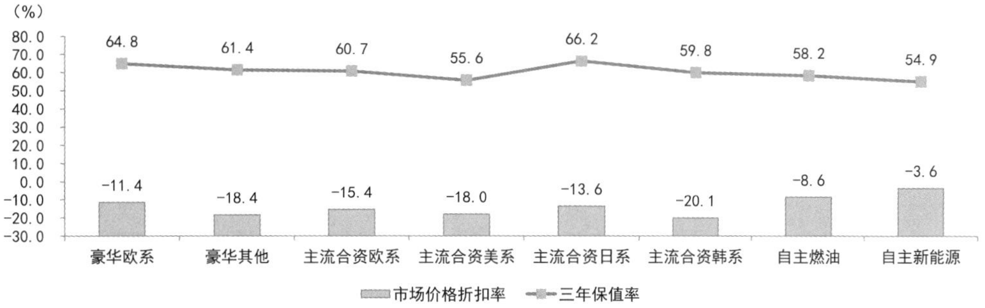

图13　市场价格折扣率、三年保值率分析

3. 单品牌年均销量和新能源产品渗透率分析

主流合资欧系、日系和自主新能源的单品牌年均销量分列前三；自主新能源前三品牌的平均销量为108.5万辆，自主燃油前三品牌均值为80.6万辆（见图14）。

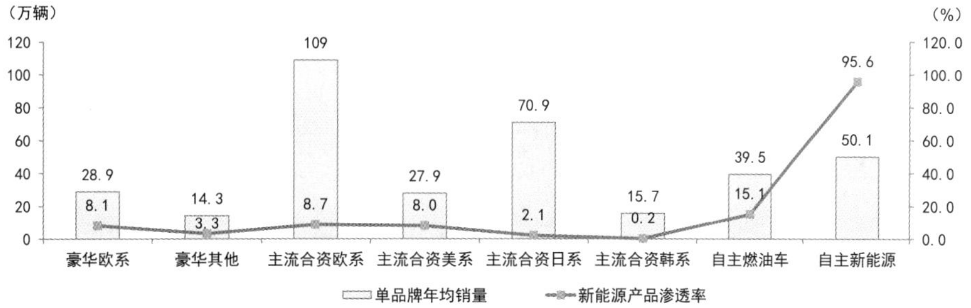

图14　单品牌年均销量、新能源产品渗透率分析

(二)营销模块

营销模块由销量增长率、广宣投入力度、品牌知名度3个指标组成。

传统优势品牌的广宣投入力度及品牌知名度评价得分双高，如豪华欧系、主流合资欧系；自主品牌的知名度得分均值低于欧系和日系品牌，还需要一定的时间积淀(见图15)。

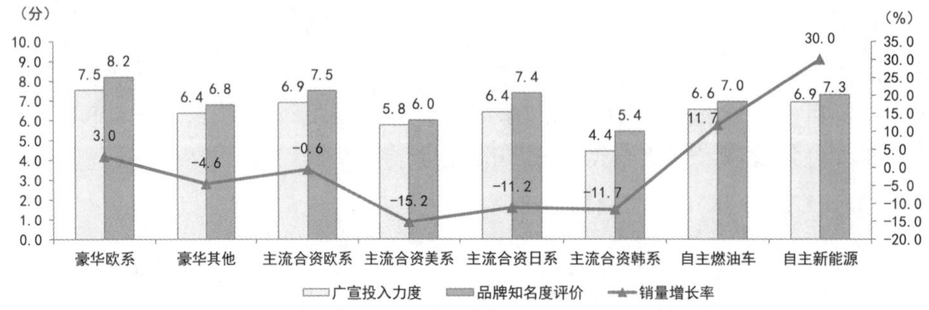

图15　广宣投入力度、品牌知名度评价、销量增长率

(三)管理模块

管理模块由商务政策、日常运营管理、网络数量变化、品牌经营信心4个指标组成。

1. 年店均销量、网络数量变化分析，渠道布局评价

主流合资欧系品牌的年店均销量排名第一，自主新能源前三品牌的年店均销量为912辆，与主流合资欧系相差较远，仅自主品牌的网络数量为正增长。豪华欧系品牌在渠道布局上的得分最高，其次是自主新能源(见图16)。

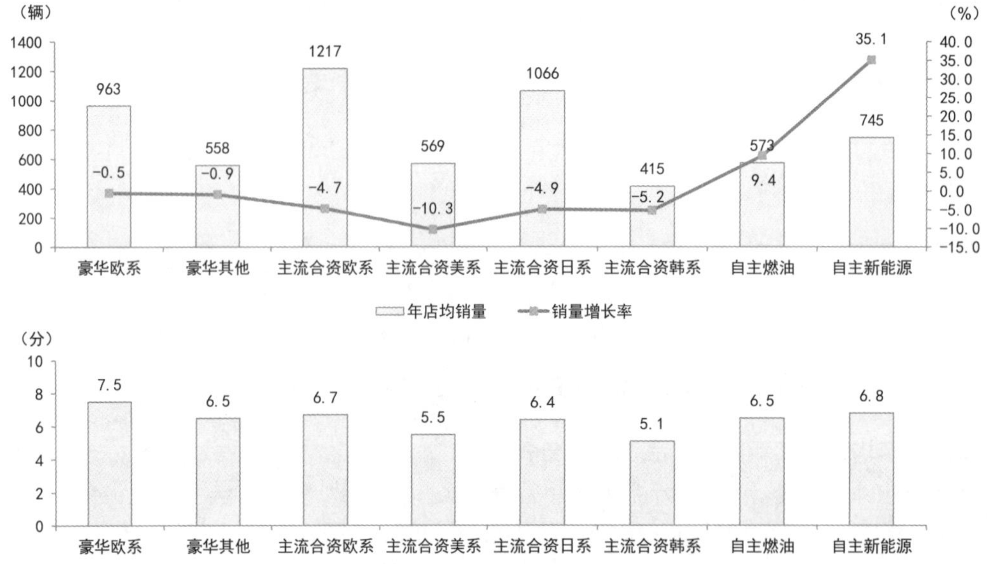

图16　年店均销量与增长率、渠道布局评价

2. 商务政策、日常运营管理评价

商务政策评价得分高于7分的只有豪华欧系和自主新能源，低于6分的有主流合资韩系和美系；同样，豪华欧系、自主新能源在日常运营管理指标上的评价得分依然排名靠前(见图17)。

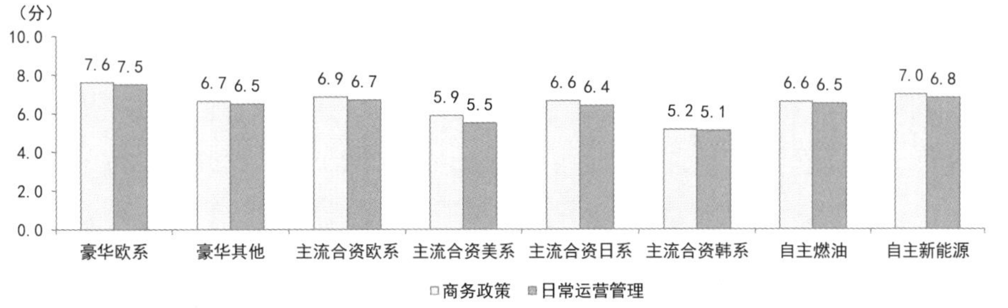

图17　商务政策、日常运营管理评价

（四）渠道模块

渠道模块由年店均销量、渠道布局、总毛利率、资产周转率、投资回报率5个指标组成。

1. 总毛利率、税前利润率分析

仅有豪华品牌、自主新能源的毛利率超过5%，在扣除费用后，仅有豪华品牌的平均税前利润率为正值。

销量增速最快的自主品牌，尤其自主新能源在2023年的平均税前利润率仅低于豪华品牌，但依然为负值（见图18）。

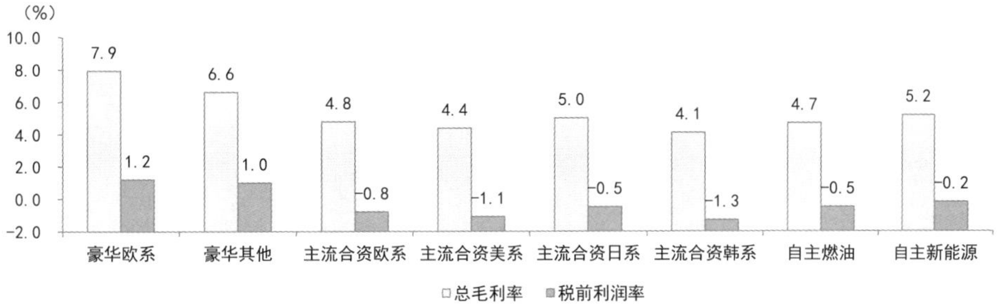

图18　总毛利率与税前利润率分析

2. 盈利比例分析、品牌经营信心评价

仅有豪华品牌的盈利比例超过30%，自主新能源的经营信心评价领先于豪华欧系，自主燃油的信心评价排名第三（见图19）。

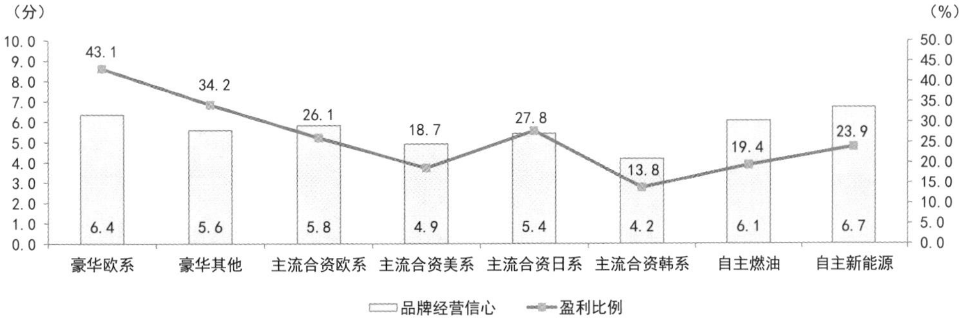

图19　盈利比例分析与品牌经营信心评价

（五）盈利模块

盈利模块由渠道盈利能力、品牌盈利能力、渠道盈利比例3个指标组成。

自主新能源品牌的资产周转率最快，对投资回报率有正向贡献；鉴于除豪华品牌外，其他类别品牌的税前利润率均为负值，因此投资回报率也为负值；当下的汽车市场，经销商最基本的诉求是不赔钱，要求经销商还要开拓创收渠道（见图20）。

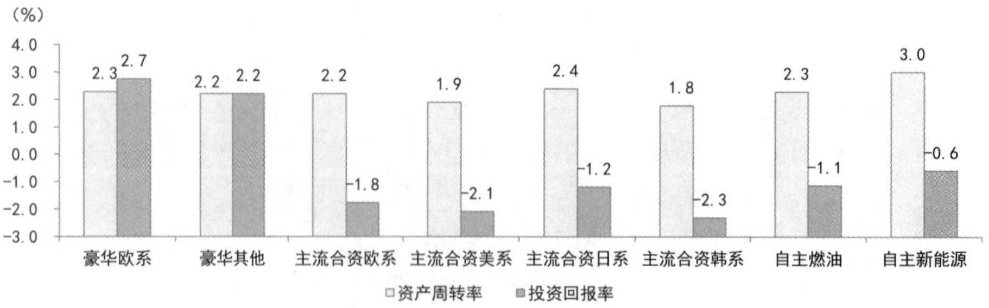

图20 资产周转率与投资回报率分析

(六）2023年中国汽车品牌综合竞争力榜单

该榜单公布豪华品牌、主流合资品牌和自主品牌类别中每一个品牌的综合竞争力得分及品牌类别。协会呼吁处于"待优化品牌""亟待突围品牌"，未来与经销商保持紧密的沟通，多站在经销商角度考虑问题，致力于厂—商合作共赢，共克时艰（见图21、图22、图23）。

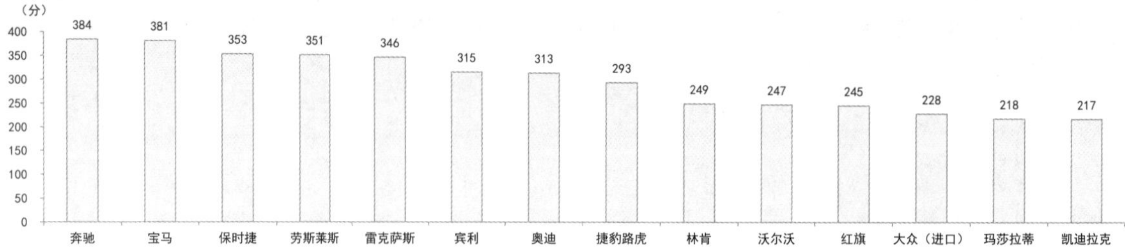

图21 2023年品牌竞争力榜单——豪华品牌

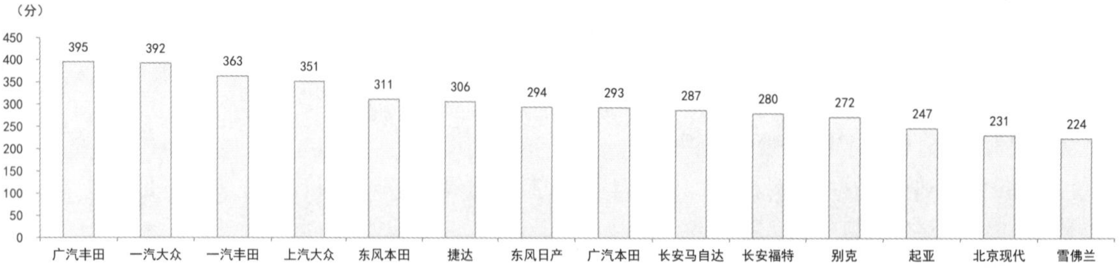

图22 2023年品牌竞争力榜单——主流合资品牌

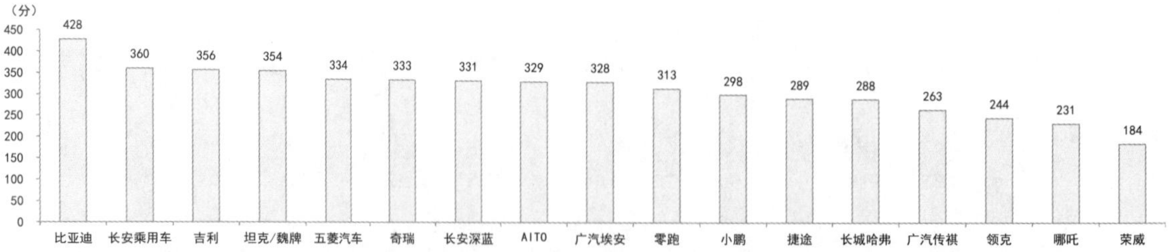

图23 2023年品牌竞争力榜单——主流自主品牌

第四部类

新能源汽车市场

DISIBULEI | XINNENGYUANQICHESHICHANG

2023年中国新能源汽车市场

2023年我国新能源汽车产销持续增长，市场规模自2015年起连续9年位居世界首位。分车型结构来看，新能源乘用车由高低两端向中端主流市场靠拢，新能源客车市场集中度快速提升，新能源货车电动化步伐加快。分动力类型来看，纯电动车型仍占据我国新能源汽车市场主导地位，插电式混合动力汽车销量同比增长84%，燃料电池车型及产品进一步丰富。展望未来，新能源汽车作为新增长点，有望在促消费、稳经济方面发挥更大作用。在政策利好、产品丰富等有利因素推动下，多领域有望出现新增量。同时，在整体市场趋稳背景下，新能源汽车市场结构正由增量发展向存量竞争转变，市场竞争更趋激烈化和复杂化。

一、市场概况：国内及出口市场上行，车企“价格战”贯穿全年

（一）市场规模连续九年位居全球首位，2023年全球占比超60%

2023年我国新能源汽车销量达949.5万辆，同比增长37.9%，新能源汽车新车销量占比由2022年的25.6%快速提升至31.6%。市场规模连续九年位居世界首位，全球占比进一步提升，由2022年的61.2%增长至62.4%。截至2023年底，我国新能源汽车保有量达2041万辆，占汽车总保有量的6.1%（见图1）。

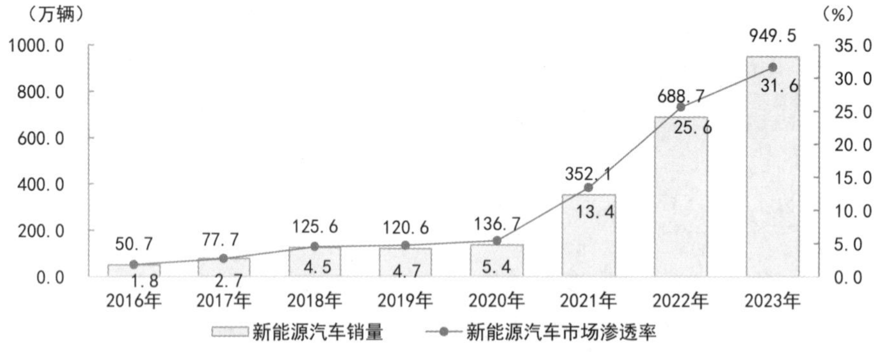

图1　2016—2023年中国新能源汽车销量及渗透率

资料来源：中国汽车工业协会。

（二）新能源汽车出口达120.3万辆，成为汽车产业新亮点

根据中国汽车工业协会数据统计，2023年我国新能源汽车出口120.3万辆，同比增长77.6%，占汽车总出口量的24.5%，较2022年提升了2.7个百分点，成为我国外贸出口新亮点。出口国家主要为英国、法国、德国、澳大利亚、泰国、以色列、瑞典、巴西、荷兰、意大利、西班牙、比利时、挪威等国，新能源汽车出口量均在2万辆以上。其中，英国、法国、德国出口量较大，均在9万辆以上。出口品牌主要为特斯拉、名爵、比亚迪、达契亚、极星、沃尔沃、宝马、领克等。出口车型主要包括特斯拉Model Y、特斯拉Model 3、名爵木兰、名爵EZS、比亚迪元Plus、比亚迪海豚、达契亚春天、极星2、沃尔沃XC60、宝马iX3、领克01等。

（三）汽车行业竞争加剧，车企“价格战”贯穿全年

2023年以来，中国市场以新能源车企为主，普遍开启持续的“价格战”，此轮价格战持续周期长、覆盖范围广、降价幅度大，对市场和产业产生了较大影响。从发展历程来看，2023年1月6日特斯拉首先宣布对旗下Model 3和Model Y进行价格调整，最高降幅达4.8万元，随后多家

同价位车企跟进降价。进入3月后，以燃油车品牌为主的40多个品牌开始更大规模地降价促销。进入第三季度，许多车企绩效未达预期，国内车市迎来新一轮价格战。比亚迪、广汽埃安、上汽大众、五菱、奇瑞、长城、蔚来、理想、小鹏、零跑、哪吒、极氪等20余家车企通过官方直降、现金折扣、限时补贴、权益优惠、下调新上市车型售价等方式加入降价行列，此轮降价也持续到了年底。据不完全统计，全年共有40家以上企业宣布降价，覆盖超过100款主流新能源汽车产品，绝大部分车型降价幅度在1万元以上，最高降价达15万元。

二、车型结构：乘用车结构持续优化，商用车市场小幅下降

（一）新能源乘用车市场向中端靠拢，中系品牌占比超八成

1. 乘用车整体销量快速增长，插电式混合动力车辆比例明显提升

根据中国汽车工业协会统计，2023年我国新能源乘用车销量为904.8万辆，同比增长38.2%，占整体新能源汽车销量的比例由2022年的95.1%提升至95.3%。分动力类型来看，2023年纯电动、插电式混合动力乘用车销量分别为625.8万辆和278.9万辆，同比分别增长24.3%和84.2%，受比亚迪DM-i等热销车型带动，插电式混合动力乘用车销量占比由2022年的23.1%提升至30.8%（见图2）。

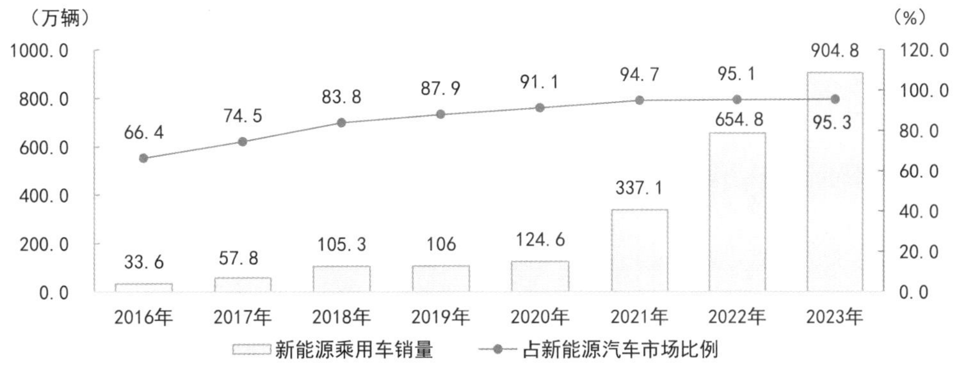

图2　2016—2023年中国新能源乘用车销量及占比

资料来源：中国汽车工业协会。

2. 中系品牌销量占比超八成，市场集中度继续提高

根据机动车上险数据统计，2023年中系、美系、欧系、日系品牌新能源乘用车国内市场销量占比分别为83.1%、9.3%、6.5%和1.1%，中系品牌销量同比提升5.2个百分点。分企业来看，2023年我国新能源乘用车销量前十企业分别为比亚迪、特斯拉、吉利、广汽、上汽通用五菱、理想、长安、长城、蔚来、小鹏，前十企业销量合计572.4万辆，占整体新能源乘用车销量的78.9%，较2022年提升7.8个百分点，市场集中度较高。其中，比亚迪、特斯拉、吉利三家企业2023年新能源乘用车销量分别为249.7万辆、60.3万辆和46.9万辆，占比分别为35%、8%和7%，合计占比达50%。

分车型来看，2023年我国在售新能源乘用车车型已超450款，新能源乘用车销量前十车型分别为特斯拉Model Y、比亚迪秦PLUS、比亚迪宋PLUS、比亚迪元PLUS、比亚迪海豚、上汽通用五菱宏光MINI EV、比亚迪海鸥、广汽AION S、广汽AION Y、比亚迪汉，其中比亚迪秦PLUS、比亚迪宋PLUS、比亚迪海豚、比亚迪汉包含插电式混合动力车型，其余均为纯电动汽车（见图3）。

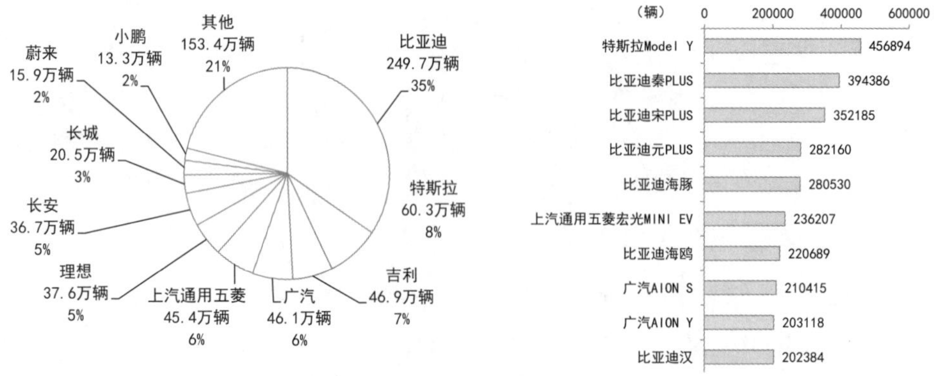

图3 2023年新能源乘用车前十企业及车型销量分布

资料来源：机动车保险数据。

3. 小型和紧凑型车销量增长，带动乘用车市场向中端靠拢

根据机动车上险数据统计，2023年，比亚迪秦PLUS、比亚迪宋PLUS、比亚迪元PLUS、比亚迪海豚、比亚迪海鸥、广汽AION S、广汽AION Y等A0级和A级车热销，带动新能源乘用车市场由高低两端为主向中端靠拢。2023年A00级、A0级、A级、B级、C级及以上车型（含轿车与SUV）销量分别为68.6万辆、92.4万辆、265.4万辆、175.8万辆和123.7万辆，A00级车型销量同比减少32.4%，A0级、A级、B级、C级及以上车型同比分别提升110.9%、33.4%、67.7%和66.8%。从市场份额来看，A00级、A0级、A级、B级、C级及以上车型占整体新能源乘用车销量的比例分别为9.4%、12.7%、36.6%、24.2%和17.0%。其中，A0级、A级等小型和紧凑型车销量合计357.8万辆，同比增长47.4个百分点，市场份额由2022年的46.4%提升至49.3%，同比提升2.9个百分点（见图4）。

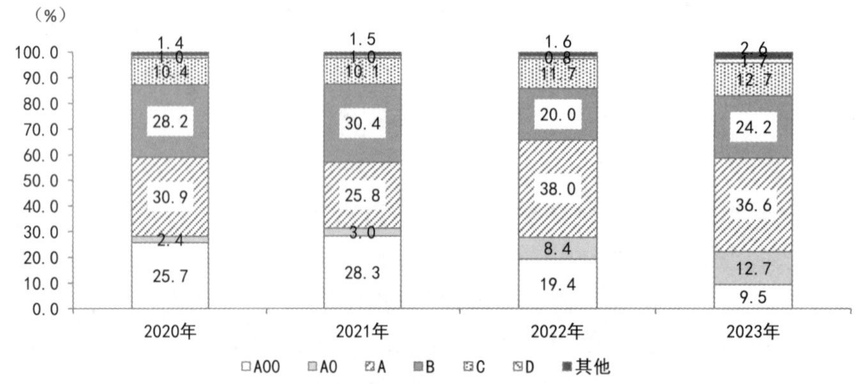

图4 2020—2023年新能源乘用车车型级别分布

资料来源：机动车上险数据。

（二）新能源客车销量大幅下降，渗透率仍处于低位

1. 客车终端零售量同比减少30.8%，市场渗透率下降至7%

根据机动车上险数据统计，2023年我国新能源客车销量为3.6万辆，同比减少30.8%，占整体客车销量的比例由2022年的13%下降至7%，处于2016年以来的最低水平。考虑到一、二线城市公交电动化替代基本完成、长途客运等领域电动化推进较慢等因素，新能源客车销量回升难度较大（见图5）。

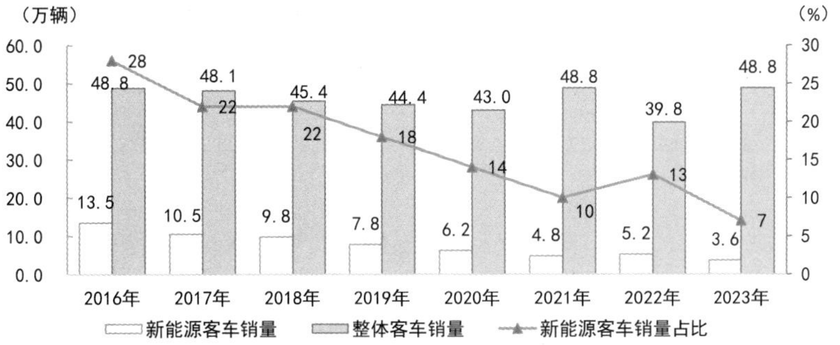

图5　2016—2023年新能源客车销量及占比

资料来源：中国汽车工业协会、机动车上险数据。

2. 客车头部企业份额较高，前十企业销量占比超六成

根据机动车上险数据统计，2023年我国有销量的新能源客车企业约52家，前十企业销量合计2.5万辆，占整体新能源客车销量的68.8%。其中，宇通客车销量达5383辆，市场占比达14.8%，领先优势明显。北汽福田、长安汽车、厦门金龙、吉利汽车、苏州金龙销量均超2000辆，分别位居新能源客车销量第二至第六位（见表1）。

表1　2021—2023年新能源客车前十企业销量排名　　单位：辆，%

排名	2021年			2022年			2023年		
	企业	销量	占比	企业	销量	占比	企业	销量	占比
1	宇通客车	11369	23.5	宇通客车	10706	20.3	宇通客车	5383	14.8
2	中通客车	3943	8.2	苏州金龙	4295	8.1	北汽福田	3269	9.0
3	中车电动	3826	7.9	中通客车	3546	6.7	长安汽车	3086	8.5
4	比亚迪	3336	6.9	厦门金龙	2779	5.3	厦门金龙	2625	7.2
5	苏州金龙	2981	6.2	中车时代	2610	4.9	吉利汽车	2328	6.4
6	厦门金龙	2506	5.2	比亚迪	2510	4.8	苏州金龙	2214	6.1
7	安凯客车	1740	3.6	厦门金旅	2459	4.7	中通客车	1686	4.6
8	厦门金旅	1692	3.5	南京金龙	2377	4.5	中车集团	1520	4.2
9	南京金龙	1460	3.0	申沃客车	1840	3.5	安凯客车	1512	4.1
10	北汽福田	1263	2.6	北汽福田	1827	3.5	厦门金旅	1494	4.1
	合计	34116	70.6	合计	34949	66.3	合计	25117	68.8

资料来源：机动车保险数据。

从动力类型来看，新能源客车前十企业均以纯电动车型为主，销量合计2.3万辆，占前十企业新能源客车总销量的92.2%；此外，中通客车、北汽福田、宇通客车、亚星客车、苏州金龙、厦门金龙、厦门金旅等企业均加大燃料电池车型布局。2023年我国燃料电池客车销量达1338辆，同比增长6.3%（见表2）。

表2　2023年新能源客车前十企业销量分布　　单位：辆，%

企业名称	BEV销量	PHEV销量	FCEV销量	总计	占比
宇通客车	5155	87	141	5383	14.8
北汽福田	2360	719	190	3269	9.0
长安汽车	3086	0	0	3086	8.5
厦门金龙	2435	58	132	2625	7.2
吉利汽车	2146	150	32	2328	6.4
苏州金龙	2075	0	139	2214	6.1
中通客车	1405	1	280	1686	4.6
中车集团	1520	0	0	1520	4.2
安凯客车	1512	0	0	1512	4.1

续表

企业名称	BEV 销量	PHEV 销量	FCEV 销量	总计	占比
厦门金旅	1474	0	20	1494	4.1
合计	23168	1015	934	25117	68.8
总计	33923	1229	1338	36490	100.0

资料来源：机动车保险数据。

3. 客车主要应用于城市公交领域，车长以8—12米为主，轻型客车占比快速提升

从应用领域分布来看，2023年我国新能源客车以城市公交为主，销量达2.6万辆，占新能源客车总销量的71.9%。从车长分布来看，2023年我国新能源客车仍以8—12（含）米为主，其中8—10（含）米、10—12（含）米新能源客车销量分别为12469辆和12500辆，占比分别为34% 和35%。随着城乡客运、园区接驳、“最后一公里”通勤班线用车、旅游景区摆渡车等应用场景的拓展，8米及以下客车销量稳步提升，占比由2022年14.4% 增长至31%。2023年轻型客车产品相较于2022年市场份额提升14.4个百分点，大型客车相较于2022年下降14.4个百分点，中型客车市场份额保持稳定（见图6）。

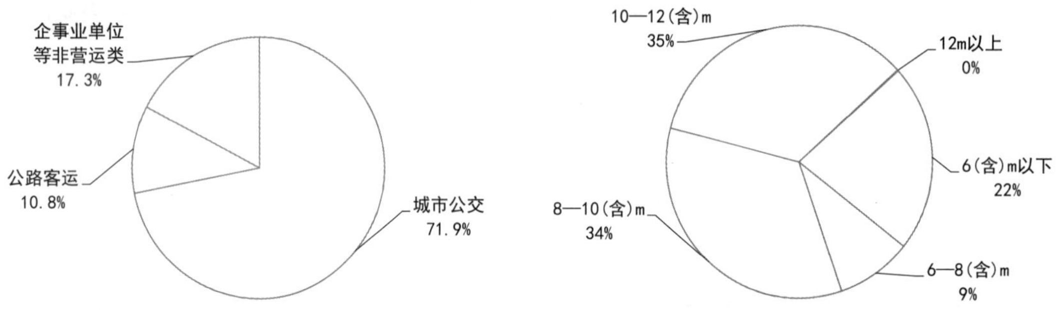

图6 2023年新能源客车应用领域和车长分布

资料来源：机动车产量数据。

（三）新能源货车销量小幅下降，轻型货车依然占据主要地位

1. 货车电动化步伐加快，新能源物流车仍为主要车型

根据机动车上险数据统计，2023年我国新能源货车（含专用车）销量为27.6万辆，同比增长4.7%，占整体货车销量的比例由2022年的10.1% 提升至11.1%。其中，新能源物流车销量为23.7万辆，占新能源货车整体销量的85.7%；环卫、工程等其他用途的专用车销量为3.9万辆，占比14.3%（见图7）。

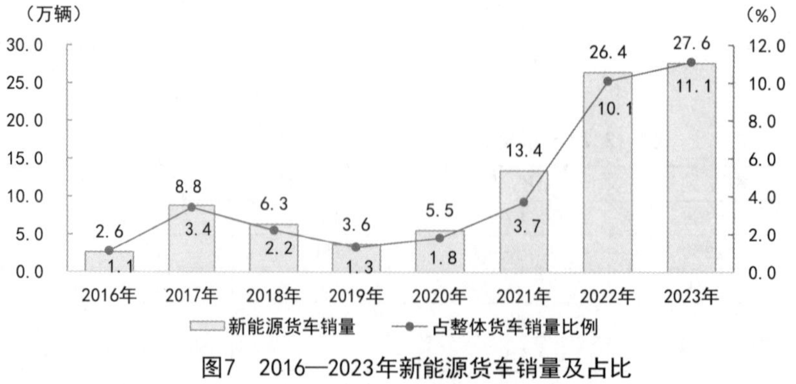

图7 2016—2023年新能源货车销量及占比

资料来源：机动车上险数据。

2. 货车尾部企业布局较为分散，前十企业集中度提升至61%

根据机动车上险数据统计，2023年我国有销量的新能源货车企业约220家，前十企业销量合

计16.9万辆，占整体新能源货车销量的比例由2022年的59.5%增长至61%，市场集中度小幅提升（见表3）。

表3 2021—2023年中国新能源货车企业销量排名 单位：辆，%

排名	2021年			2022年			2023年		
	企业	销量	占比	企业	销量	占比	企业	销量	占比
1	东风汽车	16824	12.5	重庆瑞驰	29100	10.3	吉利商用车	39272	14.2
2	重庆瑞驰	15491	11.5	华晨鑫源	23024	8.2	奇瑞商用车	25236	9.1
3	华晨鑫源	9439	7.0	吉利商用车	22419	7.9	北汽福田	22018	8.0
4	山西新能源	8116	6.0	奇瑞商用车	17328	6.1	东风汽车	19970	7.2
5	奇瑞商用车	7613	5.7	东风汽车	17225	6.1	长安汽车	17366	6.3
6	长安汽车	7246	5.4	北汽福田	14969	5.3	重庆瑞驰	14368	5.2
7	广西汽车	6425	4.8	上汽大通	13415	4.8	上汽大通	11074	4.0
8	北汽福田	6330	4.7	广西汽车	11112	3.9	新吉奥	6579	2.4
9	上汽通用五菱	5256	3.9	长安汽车	9929	3.5	徐工汽车	6400	2.3
10	厦门金旅	5209	3.9	山西新能源	9336	3.3	江淮汽车	6397	2.3
	合计	87949	65.4	合计	167857	59.5	合计	168680	61.0

资料来源：机动车保险数据。

从企业排名来看，吉利商用车、奇瑞商用车、北汽福田销量均超2万辆，分别位列新能源货车销量第一至第三位；东风汽车、长安汽车、重庆瑞驰、上汽大通销量均超1万辆，分别位列新能源货车销量第四至第七位。此外，尾部企业较为分散，全年新能源货车销量不足10辆的企业约有90家（见表4）。

表4 2023年新能源货车前十企业销量分布 单位：辆，%

企业名称	微型	轻型	中型	重型	总计	占比
吉利商用车	—	39237	26	9	39272	14.2
奇瑞商用车	—	25180	0	56	25236	9.1
北汽福田	—	21658	115	245	22018	8.0
东风汽车	—	19118	79	773	19970	7.2
长安汽车	—	17366	0	0	17366	6.3
重庆瑞驰	—	14368	0	0	14368	5.2
上汽大通	—	11053	16	5	11074	4.0
新吉奥	—	6579	0	0	6579	2.4
徐工汽车	—	768	160	5472	6400	2.3
江淮汽车	—	5972	22	403	6397	2.3

资料来源：机动车保险数据。

3. 轻型货车依然占据主要地位，主销车型以厢式运输车为主

轻型货车长期占据我国新能源货车市场主要地位，根据机动车上险数据统计，2023年我国新能源微型、轻型、中型、重型货车销量分别为0.5万辆、23.4万辆、0.2万辆和3.5万辆，占比分别为1.8%、84.8%、0.7%和12.6%。微型货车市场占比较2022年提高1.3个百分点，轻型货车市场占比较2022年下降4.5个百分点，中型货车市场占比较2022年提高0.1个百分点，重型货车市场占比较2022年提高3.2个百分点。

根据机动车上险数据统计，2023年新能源货车主销车型以厢式运输车、载货汽车、仓栅式运输车等为主，其中纯电动厢式运输车销量达18.2万辆，占比达66%。2022年有销量的换电式货车车型数量为156款，2023年快速增长至249款，同比增长59.6%。从销量来看，2023年换电式货车销量为1.5万辆，同比增长13.7%。2023年燃料电池货车车型达到158款，销量达5851辆，同

比分别增长22.5%和66.1%。北汽福田、佛山飞驰、宇通集团燃料电池货车销量位居前三，销量均超过300辆（见图8）。

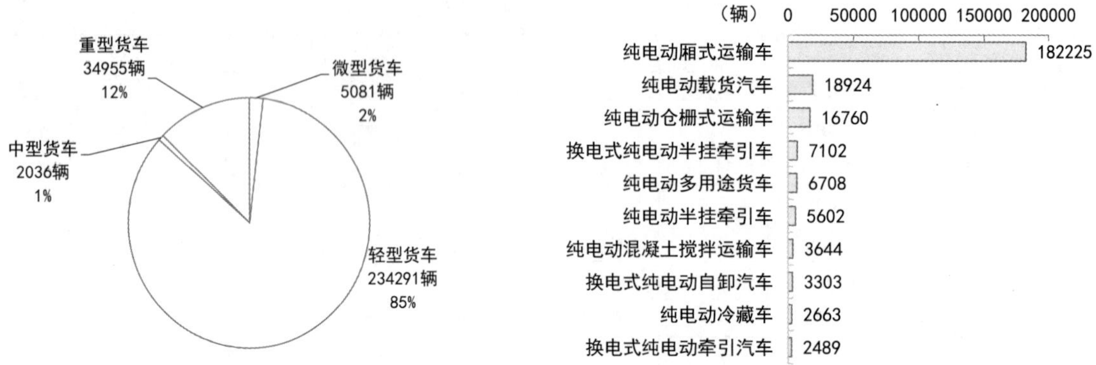

图8　2023年新能源货车细分吨位销量占比及主销车型情况

资料来源：机动车产量数据、《新能源汽车推广应用推荐车型目录》。

三、动力类型：纯电动车型占据主流，插电式车型市场向好

（一）纯电动车型仍占据主导地位，插电式车型有明显增长

2023年，我国纯电动汽车、插电式混合动力汽车、燃料电池汽车销量分别为668.5万辆、280.4万辆和5843辆，占比分别达70.4%、29.5%和0.1%。受比亚迪宋PLUS DM-i、秦PLUS DM-i、汉 DM-i等一批热销车型带动，插电式混合动力汽车销量实现明显增长，同比增长达84.7%，高于纯电动汽车及燃料电池汽车24.6%和72.0%的同比增幅。据公安部数据统计，截至2023年底，我国纯电动汽车、插电式混合动力汽车保有量分别为1552万辆和489万辆，占新能源汽车总量的76.0%和24.0%（见图9）。

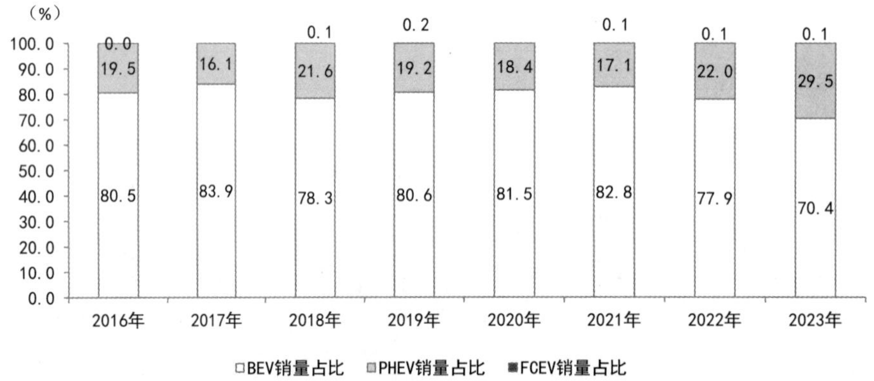

图9　2016—2023年新能源汽车细分动力类型销量占比

资料来源：中国汽车工业协会。

（二）插电式车型以乘用车为主，比亚迪产品领先优势明显

当前插电式混合动力汽车仍主要集中在乘用车领域，根据机动车上险数据统计，2023年我国插电式混合动力汽车销量为235.2万辆，其中乘用车销量为234.5万辆，占比达99.7%。2023年我国有销量的插电式混合动力乘用车企业约49家，销量排名前十的插电式混合动力乘用车车型包括比亚迪秦PLUS DM-i、比亚迪宋PLUS DM-i、比亚迪宋Pro DM-i、理想L7、比亚迪唐DM-i、理想L8、理想L9、比亚迪汉 DM-i、腾势D9、比亚迪驱逐舰05等，销量合计148.6万辆，占整体插电式混合动力乘用车销量的63.4%（见图10）。

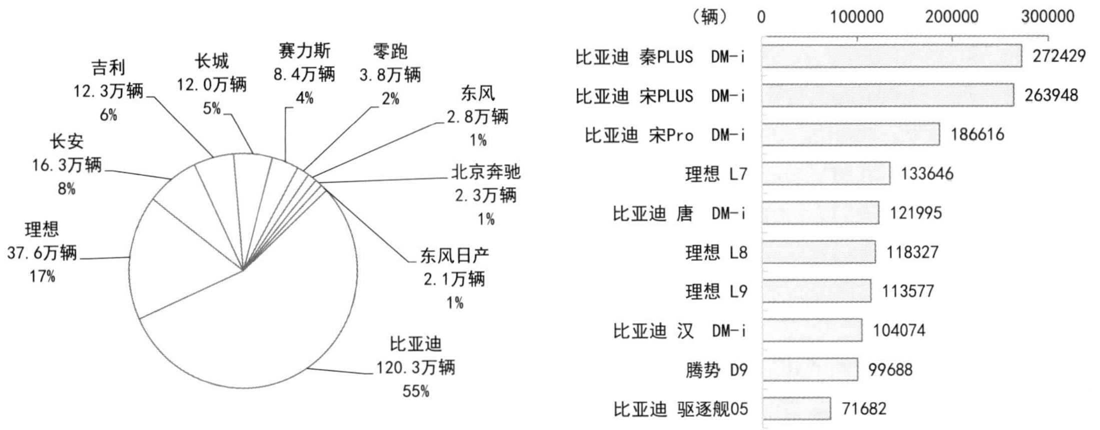

图10　2023年插电式混合动力乘用车销量前十企业及车型销量分布

资料来源：机动车保险数据。

（三）燃料电池汽车以商用车为主，乘用车市场开始起步

根据机动车上险数据统计，2023年我国燃料电池汽车销量为7607辆，同比增长123.9%。2023年我国有销量的燃料电池汽车企业为54家，其中宇通客车销量超1000辆，位居第一；佛山飞驰、北汽福田、青岛美锦、陕汽集团、东风汽车销量均超400辆，位居第二至六位。从车辆类型来看，燃料电池乘用车销量由2022年的204辆增长至2023年的418辆，车型主要为上汽大通EUNIQ 7、红旗H5 FCEV、丰田Mirai等；燃料电池客车销量为1338辆，同比增长13.2%，车型主要为城市客车；燃料电池货车销量为5851辆，同比增长190.9%，车型主要为半挂牵引车、冷藏车、自卸车、厢式运输车、自卸汽车、保温车等（见图11）。

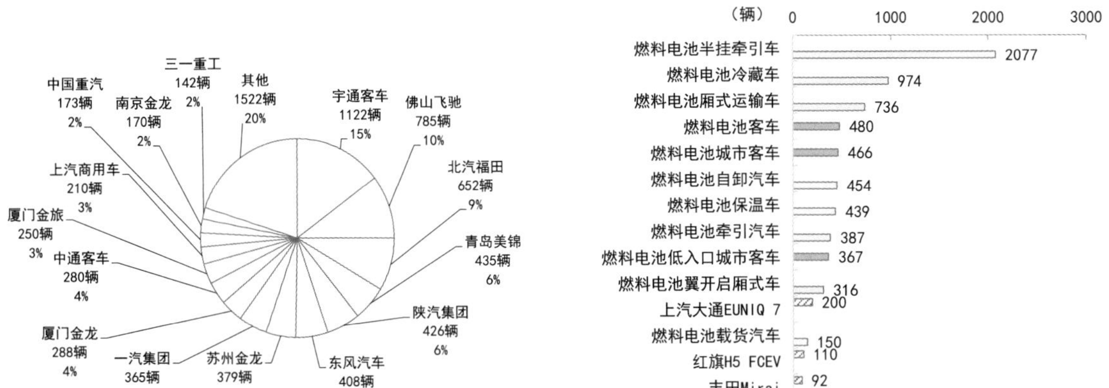

图11　2023年燃料电池汽车销量前十五企业及车型销量分布

资料来源：机动车保险数据。

四、领域分布：非限购地区占比增长，消费市场逐步下沉

（一）主销区域由限购省市进一步向非限购地区下沉

从区域分布来看，非限购城市新能源乘用车销量占比由2022年的76%快速提升至2023年的78%，非限购城市的消费需求进一步释放，市场内驱力显现。根据机动车上险数据统计，2023年我国新能源汽车前十省市销量合计502.5万辆，占全国新能源汽车销量的66%。广东、浙江、江苏、山东、河南销量均超50万辆，分别位居一至五位（见图12）。

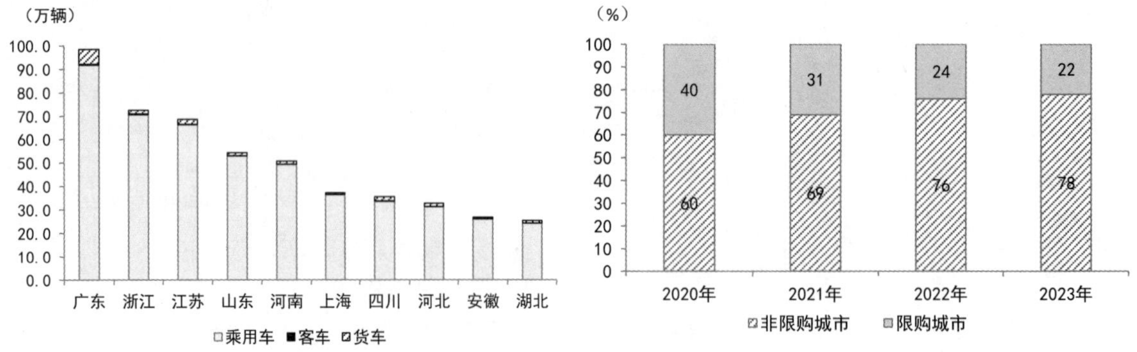

图12　2023年新能源汽车销量前十省市及2020—2023年新能源乘用车销量分布区域

资料来源：机动车保险数据。

（二）市场结构持续优化，私人消费占比近八成

经过多年市场培育和积累，我国新能源汽车私人消费市场逐步打开，私人消费占比保持较高水平。2023年新能源乘用车私人消费占比达79%，与2022年基本持平，但明显高于2020年及之前水平。非私人消费方面，市场主要集中在企事业单位用车、出租租赁、运输类货车、环卫工程车、城市公交等领域，2023年销量分别为87.6万辆、68.9万辆、23.7万辆、3.9万辆和2.6万辆（见图13）。

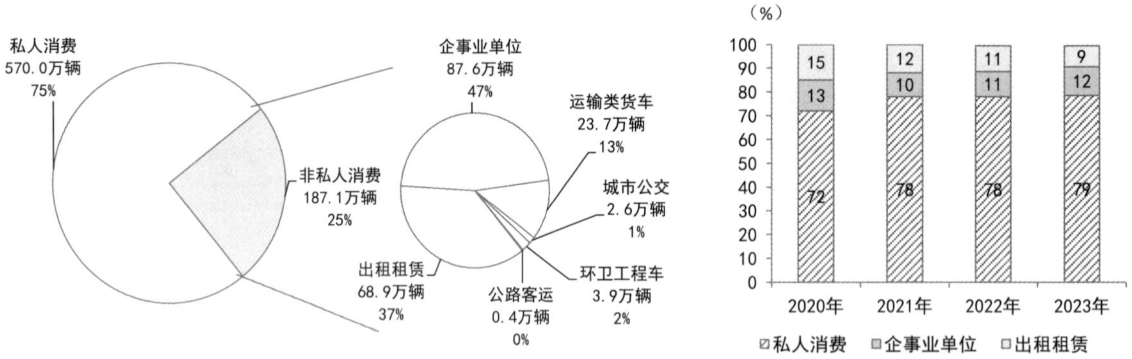

图13　2023年新能源汽车销量前十省市及2020—2023年新能源乘用车销量分布区域

资料来源：机动车保险数据。

（中国汽车技术研究中心有限公司　李佳峻　刘可歆　李庆升　方继开）

注：转载自中国汽车技术研究中心、日产（中国）投资有限公司、东风汽车有限公司编著的《新能源汽车蓝皮书——中国新能源汽车产业发展报告（2024）》。

2023年全球新能源汽车市场

2023年我国新能源汽车产销继续增长，市场规模自2015年起连续9年位居世界首位。分车型结构来看，新能源乘用车由高低两端向中端主流市场靠拢，新能源客车市场集中度快速提升，新能源货车电动化步伐加快。分动力类型来看，纯电动车型仍占据我国新能源汽车市场主导地位，插电式混合动力汽车销量同比增长84%，燃料电池车型及产品进一步丰富。展望未来，新能源汽车作为新增长点，有望在促消费、稳经济方面发挥更大作用。在政策利好、产品丰富等有利因素推动下，多领域有望出现新增量。同时，在整体市场趋稳背景下，新能源汽车市场结构正由增量发展向存量竞争转变，市场竞争更趋激烈化和复杂化。

一、整体概况：全球新能源汽车市场快速增长，总体规模不断扩大

（一）全球新能源汽车销量突破1500万辆，市场渗透率持续提升

2023年全球新能源汽车市场保持稳定增长，全年销量达1520.6万辆，同比增长35.0%，增量达393.9万辆。截至2023年底，全球新能源汽车累计销量近4500万辆，全球新能源汽车市场渗透率快速提升，由2022年的14.2%增长至2023年的17.4%，提升3.2个百分点（见图1）。

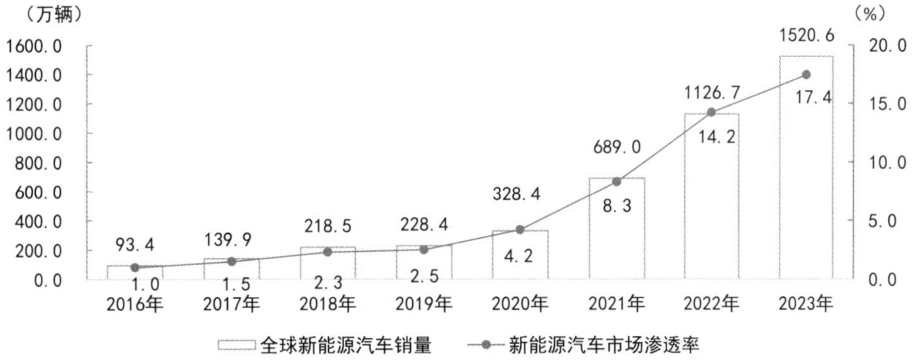

图1　2016—2023年全球新能源汽车销量及市场渗透率

资料来源：EV Volumes，中国汽车工业协会。

（二）纯电动车型依旧占主导地位，插电混动市场份额开始提升

从动力类型分布来看，2023年全球纯电动汽车、插电式混合动力汽车、燃料电池汽车销量分别为1091.8万辆、427.3万辆和1.5万辆，纯电动汽车和插电式混合动力汽车同比分别增长30.2%和49.3%，燃料电池汽车同比下降21.4%，市场占比分别为71.8%、28.1%和0.1%。

2023年以来，部分企业加强插电式混合动力产品布局，比亚迪海豹DM-i、魏牌高山DHT-PHEV、坦克300 PHEV、吉利银河L6、长安深蓝S7、启源A07增程版等插混车型纷纷上市量产，吉利、斯特兰蒂斯、奔驰、长安、长城、东风等主要企业插电式车型销量占集团整体新能源汽车销量的比例分别提升4个、5个、6个、29个、39个及31个百分点，带动全球插电式混合动力汽车份额提升了2.7个百分点（见图2）。

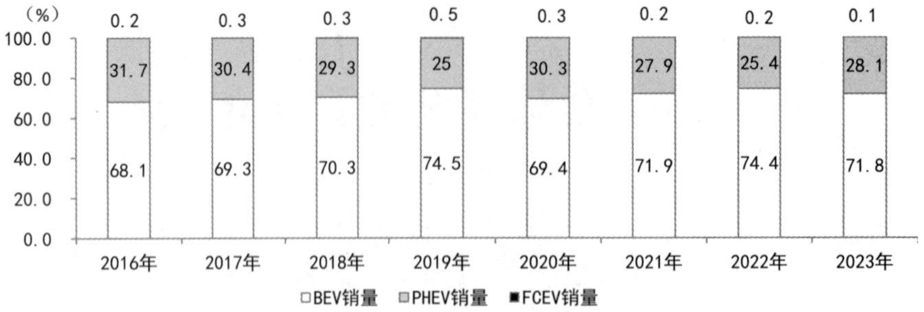

图2　2016—2023年全球新能源汽车动力类型分布

资料来源：EV Volumes，中国汽车工业协会。

（三）整体市场结构趋于稳定，乘用车结构明显调整

2023年全球新能源乘用车、商用车销量分别为1450.6万辆和70.0万辆，同比分别增长35.1%和32.6%，市场占比分别为95.4%和4.6%。2020年以来，全球新能源汽车市场结构趋于平稳，新能源乘用车市场份额稳定在95%左右，新能源商用车市场份额稳定在5%左右（见图3）。

图3　2016—2023年全球新能源汽车车型分布

资料来源：EV Volumes，中国汽车工业协会。

分车型级别来看，2023年全球新能源乘用车中，A00级、A0级、A级、B级、C级及以上新能源乘用车销量分别为99.3万辆、94.5万辆、560.8万辆、356.5万辆和248.9万辆，同比分别增长-32.0%、40.7%、51.9%、23.4%和78.7%。其中，A级、C级及以上乘用车增幅明显，A级乘用车市场份额由2022年的36.5%增长至41.2%，同比增长4.7个百分点，主要得益于比亚迪 宋Pro/Plus、比亚迪元Plus、比亚迪秦Plus、广汽Aion Y、广汽Aion S、大众ID.3、大众ID.4、奥迪Q4等A级新能源乘用车实现热销，年销量均超10万辆；C级及以上乘用车市场份额由2022年的13.7%增长到18.3%，同比增长4.6个百分点，理想L7、比亚迪 汉、理想L8、极氪 001等C级及以上新能源乘用车全球销量均超过5万辆（见图4）。

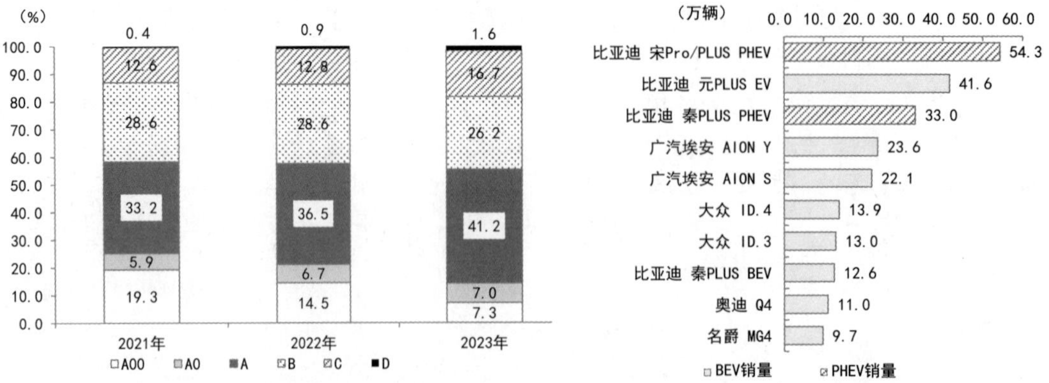

图4　2021—2023年全球新能源乘用车分车型级别销量分布及2023年主要A级乘用车销量情况

资料来源：EV Volumes。

二、市场结构：头部企业集中度较高，一批中系品牌进入前列

（一）主要系别企业销量均有增长，中系企业占比提升

全球新能源汽车企业一直以中系、欧系、美系为主，2023年中系、欧系、美系企业全球新能源汽车销量分别达750.8万辆、301.2万辆和235.0万辆，同比分别增长47.3%、33.5%和38.7%，销量占比分别为53.3%、21.4%和16.7%，合计占比91.4%。其中，中系企业新能源汽车销量占比由2022年的50.4%上升至2023年的53.3%，同比增长2.9个百分点；韩系企业新能源汽车销量55.1万辆，同比增长15.4%；日系企业新能源汽车销量53.5万辆，同比下降1.3%，韩系、日系企业销量占比均在5%以下（见图5）。

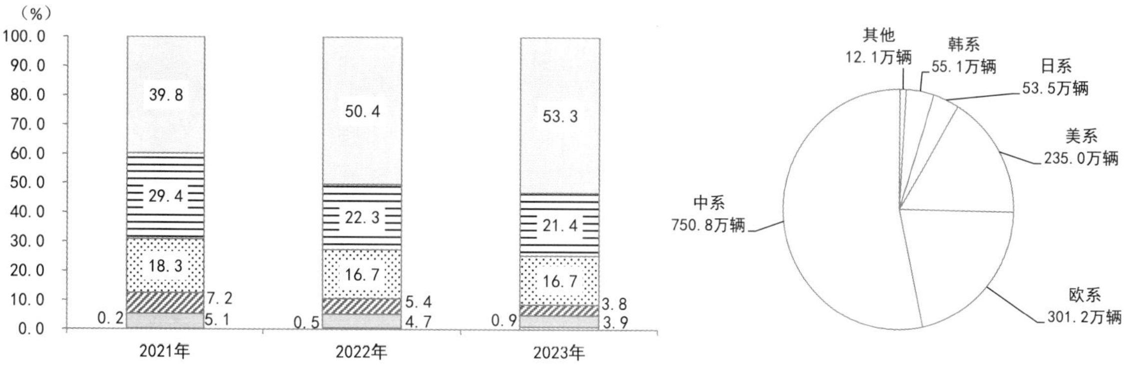

图5　2021—2023年全球新能源乘用车分系别销量占比及2023年分系别销量分布

资料来源：EV Volumes。

（二）新能源乘用车市场集中度较高，前十企业占比超六成

2023年全球新能源乘用车销量前十企业合计销售981.8万辆，市场占比达64.6%。比亚迪、特斯拉、大众集团位列前三位，销量分别为284.5万辆、179.2万辆和98.7万辆，全球市场占比分别为18.7%、11.8%和6.5%。吉利集团、上汽集团、广汽集团、现代起亚、斯特兰蒂斯、戴姆勒、宝马分别位列全球新能源汽车销量第四至十位，销量均超过45万辆，全球市场占比均超过3%。

分技术路线来看，全球销量前十企业基本实现纯电动和插电式混合动力多技术路线布局，其中，特斯拉全部为纯电动车型；大众集团、上汽集团、广汽集团、现代起亚以纯电动车型为主，销量占比超过70%，吉利集团、戴姆勒、宝马纯电动车型销量占比超60%；比亚迪、斯特兰蒂斯技术路线布局相对均衡，纯电动与插电式混合动力车型销量比例接近1∶1，其中比亚迪纯电动车型销量占比53.8%，斯特兰蒂斯插电式混合动力车型销量占比达到53.1%，略高于纯电动车型销量占比（见图6）。

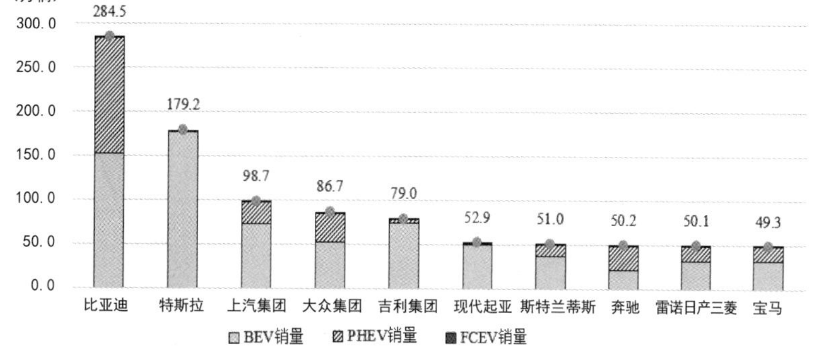

图6　2023年全球新能源乘用车销量企业排名情况

资料来源：EV Volumes。

（三）新能源乘用车产品日益丰富，中系车型进入全球前列

2023年全球在售的新能源乘用车车型超过670款，其中纯电动车型约440款，插电式混合动力车型约220款，燃料电池车型8款。排名前二十车型销量合计563.4万辆，市场占比达37.1%。特斯拉 Model Y、比亚迪 宋Plus PHEV、特斯拉Model 3、比亚迪 元Plus EV、比亚迪 海豚位列全球新能源乘用车销量前五名。此外，比亚迪 秦Plus PHEV、比亚迪 海鸥、上汽通用五菱宏光MINI EV、广汽埃安 AION.Y、广汽埃安 AION.S、上汽通用五菱 缤果、长安 糯玉米、大众 ID.3、理想L7、大众ID.4、比亚迪 秦Plus BEV、比亚迪 唐 PHEV、比亚迪 汉 PHEV、理想L8、理想L9等中系品牌车型也进入全球新能源乘用车销量前二十（见图7）。

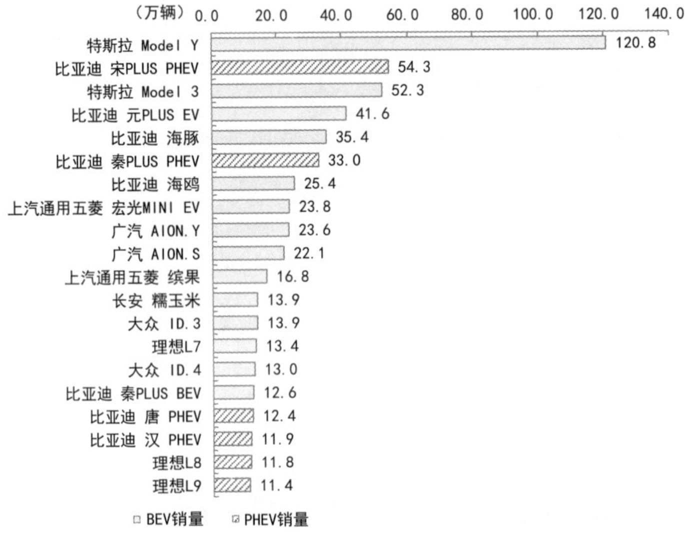

图7　2023年全球销量排名前二十新能源乘用车车型

资料来源：EV Volumes。

三、区域特征：全球产业格局保持稳定，中欧美仍为主要市场

（一）“三足鼎立”区域格局依旧，新兴市场电动化发展提速

全球新能源汽车市场主要集中在东亚、欧洲、北美三个区域，新能源汽车销量合计占比长期维持在95%以上。2023年，东亚、欧洲、北美新能源汽车销量分别为981.5万辆、320.8万辆和163.2万辆，合计销量全球占比达96.4%，“三足鼎立”区域发展格局保持稳定，中欧美仍为主要市场。

分国家来看，中国、美国、德国、英国、法国、比利时、瑞典、韩国、荷兰、加拿大2023年新能源汽车销量分别完成949.5万辆、146.6万辆、72.0万辆、47.8万辆、47.5万辆、19.7万辆、18.1万辆、17.4万辆、17.0万辆和15.1万辆，位列全球前十位，合计占比达88.8%。其中，中国新能源汽车销量同比增长37.9%，全球销量占比由2022年的61%提升至63%，同比增长1.4个百分点。美国、英国、法国分别实现47.0%、23.8%和34.5%的同比增长，德国同比下降14.9%。

部分国家新能源汽车销量大幅增长，新兴市场加速布局。2023年，比利时、澳大利亚、泰国、土耳其、巴西、越南、马来西亚等国新能源汽车销量同比分别增长95.6%、151.3%、281.5%、780.5%、359.1%、287.8%和179.3%。其中，中国与东盟各国在电动汽车领域合作进一步加深，泰国、印度尼西亚、新加坡和马来西亚等主要东南亚国家纷纷出台优惠政策，采取补贴等激励措施，以比亚迪、长城、吉利等为代表的中国车企陆续开启当地产业链建设，长安、广汽、奇瑞等企业也在加速东盟市场布局（见图8）。

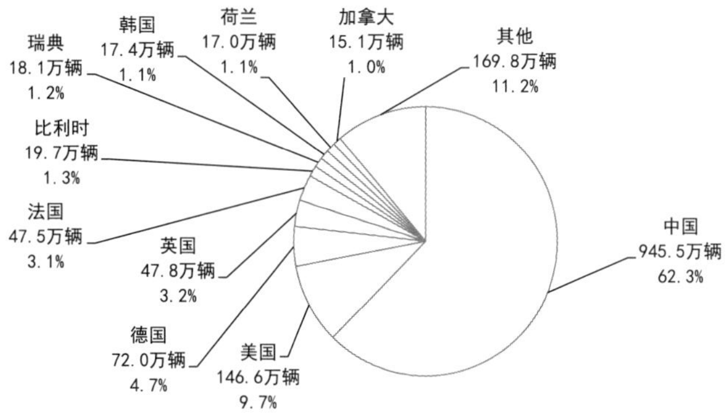

图8　2023年全球主要国家新能源汽车销量及全球占比

资料来源：EV Volumes，中国汽车工业协会。

（二）欧洲市场稳中有升，面临补贴政策退潮及成本上升等挑战

2023年欧洲新能源汽车销量达320.8万辆，同比增长18.2%。其中，德国、英国、法国、比利时、瑞典位列欧洲新能源汽车销量前五，销量分别为72.0万辆、47.8万辆、47.5万辆、19.7万辆和18.1万辆，合计占欧洲新能源汽车总销量的64%。除德国和挪威外，欧洲主要国家新能源汽车销量均实现正增长。德国作为欧洲最大的新能源汽车市场，2023年销量72.0万辆，受补贴退坡的影响，同比下降14.6%；受市场饱和影响，挪威2023年新能源汽车销量12.2万辆，同比下降24.4%，但仍为全球新能源汽车市场渗透率第一的国家，渗透率达到74.3%。

从支持政策来看，欧洲主要国家补贴支持力度正逐步减弱。2023年9月，德国经济部宣布对B端纯电车型取消补贴，C端补贴计划保留至2024年底，补贴对象调整为售价低于4.5万欧元的纯电车型，补贴额度为4500欧元/辆。但为应对预算缺口，该补贴政策提前至2023年12月18日结束，之前已经获批的补贴仍将继续发放，但不再接受新的申请。2023年6月，英国也宣布取消对每辆电动汽车1500英镑补贴的政策，意味着英国于2011年开始的电动汽车补贴计划正式结束。法国则逐渐收紧对电动汽车补贴的限制，在2021年的7000欧元的基础上，2022年将激励金额减少至6000欧元，2023年12月15日宣布再次收紧对欧洲制造的电动汽车补贴金额上限。

从产品成本来看，欧洲大宗商品价格走高叠加能源价格上涨，新能源汽车生产及使用成本均出现明显上升。受俄乌冲突持续、巴以新一轮冲突影响，欧洲车企面临较大程度的芯片、线束等关键零部件短缺和价格上涨问题，部分车企难以转嫁原材料、能源及物流等成本上涨带来的冲击，选择停工停产，产能损失较大。同时煤炭、天然气及原油价格走高也导致电价上涨，推升新能源汽车用户使用成本。受整体经济疲软、融资成本高以及地缘政治紧张等因素影响，欧洲用车企业购车意愿正大幅下降，而补贴减少和电价上涨则进一步抑制了私人消费者的购买意愿，预计欧洲新能源汽车市场未来增势将趋于缓和，甚至出现一定程度的停滞（见图9）。

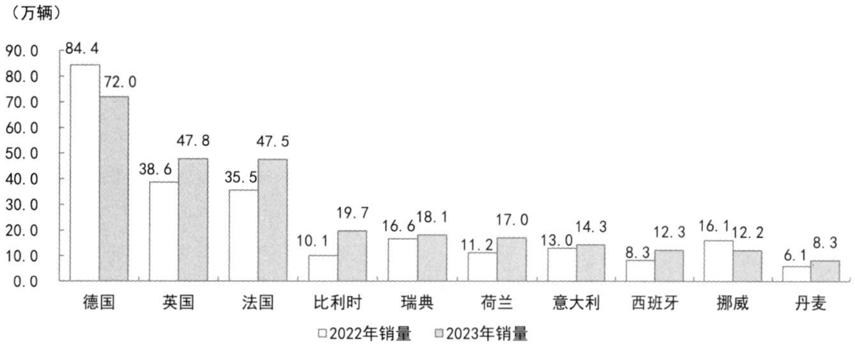

图9　2023年欧洲主要国家新能源汽车销量及同比增长情况

资料来源：EV Volumes。

（三）美国加快电动化步伐，本地企业市场优势明显

2023年美国新能源汽车销量达146.5万辆，同比增长47.0%，占全球市场总量的9.5%，居全球第二位，连续两年成为全球增量第二大的新能源汽车市场。从企业分布来看，特斯拉、斯特兰蒂斯（含吉普及克莱斯勒）、现代起亚、福特、大众位居美国新能源汽车销量前五位。前五企业中包括三家美系品牌，合计占比59.5%，其中特斯拉市场份额达到43.6%，领先优势明显。从主销车型来看，特斯拉 Model Y、特斯拉 Model 3、吉普牧马人 PHEV、吉普大切诺基 PHEV、福特 Mustang Mach－E、雪佛兰 Bolt、大众 ID.4分别位列美国新能源汽车销量前七，分别占美国新能源汽车整体销量的25.9%、15.1%、4.6%、3.1%、2.8%、2.7% 及2.6%。

美国拜登政府将“应对气候变化”作为其执政重点，将发展新能源汽车列为实现气候计划的重要任务之一，并对电动汽车个税抵免优惠设置了关键原材料来源地和北美本地化生产制造等条件，加大力度建立完善电动汽车产业链回流。2023年4月17日，美国政府发布《通胀削减法案》实施细则，公布了可以获得个税抵免优惠的电动汽车车型名单，包含15家企业的43款车型。其中，美国企业8家，德国企业4家，日本、韩国、瑞典企业各1家。为进一步加大对产业链的自主掌控力度，2023年12月1日美国能源部公布了关于“外国敏感实体”的解释细则，提出从2024年开始，符合减免条件的电动车辆不得包含任何由“外国敏感实体”制造或组装的电池组件，并且从2025年开始，符合减免条件的电动车辆不得包含任何由“外国敏感实体”提取、加工或回收的关键矿物（见图10）。

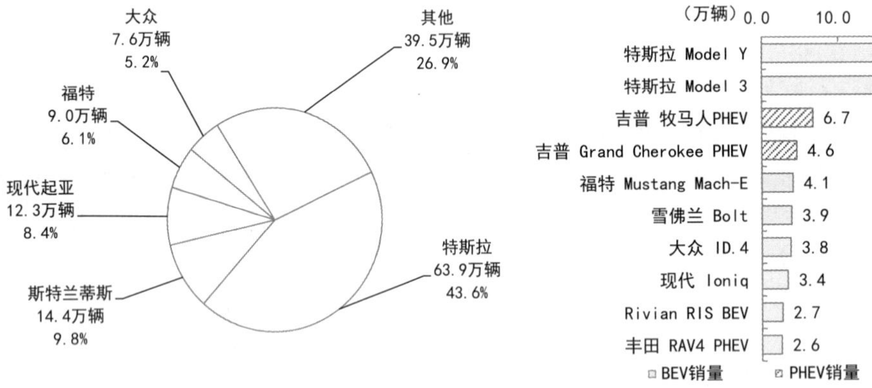

图10　2023年美国新能源汽车企业及主销车型销量分布

资料来源：EV Volumes。

近年来，国际形势和疫情冲击给产业链、供应链带来重大挑战，产业安全受到各国高度重视，全球产业链供应链分工布局也开始由一体化向区域化、多元化方向转变。部分汽车大国积极加大对新能源汽车产业的扶持力度，在注重刺激市场消费的同时紧抓产业变革趋势，强化对下一代智能化新能源汽车所需技术的支持。同时，汽车供应链将从“全球标准化”转向“区域差异化”，以满足本土消费者需求，并从欧美推动创新逐步发展为中美欧创新并驾齐驱；与此同时，跨国供应链仍将持续深化，未来或将形成东亚、欧洲、美洲三大新能源汽车供应链集群。预计全球新能源汽车市场规模将持续增长，竞争也将更加激烈，并扩展至产业链、技术链、价值链等各领域。

（中国汽车技术研究中心有限公司　李逸凡　李佳峻　刘可歆　梁金桥　周玮）

注：转载自中国汽车技术研究中心、日产（中国）投资有限公司、东风汽车有限公司编著的《新能源汽车蓝皮书——中国新能源汽车产业发展报告（2024）》。

2023年中国新能源乘用车市场

2023年全国新能源乘用车累计批发887万辆，同比增长36%。2023年下半年以来新能源车市保持高位销量攀升走势。2023年以来全国新能源乘用车累计零售775万辆，同比增长36%。2023年以来累计出口104万辆，同比增长71%。12月促消费政策声势大，新能源车促销持续拉升，新能源消费需求有所释放。随着碳酸锂价格的持续下行和油价的上涨，国内新能源制造成本和使用成本优势仍然显著，有利于第四季度新能源车市场持续增长。

一、2023年新能源乘用车市场

（一）2023年新能源乘用车走势

2023年新能源乘用车累计批发887万辆，同比增长36%。从1月的38.9万辆到12月的110.8万辆，月度环比走势上升较快（见图1）。

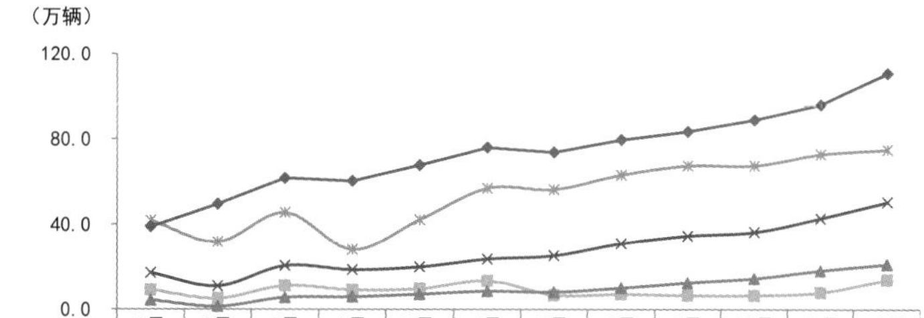

	1月	2月	3月	4月	5月	6月	7月	8月	9月	10月	11月	12月
2019年	9.1	5.1	11.1	9.2	9.7	13.4	6.7	7.1	6.5	6.6	7.9	13.8
2020年	4.3	1.4	5.6	5.9	7.1	8.5	8.1	10.1	12.5	14.5	18.2	21.1
2021年	17.1	10.9	20.5	18.6	19.9	23.6	25.2	30.9	34.6	36.4	42.9	50.5
2022年	41.8	31.7	45.5	28.1	42.2	57.0	56.4	63.2	67.5	67.6	72.8	75.0
2023年	38.9	49.5	61.8	60.4	67.8	76.0	73.8	79.6	83.5	88.9	96.1	110.8

图1　2019—2023年中国新能源乘用车月度批发量

资料来源：乘用车市场信息联席会（以下图表资料来源相同，不再赘述）。

2023年，各季度的销量逐步提升，这是受到年末行业冲刺因素和价格促销的因素影响的较强走势。虽然新能源补贴退坡，但2023年新能源车市场持续走强的趋势总体没受影响（见表1）。

表1　2018—2023年中国新能源乘用车季度批发量及同比增速　　单位：万辆，%

新能源乘用车批发	第一季度		第二季度		第三季度		第四季度		全年	
	销量	同比增速	销量	同比增速	销量	同比增速	销量	同比增速	销量	同比增速
2018年	12	135	23	112	25	65	42	72	102	84
2019年	25	117	32	39	20	-20	28	-33	106	4
2020年	11	-56	22	-33	31	51	54	90	117	10
2021年	48	331	62	189	91	197	130	141	331	183
2022年	119	145	127	105	187	106	216	66	649	96
2023年	150	26	204	60	237	26	296	37	887	36

（二）2023年新能源车零售走势

2023年新能源车市场零售持续走强，2023年以来累计零售775万辆，同比增长36%。其中12月94.5万辆，同比增长47%，环比增长12%。新能源车市场零售呈现逐月走强的走势特征，各季度环比增长较大。年初部分车企降价增量，带动新能源市场竞争激化。新能源主力车企销量持续走强，其他车企跟进竞争，市场新品降价的增量效果明显（见图2）。

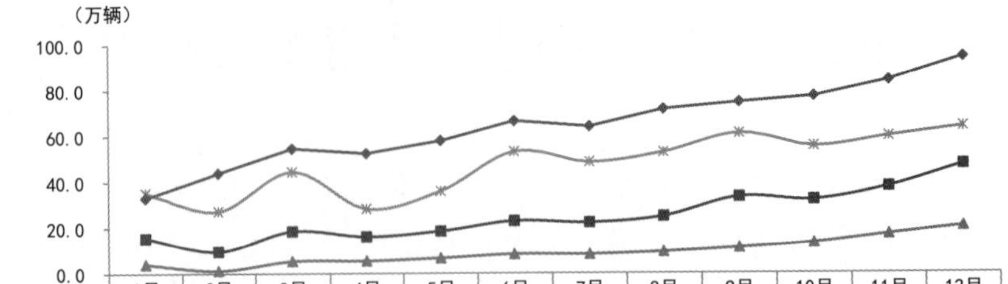

	1月	2月	3月	4月	5月	6月	7月	8月	9月	10月	11月	12月
2020年	4.1	1.2	5.4	5.5	6.7	8.3	8.3	9.3	11.0	13.3	17.0	20.6
2021年	15.5	9.7	18.5	16.1	18.5	23.0	22.2	24.9	33.4	32.1	37.8	47.5
2022年	35.2	27.3	44.5	28.3	36.0	53.1	48.6	52.9	61.1	55.6	59.8	64.0
2023年	33.1	43.9	54.6	52.5	58.0	66.5	64.1	71.6	74.6	77.2	84.2	94.5

图2 2020—2023年中国新能源乘用车月度零售量

（三）2023年新能源乘用车出口走势

2023年以来乘用车累计出口104万辆，同比增长71%。12月新能源车出口10.2万辆，同比增长40%，环比增长19%。

2023年新能源乘用车出口开局良好，1—10月保持强势增长态势。自主新能源车出口较好，但11—12月出口偏低，由于出口需求增长放缓的影响，海外库存增长和价格下跌，年末同比增速较低（见图3）。

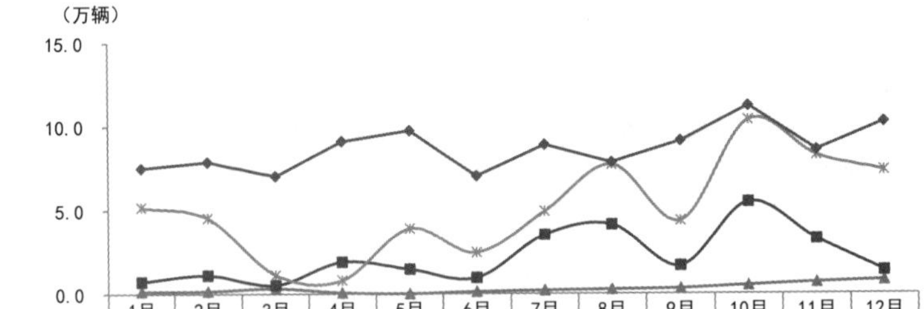

	1月	2月	3月	4月	5月	6月	7月	8月	9月	10月	11月	12月
2020年	0.2	0.2	0.3	0.1	0.0	0.1	0.2	0.3	0.3	0.5	0.7	0.8
2021年	0.7	1.1	0.5	1.9	1.5	1.0	3.5	4.1	1.7	5.5	3.3	1.4
2022年	5.2	4.5	1.1	0.8	3.9	2.5	4.9	7.7	4.4	10.4	8.3	7.4
2023年	7.5	7.9	7.0	9.1	9.7	7.0	8.9	7.8	9.1	11.2	8.6	10.2

图3 2020—2023年中国新能源乘用车月度出口走势

（四）2023年乘用车市场动力走势

2023年传统车批发销量与新能源车厂商相比走势明显分化，燃油车环比走势相对平缓，纯电动环比走强明显。插混与普混走势分化，增程式的市场推动较强，近期增程超越普混的销量走势。混合动力车型的走势相对低迷，而增程与插混车型前几个月上升较快（见图4）。

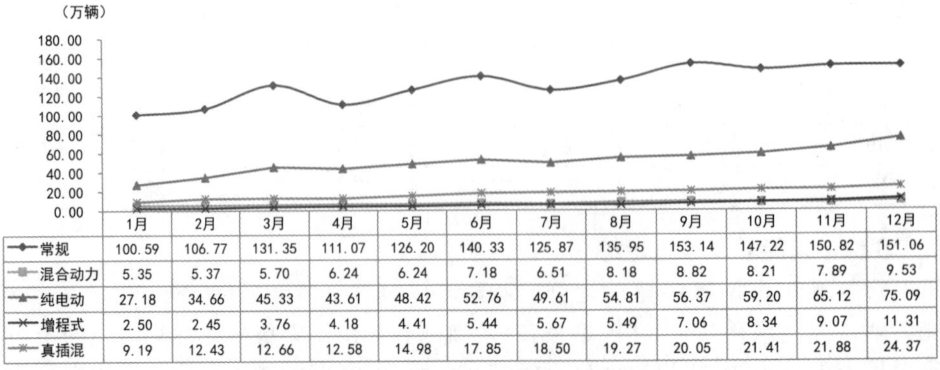

	1月	2月	3月	4月	5月	6月	7月	8月	9月	10月	11月	12月
常规	100.59	106.77	131.35	111.07	126.20	140.33	125.87	135.95	153.14	147.22	150.82	151.06
混合动力	5.35	5.37	5.70	6.24	6.24	7.18	6.51	8.18	8.82	8.21	7.89	9.53
纯电动	27.18	34.66	45.33	43.61	48.42	52.76	49.61	54.81	56.37	59.20	65.12	75.09
增程式	2.50	2.45	3.76	4.18	4.41	5.44	5.67	5.49	7.06	8.34	9.07	11.31
真插混	9.19	12.43	12.66	12.58	14.98	17.85	18.50	19.27	20.05	21.41	21.88	24.37

图4 2023年分燃料类型乘用车月度批发量

（五）全国新能源渗透率——批发

2023年新能源车厂商批发渗透率34.75%，12月新能源车厂商批发渗透率40.82%，持续走强（见图5）。

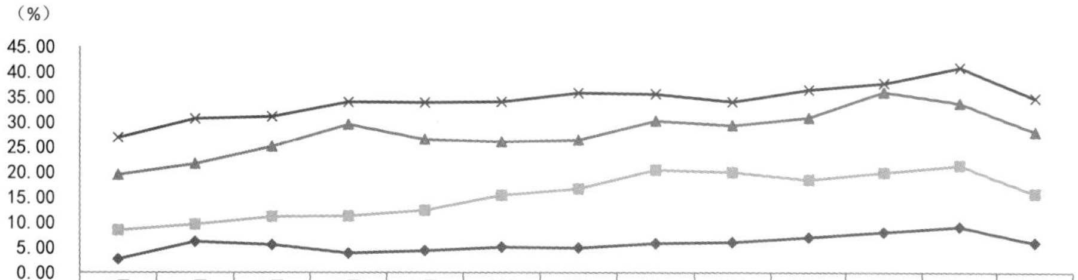

	1月	2月	3月	4月	5月	6月	7月	8月	9月	10月	11月	12月	年度
2020年	2.65	6.13	5.50	3.85	4.35	5.04	4.92	5.79	6.02	6.97	8.03	9.07	5.91
2021年	8.39	9.55	11.10	11.22	12.36	15.35	16.64	20.40	19.93	18.43	19.89	21.29	15.69
2022年	19.42	21.61	25.08	29.52	26.51	26.04	26.43	30.24	29.33	30.87	35.97	33.76	28.06
2023年	26.84	30.64	31.06	33.97	33.86	34.01	35.79	35.57	34.01	36.40	37.71	40.82	34.75

图5　2020—2023年中国新能源乘用车月度批发量渗透率

2023年各类企业的新能源渗透率差异巨大。自主品牌新能源车渗透率50.7%，豪华车中的新能源车渗透率33.4%，而主流合资品牌新能源车渗透率仅有5.6%（见表2）。

表2　2018—2023年中国新能源乘用车分品牌批发量及渗透率　　单位：万辆，%

类型	豪华批发量		主流合资批发量		自主批发量		总体批发量		渗透率			
	传统	新能源	传统	新能源	传统	新能源	传统	新能源	豪华	主流合资	自主	总体
2018年	194	2	1143	2	801	96	2138	100	1.2	0.1	10.7	4.5
2019年	217	3	1072	8	679	91	1968	103	1.5	0.8	11.8	5.0
2020年	238	18	983	10	596	83	1818	111	7.0	1.0	12.2	5.8
2021年	234	57	871	22	673	253	1778	331	19.5	2.4	27.3	15.7
2022年	225	84	817	36	624	520	1666	640	27.3	4.2	45.5	27.8
2023年	226	113	730	44	710	730	1666	887	33.4	5.6	50.7	34.7

（六）全国新能源渗透率——零售

2023年全年渗透率为35.71%，较上年提升了8.07个百分点。其中，12月新能源车国内零售渗透率为40.15%，较上年同期提升了10.57个百分点（见图6）。

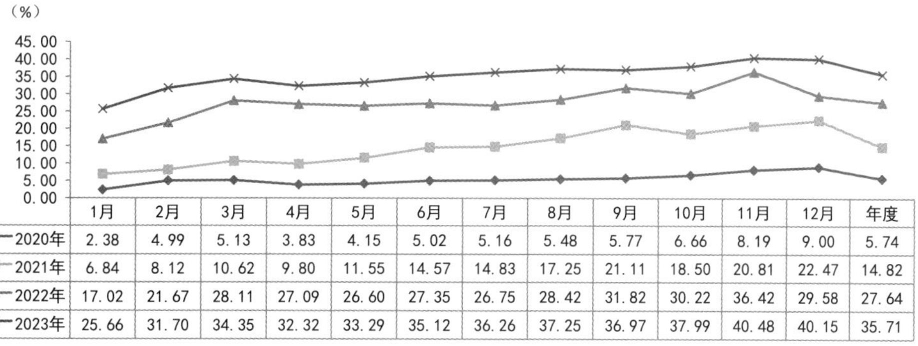

	1月	2月	3月	4月	5月	6月	7月	8月	9月	10月	11月	12月	年度
2020年	2.38	4.99	5.13	3.83	4.15	5.02	5.16	5.48	5.77	6.66	8.19	9.00	5.74
2021年	6.84	8.12	10.62	9.80	11.55	14.57	14.83	17.25	21.11	18.50	20.81	22.47	14.82
2022年	17.02	21.67	28.11	27.09	26.60	27.35	26.75	28.42	31.82	30.22	36.42	29.58	27.64
2023年	25.66	31.70	34.35	32.32	33.29	35.12	36.26	37.25	36.97	37.99	40.48	40.15	35.71

图6　2020—2023年中国新能源乘用车月度零售量渗透率

2023年新能源车国内零售渗透率为35.7%，其中自主品牌的新能源车渗透率为58.4%；豪华车的新能源车渗透率为25.9%；而主流合资品牌新能源车渗透率仅为5.4%。12月的新能源车国内零售渗透率为40.2%，其中自主品牌的新能源车渗透率为64.6%；豪华车的新能源车渗透率为

29.5%；而主流合资品牌中的新能源车渗透率仅为6.0%（见表3）。

表3 2018—2023年中国新能源乘用车分品牌零售量及渗透率 单位：万辆，%

类型	豪华零售量		主流合资零售量		自主零售量		总体零售量		渗透率			
	传统	新能源	传统	新能源	传统	新能源	传统	新能源	豪华	主流合资	自主	总体
2018年	194	2	1143	2	801	96	2138	100	1.2	0.1	10.7	4.5
2019年	217	3	1072	8	679	91	1968	103	1.5	0.8	11.8	5.0
2020年	238	18	983	10	596	83	1818	111	7.0	1.0	12.2	5.8
2021年	234	40	900	21	582	237	1717	299	14.6	2.3	28.9	14.8
2022年	222	56	782	35	484	468	1488	558	20.1	4.3	49.1	27.3
2023年	226	79	702	40	467	656	1395	775	25.9	5.4	58.4	35.7

二、新能源乘用车市场结构分析

（一）2023年新能源车的插混走强

2023年全年纯电动612.2万辆，增长22%；12月纯电动批发销量75万辆，同比增长33%，环比增长15%。2023年插混累计批发205.2万辆，同比增长85%。12月插混总体销量35.7万辆，同比增长92%，环比增长15%（见表4）。

表4 2020—2023年中国新能源乘用车分车型销量及市场份额 单位：万辆，%

新能源类别	车型	销量				市场份额			
		2020年	2021年	2022年	2023年	2020年	2021年	2022年	2023年
纯电动	轿车	74.0	189.4	308.8	347.6	77	69	62	57
	MPV	0.7	3.7	6.7	8.6	1	1	1	1
	SUV	21.8	80.3	186.0	255.9	23	29	37	42
纯电动合计		96.6	273.4	501.5	612.2	82	83	77	69
增程式	轿车	0.0	0.0	2.3	9.0	0	0	9	13
	MPV	0.0	0.0	0.6	2.2	0	0	3	3
	SUV	3.3	10.5	21.7	58.5	100	100	88	84
增程式合计		3.3	10.5	24.7	69.7	3	3	4	8
插混	轿车	9.7	22.8	50.2	73.4	54	48	41	36
	MPV	0.5	0.6	2.5	14.0	3	1	2	7
	SUV	7.6	23.7	71.3	117.7	43	50	58	57
插电混动合计		17.8	47.2	124.0	205.2	15	14	19	23
新能源乘用车		117.8	331.0	650.1	887.0	100.0	100.0	100.0	100.0

（二）新能源车各级别走势

2023年纯电动市场A00和A0级经济型电动车市场崛起，其中，A00级12月批发销量16.1万辆，同比增长8%，环比增长21%，占纯电动的21%份额，同比下降5个百分点；12月A0级批发销量22.8万辆，占纯电动的30%份额，同比增加10个百分点；A级电动车14.3万辆，占纯电动份额19%，同比下降10个百分点；B级电动车销量20.2万辆，同比增长47%，环比增长12%，占纯电动份额27%。各级别电动车销量相对分化（见表5）。

表5　2020—2023年中国新能源乘用车分级别销量及市场份额　　单位：万辆，%

新能源类别	级别	销量				市场份额			
		2020年	2021年	2022年	2023年	2020年	2021年	2022年	2023年
纯电动	A00	31.6	98.6	139.9	100.8	32.8	36.1	27.9	16.5
	A0	10.5	30.6	94.4	194.6	10.9	11.2	18.8	31.8
	A	29.5	60.8	123.4	119.3	30.6	22.2	24.6	19.5
	B	23.8	79.1	135.0	182.4	24.6	28.9	26.9	29.8
	C	1.1	4.2	8.9	15.1	1.2	1.6	1.8	2.5
纯电动合计		96.6	273.4	501.5	612.2	82.0	82.6	77.1	69.0
增程式合计		3.3	10.5	24.7	69.7	2.8	3.2	3.8	7.9
插混合计		17.8	47.2	124.0	205.2	15.1	14.3	19.1	23.1

（三）新能源车自主品牌走强

自主品牌的纯电动市场占据较大优势，表现回落，合资新能源表现有明显改善。新势力自主新能源表现稍有改善。插混的比亚迪优势继续保持，吉利长城逐步崛起（见表6）。

表6　2020—2023年中国新能源乘用车分品牌销量及市场份额　　单位：万辆，%

新能源类别	品牌	销量				市场份额			
		2020年	2021年	2022年	2023年	2020年	2021年	2022年	2023年
纯电动	外资	14.4	48.4	71.1	94.8	15.0	17.7	14.2	15.5
	豪华	0.9	3.6	7.7	16.3	0.9	1.3	1.5	2.7
	主流合资	5.5	13.3	25.6	40.4	5.7	4.9	5.1	6.6
	新势力	13.7	44.1	67.8	58.2	14.2	16.1	13.5	9.5
	自主	62.1	164.0	329.4	402.5	64.3	60.0	65.7	65.8
纯电动合计		96.6	273.4	501.5	612.2	82.0	82.6	77.1	69.0
插混	豪华	3.7	4.7	5.7	2.2	17.4	8.1	3.8	0.8
	主流合资	5.7	7.0	7.3	6.3	26.9	12.2	4.9	2.3
	新势力	3.3	9.9	21.0	52.0	15.8	17.2	14.1	18.9
	自主	8.4	36.0	114.6	214.3	39.9	62.5	77.1	78.0
插混合计		21.2	57.6	148.6	274.9	18.0	17.4	22.9	31.0

（四）纯电动车暂时走弱

2023年全年新能源批发结构中，纯电动69.0%、增程式7.9%、插混23.1%。12月新能源批发结构中，纯电动67.8%、增程式10.2%、插混22.0%，增程式有效弥补纯电动的续航焦虑。

纯电动走弱，插混走强，形成插混对油车的替代较强，而纯电动乘用车需求尚未进一步延伸到A级主流市场。目前碳酸锂价格下跌，已经到15万辆，必然带来电动车成本下降，随着碳酸锂价格下降，有可能引起消费观望和企业等待的现象（见表7）。

表7　2021—2023年中国新能源乘用车分能源类型销量及市场份额　　单位：万辆，%

新能源类别	类型	销量				市场份额			
		2021年	2022年	2023年	2023年12月	2021年	2022年	2023年	2023年12月
批发	纯电动	274.7	507.8	612.2	75.1	82.7	77.4	69.0	67.8
	增程式	10.5	24.7	69.7	11.3	3.1	3.8	7.9	10.2
	插混	47.2	124.0	205.2	24.4	14.2	18.9	23.1	22.0
零售	纯电动	245.6	431.4	515.5	59.8	81.8	75.2	66.5	63.3
	增程式	10.5	24.1	68.5	11.1	3.5	4.2	8.8	11.8
	插混	44.0	118.0	190.9	23.6	14.7	20.6	24.6	24.9

三、新能源总体市场走势

（一）新能源车新品表现

2023年12月行业推出新车偏新能源较多，自主的新品推出力度大，自主中高端SUV新车较多。这些新车有些是新车型，有些是改款改名字的新车型，更多的是新能源车型。

（二）新能源车促销价格表现

新能源车的促销也是逐步达到高位，12月新能源车促销力度尤为明显增大，已经达到2022年以来的历史高位促销水平。

（三）新能源车细分市场变化

2023年新能源车的核心市场仍是家庭第二辆车。2023年纯电动的核心市场是A0级和B级电动车市场，A0级纯电动12月走势很强，而A00级纯电动年末冲刺。

2023年12月的新能源各细分市场走势差异较大，但市场总体表现还好。B级电动车2022年8—12月开始暴增回升，2023年2—12月保持平稳增长。

前期A00级纯电动车市场始终保持在主力地位。2023年A00级低迷，消费升级的态势和县乡入门级需求偏弱影响较大，但自主的主力厂家经济型总体表现较强。

A级电动车市场仍是网约车和出租的需求，近期稍有回落。近期私人需求的A级电动车走势较平稳。受网约出租需求驱动，A级纯电动车市场12月弱于插混（见图7）。

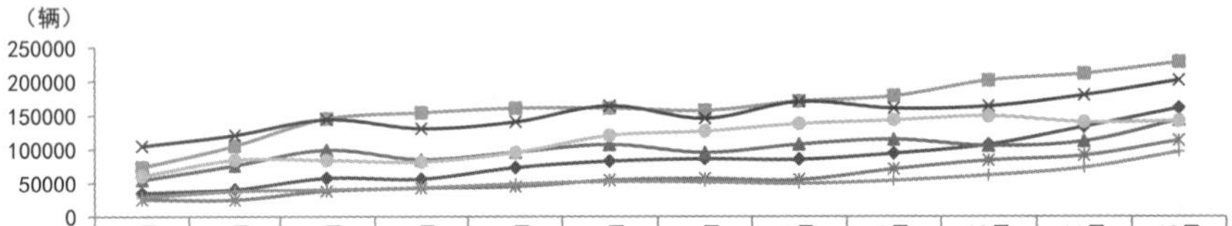

	1月	2月	3月	4月	5月	6月	7月	8月	9月	10月	11月	12月
A00级纯电	34440	40351	57218	55924	72890	82291	85685	84735	93601	106644	133120	160820
A0级纯电	73597	105024	145042	153848	160433	160621	157030	170686	178365	201407	211468	228414
A级纯电	54546	75875	98801	84701	95628	106850	95106	107126	114433	105098	111752	143383
B级纯电	104726	120734	143649	130374	140257	163952	145315	169995	160113	163283	179706	201850
增程式	25027	24507	37603	41752	44137	54389	56703	54934	70616	83361	90650	113060
A级插混	60659	84143	83727	81105	95191	120210	126599	137401	142749	148871	140096	141726
B级插混	28455	37330	40087	43117	48591	52304	51672	49266	53673	61522	72757	96133

图7 2023年新能源汽车细分市场销量

1. 2023年新能源车主力厂家销量走势

随着自主车企在新能源路线上的多线并举，市场基盘持续扩大，12月厂商批发销量突破万辆的企业达到21家（环比增3家，同比增8家），占新能源乘用车总量92.8%（上月88.8%，2022年同期80.3%）。其中：比亚迪突破300万辆，其他企业均没有突破50万辆，差异巨大，体现了产业链的威力（见图8）。

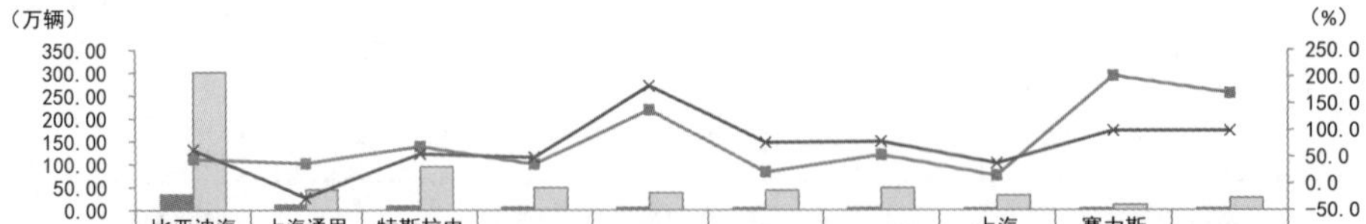

	比亚迪汽车	上汽通用五菱	特斯拉中国	吉利汽车	理想汽车	长安汽车	广汽埃安	上汽乘用车	赛力斯汽车	长城汽车
2023年12月销量	34.02	11.75	9.41	6.04	5.04	4.73	4.59	3.50	3.06	2.98
2023年销量	301.29	44.29	94.77	48.73	37.60	42.51	48.20	31.67	10.69	26.15
12月同比增速	45.0	37.3	68.7	35.7	137.1	20.8	53.1	14.1	201.1	168.6
2023年同比增速	62.2	-27.6	54.8	48.2	182.2	76.0	77.8	37.3	98.4	98.4

图8 2023年新能源汽车主力厂家销量及增速

2. 新能源车乘用车车型批发表现

目前新能源主力车型包揽总体乘用车车型销量前5位，优势地位明显。12月乘用车批发销量超2万辆的车型有30个：比亚迪宋：8.40万辆、Model Y：6.22万辆、宏光MINI：5.06万辆、海鸥：5.05万辆、五菱缤果：4.90万辆、比亚迪秦：4.64万辆、朗逸：4.22万辆、比亚迪元：4.17万辆、比亚迪海豚：3.65万辆。其中新能源位列总体乘用车车型销量前6位，新能源车型的产品优势地位明显（见图9）。

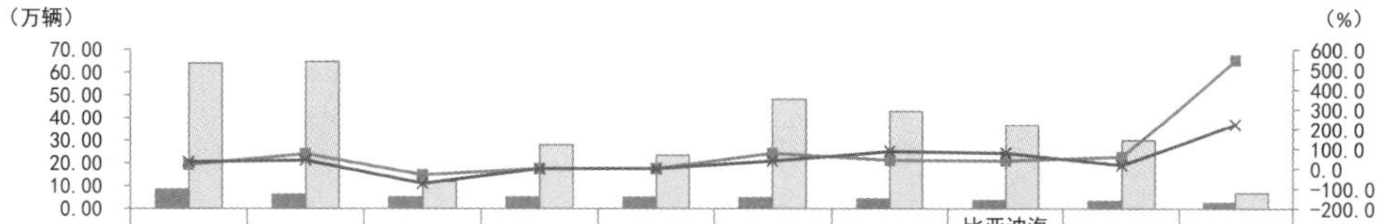

	比亚迪宋	Model Y	宏光MINI	海鸥	五菱缤果	比亚迪秦	比亚迪元	比亚迪海豚	MODEL 3	问界M7
2023年12月销量	8.40	6.22	5.06	5.05	4.90	4.64	4.17	3.65	3.20	2.55
2023年销量	64.06	64.68	11.88	28.02	23.37	48.21	42.86	36.74	30.09	6.85
12月同比增速	19.9	73.9	-30.7	0.0	0.0	77.0	41.4	40.0	59.5	545.6
2023年同比增速	34.0	42.1	-73.9	0.0	0.0	38.1	87.1	78.9	17.6	222.6

图9　2023年新能源汽车主力车型销量及增速

四、2023年纯电动车市场分析

（一）纯电动主力厂家销量走势

近年纯电动乘用车市场是以比亚迪、特斯拉和传统自主品牌为主的格局。2023年新能源乘用车市场多元化发力，大集团新能源表现分化。2023年纯电动车企表现强的是比亚迪汽车、上汽通用五菱、特斯拉中国、广汽埃安、吉利汽车。上汽通用五菱呈现环比强势增长，拉动12月总体较好。新势力的总体走势分化，蔚来和小鹏等走势较强，其他纯电动的新势力总体表现一般（见图10）。

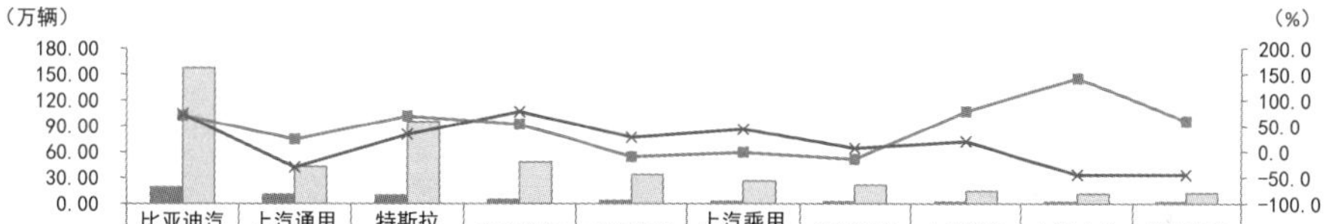

	比亚迪汽车	上汽通用五菱	特斯拉中国	广汽埃安	吉利汽车	上汽乘用车	长安汽车	小鹏汽车	上汽大众	奇瑞汽车
2023年12月销量	19.08	10.61	9.41	4.59	3.42	2.66	2.37	2.01	1.99	1.99
2023年销量	157.48	42.60	94.77	48.20	33.46	26.37	21.41	14.42	11.51	12.31
12月同比增速	70.4	23.9	68.7	53.1	−9.9	−1.5	−14.9	78.1	141.8	59.2
2023年同比增速	72.8	−30.4	33.3	77.8	27.6	43.4	6.3	19.4	−44.7	−44.7

图10　2023年纯电动主力厂家销量及增速

（二）纯电动主力车型批发平稳

12月纯电动车型表现相对较强的是特斯拉Model Y、五菱宏光MINI、海鸥、五菱缤果、比亚迪元、比亚迪海豚、MODEL3、埃安Y等产品。

A0级表现很强，比亚迪元、埃安Y、五菱缤果都是小车大市场。微型电动车的比亚迪海豚一枝独秀，产品力超强，也符合入门需求，但近期压力较大。五菱宏光MINI回归主力阵容、微型电动车的长安lumin、吉利熊猫MINI等新品表现不错。新势力的私人市场开拓较好（见图11）。

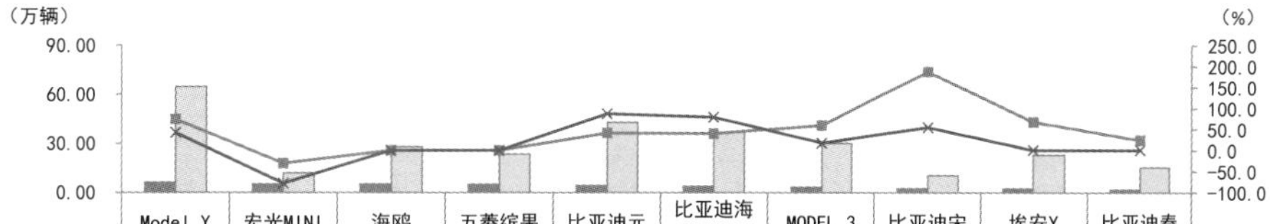

	Model Y	宏光MINI	海鸥	五菱缤果	比亚迪元	比亚迪海豚	MODEL 3	比亚迪宋	埃安Y	比亚迪秦
2023年12月销量	6.22	5.06	5.05	4.90	4.17	3.65	3.20	2.41	2.40	1.69
2023年销量	64.68	11.88	28.02	23.37	42.86	36.74	30.09	10.38	22.96	15.48
12月同比增速	73.9	−30.7	0.0	0.0	41.4	40.0	59.5	187.2	67.8	24.3
2023年同比增速	42.1	−78.6	0.0	0.0	87.1	78.9	17.6	54.7	0.7	0.7

图11　2023年纯电动主力车型销量及增速

五、插混市场分析

（一）插电混动主力厂家表现改善

2023年12月插电混动市场走势分化，主要的厂家是比亚迪汽车，处于绝对领先，比亚迪汽车由于销量较高，放到右轴。吉利汽车、长城汽车等跟进比亚迪发展插混，近期明显分化。近期吉利汽车和长城汽车新品的插混产品很有竞争力。

合资车企插混市场表现相对较弱。由于产业链差异，插电混动动力车型的部分合资企业表现相对优秀。欧系的近期插混偏弱，豪华车的插混不强（见图12）。

	比亚迪汽车	吉利汽车	长城汽车	上汽通用五菱	广汽传祺	上汽乘用车	长安汽车	赛力斯汽车（湖北）	一汽大众
2023年12月销量	14.78	2.63	1.98	1.15	1.00	0.85	0.71	0.41	0.15
2023年销量	143.61	15.27	15.30	1.69	3.03	5.29	8.80	0.71	1.69
12月同比增速	20.5	295.5	374.1	0.0	0.0	128.1	139.3	0.0	55.7
2023年同比增速	51.7	129.7	130.2	0.0	0.0	13.2	381.8	0.0	182.2

图12　2023年插电混动主力厂家销量及增速

（二）插电混动主力车型批发较强

插电混合动力车型体现传统内资企业为主的特色。近期比亚迪宋、比亚迪秦、领克08，银河 L7等的销量较好，比亚迪汉、唐的走势相对平稳。欧美企业对豪华插混的市场重视不足，销量走势也相对平稳。纯电动和插混出口车型走向欧洲市场的表现较好，比亚迪海豹等出口较多，形成欧洲新能源市场对中国插混的微幅拉动（见图13）。

	比亚迪宋	比亚迪秦	比亚迪汉	比亚迪海豹	五菱星光	比亚迪唐	领克08	腾势D9	银河L7	驱逐舰05
2023年12月销量	5.99	2.95	1.25	1.21	1.15	1.03	1.01	0.99	0.76	0.62
2023年销量	53.67	32.74	12.19	4.30	1.69	12.40	3.21	11.16	6.62	9.20
12月同比增速	-2.8	134.2	-24.4	0.0	0.0	-39.1	0.0	64.3	0.0	0.7
2023年同比增速	30.6	67.6	-37.6	0.0	0.0	-1.3	0.0	1038.6	0.0	48.0

图13　2023年插电混动主力车型销量及增速

六、增程式市场分析

（一）增程式新能源车企业表现

增程式新能源车企业近期表现超强，部分车企出现阶段性爆发增长特征。12月的理想的增程仍在小幅增长。近期赛力斯汽车的增程表现较强，长安增程产品持续较快增长（见图14）。

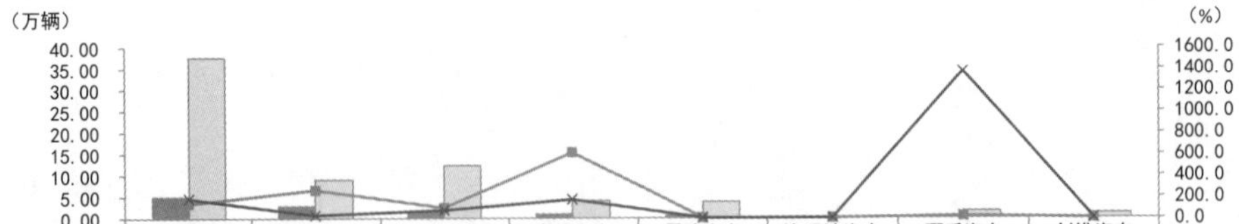

	理想汽车	赛力斯汽车	长安汽车	岚图汽车	零跑汽车	比亚迪汽车	哪吒汽车	创维汽车
2023年12月销量	5.04	2.86	1.66	0.89	0.54	0.16	0.12	0.04
2023年销量	37.60	9.03	12.29	4.05	3.76	0.20	1.57	1.11
12月同比增速	137.1	263.5	97.1	612.0	0.0	0.0	15.8	0.0
2023年同比增速	182.2	28.6	75.1	174.0	0.0	0.0	1367.1	0.0

图14　2023年增程式新能源主力厂家销量及增速

（二）增程式新能源车型表现

理想汽车推动增程式增长，实际用户的需求仍是纯电模式。近期长安深蓝的增程、金康赛力斯的纯电动也开始启动，形成差异特色。

增程式电动车的理想L9的表现逐步放缓，向L7转移。问界M7也表现强增长，说明消费者对高端电动车还是有很好的接受度，增程式的如果消除顾虑也是被接受的。

12月的主力车型从理想独占变成赛力斯的问界加入，主力车型销量逐步均衡，万辆以上月销的车型已经4个，长安系增长也很好（见图15）。

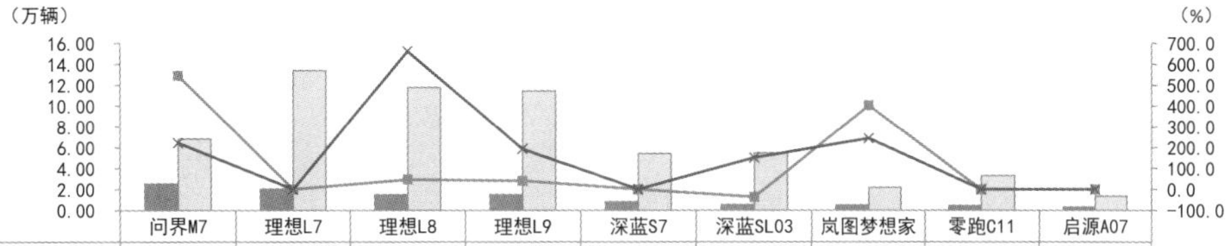

	问界M7	理想L7	理想L8	理想L9	深蓝S7	深蓝SL03	岚图梦想家	零跑C11	启源A07
2023年12月销量	2.55	2.04	1.50	1.49	0.81	0.53	0.49	0.45	0.31
2023年销量	6.85	13.41	11.80	11.44	5.42	5.50	2.20	3.33	1.37
12月同比增速	545.6	0.0	47.3	40.9	0.0	-36.5	402.0	0.0	0.0
2023年同比增速	222.6	0.0	662.1	193.5	0.0	151.8	243.9	0.0	0.0

图15　2023年增程式新能源车型销量及增速

七、新能源车政策分析

（一）八部委组织开展公共领域车辆全面电动化先行区试点工作

2023年2月3日，工业和信息化部等八部委联合印发《关于组织开展公共领域车辆全面电动化先行区试点工作的通知》。主要目标包括以下三个方面。一是车辆电动化水平大幅提高。试点领域新增及更新车辆中新能源汽车比例显著提高，其中城市公交、出租、环卫、邮政快递、城市物流配送领域力争达到80%；二是充换电服务体系保障有力。建成适度超前、布局均衡、智能高效的充换电基础设施体系，服务保障能力显著提升，新增公共充电桩（标准桩）与公共领域新能源汽车推广数量（标准车）比例力争达到1 ∶ 1，高速公路服务区充电设施车位占比预期不低于小型停车位的10%，形成一批典型的综合能源服务示范站。三是新技术新模式创新应用。建立健全适应新能源汽车创新发展的智能交通系统、绿色能源供给系统、新型信息通信网络体系，实现新能源汽车与电网高效互动，与交通、通信等领域融合发展。智能有序充电、大功率充电、快速换电等新技术应用有效扩大，车网融合等新技术得到充分验证。试点期为2023—2025年，试点区域分为三类，三年推广新能源汽车目标为204万辆。首批试点集中受理申报材料的截止时间为2023年3月31日，此后仍将常态化受理试点申报材料。

（二）加快推进新能源汽车充电等配套设施建设的政策

2023年5月14日，国家发展和改革委员会、国家能源局发布《关于加快推进充电基础设施建设更好支持新能源汽车下乡和乡村振兴的实施意见》（以下简称《实施意见》），从创新农村地区充电基础设施建设运营维护模式、支持农村地区购买使用新能源汽车、强化农村地区新能源汽车宣传服务管理三方面，提出11项具体举措。《实施意见》在购买使用方面提出一系列有针对性的措施：一是丰富新能源汽车供应；二是加快公共领域应用推广；三是提供多元化购买支持政策。

2023年6月8日，国务院办公厅印发《关于进一步构建高质量充电基础设施体系的指导意见》（以下简称《指导意见》）。《指导意见》共提出5个方面16项具体要求：一是优化完善网络布局；二是加快重点区域建设；三是提升运营服务水平；四是加强科技创新引领；五是加大支持保障力度，压紧压实地方政府统筹推进充电基础设施发展的主体责任等。

（三）关于延续和优化新能源汽车免征车辆购置税政策

2023年7月19日，财政部等三部委联合发布《关于延续和优化新能源汽车车辆购置税减免政策的公告》。一是对购置日期在2024年1月1日至2025年12月31日期间的新能源汽车免征车辆购置税，其中，每辆新能源乘用车免税额不超过3万元；对购置日期在2026年1月1日至2027年12月31日期间的新能源汽车减半征收车辆购置税，其中，每辆新能源乘用车减税额不超过1.5万元。二是销售方销售“换电模式”新能源汽车时，不含动力电池的新能源汽车与动力电池分别核算销售额并分别开具发票的，依据购车人购置不含动力电池的新能源汽车取得的机动车销售统一发票载明的不含税价作为车辆购置税计税价格。三是为加强和规范管理，工业和信息化部、税务总局通过发布《减免车辆购置税的新能源汽车车型目录》（以下简称《目录》）对享受减免车辆购置税的新能源汽车车型实施管理。

（四）汽车行业稳增长工作方案（2023—2024年）

2023年8月25日，工业和信息化部等七部门发布《关于印发汽车行业稳增长工作方案（2023—2024年）的通知》（以下简称《方案》）。《方案》提出7项工作举措：一是支持扩大新能源汽车消费；二是稳定燃油汽车消费；三是推动汽车出口提质增效；四是促进老旧汽车报废、更新和二手车消费；五是提升产品供给质量水平；六是保障产业链、供应链稳定畅通；七是完善基础设施建设与运营。《方案》明确统筹支持新能源汽车和燃油汽车消费。在新能源汽车消费方面，落实现有新能源汽车车船税、车辆购置税等优惠政策，开展公共领域车辆全面电动化先行区城市试点和新能源汽车下乡。鼓励开展新能源汽车换电模式应用，推动与能源深度融合发展。稳步提升燃料电池汽车应用规模。主要目标是，2023年，汽车行业运行保持稳中向好发展态势，力争实现全年汽车销量2700万辆左右，同比增长约3%，其中新能源汽车销量900万辆左右，同比增长约30%；汽车制造业增加值同比增长5%左右。

（五）推动以旧换新拉动高质量增长

2023年12月11日至12日，中央经济工作会议在北京举行。中央经济工作会议提出，要着力扩大国内需求。稳定和扩大传统消费，提振新能源汽车、电子产品等大宗消费。会议明确：要以提高技术、能耗、排放等标准为牵引，推动大规模设备更新和消费品以旧换新。

（六）工业和信息化部：2024年度、2025年度的新能源汽车积分比例要求分别为28%和38%

12月28日，工业和信息化部发布《关于2024—2025年度乘用车企业平均燃料消耗量与新能源汽车积分管理有关事项的通知》，2024年度、2025年度的新能源汽车积分比例要求分别为28%和38%。

（七）三部门：调整减免车辆购置税新能源汽车产品技术要求

12月11日，工业和信息化部、财政部、国家税务总局发布关于调整减免车辆购置税新能源汽车产品技术要求的公告。2024年1月1日起，申请进入《减免车辆购置税的新能源汽车车型目录》的车型，需符合新能源汽车产品技术要求。其中，还对换电模式车型和企业自建换电站申报条件提出了新的要求。

（中国汽车流通协会汽车市场研究分会　崔东树）

2023年全国新能源汽车后市场发展

我国新能源汽车近两年来高速发展，连续9年位居全球第一，在政策和市场的双重作用下，新能源汽车持续快速增长。中国汽车工业协会统计数据显示，2023年，新能源汽车销售949.5万辆，同比增长37.9%，市场占有率达到31.6%，较上年同期增长5.9个百分点（见图1）。

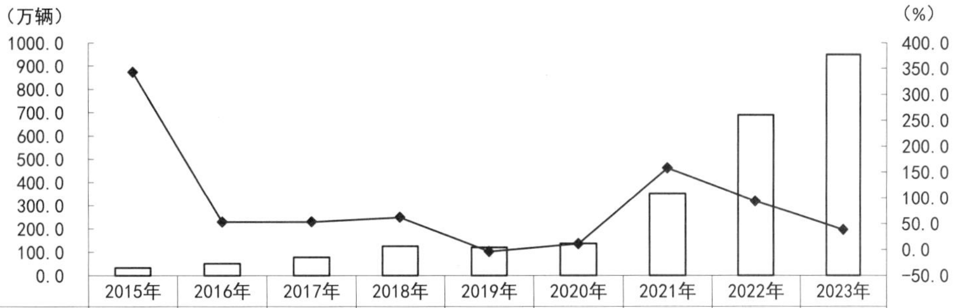

	2015年	2016年	2017年	2018年	2019年	2020年	2021年	2022年	2023年
销量	33.11	50.66	77.67	125.62	120.6	136.7	352.1	688.7	949.5
增长率	342.9	53.0	53.3	61.7	-4.0	10.9	157.5	93.4	37.9

图1　2015—2023年全国新能源汽车销量及增速

资料来源：中国汽车工业协会。

据公安部统计，2023年全国机动车保有量达4.35亿辆，其中汽车3.36亿辆；2023年全国新注册登记机动车3480万辆，比2022年增加1.6万辆，增长0.05%。其中，新注册登记汽车2456万辆，比2022年增加133万辆，增长5.73%，自2014年以来已连续10年新注册登记量超过2000万辆。

截至2023年底，全国新能源汽车保有量达2041万辆，占汽车总量的6.07%；其中纯电动汽车保有量1552万辆，占新能源汽车保有量的76.04%。2023年新注册登记新能源汽车743万辆，占新注册登记汽车数量的30.25%，与2022年相比增加207万辆，增长38.76%，从2019年的120万辆到2023年的743万辆，呈高速增长态势。

一、新能源汽车配套设施发展概况

数据显示，截至2023年底，全国充电基础设施累计数量为859.6万台，同比增加65%。充电基础设施与电动汽车对比情况显示，2023年，充电基础设施增量为338.6万台，新能源汽车销量949.5万辆，充电基础设施与新能源汽车继续快速增长。桩车增量比为1∶2.8，充电基础设施建设能够基本满足新能源汽车的快速发展。

公共充电基础设施省、区、市运行情况显示，广东、浙江、江苏、上海、湖北、山东、北京、安徽、河南、四川Top10地区建设的公共充电桩占比达70.7%。

全国充电电量主要集中在广东、江苏、河北、四川、浙江、上海、山东、福建、陕西、河南等省份，电量流向以公交车和乘用车为主，环卫物流车、出租车等其他类型车辆占比较小。2023年12月全国充电总电量约38.1亿度，较上月增长2.7亿度，同比增长78.1%，环比增长7.5%。

公共充电基础设施运营商运行情况显示，截至2023年12月，全国充电运营企业所运营充电桩数量Top15，分别为：特来电运营52.3万台、星星充电运营45.1万台、云快充运营44.8万台、国家电网运营19.6万台、小桔充电运营15.8万台、蔚景云运营14.1万台、达克云运营12.4万台、深圳车电网运营8.3万台、南方电网运营7.9万台、依威能源运营7.5万台、汇充电运营6.9万台、万城万充运营5.3万台、蔚蓝快充运营4.8万台、万马爱充运营3.2万台、中国普天运营2.8万台。

这15家运营商占总量的92.0%，其余的运营商占总量的8.0%（见图2）。

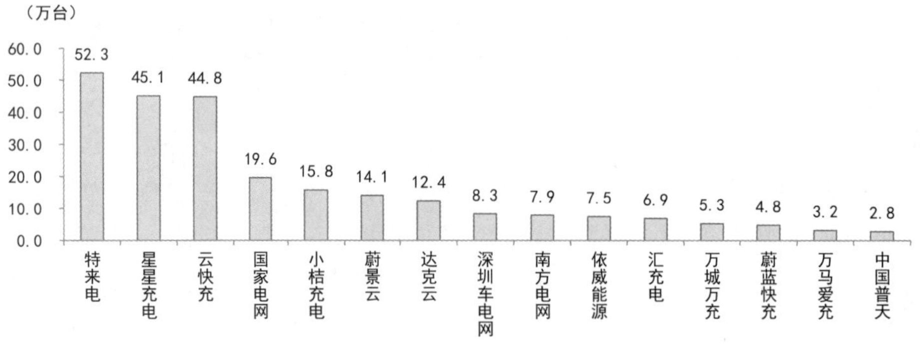

图2　公共充电桩保有量Top15企业

资料来源：中国电动汽车充电基础设施促进联盟。

二、新能源汽车后市场特征

随着新能源汽车保有量的增加，新能源汽车售后服务市场也成为一个新的增长领域。

新能源汽车维保业务具有独特性，故障方面主要体现在动力电池、驱动电机与电控系统，较为简单集中。与此同时，车载智能中控屏的故障率也较高。基础保养由于结构相对简单，日常保养费用较燃油车有所降低。

目前，事故车维修是新能源售后服务收入的主要来源。受新能源汽车与手机的绑定、厂家质保期较长等因素影响，新能源汽车售后服务主要依赖授权渠道。社会独立的维修企业，没有主机厂的授权，很难获得新能源专用的维修设备的解码器、设备和专用的零部件等，包括相应的维修资料暂时还没有强制公开。因此，目前新能源汽车维修以授权体系为主，主要参与方为主机厂、三电企业、授权服务商及大型售后连锁，独立维修商建立新能源汽车维修网点的数量非常少。

随着新能源汽车的普及，越来越多的厂家开始重视售后服务，逐渐向第三方开放新能源车核心数据，这为第三方厂商提供了更多的机会。新能源车售后市场的发展是需要上下游协同，融合共建。加强售后服务体系建设，优化维修、保养、保险、年检等用车服务，是新能源车赢得市场认可的关键。

为了更好地促进新能源汽车后市场发展，相关法规标准不可或缺。交通运输部在2020年前发布了两项行业标准，针对混动和纯电驱动的汽车。这些标准规定了维修作业的项目、方法、技术要求和质量保证等内容。另外，为解决维修企业经营备案没有标准依据的问题，还及时启动了对两项国家标准的修订，主要是对新能源汽车的人员条件、场地条件、仪器设备条件作了相关规定。根据国家相关规划，汽车维修行业发展应该分三步走：到2025年，建立健全新能源汽车售后维修保养体系；到2030年，基本建成新能源智能网联汽车的维修体系；到2035年，全面建成新能源汽车智能网联汽车运维体系。届时，新能源汽车售后市场也必将走向规范化和体系化，不断满足消费者需求。

第五部类

汽车进出口市场

DIWUBULEI | QICHEJINCHUKOUSHICHANG

2023年中国汽车出口市场

一、汽车产品出口概况

2023年，中国汽车出口再次实现历史性突破。根据海关统计数据，中国整车（含成套散件）出口首次突破500万辆规模（522.13万辆），同比增长57.4%；出口金额1016.12亿美元，同比增长69.0%。汽车零部件（包含玻璃、轮胎等非机电类的汽车零部件产品）出口额1028.85亿美元，同比增长8.4%。中国汽车出口持续提升，主要与中国汽车产品的质量和竞争力不断提升、产业规模效应和成本优势不断加强以及产业绿色发展和低碳转型不断推进等因素有关（见图1）。

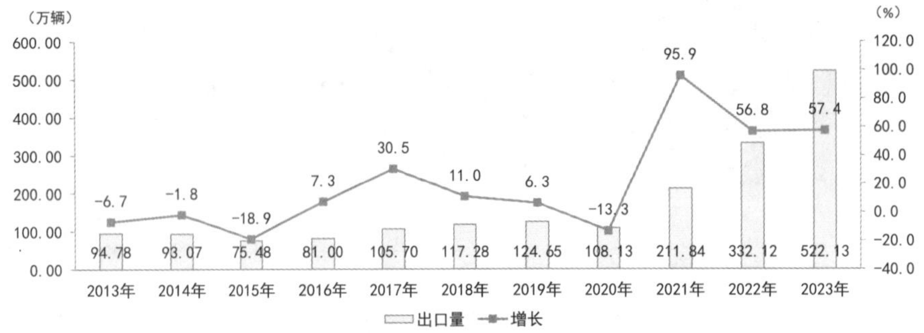

图1 2013—2023中国汽车整车出口情况

资料来源：海关统计数据。

二、汽车产品出口现状

（一）整车出口

从出口车型来看，除装有引擎的汽车底盘外，所有车型均实现增长，乘用车继续保持出口主体地位（见表1）。

表1 2023年中国整车（分车型）出口情况 单位：万辆，亿美元，%

车型		出口数量	同比增长	出口金额	同比增长
乘用车	小轿车	129.66	73.5	156.18	89.8
	越野车	12.40	192.4	29.05	240.7
	旅行小客车	141.98	52.8	217.49	65.9
	其他乘用车	4.70	536.5	11.20	629.7
	电动乘用车	154.58	64.1	341.30	69.9
乘用车合计		443.32	66.1	755.23	78.0
商用车	机动大、中型客车	6.04	48.4	26.51	91.0
	半挂式牵引车	14.39	110.3	65.70	135.1
	特种用途车	3.62	51.1	30.30	49.5
	载货汽车 （非公路自卸车除外）	48.75	3.9	95.24	18.1
	非公路自卸车	1.15	18.2	12.59	21.4
	装有引擎的汽车底盘	0.59	-6.8	2.89	-24.9
	新能源商用车	4.27	40.7	27.66	38.3
商用车合计		78.81	21.5	260.89	47.4
总计（包括成套散件）		522.13	57.4	1016.12	69.0

资料来源：海关统计数据。

根据海关数据，2023年，乘用车出口443.32万辆，同比增长66.1%，占中国汽车出口总量的84.9%。各类乘用车型出口均保持增长。其中，旅行小客车出口141.98万辆，同比增长52.8%，分别占中国汽车出口总量和乘用车出口总量的27.2%和32.0%。小轿车和旅行小客车共计出口271.64万辆，占乘用车出口总量的61.3%。电动乘用车出口154.58万辆，同比增长64.1%。载货汽车是出口量最大的商用车车型。2023年，共计出口载货汽车48.75万辆，同比增长3.9%，占中国商用车出口总量的61.9%（见表1）。

从出口市场来看，对“一带一路”等新兴市场国家及对欧洲等发达国家市场的汽车产品出口均实现大幅增长。根据海关数据，2023年，俄罗斯、墨西哥、比利时位列中国出口量前三位。而澳大利亚、英国则分列汽车出口的第四、五位，而美国已跌出我国出口前15位市场。2023年，中国对“一带一路”国家出口汽车333.75万辆，同比增长63.5%，占中国汽车出口总量的63.9%，占比提升0.6%；出口额605.76亿美元，占中国汽车出口总额的59.6%，占比提升3.3%。但对“一带一路”前20位国家出口量、出口额集中度分别为82.5%和81.6%，同比分别提升2.8%和8.9%（见表2）。

表2　2023年中国整车分国别出口情况　　单位：万辆，亿美元，%

排序	国家（地区）	出口数量	同比增长	出口金额	同比增长
1	俄罗斯	90.88	460.7	190.70	374.0
2	墨西哥	41.51	63.1	49.18	75.1
3	比利时	21.70	4.8	60.62	9.1
4	澳大利亚	21.45	34.3	42.63	41.9
5	英国	21.37	44.8	60.62	41.2
6	沙特阿拉伯	21.35	-3.7	35.22	12.2
7	菲律宾	17.22	19.3	11.22	-15.4
8	泰国	16.95	95.1	28.05	300.6
9	阿拉伯联合酋长国	15.92	71.1	27.39	34.0
10	西班牙	13.87	145.2	35.84	95.2
11	乌兹别克斯坦	11.74	400.9	25.63	337.5
12	巴西	11.46	225.5	22.95	188.4
13	土耳其	11.06	262.9	14.95	331.7
14	哈萨克斯坦	9.92	286.2	22.09	260.9
15	智利	9.53	-55.0	13.22	-46.1
其他国家合计		186.2	48.2	375.81	47.5

资料来源：海关统计数据。

从出口主体来看，中国品牌骨干企业出口保持快速增长。根据中汽协会数据，整车出口前十位企业中，上汽、奇瑞出口规模分别首次突破100万辆和90万辆，吉利、长安出口量首次突破40万辆和35万辆，其他前十大出口企业增速均实现两位数增长。其中，中国品牌车企共计出口乘用车331.09万辆，同比大幅增长78.6%。

外资企业调整全球战略布局，中国在全球供应格局中的地位不断提升，日渐成为多个国际品牌车企全球重要的出口基地，出口车型不断丰富。根据中汽协会数据，2023年，特斯拉、上汽通用、江苏悦达、江铃股份、易捷特等外资车企共出口乘用车82.94万辆，同比增长31.1%，占乘用车出口总量的20.0%（见表3、表4）。

表3　2023年中国汽车出口前20位企业情况　　单位：万辆，%

序号	企业名称	出口数量	同比增长
1	上海汽车集团股份有限公司	109.90	21.3
2	奇瑞控股集团有限公司	92.49	104.8
3	浙江吉利控股集团有限公司	40.82	69.4
4	重庆长安汽车股份有限公司	35.85	43.9
5	特斯拉（上海）有限公司	34.41	26.9
6	长城汽车股份有限公司	31.60	82.5
7	比亚迪股份有限公司	25.23	330.2
8	东风汽车集团有限公司	23.11	-4.6
9	北京汽车集团有限公司	19.01	73.5
10	安徽江淮汽车集团有限公司	16.96	48.0
11	中国重型汽车集团有限公司	12.83	55.0
12	中国第一汽车集团有限公司	9.20	157.5
13	江苏悦达起亚汽车有限公司	8.61	0.0
14	广州汽车工业集团有限公司	7.85	129.6
15	陕西汽车控股集团有限公司	5.68	65.3
16	华晨宝马汽车有限公司	3.39	13.1
17	海马汽车股份有限公司	2.68	0.0
18	鑫源汽车有限公司	2.67	39.6
19	厦门金龙汽车集团股份有限公司	1.88	25.8
20	合众新能源汽车股份有限公司	1.59	360.5

资料来源：中国汽车工业协会。

表4　2022—2023年中国主要乘用车外资企业出口情况　　单位：万辆，%

企业	2022年	2023年	同比增长
特斯拉（中国）	27.11	34.41	26.9
上汽通用	13.62	10.00	-26.6
江苏悦达	—	8.61	0.0
江铃股份	4.19	7.12	69.9
易捷特新能源	6.37	5.41	-15.1
大庆沃尔沃	3.65	4.57	25.4
华晨宝马	3.00	3.39	13.1
长安福特	1.64	2.64	61.0
广汽本田	—	2.04	0.0
东风本田	—	1.80	0.0
北京现代	—	1.52	—
东风神龙	3.71	1.43	-61.6
外资出口合计	63.29	82.94	31.1

资料来源：中国汽车工业协会。

（二）汽车零部件出口

2023年，中国汽车零部件出口整体实现小幅增长，但对主要发达国家出口下降，增量主要来自新兴市场。根据海关数据，2023年中国汽车零部件出口金额达1028.85亿美元，同比增长8.4%。美国仍是第一大出口市场，出口额164.86亿美元，同比下降8.4%，占出口总额的16.0%，占比下降3.0%；其次是日本，出口额69.36亿美元，同比增长13.3%，占比6.7%，占比上升3.0%；第三是墨西哥，出口额62.13亿美元，同比增长17.6%，占比6.0%，占比上升0.4%。对俄罗斯、阿拉伯联合酋长国、伊朗、巴西等新兴市场出口额实现较大幅度增长（见图2）。

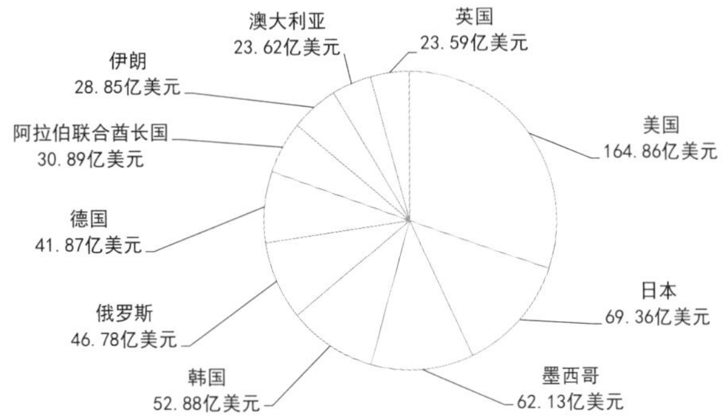

图2　2023年中国汽车零部件出口前十位国家

资料来源：海关统计数据。

分产品来看，中国汽车零部件出口金额前20种产品的出口额均实现增长。主要出口产品为轮胎、车身零件及附件、轮毂及零部件、发动机零部件、照明装置、制动及悬挂系统零部件、线束等（见表5）。

表5　2023年我国汽车零部件出口金额前20位产品情况　　单位：亿美元，%

序号	商品	出口额	同比增长
1	客车或货运机动车辆用新的充气橡胶轮胎	100.86	9.8
2	品目8701至8704所列其他车辆用未列名零件、附件	82.94	15.5
3	机动小客车用新的充气橡胶轮胎	78.64	16.7
4	车身（包括驾驶室）的未列名零件、附件	76.68	9.7
5	未列名机动车辆用其他制动器及其零件	49.29	-2.1
6	其他点燃式活塞内燃发动机的零件	48.94	9.3
7	铝合金制的未列名机动车辆用车轮及其零件、附件	47.44	-1.5
8	品目8703所列车辆用悬挂系统及零件（含减震器）	36.13	2.8
9	其他机动车辆用转向盘、柱、器及零件	31.59	21.2
10	机动车辆用电气照明装置	30.46	6.6
11	机动车辆用点火布线组及其他布线组	27.21	0.6
12	未列名非机械驱动车辆	20.75	-3.6
13	品目87.03所列车辆用自动换挡变速箱及其零件	20.73	33.3
14	挂车及半挂车或其他非机械驱动车辆的零件	20.45	-8.8
15	品目8512所列装置的零件	16.58	9.1
16	P ≥ 132.39kw（180hp）柴油机的零件	14.63	8.5
17	未列名柴油机的零件	14.58	-1.1
18	机动小客车的车身（包括驾驶室）	12.91	96.9
19	机动车辆的消声器、排气管及其零件	12.00	0.5
20	装在蹄片上的制动摩擦片	11.92	-0.0
合计		754.72	8.7

资料来源：根据海关总署数据整理。

（中国汽车技术研究中心有限公司　沈庆　刘艳）

2023年中国二手车出口市场

2023年中国外贸发展取得了“规模稳中有增、质量优中有升”的不易成绩，中国与“一带一路”沿线国家和地区的贸易持续提升。机电产品中的“新三样”产品（电动载人汽车、锂离子蓄电池、太阳能电池）一直保持较高的增速，外贸新质生产力加快形成。2023年中国一跃成为全球新车出口的第一大国，同时中国二手车出口也交出了一份满意的答卷。

一、2023年中国二手车出口情况

2023年国内汽车市场供过于求现象突出，汽车出口则保持高速增长，厂家新车出口一举突破500万辆，中国超越日本成为全球汽车出口的第一大国。二手车出口试点企业也超过500家，全年二手车出口规模也攀升到20多万辆的水平，出口创汇超过50亿美元。二手车出口比较活跃地区包括：江浙沪、福建、吉林、川渝陕、新疆、山东、广东、京津等（见图1）。

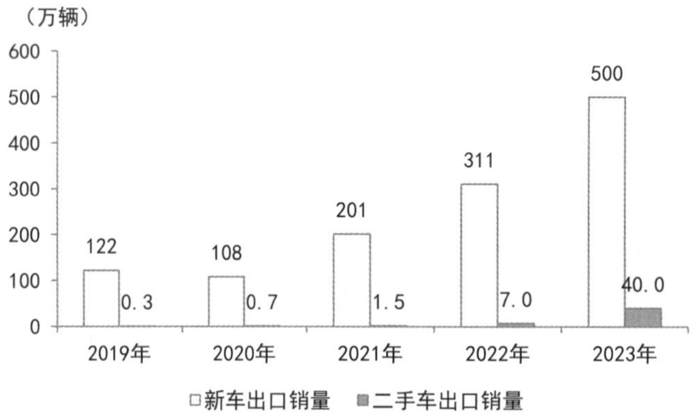

图1 2019—2023年中国新车与二手车出口销量

资料来源：中国汽车流通协会二手车出口分会。

（一）目标市场

中国的二手车出口以准入门槛相对较低的“一带一路”国家和地区作为目标市场，已经销售到140多个国家和地区，与主机厂新车出口目标地区存在部分市场重合，如：中东、中亚／俄罗斯、东南亚等地区。据不完全统计，二手车出口的地区结构：中东地区约35%、非洲约10%、中亚东欧约40%、东南亚约10%、拉美洲约5%。出口较集中的国家包括：阿拉伯联合酋长国、约旦、哈萨克斯坦、吉尔吉斯斯坦、乌兹别克斯坦、俄罗斯、白俄罗斯、埃塞俄比亚、吉布提、尼日利亚等。

（二）车型产品

2023年新能源乘用车的平行出口仍然是主流，其业务占比超过八成，单车货值2万美元以上。中国制造的燃油准新车则在俄罗斯和部分中东产油国市场也受到了欢迎。

2023年二手车出口比较热销的车型，既有合资品牌的全球车型，如：大众ID系列、丰田凯美瑞／汉兰达／BZ4X、本田凌派／ENS1、现代伊兰特、雪佛兰科鲁泽等，也有中国自主品牌畅销车型，如：比亚迪的海洋系列和皇朝系列、理想L系列、蔚来、零跑、哪吒、广汽埃安、长安逸动、东风岚图、奇瑞捷途、长城坦克、吉利星越、极氪、重汽豪沃等。

部分二手车出口企业坚持多元化产品策略，除了在“风口”的新能源乘用车外，他们还出口二手的租赁车辆（油车和电车）、二手燃油重型卡车、专用车、特种车、工程机械等中国自主品牌的优势产品。

（三）营销模式

目前中国二手车出口的商业模式是传统的国际贸易方式，以 To B 批发业务为主，赚取车辆差价或配套服务费，To C 零售业务相对较少。越来越多的中国二手车出口头部企业到全球汽车转口贸易的枢纽开展 To B 批发业务，如在中东阿拉伯联合酋长国的迪拜设立海外仓，也有个别企业聚焦到个别有潜力的国家市场进行本地化的深耕。

中国二手车出口企业主要通过遍布全球的华商资源开拓目标市场，也有通过涉外商协会推荐客商资源，不少长期驻点在中国的国际买手或采购代理人也会主动找上门。除了传统线下拓展方式，不少出口企业通过第三方跨境电商平台，如阿里巴巴国际站、中国制造网、谷歌推广等，或者是利用国际流行的社交媒体，如 Tiktok、Facebook 来推广产品，收集销售线索。

二、中国二手车出口的机遇与挑战

（一）中国二手车出口处于发展的机遇期

中国汽车制造的成本和效率在全球的竞争优势明显，品质也有了长足进步，接近国际水准。近年来中国新能源汽车从扶持政策、技术研发、产品设计、供应链、应用场景等都是全球独领风骚的，中国已经成为全球汽车研发和制造的绝对中心，深深嵌入全球汽车产业链当中。由于中国车企的主要精力仍放在国内市场，真正走出去的企业并不多，要么是海外渠道拓展相对滞后，海外授权经销商的数量有限，车型种类和供应效率还不理想。平行出口汽车是对传统品牌授权模式的有效补充，跨境贸易仍有较好的利差和供应效率的比较优势，“一带一路”国家对发展新能源汽车持友好开放的态度，通过中国二手车出口渠道平行出口中国制造的新能源新车的“风口”仍可持续几年。

（二）中国二手车出口面临的主要挑战

第一，全球新能源汽车竞争格局的演变加剧。中国新能源汽车的发展取得了先发优势，但日本、韩国、欧美传统车企也在奋力追赶中，当其全球新能源汽车制造的供应链稳定后，在中国制造的新能源汽车将面对竞争压力，中国自主品牌的新能源汽车在海外的配套服务体系还比较薄弱。目前二手车出口采取的较为单一的国际贸易模式，多数的中国新能源汽车在海外的品牌认可度和忠诚度是不足的，未来能够成功走出去并成为全球化的新能源汽车品牌的中国自主品牌不会太多，目前中国多数自主品牌车企将面临大洗牌。

第二，平行出口汽车的业务模式面临汽车厂家海外品牌授权体系的打压。由于平行出口的车辆实质上是准新车，新能源汽车在国内的采购成本明显低于厂家新车出口定价或低于在其他国家生产基地的供应定价，若该品牌在目的国当地有厂家授权的经销商，则平行出口汽车会冲击到厂家授权销售的市场体系。特别是全球汽车品牌，一旦当地授权经销商投诉，厂家就有可能采取统一行动，与当地海关形成打击“水货”统一行动。二手车出口企业要在国内获取高性价比、有国际认可度的车型的渠道越来越窄，采购成本逐渐走高，与海外非授权中小商家对高性价比车源的旺盛需求形成矛盾。

第三，二手车国内大循环体系尚未完善，对中国二手车国际循环的促进不足。中国二手车出口业务处于早期探索阶段，出口的质量标准和售后保障体系尚未成形。国内二手车交易的市场规范性不足，市场缺乏有效的诚信体系、质量承诺和售后服务保障体系，大多数的中国二手车出口试点企业没有完成在海外做渠道布局，只是做简单的国际贸易，没有计划也没有能力对海外买家作出类似厂家出口新车的质保承诺，也不可能在海外搭建售后服务力量，更不可能为中国新能源汽车在海外的推广应用建设配套服务体系。

第四，海外市场环境错综复杂。不少二手车出口的从业者习惯道听途说，盲目冲动入市，对目标国的政策法规、合作伙伴和市场准入风险评估不足，前期运气好赚了点儿钱，后期也可能因风控意识不足而一次亏回去的。也有不少目标国看到中国二手车出口的强劲势头后，出于保护本地汽车产业利益链的考虑，借助外汇管制、提高关税、缩短车龄、增加服务承诺、设立准入技术壁垒、鼓励KD组装等政策手段来限制我国二手车的整车进入。

第五，出口轻型二手燃油车暂不具备竞争优势。“一带一路”国家市场认可度较高的是日系品牌乘用车，特别是丰田。我国也有大量的保有日系车，但由于新车的制造成本和销售定价偏高，相应二手车的残值率也很高。以丰田小轿车为例，同品牌年份的中国二手车比日本二手车的价格要高出50%，比美国二手车高出30%。不少目标国二手车市场对中国生产的日系车的品质认知和定价也会低于在日本或美国生产的日系车。另外，日韩品牌在轻型商用车领域占据着主导地位，特别是在东南亚。中国品牌轻型商用车在海外布局的效果不如重型商用车，这也直接反映到二手商用车出口的订单需求结构上。

中国二手车出口经过近五年的发展，虽然取得了不少成绩，但仍然处于起步阶段，道路探索面临许多艰难险阻，但随着政策优化和经验积累，我们必定要全面开放并与国际市场完全接轨。中国的出口企业要在二手车出口的服务产业链中找准自己的定位，争做“单项运动”的服务冠军。二手车出口企业应摒弃贸易思维，通过服务创新破局，打造可持续发展的商业模式。在政府、行协的指导支持下，龙头企业可牵头打造中国二手车出口的公共服务平台，带领更多中国企业抱团出海。

（中国汽车流通协会二手车出口分会　郭俊荣）

2023年中国进口乘用车市场

2023年，在全球经济复苏势头不稳的背景下，我国经济实现了增长5.2%的年度既定目标，但结合2022年的年复合增速为4.1%，可见总体宏观经济仍处于弱复苏状态，并且运行过程中尚存在修复节奏波动起伏、宏观数据与微观感受存在差异、需求不足矛盾仍存、物价与资产价格较弱等特征。

简单分析背后的多重因素，主要是结构性、周期性、趋势性问题叠加短期矛盾集中释放，经济运行面临的问题由“三重压力”变为“多重压力”;增长动力结构性调整，新旧动能持续转换;预期不稳持续影响经济修复的力度与节奏，等等。综合分析来看，大众消费的全面改善仍需时日。

2023年，我国车市在政策大力促消费、厂商深度内卷、出口大放异彩等多重因素支撑下交出了一份满意的答卷。中国汽车工业协会发布的数据显示，2023年我国乘用车产销量分别达2612.4万辆和2606.3万辆，同比分别增长9.6%和10.6%；商用车产销量分别达403.7万辆和403.1万辆，同比分别增长26.8%和22.1%；新能源汽车产销量分别达958.7万辆和949.5万辆，同比分别增长35.8%和37.9%，市场占有率已经达到了31.6%。

与之相对，进口车市场在国产替代尤其是高端新能源产品加速蚕食的大背景下，销量表现不尽如人意，但依旧存在可圈可点之处，如报关均价进一步提升、高端化趋势持续、纯电车型日趋丰富、科技豪华配置集中搭载等，一、二线品牌间的分化态势依旧，降价促销的现象频发。

整体豪华车市场在乘用车市场回暖和2022年因芯片供给短缺造成的缺货问题逐步改善的大环境下，终端销量实现小幅上涨，但幅度跑输乘用车大盘。而从渗透率角度来看，下降趋势则仍在继续，其原因主要是中高端新能源品牌销量的快速增长，大量分流了25万元及以上价位段的消费者。

新能源品牌销量分流的趋势之所以愈演愈烈，一方面归因于消费者对车市整体发展趋势的认知，新能源车型接受度迅速提高；另一方面则归因于消费观念的变化，车辆已不再仅仅是代步工具，消费者也不再仅仅关注车辆的驾驶属性。因此，如何在以科技感及舒适感等为代表的产品力和以服务及社群等为代表的用户体验上多下功夫，从而说服消费者支付品牌溢价，这是当前传统豪华品牌必须做好的答卷。

未来，进口车市场品牌间的马太效应仍将延续，同时豪华乃至超豪华品牌在“愈卷愈烈”的车市中也难以独善其身，多将加速在智能化、电动化方面进一步发力以加强产品和品牌优势，不断完善技术、产品和服务能力，以更优的客户服务姿态吸引和打动用户，来保住目前来之不易的市场地位。

值得期待的是，国内消费需求升级的大趋势不变，大众的认知惯性所导致的“梦之车”依旧是高端豪华品类，故而中长期看豪华市场还将保持增长，在今后几年中，进口车市场中的高端豪华车、平行进口车和高端电动车均具有一定的发展潜力。

一、宏观环境分析

（一）主要指标呈现筑底特征，需求拉动力渐显

2023年，是我国新冠疫情防控结束后展现经济复苏活力的一年。随着经济社会全面恢复常态化运行，顶层持续推动促消费等政策引导并持续发力，餐饮、文化、旅游等服务消费实现较快恢复，汽车为代表的大宗消费亮眼，国民经济顶住国内外多重不利因素交织带来的下行压力，经济运行呈现筑底特征。

国家统计局发布的信息显示，2023年我国GDP总量为1260582亿元，比上年增长5.2%。其中，

第一产业增加值89755亿元，比上年增长4.1%；第二产业增加值482589亿元，比上年增长4.7%；第三产业增加值688238亿元，比上年增长5.8%。第一产业增加值占国内生产总值比重为7.1%，第二产业增加值比重为38.3%，第三产业增加值比重为54.6%。最终消费支出拉动国内生产总值增长4.3个百分点，显示出我国经济增长动能持续从投资拉动向消费拉动转变（见表1）。

表1　2023年国内主要经济指标情况对比　　单位：万辆，%

同比增长	1—2月	3月	4月	5月	6月	7月	8月	9月	10月	11月	12月
GDP（%）	4.5		6.3			4.9			5.2		
工业增加值（%）	2.4	3.9	5.6	3.5	4.4	3.7	4.5	4.5	4.6	6.6	6.8
城镇固定资产投资（名义，%）	5.5	5.1	4.7	4	3.8	3.4	3.2	3.1	2.9	2.9	0.1
社会消费品零售总额（名义，%）	3.5	10.6	18.4	12.7	3.1	2.5	4.6	5.5	7.6	10.1	7.4
CPI（%）	1	0.7	0.1	0.2	0	-0.3	0.1	0	-0.2	-0.5	0.1
PPI（%）	-1.4	-2.5	-3.6	-4.6	-5.4	-4.4	-3	-2.5	-2.6	-3.0	-2.7
出口（%）	0.9	23.4	16.8	-0.8	-8.3	-9.2	-3.2	-0.6	-3.1	1.7	-1.6
进口（%）	-2.9	6.1	-0.8	2.3	-2.6	-6.9	-1.6	-0.8	6.4	0.6	3.2
贸易顺差（美元，亿）	1168.9	881.9	902.1	658.1	706.2	806	683.6	777.1	565.3	684	324
人民币新增贷款（人民币，亿元）	67100	38900	7188	13600	30500	3459	13600	23100	7384	10900	11700
M2（当月，%）	12.9	12.7	12.4	11.6	11.3	10.7	10.6	10.3	10.3	10.0	9.7
100美元折合人民币（期末数）	695.2	687.2	692.4	708.2	722.6	672.8	718.1	718.0	717.8	710.2	710.4
100欧元折合人民币（期末数）	737.5	749.5	763.6	760.2	787.7	788.4	792.7	758.5	764.8	780.5	776.1
100日元折合人民币（期末数）	5.1024	5.1693	5.1723	5.0652	5.0094	5.0802	4.9847	4.8398	4.8433	4.8362	4.9394

资料来源：国家统计局，中国人民银行，中国海关总署。

2023年12月召开的中央经济工作会议确定了“稳中求进、以进促稳、先立后破”的总体经济发展基调，高质量发展将成为2024年经济发展的主题。从会议部署看，2024年宏观政策将更精准发力、多做加法，财政政策将适度加力、提质增效，财政支出结构将继续优化；货币政策将灵活适度、精准有效，更加注重对价格水平的引导作用。同时，统一全国大市场与畅通国内大循环背景下，中央及各地区消费政策有望加码，采取更加积极主动的支持政策，对需求端的刺激效果将逐步显现；制造业升级和市场规范化管理将有助于供给侧结构性改革深化，有利于消费环境改善与健康，持续支撑国民经济实现可持续发展。

（二）车市扭转销售疲态，消费日趋理性

2023年中国乘用车市场低开高走，呈现出逐步向好的走势。从近年月度的销量数据对比来看，除1月和7月外，其余各月单月销量均高于2022年同期水平，哪怕是在2022年下半年因购置税优惠政策刺激而形成的高基数情况下，仍实现同比增长。2023年累计销量同比增长达到6.7%。

探究增长原因，一方面，由于近两年楼市的高位调整，原本购房消费挤压家庭可支配收入的状况逐步缓解，消费内生动力有所恢复。购房投资热度下降后，其他各类消费开始理性复苏，比如旅游热潮的重新席卷等。2023年乘用车市场的持续向好也要一定程度上感谢房地产的回落。

另一方面，国家为稳定和扩大汽车消费而不断加大的政策指引和地方配合的落地实施，与企业的促销形成合力，为车市提供稳定支撑，成为重要的外生动力。

二、2023年进口车市场回顾

（一）进口80万辆同比跌9%，创10年新低

相比乘用车大盘表现，受到热门车型国产化、自主品牌高端化转型等因素影响，进口车自2017年开始震荡下行，至2022年全年进口量不足80万台。2023年，国内高端市场需求逐步转好，尤其进入下半年，市场销量得到了一定恢复，全年实现进口79.9万辆，同比下滑8.9%（见图1）。

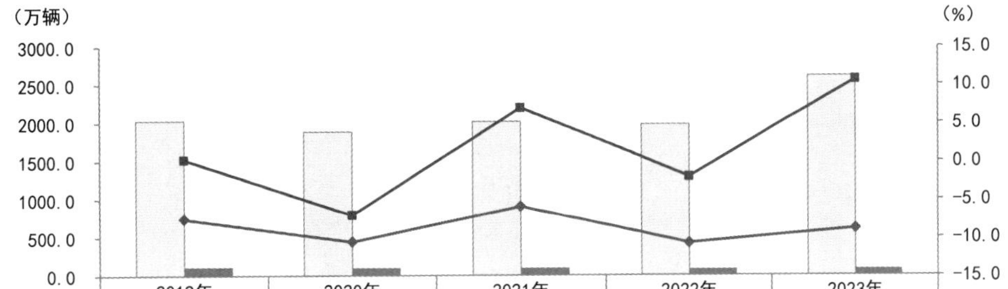

	2019年	2020年	2021年	2022年	2023年
国产乘用车销量	2028.2	1884.6	2015.1	1973.0	2606.3
进口乘用车销量	111.8	99.7	94	76.8	79.9
进口同比	-7.6	-10.6	-6.0	-10.8	-8.9
国产同比	0.2	-7.1	6.9	-2.1	10.6

图1　2019—2023年中国进口乘用车供需增速对比

资料来源：海关、终端销售数据。

2019—2023年乘用车进口量持续下探，年度跌幅保持在10%上下，从112万辆、100万辆再到94万辆，2022年受政策调整、需求低迷的影响更是出现了76.8万辆的历史低位。其间，厂商、经销商经营压力较大且难以缓解。其原因主要是厂商面对疫情影响估算不足，经销商对疫情后市场预判乐观，导致了供应抢跑需求、库存难消、消费者观望、抑制整体销量的局面。2023年进口销售，伴随国民经济运行波动向上，进入第四季度后进口量出现了近一阶段的高点，为2024年的进口车市带来积极信号。

（二）市场阶段性筑底，年轻客群决定后市走势

从趋势来看，进口乘用车市场经历受疫情和芯片短缺的冲击洗礼，尤其是国产豪华新能源车分流了部分需求，大概率已经完成筑底阶段。后期关注国际环境变化导致的供应波动因素外，国产资源尤其是自主高端产品的放量供应需要进一步引起重视，尤其是当下年轻人对品牌溢价的接受度持续下降，可能将是进口市场回暖的较大不确定因素（见表2）。

表2　2013—2023年中国进口／国产乘用车销量数据对比　　单位：万辆，%

年份	2013	2014	2015	2016	2017	2018	2019	2020	2021	2022	2023
国产销量	1391	1566	1767	2269	2286	2110	2028	1885	2015	1973	2606
进口销量	111	126	112	107	113	112	112	100	94	77	80
销量总计	1502	1692	1880	2376	2399	2222	2140	1985	2109	2050	2686
国产市场份额	92.6	93	94	96	95	95	95	95	96	96.3	97.0
进口市场份额	7.4	7.4	6.0	4.5	4.7	5.0	5.2	5.0	4.5	3.7	3.0
国产同比增长	16.7	13.0	13.0	28.0	0.7	-8.0	-4.0	-7.0	6.9	-2.1	32.1
进口同比增长	13.3	13.0	-11.0	-5.0	5.3	-1.0	-1.0	-10.0	-6.0	-18.3	4.1
总体同比增长	16.4	13.0	11.0	26.0	0.9	-7.0	-4.0	-7.0	6.3	-2.8	31.0

资料来源：中国进口汽车市场信息联席会。

（三）库存周期4.9个月，刷新历史高点

2023年上半年进口量的低迷，与2022年经销商库存处于较高位水平有直接关系。2023年下半年伴随需求改善，经销商一定程度上适应了高库存状态，急于完成全年销售任务，纷纷在下半年出现补货行为。而这也导致了库存数据居高难下，维持在4.9个月水平。由此，2024年第一季度甚至二季度经销商都将着力控库存、降库存工作（见图2）。

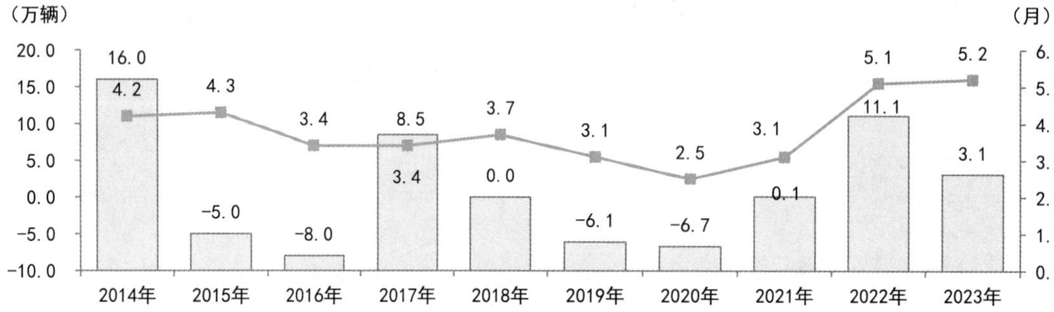

图2　2014—2023年进口乘用车库存深度

资料来源：中国进口汽车市场信息联席会。

注：全行业库存包含进口主机厂和经销商库存。

（四）豪华车占比九成，品牌持续分化

在进口乘用车市场中，非豪华品牌需求的快速下滑，是造成进口乘用车总体需求萎缩重要的原因。究其原因，一方面是在经济前景不晴朗的大环境下，非豪华品牌的消费人群是最敏感和观望型客群。另一方面，非豪华品牌也直接受到自主品牌向上发展和豪华品牌价格下探的双重挤压，而面临市场空间被持续挤压的窘境。非豪华品牌的销量自2018年起连续下滑，2020—2022年疫情的三年间，销量年均降幅达到40%（见图3）。

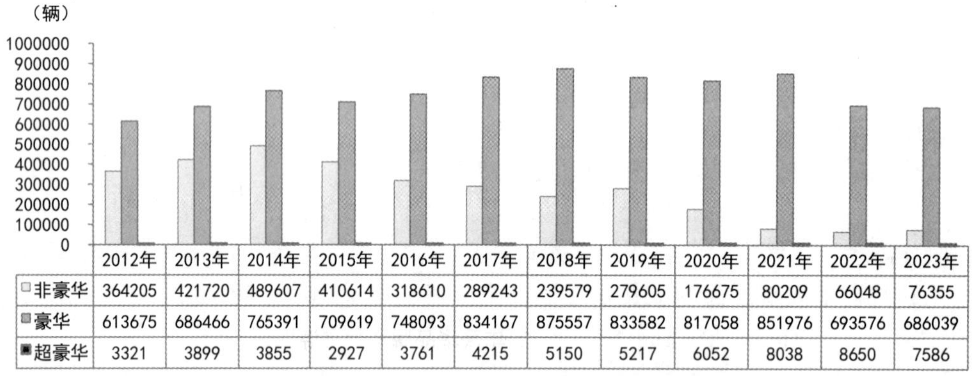

	2012年	2013年	2014年	2015年	2016年	2017年	2018年	2019年	2020年	2021年	2022年	2023年
非豪华	364205	421720	489607	410614	318610	289243	239579	279605	176675	80209	66048	76355
豪华	613675	686466	765391	709619	748093	834167	875557	833582	817058	851976	693576	686039
超豪华	3321	3899	3855	2927	3761	4215	5150	5217	6052	8038	8650	7586

图3　2012—2023年中国进口乘用车品牌阵营销量对比

资料来源：终端销售数据。

反观进口乘用车市场中其他阵营，豪华品牌需求呈现相对理性的波动性走势，2018—2023年销量震荡幅度为5%上下，2023年出现了2%降幅。而超豪华品牌的市场走势则“活跃”许多，销量保持较高增长速度的同时，走势也比较振荡，值得一提的是，伴随民族品牌超豪华车型的逐步上市影响了一定需求，以及整体市场需求在经济大环境影响下尚未充分释放，2023年超豪华市场出现回调（见图4）。

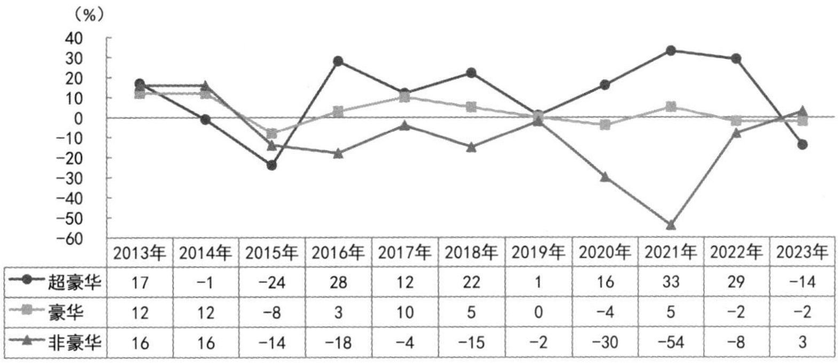

图4 2013—2023年中国进口乘用车品牌阵营销量增速对比

资料来源：终端销售数据。

通过市占率表现也可以看出，非豪华进口车型空间基本都被豪华车型取代，这也是国内市场需求端消费升级、供给端品牌升级的直接影响结果（见图5）。

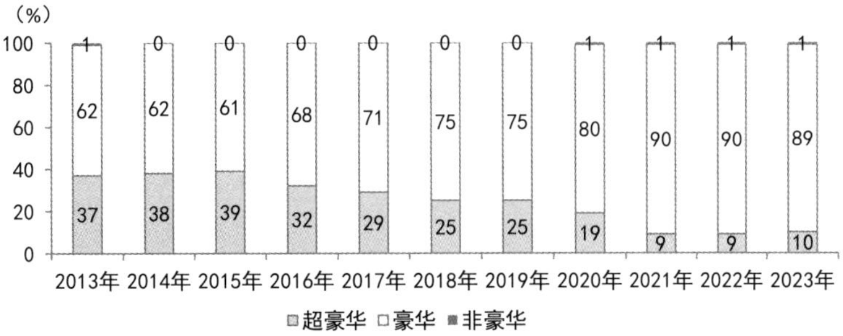

图5 2013—2023年中国进口乘用车品牌阵营销量构成

资料来源：终端销售数据。

注：本报告中所列“豪华品牌”仅包含奥迪、宝马、奔驰、MINI、捷豹、凯迪拉克、雷克萨斯、路虎、讴歌、沃尔沃、英菲尼迪、保时捷、玛莎拉蒂、阿斯顿·马丁、宾利、法拉利、兰博基尼、劳斯莱斯、迈凯伦和特斯拉，下同。

（五）豪华品牌进口车型持续被国产车型取代

自2012年至今，国产豪华车的销量一直保持高速增长态势，豪华车市场总量未见萎缩。市场数据表现不佳，只是部分豪华品牌将原本畅销的进口车型导入国内生产，这也反映出我国民族汽车工业发展到了一定水平，同时也印证了豪华品牌国产车与进口车在市场中的关系是互补而非竞争（见表3）。

表3 2022—2023年豪华品牌车辆来源销量及同比变化 单位：万辆，%

车辆来源	2022年销量	2023年销量	同比
国产	2333897	2406664	3
进口	702226	693625	-1

资料来源：中国进口汽车市场信息联席会。

（六）进口豪华新能源车型增多，后期值得关注

与整体进口车市场未改颓势的表现大相径庭，新能源汽车进口情势喜人，2023年进口量达到45993辆，较2022年实现了47.9%左右的涨幅。这其中除了渗透率快速攀升，进口量并未随之爆发，主要原因是外资品牌新能源化进一步加速进程。

一线豪华品牌新能源产品在2023年陆续放量，宝马i系、特斯拉Model X和雷克萨斯RZ等车型进口量增速居前，插电混合车型奔驰GLE级、雷克萨斯RX和保时捷卡宴等车型销量势头较好，都是支撑新能源进口市场热度的因素（见图6）。

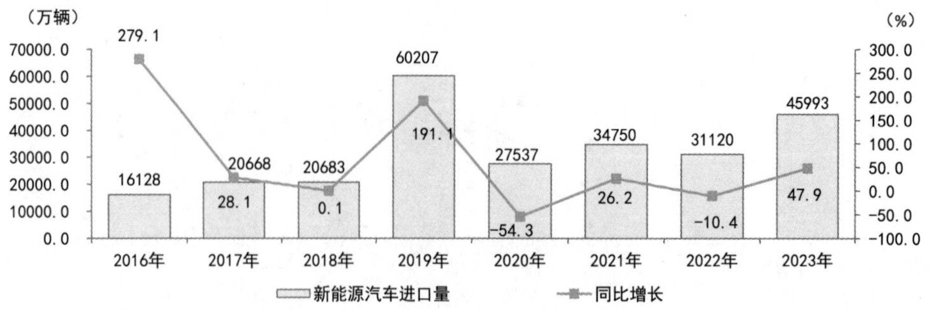

图6 2016—2023年中国进口新能源汽车趋势

资料来源：终端销售数据。

（中国车辆进出口有限公司　王存）

2023年世界汽车市场

根据FOURIN统计，全球86国的汽车销量（含部分推测值）在2023年同比增长9.7%达到8815万辆。虽然受到物价上涨和利息上升等负面因素影响，但欧美发达国家摆脱产品供应短缺发挥了拉动作用，时隔1年止跌回升。该数值仍比2019年（9207万辆）要低4.3%，正在逐步恢复至新冠疫情之前的水平。

分国家来看，2023年排名前15位国家均超过了上年实绩。位居首位的中国同比增长6.1%达2608万辆，乘用车换购补贴政策、强化新能源汽车（NEV）在农村地区的促销等各种政策支撑了整体规模扩大。美国位居第2位，同比增长12.4%达1596万辆，在产品库存短缺问题自年初逐步缓解的背景下获得稳定增长。印度连续两年位居第3位，同比增长7.6%达512万辆，依托较好的经济形势而首次突破了500万辆大关。结合人口和经济增长/规模等因素考虑，该国市场很有可能逐步扩大至1000万辆以上水平。日本同比增长13.8%达478万辆，虽以两位数增长呈现出恢复趋势，但仍继上年停留在第4位。第5位的德国同比增长7.9%达316万辆、第6位的巴西同比增长9.7%达231万辆、第7位的英国同比增长15.7%达225万辆、第8位的法国同比增长14.6%达221万辆（见图1、图2）。

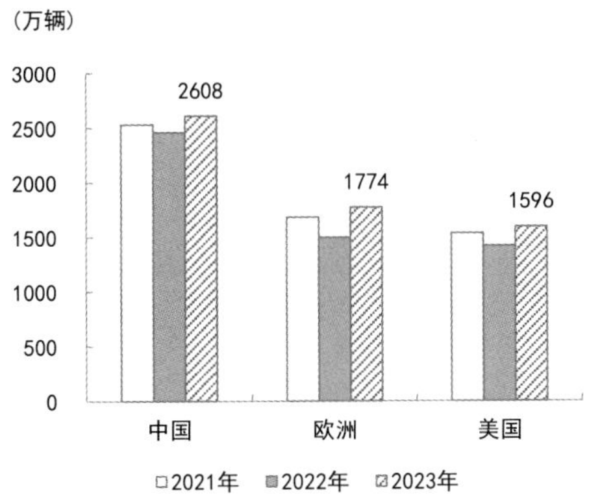

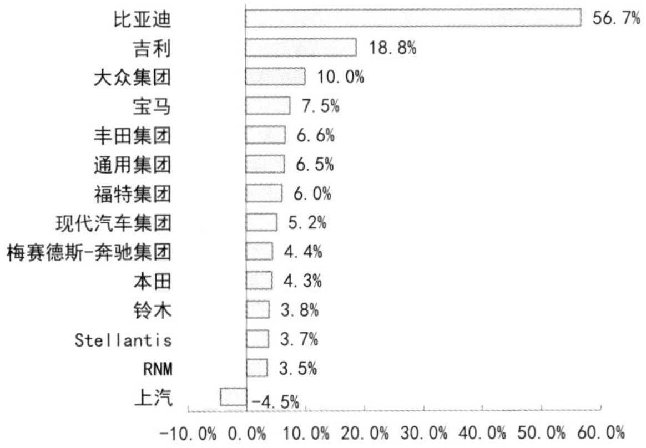

图1　2021—2023年世界主要国家汽车销量及2023年主要汽车集团汽车销量增速

资料来源：FOURIN根据公开资料整理（以下图表来源相同，后文不再赘述）。

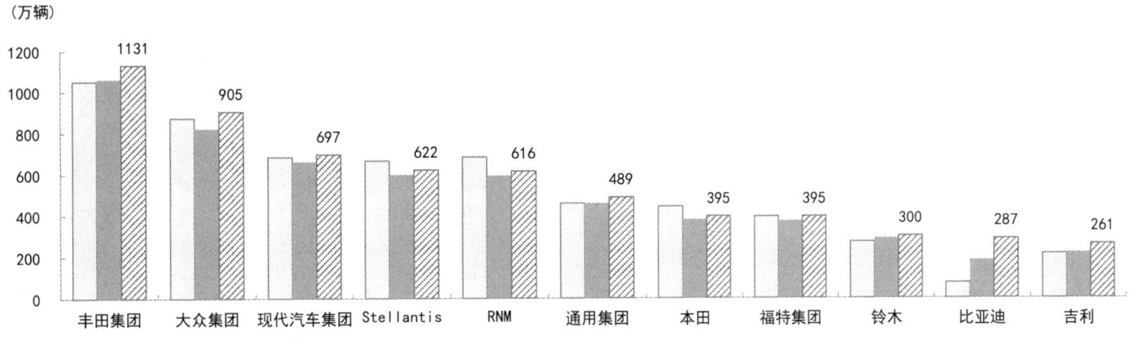

图2　2021—2023年世界各主要集团的汽车销量比较

注：吉利集团包括沃尔沃汽车，但不含smart。RNM：雷诺/日产/三菱。

在排名前15位国家中，俄罗斯与土耳其的增幅均超过了50%。俄罗斯受到俄乌冲突导致欧美日韩车企退出该国生产业务的影响，市场规模曾在2022年大幅下跌，但在摆脱上述不利因素之后同比增长62.9%已恢复至132万辆，排名从上年的第19位跃升至第13位。在中国车企启动当地生产和来自中国的进口量增多的背景下，据推测该国市场规模有望在数年内重新增长至冲突前的170万辆以上。第14位的土耳其同比增长55.8%达127万辆，自2016年以来再次突破100万辆。尽管土耳其里拉兑美元的汇率已跌至历史新低水平，且进口车价格高企，但受到有意保全资产和在涨价前提前购车等消费者心理因素影响而实现了大幅增长。不过，在实施限制以转售为目的购买新车等政策之后，该国销量有可能在2024年重新低于100万辆。

分集团来看，2023年丰田（不含斯巴鲁）同比增长6.6%达1131万辆，成为唯一突破1000万辆的集团。位居第2位的大众同比增长10.0%达905万辆，连续4年低于1000万辆。其后，第3位的现代汽车同比增长5.2%达697万辆，第4位的Stellantis同比增长3.7%达622万辆，第5位的雷诺/日产/三菱同比增长3.5%达616万辆，分别维持了600万辆以上规模。

另外，中国车企正在全球市场上快速扩大销路，排名最高的第10位比亚迪同比增长56.7%达287万辆，第11位的吉利汽车同比增长18.8%达261万辆、第14位的上汽集团同比减少4.5%至227万辆、第15位的长安集团同比增长11.6%达181万辆，均已跻身前十五之列。虽然全球范围内的BEV销量增长放缓，但新兴国家等政府出台政策推进电动汽车普及的趋势仍在加强，据推测已就BEV价格层面占据优势的中国车企销量仍将在中长期内稳定提高（见表1、图3、表2、表3、图4、表4）。

表1　2019—2023年世界汽车销量——前20位国家的销量　　单位：辆，%

排名	国家	2019年	2020年	2021年	2022年	2023年	同比增长	构成比
1	中国[1]	25946996	25370685	25304401	24574629	26084916	6.1	29.6
2	美国[2]	17494619	14873111	15378378	14204117	15963675	12.4	18.1
3	印度[3]	3844879	2954710	3782948	4757830	5119496	7.6	5.8
4	日本	5195216	4598615	4448340	4201320	4779086	13.8	5.4
5	德国	3978439	3240803	2943621	2931140	3161872	7.9	3.6
6	巴西	2787850	2058437	2119851	2104461	2308689	9.7	2.6
7	英国	2740022	1967564	2049179	1945116	2250309	15.7	2.6
8	法国	2755695	2100020	2142275	1926551	2208486	14.6	2.5
9	意大利	2132784	1567426	1669040	1506461	1755946	16.6	2.0
10	韩国	1788518	1889929	1730688	1689484	1743366	3.2	2.0
11	加拿大[2]	1972502	1579895	1705803	1566587	1737713	10.9	2.0
12	墨西哥	1360008	977650	1046732	1134443	1414148	24.7	1.6
13	俄罗斯	1778841	1631163	1741965	808604	1317438	62.9	1.5
14	土耳其[4]	484719	788118	760678	813924	1267721	55.8	1.4
15	澳大利亚	1062867	916968	1049831	1081429	1216780	12.5	1.4
16	伊朗	779749	816497	940881	1128526	1151586	2.0	1.3
17	西班牙	1501007	1030652	1033935	958023	1127865	17.7	1.3
18	印度尼西亚	1030126	532027	887202	1048040	1005802	-4.0	1.1
19	马来西亚	604281	529514	508883	720420	799731	11.0	0.9
20	泰国	1007552	792146	759119	849322	775783	-8.7	0.9

注：构成比指占世界总销量（86国/地区）的比率。[1] 从CAAM的出厂量减去出口量，再加上进口乘用车（交强险上险数据）的数值（实际国内销量）。[2] 不含客车。[3] 针对未纳入印度汽车工业协会（SIAM）统计数据中的品牌销量，采用各公司公布资料和当地报道的数值。[4] 不含中大型商用车的进口销量。

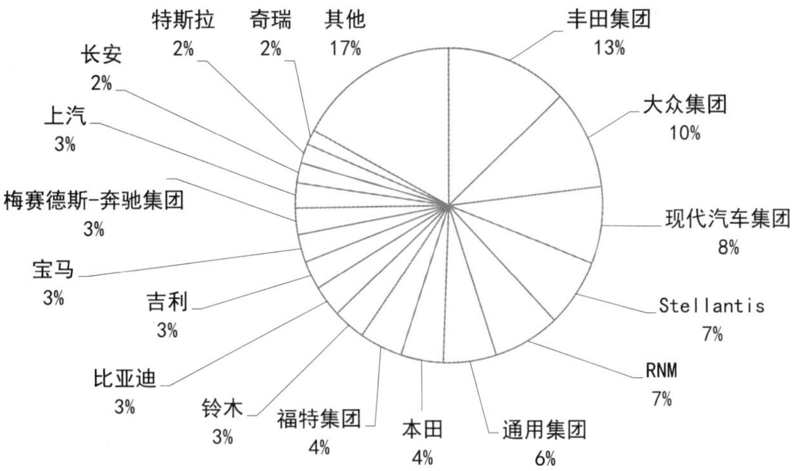

图3　2023年世界汽车销量排名——各集团市场份额构成

注：统计对象为世界86国/地区。

表2　2021—2023年世界汽车销量——排名前20位品牌　　单位：辆，%

排名	品牌	2021年	2022年	2023年	同比增长
1	Toyota	8700385	8796223	9264939	5.3
2	VW	4976811	4820455	5060928	5.0
3	Hyundai	3820505	3633252	3853168	6.1
4	Honda	4255252	3660324	3791248	3.6
5	Ford	3741465	3549000	3786041	6.7
6	Chevrolet	2676940	2875934	3130354	8.8
7	Nissan	3565429	2908501	3106142	6.8
8	Kia	2827124	2789491	2908124	4.3
9	BYD（比亚迪）	733511	1823034	2736754	50.1
10	M-Benz[1]	2260073	2265190	2326898	2.7
11	BMW	2181924	2065090	2232983	8.1
12	Audi	1684767	1590926	1873344	17.8
13	Tesla	862759	1243124	1763330	41.8
14	Maruti Suzuki	1397249	1613625	1742680	8.0
15	Changan（长安）	1470324	1585589	1617035	2.0
16	Renault	1647059	1417417	1497765	5.7
17	Peugeot	1495968	1381641	1423403	3.0
18	Fiat	1289762	1178995	1263564	7.2
19	Suzuki	1315299	1274484	1255026	-1.5
20	Mazda	1255721	1101335	1237731	12.4

注：统计对象为世界86国/地区。[1] 仅指小型汽车。

表3　2019—2023年世界汽车销量——前20位汽车集团的销量　　单位：辆，%

集团	品牌	2019 年	2020 年	2021 年	2022 年	2023 年	同比增长	份额
丰田集团	Toyota	8914732	7827843	8700385	8796223	9264939	5. 3	10. 5
	Lexus	747518	718307	736631	615307	811999	32. 0	0. 9
	丰田计	9662250	8546150	9437016	9411530	10076938	7. 1	11. 4
	Daihatsu	837684	684562	738649	779435	783459	0. 5	0. 9
	Perodua	240543	220290	190343	282113	330539	17. 2	0. 4
	大发计	1078227	904852	928992	1061548	1113998	4. 9	1. 3
	Hino	174936	129503	141394	135362	119361	-11. 8	0. 1
	集团计	10915413	9580505	10507402	10608440	11310297	6. 6	12. 8
	参考：不含 Perodua	10674870	9360215	10317059	10326327	10979758	6. 3	12. 5
斯巴鲁	Subaru	1037054	875254	856651	798007	904492	13. 3	1. 0
大众集团	VW	6547110	5379548	4976811	4820455	5060928	5. 0	5. 7
	Audi	1804830	1663206	1684767	1590926	1873344	17. 8	2. 1
	Škoda	1272308	1019068	871401	734157	855948	16. 6	1. 0
	SEAT	571157	416343	410511	288718	359873	24. 6	0. 4
	Porsche	271701	263657	290843	295358	316201	7. 1	0. 4
	Jetta（捷达）	154250	160511	178097	148897	166878	12. 1	0. 2
	Cupra	0	4012	47070	92317	150697	63. 2	0. 2
	MAN/Neoplan	111154	98831	112141	97639	98833	1. 2	0. 1
	International	97419	62021	65771	76180	86296	13. 3	0. 1
	Scania	85847	61295	77960	68810	69878	1. 6	0. 1
	Bentley	7288	7899	9143	10178	9337	-8. 3	0. 0
	Lamborghini	4134	3861	4040	4483	4843	8. 0	0. 0
	MAZ MAN	879	870	1315	36	78	120. 0	0. 0
	Bugatti	14	14	17	22	13	-40. 9	0. 0
	集团计	10928091	9141136	8729887	8228176	9053147	10. 0	10. 3
现代汽车集团	Hyundai	4399994	3581524	3820505	3633252	3853168	6. 1	4. 4
	Kia	2724779	2607114	2827124	2789491	2908124	4. 3	3. 3
	Genesis	81720	127617	198926	206609	211932	2. 6	0. 2
	Horki（华骐）	676	0	0	0	0	0. 0	0. 0
	集团计	7207169	6316255	6846555	6629352	6973224	5. 2	7. 9
Stellantis	Fiat	1375765	1178238	1289762	1178995	1263564	7. 2	1. 4
	Alfa Romeo	86991	61616	52278	51916	70120	35. 1	0. 1
	Lancia	58780	43051	43746	40977	44899	9. 6	0. 1
	Maserati	17105	11423	23149	22200	25670	15. 6	0. 0
	Abarth	7327	6356	6080	6918	5098	-26. 3	0. 0
	原 FCA Italy 计	1545968	1300684	1415015	1301006	1409351	8. 3	1. 6
	Jeep	1466701	1212632	1249524	1085510	1028174	-5. 3	1. 2
	Dodge	491084	313842	251995	233827	259567	11. 0	0. 3
	Ram	855559	766416	782126	684663	686532	0. 3	0. 8
	Chrysler	153914	115834	122739	123646	143003	15. 7	0. 2
	原 FCA US 计	2967258	2408724	2406384	2127646	2117276	-0. 5	2. 4
	原 FCA 计	4513226	3709408	3821399	3428652	3526627	2. 9	4. 0
	Peugeot	1695008	1425681	1495968	1381641	1423403	3. 0	1. 6
	Citroën	989652	728954	783150	672451	703666	4. 6	0. 8
	Opel/Vauxhall	756072	505624	509813	454823	508360	11. 8	0. 6
	DS	53963	46225	46854	53737	53793	0. 1	0. 1
	原 PSA 计	3494695	2706484	2835785	2562652	2689222	4. 9	3. 1

续表

集团	品牌	2019 年	2020 年	2021 年	2022 年	2023 年	同比增长	份额
Stellantis	Eagle 等	3828	3409	5811	7792	4746	-39.1	0.0
	集团计	8011749	6419301	6662995	5999096	6220595	3.7	7.1
雷诺 / 日产 / 三菱	Nissan	4607613	3592373	3565429	2908501	3106142	6.8	3.5
	Venucia（启辰）	117745	80531	81220	100900	62233	-38.3	0.1
	Infiniti	187013	121009	79087	60833	79748	31.1	0.1
	Datsun	28448	14723	1017	15	4	-73.3	0.0
	Mitsubishi	1187618	803006	871614	838338	735326	-12.3	0.8
	日产计	6128437	4611642	4598367	3908587	3983453	1.9	4.5
	Renault	2303342	1753696	1647059	1417417	1497765	5.7	1.7
	Dacia	717276	503990	533047	568443	649725	14.3	0.7
	Renault Korea	86859	95939	61102	52622	22077	-58.0	0.0
	Alpine	4434	1307	2454	3258	3912	20.1	0.0
	Mobilize	0	0	0	34	5	-85.3	0.0
	Renault 计	3111911	2354932	2243662	2041774	2173484	6.5	2.5
	集团计	9240348	6966574	6842029	5950361	6156937	3.5	7.0
AvtoVAZ	Lada	388725	365851	374416	197483	335953	70.1	0.4
通用集团	Chevrolet	3868382	3198937	2676940	2875934	3130354	8.8	3.6
	Buick	1064016	1070885	986906	733117	743274	1.4	0.8
	GMC	664159	607246	569345	611751	668990	9.4	0.8
	Cadillac	386458	376922	371378	370722	345803	-6.7	0.4
	BrightDrop	0	0	5	146	699	380.0	0.0
	Holden	55200	22619	162	1	0	-100.0	0.0
	Saturn/Pontiac/Hummer 等	4055	9082	830	21	22	4.8	0.0
	集团计	6042270	5285691	4605566	4591692	4889142	6.5	5.5
本田	Honda	4968256	4288686	4255252	3660324	3791248	3.6	4.3
	Acura	196220	164348	181884	116949	159587	36.5	0.2
	Everus/Ciimo（理念 / 思铭）	2823	8955	8562	11530	2067	-82.1	0.0
	集团计	5167299	4461989	4445698	3788803	3952902	4.3	4.5
福特集团	Ford	5025298	4039828	3741465	3549000	3786041	6.7	4.3
	Lincoln	174622	182798	196848	172964	160707	-7.1	0.2
	集团计	5199920	4222626	3938313	3721964	3946748	6.0	4.5
铃木	Maruti Suzuki	1511611	1237167	1397249	1613625	1742680	8.0	2.0
	Suzuki	1431882	1163341	1315299	1274484	1255026	-1.5	1.4
	集团计	2943493	2400508	2712548	2888109	2997706	3.8	3.4
比亚迪	BYD（比亚迪）	458187	426971	733511	1823034	2736754	50.1	3.1
	Denza	2089	4175	4783	9979	127872	1180.0	0.1
	Fangchengbao（方程豹）	0	0	0	0	5712	0.0	0.0
	Yangwang（仰望）	0	0	0	0	2001	0.0	0.0
	集团计	460276	431146	738294	1833013	2872339	56.7	3.3
吉利汽车	Geely（吉利）	1192538	1097801	1023471	950045	1160701	22.2	1.3
	Volvo Car	684330	654960	671343	610646	686306	12.4	0.8
	Lynk & Co（领克）	128066	175456	226000	191454	228277	19.2	0.3
	Proton	100259	108571	111773	136150	151725	11.4	0.2
	Zeekr（极氪）	0	0	6007	71962	122585	70.3	0.1
	Galaxy（银河）	0	0	0	0	83491	—	0.1
	Geometry（几何）	12660	10324	28428	111055	62581	-43.6	0.1
	Polestar	3	9966	22802	47084	48642	3.3	0.1
	Tangjun Ouling（T-King、唐骏）	47301	33138	21411	9018	20344	130.0	0.0

续表

集团	品牌	2019年	2020年	2021年	2022年	2023年	同比增长	份额
吉利汽车	Caocao（曹操）	0	0	0	0	11866	0.0	0.0
	Lotus/LEVC等	22959	26867	30694	67894	31072	-54.2	0.0
	集团计	2188116	2117083	2141929	2195308	2607590	18.8	3.0
宝马集团	BMW	2209522	2018241	2181924	2065090	2232983	8.1	2.5
	MINI	351281	285858	291550	282142	289496	2.6	0.3
	Rolls-Royce	2259	2164	2864	2828	2819	-0.3	0.0
	Zinoro（之诺）	41	0	0	0	0	0.0	0.0
	集团计	2563103	2306263	2476338	2350060	2525298	7.5	2.9
梅赛德斯-奔驰集团	M-Benz 小型汽车/Maybach	2601337	2382064	2260073	2265190	2326898	2.7	2.6
	smart	127880	27540	37083	30722	71049	130.0	0.1
	集团计	2729217	2409604	2297156	2295912	2397947	4.4	2.7
上汽集团	Wuling（上汽通用五菱）	1068253	1171858	1438313	1397852	1163521	-16.8	1.3
	MG（上汽名爵）	257416	277636	438104	501428	631177	25.9	0.7
	Maxus（上汽大通）	143878	182908	214697	164352	178936	8.9	0.2
	Roewe（荣威）	415001	365274	338330	245389	178346	-27.3	0.2
	Baojun（宝骏）等	646398	462413	175334	68896	119412	73.3	0.1
	集团计	2530946	2460089	2604778	2377917	2271392	-4.5	2.6
长安集团	Changan（长安）	1120165	1255906	1470324	1585589	1617035	2.0	1.8
	Deepal（深蓝）	0	0	0	33354	125639	280.0	0.1
	Qiyuan（启源）	0	0	0	0	39022	0.0	0.0
	Avatr（阿维塔）	0	0	0	757	26735	3430.0	0.0
	KYC（长安跨越）等	76	1553	3512	2514	1946	-22.6	0.0
	集团计	1120241	1257459	1473836	1622214	1810377	11.6	2.1
特斯拉	Tesla	356740	435790	862759	1243124	1763330	41.8	2.0
奇瑞汽车	Chery（奇瑞）	436450	427884	591788	698995	921908	31.9	1.0
	Jetour（捷途）	138072	126887	133106	138135	223969	62.1	0.3
	Exceed（星途）	15994	18141	31538	36201	104705	190.0	0.1
	Omoda（欧萌达）	0	0	0	2229	54419	2340.0	0.1
	Kaiyi（凯翼）	18339	30509	20123	49175	52779	7.3	0.1
	Karry（开瑞）	10332	1453	3358	3710	3054	-17.7	0.0
	Jaecoo	0	0	0	0	2960	0.0	0.0
	iCar等	0	0	0	0	2344	0.0	0.0
	集团计	619187	604874	779913	928445	1366138	47.1	1.5
塔塔汽车	Tata	531763	377622	643979	919614	937183	1.9	1.1
	Land Rover	388241	324130	322276	257053	343517	33.6	0.4
	Jaguar	155833	102918	83127	62303	62463	0.3	0.1
	Tata Daewoo	3742	3484	7181	6774	5735	-15.3	0.0
	集团计	1079579	808154	1056563	1245744	1348898	8.3	1.5
其他集团		11345352	10651616	11542956	10896006	12442354	14.2	14.1
合计		92074288	79517768	82496582	80389226	88146806	9.7	100.0

注：统计对象为FOURIN能够统计到分品牌销量的86国/地区。

集团分类标准截至2023年末指该集团的核心公司，当向其他公司出资20%以上时，将该制造商/品牌纳入该集团。不过，针对从2019年初至2023年末期间的资本变化情况，若发生于1—6月则在当年、若发生于7—12月则自次年变更了集团。

丰田：2020年2月丰田将对斯巴鲁的出资比率提升至20%，但为统计方便而把后者从丰田集团剔除。雷诺/日产/三菱：2022年5月雷诺已出售了Lada（AvtoVAZ），为统计方便而把后者从雷诺/日产/三菱集团中剔除。同时，雷诺的俄罗斯事业也在同月不再是合并对象，2022年以后不含雷诺。日产的俄罗斯事业在2022年10月转让，但同年仍将其纳入数据。吉利汽车（Geely）：2017年9月获得宝腾（Proton）49.9%的股份，自2018年包括Proton和Lotus品牌。菲亚特克莱斯勒

（FCA）、标致雪铁龙（PSA）：2021 年 1 月合并成立 Stellantis。戴姆勒（Daimler）：2021 年分割为负责小型汽车事业梅赛德斯－奔驰集团（Mercedes-BenzGr.），以及负责货车事业的 DaimlerTrucks。Rolls-Royce 等超豪华车品牌销量不详的国家较多，实绩有可能与上表数值大为不同，包括推测值。同时，当各国销量中的排名前列以外品牌数据不详时，将其计入其他。为此，该部分数值未统计在分集团分制造商销量之内。墨西哥、丹麦、希腊等 19 国：中大型商用车的分品牌销量不详。意大利：2022 年商用车的分品牌销量为推测值。比利时：2023 年商用车的分品牌销量为推测值。列支敦士登、克罗地亚：仅指乘用车实绩。波多黎各、白俄罗斯：2023 年分品牌销量中除排名前列车型以外，其余销量不详。

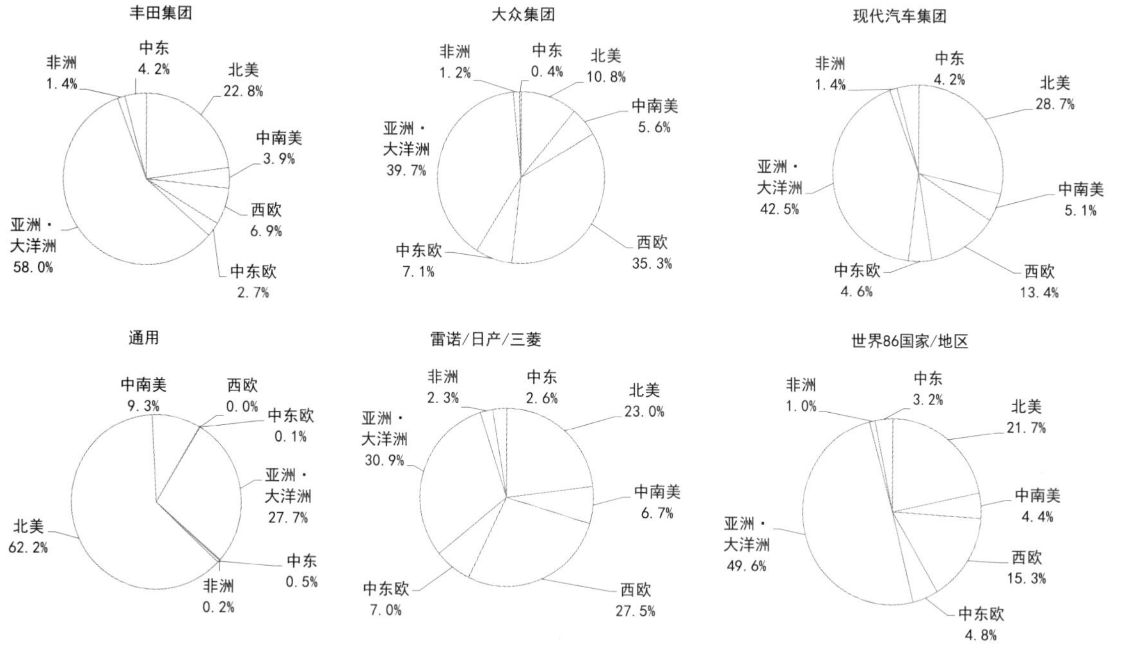

图4　2023年世界汽车销量——排名前5位集团的分地域销量构成

表4　2019—2023年世界86个国家／地区——分地域分国家／地区汽车销量　　单位：辆，%

地域	国家	车种	2019 年	2020 年	2021 年	2022 年	2023 年	同比增长	构成比
北美	美国 [1]	全	17494619	14873111	15378378	14204117	15963675	12.4	18.1
	加拿大 [1]	全	1972502	1579895	1705803	1566587	1737713	10.9	2.0
	墨西哥	全	1360008	977650	1046732	1134443	1414148	24.7	1.6
	3 国计		20827129	17430656	18130913	16905147	19115536	13.1	21.7
中南美	巴西	全	2787850	2058437	2119851	2104461	2308689	9.7	2.6
	阿根廷	全	452200	334316	370357	395581	439112	11.0	0.5
	智利	全	389220	272107	434347	445937	329588	-26.1	0.4
	哥伦比亚	全	263762	188665	250497	263106	185909	-29.3	0.2
	秘鲁	全	168647	125090	174752	177543	181812	2.4	0.2
	厄瓜多尔	全	132208	81821	115731	134170	132388	-1.3	0.2
	波多黎各	小型汽车	213304	95020	129145	123603	128530	4.0	0.1
	乌拉圭	全	42322	36398	51737	55056	60487	9.9	0.1
	玻利维亚	全	51565	29110	42681	43823	50049	14.2	0.1
	巴拉圭	全	30735	23479	29731	35748	31397	-12.2	0.0
	10 国计		4531813	3244443	3718829	3779028	3847961	1.8	4.4
西欧	德国	全	3978439	3240803	2943621	2931140	3161872	7.9	3.6
	英国	全	2740022	1967564	2049179	1945116	2250309	15.7	2.6
	法国	全	2755695	2100020	2142275	1926551	2208486	14.6	2.5

续表

地域	国家	车种	2019 年	2020 年	2021 年	2022 年	2023 年	同比增长	构成比
西欧	意大利	全	2132784	1567426	1669040	1506461	1755946	16.6	2.0
	西班牙	全	1501007	1030652	1033935	958023	1127865	17.7	1.3
	比利时	全	644047	511109	463812	431561	542075	25.6	0.6
	荷兰	全	537777	426996	402803	384776	455619	18.4	0.5
	瑞典	全	418478	330215	343882	329867	341843	3.6	0.4
	瑞士	全	356038	275366	279826	261408	294457	12.6	0.3
	奥地利	全	382033	291833	306176	244416	278783	14.1	0.3
	葡萄牙	全	267828	176992	180277	187161	236053	26.1	0.3
	丹麦	小型汽车	229241	233420	221921	181120	204240	12.8	0.2
	挪威	全	189824	180885	214330	207888	162402	-21.9	0.2
	爱尔兰	全	145139	112122	136389	131400	154248	17.4	0.2
	希腊	小型汽车	122081	87842	111337	114947	144628	25.8	0.2
	芬兰	全	133501	112940	115281	96633	102706	6.3	0.1
	卢森堡	全	62047	51348	50696	48013	56799	18.3	0.1
	冰岛	全	13478	10598	14284	18604	20063	7.8	0.0
	列支敦士登	乘用车	2241	1761	1913	1781	1854	4.1	0.0
	圣马力诺	小型汽车	1156	861	889	808	970	20.0	0.0
	20 国计		16612856	12710753	12681866	11907674	13501218	13.4	15.3
中东欧	俄罗斯	全	1778841	1631163	1741965	808604	1317438	62.9	1.5
	土耳其[2]	全	484719	788118	760678	813924	1267721	55.8	1.4
	波兰	全	656258	510152	554613	518049	576883	11.4	0.7
	捷克	全	281423	228834	236221	219198	255696	16.7	0.3
	罗马尼亚	全	189025	146385	145400	151976	168845	11.1	0.2
	匈牙利	小型汽车	189380	153340	149399	134881	128469	-4.8	0.1
	斯洛伐克	全	113863	84909	87349	90074	101842	13.1	0.1
	乌克兰	全	102542	98986	121772	45661	73863	61.8	0.1
	克罗地亚	乘用车	62938	36084	45289	44088	56697	28.6	0.1
	斯洛文尼亚	小型汽车	84353	61710	63675	53478	56609	5.9	0.1
	保加利亚	小型汽车	41356	28393	31193	33489	42818	27.9	0.0
	立陶宛	全	58683	47821	42986	38914	41702	7.2	0.0
	塞尔维亚	小型汽车	34182	26185	30554	28842	30668	6.3	0.0
	爱沙尼亚	全	33279	23307	27835	25572	28004	9.5	0.0
	白俄罗斯	小型汽车	65099	53537	47573	17234	25408	47.4	0.0
	拉脱维亚	全	22185	16458	18500	21139	23263	10.0	0.0
	塞浦路斯	全	14634	12008	12654	13741	16942	23.3	0.0
	波黑	小型汽车	10924	7830	8819	9309	11881	27.6	0.0
	摩尔多瓦	小型汽车	6831	5233	6853	7780	8968	15.3	0.0
	北马其顿	小型汽车	7242	5119	5545	4918	5307	7.9	0.0
	20 国计		4237757	3965572	4138873	3080871	4239024	37.6	4.8
亚洲大洋洲	中国[3]	全	25946996	25370685	25304401	24574629	26084916	6.1	29.6
	印度[4]	全	3844879	2954710	3782948	4757830	5119496	7.6	5.8
	日本	全	5195216	4598615	4448340	4201320	4779086	13.8	5.4
	韩国	全	1788518	1889929	1730688	1689484	1743366	3.2	2.0

续表

地域	国家	车种	2019 年	2020 年	2021 年	2022 年	2023 年	同比增长	构成比
亚洲大洋洲	澳大利亚	全	1062867	916968	1049831	1081429	1216780	12.5	1.4
	印度尼西亚	全	1030126	532027	887202	1048040	1005802	-4.0	1.1
	马来西亚	全	604281	529514	508883	720420	799731	11.0	0.9
	泰国	全	1007552	792146	759119	849322	775783	-8.7	0.9
	中国台湾地区	全	439835	457453	449855	429738	477021	11.0	0.5
	菲律宾	小型汽车	416628	248184	293336	365242	441241	20.8	0.5
	乌兹别克斯坦	小型汽车[5]	277967	284885	241649	340763	425876	25.0	0.5
	越南	全	421290	407487	410391	509141	404294	-20.6	0.5
	哈萨克斯坦	小型汽车	71868	89940	114281	120546	163290	35.5	0.2
	新西兰	全	154449	119372	165228	164771	149005	-9.6	0.2
	巴基斯坦	全	192767	127939	242881	232790	85087	-63.4	0.1
	中国香港特区	小型汽车	33786	31008	34906	36272	40869	12.7	0.0
	新加坡	全	86879	54911	57737	42005	37659	-10.3	0.0
	17 国 / 地区计		42575904	39405773	40481676	41163742	43749302	6.3	49.6
非洲	南非	全	535801	380752	464743	529482	530139	0.1	0.6
	摩洛哥	小型汽车	165918	133267	175360	161410	161504	0.1	0.2
	埃及	全	182713	219687	277901	174538	85852	-50.8	0.1
	突尼斯	全	49216	49642	61743	55506	55832	0.6	0.1
	阿尔及利亚	小型汽车	118689	29190	32947	25402	27975	10.1	0.0
	毛里求斯	全	11302	8711	9543	12088	14294	18.2	0.0
	6 国计		1063639	821249	1022237	958426	875596	-8.6	1.0
中东	伊朗	全	779749	816497	940881	1128526	1151586	2.0	1.3
	沙特阿拉伯	全	537482	452544	556559	616491	758791	23.1	0.9
	以色列	小型汽车	268220	226117	307673	299971	284476	-5.2	0.3
	阿拉伯联合酋长国	全	263001	171252	216535	217245	277525	27.7	0.3
	科威特	全	114605	88930	108029	119855	140519	17.2	0.2
	卡塔尔	全	49861	40725	46489	61407	62283	1.4	0.1
	阿曼	全	111608	74600	74381	64331	55547	-13.7	0.1
	约旦	全	31034	29295	30918	36901	34995	-5.2	0.0
	巴林	全	31836	26437	27528	25744	29702	15.4	0.0
	黎巴嫩	全	37794	12925	13195	23867	22745	-4.7	0.0
	10 国计		2225190	1939322	2322188	2594338	2818169	8.6	3.2
合计			92074288	79517768	82496582	80389226	88146806	9.7	100.0

注:“车种”一栏,若统计数据中包括乘用车、小型商用车、中大型商用车则标注“全”,若仅为乘用车、小型商用车则标注“小型汽车”,若仅为乘用车则标注“乘用车”。

[1] 不含客车。[2] 不含中大型商用车的进口销量。[3] 从 CAAM 的出厂量中减去出口量，再加上进口乘用车（交强险上险数据）的数值（实际国内销量）。[4] 针对印度汽车工业协会（SIAM）公布的统计数据中没有的分品牌销量，采用了各公司公布资料和当地报道的数值。[5] 以面向国内的出厂量代替。在始自下页的分品牌销量表中，只包括已公布出厂量的 UzAuto Motors（原 GM Uzbekistan）的 Chevrolet、Kia。

（北京富欧睿汽车咨询有限公司　周锦程　李永兴）

2023年欧洲电动车市场

一、2023年 BEV 销量增三成、PHEV 降2%

欧洲（从欧盟 /EFTA 加盟国 + 英国剔除列支敦士登的31国）的 BEV（含 FCEV）销量在2023年同比增长28.2% 达到201.9万辆。从增幅来看，与2020年增长1.1倍、2021年增长63.3% 相对比，2022年与2023年均只有三成左右的增幅，呈现市场增长放缓的局面。从主要国家的政策与市场的关联性来看，诸如2023年初废止 BEV 优惠政策的挪威同比减少24.4% 降至10.5万辆等，从中可窥截至2023年政策支撑 BEV 销售的效果。不过，虽然增幅有所放缓，但不能忽视欧洲 BEV 市场仍然保持增势的大潮流。2022/2023年增幅放缓的背景原因在于，在2020年欧盟加强碳排放量法规（2020年以排放量较少的排名靠前的95% 的销量为对象，自2021年适用于全部销量）导致2020/2021年大涨之后的逆向调整；由于2020—2024年欧盟 CO2限制不变，各 OEM 均留够了能够满足限制要求的 BEV 供应量（英国自2024年导入 ZEV Mandate，据推测各 OEM 还把2023年能供应的部分也流转至2024年）。尽管 BEV 市场的增长速度比原先预期的要慢，但受到2025/2030年欧盟强化碳排放量法规，以及多家 OEM 均将投放廉价 BEV（2.5万欧元以下）等因素的拉动，预计今后欧洲 BEV 市场仍将持续增长。

欧洲的2023年 PHEV（含增程式 EV）销量在2023年同比减少2.4% 降至99.0万辆，连续2年减少。德国受到2022年末废止 PHEV 购车补贴导致销量减半的影响。不过，由于仍以公司用车为中心确保了一定需求，预计2024年欧洲 PHEV 销量仍将维持100万辆左右的市场规模。PHEV 版公司用车除了在英国和德国等主要国家均相对于 ICE 车型具备优势（税金为 ICE 车型一半以下）之外，截至2024年还比 BEV（用作公司用车）的可选车型更多。与此同时，从私家车市场来看，在主要北欧市场均已废止 BEV 优惠政策的形势下，PHEV 的相对魅力有所提高也成了积极因素。在上述背景下，德国 OEM 等车企有可能在原先计划上提高 PHEV 的比重（见图1、图2）。

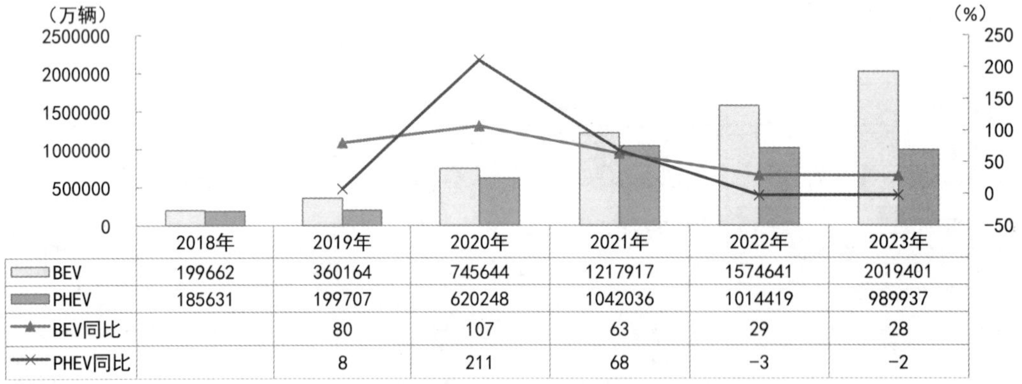

	2018年	2019年	2020年	2021年	2022年	2023年
BEV	199662	360164	745644	1217917	1574641	2019401
PHEV	185631	199707	620248	1042036	1014419	989937
BEV同比		80	107	63	29	28
PHEV同比		8	211	68	−3	−2

图1　2018—2023年欧洲 BEV/PHEV 销量及同比增速

资料来源：FOURIN 根据 ACEA、Schmidt Automotive Research 数据整理。

注：仅以乘用车为统计对象，不含商用车（本节其余图表相同）。BEV 包括 FCEV。统计国家数量为31国（从欧盟 /EFTA 加盟国 + 英国中剔除列支敦士登，PHEV 包括 EREV（增程式 EV）。统计国家数量如左图为31国（从欧盟 /EFTA 加盟国 + 英国中剔除列支敦士登）。2020年同比增幅为2.1倍。

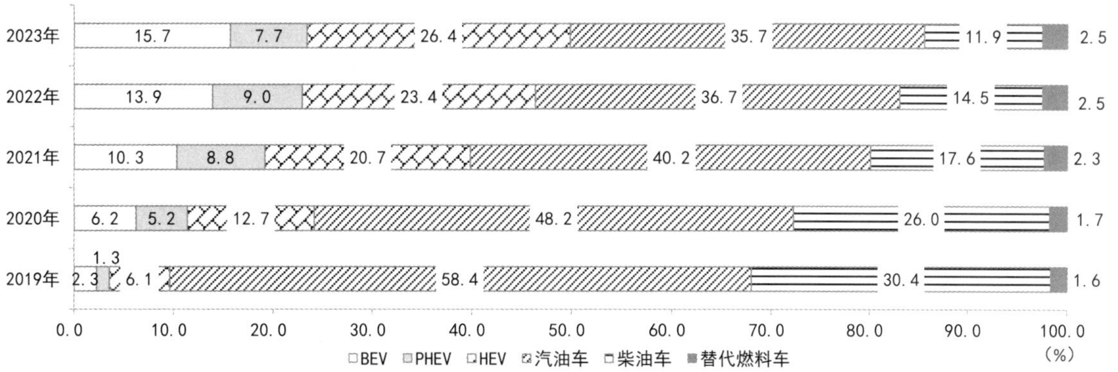

图2 2019—2023年欧洲30国分动力总成乘用车市场份额构成比

资料来源：根据 ACEA 数据整理。

注：BEV 包括 FCEV。PHEV 包括 EREV（带增程器的 EV）。HEV 包括 MHEV。替代燃料车指天然气车、LPG 车、乙醇燃料车等。

二、ECV 销量：德国位居首位，英国保持第二

从欧洲31国的分国家 ECV（BEV+FCEV+PHEV+EREV）销量来看，德国作为最大市场由于 PHEV 销量减少，整体同比减少15.9%降至70.0万辆。法国同比增长4%，达46.1万辆，超过了英国（增长23.7%达45.6万辆）跃升至第2位。从 ECV 在乘用车市场上的占比来看，曾经针对 BEV 实施较多购车补贴的挪威已经超过了九成。

从各国的 BEV 销量来看，位居首位的德国同比增长11.4%达到52.4万辆。2023年12月废止 BEV 购车补贴，上述政策从公布到施行的时间较短，没有出现较大的提前消费效应。同时，挪威减少24.4%降至10.5万辆。2023年1月废止针对购买车价50万 NOK（约4.3万欧元）以上的 BEV 免征 VAT（25%）的政策，以及导入重量税（针对整备质量超500kg 的部分平均每1kg 征税12.5NOK）产生了负面影响。法国增长47.0%扩大至29.8万辆。据推测担忧购车补贴（2022年：6000欧元；2023年：5000欧元；2024年2月：4000欧元）逐步递减成为当年销量扩大的一个原因。从 PHEV 销量来看，2022年末废止购车补贴的德国减少五成（见图3、图4、表1、表2、表3）。

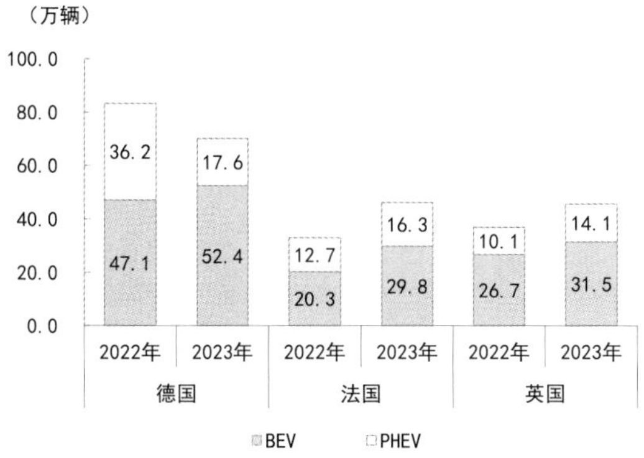

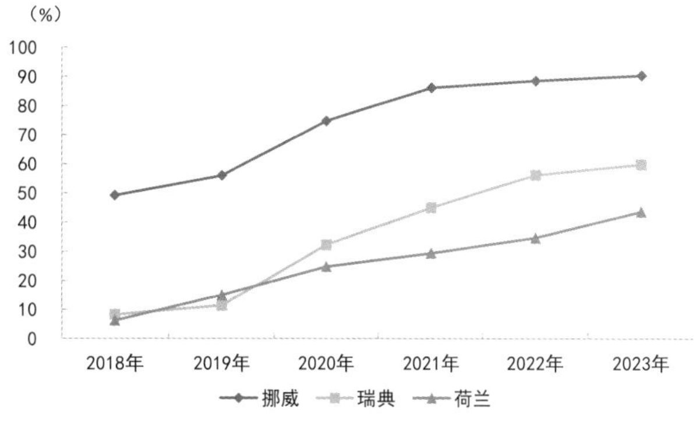

图3 2022—2023年欧洲 ECV 销量前列国家分类销量 图4 2018—2023年欧洲主要国家乘用车市场上的 ECV 占比

资料来源：FOURIN 根据 ACEA 公布资料整理。

注：ECV=Electric Chargeable Vehicles、BEV + FCEV + PHEV + EREV（带增程器的 EV）。BEV 包括 FCEV。PHEV 包括 EREV。选取了 ECV 市场规模达10万辆以上，且 ECV 占比较高的国家。

表1 2019—2023年欧洲分国家ECV销量 单位：辆，%

国家	2019年	2020年	2021年	2022年	2023年	同比增长	欧洲ECV市场份额	各国市场份额
德国	108839	394940	681874	832652	699943	-15.9	23.3	24.6
法国	61419	185719	303168	329476	461169	40.0	15.3	26.0
比利时	17737	46688	70430	96888	193593	99.8	6.4	40.6
瑞典	40406	94078	135326	161647	173232	7.2	5.8	59.8
荷兰	66607	87896	94771	107992	161063	49.1	5.4	43.6
意大利	17170	59909	137118	113801	135273	18.9	4.5	8.6
西班牙	17474	41236	66916	78312	113776	45.3	3.8	12.0
丹麦	9415	32518	65474	57262	80042	39.8	2.7	46.3
奥地利	11417	23627	48006	47433	64577	36.1	2.1	27.0
葡萄牙	12681	19697	28920	34133	63536	86.1	2.1	31.8
芬兰	7863	17475	30293	30701	47622	55.1	1.6	54.4
爱尔兰	4790	6505	16537	23356	33171	42.0	1.1	27.1
卢森堡	1899	5158	9093	10240	15856	54.8	0.5	32.3
希腊	480	2135	6961	8320	15205	82.8	0.5	11.3
欧盟14国计	378197	1017581	1694887	1932213	2258058	16.9	75.0	24.3
挪威	79640	105713	151918	154375	114757	-25.7	3.8	90.4
瑞士	17451	33974	53679	58528	75948	29.8	2.5	30.1
冰岛	2138	4215	6987	9318	10537	13.1	0.4	60.1
EFTA3国计	99229	143902	212584	222221	201242	-9.4	6.7	50.7
英国	72834	175339	305281	368618	455995	23.7	15.2	24.0
西欧18国计	550260	1336822	2212752	2523052	2915295	15.5	96.9	25.2
波兰	2717	8184	16304	21734	30249	39.2	1.0	6.4
罗马尼亚	1506	3881	6342	11638	15368	32.1	0.5	10.6
捷克	1229	5265	6391	7391	11951	61.7	0.4	5.4
匈牙利	2939	6042	8548	9585	11341	18.3	0.4	10.5
斯洛文尼亚	214	1686	2031	2895	5374	85.6	0.2	11.0
斯洛伐克	367	1781	2271	2946	5343	81.4	0.2	6.1
克罗地亚	259	676	1750	2205	2629	19.2	0.1	4.6
马耳他	—	—	—	2218	2198	-0.9	0.1	30.5
保加利亚	—	180	550	969	2171	120.0	0.1	5.8
立陶宛	162	453	1558	1350	2060	52.6	0.1	7.5
拉脱维亚	98	380	551	1368	2055	50.2	0.1	10.8
爱沙尼亚	97	417	723	1113	2005	80.1	0.1	8.8
塞浦路斯	23	125	182	596	1299	120.0	0.0	8.8
欧盟新加盟13国	9611	29070	47201	66008	94043	42.5	3.1	7.4
欧洲31国合计	559871	1365892	2259953	2589060	3009338	16.2	100.0	23.4
欧盟27国	387808	1046651	1742088	1998221	2352101	17.7	78.2	22.3
欧盟27国+英国	460642	1221990	2047369	2366839	2808096	18.6	93.3	22.6

资料来源：根据ACEA数据整理。

注：ECV=Electric Chargeable Vehicles、BEV + FCEV + PHEV + EREV（带增程器的EV）。采用了下一页的BEV销量与PHEV销量的合计值。占欧洲ECV市场份额指各国在欧洲31国ECV总销量中的占比。各国市场份额指ECV在各国包括内燃机车在内的乘用车总销量中的占比。

表2　2019—2023年欧洲分国家 BEV 销量　　单位：辆，%

国家	2019 年	2020 年	2021 年	2022 年	2023 年	同比增长	欧洲 BEV 市场份额	各国市场份额
德国	63491	194471	356425	470559	524219	11.4	26.0	18.4
法国	42827	111127	162167	202929	298219	47.0	14.8	16.8
荷兰	61703	73005	63780	73250	113981	55.6	5.6	30.8
瑞典	15596	27973	57473	95033	112208	18.1	5.6	38.7
比利时	8837	14994	22677	37619	93285	150.0	4.6	19.6
意大利	10685	32502	67284	49169	66265	34.8	3.3	4.2
丹麦	5532	14275	24998	30822	62759	100.0	3.1	36.3
西班牙	10042	17927	23689	30521	51612	69.1	2.6	5.4
奥地利	9261	15986	33380	34165	47621	39.4	2.4	19.9
葡萄牙	6883	7830	13260	18028	36390	100.0	1.8	18.2
芬兰	1897	4244	10153	14530	29535	100.0	1.5	33.8
爱尔兰	3444	4013	8646	15678	22789	45.4	1.1	18.6
卢森堡	986	2473	4650	6393	11052	72.9	0.5	22.5
希腊	190	679	2176	2827	6379	130.0	0.3	4.7
欧盟 14 国计	241374	521499	850758	1081523	1476314	36.5	73.1	15.9
挪威	60345	76804	113751	138254	104587	-24.4	5.2	82.4
瑞士	13190	19545	31889	40173	52728	31.3	2.6	20.9
冰岛	925	2356	3565	5566	8781	57.8	0.4	50.1
EFTA3 国计	74460	98705	149205	183993	166096	-9.7	8.2	41.9
英国	37850	108205	190727	267204	314684	17.8	15.6	16.5
西欧 18 国计	353684	728409	1190690	1532720	1957094	27.7	96.9	16.9
波兰	1491	3679	7166	11291	17078	51.3	0.8	3.6
罗马尼亚	1506	2845	6342	11638	15368	32.1	0.8	10.6
捷克	756	3284	2655	3944	6700	69.9	0.3	3.0
匈牙利	1833	3046	4312	4709	5799	23.1	0.3	5.4
斯洛文尼亚	186	1647	1723	2293	4330	88.8	0.2	8.9
斯洛伐克	165	918	1105	1390	2346	68.8	0.1	2.7
立陶宛	162	453	1158	1350	2060	52.6	0.1	7.5
保加利亚	—	139	433	828	1816	120.0	0.1	4.8
拉脱维亚	86	307	414	1073	1692	57.7	0.1	8.9
克罗地亚	192	533	1351	1369	1637	19.6	0.1	2.8
爱沙尼亚	80	342	484	687	1445	110.0	0.1	6.3
马耳他	—	—	—	984	1248	26.8	0.1	17.3
塞浦路斯	23	42	84	365	788	120.0	0.0	5.3
欧盟新加盟 13 国	6480	17235	27227	41921	62307	48.6	3.1	4.9
欧洲 31 国合计	360164	745644	1217917	1574641	2019401	28.2	100.0	15.7
欧盟 27 国	247854	538734	877985	1123444	1538621	37.0	76.2	14.6
欧盟 27 国 + 英国	285704	646939	1068712	1390648	1853305	33.3	91.8	14.9

资料来源：根据 ACEA 数据整理。

注：包括 FCEV，部分 ACEA 推测值。据推测罗马尼亚在2019年与2021—2023年、塞浦路斯在2019年包括 PHEV 销量。占欧洲 BEV 市场份额指各国在欧洲31国 BEV 总销量中的占比。各国市场份额指 BEV 各国包括内燃机车在内的乘用车总销量中的占比。

表3 2019—2023年欧洲分国家 PHEV 销量 单位：辆，%

国家	2019 年	2020 年	2021 年	2022 年	2023 年	同比增长	欧洲 PHEV 市场份额	各国市场份额
德国	45348	200469	325449	362093	175724	-51.5	17.8	6.2
法国	18592	74592	141001	126547	162950	28.8	16.5	9.2
比利时	8900	31694	47753	59269	100308	69.2	10.1	21.0
意大利	6485	27407	69834	64632	69008	6.8	7.0	4.4
西班牙	7432	23309	43227	47791	62164	30.1	6.3	6.5
瑞典	24810	66105	77853	66614	61024	-8.4	6.2	21.1
荷兰	4904	14891	30991	34742	47082	35.5	4.8	12.7
葡萄牙	5798	11867	15660	16105	27146	68.6	2.7	13.6
芬兰	5966	13231	20140	16171	18087	11.8	1.8	20.7
丹麦	3883	18243	40476	26440	17283	-34.6	1.7	10.0
奥地利	2156	7641	14626	13268	16956	27.8	1.7	7.1
爱尔兰	1346	2492	7891	7678	10382	35.2	1.0	8.5
希腊	290	1456	4785	5493	8826	60.7	0.9	6.6
卢森堡	913	2685	4443	3847	4804	24.9	0.5	9.8
欧盟 14 国计	136823	496082	844129	850690	781744	-8.1	79.0	8.4
瑞士	4261	14429	21790	18355	23220	26.5	2.3	9.2
挪威	19295	28909	38167	16121	10170	-36.9	1.0	8.0
冰岛	1213	1859	3422	3752	1756	-53.2	0.2	10.0
EFTA 3 国计	24769	45197	63379	38228	35146	-8.1	3.6	8.9
英国	34984	67134	114554	101414	141311	39.3	14.3	7.4
西欧 18 国计	196576	608413	1022062	990332	958201	-3.2	96.8	8.3
波兰	1226	4505	9138	10443	13171	26.1	1.3	2.8
匈牙利	1106	2996	4236	4876	5542	13.7	0.6	5.1
捷克	473	1981	3736	3447	5251	52.3	0.5	2.4
斯洛伐克	202	863	1166	1556	2997	92.6	0.3	3.4
斯洛文尼亚	28	39	308	602	1044	73.4	0.1	2.1
克罗地亚	67	143	399	836	992	18.7	0.1	1.7
马耳他	—	—	—	1234	950	-23.0	0.1	13.2
爱沙尼亚	17	75	239	426	560	31.5	0.1	2.5
塞浦路斯	—	83	98	231	511	120.0	0.1	3.5
拉脱维亚	12	73	137	295	363	23.1	0.0	1.9
保加利亚	—	41	117	141	355	150.0	0.0	0.9
罗马尼亚	—	1036	—	—	—	—	—	—
立陶宛	—	—	400	—	—	—	—	—
欧盟新加盟 13 国	3131	11835	19974	24087	31736	31.8	3.2	2.5
欧洲 31 国合计	199707	620248	1042036	1014419	989937	-2.4	100.0	7.7
欧盟 27 国	139954	507917	864103	874777	813480	-7.0	82.2	7.7
欧盟 27 国 + 英国	174938	575051	978657	976191	954791	-2.2	96.4	7.7

资料来源：根据 ACEA 数据整理。

注：包括 EREV（带增程器的 EV）。包括部分 ACEA 推测值。据推测罗马尼亚在2019年与2021—2023年、塞浦路斯在2019年把 PHEV 纳入 BEV 销量之中。据推测立陶宛在2019/2020/2022/2023年把 PHEV 纳入 HEV 销量。占欧洲 PHEV 市场份额指各国在欧洲31国 PHEV 总销量中的占比。各国市场份额指 PHEV 在各国包括内燃机车在内的乘用车总销量中的占比。

三、西欧：中国品牌的市场份额扩大至 8.8%

从西欧18国（欧盟加盟14国 +EFTA 加盟3国 + 英国）的2023年 BEV 分品牌销量来看，特斯拉同比增长54.7% 以35.3万辆保持首位（市场份额：同比增长3.1个百分点达18.0%），其德国工厂生产的 Model Y 同比增长81.4% 达到24.7万辆。分集团来看，大众集团同比增长27.7% 以43.8万辆保持首位。2022/2023年投放的新车发挥了拉动作用。中国品牌的市场份额已从上年的6.2% 扩大至8.8%。受到 MG4（2022年投放）规模放大的拉动，MG 品牌的销量增长1.2倍扩大至10.7万辆。虽然出现了诸如法国政府从补贴适用对象中剔除中国产品等贸易保护主义倾向，但据推测中国品牌凭借较高的成本竞争力，在欧洲的市场份额仍然能够持续增长。

从 BEV 在主要集团（不含特斯拉）乘用车销量中的占比情况来看，占比最高的宝马同比增长4.0个百分点达到20.2%。第2位的梅赛德斯 - 奔驰也增长3.5个百分点大幅扩大至18.3%。诸如雷诺 / 日产 / 三菱减少3.1个百分点至10.7%、Stellantis 减少0.2个百分点至11.7% 等，在豪华汽车制造商的 BEV 销量不断增长的同时，大众车制造商已陷入苦战局面。

从 PHEV 的分品牌销量来看，诸如位居首位的 M-Benz（同比减少5.4% 降至11.8万辆）连续2年减少等，在整体市场规模缩小的背景下，品牌销量低于上年实绩的情况较为明显（见表4、图5、表5、图6、表6、表7、表8）。

表4　2022—2023年西欧18国分集团分品牌插电汽车销量　　单位：辆，%

集团	品牌	2022 年	市场份额	2023 年	同比增长	市场份额	BEV 构成比	PHEV 构成比
大众集团	VW	213447	8.4	235786	10.5	8.1	15.8	3.2
	Audi	139281	5.5	165426	18.8	5.7	15.1	9.1
	Škoda	65951	2.6	91261	38.4	3.1	16.1	2.6
	SEAT/Cupra	64327	2.5	76554	19.0	2.6	10.2	8.2
	Porsche	31224	1.2	32376	3.7	1.1	20.4	15.4
	集团计	514230	20.4	601403	17.0	20.6	15.0	5.6
Stellantis	Peugeot	121500	4.8	119371	-1.8	4.1	12.0	7.6
	Opel/Vauxhall	70665	2.8	79054	11.9	2.7	14.5	3.8
	Fiat	65165	2.6	64680	-0.7	2.2	17.5	0.0
	Citroën	40342	1.6	42853	6.2	1.5	6.4	5.8
	Jeep	44366	1.8	37001	-16.6	1.3	9.7	21.2
	DS	26783	1.1	23209	-13.3	0.8	7.4	43.2
	Alfa Romeo	0	0.0	6118	—	0.2	0.0	12.8
	集团计	368821	14.6	372286	0.9	12.7	11.7	6.6
特斯拉		228229	9.0	352973	54.7	12.1	100.0	0.0
宝马	BMW	205214	8.1	250829	22.2	8.6	20.3	16.8
	MINI	47073	1.9	48041	2.1	1.6	19.7	7.2
	集团计	252287	10.0	298870	18.5	10.2	20.2	14.8
梅赛德斯 - 奔驰	M-Benz	193723	7.7	214498	10.7	7.3	14.7	18.1
	smart	21291	0.8	28401	33.4	1.0	100.0	0.0
	集团计	215014	8.5	242899	13.0	8.3	18.3	17.3
现代 / 起亚	起亚	123098	4.9	117157	-4.8	4.0	15.4	9.1
	现代	116931	4.6	100055	-14.4	3.4	15.7	6.3
	集团计	240029	9.5	217212	-9.5	7.4	15.7	7.7
吉利汽车	Volvo Car	129219	5.1	156206	20.9	5.3	24.1	35.0

续表

集团	品牌	2022 年	市场份额	2023 年	同比增长	市场份额	BEV 构成比	PHEV 构成比
吉利汽车	Polestar	32284	1.3	35879	11.1	1.2	99.9	0.1
	Lynk & Co（领克）	25962	1.0	22236	-14.4	0.8	0.0	100.0
	集团计	187465	7.4	214321	14.3	7.3	30.9	35.6
雷诺 / 日产 / 三菱	Renault	107133	4.2	81217	-24.2	2.8	11.7	1.3
	Dacia	40269	1.6	50970	26.6	1.7	11.0	0.0
	日产	32622	1.3	26381	-19.1	0.9	9.6	0.0
	三菱	26948	1.1	7945	-70.5	0.3	0.0	20.6
	集团计	206972	8.2	166513	-19.5	5.7	10.7	1.1
上汽集团	MG（上汽名爵）	66457	2.6	119223	79.4	4.1	54.7	6.1
福特		82966	3.3	82352	-0.7	2.8	4.0	12.1
丰田	丰田 /Lexus	29455	1.2	47058	59.8	1.6	2.9	3.8
JLR [1]	Land Rover	20598	0.8	40165	95.0	1.4	0.0	38.5
	Jaguar	9927	0.4	6622	-33.3	0.2	6.6	5.7
	集团计	30525	1.2	46787	53.3	1.6	2.2	27.4
马自达		16076	0.6	23750	47.7	0.8	4.4	10.8
比亚迪		0	—	15951	—	0.5	100.0	0.0
长城	Ora（欧拉）	0	—	6315	—	0.2	98.7	1.3
本田		1997	0.1	2530	26.7	0.1	3.2	1.3
蔚来		0	—	2287	—	0.1	100.0	0.0
其他		85979	3.4	136207	58.4	4.7	—	—
合计		2526502	100.0	2924384	15.7	100.0	16.9	8.3

资料来源：FOURIN 根据 Schmidt Automotive Research 数据整理。

注：JLR=Jaguar Land Rover。插电汽车指 BEV 和 PHEV 的合计值。合计值有所差异，但系采用原资料。市场份额指各集团 / 品牌在西欧18国插电汽车销量中的占比。BEV 构成比 /PHEV 构成比指各集团 / 品牌的 BEV/PHEV 在其插电汽车销量中的占比。[1] JLR=Jaguar Land Rover，即捷豹路虎。

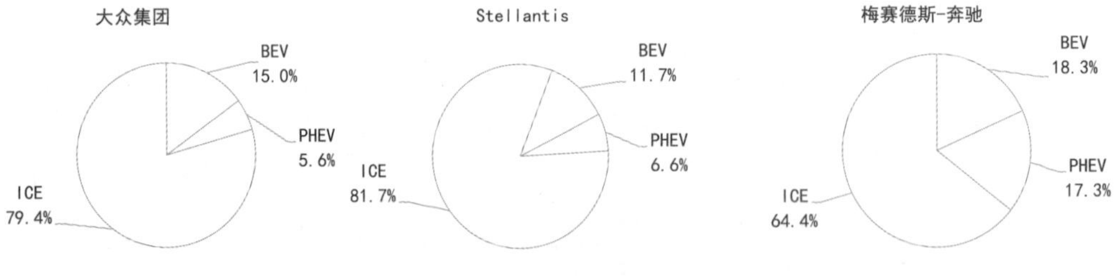

图5　2023年西欧18国 Top3汽车集团的分种类乘用车销量构成比

资料来源：FOURIN 根据 ACEA 数据制作。

表5　2021—2023年西欧18国分集团分品牌 BEV 销量　　单位：辆，%

集团	品牌	2021 年	市场份额	2022 年	市场份额	2023 年	同比增长	市场份额
大众集团	VW	162383	13.6	161419	10.5	195937	21.4	10.0
	Audi	55971	4.7	81070	5.3	103124	27.2	5.3
	Škoda	49283	4.1	51308	3.3	78443	52.9	4.0
	SEAT/Cupra	13113	1.1	31983	2.1	42483	32.8	2.2
	Porsche	16405	1.4	17603	1.1	18436	4.7	0.9
	集团计	297155	25.0	343383	22.4	438423	27.7	22.4

续表

集团	品牌	2021 年	市场份额	2022 年	市场份额	2023 年	同比增长	市场份额
特斯拉		166529	14.0	228229	14.9	352973	54.7	18.0
Stellantis	Peugeot	69557	5.8	75483	4.9	72919	-3.4	3.7
	Fiat	43169	3.6	65165	4.3	64680	-0.7	3.3
	Opel/Vauxhall	42274	3.6	57267	3.7	62492	9.1	3.2
	Citroën	12650	1.1	21278	1.4	22385	5.2	1.1
	Jeep	0	—	0	—	11623	—	0.6
	DS	3639	0.3	3634	0.2	3402	-6.4	0.2
	集团计	171289	14.4	222827	14.5	237501	6.6	12.1
宝马	BMW	44264	3.7	90821	5.9	137029	50.9	7.0
	MINI	28924	2.4	33899	2.2	35121	3.6	1.8
	集团计	73188	6.1	124720	8.1	172150	38.0	8.8
雷诺 / 日产	Renault	94500	7.9	92618	6.0	73145	-21.0	3.7
	Dacia	23539	2.0	40269	2.6	50970	26.6	2.6
	日产	35372	3.0	32622	2.1	26381	-19.1	1.3
	集团计	153411	12.9	165509	10.8	150496	-9.1	7.7
现代 / 起亚	起亚	61627	5.2	70480	4.6	73819	4.7	3.8
	现代	71701	6.0	82539	5.4	71356	-13.5	3.6
	Genesis	0	—	0	—	1942	—	0.1
	集团计	133328	11.2	153019	10.0	147117	-3.9	7.5
梅赛德斯 - 奔驰	M-Benz	36835	3.1	68733	4.5	96317	40.1	4.9
	smart	36664	3.1	21291	1.4	28401	33.4	1.4
	集团计	73499	6.2	90024	5.9	124718	38.5	6.4
上汽集团	MG（上汽名爵）	23576	2.0	49737	3.2	107340	120.0	5.5
吉利汽车	Volvo Car	14590	1.2	43856	2.9	63793	45.5	3.3
	Polestar	18945	1.6	32227	2.1	35858	11.3	1.8
	集团计	33535	2.8	76083	5.0	99651	31.0	5.1
丰田	丰田 /Lexus	2985	0.3	6469	0.4	20574	220.0	1.0
福特		22968	1.9	24293	1.6	20443	-15.8	1.0
比亚迪		0	—	0	—	15951	—	0.8
马自达		10418	0.9	5486	0.4	6887	25.5	0.4
JLR[1]	Jaguar	7882	0.7	6425	0.4	3544	-44.8	0.2
蔚来		0	—	0	—	2287	—	0.1
本田		3297	0.3	1997	0.1	1801	-9.8	0.1
其他		17681	1.5	33940	2.2	58101	71.2	3.0
合计		1190741	100.0	1532141	100.0	1959957	27.9	100.0
欧洲品牌		756051	63.5	964114	62.9	1164245	20.8	59.4
美国品牌		189497	15.9	253675	16.6	375058	47.8	19.1
中国品牌		46526	3.9	95166	6.2	173270	82.1	8.8
韩国品牌		133341	11.2	154587	10.1	148106	-4.2	7.6
日本品牌		52518	4.4	46574	3.0	57562	23.6	2.9

资料来源：FOURIN 根据 Schmidt Automotive Research 数据整理。

注：市场份额指各集团 / 品牌在西欧 18 国 BEV 销量中的占比。[1] JLR=Jaguar Land Rover，即捷豹路虎。

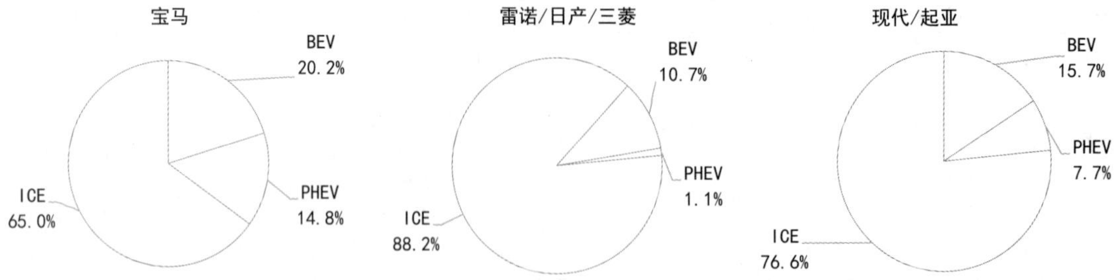

图6 2023年西欧18国主要集团的乘用车销量分种类构成比

资料来源：FOURIN 根据 ACEA 数据制作。

表6 2023年西欧18国分集团分品牌 PHEV 销量　　单位：辆，%

集团	品牌	2023 年	同比增长	市场份额
大众集团	Audi	62302	7.0	6.5
	VW	39849	-23.4	4.1
	SEAT/Cupra	34071	5.3	3.5
	Porsche	13940	2.3	1.4
	Škoda	12818	-12.5	1.3
	集团计	162980	-4.6	16.9
Stellantis	Peugeot	46452	0.9	4.8
	Jeep	25378	-42.8	2.6
	Citroën	20468	7.4	2.1
	DS	19807	-14.4	2.1
	Opel/Vauxhall	16562	23.6	1.7
	Alfa Romeo	6118	—	0.6
	集团计	134785	-7.7	14.0
宝马	BMW	113800	-0.5	11.8
	MINI	12920	-1.9	1.3
	集团计	126720	-0.7	13.1
梅赛德斯 - 奔驰		118181	-5.4	12.3
吉利汽车	Volvo Car	92413	8.3	9.6
	Lynk & Co（领克）	22236	-14.4	2.3
	Polestar	21	-63.2	0.0
	集团计	114670	3.0	11.9
现代 / 起亚	起亚	43338	-17.6	4.5
	现代	28699	-16.6	3.0
	集团计	72037	-17.2	7.5
福特		61909	5.5	6.4
JLR[1]	Land Rover	40165	95.0	4.2
	Jaguar	3078	-12.1	0.3
	集团计	43243	79.4	4.5

续表

集团	品牌	2023 年	同比增长	市场份额
丰田	丰田 /Lexus	26484	15.2	2.7
马自达		16863	59.2	1.7
雷诺 / 日产 / 三菱	Renault	8072	-44.4	0.8
	三菱	7945	-70.5	0.8
	集团计	16017	-61.4	1.7
上汽集团	MG（上汽名爵）	11883	-28.9	1.2
本田		729	—	0.1
长城	Ora（欧拉）	79	—	0.0
其他		41830	300.0	4.3
合计		964427	-3.0	100.0

资料来源：FOURIN 根据 Schmidt Automotive Research 数据整理。

注：市场份额指各集团 / 品牌在西欧 18 国 PHEV 销量中的占比。[1] JLR=Jaguar Land Rover，即捷豹路虎。

表7　2022—2023年西欧 BEV 乘用车销量排名前20位车型　　单位：辆，%

排名	车型	2022 年	2023 年	同比增长	市场份额
1	Tesla Model Y	135897	246523	81.4	19.2
2	VW ID.4/ID.5	86249	106396	23.4	8.3
3	Tesla Model 3	89387	95820	7.2	7.4
4	Škoda Enyaq	48936	74229	51.7	5.8
5	MG 4	7448	71508	860.0	5.6
6	Audi Q4	41286	67693	64.0	5.3
7	Fiat 500	64414	62283	-3.3	4.8
8	VW ID.3	52578	60901	15.8	4.7
9	Dacia Spring	40262	50948	26.5	4.0
10	Volvo XC40	30507	50795	66.5	3.9
11	BMW i4	24423	46815	91.7	3.6
12	Peugeot 208	45758	46669	2.0	3.6
13	BMW iX1	1765	43925	2390.0	3.4
14	Cupra Born	31846	42413	33.2	3.3
15	Renault Megane E	31836	42048	32.1	3.3
16	Kia Niro	37646	37181	-1.2	2.9
17	Mercedes EQA	22884	36239	58.4	2.8
18	Polestar 2	32227	35858	11.3	2.8
19	MINI	33899	35121	3.6	2.7
20	Hyundai Kona	40203	33335	-17.1	2.6

资料来源：FOURIN 根据 Schmidt Automotive Research 数据整理。

注：市场份额指各车型在西欧18 国 BEV 销量中的占比。

表8　2022—2023年西欧18国插电混动乘用车销量排名前15位车型　　单位：辆，%

排名	车型	2022 年[1]	2023 年	同比增长	市场份额
1	Ford Kuga	56215	59758	6.3	6.2
2	Volvo XC60	26438	40882	54.6	4.2
3	Mercedes GLC	22695	31634	39.4	3.3

续表

排名	车型	2022 年 [1]	2023 年	同比增长	市场份额
4	Volvo XC40	30360	25656	-15.5	2.7
5	Hyundai Tucson	27931	25089	-10.2	2.6
6	BMW 3-Series	33355	25045	-24.9	2.6
7	Kia Sportage	20255	22933	13.2	2.4
8	Lynk&Co. 1	25962	22236	-14.4	2.3
9	BMW X1	12984	22040	69.7	2.3
10	Mercedes C-Class	11535	21442	85.9	2.2
11	SEAT/Cupra Formentor	21567	20205	-6.3	2.1
12	Peugeot 3008	27944	20106	-28.0	2.1
13	BMW X5	21214	17994	-15.2	1.9
14	Audi Q3	21095	17960	-14.9	1.9
15	Mazda CX-60	8238	16863	100.0	1.7

资料来源：FOURIN 根据 Schmidt Automotive Research 数据整理。

注：市场份额指各车型在西欧 18 国 PHEV 销量中的占比。[1] 原资料仅刊登了排名前 15 位车型，针对 BMW X1、M-Benz C 级、Mazda CX-60 在 2022 年采用了 Inovev 数值。

四、混合动力销量：2023 年增三成，德国跃居首位

欧洲31国的混合动力（轻混 HEV= 含 MHEV）销量在2023年同比增长28.3% 达到339.7万辆。在欧洲，由于按照 LCA 视角认为重度 HEV 的环境负荷最小的观点仍然备受关注、同时 MHEV 依靠能量回收技术不仅能够减少制动粉尘还是有效应对减排法规的对策，据推测 HEV/MHEV 销量在短期内仍将保持增势（见图7、图8）。

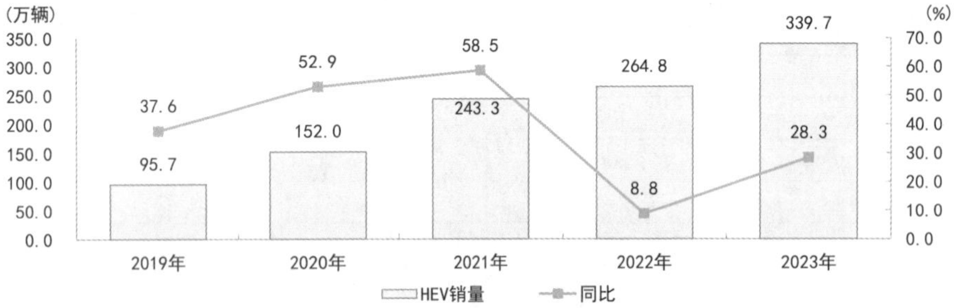

图7 2019—2023年欧洲混合动力销量增速

注：包括 MHEV，统计国家数量为31国。

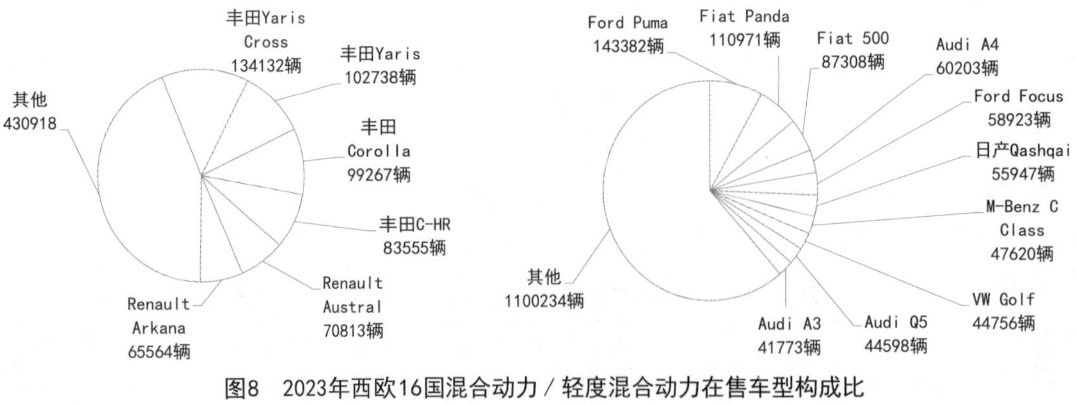

图8 2023年西欧16国混合动力 / 轻度混合动力在售车型构成比

资料来源：FOURIN 根据 Inovev 数据整理。

注：统计对象为从欧盟14国、EFTA3国 + 英国的18国中剔除卢森堡、冰岛的16国。

从2023年分国家HEV销量来看，德国同比增长42.9%达66.5万辆，超过英国（增长25.2%达60.1万辆）成为最大市场。同时，意大利同比增长25.4%达56.6万辆，法国同比增长29.9%达43.3万辆，增幅也在两成以上。

从西欧16国（从欧盟14国+EFTA3国+英国的18国中剔除卢森堡与冰岛）的2023年分品牌/车型销量来看，受到雷诺（Renault）的HEV销量扩大等因素影响，丰田车在HEV市场上的占比继从2021年的64.8%缩小至2022年的57.3%之后，2023年进一步缩小至48.7%的低于五成水平。MHEV方面，Ford Puma、Fiat Panda等欧美品牌车型排名靠前（见表9）。

表9　2019—2023年欧洲分国家HEV销量　　单位：辆，%

国家	2019年	2020年	2021年	2022年	2023年	同比增长	欧洲ECV市场份额	各国市场份额
德国	193902	327395	429139	465227	664580	42.9	19.6	23.4
意大利	109929	221931	422845	450938	565551	25.4	16.6	36.1
法国	106781	168873	289837	332669	432299	29.9	12.7	24.4
西班牙	108683	137425	219426	239672	302845	26.4	8.9	31.9
荷兰	28829	47583	71539	77651	90070	16.0	2.7	24.4
奥地利	14349	26026	41970	40858	50630	23.9	1.5	21.2
希腊	6601	11751	23382	29019	41560	43.2	1.2	30.9
比利时	17242	15204	19580	27428	36781	34.1	1.1	7.7
丹麦	9855	9637	31686	28254	30266	7.1	0.9	17.5
葡萄牙	9424	11902	19082	24147	28859	19.5	0.8	14.5
爱尔兰	10194	10986	19247	21252	25039	17.8	0.7	20.5
瑞典	25209	22355	22195	25512	23575	-7.6	0.7	8.1
芬兰	15572	18726	28108	25710	22376	-13.0	0.7	25.6
卢森堡	2245	3797	7225	8035	9471	17.9	0.3	19.3
欧盟14国计	658815	1033591	1645261	1796372	2323902	29.4	68.4	25.1
瑞士	22010	32148	52181	56107	68830	22.7	2.0	27.3
挪威	17547	12246	9780	10159	7584	-25.3	0.2	6.0
冰岛	1045	1174	2272	2987	2891	-3.2	0.1	16.5
EFTA3国计	40602	45568	64233	69253	79305	14.5	2.3	20.0
英国	174123	289992	444024	479992	601071	25.2	17.7	31.6
西欧18国计	873540	1369151	2153518	2345617	3004278	28.1	88.4	26.0
波兰	41878	66251	130354	138995	187293	34.7	5.5	39.4
匈牙利	9170	31772	48145	42498	45022	5.9	1.3	41.8
罗马尼亚	7467	14271	30706	34410	44217	28.5	1.3	30.6
捷克	7873	12769	25580	28213	40288	42.8	1.2	18.2
斯洛伐克	4307	7233	15148	17355	24183	39.3	0.7	27.5
克罗地亚	1533	2180	6440	8174	12875	57.5	0.4	22.3
立陶宛	3355	8293	4231	9749	11763	20.7	0.3	42.7
爱沙尼亚	2693	2715	6321	6747	9067	34.4	0.3	39.7
塞浦路斯	1052	1408	2475	3926	5633	43.5	0.2	38.2
拉脱维亚	1479	1895	3228	4358	5567	27.7	0.2	29.2

续表

国家	2019年	2020年	2021年	2022年	2023年	同比增长	欧洲ECV市场份额	各国市场份额
斯洛文尼亚	2462	1719	6181	6275	4903	-21.9	0.1	10.0
马耳他	—	—	—	1150	1557	35.4	0.0	21.6
保加利亚	—	429	662	386	693	79.5	0.0	1.8
欧盟新加盟13国	83269	150935	279471	302236	393061	30.1	11.6	30.9
欧洲31国合计	956809	1520086	2432989	2647853	3397339	28.3	100.0	26.4
欧盟27国	742084	1184526	1924732	2098608	2716963	29.5	80.0	25.8
欧盟27国+英国	916207	1474518	2368756	2578600	3318034	28.7	97.7	25.3

资料来源：FOURIN根据ACEA公布资料整理。

注：包括MHEV。统计国家数量为31国。包括部分ACEA推测值。据推测立陶宛包括PHEV。欧洲HEV市场份额指各国在欧洲31国HEV总销量中的占比。各国市场份额指HEV在各国乘用车总销量中的占比。

（北京富欧睿汽车咨询有限公司　周锦程　李永兴）

第六部类

二手车市场

DILIUBULEI | ERSHOUCHESHICHANG

2023年中国二手车市场综述

2023年对于整个汽车流通业来讲可以用一个“变”字来形容。首先是来自产品的变化，新能源汽车占比份额越来越高，相关数据表明，2023年新能源汽车渗透率超过了30%，预计2024年将会超过40%。产品的变化带来了渠道模式的变革，从过去单一的授权经营模式到目前的厂家直营、授权代理与佣金代理等多种模式并存，汽车经销商面临着渠道模式变化带来的考验；其次是价格体系的变化，一向比较稳定的市场价格体系自2023年开始被打破，价格战此起彼伏，截至目前没有停息的迹象，对于流通企业来讲也面临巨大的考验。最后是市场格局的变化，存量市场开始占据主导地位，二手车流通提上了台面，盘活存量就需要激发二手车市场活力。为此，2022年商务部等17部门联合下发的《关于搞活汽车流通 扩大汽车消费若干措施的通知》(商消费发〔2022〕92号)，长期制约二手车市场发展的限迁、税收与商品属性等三大难题均宣告解决，二手车市场发展迎来了最好的政策环境。当然，在二手车新政策环境下，传统的二手车渠道模式，即有形交易市场加个体户的经营方式受到冲击，特别是2023年1月1日起，个人名下持有时间不足一年的车辆只允许交易2辆的新规，使得长期以来通过个人背户方式经营的二手车传统模式受到限制，企业化、规模化、规范化、品牌化成为二手车流通业态的主线。因此，二手车流通业迎来了转型升级的新时期。当然，2023年的二手车市场同样遇到一些困难。一是疫情结束后，整体消费动能需要一个恢复期，居民特别是低收入群体对大宗消费相对谨慎；二是始于武汉的新车大幅度降价，加剧了汽车消费群体的持币观望情绪，不但影响到了消费信心，同时还给经营者的经营带来很大麻烦。2023年，即使市场环境与市场运作遇到了种种变化，但二手车市场出现了较快增长。

一、二手车市场主要运行特点

据中国汽车流通协会的统计，2023年，全国共交易二手车1841.3万辆，同比增长14.9%，这个数据无疑创了历史新高，交易额累计11795.3亿元，同比增长11.3%，应该说数据令人振奋，也表明二手车市场已经恢复了正常发展。可仔细分析，2023年高增长是在2022年交易量下降的基础上实现的，相比2021年，则增速为4.7%，即三年年均增长为2.35%。如果按照经验数据以及正常的市场发展规律，2023年二手车市场应该是在2022年两位数增长的基础上再有10%以上的增长。由于2022年出现了近9%的负增长，2023年的二手车市场增长率最起码应该达到20%以上才算打平。虽然市场发展未及预期，但二手车交易总规模向上突破毕竟是件好事(见图1)。

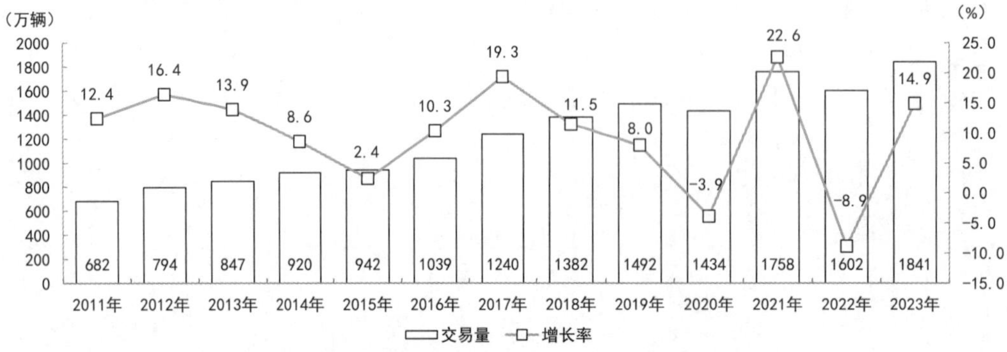

图1 2011—2023年二手车交易量与增长率

资料来源：中国汽车流通协会(以下图表资料来源相同，不再赘述)。

（一）各月交易量变化

从各月二手车交易量上反映出，第一季度有春节因素以及有效工作日的减少，交易量不是很高以外，其余各月交易规模比较均衡，其中第一、第二季度有所起伏，低的月在145万—156万辆，但从第三季度起月交易稳定在150万辆以上，第四季度交易量更是在160万辆以上，12月以166.1万辆的交易规模成为历史第二高点。从增长率上看，各月要比上年度有明显的增长，其中2—5月交易量虽然比不上第三季度以后各月，但与上年同期相比均有较高增长，其主要原因是上年同期疫情严重，交易基数较低造成的（见图2）。

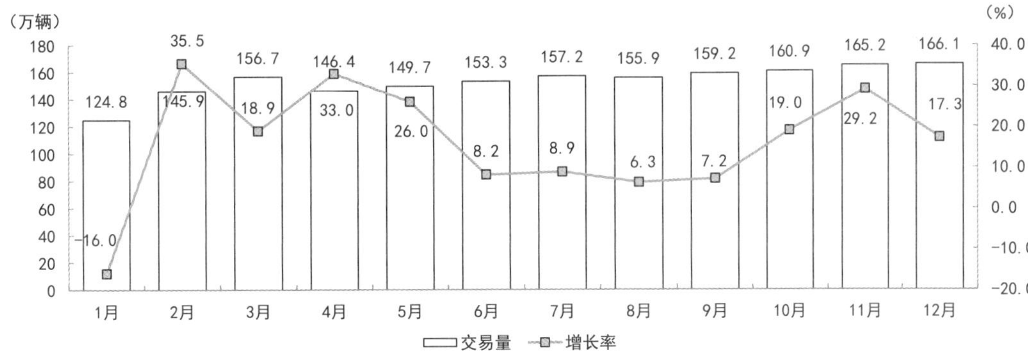

图2　2023年各月二手车交易量与增长率

其实2023年二手车市场遇到困难也不少。除了二手车新政落地后，市场主体需要度过适应期以外，3月由武汉触发的新车价格战给二手车经营带来了很大的压力。这一点也好理解，一般情况下车商会在春节前主动降库存，因为跨年后车辆就会减值，2023年也不例外，经过了1月、2月减库存后，多数车商库存规模降到了较低水平，一般不及正常值的三成。进入3月，也进入了二手车交易年后的第一波小高峰，车商都会在3月、4月补充库存。但恰恰是2023年不太一样，车商们刚刚补完库存，突然发现有的库存车辆的收购价格比市场同款新车零售价格还高！同时，新车价格大幅度降价，不仅是对二手车价格体系产生冲击，更重要的是增加了众多消费者的持币观望情绪，市场需求大幅度下降，从而影响了二手车成交率。换位思考一下，如果您想卖掉自己的车，上月还能卖5万元，不到一个月的时间4万元也没人收了，您还愿意卖吗？二手车市场正是克服了如此多种不利因素实现较明显的增长实属不易。

（二）各车型交易情况与份额变化

统计数据显示，2023年全国二手乘用车共交易1477.7万辆，同比增长14.7%，与整体市场基本一致，交易额9982.65亿元，同比增长10.9%；这个数据与历史最高点的2021年1397.8万辆相比增加了79.9万辆。二手乘用车占交易总量的80.3%，占比与上年基本持平。在乘用车中，轿车共交易1089.67万辆，同比增长14.4%，轿车占市场总量的59.2%，占比与上年相比下降了0.2个百分点；MPV交易114.1万辆，同比增长17.8%，占交易总量的6.2%，占比与上年同期相比增长0.2个百分点；SUV交易237.8万辆，同比增长16.7%，其占交易总量的12.9%，与上年同期相比份额再次提高了0.2个百分点；微型客车共交易36.1万辆，与上年度相比减少了1万辆，占交易总量的2%，与上年同期相比再降0.2个百分点。商用车交易257万辆，比上年增加了23.4万辆，同比增长10%，低于整体市场的增长率，商用车占总交易量的比例为14%，份额比上年再降0.6个百分点。值得关注的是摩托车交易量为53.5万辆，虽然总量不大，但增长迅猛，继上年同比增长29.2%的基础上再度增长59.7%，看来摩托车热度不减（见表1）。

表1　2022—2023年二手车各车型市场份额　　单位：%

车型分类	乘用车				商用车		其他车	农用车	挂车	摩托车
	轿车	MPV	SUV	微客	货车	客车				
2022年	59.4	6	12.7	2.2	8.1	6.5	2	0.3	0.7	2.1
2023年	59.2	6.2	12.9	2	8.1	5.8	1.8	0.4	0.7	2.9

（三）各区域市场表现

2023年，只有8个区域交易量出现下降，其余区域均为增长。其中海南、黑龙江、天津、新疆等地区的增长幅度超过50%。在交易量排名前10名的省市中，排名第一的广东以263.7万辆，同比增长23.7%，继续领跑全国。山东以156.3万辆的交易量上升一位，排名第二，四川以144.8万辆，同比增长25.9%，排名第三。上年排名第二的浙江由于出现了交易量下滑，被挤到了第四。河北虽然座次没有改变，但2023年实现了37.5%的增长。天津虽然没有排进前十，但也实现了54.7%的增长。之所以这两个区域市场增长明显，主要是因为2022年8月1日国五排放迁入解除，河北、天津成为最大的受益者。从前几年的表现来看，河北、天津之所以二手车市场不够活跃，主要是因为河北、天津迁入标准一直与北京等一、二线城市一致，导致优质车源无法进入；而由于其经济发达程度远不及长三角、珠三角地区，自身产生的车源无法满足本区域消费者的需求。取消对国五限迁限制，车源大幅度增加，市场恢复活力。此外，重庆首次晋级前十（见图3）。

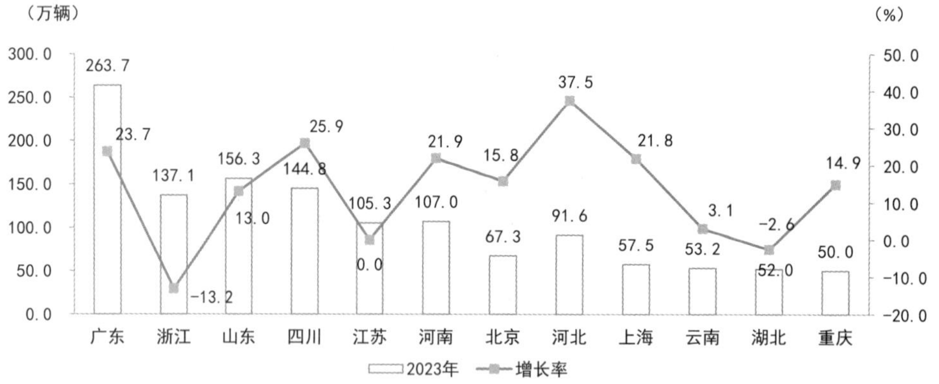

图3　2023年排名前十省市的二手车交易量及增长率

（四）二手车平均交易价格变化

如果说2022年二手车交易价格出现单边下降，让很多二手车经营者亏损，那么2023年二手车市场价格可谓起伏不定，让二手车经营者叫苦不迭。据车商反映，2023年的经营情况还不及疫情期间。从图4的二手车平均交易价格走势上看，2023年1月和2月平均价格明显上升，其中，1月比上月增长了3200元，2月在1月价格上涨的前提下又提升了1600元。平均交易价格的上升，意味着需求旺盛，二手车销售形势一片大好，同时春节前夕也是车产，同集中清库的季节，这期间，车商一般不再收车，轻库过年。据了解，2月末，车商的平均库存降到了不足3成。可进入3月以后，随着武汉补贴事件引发的新车价格大跳水，二手车平均价格起伏动荡，使得一些老江湖也无法很好地把握市场价格的波动，因为新车价格无规律可言。

从全年情况看，2023年平均成交价格为6.41万元，比2022年均价下降了1960元。大家都知道，造成交易价格下降的主要原因有三：一是车辆本身价格下降，二是车辆品类下移，三是车龄提高。其实，2023年二手车成交均价下降的主要原因则是车辆本身价格的下降，这在一定程度上反映出二手车市场虽有量上的提升，但总体的交易价格却有3%的下跌。据一些做中高端车型的经销商反映，他们在2023年均调整了库存结构，主动调低车辆档次。在以前的专文中笔者曾经提到，一般情况下，二手车流通业的平均毛利润也就在4%—5%，二手车平均价格的下降意味着经营利润的损失。可能读者朋友认为太牵强，但据车商反映，实际亏损情况要比2022年还要严重（见图4）。

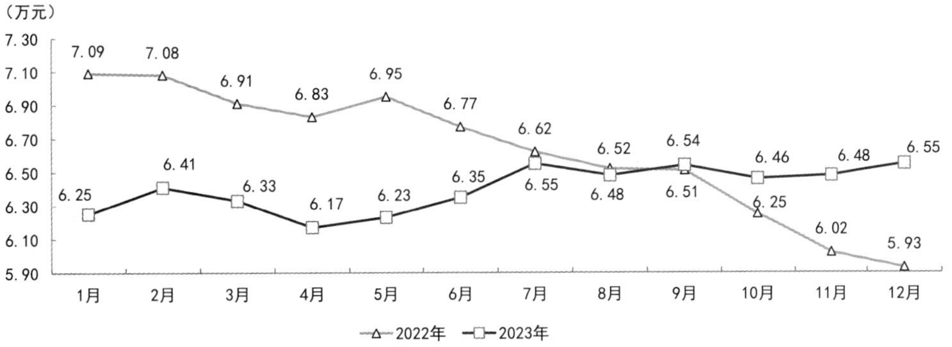

图4　2022—2023年各月二手车平均交易价格变化

（五）各价位区间比例情况

仔细观察图5，可以从中看出些许细微变化。3万元以下的二手车占比在所有价位段中占比是最高的，2018年以38.2%的占比达到了近期最高点，但2019年就降到了30%以下；然而2020年由于暴发新冠疫情，代步需求提高，3万元以下二手车比例又有所提升，达到了33.2%，之后3年里，基本上保持在32%—33%。

再看一下高价位车型占比的变化。15万元以上的车型在2017年、2018年分别为10.4%和10.1%；而到了2019年提高到了13.1%，虽然2020年下降到了10.9%，但2021年、2022年、2023年15万元以上较高价位的车型比例分别为12.3%、12.1%和12.2%。也就是说较高价位的车型比例基本稳定在12%以上。高价位车型占比提升，并不意味着二手车价格提高了，而是在交易品种中高端车比例有一定程度的提高，也与近年汽车消费升级形成呼应（见图5）。

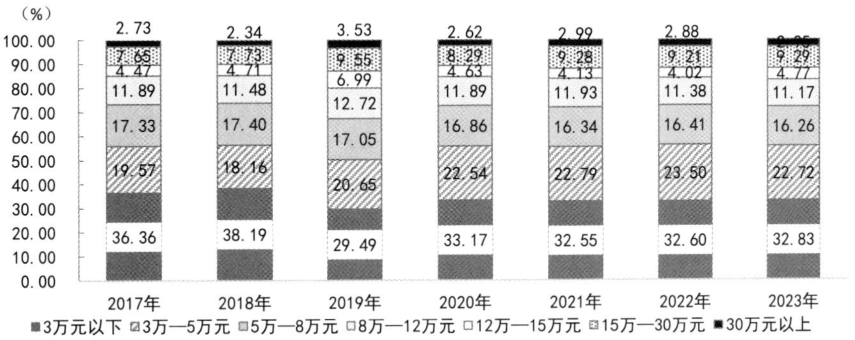

图5　2017—2023年各价位二手车分布

（六）车龄结构变化

提到二手车，很多车商都在宣传自己只卖3年以内的准新车，可能是准新车更能让消费者动心的缘故吧。大家都知道，只要车辆还没有达到报废条件，总会有价值，也就是说，不管车龄有多长，总能够找到买家。

从图6可以看到，2016年，使用年限在3年以内的准新车占总交易量的22.5%，而到了2022年，这个比例上升到了30.2%，为近年的最高点，2023年这个车龄段的比例虽有所下降，但仍然达到了28%，居近年第二高点，相比2021年增长了4.4个百分点。按理说，随着保有车辆平均年限的增加，二手车的平均车龄应该是增长的，但实现交易的各车龄段比例，反映了市场的需求取向。使用年限在3—6年的“中年”车龄的车辆占总交易量的43.5%，占比与上年相比提高了3.3个百分点，达到近5年最高点；7—10年车龄的车辆占总量的20.2%，占比提升了0.5个百分点，为近年第二低点；10年以上的老旧车占总交易量的8.3%，这一比例也比上年同期下降了1.8个百分点，为历年第二个低点。从车龄结构看，低龄比例保持较高的水平，高龄车比例继续下降，说明2023年的二手车市场行情与汽车保有车龄增长的实际情况相反，消费层面更青睐准新车，老旧车需求趋弱，导致了车商库存周期的提高，销售价格的下降（见图6）。

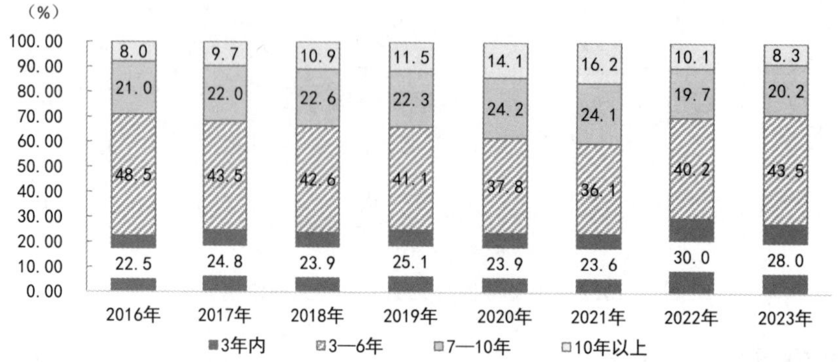

图6 2016—2023年各价位二手车分布

（七）跨区域交易比例明显提升

2023年随着疫情的结束，跨城市交易逐渐恢复。2023年，二手车跨区域交易总量为501.8万辆，比上年多出了100.8万辆，占总交易量的27.3%，比上年提高了2.2个百分点。从各月的情况看，除1月跨区交易低于上年同期外，其余各月均比上年同期高，9月之后，各月跨区交易比例均超过28%，12月更是创历史新高，达29.3%。

从二手车流向看，反映出二手车是从发达地区向外扩散。其中广东不但是二手车交易大省，同时也是二手车输出大省，全年共外迁二手车69万辆，居全国第一，外迁率为26.2%。外迁绝对量排名第2到第5的区域分别为山东46.4万辆、浙江39.5万辆、江苏39.5万辆、河南29.6万辆。外迁率排前5的区域分别为北京42.6%、上海和安徽均32.5%、湖北31.1%、江苏30.9%（见图7）。

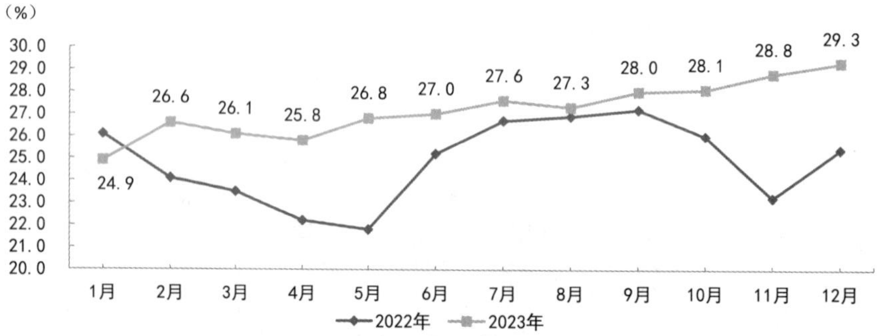

图7 2022—2023年各月跨区域交易比例

（八）二手车排放级别占比分析

根据17部门文件规定，自2022年10月1日起，全国取消对国五排放二手车迁入限制。经过一年后，2023年各排放比例分别为国一、国二排放标准的二手车仅占总交易量的1.86%，继续比2019年减少了3.79个百分点，基本上退出了交易圈，也就是说基本达到了可以忽略的量级；而国三排放占比7.54%，比上年下降了1.39个百分点，比2019年减少了7.64个百分点；国四排放占比40.49%比上年也下降了近3个百分点；国五、国六排放的车辆占比达到了52.57%，比上年提升了4.28个百分点。

也就是说，国五及以上排放的车辆，占到总交易量的一半以上，而且呈逐年上升的趋势。因此取消国五限迁，对打通堵点起到了非常重要的作用（见图8）。

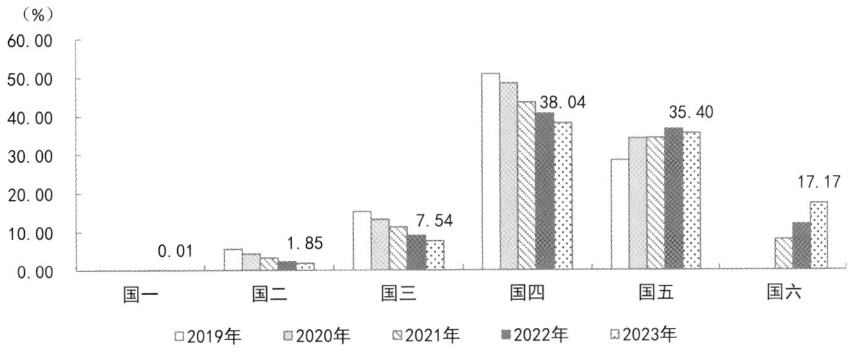

图8　2019—2023年二手车各排放标准车辆占比

（九）各级别城市份额变化

二手车的流通也是从高向低流通，即从高级别城市向末端城市流通。二手车各级别城市占比如图9所示。从各级别城市占全国二手车交易总量占比情况看，二手车的比例也在渐渐发生变化。其中一线城市从2018年的13.3%下降到2023年的11.1%，占比下降了2.2个百分点，但是一、二线城市交易量之和仍然占全国总量的一半以上。2018年一、二线城市交易量合计占55.8%，到了2023年仍然占53.7%，其中2.1个百分点的下降主要是一线城市份额的减少导致；而末端的四、五线城市之和占比从2018年的25.8%，上升到了2023年的27.6%，提高了1.8个百分点，其中的贡献度主要来自五线城市。也就是说，大趋势上看，二手车市场在五线城市开始起步发展。但数据显示，五线城市占比与上年相比有0.5个百分点的下降，预示着2023年末端城市市场不太景气，低收入人群购买力下降（见图9）。

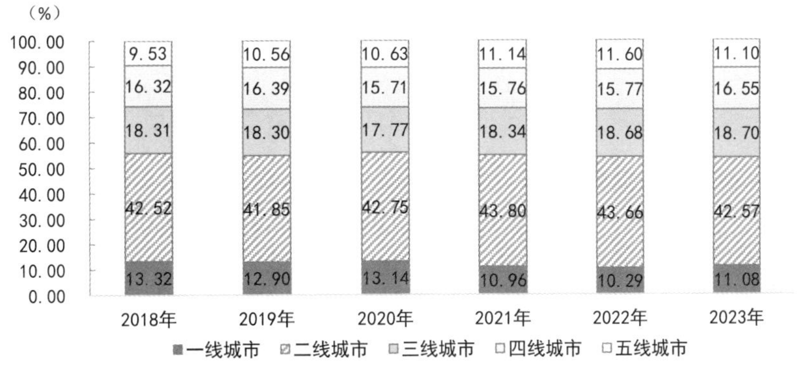

图9　2018—2023年各级别城市份额变化情况

注：样本包含全国338个分级城市，其中一线城市4个，北京、上海、广州、深圳，二线城市45个，三线城市70个，四线城市90个，五线城市129个。

（十）新能源二手车

在之前几乎没有提到过新能源二手车，这是因为之前的统计数据中，新能源二手车数量较少，在交易量大数据中可以忽略。2023年起均加入新能源二手车的内容，且分析的颗粒度也会逐渐增加。据中国汽车流通协会统计，2023年新能源二手车共交易76.3万辆，同比增长41.8%，占总交易量的4.1%。虽然与大盘相比，新能源二手车交易量还不大，但从数据上反映出，这个细分市场增长迅速。从各月数据反映出，从第三季度开始，各月交易量明显上升，并呈现逐月加速增长态势，其中年末最后两个月增长率均超过100%，可谓后市可期（见图10）。

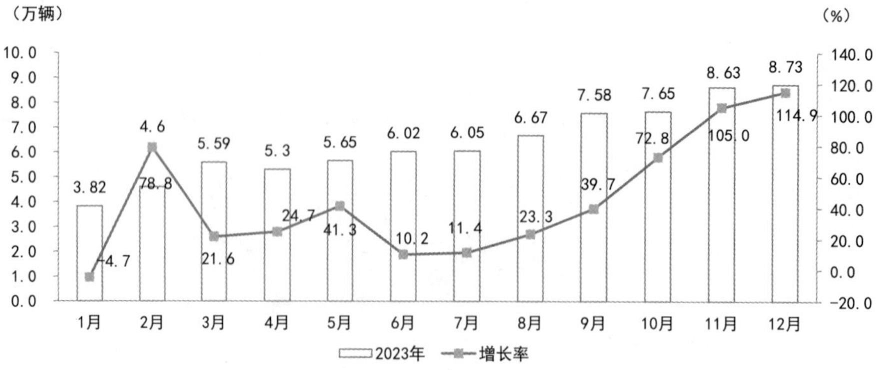

图10　2023年新能源二手车各月交易量

从车龄的维度与传统燃油车相比，新能源二手车与燃油车相比有着很大的区别，相当比例的二手车年限都比较短。根据统计，70%—80%的新能源二手车车龄都在4年以内，其中，2023年下半年（除8月外）的各月中，四成及以上的新能源二手车的车龄在2年内（见图11）。

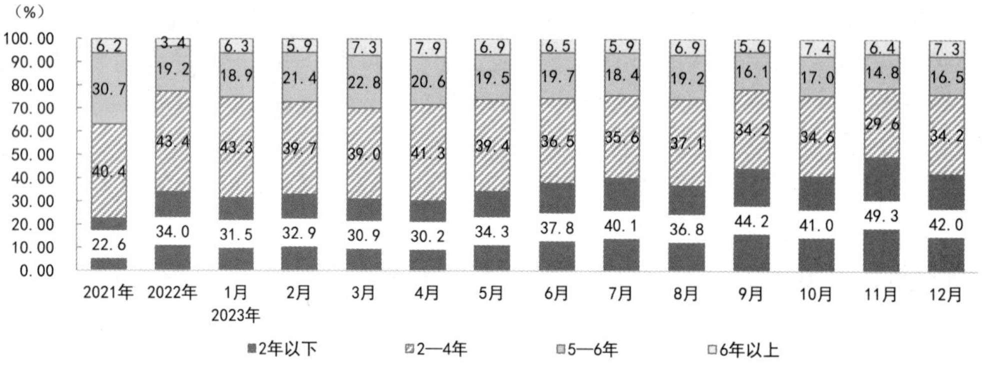

图11　2023年新能源二手车车龄结构

（十一）二手车平均库存周期

通过对二手车经销商监测，2023年经销商库存周期普遍较长，最高时平均库存周期达到61天，比2022年、2021年同期要高出很多。库存周期加长，表明二手车市场活跃度下降，二手车经销商的库存与资金压力巨大（见图12）。

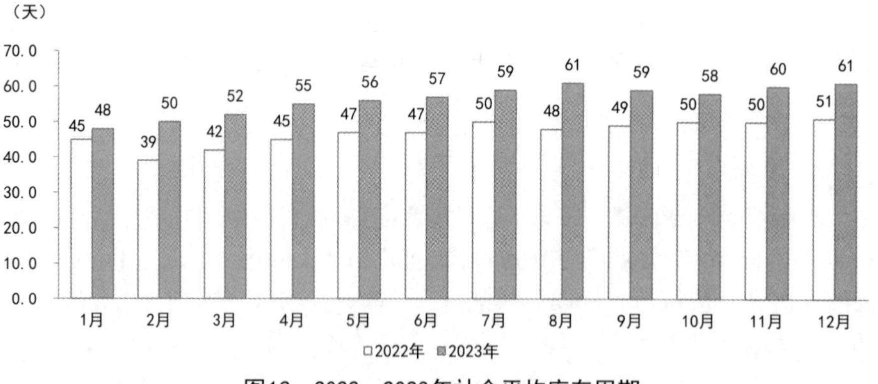

图12　2022—2023年社会平均库存周期

（十二）二手车经理人指数情况

如果说2022年还有一个月二手车经理人指数在50荣枯线以上的话，2023年二手车经理人指数全部都未及荣枯线。与上年度相比，虽然全年没有一个月经理人指数高于50，但其中有8个月要高于上年。这个结果也与统计数据相吻合。虽然业内从业者感受并不是很好，但总体形势要好于2022年。二手车经理人指数是反映二手车市场景气度的一个重要指标，这个指数50为荣枯线，50以上代表市场进入景气区间，50以下代表市场呈弱势状态（见图13）。

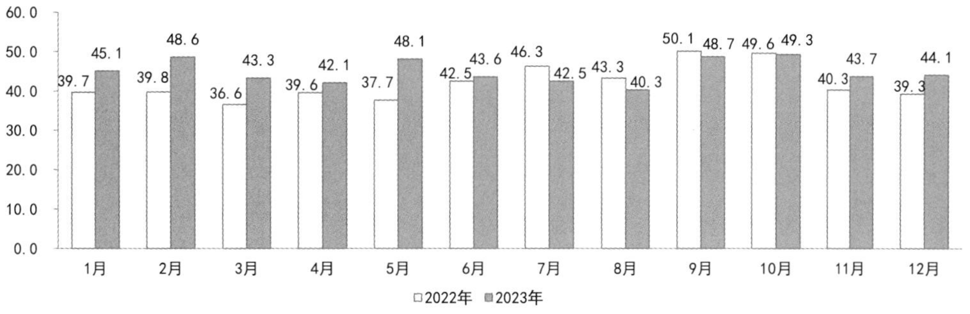

图13　2022—2023年二手车经理人指数变化

二、二手车新政对各参与主体的影响

2023年是二手车新政策全面落地的第一年，2023年的第一天，新政策系列措施中的最后一项，对自然人持有时间不足一年的车辆进行3辆交易限制开始实施。这一条款可能对于某些持观望态度，没能及时把个人名下的车辆转到公司户的车商来说会遇到些许麻烦。但从总体上讲，新政策的目的是打通二手车流通中的堵点，让流通更顺畅，为经营者赋能。同时，新政策的实施也将对传统二手车交易模式产生较大的改变，二手车市场也将从以个人之间交易为主向企业化经营转变；小、散、弱的二手车经营主体也将面临被整合。可以预判，用3到5年左右的时间，二手车市场将逐渐过渡到规模化、规范化、品牌化阶段，二手车市场信任度也将会有大幅度提升。

（一）车商

车商群体数量庞大，据2021年通过某查询平台查到的数据，含有“二手车”字样的经营主体全国有56万家，到了2023年这一数据增加到了79万多家。从行业调查情况看，2023年经营主体“小散弱”情况并未得到明显改观。

经过市场调研我们了解到，随着新政的落地实施，车商群体出现了五种变化。

一是直接退出。由于企业经营与个体户交易存在较大差异，难度也有了明显提升，有些车商直接退出，改做其他行业，由于没有准确的统计数据，但确实一部分经营者退出了市场。

二是挂靠或合伙。几个老板合伙成立二手车企业已经不是新鲜事了。近十年来，一些有一定规模的车商早就意识到想长久发展，必须进行企业化改造，成立二手车经销企业。事实证明，这样的改造是成功的。国内排名靠前的二手车经销商基本上都是在几年前就实现了企业化改造。此外2023年还出现了一种新的情况，就是一些个体户由于规模较小，也不太懂企业化经营，特别是缺乏财税管理方面的知识和经验，从而选择挂靠到二手车销售平台公司名下。据了解，这类的经销平台公司大部分是由二手车交易市场搭建的，目的就是给驻场车商提供价值服务，帮助车商从个体向经营企业平稳过渡。

三是直接转型。前面已经提及中国汽车流通协会组织的每年一次的车商营商环境调查，2022年调查报告显示，65.4%的受访车商表示计划或已经完成向经销公司转型。二手车新政大的框架是鼓励经销、限制个体，二手车商从个体向企业转型是大势所趋。

四是按兵不动，继续做个体。长期以来，二手车交易基本上以私人之间交易为主，即便是专业的经营者，也是通过个人“背户”的形式从事二手车买卖。新政策实施后，一些小规模的经营者会从农村“借”一些身份证，以延续原来的生意。这种做法存在很大风险，其中有法律风险也会有经营风险。这部分群体仍占一定的比例。

（二）二手车交易市场

二手车交易市场从自发形成的那一天起，就成为当地二手车集中交易的场所。长期以来，由于能够将众多小车商聚集经营，形成其特有的“防火墙”。市场环境变了，交易市场不得不面对三大挑战。

一是独享的部分政府职能出现分流。起初为了方便交易，政府将部分职能前移至交易发生地，交易市场成为唯一的为交易双方开具发票的机构，并通过引入车管转移登记功能等，实现交易、过户一站式，几乎所有的二手车交易都需要到二手车交易市场办理。但随着二手车新政的落地实施，交易市场独享的“发票权”下放到了汽车经销企业（包括4S 店），大量的二手车交易发票将从交易市场端转向经营端，原来以开具二手车交易发票，收取“服务费”的盈利模式将会消失。同时，随着“放管服”推进，大量的交管服务站会向具备条件的4S 店、二手车经销商开放，一站式也不再是交易市场的特权。

二是集客的渠道作用开始受到新媒体冲击而弱化。由于交易市场经营运作时间比较长，有一定的知名度和品牌影响力，形成了线下集客能力。车商在交易市场中经营，不需要投入太多的广告费可以坐等客户上门。但随着互联网营销，以及视频营销的兴起，交易市场的集客优势也慢慢丧失。

三是空置率提升。大家知道，二手车交易市场有两大收入：一个是交易服务费，一个是市场租金收入。保住了市场入驻率，即保住了饭碗。第一个搬离交易市场的当然是大车商。由于大车商具备一定规模后，开始注重经营服务品牌的打造。为了避免交易市场内的部分小车商的不规范经营行为对大车商的品牌树立产生不利影响，开始脱离交易市场“另立门户”。第二个搬离交易市场的是“网红”车商。一些“网红”车商已经具备了充裕的私域流量，不但不再需要交易市场的自然引流，邻近的其他商户有可能会把“网红”车商带来的到店客户给“截和”，这类的车商也要离去。第三个搬离的是专门做收购的车商。随着二手车经营链条的细分，一些专干收车生意的车商不再需要在交易市场设立门店，有个能够放车的地方即可；有的甚至都不需要场地，直接将车源信息卖给下家。原来在交易市场租车位卖车，现转型专做收购的车商也加入退租行列。

面对新形势下出现的不利因素，交易市场管理者也做出不少尝试和努力，核心点当然是围绕着留住商户、留住消费、提高服务质量、提升管理效率、建立二手车交易服务平台为核心内容进行转型升级。

一是进行标准化改造。二手车交易市场服务是一项复杂的工作，客观上需要将各项服务工作进行分解，并进行标准化改造。比如二手车售前、售中、售后管理的标准化模块的设立，还有转移登记手续、服务收费、交易纠纷的响应与处置等。市场管理者通过标准化的服务不断提高服务效率，提高客流量与客户满意度，以达到提升场地出租率与市场摊位的含金量的目的。

建立标准其实并不难，可以参照的服务标准有国家标准《二手车鉴定评估技术规范》、团体标准《二手乘用车鉴定评估技术规范》和《二手车经销商服务规范》等行业标准，难的是严格执行标准。

二是数字化改造。二手车交易市场聚集着少则数十家多则数百家经营者，每年完成的交易少则数千笔，多则数十万笔，数字化是提升服务效能的必由之路。虽然交易市场在数字化、信息化方面喊了很多年，但真正为交易赋能的数字化却凤毛麟角。有的交易市场花了不少钱自己研发或委托专业信息科技公司研发的数字化系统功能单一，有的甚至成为仅仅是满足上级领导视察、兄弟单位参观时好看的“花架子”，时间一长便被弃之不用；也有的是为了防止场内交易的车辆到别的地方开具发票等。其实数字化改造应该具有更深的含义，应该涵盖交易市场管理、车位管理、库存管理、交易手续管理、二手车况信息管理、车源信息管理、交易价格参考、经营者展示、远程交易、二手车金融、二手车物流等多维度的功能，其核心应该具有网络交易功能，由经营者自发上传与下架车源信息。

三是平台化改造。所谓的平台化就是说交易市场管理者从地主思维向服务平台思维转化，第一步先从管理者的台阶上走下来，变身为服务者，其一是为驻场商户服务，让他们在交易市场中赚到钱，其二是为消费者服务，让来市场买卖车辆的消费者交易安全高效，放心交易。第二步通过延展服务内涵，围绕交易提供立体化的服务，包括售前引流、整备，售中车况检测认证、试车保障，售后质量保证与维修服务等。第三步借助数据化改造，把交易市场物理上的围墙在互联网上打开，让交易市场的车源信息通过互联网连接到更广域的买方，以提高交易的广度与深度。

四是下场参与市场竞争。交易市场过去一直高高在上，主营业务主要集中在场地出租、交易服务、车管服务站等，而几乎少有直接参与二手车经销的企业。在新的政策环境下，为了解决市场内车商起点低、规模小，只懂得二手车收销不懂如何做财税管理的现实问题，帮助驻场车商转型，相当数量的交易市场成立了二手车销售公司，解决了小车商的企业化经营问题。做得比较深入的交易市场已经做到了为驻场商户配资，统一结算，实现了商品流与资金流的统一。也有的交易市场为了解决市场空置问题，与全国二手车经营名企合作，在当地做二手车经销品牌。

（三）经销商集团

客观上讲，新车经销商的二手车业务是二手车新政的最大受益者。一方面，新车经销商不需要在营业范围中做变更增项，自然获得二手车经营权；另一方面，二手车销售增值税从原来的3%减按2%征收到目前的减按0.5%征收等，所有新的规则都对4S店二手车业务有利。从“2023年中国汽车经销商集团百强排行榜”数据看，2022年汽车经销商集团二手车共交易142万辆，与2021年相比减少了9万辆，出现小幅下降，这与整体市场表现一致。但二手车与新车的比例，即统称的“旧新比”为21%，与2021年相比提高了1.5个百分点。

从上市公司年报来看，2023年经销商集团各项业务数据中二手车是一大亮点。

和谐集团二手车销售8363辆，未提及增长率以及营收数据，不过这也是该集团首次公布二手车销量数据。

新丰泰集团二手车销售7380辆，同比增长5.7%，二手车销售收入4.22亿元，同比增长5.8%。

广汇集团二手车销售11.78万辆。

永达集团布局二手车业务多年，2023年给出了亮丽的数据，全年二手车交易93012辆，同比增长15.1%；二手车经销收入52.77亿元，同比增长56.6%；二手车经销毛利为3.43亿元，同比增长16.9%，旧新比高达50.4%。

汽车经销商集团龙头企业中升集团二手车销售达到164109辆，同比增长17%，二手车销售收入139.85亿元，同比增长42.3%，旧新比达到32.7%。

以上数据说明，进入2023年，在新车销售利润日益摊薄的情况下，经销商集团开始将目光聚焦到二手车业务上，成为企业新的利润增长点。特别是二手车新政为二手车流通打通了堵点，先期布局的企业出现了二手车快速增长。相信用不了几年，新车经销商将大面积进入，成为二手车市场上的一支生力军。

（中国汽车流通协会　罗磊）

2023年中国二手车区域市场

2023年北京市二手车市场

中国汽车流通协会日前发布的数据显示，2023年全国二手车累计交易量为1841.33万辆，同比增长14.88%，累计交易金额达到11795.32亿元。

2023年，北京市二手车交易量为673193辆，同比增长15.8%，相比较2022年的大幅下滑波动，2023年交易量恢复至2019年前水平（见图1）。

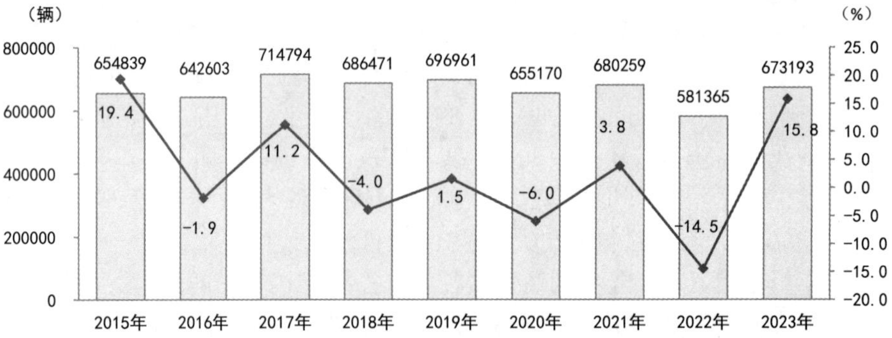

图1　2015—2023年北京市二手车交易量

资料来源：中国汽车流通协会（以下图表资料来源相同，不再赘述）。

从月度走势看，2023年北京市二手车交易量走势相对平稳，总体呈现的市场特点是淡季不淡，旺季不旺。3月是全年交易量最高的月份，相比上一年，除1月、7月、8月、9月外，其他月份均保持了正增长，尤其是5月，同比增长218.2%。（见图2）。

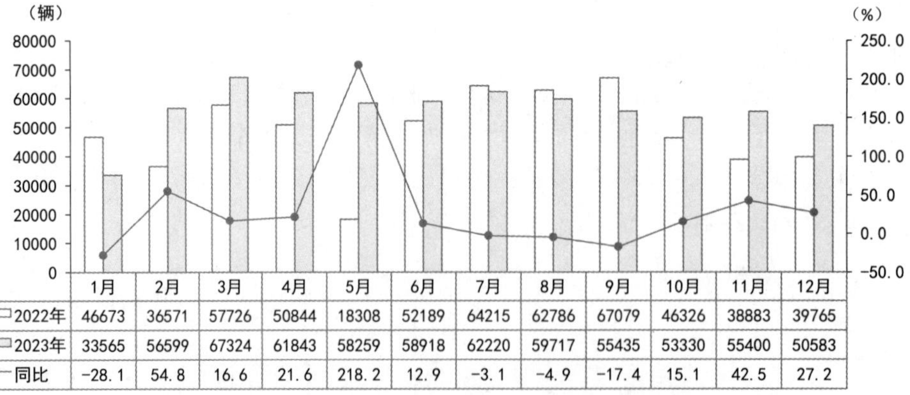

	1月	2月	3月	4月	5月	6月	7月	8月	9月	10月	11月	12月
2022年	46673	36571	57726	50844	18308	52189	64215	62786	67079	46326	38883	39765
2023年	33565	56599	67324	61843	58259	58918	62220	59717	55435	53330	55400	50583
同比	-28.1	54.8	16.6	21.6	218.2	12.9	-3.1	-4.9	-17.4	15.1	42.5	27.2

图2　2022—2023年北京二手车月度销量与同比增速

分车型看，2023年北京市各车型市场均保持了正增长，其中，SUV 增速最高，同比增长26.3%。与此同时，轿车同比增长16.8%、MPV 同比增长23.0%，交叉型乘用车同比增长15.0%（见图3）。

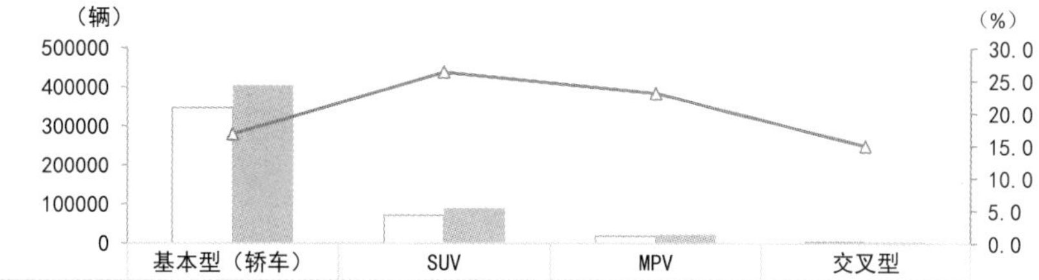

	基本型（轿车）	SUV	MPV	交叉型
2022年	346959	71345	18835	4431
2023年	405166	90097	23172	5094
同比	16.8	26.3	23.0	15.0

图3　2022—2023年北京二手车分车型销量

2023年，全国转籍比例排名前五的省市是北京市、江苏省、上海市、安徽省和浙江省。其中，除北京市转籍比例同比下降外，其余省市转籍比例均有不同程度增长。

北京市在2023年实施了一系列政策来支持和规范二手车市场的发展。

首先，北京市商务局发布了关于实施二手车经销支持政策的通知，旨在支持在北京地区注册且具有独立法人资格，并在本市商务部门备案登记，从事二手车经销业务的企业。对于2023年11月1日至2024年10月31日期间二手车经销额超过500万元的企业，给予其二手车经销额0.5%的资金奖励，单个企业最高不超过200万元。这一政策旨在鼓励二手车经销企业的发展，提升二手车市场的活跃度。

此外，为了规范二手车经营行为，北京市商务局还发布了关于规范二手车经营行为的通知。该通知要求二手车经纪机构不得以经纪之名开展经销业务，二手车经销企业在买卖车辆时要合规开具发票，并认真履行二手车交易及转让登记查验职责，以确保交易的真实性、合法性。这一措施有助于提升二手车的交易透明度和市场秩序，保护消费者权益。

这些政策的实施，不仅有助于促进北京市二手车市场的健康发展，也为消费者提供了更多的选择和保障。

2023年上海市二手车市场

2023年上海市二手车累计交易量为573583辆，同比上年增长19.59%；累计交易额537.73亿元，同比上年增长10.63%；平均单价为9.37万元，同比上年下降7.50%。

市区号牌二手车过户交易量263164辆，同比上年增长53.56%（其中单独签注业务量为66818辆，环比上月增长13.62%。新能源二手车交易量为66990辆，同比增长48.69%）。沪C号牌二手车交易量为97253辆，同比上年下降33.23%（其中退牌上沪C号牌二手车交易量为45100辆，同比上年下降42.22%）。转出市外交易量186813辆，同比上年增长27.34%。占交易总量之比为32.57%，同比上年增加了1.98个百分点。待出口业务量为1236辆（见图1）。

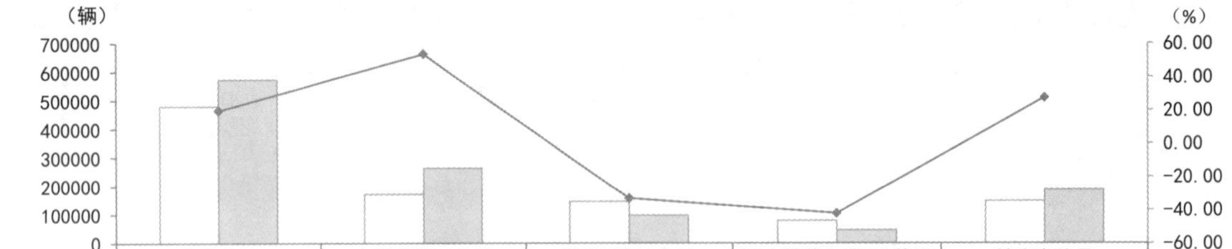

	交易总量	市区号牌过户量	沪C号牌过户量	其中退牌上沪C号牌量	转出市外量
2022年	479623	171372	145654	78057	146705
2023年	573583	263164	97253	45100	186813
同比	19.59	53.56	-33.23	-42.22	27.34

图1 2022—2023年上海市二手车分车型交易量

资料来源：上海二手车交易中心（以下图表资料来源相同，不再赘述）。

汽车交易总量530158辆，同比上年上升19.62%。其中：客车交易量489832辆，同比上年上升17.43%（其中轿车交易量为315552辆，同比上年上升14.21%）；货车交易量40326辆，同比上年上升54.71%。摩托车交易量18754辆，同比上年上升2.99%。其他类车辆交易量24671辆，同比上年上升35.39%（见图2）。

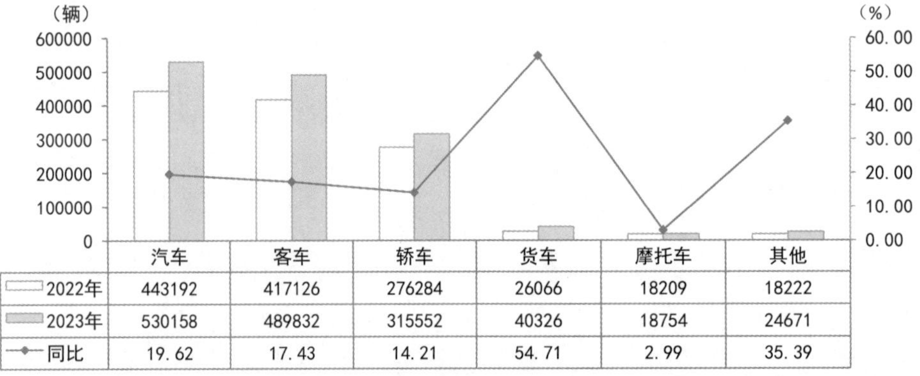

	汽车	客车	轿车	货车	摩托车	其他
2022年	443192	417126	276284	26066	18209	18222
2023年	530158	489832	315552	40326	18754	24671
同比	19.62	17.43	14.21	54.71	2.99	35.39

图2 2022—2023年上海市二手车品种大类交易量及同比变化

2023年上海二手车市场数据显示，私人车辆346058辆，占交易总量60.33%；单位车辆227525辆，占交易总量39.67%。国产车辆466512辆，占交易总量81.33%；进口车辆107071辆，占交易总量18.67%。非营运车辆507037辆，占交易总量88.40%；营运车辆52596辆，占交易总量9.17%；特种车辆13950辆，占交易总量2.43%（见图3）。

从消费者角度看，私人购车325978辆，占交易年总量56.83%；单位购车247605辆，占交易总量43.17%（见图4）。

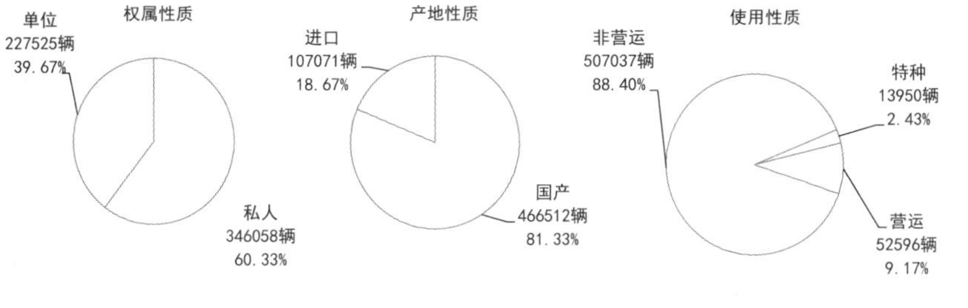

图3 2023年上海市二手车交易量特征

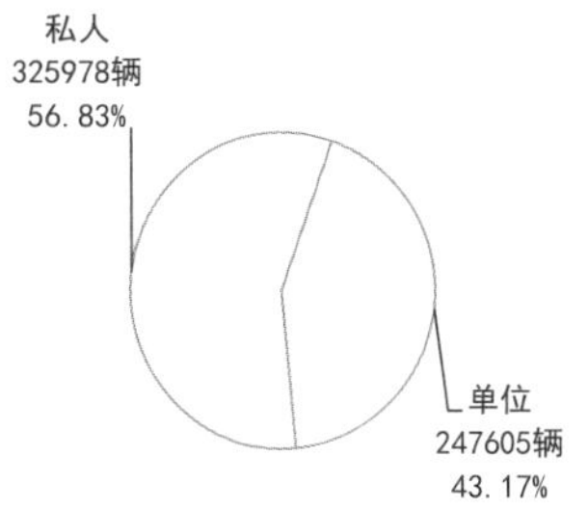

图4 2023年购车对象分析

2023年，启用年份3年内（含3年）的102686辆，占交易总量18.76%；4—5年的82490辆，占交易总量15.07%；6—7年的87930辆，占交易总量16.07%；8—9年的80467辆，占交易总量14.70%；10年及以上的193657辆，占交易总量35.39%（见图5）。

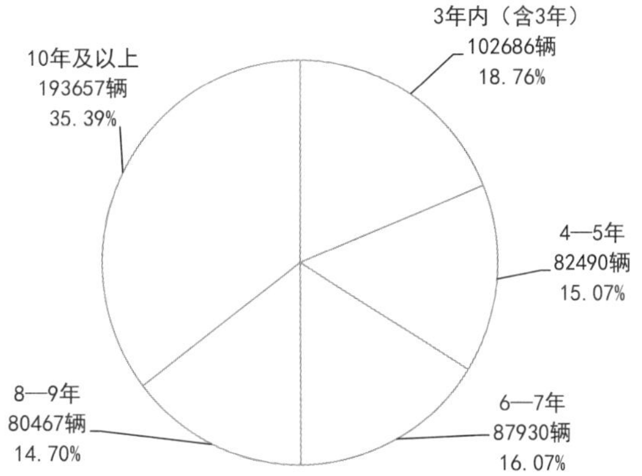

图5 2023年上海市二手车分使用年限交易量及占比

2023年，上海市二手车流通转出的主要省份为山东、江苏、安徽、浙江、河南、辽宁、黑龙江。其中，山东省占比最高，市场份额为21.04%，同比下降3.4%，与此同时，转出到江苏的数量大幅上涨，同比增长80.5%（见表1）。

表1 2023年上海市二手车转出流通情况 单位：辆，%

转入地	2022年转出量	2023年转出量	同比增长	市场份额
山东	40699	39299	-3.4	21.04
江苏	13563	24475	80.5	13.10
安徽	14847	16694	12.4	8.94
浙江	8223	11564	40.6	6.19
河南	8467	11449	35.2	6.13
辽宁	8230	9399	14.2	5.03
黑龙江	6762	7796	15.3	4.17
转出总量	146705	186813	27.3	100.00

2023年上海市各二手车交易市场经营状况如表2、表3所示，其中，二手车交易中心交易量最高，全年共交易二手车118428辆，交易额共计1327869.32万元。

表2 2023年上海市各交易市场二手车交易量与上年同期对比 单位：辆，%

交易市场	交易量			汽车			摩托车		
	2022 年	2023 年	同比增长	2022 年	2023 年	同比增长	2022 年	2023 年	同比增长
总 计	479623	573583	19.59	443192	530158	19.62	18209	18754	2.99
二手车交易中心	88569	118428	33.71	87283	116884	33.91	449	537	19.6
市旧车市场	85251	96723	13.46	82333	92443	12.28	2786	4145	48.78
莘庄市场	40876	49865	21.99	36259	43346	19.55	741	1162	56.82
浦东市场	70342	75735	7.67	63308	69195	9.3	6800	6267	-7.84
呼兰市场	17643	21368	21.11	10008	10342	3.34	1770	1958	10.62
崇明市场	8803	8300	-5.71	4847	4980	2.74	1267	917	-27.62
百联联合市场	28598	41149	43.89	27829	39821	43.09	31	166	435.48
口岸市场	10427	14075	34.99	10127	13778	36.05	7	19	171.43
安悦市场	16901	13338	-21.08	13384	11067	-17.31	3508	2258	-35.63
亿联市场	10532	11876	12.76	10209	11526	12.9	84	86	2.38
松江市场	12017	14859	23.65	11834	14611	23.47	96	180	87.5
车市市场	59578	67261	12.9	58476	65543	12.09	45	96	113.33
大众交通市场	20471	28730	40.34	18020	25072	39.13	510	873	71.18
金山市场	9615	11113	15.58	9275	10787	16.3	115	90	-21.74

表3 2023年上海市各交易市场二手车交易额与上年同期对比 单位：万元，%

交易市场	交易额			平均单价		
	2022 年	2023 年	同比增长	2022 年	2023 年	同比增长
总 计	4860695.82	5377315.13	10.63	10.13	9.37	-7.49
二手车交易中心	1056860.76	1327869.32	25.64	11.93	11.21	-6.04
市旧车市场	1150598.95	1148913.10	-0.15	13.50	11.88	-11.99
莘庄市场	368475.82	388532.27	5.44	9.01	7.79	-13.56
浦东市场	614346.29	619494.19	0.84	8.73	8.18	-6.34
呼兰市场	152968.36	149218.44	-2.45	8.67	6.98	-19.46
崇明市场	52182.79	41913.52	-19.68	5.93	5.05	-14.81
百联联合市场	275947.40	395106.39	43.18	9.65	9.60	-0.49
口岸市场	153033.48	163607.40	6.91	14.68	11.62	-20.8
安悦市场	151722.06	108496.38	-28.49	8.98	8.13	-9.39
亿联市场	70787.69	71591.58	1.14	6.72	6.03	-10.31
松江市场	115981.48	132377.79	14.14	9.65	8.91	-7.69
车市市场	474799.50	539986.98	13.73	7.97	8.03	0.74
大众交通市场	145070.02	185757.22	28.05	7.09	6.47	-8.76
金山市场	77921.20	77792.04	-0.17	8.10	7.00	-13.62

（上海二手车行业协会）

2023年重庆市二手车市场

一、重庆市二手车市场概况

（一）行业规模分析

1. 行业经营情况

汽车产业是国民经济重要的战略性、支柱性产业，是稳增长、扩消费的关键领域。2023年1月30日，商务部王文涛部长在全国商务工作电视电话会上强调："要高度关注二手车的蓬勃发展，汽车的保有量达到一定程度后，二手车发展将进入一个新的阶段。"2023年，是二手车新政策全面落地执行的第一年，有效地调整二手车经营主体机构，把过去二手车的交易以个人为主的方式转换到以企业经营为主，从规范化、规模化上更有利于二手车行业的正向发展。截至2023年底，全市汽车保有量607.37万辆、同比增长5.37%，1—12月全市二手车转移登记72.1万辆，其中市内直接转移登记59.7万辆。城市汽车保有量排名位列全国前三（全国仅成都、北京、重庆、上海、苏州5个城市汽车保有量超过500万辆）。

截至2023年12月底，全市汽车类限额以上企业957家，其中零售企业927家、批发企业30家；零售额全部为二手车零售额的限额以上二手车经销企业13家、二手车零售额6.2亿元；零售额部分为二手车零售额的限额以上二手车经销企业133家、二手车零售额20.2亿元（其中零售额60%及以上为二手车零售额的限额以上二手车经销企业19家、二手车零售额7.6亿元），共计26.4亿元。

但若按乘用车全年约40万辆经销量、平均车价6.5万元/辆、增值税率0.5%、其他税率（城市维护建设税、教育费附加、地方教育附加、企业所得税或个人所得税、印花税、车船税）约0.2%测算，则全年二手车零售额应约260亿元、纳税约1.82亿元（其中增值税约1.3亿元、其他税约0.52亿元）。截至2024年3月8日，全市在全国汽车流通信息管理系统中备案的二手车企业合计2205家，因备案企业经营范围重复统计，其中经销企业1829家、经纪企业1209家、拍卖企业115家、交易市场303家、鉴定评估机构335家（见表1）。

表1　2022—2023年重庆市汽车流通行业数据汇总表　　单位：辆，%

数据类别	2022年	2023年	同比增长
机动车保有量	9283136	8905163	4.24
其中：汽车保有量	6073706	5763997	5.37
再其中：1. 乘用车保有量	5449560	5142432	5.97
2. 商用车保有量	537662	541418	-0.69
新能源汽车保有量	435728	259534	67.89
摩托车保有量	3161171	3093267	2.20
机动车新注册数量	803232	785974	2.20
其中：汽车新注册数量	505581	461000	9.67
再其中：1. 乘用车新注册数量	470293	420769	11.77
2. 商用车新注册数量	49655	47772	3.94
新能源汽车新注册数量	196538	134371	46.27
摩托车新注册数量	294544	322910	-8.78
二手车转让登记量	721567	644815	11.90
其中：1. 市外转入登记量	123740	83869	47.54
2. 市内直接转让登记量	597827	560946	6.57

2. 市场分布情况

协会统计在册的，全市主要有26家成规模的二手车交易市场，重庆主城都市圈共有8家汽车交易市场。但受整体经济环境影响，线下实体行业受到了冲击，随着城市周边闲置地块、物业的增多，加之互联网线上获客的方式转变，各个区域根据聚集效应，均形成了各种“野生市场”“路边市场”，缺乏有效管理也影响市容市貌。协会向各主管部门汇报、协调，寻找统一管理模式，也与此类“市场”积极沟通，灌输诚信经营理念，正向宣传二手车行业形象。

3. 就业情况

随着汽车保有量的逐步增加，二手车市场已经从之前的增量市场逐步向存量市场转化，全市机动车保有量逼近千万辆级别。根据协会统计数据显示，即使在行业面临近几年来较大的挑战，从业人员依然达到6.9万人，增长7.14%。当然，就目前二手车行业从业人员讲，也正努力着手培养，协同多家专业类高校，职业院校，有目标有计划地为行业输送专业的技术、管理人才及候补力量。目前二手车从业者正向着年轻化、职业化、现代化、高学历方向发展，从业人员综合素质逐年在提高。

（二）行业结构分析

个人与个人之间二手车交易的便利性，造就了之前行业结构的随意性。但随着国家相关行业标准的出台，对二手车经营规范的完善，行业正向规模化发展。这一年，随着商务部限制自然人在一个自然年度内出售持有时间少于1年的二手车达到3辆及以上的规定出台，促进二手车自由流通和企业跨区域经营政策的执行，逐步改变了行业的结构，最突出的就是大型二手车经销企业已形成一定规模。二手车行业是一个串联上下游的行业，经过不断发展，将过去的收车、整备、卖车笼统的流程在逐步细化，上下游产业细分更明显，聚集性业态和独立业态比重在转变。大致可以分为以下11类。

（1）有形二手车交易市场。作为最传统的有形专业二手车市场，目前依然在二手车行业中是最为核心的存在，作为二手车流通的综合体，在有效的管理模式下，给二手车买卖双方、经销商等提供各种服务，包括：二手车鉴定评估、收购、销售、寄售、代购代销、租赁、置换、拍卖、检测维修、配件供应、美容装饰、售后服务，以及提供过户、上牌、保险、金融等服务。是最大的二手车综合体，几乎涵盖所有的二手车业态模式。

（2）无店面的二手车商。俗称小黄牛，基本以经纪名义开展二手车经销业务，或者从事二手车中介业务，主要散布于各大有形市场周围、路边。此类也是二手车交易过程中产生纠纷最多，最没有保障的形式，大大影响二手车行业形象，挫败消费者信心。

（3）有小门面或铺位的二手车商。此类车商大多聚集在二手车交易市场内，依托于二手车市场的有效管理和客流吸附能力进行经营。一般，此类车商都有固定的经营场所，常以“夫妻店”“家庭店”模式经营，员工不多，目前占据的市场份额比重大。

（4）场内展厅二手车商。交易市场精品展厅区域或者交易市场内的独立展厅，依然依托于传统有形市场。此类车商一般具备较为完善的人员配备，收购、销售、财务、整备、售后各部门有明确分工，采用企业化经营模式。

（5）个体独立展厅二手车商。此类车商基本属于传统有形市场的分支，随着发展进行了自我独立，具备一定的品牌效应。大多出现在通过自媒体等新模式，积累了自身业务流量，需要自我进行提升，传统的有形市场车商聚集模式限制了其自身特色化发展，进而选择了单独开店。此类车商的经营类似于传统汽车个体4S 店模式。

（6）连锁二手车商。由自我品牌运营，基本统一品牌标准，采取连锁方式，通过自有品牌吸附力整合更多资源，往往采取“高举高打”的模式，以二手车为核心，串联上下游服务和金融运作，引入资本投资，投入规模较大，采取企业化运营模式。此类车商在明确二手车汽车销售企业按照国家统一的会计制度，将购进并用于销售的二手车按照“库存商品”科目进行会计核算，把二手车明确为商品化流通后，是增长最为迅速，资本流入最多的二手车经营模式。

（7）二手车电商。依托“互联网 +”在二手车行业的渗透，线上集客，线下交付。但经历近几年二手车电商的洗礼，由于二手车的特殊性和电商平台乱象丛生，消费者认可度在逐年下滑。

（8）新车4S 店入局二手。随着新车传统业务的萎缩，加上国家“七部委”对二手车新政策的刺激，二手车交易量的增幅已成倍数地超越新车交易的增幅，让众多新车4S 店集团，整体入局二手车业务。借助其上下游资源，结合主机厂补贴政策和手中客户渠道，新车4S 店已经将二手车作为业绩突破核心板块，新车厂家也以认证二手车模式入局二手车行业。

（9）二手车上下游供应、服务商。二手车行业以二手车经销为主成为主线，但围绕二手车上下游的众多服务供应商也自成一派，二手车的整备、翻新、配件也形成了众多专业产业链，区别传统汽车维修、保养，更具针对性和时效性给二手行业提供服务和支持。

（10）二手车出口商。重庆试点城市开始正式启动了二手车出口业务，经过几年的试点和磨合，二手车出口量逐年递增，刺激了国内存量市场，实现了国内进口车和出口二手车的双循环，更好的资源整合也给二手车出口商提供了新的赛道和途径。2023年，全市推广新能源汽车16.74万辆，同比增长44.9%，市场渗透率37.7%，保有量达到43.57万辆。

（11）新营销平台。随着新营销平台的崛起，二手车企业的获客方式也发生了变化。但是很多主播没有经过系统性的培训和专业化的指导，在短视频和直播运营的过程中难以得到有效的流量转化，甚至还会触发平台的触发机制。

二手车行业以二手车经销为主成为主线，但围绕二手车上下游的众多服务供应商也自成一派，二手车的整备、翻新、配件也形成了众多专业产业链，区别传统汽车维修、保养，更具针对性和时效性给二手行业提供服务和支持。

（三）行业效益分析

传统的二手行业，经过了散、小、弱到聚集统一市场，形成规模化发展，又随着二手车各种政策的鼓励，新模式的推广应用，行业效益也在从传统的固有租金收益、买卖差价向增值服务转变，由原有信息差实现的“倒手”赚差价发展到目前较为透明的产品本身价值体现和服务上。

从传统二手车市场角度看，租金依然是主要收入来源，就以往市场《二手车销售统一发票》的开票服务费，在七部委促进二手车新政的环境下，要求经销企业自行开具《二手车销售统一发票》，此部分收益基本不复存在。当然，随着行业的进步，有的二手车市场已展开数字化、互联网智慧市场建设，给商家政策引导、流量导入、销售渠道扩张等赋能;为消费者提供诚信、便捷、有保障的体验，从而逐步提升市场价值。

从车商角度看，在传统的车源、客源为核心不变的情况下，更多正在拥抱新媒体主动出击，提升自我曝光率。收益也从传统的差价收益、金融收益开始向服务型的车辆后市场转变，利用自身上下游优势做好客户服务，维修、保养、改装、保险、复购等途径做好客情关系，产生服务价值。

重庆市二手车经营情况。据市二手车流通协会统计，2023年全市二手车交易量516561辆，同比增长33.5%，二手车交易额419亿元，同比增长34.6%（见表2）。

表2　2019—2023年重庆市二手车交易情况统计表　　　单位：辆，亿元，%

年份	成交量	增速	成交金额	增速	与新车的交易比
2019	300310	12.7	205	13.8	89.84
2020	342716	14.1	254	23.9	82.57
2021	385764	11.7	285	12.1	79.62
2022	386802	2.6	311	9.2	75.75
2023	516561	33.5	419	34.6	73.53

2023年重庆市二手车分车型交易情况与二手车市场经营情况如表3、表4所示。

表3 2022—2023年二手车交易市场销量情况统计 单位：万辆，%

类别		2022 年	2023 年	同比增长
二手车交易量		39	52	33.50
按车型分	乘用车	30	55	83.33
	其中：基本型	24	44	83.33
	多功能型（MPV）	2	4	100.00
	运动型多用途（SUV）	3	6	100.00
	交叉型	1	1	0.00
	商用车	9	17	88.89
	其中：客车	4	8	100.00
	货车	4	8	100.00
	其他	1	1	0.00
按使用年限分	3 年以下	14	25	78.57
	4—10 年	24	45	87.50
	11 年及以上	1	2	100.00
按产地性质分	国产车	34	62	82.35
	进口车	5	10	100.00

表4 2019—2023年二手车交易市场经营情况统计

基本指标	2019 年	2020 年	2021 年	2022 年	2023 年	同比增长
市场数量（个）	81	85	89	91	303	232.97
资产总额（亿元）	168.6	193.6	216.4	240.68	286.56	19.06
固定资产总额（亿元）	7.25	8.16	9.21	10.36	12.06	16.41
负债总额（亿元）	11.02	11.26	11.38	11.59	11.62	0.26
总营业面积（万平方米）	358.68	398.56	438.26	485.63	560.26	15.37
交易大厅面积（万平方米）	8.96	10.13	11.83	12.06	12.86	6.63
二手车交易额（亿元）	205	254	285	312	5760000	84.74
市场营业收入（亿元）	5.23	5.24	5.26	5.24	52383.26	-0.1
市场营业利润（亿元）	0.142	0.151	0.153	0.149	1456.26	-2.02

二、重庆市二手车行业发展特征

（一）行业现代化程度

二手车行业的快速发展推动了整个汽车市场的活跃度，促进新车销售的同时，给消费者更多的选择和实惠，也带动了汽车相关产业链的发展。并且二手车行业正向着更现代化的方向在发展，让二手车消费更便捷、更透明、更高效。

（1）全国流通。《商务部等17部门关于搞活汽车流通 扩大汽车消费若干措施的通知》已明确全面取消二手车限迁政策，落实小型非营运二手车交易登记跨省通办，促进二手车自由流通和企业跨区域经营。此举，从政策上支持二手车全国范围内的大流通，全流转，打破之前跨省份的交易壁垒。

（2）通过商办消费函〔2022〕239号，《商务部办公厅 公安部办公厅关于完善二手车市场主体备案和车辆交易登记管理的通知》，解决了二手车临时产权登记制度，明确了二手车经销企业购进并用于销售的二手车按照“库存商品”科目进行会计核算，二手车销售企业完成主体信息备案后由经纪模式转为经销模式，让二手车企业可以从金融及资本市场上得到重视，企业规模得以扩大，给消费者提供更强有力的消费信心。

（3）“互联网 +”的应用。如今的二手车行业，已经可以让消费者足不出户享受到二手车的购买体验，互联网数字化、科技化的应用，线下线上的相互结合，可以让消费者坐在家中实现互联网对二手车的挑选、对比、购入以及送车上门，处理二手车的一站式完结的便利体验。就目前主流的小视频平台：抖音、快手、微信视频、B 站等均可实现二手车的挑选对比，专业平台更是众多，如：瓜子二手车直卖网、天天拍车、人人车、懂车帝、汽车之家等，提供了足不出户的便捷性。

（4）点对点直播。二手车信息的传递已从传统的平面广告、媒体广告转入到更垂直的直播模式，通过短视频的传播可以进行意向收集，再通过更精准的直播模式，给二手车消费带来沉浸式体验。二手车商可以节约更多的宣传成本，达到更直观的展示效果；消费者能获得更精准的消费体验，降低消费成本。更是打破了时间、空间上的局限，可以让二手车收售和消费随时随地进行。

（5）诚信体系的建设。二手车诚信体系的建设，是消费者消费信心的基石。在便捷的二手车信息渠道获取的同时，完善的诚信体系建设，诚信商家展示，评估机构入围，评估师考核等诸多措施的实行，让二手车车源信息、车辆档案、评估报告清晰明了，加之完善的物流体系，让异地二手车交易也变得简单可靠。

（6）二手车附加服务。例如二手车流通协会“车流通”综合平台，平台集成了“车流通消费者端”“车流通经销商管理端”“市场综合服务管理端”“二手车异地交易转移登记便捷服务平台”“二手车流通信息交流平台”与新媒体营销“抖音视频挂载及直播推流平台”的同时，还搭建了汽车金融、保险、售后服务和增值服务机构板块，也为经销商提供了融资服务平台，为二手车销售的前端和后端均提供了有效的附加服务。

（二）行业贡献度

2023年，汽车消费整体在降级，新车不断地降价，行业竞争不断地加剧，二手车越来越便宜，二手车成为汽车消费的另一个“洼地”，给消费者提供了更多的选择机会，同时还反向刺激了新车的消费，促进了整个汽车产业的流通。

整体来讲，二手车行业在面对市场相对严峻的挑战时，在《关于促进汽车消费的若干措施》政策的支持下，二手车从传统的经纪业务转向了经销业务，二手车商也可以合规地企业化经营，提升了核心竞争力。同时，作为万亿级的二手车市场，更是以创新的模式和业态，大力发展数字化经济，在大数据、“互联网 +”等技术的加持下，线上线下融合发展，传统与新兴模式并驾齐驱，跨行业进行融合，满足消费者多元化消费需求。在汽车产业链、价值链，汽车文化发展上，起到了推进作用，也从税收上作出了贡献。通过对重庆市“二手车流通重点企业”运行监测工作，及时了解、摸清二手车流通重点企业运行情况。

（重庆市二手车流通协会　胥佳君）

2023年武汉市二手车市场

2023年全国二手车累计交易量为1841.33万辆，同比增长14.88%，累计交易金额突破万亿元，达到11795.32亿元。交易量同比上年有所增长，但二手车经营却呈现出了低迷的态势，尤其是上半年，二手车市场遭遇了前所未有的寒冬，车商大范围亏损，经营压力巨大。其影响因素在于，汽车厂家不断推出的新车销售优惠政策，各地政府为促进新车交易出台补贴政策，新车价格大幅下滑，缩小了二手车的价格优势和利润空间；而越来越多的消费者选择购买新能源车，也在一定程度上挤压了二手车市场的空间。

一、湖北武汉二手车交易量分析

2020年之前，湖北市场二手车市场交易量基本徘徊在25万辆左右，武汉市场基本徘徊在10万辆左右。2020年受疫情影响，全球汽车产能下降，新车供应量骤减，二手车交易需求大幅上升，2021年二手车交易更是翻倍增长，二手车行业出现过热需求。2022年疫情影响持续，复工复产进展虽较顺利，但消费市场需求却受到抑制，消费者和经营企业回归理性。2023年，武汉新车市场持续增长，刷新销量纪录，各种汽车品牌为争取销量市场份额导致价格战全年不休。3月东风集团率先开启购车补贴，优惠车型最高补贴9万元。武汉市2023年省市区各级政府为促进汽车消费持续提供财政资金开展补贴活动，新车价格不断向下。二手车市场受到新车市场影响，二手车交易活跃程度降低，二手车低价优势和利润空间严重受到干扰。2023年武汉市二手车交易量247362辆，同比2022年264119辆，同比下滑6.3%（见图1、图2）。

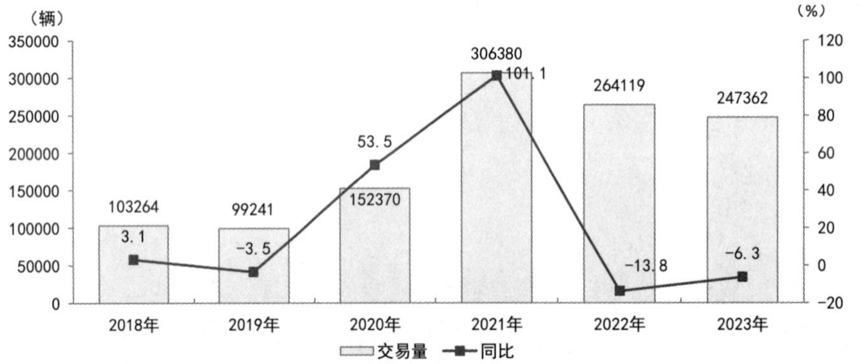

图1　2018—2023年武汉市二手车交易量及增速

资料来源：武汉市汽车流通行业协会（以下图表资料来源相同，不再赘述）。

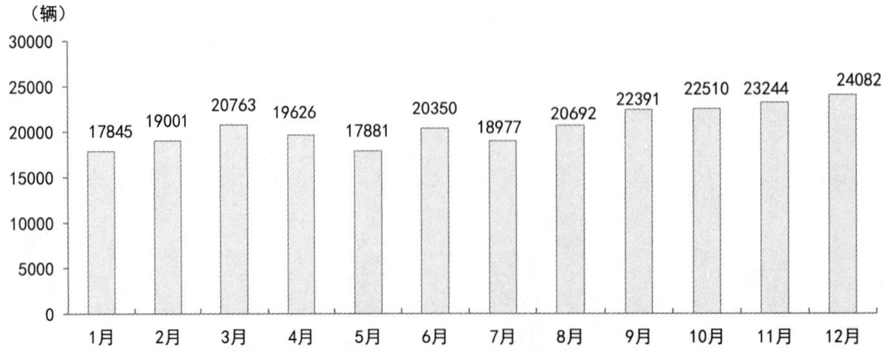

图2　2023年武汉市二手车月度交易量

二、2023年武汉二手车交易特征分析

武汉市是湖北省二手车交易的核心城市，跟新车交易类似，武汉二手车交易量约占全省交易量的一半。

第一，2023年底武汉市机动车保有量超450万辆，二手车交易增长是必然趋势。这既是汽车消费发展到一定水平的必然结果，同时，随着汽车保有量的增加，二手车交易是新车销售能够持续的保障和推动力之一，也是汽车生命周期里的重要环节。虽然2022年以来武汉二手车交易量处于缓慢下降趋势，是由于新政实施适应期和新车市场消费促进对于二手车交易的影响的客观因素，也标志着武汉汽车消费正在进入成熟期。

第二，由于疫情影响，新车供应紧张导致的二手车交易市场过热影响。2020年、2021年二手车交易过热，交易量大幅上升，交易量基数增大。因交易量基数太大导致2022年、2023年持续性回归正轨，消费者和经营企业进行二手车交易行为更趋理性，二手车市场更趋稳定成熟。

第三，新车价格战影响二手车价格难以稳定，二手车低价优势和利润空间不稳定因素增加，导致2023年武汉二手车交易量增长受阻。

第四，新能源二手车受到关注，随着新能源汽车市场保有量逐渐增大。面对未来二手车交易市场变化，二手车车源结构发生变化，二手车商对新能源汽车关注增加，市场观望情绪更强。部分新势力品牌和经销商集团，成立二手车部门针对新能源汽车的二手车交易开展市场运营。而且新能源二手车能源电池的残值认定存在一定范围的难度，市场需要更多时间逐步适应和接受。

与新车交易类似，二手车交易特点是春节前旺季交易量较大，随后一个月会有所降低，然后略微反弹一个月之后一直持续到9月、10月出现增长，年末最后的12月销量会有较大幅度提升（见表1）。

表1　2023年湖北及武汉市二手车月度交易数据　　单位：辆，%

指标	1月	2月	3月	4月	5月	6月	7月	8月	9月	10月	11月	12月	合计
湖北	37840	39951	43247	41175	38047	44507	42178	43372	46647	46343	47566	49120	519993
武汉	17845	19001	20763	19626	17881	20350	18977	20692	22391	22510	23244	24082	247362
占比	47.2	47.6	48.0	47.7	47.0	45.7	45.0	47.7	48.0	48.6	48.9	49.0	47.6

（一）武汉二手车市场现状

武汉市二手车交易具有得天独厚的条件，承担起东部和南部区域汽车保有量高且发达省市二手车向北部和西部转移的任务。武汉二手车交易量在2019年曾经跻身全国第三的排名。武汉市二手车门店约有800余家，一般在注册备案二手车交易市场内，主要分布在硚口汉西、汉阳龙阳大道、江岸后湖、汉口北以及白沙洲等地（见表2）。

表2　武汉市主要二手车交易市场分布

序号	区域	交易市场名称
1	硚口区	爱之家长丰二手车交易市场
2	硚口区	汉西优蓝二手车交易市场
3	汉阳区	港天国际汽车城
4	汉阳区	升官渡二手车市场
5	武汉经济开发区（汉南区）	一号车市
6	江岸区	竹叶山二手车市场
7	黄陂区	汉口北汽车大世界
8	黄陂区	盘龙城二手车交易市场
9	黄陂区	汉之泰汽车市场
10	洪山区	白沙洲绅宝二手车市场

武汉二手车商大多数是经营多年的旧机动车从业人员，其中大部分是曾经在汉西旧机动车交易市场内的经营商户和市场从业人员。这些车商大多文化水平不高，早年生活所迫从事旧机动车交易，也有部分是汽车相关行业例如汽修和汽车报废出身。二手车行业特征也很明显，一车一况，车辆知识专业水平要求较高，部分不良二手车商欺骗消费者，将泡水车、事故车当作常规车辆交易，因此交易产生的纠纷也时有发生。随着行业的发展，通过多年努力，部分二手车商规模逐渐扩大起来，一方面大量年轻人进入二手车行业；另一方面逐渐成长起来的二手车商都认识到诚信经营才能长期经营不断发展。

2017年8月，汉西旧机动车交易市场整体搬迁，所有原汉西旧机动车商户搬出。爱之家长丰二手车交易市场、一号车市、竹叶山二手车市场、汉口北交易市场逐渐壮大起来，且从硬件和软件方面都有了很大的提升，市场方面在政府相关部门的指导下还组织商户学习和宣传国家有关二手车行业政策，倡导商户诚信经营，同时也想办法提升市场流量和辅助营销，使武汉市整体二手车行业商户经营水平和交易量都有了较大提升。

2023年7月，中国汽车流通协会发布2023年度中国二手车交易市场百强排行榜。武汉爱之家长丰二手车市场、武汉竹叶山二手车市场、武汉一号车市科技有限公司、武汉升官渡汽车市场有限责任公司入榜并分别排名第12位、第24位、第53位和第96位。武汉二手车交易市场在全国影响位居前列。

（二）武汉二手车线下传统交易与线上交易共存

二手车行业的快速发展，传统二手车交易存在的一些弊端影响暴露显现。随着网络信息的发达，车辆信息的网络建立和完善，二手车商的诚信经营水平也在不断提高。目前大多数二手车商在二手车交易的时候都能主动告知真实准确的车辆信息，并且可以提供鉴定评估报告，大大地降低了二手车消费顾虑。车辆出厂信息以及修理记录的在线查阅和第三方鉴定评估和认证，使得车辆信息在二手车交易时变得真实透明和可靠。

随着二手车商从业者的年轻化，二手车商充分利用粉丝经济和短视频以及直播带货的热度，加速了行业创新和转型发展。利用抖音等新媒体说车卖车的现象越来越普遍。武汉市二手车商“10万+”粉丝的抖音网红越来越多，甚至有些网红比有些官方主持人和互联网传媒代表还要有热度。通过抖音等新媒体介绍汽车知识，如何看车选车，分享二手车经营现场、曝光二手车不良现象教育消费者如何“避坑”，确实收获了很多消费者和粉丝，同时也促进了行业的规范经营和健康发展。

爱之家汽车交易市场、港天国际汽车城、一号车市这些武汉主流的二手车市场都有抖音流量网红的加持。短视频和直播方式对于二手车行业影响越来越深（见表3）。

表3 武汉地区二手车部分抖音网红

抖音 ID	粉丝数量	驻点	抖音 ID	粉丝数量	驻点
小胡说车	236.5 万	爱之家	阿青说车	137.8 万	一号车市
武汉安心二手车	50.2 万	港天	陈龙海二手车	45.6 万	五里墩
扬帆起航二手车	33.0 万	新墩市场	四季车库	23.8 万	一号车市

除此，网络和数字化不仅仅局限于营销推广方面。二手车商和市场内部管理也是困扰之一，一号车市研发市场数字化市场管理系统，创新数字化汽车销售管理系统，实现实时对入库、在库、销售和售出车辆状态监测保障车辆财产安全，同时掌握车辆信息连通私域和公域在线交易平台；加上汽车金融支撑，实现“软硬兼施”的数字化升级，有效提高了二手车交易效率和透明程度。

（三）武汉二手车出口市场

随着我国汽车保有量增长以及国外市场的开拓；二手车出口业务也逐步开展起来。2023年10月，商务部外贸司针对《二手车出口的有关事项》（意见征求稿）面向社会公开征求意见。二手车出口业务获得政府重视，湖北省武汉市作为第二批启动二手车出口的城市，已有13个获批二手车出口资质企业（见表4）。

表4　湖北省二手车出口资质企业

序号	湖北省二手车出口资质企业
1	中国东风汽车工业进出口有限公司
2	湖北国际经济技术合作有限公司
3	武汉好车进出口有限公司
4	恒信汽车集团股份有限公司
5	武汉正通联合实业投资集团有限公司
6	汉口北进出口有限公司
7	长江汽车产业供应链有限公司
8	武汉长江国际贸易集团有限公司
9	湖北中享科技有限公司
10	武汉复兴商社贸易有限公司
11	武汉龙信诚狮二手车经营管理有限公司
12	武汉市骆海供应链科技有限公司
13	武汉锦融供应链有限公司

诸多政策的相继出台，全面打通二手车市场堵点、痛点，加速二手车流通体系变革。我国二手车行业将在行业管理政策、税收政策、便利交易政策等加快完善的情况下，进一步向规范化、品牌化发展。

（武汉市汽车行业流通协会　王治）

2023年山东省二手车市场

根据山东省二手车流通协会统计，截止到2023年底，山东省汽车保有量为3040.8万辆（见图1）；新车挂牌量为182万辆，同比增长2.38%。

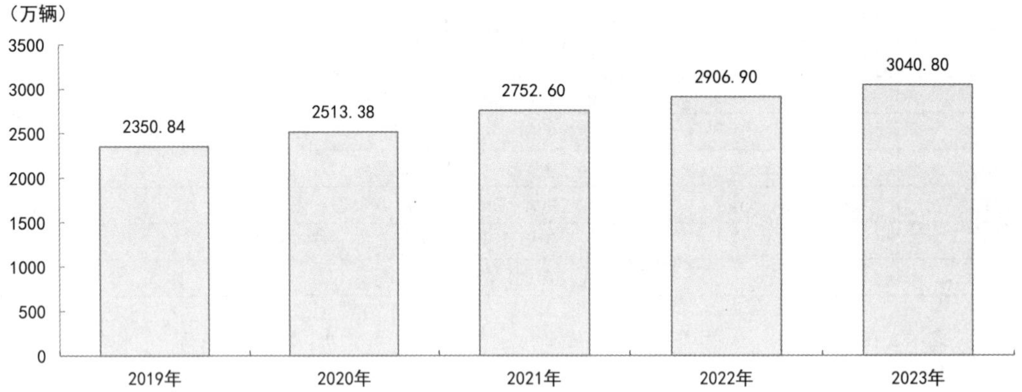

图1 2019—2023年山东省汽车保有量

资料来源：山东省二手车流通协会（以下图表资料来源相同，不再赘述）。

2023年，山东省二手车交易量为417万辆，同比增长29.65%，2023年交易量最高点在9月，全省二手车交易量为38.44万辆，同比增长18.23%（见图2）。

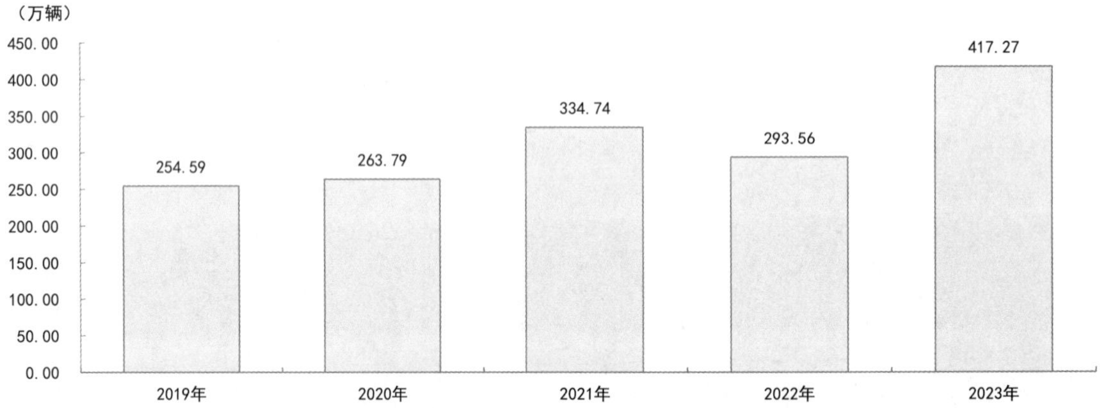

图2 2019—2023年山东省二手车交易量

随着全国二手车跨省通办的全面实施，各区域二手车流通的壁垒逐步消除，二手车全国自由流通越来越快捷，这一利好因素促使国内二手车交易在过去5年，转籍比例呈逐年上升趋势。2023年我省二手车转入量为104.66万辆，占总交易量的33.48%，山东省二手车来源主要是上海、浙江、北京、吉林、安徽等省市。

从季度数据来看，2023年第一季度交易量为98.8万辆；第二季度交易量为105.7万辆；第三季度交易量为106.8万辆；第四季度交易量为105.9万辆，受新车降价等因素影响，二手车交易量第四季度有所下降（见图3）。

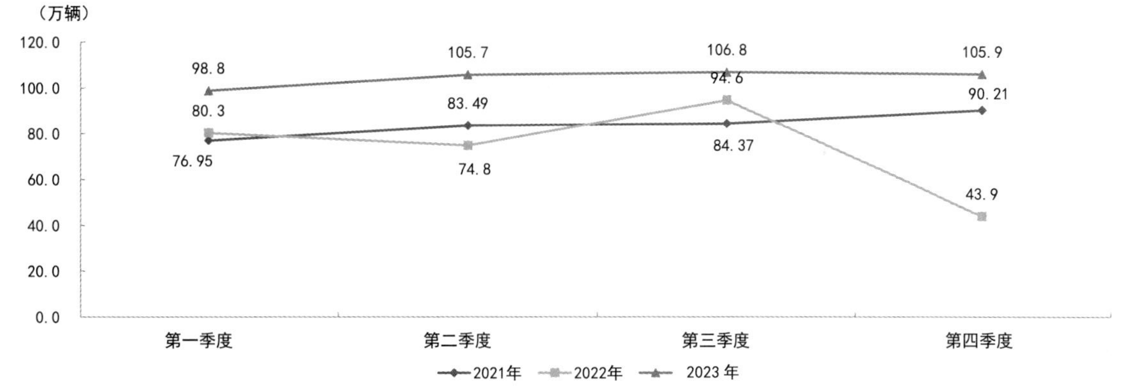

图3　2021—2023年山东省二手车季度交易量

2023年山东省十六地市二手车交易同比均为增长，其中增长超过30%的有五个地市：济南349476辆，同比增长30.39%；枣庄410447辆，同比增长54.89%；济宁292406辆，同比增长35.38%；滨州166487辆，同比增长33.42%；德州248533辆，同比增长38.11%。全省十六地市二手车交易量平均同比增长28.19%（见图4）。

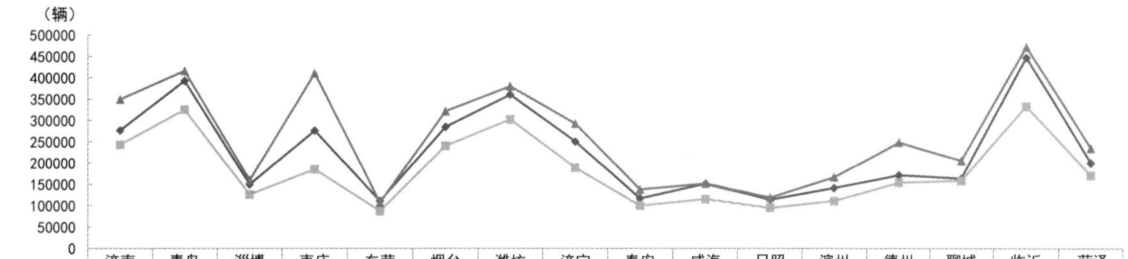

	济南	青岛	淄博	枣庄	东营	烟台	潍坊	济宁	泰安	威海	日照	滨州	德州	聊城	临沂	菏泽
2021年	276822	392930	149722	276360	110624	285032	360354	250565	116962	151198	114159	141290	171280	163673	447157	200504
2022年	243271	325578	125994	185171	86982	240580	302415	188941	99863	115371	94833	110843	153808	158226	332866	170860
2023年	349476	416154	159784	410447	107284	321733	380232	292406	137568	151689	118908	166487	248533	205434	471679	234972

图4　2021—2023年山东省十六地市二手车交易量

2023年山东省二手车交易量超过30万辆的地市有六个，分别是：临沂471679辆；青岛416154辆；枣庄410447辆；潍坊380232辆；济南349476辆；烟台321733辆。

（山东省二手车流通协会）

2023年江苏省二手车市场

2023年，受经济下行影响，全省汽车流通行业面对诸多挑战，终以“以价换量”形式，交易量跑赢大盘。但是和全国二手车经营企业一样普遍亏损，有效需求不足、预期偏弱、大循环存在堵点等压力尤为突出，同时也是省内二手车流通模式深度融合期。

全省二手车销售总计231.2万辆（开票量），同比上升9.48%；销售总额1152.3亿元，同比增长0.36%。其中，二手车交易市场上报交易量169.9万辆，同比增长3.6%；交易额842.7亿元，同比下降11.2%。南京大公二手车交易中心有限公司、扬州市旧机动车交易市场服务有限公司、南通三六五二手车市场有限公司、徐州银地二手车交易市场有限公司、苏州恩嘉壹汽车服务有限公司（在江苏投资运营多家二手车市场）、宿迁国际汽车城产业发展有限公司、南京方泽二手车交易市场有限公司、常州市武进二手车交易市场管理服务有限公司等8家企业被评为省内十强市场。在多方政策支持和全行业的共同努力下，全省逐步实现了流通模式的转型和稳步发展。

一、行业基本情况

（一）行业规模分析

2023年度江苏省通过全国汽车流通信息系统主动报送经营信息的市场为348家。全年二手车交易市场上报交易量169.9万辆，同比增长3.6%；经营总面积424.39万平方米，从业人数增长6.15%（见表1）。

表1　2022—2023年全省二手车市场情况

序号	指标名称	2022年	2023年	同比增长
1	资产总额（万元）	590842.2033	490645.42	-16.96%
2	负债总额（万元）	131687.67	172604.01	31.07%
3	经营面积（平方米）	4341796.46	4243916.42	-2.25%
4	交易大厅面积（平方米）	549895.6	500032.13	-9.07%
5	驻场企业数（个）	8435	7439	-11.81%
6	二手车交易量（辆）	1640620	1699337	3.58%
7	二手车交易额（万元）	9485343.93	8427300.71	-11.15%
8	市场营业收入（万元）	916474.15	878014.63	-4.20%
9	市场营业利润（万元）	116751.21	229273.67	96.38%
10	应交税费（万元）	2015.34	5315.08	163.73%
11	市场内的从业人数（人）	19960	21188	6.15%

（二）行业结构分析

报备数据统计显示，2023年经销企业报备数量稳中有升，有效满足二手车流通管理规定全面落实。截至年底，全省二手车交易市场申报数据企业为348家，较上年增长2.35%；有5077家主营二手车经销业务的汽车销售企业通过商务管理部门的备案审核，较上年增长38.8%。各地各级商务管理部门对辖区内企业进行长期跟踪、调查，摸清家底，并对重点企业重点监测，实现了对经营主体的全覆盖备案管理（见表2、表3）。

表2　2022—2023年二手车交易市场区域分布　　单位：家，%

区域/年份	南京	无锡	徐州	常州	苏州	南通	连云港	淮安	盐城	扬州	镇江	泰州	宿迁
2022 年	56	19	42	22	27	34	15	17	15	10	17	28	38
2023 年	55	16	53	18	25	36	21	20	16	17	15	25	31
同比增长	-1.8	-15.8	26.2	-18.2	-7.4	5.9	40.0	17.7	6.7	70.0	-11.8	-10.7	-18.4

表3　2022—2023年二手车销售企业区域分布　　单位：家，%

区域/年份	南京	无锡	徐州	常州	苏州	南通	连云港	淮安	盐城	扬州	镇江	泰州	宿迁
2022 年	239	20	65	177	93	64	150	18	8	21	50	83	113
2023 年	228	37	230	317	14	15	256	5	18	93	116	69	21
同比增长	-4.6	85.0	253.9	79.1	-85.0	-76.6	70.7	-72.2	125.0	342.9	132.0	-16.9	-81.4

1.苏北地区市场表现强劲，单车价格走高

全省348家交易市场中，苏南地区（南京、无锡、常州、苏州、镇江）129家交易市场，全年交易95.3万辆，同比增长3%。苏中地区（南通、扬州、泰州）78家交易市场，全年交易30万辆，同比增长6.4%。苏北地区（徐州、连云港、淮安、盐城、宿迁）占141家，其全年交易44.7万辆，同比增长3%。数据显示，2023年苏中三市二手车交易量好于苏南、苏北，苏北地区单车价格为5.8万元好于苏南（见表4）。

表4　二手车交易市场区域分布　　单位：家，万辆，亿元，%

地区	市场数	占比	同比增长	交易量	占比	同比增长	交易额	占比	同比增长
全省	348	100.0	2.4	169.9	100.0	3.6	842.7	100.0	-11.2
苏南	129	37.1	-8.5	95.3	56.1	3.0	472.4	56.1	-9.2
苏中	78	22.4	8.3	30	17.7	6.4	111	13.2	-25.2
苏北	141	40.5	11.0	44.7	26.3	3.0	259.2	30.8	-7.4

2.二手车交易市场新增市场便利了消费者

全省348家二手车交易市场中，年交易台次1万辆以下的中等规模市场219家，同比增长29.6%；年交易1万—3万辆的市场47家，同比增长4.4%，增速放缓；年交易3万台次以上的市场9家，同比下降10%。没有成交量的市场2023年下降37.6%。根据连续两年上报经营信息的149家二手车交易市场数据分析，经营面积、驻场企业、交易量和从业人员4个重要指标显示，经营面积下降7.8%，驻场企业下降6.3%，二手车交易量下降2.5%（此部分的份额被新市场占据），从业人数增长8.2%。随着经营主体及从业人员的增加，将更大便利消费者，提升服务质量，实现从量到质的转变（见表5、表6、表7）。

表5　2022—2023年二手车交易市场交易量规模结构

类别	较大规模	中等规模	小微规模	没有交易量
年交易量（辆）	3 万以上	1 万—3 万	1 万以下	0
2022 市场数（家）	10	45	169	117
2023 市场数（家）	9	47	219	73
占比（%）	3	13	63	21
同比（%）	-10.0	4.4	29.6	-37.6

表6　2022—2023年二手车交易市场销量　　单位：辆，%

类别	较大规模	中等规模	小微规模
2022 年	394415	755769	490436
2023 年	386814	759220	1642501
占比	23.6	46.2	30.2
同比	-1.9	0.5	1.2

表7　2022—2023年江苏二手车交易市场经营数据对比（160家）

序号	指标名称	计量单位	2022 年	2023 年	同比增长
1	经营面积	平方米	2895124.76	2668952.41	-7.8%
2	驻场企业数	个	5598	5245	-6.3%
3	二手车交易量	辆	1324337	1291512	-2.5%
4	市场内的从业人数	人	15448	16719	8.2%

3．受益于取消限迁政策的实施，长龄二手车略有上升

根据数据分析，使用4—10年的中等年限二手车占总交易量55%，仍是市场主流；使用11年以上的长龄二手车占总交易量18%，市场份额略有减少。按产地区分，国内生产车辆（含合资和国产品牌）在二手车交易中占比87%，继续同比呈小幅增长（见表8）。

表8　2022—2023年二手车交易类型分析　　单位：辆，%

指标		2022 年	2023 年	占比	同比增长
按使用年限分	3 年及以下	463914	458088	27	-1.3
	4—6 年	489066	531319	31	8.6
	7—10 年	372166	404977	24	8.8
	11 年及以上	315434	303886	18	-3.7
按产地性质分	国产车	1405412	1475889	87	5.0
	进口车	235168	222381	13	-5.4

4. 二手车经销企业申报率上涨

根据数据显示，有5077家二手车经销业务的汽车销售企业通过商务管理部门的备案审核，较上年增长38.8%。申报数据的1420家，同比增长29%（见表9）。

表9　2022—2023年全省二手车经销企业情况

序号	指标名称	计量单位	2022 年	2023 年	同比
1	资产总额	万元	6252301.76	9015641.18	44.2%
2	其中：固定资产总额	万元	976039.78	644155.56	-34.0%
3	负债总额	万元	2912018.68	6163426.58	111.6%
4	经营面积	平方米	1305104.57	1330470.73	1.9%
5	从业人数	个	9729	13520	39.0%
6	二手车交易量	辆	65311	89560	37.1%
7	二手车交易额	万元	64288973.24	10426387	-83.8%

二、行业发展特点

（一）县级商务部门建立长效机制，对辖区内企业进行监管

认真贯彻落实《商务部等17部门关于搞活汽车流通 扩大汽车消费若干措施的通知》（商消

费发〔2022〕92号）精神，省商务厅连续多年强抓18项政策举措，明确要求由县级商务管理部门落实二手车经营主体的报备核实和经营信息报送等工作，各项工作得到了有效的落实。各地各级商务管理部门对辖区内企业进行长期跟踪、调查，并对省内60余家规模较大的市场深入调研，与企业负责人座谈，全方位、多角度了解市场实际经营情况，实现了对经营主体的有效管理，各类经营主体基本上做到了在政府部门的政策指引下积极应对市场的各类变化。

（二）全省汽车流通管理信息服务平台（二手车）基本建成

随着中央关于网络强国的重要思想的深入开展，省汽车流通管理信息服务平台的运维工作也在升级，已初步形成以省、市、县为分域划分，在线提报数据的统一发布平台。市、县负责本辖区内数据，通过在线联动，将原独立纸质、自有系统、零散的数据收集整合，成为一体的数据在线更新服务模式，实现信息更新的减环节、提时效。现已建成并覆盖全省区域90%以上的二手车交易市场，从而实现了相关数据的共享。帮助市场及行业及时了解市场变化，提升针对二手车交易市场各种乱象的预警能力，多措并举，强化二手车信息的公开化透明化。

（三）行业急需淘汰落后车型，为市场腾挪空间

市场内交易的品牌、车龄分布不均衡，呈现出多样化的特点，从品牌来看，国内外知名品牌如丰田、大众、本田、奔驰、宝马等均有较高的占有率；从车龄来看，两极分化严重，随着新能源车的集中大量上市，老旧车型积压严重，“以旧换新”政策的出台，将加快国三以下排放标准乘用车的淘汰，对高能耗、高排放、使用年限长、存在安全隐患的老旧车是一种有效处理方式，同时大大激活市场活力。

（四）二手车出口行业新增长点

二手车出口新政的出台将带动促进汽车产业转型升级、推动行业高质量发展具有重要意义。各地市场及二手车销售企业针对二手车出口业务活跃度强劲，从未来国际经济发展形势看，东南亚、南亚、非洲等地区的许多国家对汽车的消费需求将明显增加。现协会已与连云港市万联集团达成协议，打造二手车服务出口服务基地，形成全链条、专业化、多层次的一站式出口服务基地，届时基地服务功能将包括：二手车存储、交易、回收、整备、评估、展示、出口过销户、装柜、代理、物流、船运订舱等一站式服务出口基地。业务涉及二手乘用车、商用车、工程车、特种汽车、配件等。随着全球化和国际化贸易的发展趋势，二手车业务的发展，将有力地激发国内消费市场的潜力，培育经济新增长点。

（江苏省汽车流通协会）

2023年广东省二手车市场

一、广东省二手车交易情况

（一）二手车交易量和交易额

2023年广东省二手车交易量276.2万辆，同比增长5.2%；二手车交易额1883.2亿元，同比增长4.6%。交易均价6.8万元，与上年持平（见图1）。

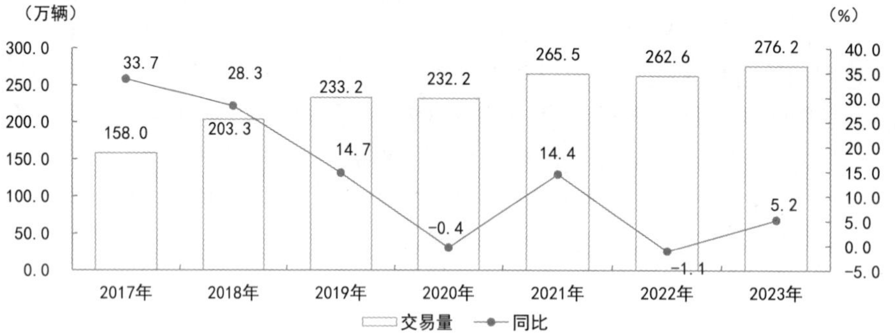

图1　2017—2023年广东省二手车交易量及同比增速

资料来源：广东省汽车流通协会（以下图表资料来源相同，不再赘述）。

（二）各地二手车交易情况

2023年广东省各地市二手车交易情况：深圳、广州、东莞、佛山、惠州排名前五。其中，深圳39.9万辆，同比增长4.2%；广州32.7万辆，同比增长8.6%；东莞30.5万辆，同比增长4.3%；佛山28.2万辆，同比增长1.4%；惠州18.1万辆，同比增长12.5%。珠三角地区总交易量186.8万辆，同比增长4.8%；非珠三角地区总交易量89.4万辆，同比增长9.0%（见图2、图3、图4）。

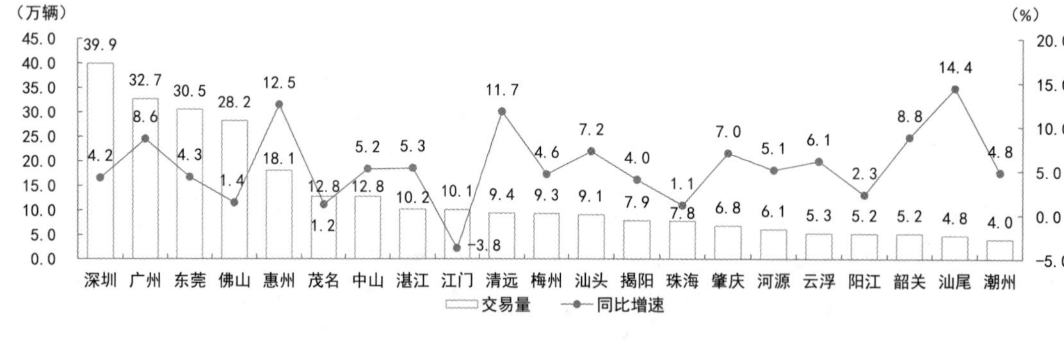

图2　2023年广东省各地市二手车交易量及同比增速

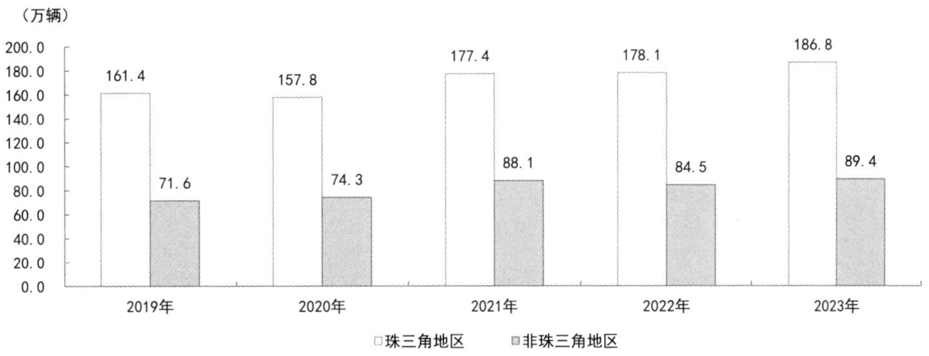

图3　2019—2023年广东省二手车交易情况（珠三角地区与非珠三角地区）

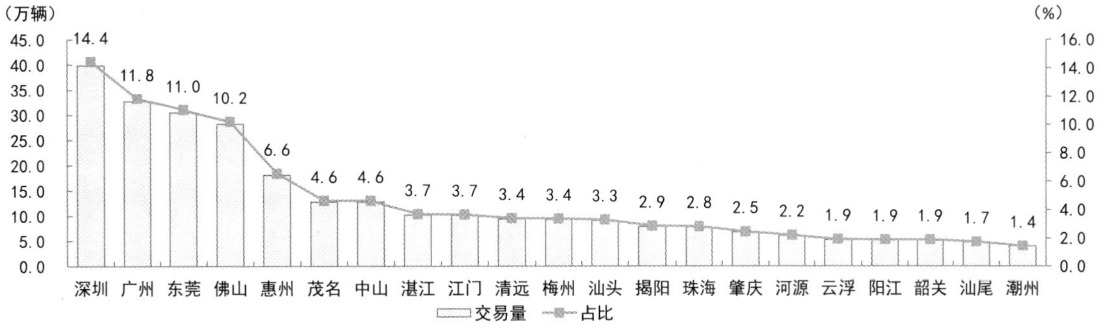

图4　2023年广东省各地市二手车交易量及市场份额

（三）二手车交易量月度走势

从二手车交易量月度走势来看，1月、2月同比波动较大，主要原因是2023年春节提早到1月，假期期间交易量占比小。第四季度交易量明显提升，同比增长15.7%，主要原因是基数低，2022年同期受到疫情防控政策影响，外出消费大幅减少（见图5）。

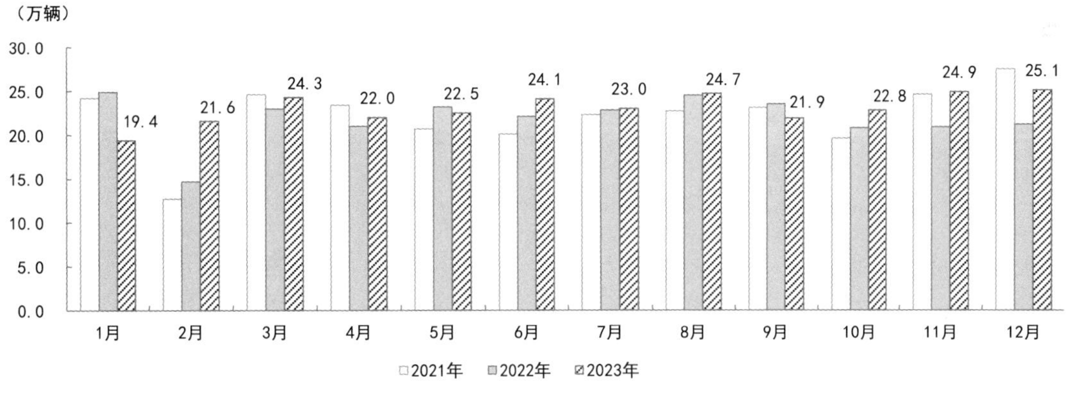

图5　2021—2023年广东省二手车交易量月度走势

（四）二手车交易价格

2023年广东省二手车交易均价为6.8万元/辆，与2022年持平。二手车均价持续下降，主要原因如下。

① 消费力不足，车源大于销量，严重影响二手车价格。

② 新车降价，直接影响二手车价格，尤其促使新能源二手车价格下探。

③ 购车渠道增多，线上平台让二手车价格更加透明，消费者有更多的选择和对比，价格竞争激烈。

④ 行业竞争导致有些车商低价抛售车辆后转行（见图6）。

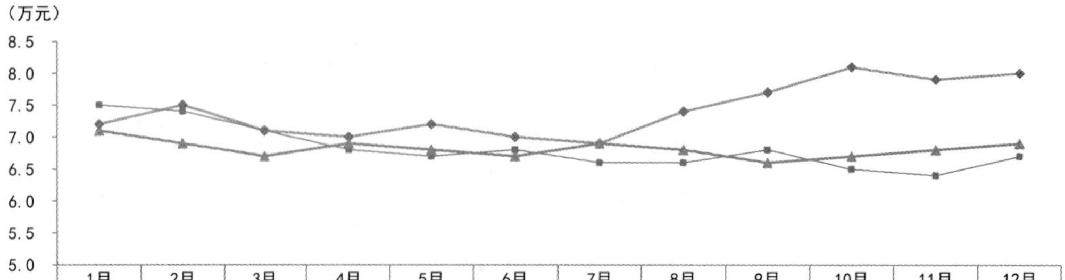

	1月	2月	3月	4月	5月	6月	7月	8月	9月	10月	11月	12月
2021年	7.2	7.5	7.1	7.0	7.2	7.0	6.9	7.4	7.7	8.1	7.9	8.0
2022年	7.5	7.4	7.1	6.8	6.7	6.8	6.6	6.6	6.8	6.5	6.4	6.7
2023年	7.1	6.9	6.7	6.9	6.8	6.7	6.9	6.8	6.6	6.7	6.8	6.9

图6 2021—2023年广东省各月二手车交易均价

二手车价格区间交易量以10万元以下车辆为主，占比共72.4%（见图7）。

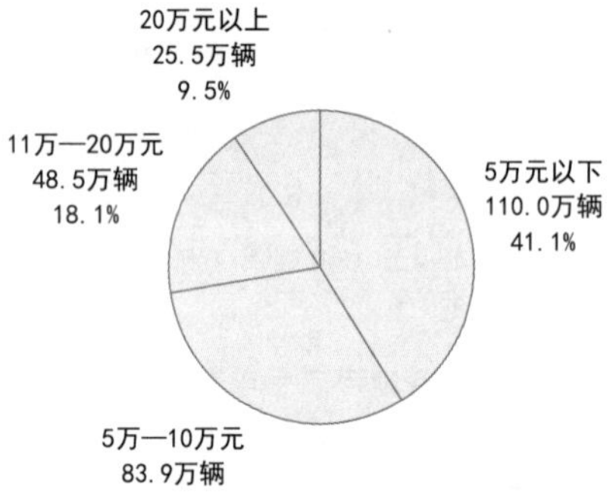

图7 2023年二手车各价格段交易量及同比增速

（五）二手车车型结构

车型结构方面，二手车交易以乘用车为主；占比83.8%；乘用车交易以基本型车型为主，交易180.4万辆，占比81.4%；SUV在交易市场比重上升，同比增长11.0%。商用车的客车与货车交易比例均衡（见图8）。

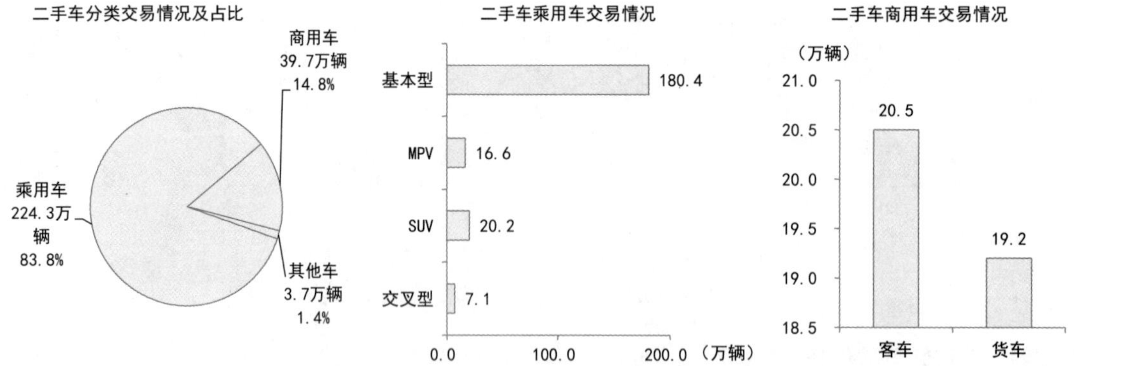

图8 2023年广东省各地区二手车分车型交易量

（六）二手车车辆使用年限

从车龄区间分布看，3—6年和7—10年区间的二手车交易占比较大（见图9）。

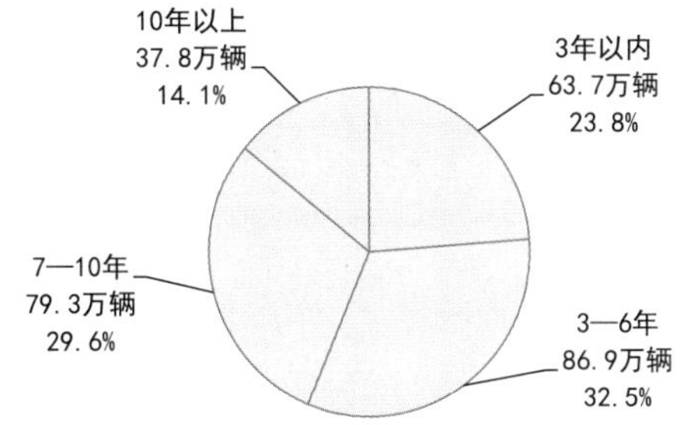

图9　2023年广东省二手车交易使用年限分布

（七）二手车能源类型（燃油、混动、纯电动）

按能源类型分类，2023年燃油二手车占比88.3%，同比下降；混动二手车占比2.5%，同比上升；纯电动占比9.2%，与2022年持平。新能源二手车还处于起步阶段，由于新能源车产品迭代更新快，叠加年初新能源新车降价潮，消费者在购买新能源二手车时更加慎重（见图10）。

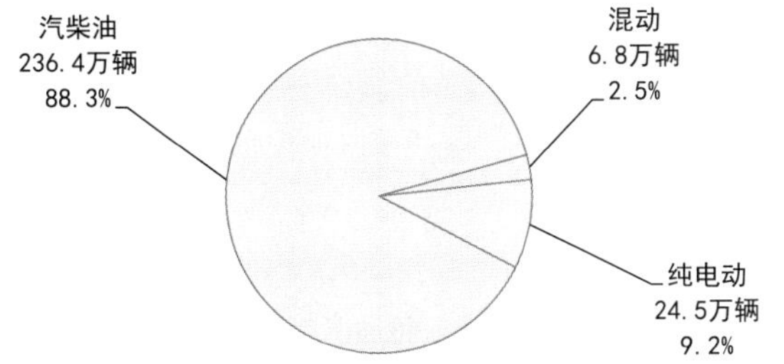

图10　2023年广东省二手车交易各能源类型销量及占比

二、广东省二手车流通总体情况

2023年二手车新政全面落地，随着取消“国五”二手车的限迁政策出台，全省二手车流通的壁垒逐步消除，二手车流通越来越便捷。2023年广东省二手车转出总量为102.8万辆，转出比例37.2%，二手车转出数量比例明显上升，同比增长21.4%，跨区域流通活跃，创了近几年来新高（见图11）。

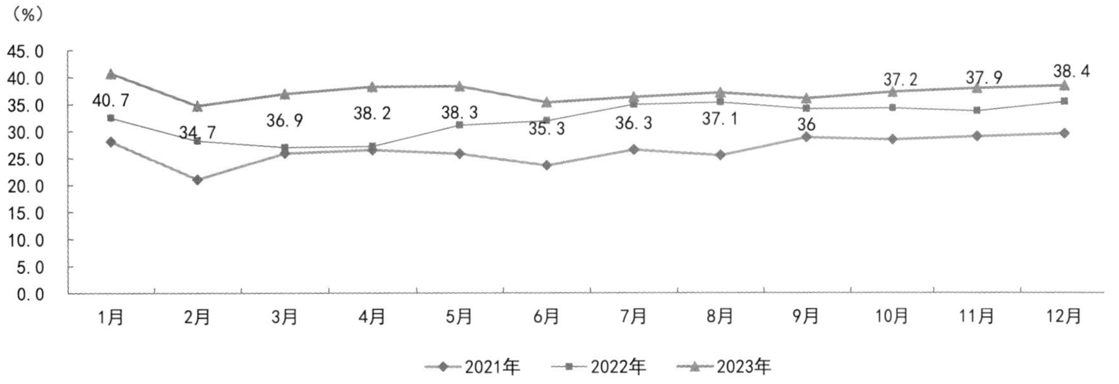

图11　2021—2023年广东省二手车转出量占比

二手车流向趋势，2023年全省二手车本地过户173.3万辆，本地过户依然占主流，占总交易量62.7%，同比下降2.6%；转出102.8万辆，同比增长21.4%（见图12、图13）。

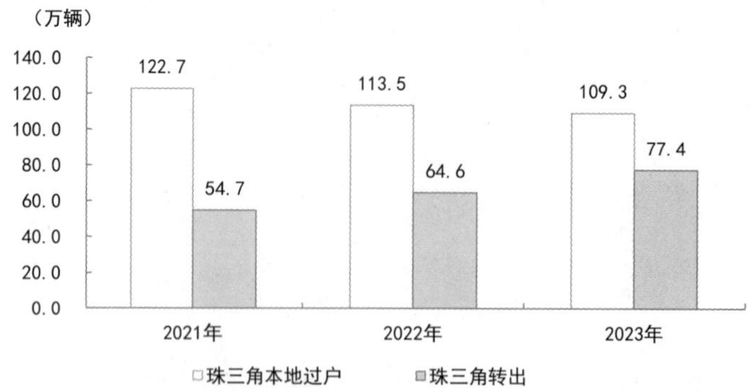

图12　2021—2023年广东省珠三角地区二手车转出及本地交易量

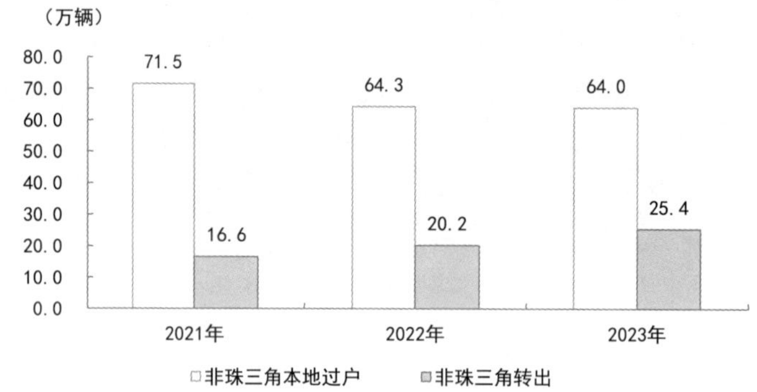

图13　2021—2023年广东省非珠三角地区二手车转出及本地交易量

2023年是疫情后经济恢复发展的一年。面对世界经济复苏势头不稳，产能过度释放、市场需求走弱、价格下跌，主要经济体增长乏力等多重不利因素，广东省汽车行业积极应对挑战，展现了强大韧性和发展潜力：不仅稳住了新能源汽车产销大省的地位，二手车交易量也在新政落地首年实现稳步增长，并且充分利用粤港澳大湾区的地理优势，深度参与国际合作，扩大汽车出口规模。

在全球经济不确定性的背景下，广东省汽车行业展现出强大的韧性和发展潜力，这得益于政府的大力支持、企业的自主创新以及勇于拓展市场。

（广东省汽车流通协会）

第七部类

汽车后市场

DIQIBULEI | QICHEHOUSHICHANG

2023年我国售后零部件市场

2023年，中国汽车售后零部件行业持续面临着市场变革和挑战，但也孕育着新的发展机遇。尽管汽车保有量和新车产销量再创新高，汽车后市场规模持续增长，但新能源汽车市场快速增长，汽车后市场的格局和业务模式正在发生着深刻的变革。车主消费水平下降、独立后市场收益减少等问题引发了业界的关注。同时，管理无序、质量参差不齐的现象依然存在，汽配市场供需矛盾加剧，行业内卷加速，国家政策推动企业标准化和高质量发展，首批“领跑者”崭露头角。在这样的背景下，数字化技术的应用、项目化与场景化服务的推进、国际化战略的实施以及绿色低碳转型等成为行业发展的关键路径。因此，汽车零配件企业应加强技术创新、优化供应链管理、遵循企业标准、拓展国际市场，并及时应对市场变化，以提升竞争力，实现可持续发展。

一、中国汽车售后零部件行业现状及发展特点

（一）汽车保有量、新车产销、后市场规模创新高，但车主消费降低、独立后市场收益下滑

1. 中国汽车后市场规模不断扩大

至2023年底，我国的乘用车平均车龄已超过6年，汽车后市场规模已突破1.42万亿元，中国汽车后市场维保行业规模不断扩大，预计在2025年中国汽车后市场维保市场将达到1.74万亿元。汽车后市场的规模在中国汽车产业中日益重要，它已成为中国汽车市场的一大支柱和增长点。

2. 维保量减少，车主保养间隔延长，年均维保费用下降

因经济下行、油价上涨、停车费高、交通拥堵等因素，车主消费意愿下降，行驶里程减少，汽车服务世界数据显示：2023年62% 车主消费需求并未提高，大部分车主超过8个月做一次保养，平均一年不到1.5次，单车年均维保价值为2572元，较2021年的2710元和2020年的2813元下降不少。

3. 保险成本下降，汽配经销商、修理厂收入减少

主机厂和4S 店掌握事故车业务，政策收紧后，压力传导至独立后市场。部分4S 店通过返现方式获取事故车业务，导致竞争加剧。传统燃油车业务结构出现根本性变化，门店和汽配经销商面临困境。AC 汽车调研发现，约70% 门店2023年面临更大困难，汽配经销商同样不乐观，不少经销商甩货，甚至打1折处理库存。中国汽车流通协会售后零部件分会调研显示，2023年头部汽配经销商数量及业务规模变化不大，但利润较上年下降3% 左右。除了生意不好、缺乏信心，新能源车也是影响因素之一，F6数据显示，2023年新能源进厂台次占比约5%，在一、二线城市尤为显著，对传统燃油车造成挤压。

综上，汽车后市场规模持续增长，但车主消费水平下滑，独立后市场收益下降。2023年企业经营呈现过山车式波动，业务爆发与淡季交替，引发业界对客户流失的担忧，同时折射出汽车后市场竞争格局的根本性转变，原有的基于燃油车业务的经营逻辑，已不完全适用于当下的市场环境。

（二）管理无序、质量参差不齐的现象在一定范围存在

当前汽车后市场面临着诸多挑战，包括体量庞杂、环节复杂、信息不透明、质量参差不齐等问题，这导致了无法完全满足消费者对用车养车的全面需求。

存在产品鱼龙混杂、恶性竞争的现象。汽车后市场产品种类繁多，但由于竞争激烈、投资分散，导致了恶性竞争的不断加剧。部分地区甚至出现了同一产品同期出现十几套模具的情况，这不仅增加了资源浪费和成本压力，也严重影响了行业整体形象。

技术、质量标准相对缺失。目前，汽车后市场缺乏统一的技术、质量标准和认证管理体系，

导致产品质量参差不齐，难以追溯管理。与车规级零配件相比，后市场产品的技术含量和品质要求较低，产品开发主要依赖扫描逆向等简单手段，难以满足车规级零配件的性能和耐久品质验证要求。

生产、流通、服务环节脱节。后市场零配件的生产、流通、服务环节管理存在脱节现象，导致了产销规模不匹配、消费者权益受损等问题。

当前汽车后市场管理存在诸多问题，包括产品鱼龙混杂、技术质量标准缺失、生产流通服务环节脱节等。这些问题导致了恶性竞争、产品质量参差不齐、消费者权益受损等现象，影响了整个行业的健康发展。因此，建立统一的技术、质量标准和认证管理体系，加强产业监管和企业自律，是解决当前问题的关键。

（三）汽车零配件市场供需矛盾加剧，面临多重挑战

1. 需求端变化影响

品牌件需求增加。中国品牌件质量和服务水平提高，消费者认可度上升，推动品牌件需求增长。

消费降级、品质下沉。首先经济衰退和收入预期下降导致消费者追求性价比，选择价格相对低、品质服务相对好的品牌件，使高价位原厂件需求下降，市场品质结构下沉。其次，市场存在品质良莠不齐的配件产品，低质量产品在价格上具有一定优势，吸引了部分消费者。这类情况降低了消费者对产品品质的期待，最终导致市场品质结构下沉。

疫情后需求复杂。疫情后需求呈多样态势，个人健康安全意识提升，但经济压力仍在，消费者需求受多重因素影响，导致汽车配件的消费意愿没有完全释放。

2. 供给端变化的影响

市场供给过剩。由于之前市场扩张过快、过度竞争，导致整体市场供给过剩严重，存量呆滞库存进一步积压，商家生存压力变大。

供给过剩导致价格和毛利下降。供给过剩可能会形成恶性竞争，导致价格战和利润率下降，这进一步加大了商家的生存压力。

局部供给不足。随着部分主机品牌车及区域性汽车经销商、汽配供应商退出市场，局部配件供给不足，市场结构正在发生变化，是市场调整的一个阶段性过程。

3. 汽配商的应对能力和挑战

选品与供应链整合难度增加。随着汽车市场的快速发展，汽车零配件相关企业数量庞大，全国42万家汽车零配件相关企业，有近七成注册资本在500万元以下，靠人力、经验准确判断新品发展趋势及各品类质量、售后、价格等问题变得困难。同时，传统销售商要和多个供应商打交道，例如滤清器、刹车片等不同品类可能需要对接多个供应商，而供应商之间的质量差异较大，难以保证产品质量。

信息不对称和数字化能力不足。单一汽配商受限于供需信息不对称及数字化能力不足，对市场变化反应滞后，是其无法及时做出库存和定价调整的原因之一。信息孤岛现象制约了汽配商的发展，销售商可能需要使用多个系统进行库存、销售、财务等方面的管理工作，而这些系统之间的数据无法互通，使得销售商难以及时了解市场需求和客户反馈，这不仅增加了管理的复杂性，也降低了工作效率，制约了企业的决策和发展。

庞大库存带来的挑战。庞大的库存使得汽配商无法灵活应对市场变化，只能被动接受价格和毛利下降带来的损失，更无法获取局部供不应求所带来的潜在增收机会。

仓储物流挑战。由于配件品牌众多，销售商需要同时管理多个品牌的库存，而每个品牌的产品特性和销售情况不同，给仓储物流管理带来了复杂性和困难性。如何有效地管理库存，保持合理的库存水平，成了销售商核心竞争能力。

汽车零配件市场面临着供需矛盾加剧、多重挑战的局面。需求端变化导致品牌件需求增加、消费降级与品质下沉，以及疫情后需求的复杂性。供给端变化呈现供给过剩、价格竞争激烈与

局部供给不足等情况。汽配商要应对包括选品与供应链整合难度、信息不对称、庞大库存以及仓储物流等方面的挑战，必须通过创新和调整来应对市场的变化，提升竞争力。

（四）内卷推动行业“K”字形化发展加速

1. 内卷对产品质量和价格的影响非常显著

为了在激烈的市场竞争中脱颖而出，一些制造型头部企业加大了信息化改造投入，不断提升产品的技术含量和品质水平，赢得了消费者的信任和好评。例如百隆雨刷从2021年开始实施厂区升级，打造工业4.0、全线数字化的智能雨刷工厂。品牌旗下产品正式启用电子质保卡。质保码和销售端的评测系统，以及厂区内 MES、PLM 等系统端互联互通，进一步保障产品质量。与此同时，经销服务类头部企业凭借专业能力和市场洞察，推出了高质价比的供应链产品及服务，实现黏客增效。例如上海庆聚公司，洞察行业趋势及变化，首先考虑产品品类是否燃油车和新能源通用的；其次企业是否具备专业的技术水平及供应链资源支撑。2023年选了空气悬挂系统、底盘橡胶、暖水阀、节温器以及电器插头5大系列品类作为新业务尝试板块，同时在渠道上参与国际品牌 B2B 平台业务服务、全车件 F2B2B 的服务模式，且重新注册了底盘横向品牌，赋能公司客户底盘业务在当地横向扩张。而一些尾部企业为了降低成本，采用劣质原材料、简化工艺，导致产品质量下降，甚至出现了安全隐患。这种现象进一步加剧了行业分化，加大了头部企业与尾部企业之间的差距。

2. 内卷对服务水平的影响也不容忽视

在市场竞争日益激烈的情况下，一些头部企业通过建立完善的售前咨询和售后服务体系，包括配件更换、安装指导、技师培训、终端盈利及黏客对赌等服务，提高了终端维修企业的满意度和忠诚度，提升了品牌影响力，成为行业中的领头羊。与此相反，一些尾部企业减少了售后服务人员的数量和培训投入，导致售后服务质量下降，影响了消费者的购买体验和品牌形象，逐渐失去市场份额，甚至面临着市场淘汰的风险。

3. 内卷对行业结构和市场格局的影响也非常深远

随着内卷加剧，行业集中度不断提高。头部企业通过并购、兼并等方式扩大市场份额，增强了竞争力，形成了行业内的领军者。与此同时，缺乏竞争力的尾部企业逐渐被淘汰出局，进一步增强了行业的集中度。

综上所述，内卷加速了汽车零配件行业的“K”字形化发展，加剧了头部企业与尾部企业之间的差距，推动了行业向高质量、高效率、高附加值方向发展。未来，随着市场竞争的不断加剧和技术创新的不断推进，行业的“K”字形化发展趋势将更加明显，头部企业将继续领跑行业发展，而尾部企业则面临更大的挑战和压力。

（五）国家政策推动企业标准化和高质量发展，首批“领跑者”崭露头角

2023年10月，商务部等九部门联合发布《关于推动汽车后市场高质量发展的指导意见》，第一条就是要优化汽车配件流通环境，提出制定实施汽车后市场配件流通标准、鼓励发展连锁经营等配件流通模式，推动汽车配件流通规范、透明、高效发展。2024年2月，国家标准化管理委员会印发《2024年全国标准化工作要点》（以下简称“工作要点”）强调了2024年是深入推进《国家标准化发展纲要》（以下简称《纲要》）实施，实现《纲要》2025年发展目标的关键一年。工作要点中明确鼓励企业争创企业标准“领跑者”，深入开展对标达标提升行动。

2018年，市场监管总局等八部门发布了《关于实施企业标准“领跑者”制度的意见》，提出以企业标准自我声明公开为基础，建立实施企业标准“领跑者”制度。2023年6月，市场监管总局发布《2023年度实施企业标准“领跑者”重点领域》，汽车零配件服务领域首次被国家纳入企业标准“领跑者”重点领域。10月，两项团体标准《质量分级及“领跑者”评价要求 汽车零配件批发服务》和《质量分级及“领跑者”评价要求 汽车零配件零售服务》审核通过，批准发布实施。11月，中国汽车流通协会被确立为汽车零配件服务领域“汽车零配件批发服务”“汽车零配件零售服务”企业标准“领跑者”第三方评估机构。12月，首批汽车零配件批发服务、汽车零配件零

售服务国家级企业标准“领跑者”正式发布。

“领跑者”评选过程是对企业标准、合规运营、管理水平以及服务客户为导向的持续改进等方面能力的综合考量。通过评选“领跑者”，可以帮助企业建立起信任和声誉，使消费者更愿意选择那些被评为“领跑者”的企业提供的配件和服务，使消费者放心消费，提高车主用车体验；可以鼓励企业在质量、服务、管理等方面追求卓越，引导汽配行业更好地宣贯标准、对标达标，提升行业的整体竞争力，进而有助于我国汽配行业在国际市场上取得更大份额。

2024年，随着汽车零配件服务领域国家级企业标准领跑者申报和标准化培训工作的持续进行，将涌现更多的“领跑”企业，持续推动行业技术水平和服务质量提升，为消费者提供更安全更可靠的汽车零配件，为整个汽车产业注入新的活力。

（六）全球市场逐步扩大，“一带一路”开启新机遇

在全球经济一体化的趋势下，汽车零配件市场规模不断增长。中国作为汽车零配件生产大国，其完整的产业链和巨大的市场体量，使得国际贸易成为企业拓展市场、获取资源、提升竞争力的重要途径。根据数据显示，汽车零配件产品的主要销售市场包括美国、欧盟、日韩等更注重质量和品牌的发达地区，以及东南亚和南美等更关注价格和功能性的新兴市场。车内饰品、汽车外饰件等改装件在市场上相对热销，品牌化发展趋势明显。

“一带一路”倡议为中国汽车零配件企业拓展国际市场提供了有力支持和广阔平台。这一倡议加强了“一带一路”国家之间的经济合作和互联互通，为企业提供了更加开放、包容的国际贸易环境。汽车零配件企业通过参与“一带一路”国家和地区的贸易合作，拓展海外市场，提升产品和服务的国际竞争力，实现资源共享和互利共赢。

随着二手车和新能源汽车在国际市场上的影响逐渐加深，中国汽车零配件出口的前景更加广阔。中国作为全球最大的汽车市场之一，其二手车市场规模庞大，具备较高的发展潜力。二手车出口将带动汽车零配件的出海需求，促进相关产业链的发展。同时，随着中国新能源汽车企业积极拓展海外市场，相关零配件产品也将随之出海，进一步拓宽出海路径。

全球化带来的市场需求增长，以及“一带一路”倡议的推动，为中国汽车零配件企业提供了更广阔的国际合作平台。同时，二手车和新能源汽车市场的持续发展也为中国汽车零配件出口创造了更广阔的前景，将推动行业进一步发展壮大。

二、发展趋势及代表性创新实践

（一）数字化推动汽配供应链效率提升

随着新技术的不断涌现，汽配行业越来越多地采用数字化技术来优化供应链管理。通过构建行业标准化数据库，搭建电商平台，从而更准确地预测市场需求，优化库存管理，提高供应链响应速度，提升交易效率，助推产业供需精准匹配，赋能全产业链，推动汽车售后零部件行业的快速升级。

（二）通过项目化与场景化服务赢得客户

随着消费者需求变化和市场竞争加剧，传统的销售模式已不能满足市场需求。汽车零配件企业越来越注重项目化和场景化服务，站在终端车主的角度，设计产品、服务和车主体验，将自身不仅定位为销售员，更是运营者。这为企业带来了更广阔的市场空间，提升了客户满意度和品牌忠诚度。

项目化服务有助于更好地理解客户需求并提供个性化的解决方案。例如，为了让品牌的合作门店在同质化的市场更突出，成交率更高，百隆雨刷推出了雨刷项目化销售，将传统的出售雨刷升级成行车视野升级项目。将场景化塑造、以点到线的形式提升客户留存率、展开门店销售团队再激活形成项目化“销售三板斧”，对合作门店的工作人员统一展开规范的技术和服务培训。通过让顾客加入门店的视野升级项目，现场见证效果，提升成交率；依靠后续服务来提升锁客率和二次进店转化率，进而提升门店的营业额和口碑。

场景化服务有助于更好地满足客户多样化需求。随着汽车生活化趋势的兴起，车主需求不仅限于维修保养，还包括车内装饰、改装升级等。企业可针对不同用车场景推出相应产品和服务，如为自驾游车主提供防滑地垫、行李架，为年轻群体提供个性化车身套件、轮毂。通过提供丰富多样的产品和服务，企业可以更好地吸引和保留客户，实现业务的持续增长。

场景化服务有助于提升品牌形象和客户黏性。通过在特定场景下提供专业、便捷、高效的服务，企业可以树立良好的品牌形象，增强消费者对品牌的信任和认可。例如，企业在汽车4S店、汽车维修店等场所设立专门的配件展示区和体验区，展示各类产品并提供专业的咨询和服务，吸引更多的客户到店购买配件。同时，企业还可以通过线上平台，为客户提供便捷的购物体验和售后服务，提高客户的满意度和忠诚度。

（三）国际化战略成为企业提升竞争优势的关键路径

进军国际市场，不仅可以扩大企业的市场份额和客户基础，还可以获取国外的先进技术、管理经验和人才资源，从而提升企业的技术水平和创新能力。同时，进入国际市场还可以加强企业品牌的国际影响力，提升品牌的知名度和美誉度，进而增强企业在全球范围内的竞争力。具体见山东远通集团提供的《商用车零部件营销创新转型与国际化发展》创新实践案例。

（四）主机厂与经销商的售后业务策略调整

新车销量下滑、客户流失、市场萎缩后，主机厂开始关注4S店外业务，逐步观察和探索零配件批售和独立售后业务，并希望能够优化和拓展这一领域，这将是一种战略性转变。通过涉足零配件批售，主机厂不仅可以直接控制售后市场的供应链，还能够增加收入来源。

2025年被预计为独立售后业务的爆发年，这主要是由于市场需求的增加以及主机厂在此之前的策略性举措所带来的效果。在这一转型的过程中，2024年为过渡期，主机厂与汽车经销商持续紧密合作以确保年度目标的完成，但同时也开始逐步增加对独立售后业务的投入，为未来的发展奠定基础。与此同时，汽车经销商集团也在积极探索独立售后业务模式，这反映了对市场变化的敏感性。他们不仅在国内开展维修连锁业务，还在寻求国际零配件批售的机会，以拓宽业务范围并增加利润来源。这表明了整个行业对于售后市场潜力的认知，并且在未来的竞争中，售后服务业务将成为主要的发展方向之一。

（五）以标准、认证促进汽车零配件行业高质量发展

以标准促进汽车零配件行业服务质量跃升。2024年1月，中国汽车流通协会售后零部件分会发布了三年规划，以标准引领、培训提升、领跑驱动、合作共赢为核心，致力于提升汽车零配件行业的服务水平。规划聚焦重点领域，通过宣贯国家政策、标准和“领跑者”评价，提供指导，促进企业规范经营、提升服务水平。强调标准化培训，助力企业提高操作流程和服务标准，为消费者提供更优质服务。同时倡导企业自我声明公开标准执行情况，增强行业透明度和信任度。目标是2026年，培育90%的细分领域企业标准“领跑者”，推动整个行业迈向健康、可持续发展。

以产品认证推动汽车售后零部件高质量发展。进行产品认证，确保零配件符合国家标准，提高消费者信任度，增强行业声誉。同时，认证规范企业生产流程和质量管理，降低产品缺陷率，提升产品质量水平。具体见云配提供的《关于以产品认证推动汽车售后零部件高质量发展的试点举措与建议》创新实践案例。

（六）绿色低碳发展下的转型与机遇

政策推动与行业标准升级。2022年6月10日，生态环境部等七部委发布《减污降碳协同增效实施方案》，推动行业向绿色低碳转型。2023年5月，生态环境部等五部门发布《关于实施汽车国六排放标准有关事宜的公告》，全面实施国六排放标准6b阶段，加快汽车行业向清洁能源转型。

技术创新与产品升级。绿色低碳发展推动了新能源汽车的普及和发展，对电动汽车零配件的需求增加，如电池、电机、控制系统等。行业加大对环保、节能、高效产品的研发力度，开发更轻量化、更环保的材料和技术。

产业转型与升级。传统的内燃机技术逐渐向电动化、智能化转变，要求企业调整产品结构和生产工艺。汽车零配件企业逐步向绿色、智能、高端方向转型升级，以适应新能源汽车和绿色低碳发展趋势。

市场机遇与挑战。绿色低碳发展为汽车零配件行业带来了新的市场机遇，如电动汽车零配件需求增加等。企业只有加强技术创新、提升产品质量和环保性能，积极适应新能源汽车和绿色低碳发展的趋势，才能在市场竞争中立于不败之地，实现可持续发展。

三、汽车零配件行业发展建议

2024年汽车零配件行业面临着日益激烈的竞争和不断变化的市场需求，制定合适的发展策略至关重要。

（一）极致的质价比和卓越的售后服务

突破市场瓶颈，实现极致质价比与卓越服务，是汽车零配件企业持续发展的关键。通过优化供应链、加强品牌建设、拓展销售渠道和提升售后服务质量，促使企业不断提高竞争力，获得市场份额，确保长期发展。

（二）全链路数字化运营，优化服务，提升效率

推动全链路数字化运营，整合信息技术和数据分析，实现从供应链管理到销售服务的全面数字化转型，将成为企业在2024年的重点。通过强化对市场趋势、用户反馈、产品改进等方面的分析管理，提升用户体验和满意度，进而提高运营效率，增强竞争力，从而实现可持续发展。

（三）强化企业标准化建设，争当“领跑者”

2024年，汽车零配件服务领域国家级企业标准“领跑者”申报和标准化培训工作将持续进行，将带动更多企业参与企业标准化建设，通过公开声明企业标准、制标对标达标、申报“领跑者”活动，推动企业提升产品质量和管理效率，增强信誉和竞争优势。

（四）积极拓展国际市场，增强抗风险能力

国际市场的竞争相对激烈，但也意味着市场更为成熟和完善，有利于获取更先进的技术和管理经验，促进企业自身的创新和产品质量、服务水平的提升，实现长期可持续发展。同时还可以降低企业对单一市场的依赖，分散经营风险，增强企业的抗风险能力。

（五）洞察政策环境和市场趋势，及时应变

关注政策法规的变化和新能源、低碳环保等趋势，关注主机厂、汽车经销商、电商平台等业务演化，及时调整企业战略和经营策略，保持对市场的敏感度和应变能力。

（六）加强行业合作和企业生态建设

强化行业合作、构建企业生态，共同面对挑战，共享资源，促进技术进步与创新，提升供应链效率和稳定性，增强竞争力。

（中国汽车流通协会售后零部件分会）

2023年我国汽车消费者体验报告

中国汽车售后服务质量监测大数据平台（CADA 云数聚）通过“汽车消费者360° 洞察体系”，分析2023年超10万名消费者在汽车4S 店的服务体验评价，发布了《2023年中国汽车消费者口碑指数报告》。展示消费者在选车、购车、用车、置换过程中的综合体验结果，旨在为汽车主机厂、经销商及相关服务企业在提升服务质量过程中起到参考、分析的作用。

一、消费者选车体验分析

消费者在选车的过程中，获取信息的渠道对其购车决策起到了重要的作用。从“在以下的信息渠道中，对促进您选择本车作用最大的渠道有哪些”指标中，认为作用最大的是“朋友推荐”，占比66.62%，其次是“视频媒体”，占比34.94%。而在2022年的分析结果中，作用最大的是占比达53.23% 的“视频媒体”。这一点变化是需要重点关注的（见图1）。

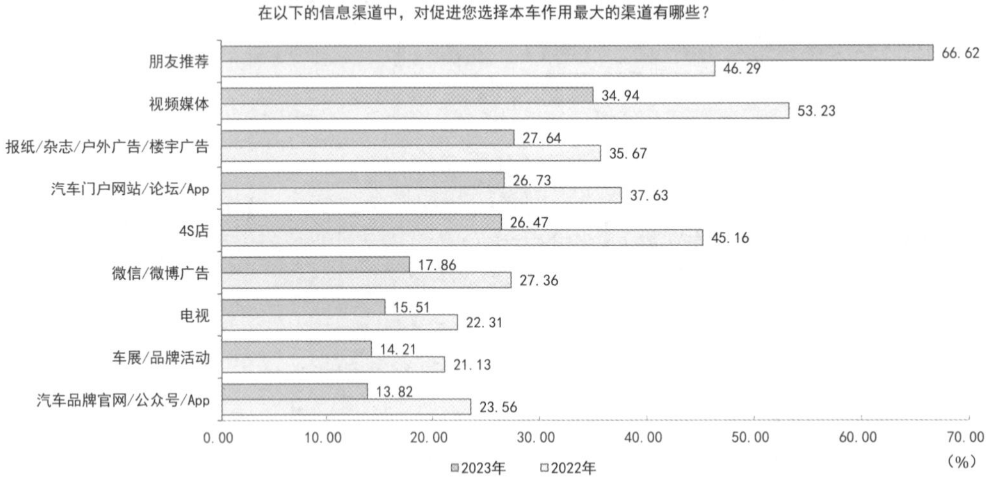

图1 信息渠道的选择

资料来源：CADA 云数聚（以下图表资料来源相同，不再赘述）。

二、销售服务体验分析

销售服务口碑指数为95.99分，环比2022年提升2.74分。将各汽车品牌分为豪华品牌组、合资品牌组、自主品牌组三个组别进行对比发现，豪华品牌组得分最高，为96.72分，自主品牌组略低于合资品牌组0.1分，为95.40分。自主品牌组虽然在三个组别中表现最弱，但环比2022年提升幅度最大，达3.94分（见图2）。

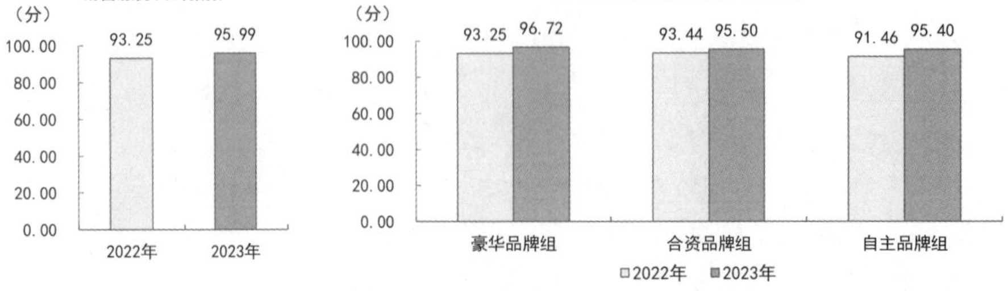

图2 销售服务评价得分

在销售服务的细项指标中，环比2022年均是提升状态，其中提升最为明显的“在购车过程中，以下哪些环节让您感觉满意”，环比提升6.4分，其次是“销售顾问有没有向您介绍以下产品或服务”，环比提升4.75分（见图3）。

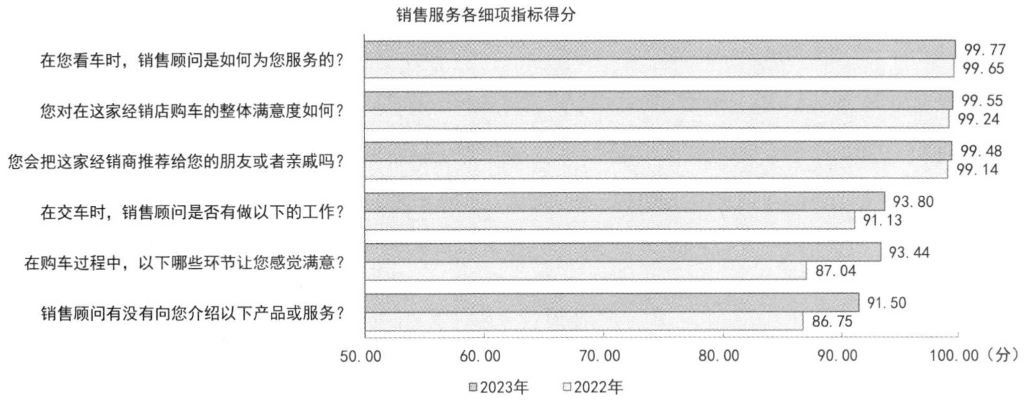

图3 销售服务细项得分

由于“销售顾问有没有向您介绍以下产品或服务”指标得分最低，因此进一步分析发现，该指标涵盖的“汽车保险”“汽车贷款 / 分期付款”“精品 / 配置 / 附件（如踏板、脚垫、汽车养护用品等）”“延长保修期服务”“汽车装潢 / 改装”和“二手车服务（包括交易、置换等）”六项内容，环比2022年表现均有明显的提升。

但作为当前汽车4S 店越来越重要的“二手车服务”介绍占比在各服务项目中最低，为88.40%（见图4）。

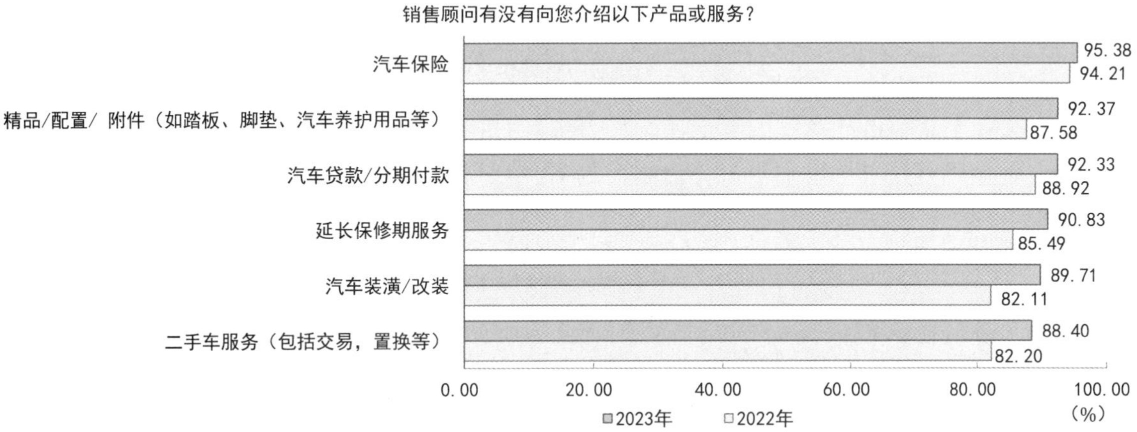

图4 销售产品或服务

“购车过程”分为了销售顾问、环境设施、试乘试驾、交易过程、金融贷款和交车过程六个部分让消费者进行评价。

环比2022年，销售顾问部分最不满意的是“接待不及时”，占比21.18%，环比提升4.04%；环境设施和试乘试驾部分中最不满意的环节均是环比下降，表现较好；交易过程部分最不满意的是“没有提供准确价格（只给出大致的价格范围）”，占比32.85%，环比提升1.89%；金融贷款部分，44.38%的消费者表示“金融贷款产品不符合需求”，环比提升1%；交车过程部分，32.36%的消费者“不满意交车仪式的形式”，环比提升4.27%（见图5）。

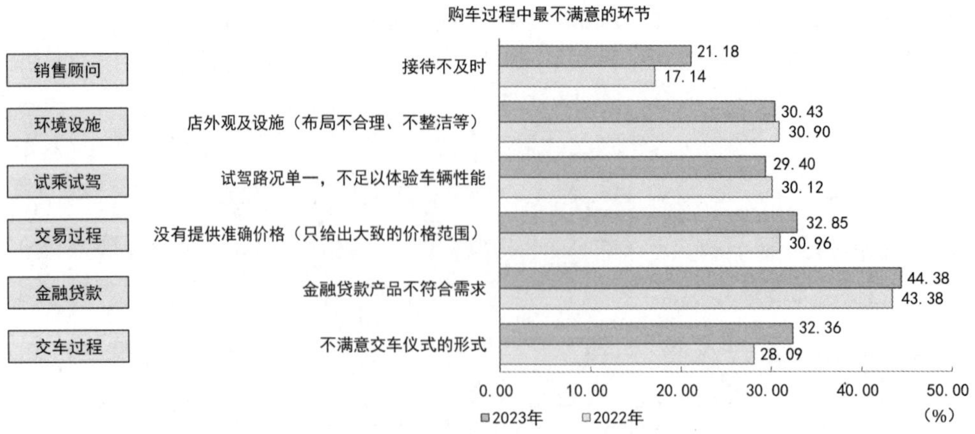

图5 购车过程中最不满意的环节

三、售后服务体验分析

售后服务口碑指数为95.96分，环比提升1.16分;在售后服务五维度方面，均是环比提升，其中服务顾问维度得分最高，为98.34分，服务设施维度得分最低，为91.87分（见图6）。

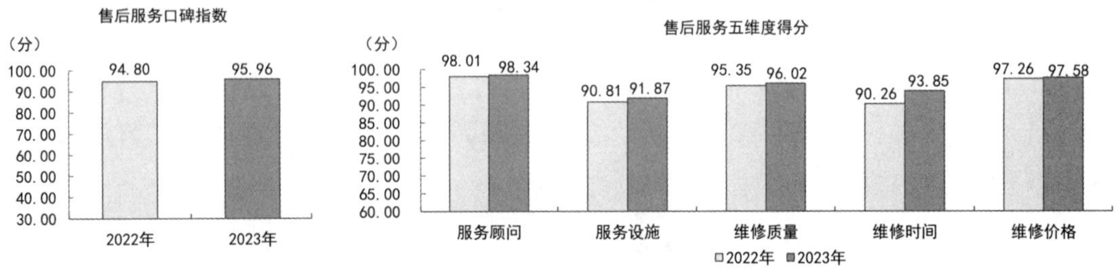

图6 售后服务评价得分

分析各汽车品牌组的售后服务口碑指数发现，环比2022年均是提升状态。但不同于销售服务，自主品牌组在三个组别中得分最高，为97.54分，得分最低的是豪华品牌组的94.49分（见图7）。

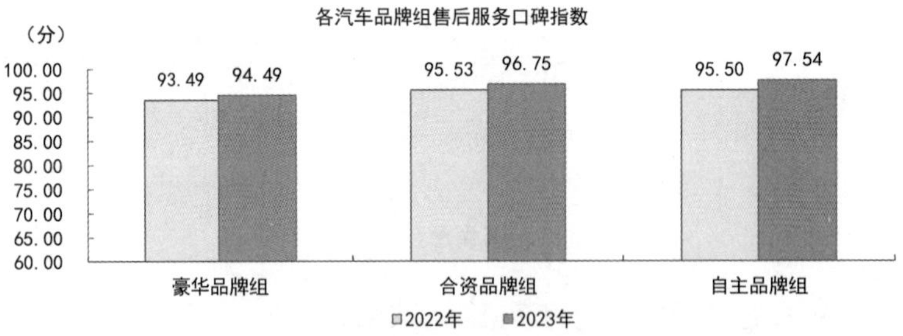

图7 品牌组售后服务口碑指数

在售后服务五维度方面，自主品牌组在服务顾问维度、服务设施维度、维修质量维度和维修时间维度方面得分均是最高，维修价格维度在合资品牌组表现最为优秀（见图8）。

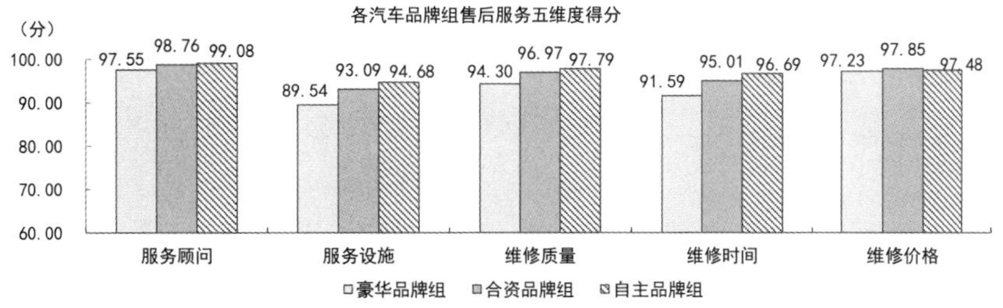

图8　品牌组售后服务五维度

（一）服务顾问维度分析

在服务顾问维度各细项指标中，“您对服务顾问接车检查时的哪些服务内容感到满意”指标得分最低，为94.35分，但环比2022年提升明显，达1.5分；另外需要关注的是“车辆维修保养过程中，服务顾问是否主动告知您维修保养进度”得分为99.18分，环比下降0.14分（见图9）。

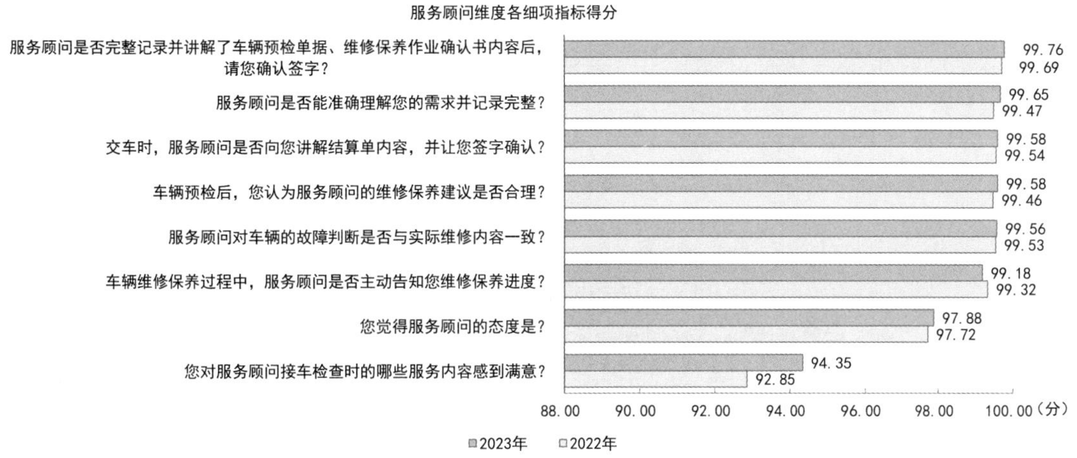

图9　服务顾问维度细项指标

继续分析“车辆维修保养过程中，服务顾问是否主动告知您维修保养进度”指标，其中“否，询问得知”的比例环比2022年提升0.29%，是导致该项指标得分下降的原因（见图10）。

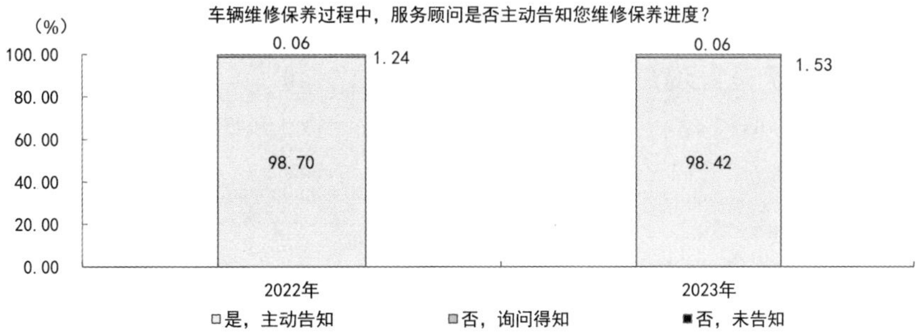

图10　维修保养进度告知情况

（二）服务设施维度分析

服务设施维度各细项指标中，环比2022年，仅“店内是否公示了以下内容”环比降低0.96分，为77.32分；其他指标均是环比提升。表明汽车4S 店在公示信息的透明度及显著性方面仍有较大的改善空间（见图11）。

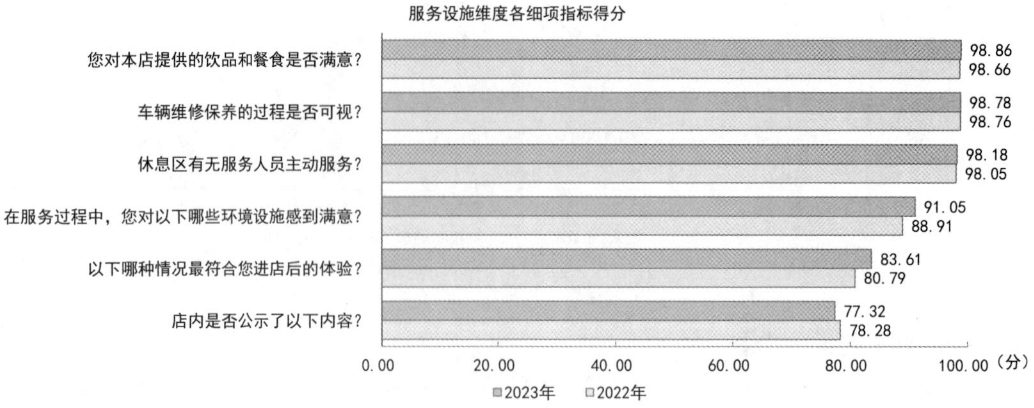

图11 服务设施维度细项指标

（三）维修质量维度分析

“您上次是否在本店接受的维修保养服务”环比微降0.02分，是维修质量维度中唯一下降的指标。环比提升最多的是“交车时以下哪些服务，符合您的情况”指标，提升1.31分，为92.73分，同时也是维修质量维度中得分最低的指标（见图12）。

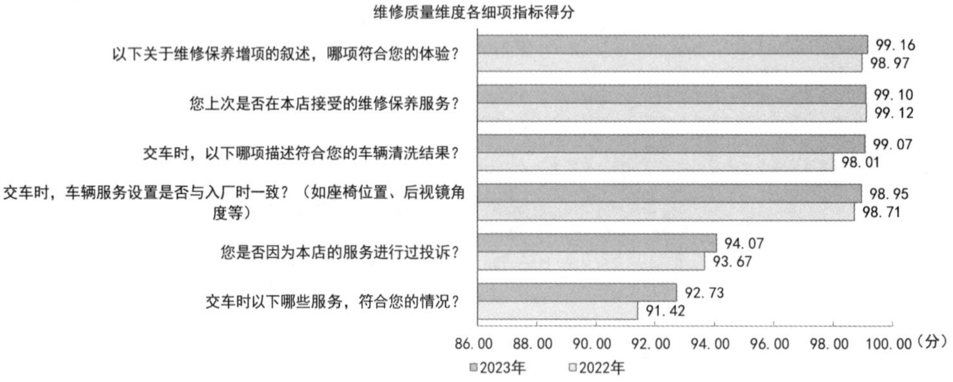

图12 维修质量维度细项指标

（四）维修时间维度分析

在售后服务过程中，主要会在进入接待区、维修作业工单派发后等待派工、完工交车时和付款结算时产生等待，环比2022年，各等待环节得分均是提升状态，不过“进入服务接待区后，是否需要等待”仍是表现最弱的环节，得分为90.25分。

表现最优的是“交车时间是否与服务顾问预估时间一致”指标，得分为97.13分，环比提升0.27分（见图13）。

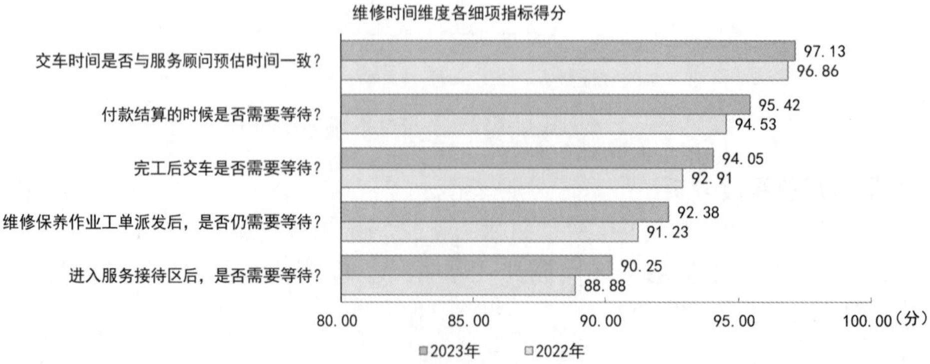

图13 维修时间维度细项指标

（五）维修价格维度分析

在维修价格维度中，仅“您觉得店内维修保养的工时定价是否合理”指标得分微降0.09分，其他指标均环比提升。提升最为明显的是“以下关于车辆多种配件选择的叙述，哪项符合您的体验”环比提升2.23分，为89.23分（见图14）。

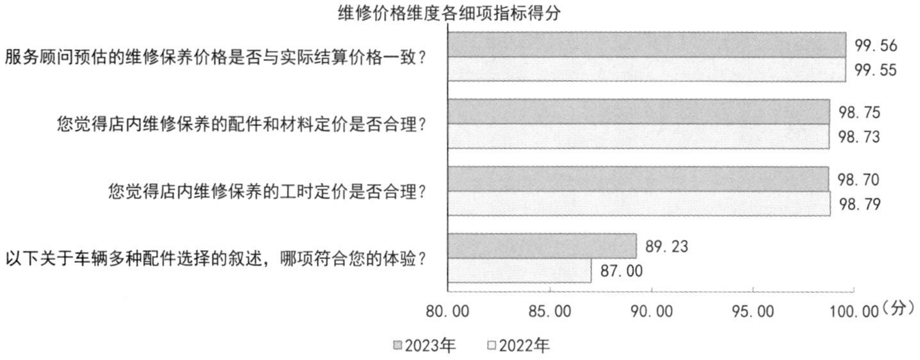

图14　维修价格维度细项指标

探查“在本次维修保养无增项情况下，超出了服务顾问预估价格，您是否会更换门店”指标，“服务顾问讲解合理，不会”的比例环比提升3.68%，表明服务顾问的专业知识讲解能力与沟通及时性是降低出现超出预估价格时，导致消费者更换门店的有效措施（见图15）。

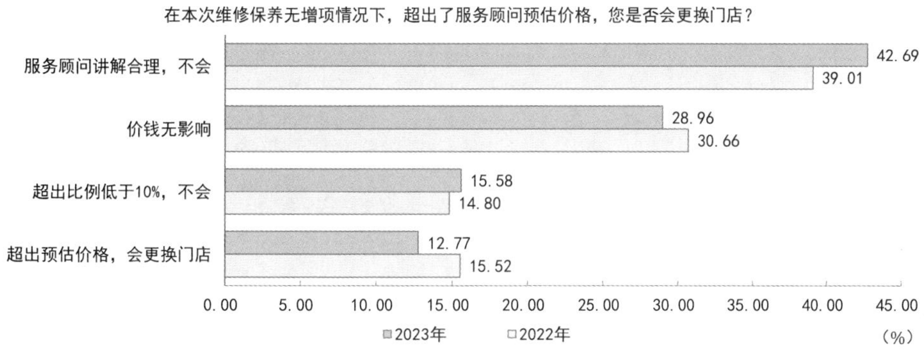

图15　超出预估价格的接受度探查

四、置换服务体验分析

分析消费者“您的置换车辆实际行驶了多少里程”发现“6万—10万公里”的比例最高，为31.84%，环比2022年提升9.54%；在2022年占比最多的“3万公里以下”，环比下降6.56%，占比29.15%（见图16）。

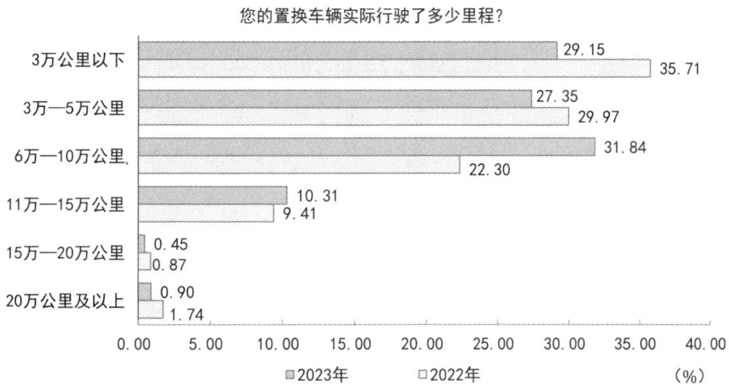

图16　置换时行驶里程

继续分析“您最终是怎样处置这辆车的”环比2022年，选择“店内置换新车”的比例从89.20%下降至85.20%，环比降低4%，选择“二手车转卖”的比例环比提升3.59%。

消费者降低了在汽车4S店进行新车置换的意向，是需要重点关注的环节（见图17）。

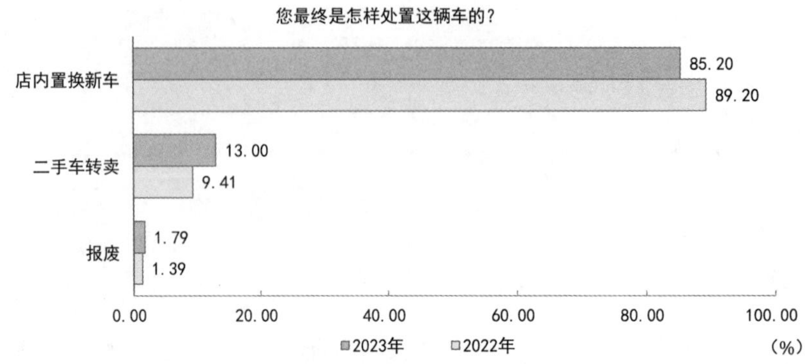

图17　最终处置车辆的方式

以上数据供相关服务企业参考分析，用于持续改善、提升服务质量。

（中国汽车售后服务质量监测大数据平台—CADA云数聚）

2023年我国汽车投诉状况

作为国内领先的缺陷汽车产品信息收集平台，车质网2023年共受理消费者针对汽车产品质量及服务问题有效投诉168725宗（含第三方平台和后装轮胎投诉共102宗），较2022年上涨25.4%，连续第二个年度实现同比两位数增长。其中，共涉及252个国内汽车品牌的1524款车型。同时，随着车企对车质网发送的消费者实名投诉问题的重视程度日益提高，2023年共有144个品牌受理了车质网发送的投诉，与2022年相比增加5个，其中投诉回复率达100%的品牌共71个，较2022年减少了3个。

一、投诉量再上新台阶，连续11个月投诉量破万

2023年，车质网受理的有效投诉迈上新台阶，创纪录地突破16万宗。从近十年投诉量对比来看，始终保持着逐年递增的态势，自2022年开始，年投诉量连续出现同比跨越式增长（见图1）。

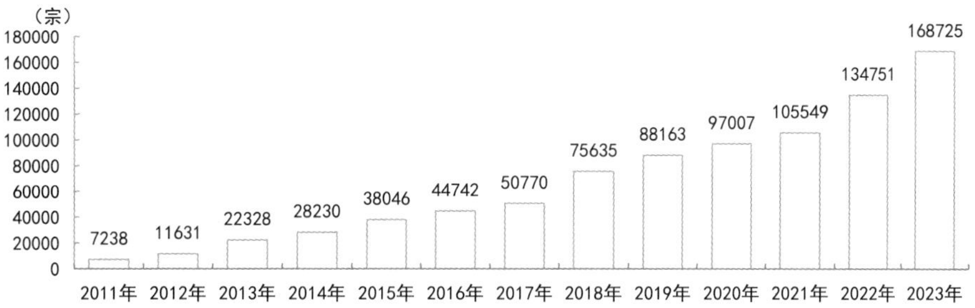

图1 2011—2023年投诉量及增长率对比

资料来源：车质网（以下图表资料来源相同，不再赘述）。

从2023年各月投诉量变化来看，1月受春节假期影响，投诉量同比出现明显下降。自2月起，投诉量连续11个月实现破万宗，9月更是一举刷新了车质网成立以来的月投诉量最高纪录。与2022年相比，除1月外，2023年其余各月的投诉量均高于2022年同期，其中4月的涨幅最大，较2022年同期上涨48.44%。值得注意的是，10月、11月和12月的投诉量同比涨幅均超过了40%，推动2023年全年的总投诉量创纪录地突破16万宗（见图2）。

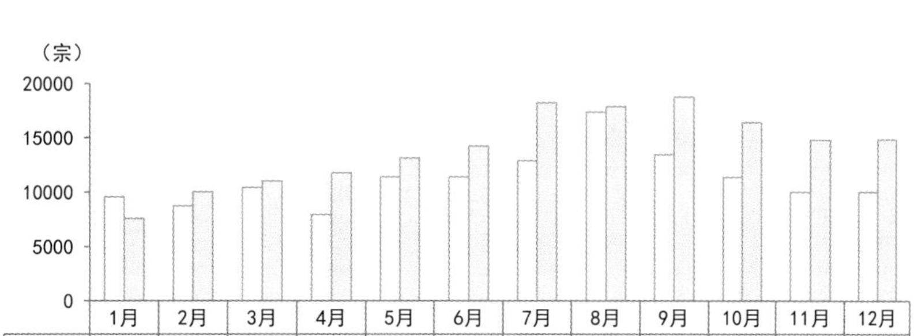

	1月	2月	3月	4月	5月	6月	7月	8月	9月	10月	11月	12月
2022年	9573	8728	10436	7934	11408	11398	12872	17372	13447	11380	10016	10007
2023年	7573	10026	11025	11777	13139	14236	18225	17882	18759	16428	14802	14853

图2 2022—2023年月度投诉量及增长率对比

二、自主品牌投诉占比持续提升，美系品牌投诉量暴增

车质网数据显示，2023年自主、合资品牌的投诉量较2022年均出现明显增长，其中自主品

牌涨幅最大，同比上涨35.5%，投诉占比提高3.5个百分点，达到近10年来的最高点。相比之下，合资品牌的投诉量虽有一定增长，但投诉占比下降了2.8个百分点，进一步拉近了与自主品牌之间的距离（见图3）。

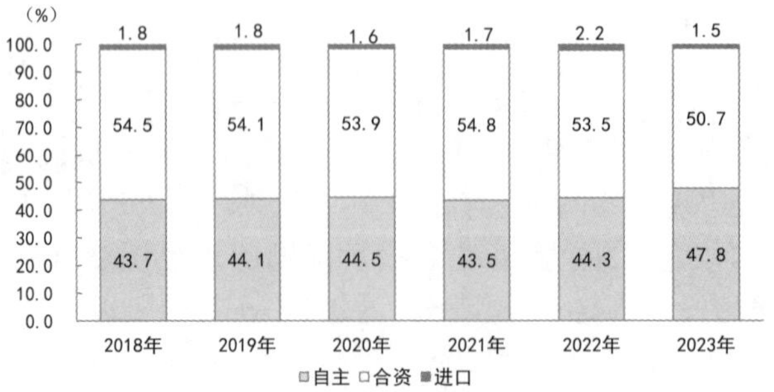

图3　2018—2023年品牌属性投诉量占比

细分到国别统计数据显示，2023年自主、日系、美系和法系品牌投诉量同比出现不同程度的增长，其余各国别品牌的投诉量有所回落。其中，美系品牌投诉量迎来暴增，同比出现翻倍式增长。值得注意的是，日系品牌投诉量历史首次突破30000宗，同比大涨92.8%，投诉大多来自部分丰田品牌热销车型。相比之下，德系品牌同比降幅最大，较2022年下降44.1%（见图4）。

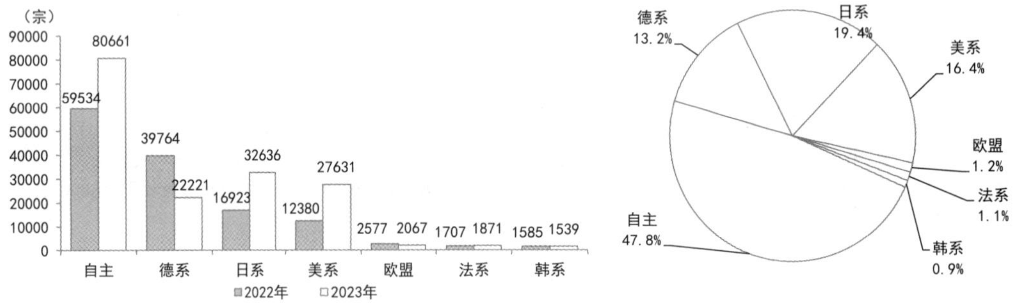

图4　2023年分国别投诉量与占比

三、紧凑型 SUV 投诉持续高企，微型车投诉回归常态

2023年，紧凑型 SUV 投诉量高居首位，成为2023年投诉量最多的车型，同比上涨13.2%。值得注意的是，中型车、中大型车和中大型 SUV 的投诉量出现暴涨，同比涨幅均超过1倍，其中后者成为2023年投诉量涨幅最大的车型。相比之下，中型 SUV、小型 SUV、微型车和其他的投诉量同比出现明显回落，其中微型车降幅最大，较2022年下降38.2%（见表1）。

表1　2016—2023年车型属性投诉量　　单位：宗

车型	2016 年	2017 年	2018 年	2019 年	2020 年	2021 年	2022 年	2023 年
紧凑型 SUV	8948	11611	21950	21600	28445	24248	34323	38846
中型车	4842	4907	7188	9808	15234	15506	17336	37116
紧凑型车	19234	21045	26225	30836	28260	30158	31318	34349
中型 SUV	2534	4027	7045	9392	9276	14118	26865	23296
中大型车	391	841	1155	2023	2041	2986	8460	17162
中大型 SUV	153	294	576	941	1105	1594	2068	5223
小型车	2029	1741	2015	2452	2101	4907	2442	3278
小型 SUV	4803	3131	5786	6309	6002	5677	5191	3285
MPV	647	1974	1746	2025	1817	1994	1491	2385

续表

车型	2016年	2017年	2018年	2019年	2020年	2021年	2022年	2023年
微型车	308	357	478	940	910	1979	3209	1984
其他	698	925	1400	1736	1637	2183	1564	1394
大型车	62	86	64	86	85	91	169	228
大型SUV	5	8	11	15	18	37	34	77

四、2021—2023款车型成投诉主体，2022款车型投诉创纪录

从车型年款的角度分析发现，2023年投诉主要集中在2021年款、2022年款和2023年款车型，三者投诉量之和超过总量的六成。其中，2023年款车型的涨幅最大，同比暴涨约30.1倍。值得注意的是，2022年款成为本年度投诉量最高的车型年款，投诉量创纪录地突破了40000宗，同比大涨95.2%，投诉量集中在部分自主品牌热销新能源车型（见表2）。

表2　2015—2023年款车型投诉量　　单位：宗

年款	2016年	2017年	2018年	2019年	2020年	2021年	2022年	2023年
2015	13414	11361	11629	10852	5654	4714	2551	2516
2016	8411	13891	15941	14402	9960	7628	4456	4498
2017	479	8054	22413	17998	12379	9736	5710	5226
2018	—	307	8674	16779	12400	10479	6823	6336
2019	—	—	587	11853	26511	16615	11782	10279
2020	—	—	—	704	15238	21332	24276	12857
2021	—	—	—	—	1218	20331	44215	39073
2022	—	—	—	—	—	811	23945	46733
2023	—	—	—	—	—	—	713	22182

从出现问题时间段投诉占比情况来看，购车1年以内出现问题的投诉占比之和较2022年有所下降。其中，购车1个月出现问题的投诉量同比下降5.3%，投诉占比下降了6.6个百分点。相比之下，购车1—3年和3年以上出现问题的投诉量均超过了40000宗，两者占比之和较2022年提高了8.6个百分点，投诉问题大多集中在单纯质量问题，具体表现为“仪表台开裂”“部件老化”和“混动模式转换故障”等。

在2023年车辆行驶里程投诉占比统计中，行驶里程在0—3000公里的车辆投诉占比呈现下降趋势，较2022年减少7.1个百分点，投诉量同比下降10.6%。值得注意的是，行驶里程在20000公里以上的车辆投诉占比之和较2022年提高了5个百分点，投诉主要集中在质量问题，具体投诉问题为“仪表台开裂”“部件老化”“混动模式转换故障”和“影音系统故障”，投诉多来自部分自主和日系品牌车型（见图6）。

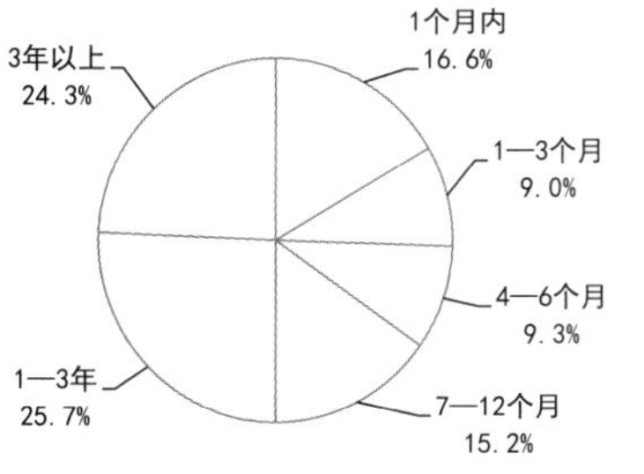

图5　2023年投诉问题时间段占比

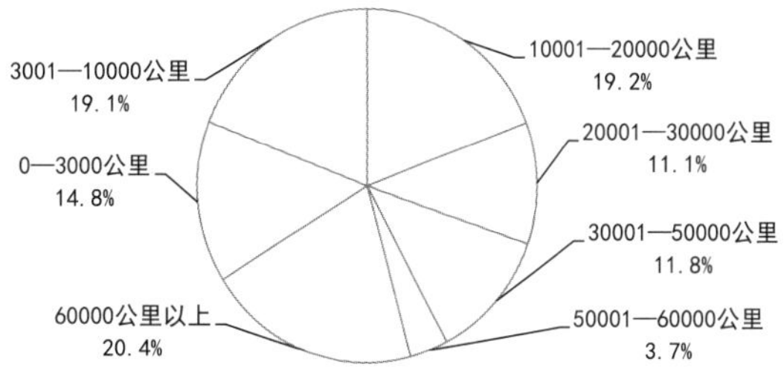

图6　2023年首次故障里程投诉量占比

五、广东省、江苏省和山东省投诉最多，“系统升级问题”同比翻倍增长

从投诉区域上看，2023年投诉超过3500宗的地区共15个，较2022年增加3个。广东省、江苏省和山东省依旧是投诉最集中的省份。其中，广东省的投诉量首次突破20000宗，同比上涨55.1%，投诉占比提高了约3.2个百分点。

从这三个省份的投诉类型来看，依然以质量问题为主，且占比较2022年提高了9.2个百分点。从具体的投诉问题来看，“混动模式转换故障”取代“仪表台开裂”成为广东省投诉最多的故障问题点，投诉故障数超过了3000个。江苏省排名第一的故障问题为“汽油泵故障”，投诉故障数同比暴涨超41倍，投诉增量来自部分美系品牌车型。服务问题方面，“系统升级问题”成为三个省份排名第一的投诉问题点，同比均出现了翻倍增长。此外，“变更价格”成为广东省和江苏省新增的投诉问题点，同比涨幅分别达到了47.3倍和20.8倍。

六、单纯质量问题投诉占比回升，其他问题迎来暴发

车质网投诉类型分为质量问题、服务问题、其他问题和综合问题投诉四部分。在2023年车质网接到的投诉中，单纯质量问题的投诉量和投诉占比均较2022年出现反弹，其中投诉量历史首次突破11万宗，同比上涨46.9%。值得注意的是，其他问题成为本年度的“大黑马”，投诉量同比涨幅超过6.2倍，投诉占比提高了5.8个百分点。相比之下，单纯服务问题的投诉量出现大幅“跳水”，同比下降46.2%，投诉占比减少20.7个百分点，回归常态（见图7）。

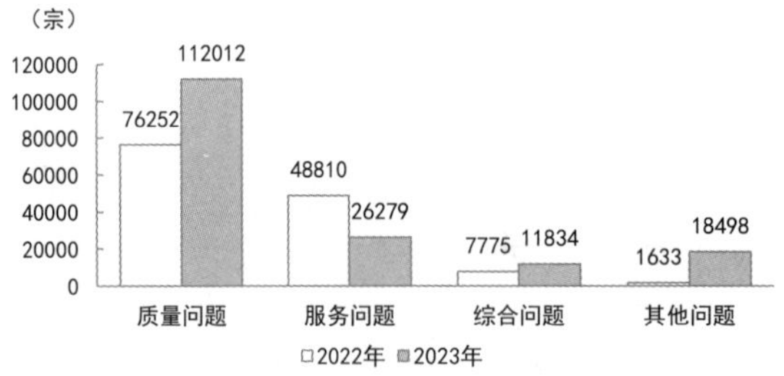

图7　2022—2023 年投诉类别对比

七、车身附件及电器投诉故障数破纪录，“混动模式转换故障”投诉量飙升

车质网数据显示，2023年车身附件及电器的投诉故障数和占比双双创造历史纪录，其中投诉故障数突破10万个，占比较2022年提高6.1个百分点。此外，除变速箱和离合器外，其余各系统故障问题数均较2022年有不同程度的提升，其中转向系统涨幅最大，同比上涨63.7%（见图8）。

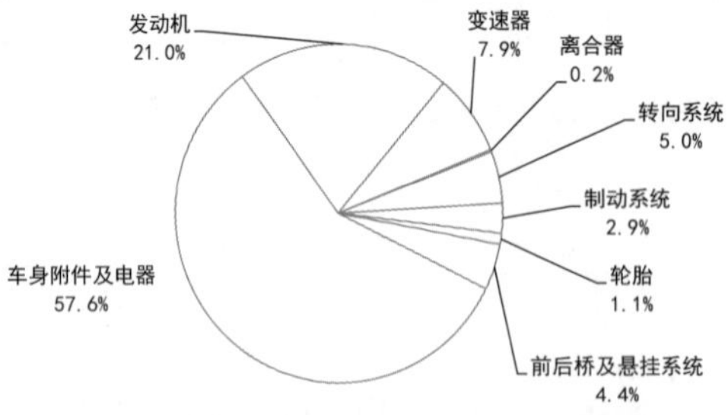

图8　2023 年八大系统投诉故障数占比

如图8所示，在2023年质量问题 Top20排名中，共有6个新上榜故障点，较2022年增加了2个。从榜单排名中可以看到，有4个投诉问题点的投诉故障数突破了10000个。其中，“混动模式转换故障”首次进榜便占据榜首，投诉故障数同比暴涨136倍，投诉集中在部分自主品牌新能源车型。此外，“汽油泵故障”“座椅故障”“行车安全辅助系统故障”“无法启动”和“车内异响”的投诉故障数同比也呈现出大幅上升趋势，成为2023年质量问题投诉新增长点（见表3）。

表3 2023年质量问题 Top20 单位：个，%

排名	故障名称	故障数量	占比
1	混动模式转换故障	14933	8.50
2	影音系统故障	12772	7.27
3	仪表台开裂	10408	5.93
4	汽油泵故障	10149	5.78
5	部件老化	7446	4.24
6	车身生锈	4920	2.80
7	部件开裂	3657	2.08
8	座椅故障	3595	2.05
9	转向异响	3528	2.01
10	空调问题	3209	1.83
11	车载互联故障	3044	1.73
12	变速箱顿挫	2929	1.67
13	发动机／电动机故障灯亮	2807	1.60
14	漆面起泡开裂	2462	1.40
15	变速箱异响	2402	1.37
16	行车安全辅助系统故障	2372	1.35
17	无法启动	2216	1.26
18	车内异响	2168	1.23
19	制动异响	2154	1.27
20	发动机／电动机异响	2115	1.30

车质网数据显示，2023年自主、合资和进口品牌质量问题投诉故障数均较2022年有明显增长。车身附件及电器依旧是三类品牌投诉故障数最集中的系统，其中合资品牌的车身附件及电器投诉故障数占比已超过总量的六成，较2022年提高了15.5个百分点。值得注意的是，发动机／电动机成为自主品牌新的投诉焦点，不仅投诉故障数翻倍增长，占比也超过了总量的1/4，投诉增量来自部分自主品牌新能源车型。此外，合资品牌的转向系统投诉故障数同比有明显提升，占比提高了1.4个百分点，与部分美系品牌车型投诉量持续高企有关（见图9）。

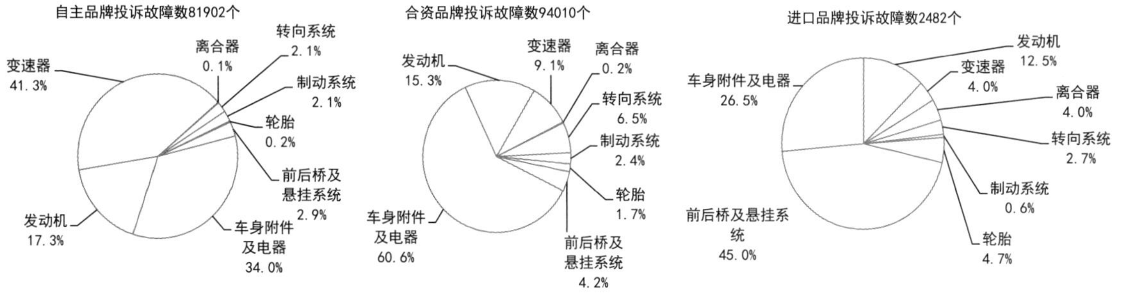

图9 2023年品牌属性八大系统投诉故障数量对比

从国别质量问题投诉故障数占比来看，德系品牌表现抢眼，制动系统、轮胎和前后桥及悬挂系统的占比领先于其他各国别品牌。通过对比来看，除法系品牌外，各国别品牌投诉故障数占比最高的部分依旧是车身附件及电器。其中，日系品牌车身附件及电器的占比超过七成，远高于其他各国别品牌。反观法系品牌，其投诉故障多数集中在发动机／电动机，占比明显高于其他各国别品牌（见表4）。

表4　2023年各国别八大系统投诉故障数量占比　　单位：%

故障部位	自主	美系	日系	德系	法系	欧系	韩系
发动机／电动机	27.56	16.43	12.09	16.69	41.27	14.79	17.79
变速箱	6.45	6.70	4.06	19.68	4.34	26.52	12.75
离合器	0.21	0.14	0.04	0.41	0.00	0.50	1.74
转向系统	3.34	12.09	2.81	3.13	14.50	1.50	7.65
制动系统	3.37	1.46	2.37	4.13	1.17	3.13	3.24
轮胎	0.36	0.20	1.62	4.43	0.77	1.04	1.04
前后桥及悬挂系统	4.55	3.09	3.49	7.98	6.79	2.55	2.84
车身附件及电器	54.16	59.89	73.51	43.54	31.15	49.96	52.95

从车型属性质量问题投诉故障数占比来看，车身附件及电器成为所有车型属性投诉故障数占比最高的系统问题。其中，中型车的车身附件及电器投诉故障数占比超过七成，在横向对比中领先于其他车型属性。此外，紧凑型SUV的发动机／电动机投诉故障数占比超过1/3，远高于其他各车型属性（见表5）。

表5　2023年车型属性八大系统故障数量占比　　单位：%

故障部位	微型车	小型车	紧凑型车	中型车	中大型车	大型车	小型SUV	紧凑型SUV	中型SUV	中大型SUV	大型SUV	MPV
发动机／电动机	11.0	28.9	19.8	9.5	17.2	16.0	20.1	36.6	24.4	12.5	25.6	20.1
变速箱	2.1	13.0	8.7	6.9	1.9	2.8	8.1	8.4	11.2	6.5	3.7	8.3
离合器	0.0	0.8	0.4	0.1	0.0	0.0	0.4	0.2	0.1	0.0	0.0	0.4
转向系统	3.7	6.2	13.2	2.2	2.8	2.4	5.0	3.2	2.7	3.3	3.7	5.1
制动系统	9.4	3.8	2.2	2.2	3.0	2.8	14.7	2.8	2.5	3.1	3.7	3.3
轮胎	1.0	0.8	1.9	0.3	0.3	1.4	0.7	1.7	0.8	0.7	1.2	0.9
前后桥及悬挂系统	8.1	4.8	3.5	5.3	6.9	7.1	4.5	3.5	3.3	4.1	3.7	6.0
车身附件及电器	64.7	41.8	50.3	73.4	67.9	67.5	46.7	43.6	54.9	69.7	58.5	55.8

从车型年款质量问题投诉故障数占比来看，各年款车型投诉故障数占比最高的部分均为车身附件及电器。通过横向对比可以发现，2022年款车型车身附件及电器的投诉故障数占比最高，而2023款车型则是在前后桥及悬挂系统的投诉故障数占比突出。值得注意的是，2018款车型有3个投诉故障点的占比领先于其他各车型年款（见表6）。

表6　2018—2023年分年款八大系统故障数量占比　　单位：%

故障部位	2018年款	2019年款	2020年款	2021年款	2022年款	2023年款
发动机／电动机	13.4	22.5	19.0	37.1	16.5	24.4
变速箱	19.3	13.4	12.6	4.8	4.9	5.2
离合器	0.4	0.3	0.3	0.1	0.1	0.1
转向系统	14.9	8.0	3.9	2.9	3.0	3.8
制动系统	2.2	2.6	3.7	2.5	3.8	3.2
轮胎	1.0	4.2	2.4	0.9	0.5	0.8
前后桥及悬挂系统	6.9	5.3	6.1	3.7	4.8	6.9
车身附件及电器	41.8	43.8	51.9	48.0	66.4	55.6

从车辆出现问题时间段和行驶里程质量问题投诉故障数占比来看，车身附件及电器依旧是投诉故障数占比最高的系统问题，其中购车1个月内和行驶里程3001—10000公里在车身附件及

电器部分投诉故障数占比最高，均超过了五成。值得注意的是，通过横向对比来看，购车1个月内和购车3年以上各有3个系统的投诉故障数占比高于其他各时间段，其中购车1个月内车身附件及电器的投诉故障数占比超过了六成（见表7、表8）。

表7 2023年出现问题时间段八大系统故障数量占比 单位：%

故障部位	1个月内	1—3个月	4—6个月	7—12个月	1—3年	3年以上
发动机／电动机	12.2	20.9	21.9	30.9	27.5	13.6
变速箱	6.2	5.6	5.7	5.0	7.2	12.0
离合器	0.1	0.1	0.2	0.1	0.2	0.3
转向系统	4.5	3.5	3.2	3.0	4.1	8.3
制动系统	4.1	3.7	3.6	3.0	2.7	1.8
轮胎	0.4	0.6	0.6	1.0	2.0	0.8
前后桥及悬挂系统	7.5	4.6	3.9	4.3	4.9	2.7
车身附件及电器	64.9	61.0	60.8	52.6	51.4	60.6

表8 2023年车辆行驶里程八大系统故障数量占比 单位：%

故障部位	0—3000公里	3001—10000公里	10001—20000公里	20001—30000公里	30001—50000公里	50001—60000公里	60000公里以上
发动机／电动机	17.9	21.8	28.1	26.3	22.2	20.2	12.9
变速箱	4.9	4.8	5.1	6.8	11.6	15.4	10.7
离合器	0.2	0.1	0.1	0.2	0.3	0.4	0.3
转向系统	3.7	3.0	3.0	3.5	5.5	10.5	8.4
制动系统	4.0	3.1	3.0	3.5	3.1	2.8	1.7
轮胎	0.8	0.6	1.1	2.2	2.1	1.3	0.3
前后桥及悬挂系统	8.0	3.5	3.7	5.0	6.1	6.1	2.8
车身附件及电器	60.6	63.0	55.8	52.5	49.1	43.2	62.9

八、服务流程不完善问题凸显，“系统升级问题”成投诉焦点

车质网数据显示，2023年服务问题投诉问题数共58290个，同比略有下降。其中，服务流程不完善成为投诉问题点占比最高的服务问题，较2022年提高了8.4个百分点，投诉问题数同比上涨39.4%，增量集中在“系统升级问题”。此外，其他服务问题和服务收费的投诉问题点占比较2022年均有明显提升，且两者的投诉问题数同比都出现了翻倍增长（见图10）。

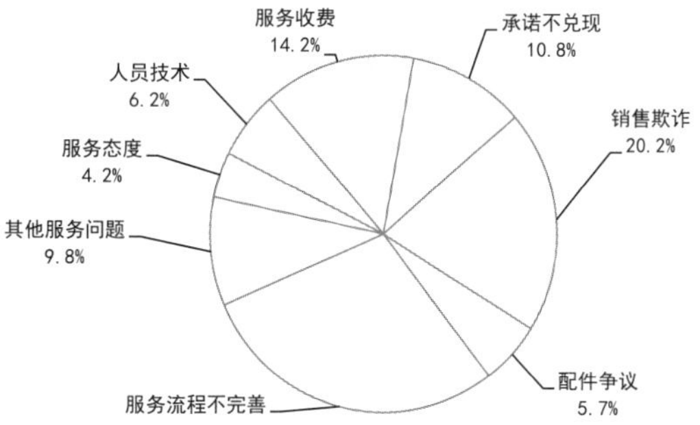

图10 2023年服务问题投诉问题点占比

从2023年服务问题 Top20排名来看，“系统升级问题”排名升至首位，其投诉问题数历史上首次突破10000个，同比涨幅超1.9倍。“变更价格”成为本年度唯一新上榜的投诉问题点，首次进榜便排名第3位，投诉问题数同比暴涨约18.4倍，投诉集中在部分自主品牌新能源车型。此外，“定（订）金纠纷”的投诉问题数较2022年出现翻倍增长，排名上升至第6位（见表9）。

表9 2023年服务问题 Top20 单位：宗，%

排名	投诉问题点	投诉量	占比
1	系统升级问题	10531	23.28
2	与宣传不符	6364	14.07
3	变更价格	3739	8.27
4	销售承诺不兑现	3564	7.88
5	其他	3227	7.13
6	定（订）金纠纷	1932	4.27
7	无零配件	1609	3.56
8	变相收费	1408	3.11
9	服务承诺不兑现	1213	2.68
10	出售问题车	1039	2.30
11	操作不规范	993	2.20
12	隐瞒相关信息	948	—
13	原车配套不全	928	2.05
14	修出新问题	910	2.01
15	不解决问题	777	1.72
16	态度蛮横	687	1.52
17	维修技术差	665	1.47
18	不按约交车	455	1.01
19	配件质量差	435	0.96
20	故意拖延	366	0.81

从2023年品牌属性服务问题投诉问题点占比可以看出，自主品牌投诉问题点占比较2022年发生了显著变化，服务收费成为占比最高的投诉问题点，较2022年提高了16.9个百分点。合资品牌的服务流程不完善问题点迎来暴增，投诉问题数飙升至10000个以上，占比提高了21.9个百分点。此外，配件争议成为进口品牌占比第二高的投诉问题点，占比升至两位数（见图11）。

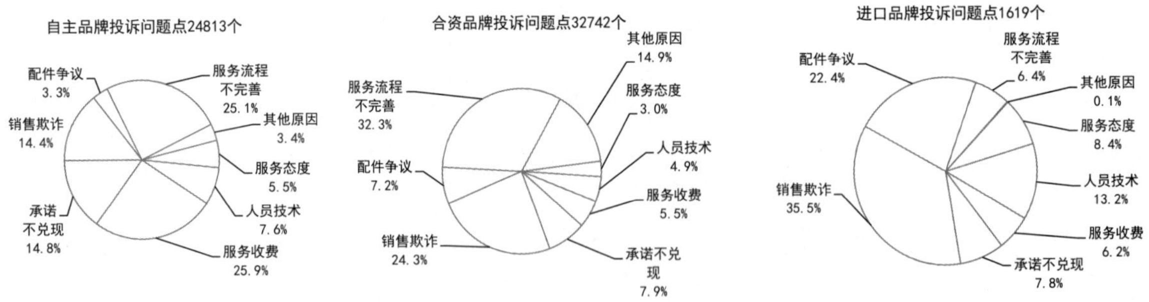

图11 2023年品牌属性服务问题投诉问题点占比对比

从各国别服务问题投诉问题点占比来看，除自主、德系、法系和欧系品牌外，其余各国别品牌服务问题投诉问题点占比最高的均为服务流程不完善。横向对比可以发现，日系品牌服务流程不完善问题点占比最高，接近总量的五成，远超其他各国别品牌。值得注意的是，欧系品牌罕见地有2个投诉问题点占比领先于其他各国别品牌，分别是服务态度和人员技术，占比均超过了两位数（见表10）。

表10　2023年各国别服务问题投诉问题点占比　　单位：%

投诉问题点	自主	美系	日系	德系	法系	欧系	韩系
服务态度	5.6	9.7	2.4	5.1	9.8	13.5	9.3
人员技术	7.7	16.1	4.4	7.4	17.5	20.3	19.9
服务收费	26.4	9.0	3.9	5.5	7.7	11.4	8.2
承诺不兑现	15.0	16.3	3.4	8.9	35.7	20.0	9.8
销售欺诈	14.4	8.2	2.7	57.5	7.7	12.6	9.8
配件争议	3.4	12.6	5.3	7.9	14.0	12.0	15.5
服务流程不完善	25.6	25.3	49.6	7.4	6.3	9.2	21.8
其他服务问题	2.0	2.8	28.4	0.4	1.4	0.9	5.7

从车型年款服务问题投诉问题点占比来看，2023年款车型由于上市时间不长，占比最高的投诉问题点主要集中在服务收费和承诺不兑现。通过横向对比来看，2023年款车型占比最高的投诉问题点则是承诺不兑现，已接近总量的1/5。相比之下，2020年款之后的车型，由于上市时间较长，因此占比较高的投诉问题点集中在人员技术、配件争议和服务流程不完善等售后服务问题（见表11）。

表11　2018—2023年款车型服务问题投诉问题点占比　　单位：%

投诉问题点	2018年款	2019年款	2020年款	2021年款	2022年款	2023年款
服务态度	11.1	11.0	5.8	3.9	4.1	6.6
人员技术	22.8	20.1	8.9	5.4	5.8	7.3
服务收费	6.9	5.1	7.1	15.4	20.9	20.7
承诺不兑现	9.6	8.7	7.3	6.2	14.7	19.9
销售欺诈	5.0	7.6	39.4	16.9	20.2	18.3
配件争议	14.8	14.5	6.0	3.5	3.0	3.7
服务流程不完善	28.3	27.6	23.8	37.7	24.5	17.3
其他服务问题	1.7	5.5	1.7	11.0	6.7	6.1

从车辆出现问题时间段和行驶里程服务问题投诉问题点占比来看，在购车1个月内和行驶里程0—3000公里的用车初期，投诉问题点占比主要集中在服务收费、销售欺诈和服务流程不完善。而服务态度、人员技术和配件争议则成为购车3年以上和行驶里程60000公里以上投诉问题点占比最高的问题。不难发现，在车辆过了“三包”期后，车主的维权方向开始产生变化，更加重视厂家和4S店在服务态度、人员技术和配件争议方面的表现（见表12、表13）。

表12　2023年出现问题时间段服务问题投诉问题点占比　　单位：%

投诉问题点	1个月内	1—3个月	4—6个月	7—12个月	1—3年	3年以上
服务态度	4.1	5.6	3.8	4.3	5.9	10.3
人员技术	4.0	6.4	6.0	6.6	9.4	22.2
服务收费	15.6	12.2	19.4	26.3	13.7	10.0
承诺不兑现	12.0	17.5	21.3	9.4	7.2	9.2
销售欺诈	31.8	23.2	14.3	12.2	15.0	6.6
配件争议	1.9	3.5	3.2	3.4	6.6	23.8
服务流程不完善	22.1	24.5	25.3	30.9	34.8	15.2
其他服务问题	8.5	7.0	6.8	7.0	7.4	2.5

表13 2023年车辆行驶里程服务问题投诉问题点占比 单位：%

投诉问题点	0—3000公里	3001—10000公里	10001—20000公里	20001—30000公里	30001—50000公里	50001—60000公里	60000公里以上
服务态度	5.2	5.0	3.8	4.5	6.5	8.1	9.9
人员技术	4.4	6.7	6.2	8.6	11.1	16.3	18.4
服务收费	25.5	15.2	18.2	13.7	9.0	5.6	5.7
承诺不兑现	23.9	11.1	7.0	6.8	6.3	6.6	7.8
销售欺诈	21.2	17.3	16.6	21.2	25.5	26.8	12.9
配件争议	2.4	3.4	3.2	4.6	8.1	11.7	26.1
服务流程不完善	13.9	32.4	35.0	31.7	27.6	21.9	16.5
其他服务问题	3.5	9.0	10.1	8.9	5.9	3.0	2.8

九、“价格变动”横空出世，自主品牌受波及明显

车质网数据显示，2023年其他问题投诉问题数迎来暴发，较2022年暴涨超7.2倍，其中“价格变动”成为年度大黑马，首次现身不仅投诉问题数破万，占比也逼近总量的近八成。此外，“疑似设计缺陷”的投诉问题数也出现大幅增长，同比涨幅超过1.7倍，增量来自部分自主品牌新能源车型（见图12）。

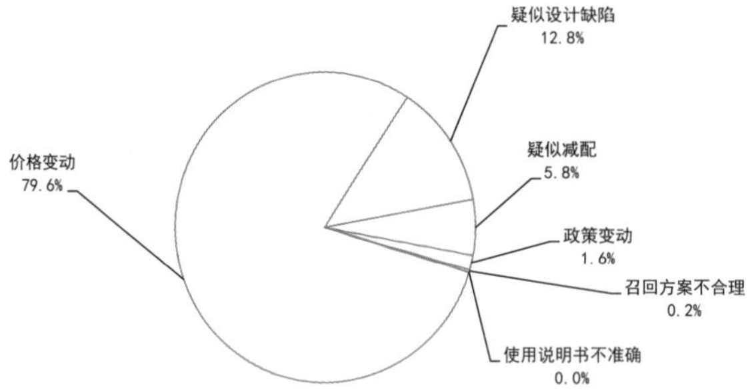

图12 2023年其他问题投诉问题点占比

从2023年品牌属性其他问题投诉问题点占比来看，“价格变动”成为自主、合资和进口品牌占比最高的投诉问题点，特别是自主品牌，占比已超过总量的八成。相比之下，自主和合资品牌的“疑似设计缺陷”投诉问题数均较2022年有大幅增长，但占比却出现明显下降（见图13）。

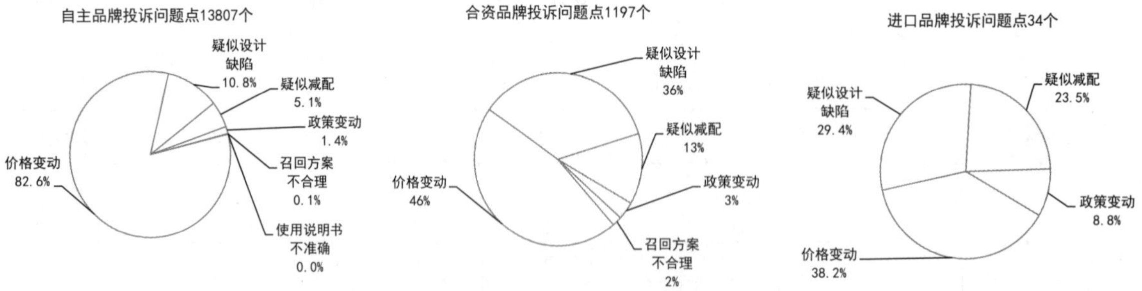

图13 2023年品牌属性其他问题投诉问题点占比

十、厂家针对投诉回复积极，投诉满意度入榜品牌增加

据车质网数据统计，2023年共有144个品牌受理了车质网发送的客户投诉，较2022年增加5个，投诉回复数超过了15万条，同比涨幅创造了近五年来的新纪录，品牌回复率高达90.7%。可

见，随着国内汽车投诉总量的不断攀升，车企（包括轮胎生产企业）对于消费者诉求的重视程度也日益提升。车质网作为第三方实名客诉信息收集平台，已成为消费者与车企（包括轮胎生产企业）间的重要桥梁，在消除汽车消费领域服务信息不对等、为消费者提供行之有效的解决渠道、帮助企业重新赢得消费者信任等方面，不断发挥着积极作用（见图14）。

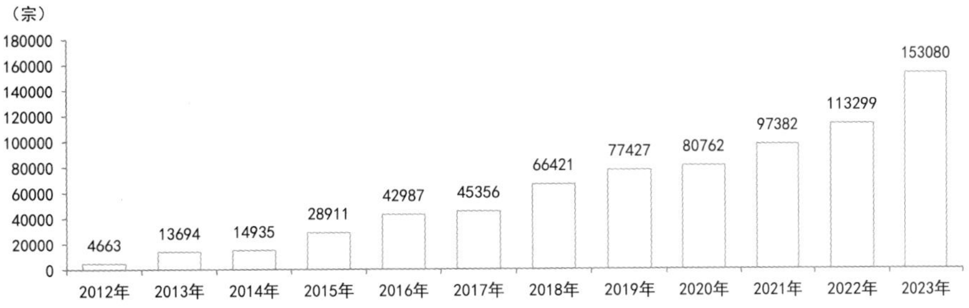

图14　2012—2023年投诉厂家回复情况对比

2023年投诉回复率达到了100%的品牌共71个，较2022年减少了3个。投诉回复率反映出厂家对于消费者诉求的重视程度，而处理过程及结果是否令人满意还要由消费者进行评判。2023年车质网接到的投诉中已得到消费者评分的品牌达180个，其中满意度评分达3分及以上的品牌共26个，较2022年减少了11个，其中有6个品牌的满意度排名较2022年有所提升。

从车质网投诉数据来看，2023年各类共性投诉问题交替出现，多款品牌车型投诉量持续攀升，推动车质网2023年总投诉量创纪录地突破16万宗。从2023年的投诉类型来看，单纯质量问题的投诉量和占比均较2022年出现反弹，特别是前者，历史首次突破11万宗。投诉问题集中在“混动模式转换故障”“影音系统故障”“仪表台开裂”和“汽油泵故障”，这四类问题的投诉故障数均超过了10000个，占比超过总量的1/4。值得注意的是，其他问题成为同比增幅最大的投诉类型，投诉量首次破万，同比涨幅超6.2倍，投诉问题集中在“价格变动”和“疑似设计缺陷”。其中，前者是2023年爆发出的新问题，占比已接近总量的八成。从2023年的车型属性投诉来看，紧凑型SUV再次“夺魁”，连续2年投诉量突破3万宗。此外，中大型车的投诉量迎来跨越式增长，过半数的投诉均来自质量问题，投诉问题集中在“仪表台开裂”和“混动模式转换故障”。从2023年度车辆出现问题的时间段与行驶里程可以发现，车辆出现问题的时间与行驶里程明显有所延后，新车阶段出现问题的情况暂时得到缓解。

从2023年发生的共性投诉情况中可以发现，消费者在不断提升维权意识的同时，选择的维权方式也日趋理性。同时，部分车企对于消费者通过车质网提出的诉求，重视程度在不断提升，并积极通过车质网平台及时、有效地进行解决，缓解消费者对于品牌产生的抱怨。正因如此，这些小范围共性投诉事件大多都得到了妥善解决，将车企的负面影响降至最低。

（中国法学会消费者权益保护法学研究会　郝庆丰）

2023年我国汽车安全与召回状况

2023年，我国汽车产销量创新高，新能源车增速较快，消费品市场持续稳步发展。市场监管总局着力推动高质量发展，统筹高质量发展和高水平安全，加强缺陷汽车和消费品召回管理，保护消费者人身财产和社会公共安全。根据《缺陷汽车产品召回管理条例》《消费品召回管理暂行规定》和《机动车排放召回管理规定》等，2023年全国汽车召回情况如下。

一、2023年汽车安全召回情况

2023年，我国共实施汽车召回214次，涉及车辆672.8万辆，分别比上年增长4.9%和49.9%。实施新能源汽车召回72次，涉及车辆160.3万辆，占全年召回总数量的23.8%。新能源汽车召回数量同比增长32.3%，创历史新高（见图1）。

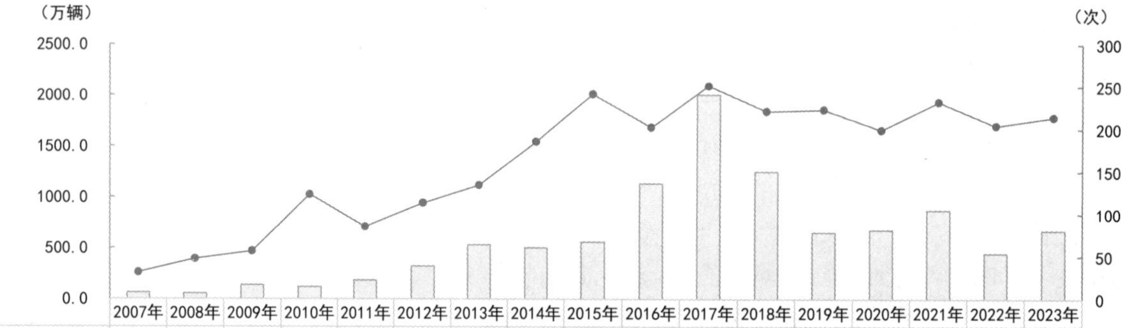

	2007年	2008年	2009年	2010年	2011年	2012年	2013年	2014年	2015年	2016年	2017年	2018年	2019年	2020年	2021年	2022年	2023年
召回数量	60.5	53.9	136.1	117.7	182.8	320.4	531.1	501.9	558.6	1133.5	2004.8	1251.3	653.0	678.2	873.6	448.8	672.8
召回次数	31	47	56	123	85	113	134	185	241	202	251	221	223	199	232	204	214

图1　2007—2023年汽车产品召回的次数与数量

资料来源：市场监管总局（以下图表资料来源相同，不再赘述）。

实施远程升级（OTA）召回6次，涉及车辆117.3万辆，同比增长32.2%，OTA逐渐成为汽车召回实施的重要方式。受市场监管总局缺陷调查影响召回27次，涉及车辆399.6万辆，同比增长127.2%，占全年召回总数量的59.4%。截至2023年年底，我国已累计实施汽车召回2842次，涉及车辆达1.03亿辆。

从缺陷原因看，因制造原因召回71次，涉及车辆237.3万辆，占总召回数量的35.3%；因设计原因召回134次，涉及车辆435.5万辆，占总召回数量的64.7%；因标识原因召回4次，涉及车辆0.002万辆，占总召回数量的0.003%，因其他原因召回5次，涉及车辆0.02万辆，占总召回数量的0.03%。因制造原因召回数量同比增长37.3%，但设计原因仍是最主要的缺陷原因（见图2）。

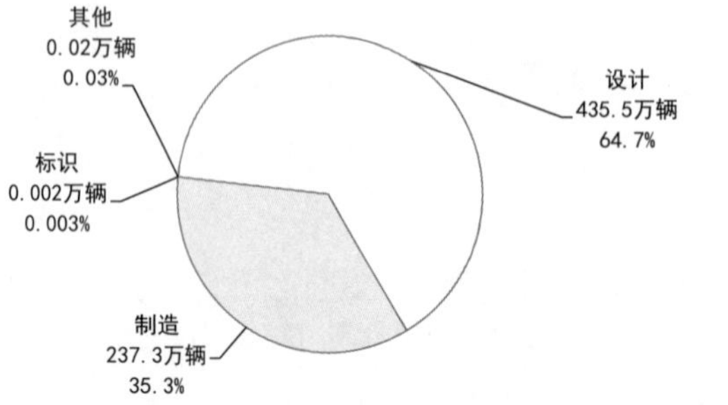

图2　2023年汽车产品召回缺陷原因分类

从缺陷线索看，2023年市场监管总局收到消费者提供的汽车缺陷线索报告共2.32万例，涉及电器设备（占17.0%）、发动机（占16.0%）、车身（占14.0%）、制动系（占8.5%）、传动系（占7.6%）、动力电池（占5.7%）、转向系（占3.3%）、车轮和轮胎（占2.8%）、辅助系统（占2.4%）、其他（占22.7%）。其中，新能源汽车缺陷线索报告5216例，反映动力电池、电机、电控系统问题的占新能源汽车缺陷线索报告的24.9%、反映驾驶辅助系统问题的占新能源汽车缺陷线索报告的5.0%。

从缺陷涉及的系统看，发动机和电器设备是主要缺陷产生部件，占总召回数量的84.9%。因发动机缺陷实施召回81次，涉及车辆405.3万辆，占总召回数量的60.2%；因电器设备缺陷实施召回54次，涉及车辆166.3万辆，占总召回数量的24.7%；因制动系缺陷实施召回11次，涉及车辆48.9万辆，占总召回数量的7.3%；因车身缺陷实施召回30次，涉及车辆44.3万辆，占总召回数量的6.6%。相比上年，发动机成为主要的缺陷产生部件，而因电器设备缺陷实施召回数量较上年降低了24.1%（见图3）。

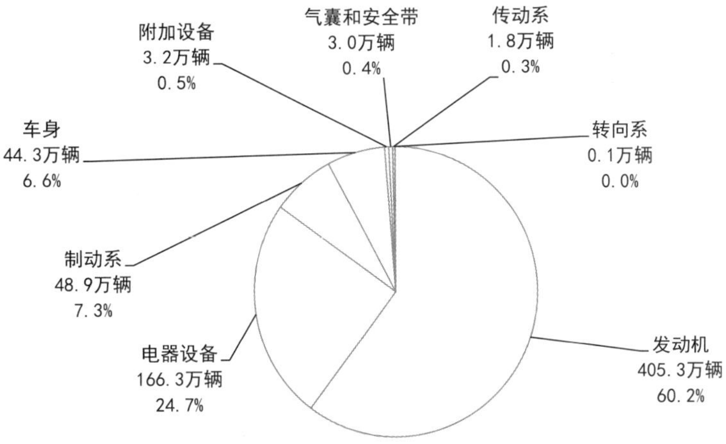

图3　2023年汽车产品召回缺陷涉及总成召回数量及占比

二、2023年机动车排放召回情况

2023年，国家市场监管总局与生态环境部密切合作，共同推进机动车排放召回工作稳步前进。全年共收集排放危害相关线索1402条，联合组织专家技术交流7次，启动调查案件4件，督促生产者实施排放召回10次，涉及车辆181.1万辆。截至2023年年底，我国已累计实施排放召回31次，涉及车辆327.2万辆。

一是加强召回技术机构建设。为提升产品安全监管效能，更好服务产业发展和消费需求，2023年12月总局缺陷产品召回技术中心正式成立。新机构聚焦产品安全，减少产品伤害，维护公共安全和利益，以高水平安全助力高质量发展。二是突出重点产品和社会热点问题调查。针对特斯拉汽车意外加速问题，督促特斯拉公司就再生制动系统能量回收控制策略问题召回车辆110.5万辆，引起社会广泛关注。三是稳步推进汽车安全沙盒监管试点。发布浙江吉利汽车有限公司、郑州宇通集团有限公司等首批试点技术名单并指导部分企业开展深度测试，进一步降低安全风险。四是深化无人机产品安全召回监管。发布《市场监管总局办公厅关于加强微型、轻型、小型民用无人驾驶航空器质量安全监管的通知》《市场监管总局关于对微型、轻型、小型民用无人驾驶航空器实施召回管理的公告》，进一步明确民用无人驾驶航空器召回监管要求。五是加强全国消费品召回区域协作。指导相关省市建立粤港地区、黄河流域、长江三角洲地区等区域性消费品召回技术协作机制，有效促进区域协同和技术联动。

（市场监管总局）

2023年我国汽车金融发展综述

2023年，我国汽车产销分别完成3016.1万辆和3009.4万辆，同比分别增长11.6%和12%，产销均首次超过3000万辆，连续15年保持全球第一。其中汽车出口491万辆，同比增长57.9%，有望成为全球汽车出口第一大国。国内乘用车累计零售量为2169.9万辆，同比增长5.6%。综合1—12月数据，狭义乘用车2023全年累计生产、批发、零售增速同样齐齐实现正增长。其中，新能源乘用车生产、批发、零售增速均超30%。其中，2023全年新能源车用车生产892.0万辆，同比增长33.7%；批发886.4万辆，同比增长36.3%；零售773.6万辆，同比增长36.2%。

国家统计局数据显示，2023年我国汽车制造业资产总计108668.3亿元，同比增长11.7%；营业收入为100975.8亿元，同比增长8.7%，首次超越房地产业，以占全国GDP9%的比重，稳稳坐上了中国经济第一支柱的宝座。这是中国经济结构优化和产业升级的必然结果，是中国经济多元化、现代化发展的一个缩影。在我们对中国汽车产业保持信心的同时，我们也要关注到市场面临的挑战：从2023年3月发起的汽车价格战持续全年，带来了全行业利润率的下滑；新能源汽车对传统燃油车冲击越来越大，传统燃油车主机厂商及经销商生存压力加剧。中国汽车产业已经进入了结构性调整的深水期，也进入了汽车大国向汽车强国转变的关键期。面对全新的市场环境，打造双循环战略经济格局，进一步释放有效需求，继续优化汽车产业结构，将成为行业未来发展的重中之重。这不仅是中国汽车产业高速发展的大势所趋，更是党中央国务院打造高质量国民经济的战略布局。中央各部委与地方政府纷纷出台刺激汽车促消费的利好政策，这将更大程度地激发中国汽车工业与中国汽车市场的潜能与韧性，加速汽车强国的建设。

高质量的汽车强国建设，离不开汽车金融的参与和支持。作为汽车流通产业链的重要一环，汽车金融以金融为民和服务消费为本色，为汽车产销注入金融活水。总体来看，2023年中国汽车金融市场继续保持了稳步增长的态势，汽车供应链金融维持在2万亿元规模，为汽车流通市场高效运转提供了充足的资金支持；汽车消费金融渗透率达到60%—65%的水平，逐步赶上先进汽车金融国家，成为拉动汽车消费的重要推动力。此外，2023年，行业车险保费规模再创历史新高，承保口径保费收入突破9000亿元大关，特别是新能源车险保费首次超过1000亿元，这为汽车产业的结构化优化提供了坚实的保障支持。

一、汽车金融市场现状

当前，燃油车和新能源汽车竞争格局发生结构性变化，更加需要汽车金融力量的助力护航，强化金融服务支撑，对于推动汽车产业深化转型升级意义重大。从2022年出台的《汽车金融公司管理办法》《关于推动汽车后市场高质量发展的指导意见》等文件来看，政策层面也一直在支持汽车金融创新服务，以更好地开发特色消费信贷产品，满足居民消费升级需求。面对跌宕起伏的2023年中国汽车流通市场，汽车金融市场也发生了巨大的变化。

（一）汽车金融个性化服务已经成为大势所趋

从零售端到供应链端，从定制化的金融服务到特色化的业务模式，再到汽车后市场的新能源汽车充电桩、电池租用、融资租赁等在内的创新服务，汽车金融对接并满足消费者个性化的金融需求。特别是随着一些行业监管政策的调整，越来越多的创新产品将推向市场。

（二）主流银行下场正在改变汽车金融竞争格局

当下的金融市场，优质资产不足已经成为广大金融机构共同的难题。而汽车金融资产因其规模大、质量好得到越来越多金融机构的青睐。2023年，以中国工商银行、中国农业银行、中国银行、中国建设银行为代表的国有银行纷纷下场进入汽车消费金融市场，众多股份制银行也加大汽车金融服务力度，挤压效应明显，成为新车金融的主要玩家。主机厂系金融业务压力增大，开始积极探索用车金融、二手车金融等创新业务。而金融租赁、互联网银行开始尝试车主贷业务。当前，汽车供应链金融业务主要服务主体仍为银行，其主要产品仍为新车库存融资；汽车消费金融业务主要服务主体为银行和主机厂金融，其中新车业务银行所占比例更大，主机厂金融业务出现了大幅收缩，二手车业务目前主要以银行和金融租赁服务为主；车主贷业务主要以互联网银行、城商行以及金融租赁为主。

表 1　2023 年出现问题时间段服务问题投诉问题点占比

业务	参与主体	代表企业	趋势
新车金融	银行（国有行、股份制银行）	中国工商银行、中国建设银行、中国银行、中国平安银行、招商银行等	大行下场，银行成本规模优势明显，渠道政策更具吸引力，整体市场份额扩大
	主机厂金融（AFC、财务公司）	奔驰金融、宝马金融、GMAC、上汽财务、北汽财务等	主机厂金融、主机厂背书，与销售正相关，银行冲击最大；售后回租业务是趋势
二手车金融	银行（国有行、股份制银行、互联网银行）	中国工商银行、中国建设银行、中国平安银行、微众、百信	目前银行做二手车业务的不多，但随着政策落地，未来银行肯定要进入
	主机厂金融	GMAC、长城滨银、吉致金融等	主机厂金融新车业务冲击，纷纷布局非标产品，主要是二手车
	金融租赁	民生金租、国银金租、兴邦金租等	相较于银行成本较高，主要做二手车金融，因人员等原因，主要是资金方角色
	融资租赁	平安租赁、易鑫、安吉租赁等	转向为助贷业务，帮助资金方拓展业务渠道
车主贷	银行（股份制、互联网银行、城商行）	中国平安银行、新网、百信等	银行车主贷除了中国平安银行，主要以互联网银行和城商行为主，其资金成本在本业务有优势
	金融租赁	民生金租，国银金租，兴邦金租等	因银行布局二手车，中国工商银行等已经入场，金融租赁布局车主贷市场，成本有优势
	融资租赁	平安租赁、易鑫、安吉租赁等	融资租赁平台还是以助贷方式开展业务

（三）高收高返成为一定时期内的市场常态

随着服务商的增加，特别是越来越多的银行进入汽车消费金融市场，市场竞争更加内卷。作为汽车消费金融最优场景的4S 店及其他优质获客渠道成为广大汽车金融服务商竞相角逐的主战场，市场渠道返佣不断推高。一方面，增加了经销商等渠道的收入，为大家参与价格战提供了弹药准备。另一方面，汽车金融服务利润不断收缩，不利于汽车金融行业的健康可持续发展。从市场看，这是完全市场化竞争的行为，短期内仍将持续存在。但长期来看，渠道返佣终将回归到相对理性的水平。

（四）行业风险抬升，企业风控压力增大

宏观经济下行承压，汽车消费增速放缓，汽车供应链金融和汽车消费金融风险均出现了一定程度的抬升。供应端，一部分以燃油车销售为主的经销商前段销售出现了较大问题，同时其投资人前两年地产等多元化投资带来一定的债务压力，企业汽车库存融资风险暴露；消费端，一部分人员收入下降乃至失业，信用风险和欺诈风险升高，汽车金融企业风控压力增大。

二、汽车金融主要市场主体

面对日益激烈的汽车金融市场，我们的市场玩家们纷纷依据自己的资源禀赋和比较优势调整业务方向，优化产品服务。

（一）银行：聚焦新车业务，多层级开展业务

从目前的市场看，因其资金规模及成本优势，银行主要参与的赛道是新车的供应链金融和消费金融。从市场占有率来看，新车库存融资的95%均是银行提供的，股份制银行为主要服务主体，其中中信银行、中国平安银行、中国光大银行仍然占据新车库存融资投放的前三名；新车消费金融的60%是由银行提供的，国有银行为主要服务主体，工农中建四大行2023年新车消费金融投放均超过1000亿元，年度新增投放均超过300亿元。目前还只有部分银行（中国工商银行、中国平安银行等）开展了二手车消费金融，但是随着二手车商品化等利好政策的落地，未来将有更多的机构参与二手车消费金融。车主贷业务目前主要是互联网银行和城商行在开展，股份制银行仅有平安银行一家在开展，银行总体规模也已突破2000亿元。

（二）主机厂金融：顺应政策调整，探索多元化业务

随着国有银行下场，同时部分燃油车消费不畅，大部分主机厂金融业务压力猛增。2023年7月1日国家金监总局发布了最新版《汽车金融公司管理办法》，对于汽车金融公司展业范围做了扩充，广大汽车金融公司第一时间调整策略，探索多元化业务，并取得了一定进展。零售贷款为终端零售购车客户提供融资支持，2023年总体规模略降，新能源汽车贷款和二手车贷款大幅增长。截至2023年年末，我国汽车金融公司零售贷款余额7466.25亿元，比上年末减少386.33亿元，同比略降4.92%，占信贷总额的85.38%，比重略有下降。其中，新能源汽车贷款余额1653.34亿元，较上年末增加627.99亿元，增幅61.25%；二手车贷款余额621.8亿元，比上年末增加169.92亿元，增幅37.60%；汽车附加品贷款余额317.49亿元，较上年末增加8.51亿元，增幅2.75%。2023年，汽车金融公司全年累计发放的零售贷款车辆636.85万辆（对应新发放零售贷款5417.06亿元），比上年末减少18.60万辆，略降2.84%，其中新车贷款车辆为543.04万辆，占2023年我国汽车销量的18.04%，为促进我国汽车消费发挥了积极作用。其中，当年发放新能源汽车贷款车辆165.63万辆，同比增长42.93%，超过同年新能源汽车销量增速；当年发放新能源汽车贷款1423.04亿元，同比增长44.32%，有力地支持了新能源汽车消费的快速增长。库存融资为经销商建立车辆库存提供资金支持，总体规模有所上升。截至2023年年末，我国汽车金融公司库存批发贷款余额1166.29亿元，比上年末增加39.39亿元，上升3.50%，占信贷总额的13.34%。2023年汽车金融公司全年累计发放的经销商批发贷款车辆349.06万辆（对应新发放批发贷款7639.33亿元），占2023年我国汽车产量的11.57%，持续助力我国汽车产业发展。

（三）金融租赁公司：加速布局汽车租赁业务，聚焦二手车和车主贷

“金规8号文”后，汽车资产就成了不少金租公司争抢的“香饽饽”。8号文提到，业务统计中可将租赁物为飞机、船舶、车辆的租赁资产从售后回租业务中予以剔除。同时，国家层面也在鼓励金租公司加强与汽车厂商合作。2023年，不少金租公司紧盯普惠金融这篇大文章，破解业务同质化问题，逐步从资产规模比拼转变到业务转型比拼，加大汽车租赁业务。国银金融租赁全年投放车辆超12万辆，乘用车C端业务投放量及资产余额突破“双百亿”。民生金融租赁车辆租赁板块资产规模达到479.44亿元，同比增长0.88%，占全部资产的25.1%。值得注意的是，从目前汽车金融的竞争格局来看，商业银行得益于其相对较低的资金成本及近年在零售金融方面的不断转型与提升，已成为汽车金融的主力玩家，正在大幅挤压租赁公司的市场空间。金租公司在银行客群下沉以及回租政策收紧的影响下，零售端市场空间收窄，未来车主贷市场将是金融租赁企业的主战场。

（四）融资租赁公司：业务结构调整，助贷业务大幅增长

由于汽车金融领域的高度封闭性和持牌金融机构的成本优势，汽车金融行业的优质的客群总是被银行和主机厂商下属的汽车金融公司、融资租赁公司所垄断。经营汽车金融业务的第三方融资租赁公司实则只能面向市场中部、尾部客群。近些年，因为融资难、资金成本高、市场风险抬升、竞争加剧等原因的影响，传统直租、回租业务受到比较大的影响，广大汽车融资租赁公司自营融资租赁余额规模大幅收缩，助贷业务高速增长。但从监管层面看，截至目前，金融监管机构暂未针对融资租赁公司开展贷款促成业务颁布全国性规章制度。但根据各地金融监督管理局及融资租赁协会对所辖融资租赁公司提出的各类指导要求中，均提出融资租赁公司应当重点经营融资租赁业务，回归金融业务本质。未来的汽车融资租赁公司如何合规展业，将成为所有企业的共同课题。

三、未来汽车金融的机会点与发展趋势

汽车金融市场已经进入高度竞争的阶段，特别是广大国有银行、股份制银行的下场，未来汽车金融的竞争将更加激烈。梳理当下汽车流通市场，我们可以发现仍有一些业务存在机会。

（一）二手车供应链金融

2023年3月开始的新车价格战对二手车交易产生很大影响，二手车市场与车商企业经营压力增大。2023年全国二手车累计交易量1841.33万辆，同比增长14.88%，累计交易金额为11795.32亿元。可以预见，随着二手车商品化等政策的落地，二手车交易将走上规范化的快车道。二手车的规范快速发展离不开供应链金融的支持。目前的主流银行会配套做一些二手车库融，但总体来看，规模受限，且服务仍然主要围绕授权经销商开展。当下市场，二手车供应链金融缺口较大，随着市场的规范发展，更多的机构可以参与进来。

（二）后市场金融

中国汽车保有量已经突破3亿辆，后市场服务的总体规模不断攀升，但是由于业务规模、单比金额、标准不明确等原因，银行等主流金融机构均未涉及，汽车后市场金融服务的空间和缺口也越来越大。一方面，后市场供应商尤其是国内中小厂商的供应链金融服务是一个可以尝试的方向；另一方面，消费者端的后市场金融服务需求逐渐增加，个性化多样化的金融服务方案有一定的市场空间。

（三）出口金融

2023年中国成为全球第一大汽车出口国，伴随着汽车出口的增长，汽车金融出海成为当下最热门的一个课题。一方面，我们的银行和主机厂金融可以跟随主机厂出口步伐，提供配套的经销商库融等企业金融支持，帮助我们的主机厂在海外做大做强；另一方面，我们可以将领先的汽车消费金融科技服务方案和创新性汽车消费金融产品到达国外，帮助我们的品牌在海外实现更好的销售业绩。

未来的汽车金融竞争是多维度的竞争，面对更加复杂的环境，我们的汽车金融企业应该时刻关注市场变化、准确把握市场需求，创新产品和服务，差异化竞争，提升数字化时刻关注市场变化，把握市场需求，拥抱金融数字化，优化精细化运营管理水平，搭建体系化智能风控能力，强化渠道管控，只有这样，才能在越来越激烈的市场竞争中分得一杯羹。

（中国汽车流通协会汽车金融分会）

2023年我国汽车物流行业发展综述

2023年是全面落实党的二十大精神的开局之年，是全面建设社会主义现代化国家新征程起步之年。2023年，我们告别了三年疫情，在党中央和国务院领导下，在各级政府主管部门指导下，广大汽车与汽车物流行业企业同心聚力，创造出令人瞩目的业绩，多项指标创历史新高，推动汽车行业实现了质的有效提升和量的合理增长，成为拉动工业经济增长的重要动力。随着汽车市场的增长，2023年汽车物流行业整体运行稳定，主要表现在以下几个方面。

一、2023年我国汽车物流市场运行总体稳定

（一）全年汽车产销突破式增长

据中国汽车工业协会统计，我国汽车产销总量连续15年稳居全球第一。2009年，中国汽车产销量首次双突破1000万辆大关，成为世界汽车产销第一大国。2013年突破2000万辆，2017年产销量达到阶段峰值，随后市场连续三年下降，进入转型调整期，2021年结束“三连降”开始回升。2023年我国汽车产销量突破3000万辆，汽车产销分别完成3016.1万辆和3009.4万辆，同比分别增长11.6%和12%。与上年相比，产量增速提升8.2个百分点，销量增速提升9.9个百分点（见图1）。

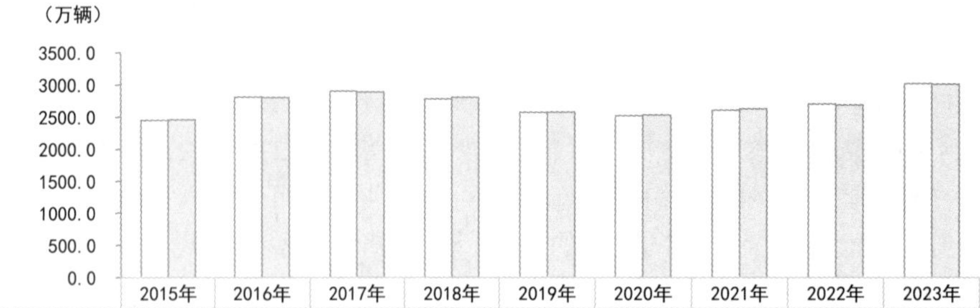

	2015年	2016年	2017年	2018年	2019年	2020年	2021年	2022年	2023年
□汽车年产量	2450.3	2811.9	2901.5	2780.9	2572.1	2522.5	2608.2	2702.1	3016.1
□汽车年销量	2459.8	2802.8	2887.9	2808.1	2576.9	2531.1	2627.5	2686.4	3009.4

图1 2015—2023年中国汽车年产销量

资料来源：中国汽车工业协会。

纵观2023全年汽车市场，整体市场销量呈现出“低开高走，逐步向好”的特点。年初，受传统燃油车购置税优惠和新能源汽车补贴政策退出、春节假期提前、部分消费提前透支等因素影响，汽车消费恢复相对滞后，前两个月累计产销较同期明显回落；3—4月，价格促销潮对终端市场产生波动，汽车消费处于缓慢恢复过程中，汽车行业经济运行总体面临较大压力；5—10月，在国家及地方政策推动下，加之地方购车促销活动等措施延续，市场需求逐步释放，“金九银十”效应重新显现；11—12月，市场延续良好发展态势，叠加年末车企冲量，汽车市场向好态势超出预期。全年汽车产销量创历史新高，实现两位数较高增长。作为汽车产业的重要支撑，受汽车市场的影响，2023年我国汽车物流市场运行总体稳定。

（二）乘用车市场涨幅明显，创历史新高

我国乘用车市场连续九年超过2000万辆。在转型调整期过程中，自2020年以来，乘用车销量呈现稳步增长的态势。2023年，乘用车市场竞争加剧，同时伴随市场日趋回暖，购车需求进一步释放，我国乘用车市场形势逐渐好转，回归正常轨道，有效拉动了汽车增长。

据中国汽车工业协会统计，2023年，我国乘用车产销分别完成2612.4万辆和2606.3万辆，

同比分别增长9.6%和10.6%。从各月销量情况来看，乘用车市场开年受到政策切换与价格波动影响，市场承受了较大压力。第二季度，在中央和地方促销政策、轻型车国六实施公告发布、多地促销活动、新车大量上市等共同拉动下，市场需求逐步恢复，上半年累计实现较高增长，下半年乘用车市场持续走强，消费者购车需求进一步释放，继重迎“金九银十”后，年底再现市场热销现象。2023年，乘用车国内销量2192.3万辆，同比增长4.2%，尚低于2017年最高点215.6万辆；乘用车出口414万辆，同比增长63.7%。其中，2023年传统燃油乘用车国内销量1404.3万辆，比上年同期下降109.4万辆，同比下降7.2%。由于2023年乘用车市场延续良好增长态势，对于稳住汽车消费基本盘发挥了重要作用，同时也带动汽车物流行业服务效率与质量的快速提升。

（三）新能源汽车市场保持产销两旺

我国新能源汽车近两年来高速发展，连续9年位居全球第一。在政策和市场的双重作用下，2023年，新能源汽车持续快速增长，新能源汽车产销分别完成958.7万辆和949.5万辆，同比分别增长35.8%和37.9%，市场占有率达到31.6%，高于上年同期5.9个百分点。其中，新能源商用车产销分别占商用车产销11.5%和11.1%；新能源乘用车产销分别占乘用车产销的34.9%和34.7%。2023年，新能源汽车国内销量829.2万辆，同比增长33.5%；新能源汽车出口120.3万辆，同比增长77.6%。细分来看，在新能源汽车主要品种中，纯电动汽车、插电式混合动力汽车和燃料电池汽车产销仍然保持高速增长。2023年，纯电动汽车销量668.5万辆，同比增长24.6%；插电式混合动力汽车销量280.4万辆，同比增长84.7%；燃料电池汽车销量0.6万辆，同比增长72%。近年来，在政策和市场的双重作用下，新能源汽车持续快速增长，产销突破900万辆，市场占有率超过30%，成为引领全球汽车产业转型的重要力量，且伴随充、换电基础设施的不断完善，新能源汽车得到长足发展，为新能源汽车物流发展提供了更大的机遇。

（四）商用车市场企稳回升

近年来，我国商用车市场销量跌宕起伏。2020年，受国Ⅲ产品淘汰、治超趋严以及基建投资等因素拉动，商用车市场大幅增长，产销达到峰值；随后2021年市场需求出现下降；2022年跌落谷底，为2009年以来的最低水平；2023年，受宏观经济稳中向好、消费市场需求回暖因素影响，加之各项利好政策的拉动，商用车市场谷底回弹，实现恢复性增长。2023年，商用车产销分别完成403.7万辆和403.1万辆，同比分别增长26.8%和22.1%。在商用车主要品种中，与上年同期相比，货车、客车产销均快速增长。2023年，货车产销均完成353.9万辆，同比分别增长27.4%和22.4%；客车产销分别完成49.8万辆和49.2万辆，同比分别增长22.5%和20.6%。分燃料情况来看，汽油车产销分别完成14.7万辆和14.6万辆，同比分别增长20.8%和21.5%；柴油车产销分别完成36.3万辆和36.4万辆，同比分别下降8.4%和7.2%。

（五）二手车市场发展重回快车道

据中国汽车流通协会统计，2023年我国二手车累计交易量为1841.33万辆，同比增长14.88%，同期相比增加了238.5万辆。在细分市场方面，基本型乘用车累计交易1089.67万辆，同比增长14.42%；SUV共交易237.84万辆，同比增长16.68%；MPV共交易114.14万辆，同比增长17.77%；交叉型乘用车共交易36.07万辆，同比增长2.85%。全年二手车转籍总量达到501.83万辆，同比增长25%；转籍率为27.25%，增加2.2%。2023年是我国二手车新政全面落地执行的第一年，制约因素被清除、堵点被打通，政策效应正在显现，二手车市场进入全新发展阶段。目前来看，与国际先进的发达国家市场相比，中国二手车的交易比例相对比较低，而中国的汽车市场起步相对较晚，二手车消费起步更晚，目前二手车市场正在处于快速崛起阶段，未来发展潜力极其巨大，这也为汽车物流企业提供了更多的发展机遇（见图2、图3）。

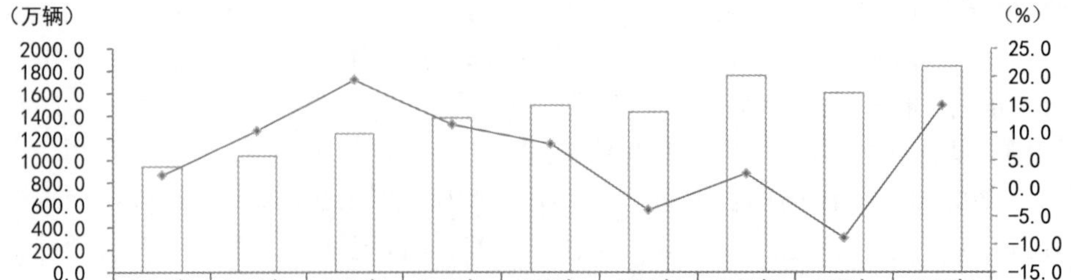

	2015年	2016年	2017年	2018年	2019年	2020年	2021年	2022年	2023年
二手车交易量	942.0	1039.1	1240.9	1382.0	1492.3	1434.1	1758.5	1602.8	1841.3
增长率	2.3	10.3	19.4	11.5	8.0	−3.9	2.6	−8.9	14.9

图2 2015—2023年中国二手车市场交易量情况

资料来源：中国汽车流通协会。

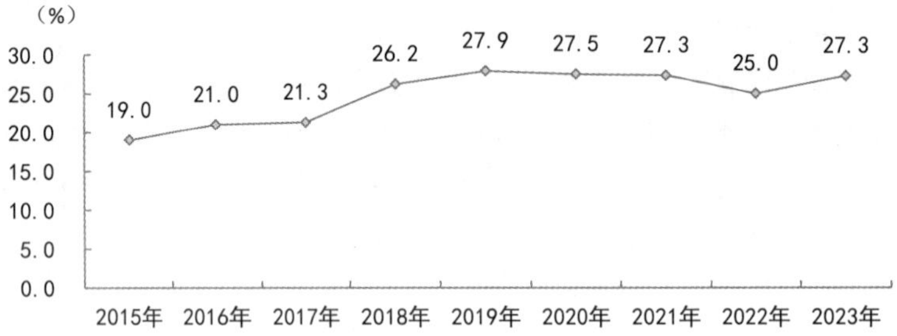

图3 2015—2023年中国二手车异地转籍登记比例

资料来源：中国汽车流通协会。

二、整车物流运输结构持续优化

近年来，我国整车运输结构持续优化，公路、铁路、水路运输各自发挥其优势，逐渐形成高效节能的汽车整车综合运输网络。2023年，汽车整车铁路发运超过680万辆，同比增长了6.9%，占乘用车市场运量的26.3%左右。汽车整车滚装运输量325万辆，同比增长了5.1%，占乘用车市场运量的12.5%左右。公路运输主要集中在短途支线运输，其在干线运输的份额逐渐缩减，且平均运距进一步缩短（见图4）。

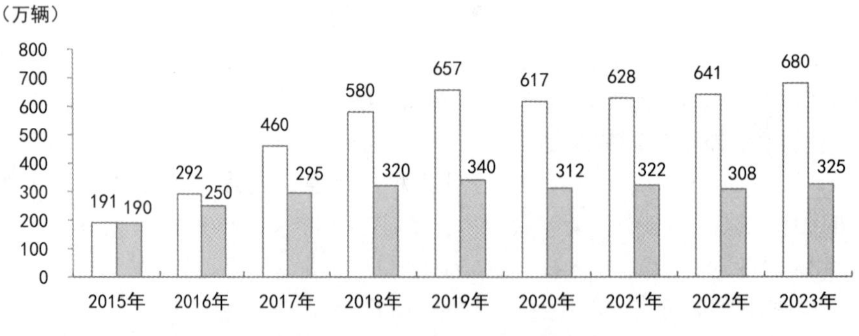

图4 2015—2023年中国汽车整车铁路和水路运输量

资料来源：中铁特货运输有限责任公司。

公路方面，2023年，中物联汽车物流分会对行业内整车物流承运商的自有运力进行了调查，共有126家整车物流承运商参与统计调查。经统计，126家调查样本共有20073辆自有车辆运输车，其中平头车1467辆，同比增长27.6%，约占调查总车辆的7.3%；尖头车1723辆，同比下降35.4%，约占调查总车辆的8.6%；中置轴车16886辆，同比增长38.4%，约占调查总车辆的84.1%。年发运量超过100万辆车的企业有11家，约占调研企业数量的8.73%；年发运量在50万—100万辆的企业有22家，约占调研企业数量的17.46%；年发运量在10万—50万辆的企业有52家，约占调研企业数量的41.27%；年发运量在5万—10万辆车的企业有26家，约占调研企业数量的20.63%；年发运量在5万辆车以下的企业有15家，约占调研企业数量的11.91%。在企业自有车辆数量方面，拥有400辆以上的企业，约占调研企业数量的9.2%；拥有200—400辆的企业，约占调研企业数量的16.5%；拥有100—200辆的企业，约占调研企业数量的38.4%；拥有50—100辆的企业，约占调研企业数量的19.4%；50辆以下的企业，约占16.5%。调研中，有57%的企业，其单车单趟平均运距小于500公里，较上年增长了约3%。未来，将有越来越多的整车物流承运商将业务集中在短途支线运输，公路运输在干线运输的份额将逐渐缩减。

铁路方面，截至2023年年底，作为我国整车铁路运输的主要承担者，中铁特货物流股份有限公司在全国拥有商品汽车装卸作业点200余个，55个物流基地，总面积近500万平方米。目前拥有JSQ5、JSQ6、JSQ7、JSQ8、JNA1等商品汽车专用运输车近2万辆，能够匹配各类商品汽车运输需求，年运输能力达700万辆以上。

水运方面，截至2022年年底，我国滚装船共计88艘，其中江船52艘，海船及远洋36艘，在役船舶总计15.36万车位数。其中2023年无新增下水船舶，2艘船舶退出市场（1艘江船拆解退出、1艘海船出售退出）。此外，滚装船在建工程56艘，受中国汽车出口呈现强劲增长，远洋滚装船需求极为迫切，滚装船在建工程全为远洋滚装船，总计约42万车位，计划于2024年开始陆续交付，其中2024年交付10艘，2025年交付30艘，2026年交付16艘。

随着铁水运输装备数量的逐年增加、运能的持续扩大，我国整车物流综合运输体系将快速发展。

三、汽车供应链服务体系逐渐完善

我国汽车产业正迎来重要发展机遇期，相关汽车供应链管理服务需求持续释放。其中，作为保障汽车生产制造顺利进行的重要一环，零部件物流服务尤为重要。由于汽车零部件种类庞杂且包装不规则，同时具备涉及行业面宽、供应商数量多、分布区域广等特点，如何打造更加安全、稳定、高效的汽车零部件供应链服务体系，成为行业企业的重要研究课题。

（一）快速变化的汽车零部件供应商格局

2023年，我国共有13家零部件供应商进入全球零部件百强企业名单，较2022年增加3家。新上榜的中国企业为宁德时代、均胜电子、宁波华翔电子和精诚工科汽车系统。其他上榜的9家中国企业为延锋、海纳川、中信戴卡、德昌电机、敏实集团、诺博汽车系统、德赛西威、宁波拓普和中鼎密封件。其中宁德时代更是位列榜单第5名，是前10家企业中唯一的中国企业。其他前4名的企业是博世、电装、采埃孚和麦格纳国际。2023年榜单上的100家企业分别来自16个国家，日本共有22家企业入围；美国共有18家企业上榜；德国共有15家企业上榜；中国共有13家企业上榜；韩国有11家企业上榜；法国有4家企业上榜；加拿大、瑞士、西班牙各有3家企业上榜；英国有2家企业上榜；爱尔兰、奥地利、巴西、墨西哥、瑞典和印度则各有1家企业入围。

近年来，我国汽车零部件产业规模逐步扩大和产品质量明显提高，正向全球汽车价值链的中高端不断迈进。而随着全球新能源汽车市场的蓬勃发展，全球汽车零部件供应商的格局正在快速发生变化，新势力和传统主机厂都在争夺快速增长的新能源汽车市场，零部件供应链的竞争也在加剧，这将为我国汽车零部件物流市场带来增长的同时，也带来机遇与挑战。

（二）汽车零部件物流智慧化发展

汽车零部件物流作为被国际公认为最复杂、最具专业性的物流。在全球工业智能化趋势下，随着工业物联网、云计算、大数据和人工智能等技术的成熟及在各行各业的应用，汽车零部件物流行业以新技术、新装备提升服务，以数据化、智能化提高效率，朝着智慧化方向快速发展，尤其是在以人员密集型著称的零部件物流行业，实施自动化、智能化作业更是势在必行。近几年，行业内通过无人驾驶技术、自动化立体库、自动装卸技术、关节式机器人等机械化与自动化设备替代人工的案例，通过自动化、智能化装备提升物流效率。汽车零部件物流企业积极创新，深入实践，推动汽车零部件物流从传统劳动密集型产业转型升级为智慧化产业。

（三）汽车售后服务备件物流大有可为

汽车后市场行业的发展与汽车产业紧密相关，庞大的汽车保有量是汽车后市场发展的基础。据公安部统计，2023年全国机动车保有量达4.35亿辆，其中汽车3.36亿辆。我国已成为全球汽车保有量最大的国家。虽然汽车保有量持续增加，但我国千人汽车保有量远不及发达国家。这表示在未来较长时间内，我国汽车市场仍有较大发展空间，为我国汽车后市场发展以及汽车售后服务备件物流的发展创造了良好的条件。巨大的汽车存量市场对售后服务备件物流也提出了更高的要求。相较于其他汽车物流细分领域，汽车售后服务备件物流具有以下特点：一是需求预测与供应链管理计划的难度大，其品种种类多且随汽车个性化程度提高快速增长，同时单品种消费频次低；随地域、分销渠道、消费理念与习惯以及汽车本身都在快速发展变化。二是仓储设施规模大、建设投资高、仓储与配送成本高，备件重量、体积、形状、性状、价值等差异大，存储、搬动、包装专业化程度高；部分备件生产工艺及原材料相对复杂，供应链长、备件供应能力受产能及外部中断的影响度高需要较高库存保证供应交期。三是物流标准亟待统一，尤其是编码规则和编码标准没有在供应链各环节统一，导致了在组织物流配送时难度增加降低了服务质量和效率。上述高标准要求使汽车售后服务备件物流业务进入门槛不断提高。由于汽车售后服务的复杂性、专业性要求，产业链上下游需要有效协同、融合发展，随之带来的多样化、高要求的物流需求对于我国汽车售后服务备件物流发展有着积极的推动作用，这也是汽车物流企业重要的发展机遇。

四、拓展海外汽车市场，提升国际物流服务能力

在汽车产业全球化趋势加强、分工日益深化、产业链高端价值环节竞争不断加剧的背景下，我国积极参与全球汽车产业分工不断提高自主研发能力和服务水平，汽车物流企业在保障汽车产业链供应链畅通运行的同时，全面提升国际竞争力，为我国汽车出海保驾护航。

（一）海外汽车市场创历史新高

海关总署数据显示，2023年我国汽车出口量为522.1万辆，同比增长57.4%，成为全球最大的汽车出口国，有效拉动行业整体增长。

从细分车型来看，2023年我国乘用车新车出口量为414万辆，同比增长63.7%；商用车新车出口量为77万辆，同比增长32.2%。从燃料形式来看，2023年传统燃油汽车新车出口量为370.7万辆，同比增长52.4%；新能源汽车新车出口量为120.3万辆，同比增长77.6%。

2023年我国汽车出口量前十的国家分别是：俄罗斯、墨西哥、比利时、澳大利亚、沙特阿拉伯、英国、菲律宾、泰国、阿拉伯联合酋长国和西班牙。其中，我国对俄罗斯的出口量同比增长5倍。

中国汽车工业协会数据显示，2023年整车出口量前十位企业分别是：上汽、奇瑞、吉利、长安、特斯拉、长城、比亚迪、东风、北汽和江汽。其中，上汽、奇瑞、吉利2023年新车出口量分别为109.9万辆、92.5万辆和40.8万辆。

2023年，我国整车与零配件出口合计1892亿美元，占机电产品出口比重为9.56%。其中汽车零配件出口额为876.6亿美元，同比增长9%。整车出口的强劲态势同样带动了相关零部件走出国门，为我国汽车国际供应链发展提供了广阔的市场空间。

2023年汽车出口呈现几大特征，一是中国汽车产业链韧性强，实现出口和内需的良好供给保障；二是新能源汽车贡献增大，目前自主品牌经济型纯电动汽车出口市场贡献巨大；三是自主品牌企业出口表现优秀；四是出口全面发展，发达国家出口的高质量增长，随着智能化加持效果逐步凸显，未来中国汽车出口潜力巨大（见图5）。

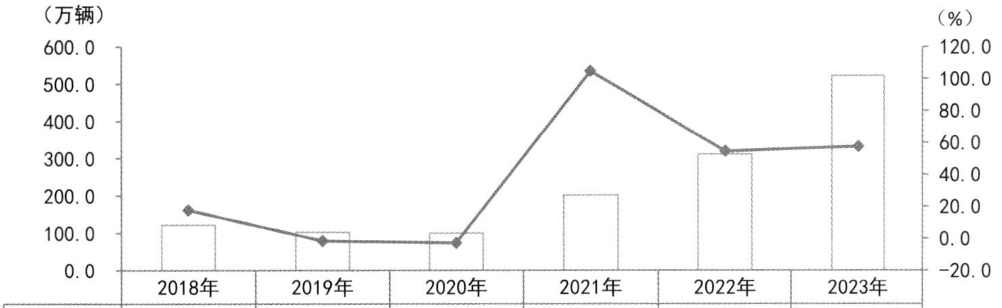

	2018年	2019年	2020年	2021年	2022年	2023年
销量	121.6	102.4	99.5	201.5	311.1	522.1
增长率	17.6	-1.6	-2.9	104.6	54.4	57.4

图5　2018—2023年中国出口销量及增长率

资料来源：中铁特货运输有限责任公司。

（二）继续提升国际汽车物流服务能力

目前，我国汽车出口主要有远洋汽车滚装船、集装箱船、特种船只（纸浆船＋框架）、中欧班列、铁路专用车、公路汽车等运输方式，以远洋滚装运输为主。2023年我国汽车通过滚装运输方式出口的数量约为328万辆，占全年汽车出口总量的62.8%；通过铁路运输方式出口的数量约为71万辆，占全年汽车出口总量的13.6%；通过海运非滚装方式（海运集装箱与特种船只）出口的数量约为12万辆，占全年汽车出口总量的2.3%。值得注意的是，其中通过中资滚装运输方式出口的数量约为35.5万辆，仅占远洋滚装运量的10.8%；通过外籍滚装运输方式出口的数量约为292.5万辆，占远洋滚装运量的89.2%。

与蓬勃发展的海外汽车市场相比，我国海运能力不足的短板十分明显。我国车企、船公司和汽车物流企业抓紧布局远洋滚装船市场，提升国际物流服务能力。比亚迪、奇瑞、上汽、广汽等车企及旗下物流公司纷纷组建远洋船队，加速进入“自主船运”新阶段。2021年，上汽集团成立了滚装船航运子公司。2022年，奇瑞集团在威海打造汽车运输船建造基地。广汽商贸与招商局轮船也投资成立了广州招商滚装运输公司。未来，随着各主机集团海外战略实施，配套物流企业提前规划布局，我国汽车国际物流能力将得到快速提升，汽车出口物流水平也将迅速增长。

（三）铁路运输成为汽车国际供应链的稳定器

作为共建“一带一路”的旗舰项目和标志性品牌，中欧班列近年来不断开拓创新，开辟了亚欧大陆陆路运输新通道和经贸合作新桥梁。国铁集团数据显示，2023年中欧班列全年开行1.7万列、发送190万标箱，同比分别增长6%、18%；西部陆海新通道班列全年发送86万标箱、同比增长14%。截至目前，中欧班列累计开行已超8.5万列，通达欧洲25个国家219个城市。

除中欧班列外，2023年我国通过铁路笼车（JSQ型）运输形式出口汽车59.3万辆。笼车车厢是专为商品车运输设计，每节车厢可装载9辆至10辆汽车，前后厢门打开后可实现整列首尾贯通，商品车能直接驶入车厢，具有运载能力强、装卸速度快、费效比高、安全可靠的特点，为我国汽车出口提供了重要的支持与保障。

受连日来红海局势持续紧张影响，有海上“咽喉要道”之称的苏伊士运河船舶通行量降幅明显，运输不确定性大增，许多企业面临生产中断和交货延迟风险。由于当前复杂严峻的外部环境，国际航运仍面临巨大的不确定性。铁路运输凭借全天候、大运量、绿色低碳、高效便捷等优势，以及快速高效和安全稳定的特点，成为国际产业链供应链的“稳定器”，众多企业国际运输的优选项。随着未来亚欧大陆铁路运输基础设施日益完善、通关标准更加协调便捷，铁路运输优势将进一步凸显，为全球汽车贸易注入更多稳定性。

五、行业企业深化合作互利共赢

近年来，汽车物流行业企业发展迅速，规模持续扩大。2023年共有2家企业入选“2023年度中国物流企业50强”，分别是上汽安吉物流股份有限公司、一汽物流有限公司；2家企业入选“2023年度中国民营物流企业50强”，分别是保定市长城蚂蚁物流有限公司和北京长久物流股份有限公司；还有多家企业获评“A”级以上物流企业，涌现一批行业优质企业，行业内良好的竞争格局已经形成。同时，行业内企业积极开拓外部合作，如长安民生物流与招商局能源运输股份有限公司签署战略合作协议，发挥各自资源和能力优势，在零部件集装箱运输、汽车物流仓储服务、汽车物流生态圈、绿色物流、合资合作、海外资本市场等领域深化合作；广州远海汽车船运输有限公司与长安民生在广州签署2023—2027年 COA 协议，双方将进一步深化合作，共同打造安全、稳定、优质的汽车出口物流产业链；一汽解放、中通智运及一汽物流完成战略合作落地签约签署千余辆车辆采购订单；日日顺供应链与东风物流再度达成战略合作，双方将聚焦汽车零部件入厂环节，进一步拓展合作的服务品类及服务范围。通过企业间的深化合作，能够最终达到拓展业务，延伸服务范围，提高服务质量，互利共赢的目的。

六、汽车物流标准体系不断完善

2023年，汽车物流行业标准工作持续推进，《电动汽车动力蓄电池物流服务规范》（WB/T 1132-2023）、《汽车零部件入厂物流质损判定及处理规范》（WB/T 1131-2023）完成报批，正式发布实施。另有团体标准《乘用车集装箱装箱与拆箱作业要求》通过标准审查，即将报批，国标《汽车零部件物流塑料周转箱尺寸系列及技术要求》已经提交修订申请。2023年还对已发布的3项标准，包括《乘用车仓储服务规范》（WB/T 1034-2018）、《汽车物流统计指标体系》（WB/T1070-2018）两项行业标准，《汽车物流信息系统基本要求及功能》（T/CFLP0004-2017）团体标准进行了实施情况评估，并依据《标准化法》以及国家发展和改革委员会《关于对开展物流行业标准复审工作的复函》相关规定，完成了标准复审工作。汽车物流标准体系的持续完善，有利于推动汽车物流行业健康有序发展。

（中国物流与采购联合会汽车物流分会　张晋姝）

2023年我国汽车改装市场发展综述

一、2023中国汽车改装市场政策法规逐步完善，多项行业标准陆续发布

2023年1月5日，由中国汽车工业协会汽车改装分会组织召开了《乘用车排气系统改装指南》团体标准专家评审会。2023年2月8日汽车合规改装联合推进办公室与中汽研华诚认证（天津）有限公司对MG XPOWER旗下改装产品之MG6 XPOWER轮毂进行了产品认证。2023年2月11日《乘用车车轮改装指南》团体标准经中国企业工业协会审核通过并批准发布。2023年持续推进，并于2024年发布的T/CPQSA0021—2024《汽车改装用改色膜》团体标准。加之2022年7月发布的《汽车用品销售及守候服务规范第一部分通用要求》；11月29日，发布的T/CPQS A0013—2022《小型汽车牵引连接装置安装与使用技术要求》团体标准。12月30日起正式实施的T/CPQSA0014—2022《汽车改装用尾翼》团体标准以及由中国汽车工业协会汽车改装分会组织召开的《乘用车外包围改装指南》《乘用车悬架系统改装指南》《乘用车制动系统改装指南》《乘用车排气系统改装指南》的相关标准制定也在持续有序推进。2023年在行业合力推进下汽车改装市场的合规化进程持续发展。

二、2023中国汽车保有量现状

公安部发布的统计数据显示，2023年全国机动车保有量达4.35亿辆，其中汽车3.36亿辆。新注册登记汽车2456万辆，比2022年增加133万辆，增长5.73%。新能源汽车保有量达2041万辆，全年新注册登记743万辆。截至2023年底，全国新能源汽车保有量占汽车总量的6.07%；2023年新注册登记新能源汽车743万辆，占新注册登记汽车数量的30.25%，与2022年相比增加207万辆，增长38.76%，从2019年的120万辆增加到2023年的743万辆，呈高速增长态势（见图1）。

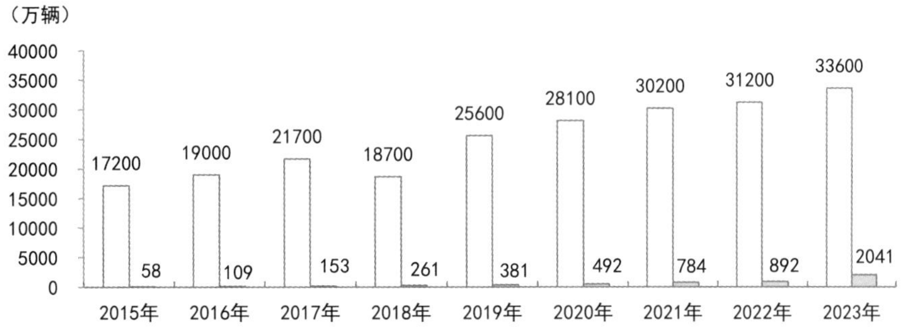

图1　2015—2023年汽车保有量及新能源汽车保有量

资料来源：公安部。

随着新能源汽车占比的高速增长以及汽车销量中SUV、硬派越野车型占比的提升，汽车改装行业发展趋势产生了明显变化。尤为值得一提的是，2023年中国取代日本成了全球第一大汽车出口国，中国制造迈向全球的品牌之路已经不可逆转。

三、新青年汽车消费趋势变化

2023年10月商务部等9部门联合发布《关于推动汽车后市场高质量发展的指导意见》明确了汽车后市场发展的总体目标和主要任务，系统部署推动汽车后市场高质量发展，促进汽车后市场规模稳步增长、市场结构不断优化、规范化水平明显提升，持续优化汽车使用环境，更好满

足消费者多样化汽车消费需求。

变化一：年轻人的汽车改装消费热情不减，用最少的钱买最有性价比的商品和服务，让消费逐步回归“理智”。

变化二：随着技术进步、行业标准逐渐完备、产业质量管理意识的增强，市场消费者观念转变的因素影响，以及国际大牌代工厂家、国际贸易品牌受进出口贸易影响转战国内市场后，国产品牌获得了年轻消费者的认可。

变化三：“文化 + 旅游”的消费模式，在汽车改装消费群体中也在持续出圈。如果说，“村超”“村 BA”，是年轻人把换个地方看球当作时下的旅行新方式；去淄博吃烧烤，去烟台、太原看演唱会，这样的文化与旅行的结合增加了年轻人出行的消费。改装汽车人群同样如此，2023年8月底全国各地汽车爱好者21万人涌入苏州参观2023GT Show 汽车文化风尚秀。

不仅 GT Show 汽车文化风尚秀高速发展，同时 RA 上海国际汽车定制改装博览会、九州汽车生态博览会、AIT 中国国际汽车改装展览会也都在原有规模基础上有所提升发展。同时，以赛车运动和车主聚会为核心内容的赛道日、嘉年华等互动活动在全国各地此起彼伏蓬勃发展。

当下新青年在汽车改装行业的消费，已经由崇尚大牌逐渐发展为相信国货、用高性价比的平替产品满足消费需求，用强文化属性的消费愉悦自己，进行自我满足。

四、汽车定制改装行业现状

2023年，中国汽车市场规模基本恢复到疫情前水平，同比增速也回归同比微增的正常水平。随着新能源汽车市场的崛起，消费结构和消费需求也随之发生变化。为了满足用户越来越多元化、个性化、年轻化的消费需求，更多的官方定制改装车型出现了。据2022—2023年在售官方定制改装乘用车型，结合汽车之家车型库大数据来看，中国品牌车型数量（传统 + 新势力）占比超六成；分品牌看，拥有官方御用改装厂，产品更具体系化的传统豪华品牌奥迪占比最高达到15.8%。紧随其后的四名均为中国品牌。特别是长城汽车旗下的坦克品牌，开创了共创车系，给予消费者更多的发挥空间，提高了用户的参与度，从某种程度上给予了消费者更多的“幸福感”和“情绪价值”（见图2）。

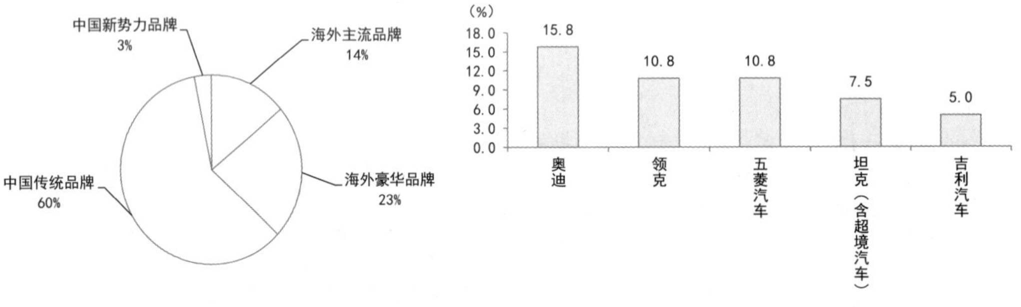

图2　分品牌官方定制改装乘用车型份额及定制改装车型 Top5

资料来源：汽车之家大数据。

基于汽车定制改装产品在上牌、车检、售后等服务层面的优势，使得汽车定制改装市场兴趣用户的高复合增长率发展涨势喜人，但是，从兴趣落实到购买则存在明显的阻力，具体来自以下三点。

① 超半数的兴趣用户认为定制改装车比普通版车型价格更高，不划算。

② 近三成兴趣用户担心定制改装车存在二手车保值率过低的隐患。

③ 超三成兴趣用户对定制改装车维修保养成本过高心存顾虑。

五、非定制改装市场发展趋势

在中国汽车改装用户中，消费需求可以概括为三种：一是为了外观更好看，更个性；二是为了让行车更安全；三是为了让速度更快，追求极致性能体验。“70后”消费者则更注重安全性能，他们的汽车改装要求多是为汽车升级轮胎、轮圈、刹车系统、座椅等；“80后”消费者是介于两者之间，既关注外观和速度，也关注安全和舒适；“90后”消费者更加注重个性化的外观和性能提升带来的速度体验，常给自己的车子贴上车贴，加上大包围，改上更为彪悍的排气系统，加装尾翼。不同年龄段的消费群体对汽车改装有不同的偏好和需求，这也为汽车改装行业提供了更多的市场细分机会。同样，面对越野车、传统燃油家用轿车与新能源轿车车主，在产品分布及满足用户改装需求上也称得上是泾渭分明。

在越野车改装领域中，随着人们对冒险和户外活动的兴趣不断增加，人们乐于将普通SUV转变为更适合越野驾驶的车辆，也在硬派越野的持续升级中不断提升了用车的幸福感。因此，改装需求呈加速上升的趋势，这些改装包括加装越野轮胎、提高悬挂系统、增加护板和保护系统，以及安装扬声器和照明设备等功能。此外，越野车改装市场还提供一系列的配件和附件，以满足车主的个性化需求，包括车顶篷布、大灯护罩、行李架、车顶行李箱等。这是得益于越野改装行业的快速发展，GT Show汽车文化展中，越野改装展商占比已经高达30%以上，呈快速发展之势。此外，政府在一系列措施中鼓励消费者参与户外活动和旅游，也有效推动了越野车改装市场的增长。

传统家用燃油轿车由于其在汽车保有量占比中的绝对优势，其产品线分布全面且丰富。鉴于产品团体化标准的推进和政策法规的逐步松动，满足外观个性化的产品变得丰富。随着产品线中的品牌的激增，势必造成了行业内卷，例如：改色贴膜市场，其品质良莠不齐，价格竞争激烈显得尤为突出。但是，基于新能源汽车三电系统的严谨性大大降低了其改装空间，因此新能源的改装还是紧紧围绕在了外观改装领域，如车身改色、轮毂升级，加装尾翼等维度；部分对操控感比较敏感的用户会升级刹车和避震。也正是随着新能源汽车的增量，传统改装产品线中排气类产品呈明显下滑趋势;碳纤维类外观件、个性化小改、轻改产品的需求有所增加。然而，时至今日，汽车改装在汽车后市场领域中，仍是小众消费群体。根据汽车之家大数据调研显示：购车价格20万元以下的用户，改装费用1万元以上占比更高，但购车价格30万元以上愿意支出3万元以上的改装费用的人数占比明显更小。车主对改装不感兴趣的原因仍然具有以下顾虑。

① 改装政策法规不清晰，法律责任无法判定比较麻烦。

② 改装产业不成熟，存在一定的消费安全隐患。

③ 改装“水很深”，担心自己被忽悠，担心没有质保服务。

由此可见，虽然各部门合力推行了一些改装产业的生产标准，但是推广普及这些标准，让消费者认同还需要假以时日。

综上，汽车改装对于终端用户的消费意义，本质上是提升消费者在用车过程中的“幸福感”，消费者在追求“悦己”的过程中用更加“理智”的消费底色追求高性价比的产品。这样的消费发展趋势为汽车改装行业的产业发展带来了全新的思考，即在提升产品高性价比品质的前提下，如何用“悦己”思维做好汽车改装产品的营销推广。

（改联网创始人 吴中华）

第八部类

汽车报废

DIBABULEI | QICHEBAOFEI

2023年报废汽车回收拆解行业发展综述

一、2023年行业发展概况

2023年随着疫情的结束、老企业升级改造任务的完成，报废机动车回收拆解行业在政府主管部门统一部署下，在商务部制定的为行业持续高质量发展提供良好政策环境影响下，全行业冲破传统的、固有的发展模式，走出了自我发展的路径。

（一）报废机动车回收情况

1. 报废机动车回收量大幅度提高

2023年，全国报废机动车回收数量516.3万辆，同比增长29.1%，报废汽车回收量458.7万辆，同比增长33%。其中：乘用车239.5万辆，同比增长41.1%，客车368.4万辆，同比增长26.2%，货车80.5万辆，同比增长25%，其他车辆9.8万辆，同比增长16.7%，摩托车57.6万辆，同比增长4.2%。2023年全国报废机动车回收量连续创下新高，各种车型回收量与2022年相比，均呈现较大幅度增长。复合年化增长率达到29.3%，显示出行业保持快速增长势头（见表1）。

表1 2022—2023年报废机动车回收情况 单位：万辆，%

类别			2022年		2023年	
			数值	同比	数值	同比
报废机动车回收量	报废汽车回收量	乘用车	169.7	55.4	239.5	41.1
		客车	102.1	26.7	128.9	26.2
		载货车	64.4	6.1	80.5	25
		其他	8.4	8.1	9.8	16.7
		小计	344.6	36.5	458.7	33.1
	摩托车回收量		55.3	13.1	57.6	4.2
	合计		399.9	32.7	516.3	29.1

资料来源：中国物资再生协会。

2. 汽车报废率有所上升

公安部交通管理局数据显示，2023年全国机动车保有量达4.35亿辆，其中汽车3.36亿辆。近5年我国机动车及汽车保有量逐年上升，已跃居国际首位。

2023年汽车报废量净增测算为756万辆，增32%，总体来看报废增长相对较快，这也是疫情后的新走势（见图1）。

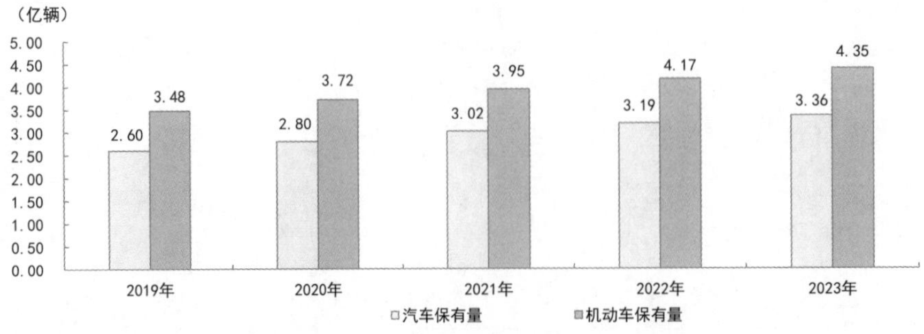

图1 2019—2023年全国机动车和汽车保有量

资料来源：公安部。

展望未来，整个车市报废更新升级是重要的增长动力。同时未来随着出口的增长而实现国内保有量的下降。但是，目前我国汽车报废率依然偏低。据了解，美欧、日本等汽车报废率已达到6%—7%。我国2021年汽车报废率仅为0.82%，2023年达到1.37%，呈逐年上升趋势（见图2）。

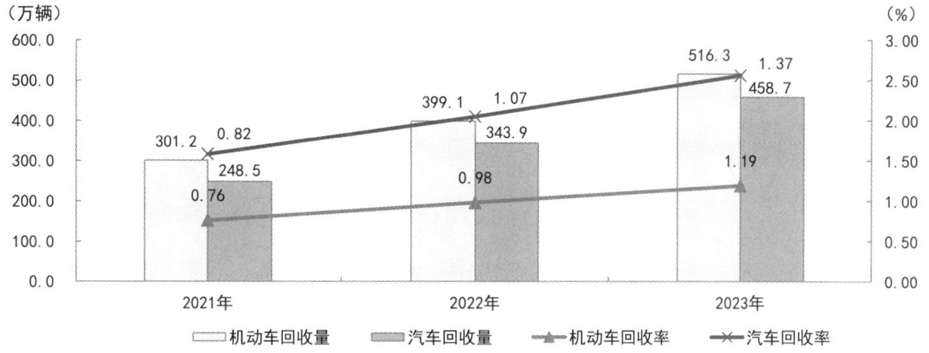

图2　2021—2023年全国机动车及汽车报废率

资料来源：中国物资再生协会（以下图表资料来源相同，不再赘述）。

3.新能源机动车回收量继续扩大

随着我国新能源汽车的快速发展，产销量均排在国际第一，保持较好的发展势头。据公安部门统计截至2023年底我国新能源汽车保有量达2041万辆，占汽车总量的6.07%，其中纯电动汽车保有量1552万辆，占新能源车保有量的76.04%。随之而来的报废新能源机动车回收量也在逐年增加，2023年新能源机动车报废8.34万辆，同比增长44.1%。其中：报废新能源汽车7.8万辆，同比增长40.9%，具有动力电池的车辆3385辆，同比下降0.02%；摩托车回收5076辆，同比增长119.5%，具有动力电池的车辆2326辆，同比增长134.7%。新能源报废汽车回收量扩大，但是动力电池车辆回收量没有随之上涨，2021年新能源汽车回收3.4万辆，新能源电池车1.9万辆；2022年新能源车辆回收7.8万辆，新能源电池车只有3395辆，同比下降82%；2023年新能源电池车3385辆，下降0.02%。2023年以来全行业回收到的新能源汽车动力电池被拆卸情况大量增加。

（二）行业经营情况

近年来，随着国家促进循环经济发展、强化环境保护、保障资源安全的目标得到逐步落实，报废机动车回收拆解行业有了长足发展。一是放开资质企业总量控制，吸引优质企业进入，进一步激发市场活力；二是允许开展“五大总成”再制造，畅通汽车产业循环发展链条；三是放开收车价格约束，鼓励市场合理自由定价，有利于充分发挥市场调节资源配置的作用；四是收紧安全环保要求，坚持红线不后退。同时，新管理办法允许企业跨地区收车，在一定程度上打破了原有的地域分割格局，为龙头企业规模化、集约化发展奠定了政策基础。

1.行业规模迅速增大

据行业不完全统计，截至2023年末，全国报废机动车回收拆解企业共计1526家，同比增长24.7%，回收网点946个，同比下降11%，经营场地面积2793.4万平方米，同比增长21.1%，行业资产总额为459.9亿元，同比增长35.7%，从业人员23391人，同比增长9.1%（见表2）。

表2　2022—2023年报废机动车回收拆解行业基本情况　　单位：万辆，%

序号	类别	单位	2022年		2023年	
			数值	同比	数值	同比
1	企业数量	家	1224	31.8	1526	24.7
2	从业人员	百人	214.3	-6.4	233.9	9.1
3	回收网点	个	1063	-34.2	946	-11.0
4	场地面积	万平方米	2306.3	5.6	2793.4	21.1
5	资产总额	亿元	338.8	-15.0	459.9	35.7

2. 再生资源循环利用率提高

2023年，全行业回收报废机动车516.2万辆，折合回收废钢铁约1555万吨，有色金属5642吨，废塑料、废橡胶等再生资源超过28.7万吨，燃料油近450万吨。同时，报废汽车尾气催化净化器（三元催化器）中含有稀贵金属铂、钯、铑、金等国家战略资源，行业回收的稀缺资源可有效地进行循环利用，为国家战略储备提供资源。随着行业整体水平提升，行业企业将尽可能地回收可利用废弃物，节约社会资源，减少工业对自然矿物开采的依赖。报废汽车回收拆解材料构成情况（见图3）。

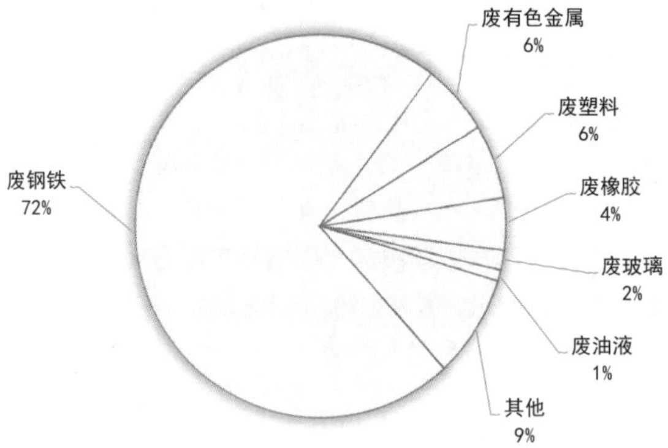

图3　2023年报废汽车回收拆解材料构成情况

3. 减少大气污染物排放量

报废机动车回收拆解行业是我国实现“双碳经济”目标的重要组成部分，及时回收拆解已达到报废年限或机动车尾气达不到排放标准的机动车，可在一定程度上减少二氧化碳、氮氧化物、可吸入颗粒物（PM2.5）、氟利昂等大气污染物的排放，有效促进减少碳排放。2023年报废机动车的回收拆解，为国家减少二氧化碳排放量约1100.1万吨，减少氮氧化物排放约114.6万吨，减少可吸入颗粒物（PM2.5）排放约1376.1万吨，减少氟利昂排放约137.6吨，为国家减少碳排放作出了积极贡献。

二、行业整体现状

随着报废机动车回收拆解行业资质放开，打破了垄断经营，鼓励市场化发展，报废机动车回收行业快速发展，企业数量增加、竞争格局被打破、经营成本上升等实际市场问题随之显现。

为了促进行业健康可持续高质量发展，提升企业盈利空间，探索报废机动车向精细化拆解、回用件及再生资源的高质化利用、区域间大协调等高技术管理要向效益方向发展。

从目前发展态势看，近两年各地资质企业数量迅速增长，个别省的增加率达到120%—150%，最高的已经达到400%。快速地申报与增加致使不少地区出现了产能过剩的发展趋势。为了避免盲目投资、产能过剩等导致的重复建设，从而造成资源浪费、恶性竞争、投资风险等现象，据不完全统计，全国有21个省近55个城市的主管部门公布《产能预警》，对当地现有资质企业数量、产能以及在建、申报过程中的企业进行公布，结合理论报废4%测算报废量，分析了现存企业饱和状态，给出投资风险提示与预警说明。由于受下游原材料市场和废旧再生资源价格持续震荡态势，全球经济低迷及经济指数的不乐观，国际原材料市场因终端需求减弱的影响，市场资金紧张的问题越来越明显，国内废钢铁在前期超跌后呈现明显的反弹，全国报废机动车回收市场均呈现上涨态势。2023年11月全国报废机动车回收市场小型车市场回收价格指数在2043元／吨，环比增长24元／吨，同比增长415元／吨；与2021年的7月相比，上涨1106元／吨。

三、目前行业的状态集中表现较弱

一是拆解产能严重过剩，多地发布回收拆解产能预警。

二是正规渠道回收率低，正规企业“吃不饱”现象严重。

三是税收负担较重，制约行业良性健康发展。如何破解零进项税——几乎是所有的回收废旧物资与再生资源的企业普遍存在的难题，报废机动车回收行业也存在进项发票缺失的问题，由于回收环节存在众多个体人员，尤其是报废机动车回收基本上私家车主占比高，回收票据较难开具难以取得增值税进项抵扣，导致企业的税负过重。

四是拆解企业成本大幅提高，进一步增加盈利难度。管理成本、拆解成本也在不断增加，甚至个别企业出现“倒挂”现象。盈利水平下降。

五是下行的压力有所加大。就是报废车产业链的循环不够畅通，上游的车源与下游的再生资源的话语权明显不足，处于一个被动的角色。

六是法律法规不健全，监督管理缺失。

目前报废汽车回收行业市场容量较大，产业发展需求动力强劲，但产业集中度较低，产业控制力不足。未来行业整合、规范管理、规模发展，既是大趋势，也是大机遇。市场呼唤具有集回收、拆解、资源处置等综合功能为一体的大型区域化协作机制，发挥托底保障作用，加快产业布局，增强产业控制力，为促进资源回收行业发展、保障资源安全提供支撑。

四、行业发展建议

（一）加强顶层设计规划，强化产业控制布局

行业主管部门持续引导行业规模化、规范化、高效化发展。

报废车回收利用行业与道路交通安全、环境综合治理、资源循环利用联系较为紧密，受国家政策影响较大，引导行业产能布局均衡化，加强新建项目准入把关，完善回收拆解行业准入和退出机制。

推动生产经营规模化、集约化、专业化，鼓励规模大、技术强的回收拆解企业跨区域拓展回收服务范围，提高回收利用效率和服务水平。

促进拆解产品资源化，鼓励回收拆解企业与下游资源综合利用企业建立紧密的利益共享机制，推动回用件高效流通，促进资源高效再利用。

（二）推动汽车回收利用行业成为汽车产业链中的重要一环

2021年6月，为贯彻落实《国务院办公厅关于印发生产者责任延伸制度推行方案的通知》要求，加快推行汽车产品生产者责任延伸制度，工业和信息化部会同科技部、财政部、商务部联合印发《汽车产品生产者责任延伸试点实施方案》，提出以试点方式探索建立汽车产品生产者责任延伸制度实施模式，明确试点目标为报废汽车规范回收水平显著提升，形成一批可复制、可推广的报废汽车回收利用模式，使报废汽车再生资源利用水平稳步提升，资源综合利用率达到75%，可回收利用率达到95%，这对建立完善报废汽车、废旧零部件、退役动力电池回收、“车到车”塑料产品再利用、车辆电子系统网络及管理体系以及开展精细化拆解，推广回用件、再制造件的使用，提升报废汽车再生资源利用水平，有着极大的推动作用。

（三）制定有效措施，鼓励企业做大做强

目前报废汽车回收行业市场容量较大，产业发展需求动力强劲，但产业集中度较低，产业控制力不足。未来行业整合、规范管理、规模发展，既是大趋势，也是大机遇。市场呼唤具有集回收、拆解、资源处置等综合功能为一体的大型区域化协作机制，发挥托底保障作用，加快产业布局，增强产业控制力，为促进资源回收行业发展、保障资源安全提供支撑。

建立优势企业群，提升核心竞争力。发展报废机动车回收利用产业，充分利用优势企业资金、管理等影响力强、资源集中度高、渠道通畅稳定等优势，整合社会机动车回收利用资源，建立健全回收利用服务体系，打牢产业发展基础，做大核心业务，增强核心功能，提升核心竞争力，示范引领行业发展。

以回收利用网络、产业链供应链、回用件与再制造件销售、赋能支撑体系、规范运营管理

为重点，合理确定细分领域，着力建设产业实体，加快构建报废机动车回收利用体系，尽快形成资源循环利用和特色鲜明的战略性新兴产业，努力打造报废机动车回收利用行业专精特新企业。

行业急需政策配套、政府支持、企业努力，形成合力的机制。一是发挥产业控制作用，解决缺少兜底托底主体问题，提高国家战略安全保障能力；二是发挥统筹协同作用，解决行业“小散乱差”问题，进一步推动产业集聚和规范发展；三是发挥科技引领作用，解决发展质量不高问题，提升产业高端化、绿色化、智能化水平。通过资源专业化整合，促进行业规范有序发展。

（四）坚持创新驱动

加强报废机动车回收利用技术创新、商业模式创新、管理协同创新；加大创新投入，优化创新环境，强化创新赋能体系建设，建强创新队伍，做实做强创新主体，推进企业创新发展。加快专业人才和运营团队建设，本着结构合理、素质优良、高端引领、管控有力的原则，建立健全符合行业特性的人才考核激励机制，着力打造科技创新、经营管理、市场营销、信息化建设四支人才队伍。

（五）注重回用件销售

回用件销售占比超过一半，废钢占比低于40%，大幅降低废钢周期性波动对企业经营带来的影响。制定汽车回用件、再制造件标准、认证、监管使用政策，落实汽车产品生产者责任延伸制，设置汽车工业企业强制使用再制造件最低限制指标，引导培育国民消费习惯，扩大零部件回用、再制造市场，拉动市场需求。

（六）加快制定完整的标准体系

探索建立一套可复制推广的标准化运营管控模式，面向全行业进行管理输出，不断提升行业规范化水平。大力推进标准化建设与管理，着力构建涵盖车辆回收服务、拆解作业、回用件再制造件分级认证、零部件再制造、再生材料分拣加工、回收利用产品交易、信息溯源与共享等企业运行管控标准体系，努力解决面临的行业非标和管理规范缺失问题，达成回收服务网络化、拆解车间管理标准化、销售渠道管控集中化，为促进行业标准化转型提供试点样板。

（七）精细化开发下游产业

精细化开发应用塑料、有色金属、轮胎、电路板提炼金属等产品种类已经迫在眉睫。2023年7月13日，欧盟委员会发布《车辆循环设计要求和报废车辆管理》提案，其中明确要求至少25%用于制造车辆的塑料是再生塑料（其中25%来自回收的报废汽车，即“车到车”闭环材料），并要求回收更多质量更好的原材料，包括关键原材料、塑料、钢铁和铝，这也代表了未来车辆循环再利用乃至汽车工业的发展方向。

例如废塑料精细分选后通过改性或共混工艺使其性能不低于原产品，达成高价值循环利用，并与汽车生产企业协同，争取将6.25%的报废车废塑料回用至新车生产中（欧盟2023年7月最新要求），与国际接轨。

（八）研究报废机动车回收利用税收政策

增值税无进项抵扣问题方面，报废车回收拆解行业的车辆主要来源分为两大类：个人车辆，企事业单位车辆。鉴于目前行业的共性，回收个人车主的车辆无法取得增值税发票，回收企业车辆企业可以取得13%或3%的增值税发票（依据企业属性与车辆资产属性），回收政府机关车辆可取得非税收入财政票据（0%的税率）。鉴于行业大部分无法取得增值税专用发票，回收拆解企业无法获取进项税发票，为了规范行业标准、降低企业税负，允许企业开具《报废机动车回收凭据》，作为增值税进项税抵扣凭证。此凭据与《报废机动车注销证明》、商务部信息平台提供的数量相匹配，一车一票一平台，环环相扣不会出现纰漏（此凭据由企业存档备查）。由此杜绝资质企业虚开增值税发票的问题。

（中国物资再生协会　高延莉）

第九部类

汽车流通核心企业

DIJIUBULEI | QICHELIUTONGHEXINQIYE

汽车经销商营销创新案例

北京运通汽车集团

一、集团简介

北京运通汽车集团始创于20世纪80年代，长期致力于汽车行业的发展，现已形成集团化、跨地域经营、园区化、品牌化管理的全新模式，并已逐渐发展为全国最具影响力的汽车经销商集团之一。目前在全国共拥有72家汽车4S店，覆盖13个省份及19个城市，并在不断发展中，经营品牌达到17个，包括：劳斯莱斯、宾利、兰博基尼、阿斯顿·马丁、奔驰、宝马、一汽奥迪、捷豹路虎、林肯、凯迪拉克、英菲尼迪、一汽-大众、一汽丰田、通用别克、东风本田、小米。

二、抖音直播营销项目

（一）项目概览

随着新媒体时代的迅速发展，抖音作为一款极具影响力的短视频社交平台，在人们生活中扮演着越来越重要的角色。2020年年初的疫情让线下需求大量转移到线上，视频和直播满足了用户多种生活场景的需要，抖音日活跃用户量也从2020年6亿突破至2023年10亿人次，抖音平台也已经成为企业营销的重要战场。

北京运通汽车集团紧紧抓住这一机遇，于2022年启动了抖音直播营销创新项目，旨在通过创新的直播营销模式，提高运通汽车集团的知名度和影响力，进一步提升集团综合竞争力。

北京运通汽车集团通过构建抖音账号矩阵，全面塑造统一的企业账号形象，让品牌形象深入人心。同时，针对各经销店展开统一的直播业务辅导，确保流程、话术等都达到统一标准。这使得消费者无论进入哪个经销店的直播间，都能获得一致的优质体验。这样的举措能提升整体运营效率和质量，使各经销店协同合作，共同发力。进而促使销售业绩显著提升，市场口碑持续向好，客户满意度大幅提高。

该项目以内容创新为核心，充分结合抖音平台的特点和优势，打造了一系列独特的直播内容。首先，我们组建了专业的直播团队，包括主播、运营人员、技术人员等，确保直播的质量和效果。其次，运通汽车集团对直播内容进行了精心策划，不再局限于传统的产品展示和推销，而是融入了更多有趣、场景化的元素，让用户在轻松愉快的氛围中了解和接受运通汽车集团的产品和服务。同时，为了更好地吸引观众和提高转化率，运通汽车集团还采用了多种创新营销策略。推出限时优惠、抽奖活动、团购等，激发用户的购买欲望；与抖音达人合作，通过他们的影响力和粉丝基础扩大项目的传播范围；利用抖音的算法推荐机制，精准定位目标客户群体，提高营销效果。通过抖音本地生活直播矩阵来销售汽车售后保养产品服务和汽车美容产品服务，在直播中，经销店以统一的形象和专业的讲解，详细介绍售后保养产品的功效和优势以及汽车美容产品的特色与效果。观众通过线上便捷地购买这些产品服务，然后到线下经销店进行消费核销。这种方式一方面极大地拓展了销售渠道，吸引了更多潜在客户；另一方面，线上购买与线下核销的结合，确保了客户的实际到店体验，有利于增强客户的信任感和满意度。同时，也能带动经销店的线下服务业务发展，提升整体运营效率和效益。通过这种模式，带来客流量的增加、销售线索的增多以及品牌知名度的大幅提升，在汽车后市场领域取得更为卓越的成绩，在激烈的市场竞争中脱颖而出，开启全新的营销局面。

（二）实施成效

通过实施抖音直播营销创新项目，运通汽车集团取得了显著的成效。

① 品牌知名度大幅提升。通过抖音直播的广泛传播，集团的品牌知名度得到了极大的提高，越来越多的人开始了解和关注运通汽车集团的品牌，目前运通汽车集团抖音矩阵直播账号110个，拥有超200万粉丝，直播间观看超1亿人次。

② 销售业绩显著增长。创新的直播营销模式和营销策略有效地激发了用户的购买欲望，获得线索超20万条，销售台次超7万台，销售业绩实现了大幅增长，为集团带来了可观的经济效益。

③ 用户黏性增强。丰富有趣的直播内容和互动性强的直播体验，使观众对集团产生了较强的黏性，粉丝数量和活跃度不断提高。

④ 团队能力提升。项目的实施锻炼了集团的直播团队，提高了团队的专业能力和创新能力，为今后的发展奠定了坚实的基础。

⑤ 行业影响力扩大。运通集团的抖音直播营销创新模式在行业内引起了广泛关注和认可，成为行业的标杆和典范，进一步扩大了集团在行业内的影响力。

（三）下一步举措

为了持续推动抖音直播营销创新项目的发展，进一步提高集团的综合竞争力，运通汽车集团将采取以下举措。

① 深化内容创新。继续挖掘和创新直播内容，结合集团的产品和服务特点，打造更多具有个性化、差异化、专业化的直播内容，满足不同观众的需求和喜好。

② 加强技术应用。积极探索和应用抖音平台的新技术和新功能，如虚拟现实（VR）、增强现实（AR）等，提升直播的科技感和体验感，为观众带来更加震撼和新奇的感受。

③ 拓展合作渠道。加强与抖音平台、其他企业、社会组织等的合作，整合资源，优势互补，共同推动项目的发展。

④ 优化数据分析。进一步完善数据分析体系，通过对直播数据的深入分析，了解观众的行为习惯、兴趣爱好、消费需求等，为直播内容策划和营销策略制定提供更加科学的依据。

⑤ 强化人才培养。加大对直播人才的培养力度，通过内部培训、外部引进等方式，打造一支高素质、高技能、创新型的直播人才队伍，为项目的持续发展提供有力的人才保障。

⑥ 完善管理体系。建立健全抖音直播营销创新项目的管理体系，加强对项目的策划、实施、监控和评估，确保项目的顺利推进和有效实施。

⑦ 推动产业融合。以抖音直播营销创新项目为契机，推动集团与相关产业的融合发展，如文化创意、旅游、教育等，拓展集团的业务领域和发展空间。

⑧ 履行社会责任。在项目实施过程中，积极履行社会责任，关注社会热点问题，开展公益直播活动，树立集团良好的社会形象。

辽宁惠华汽车集团

一、集团简介

辽宁惠华汽车集团是一家从事汽车销售、服务及衍生业务的大型汽车经销商集团，集团代理一汽集团乘用车、商用车全系列产品，业务全面覆盖整车销售、维修养护、汽车精品、汽车金融、汽车备品、二手车等衍生业务。集团扎根辽宁，面向国内、国际两个市场，旗下各品牌店在区域、国内及周边国际市场都享有较高的知名度，已成为区域汽车行业的领军者。

二、锚定海外，国贸业务开花结果

辽宁惠华新业贸易集团有限公司，于2008年成立独立的事业部，组建专业的团队开始拓展国际业务，与一汽进出口公司密切合作，将一汽产品向海外推介与销售。到2024年海外业务深耕已达16年，积累了大量的实战经验，业务范围从整车延伸至备品，从商品车延伸至二手车，从单一销售延伸至服务伴行，从单一一汽产品延伸至多品牌，从单一出口延伸至海外投资合作、出口代理。业务开展区域覆盖东南亚、中东、西非、拉丁美洲、欧洲等多国、多区域，与国家“一带一路”的战略市场高度契合。国际贸易事业部业务的顺利开展，是惠华成为内外贸并举汽车经销商集团的重要标志。

自2021年，整车出口超千辆，备品出口超千万元规模，出口退税年平均2000万元以上。2021年实现整车出口1040辆，2022年出口2532辆，业务规模达6亿元以上，2023年实现整车出口1417辆，业务规模4亿元以上。海外业务团队销售、服务协同推进，实现以高质量服务解除客户的后顾之忧（见图1、表2）。

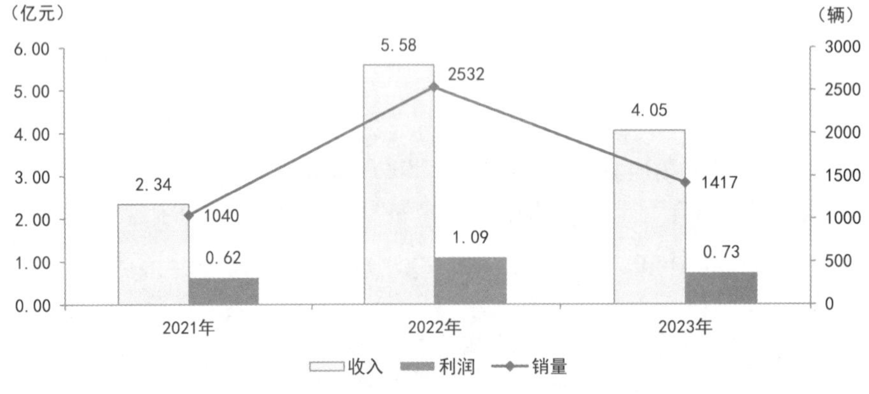

图1　辽宁惠华汽车集团国际贸易经营状况

表1　2023年辽宁惠华汽车集团出口情况

整车销量（辆）	销售总额（亿元）	备件出口（万元）	店总毛利润（万元）	店总利润（万元）
1417	4.05	2335	1085	732

在当前国内汽车行业供大于求、价格战频出、盈利大幅度下滑的情况下，海外业务优势凸显，

汽车生产厂家纷纷出海，惠华用成熟的经验、专业的团队、拥有的长期合作的客群，为与多品牌合作共赢创造了有利的先机（见图2、图3）。

图2 境外汽车业务培训

图3 国际业务交车仪式

惠华人对生存危机有着非常清醒的认识，思想上高度统一，攻坚克难，使得惠华集团稳步经营，持续发展。面对未来，惠华将以可持续发展为指导，以品牌提升和平衡运营为主线，持续优化资产结构，坚持以客户为本、目标导向的原则，加强过程控制、完善绩效监督、创新激励模式、健全人才机制，促进和保证企业的快速、平稳增长，力争在未来，推动企业年经营规模跨入百亿元行列。

四川港宏集团有限公司

一、集团简介

四川港宏集团有限公司（四川港宏智电集团）成立于1992年，是全国首批汽车经销集团，并于2019年开始快速转型新能源赛道，成为小鹏汽车全国首家代理商合作伙伴，之后陆续获得小米汽车、smart、广汽埃安、上汽智己、上汽飞凡、东风岚图、东风猛士、吉利银河、北汽极狐等12个新能源品牌共37家新能源门店的代理权，同时成为上汽、极氪和smart的认证二手车服务商、极越汽车授权钣喷中心合作伙伴、汽车之家能源空间站成都、深圳和绵阳地区唯一合作伙伴，以及蔚来汽车西南首家销售创新业务合作伙伴（见图1）。

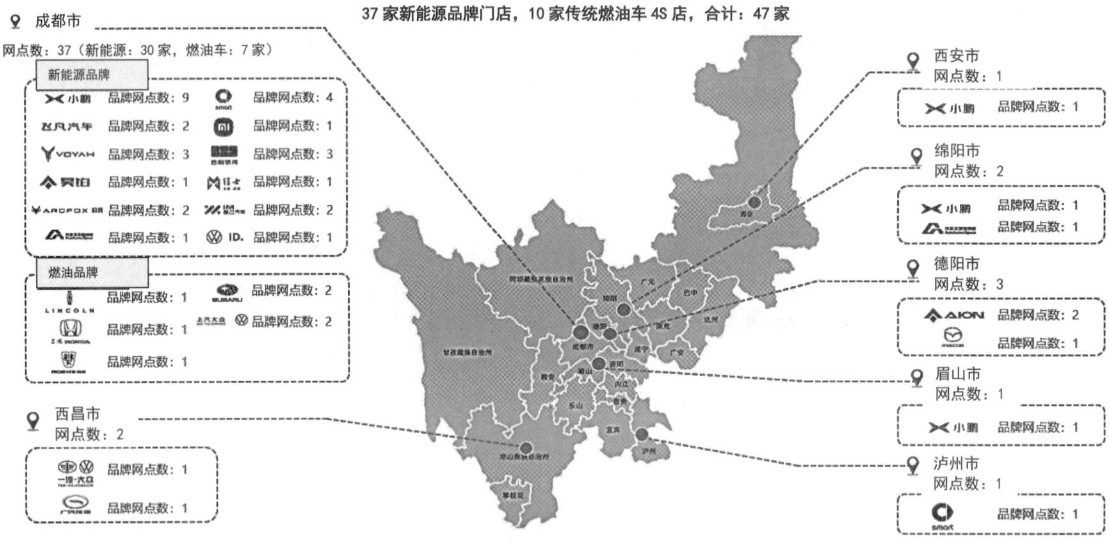

图1　港宏集团品牌分布图

二、多种模式经营营销创新

（一）传统4S店模式

图2　港宏集团4S店

4S店模式是汽车销售的传统模式，港宏智电集团目前拥有10家传统燃油车4S店，包括林肯，斯巴鲁、上汽大众、东风本田、荣威、传祺等品牌。这种模式的优势在于能够为消费者提供包括信息咨询、销售服务、售后服务、客户服务等一条龙服务。然而，随着市场的变化，4S店模式也面临着成本高、客户体验单一等问题。加上新能源汽车的快速发展正在不断挤压传统燃油车的市场份额，传统4S店的盈利受到较大影响，港宏智电集团从2019年开始加速向新能源汽车转型，除了跟传统4S店功能相似的新能源综合服务中心之外，港宏智电集团通过近几年的建店模式的优化，已形成集4S店、新能源汽车集成中心、商超展示中心、商超快闪店、汽车商圈体验中心、汽车商圈交付及售后服务中心，以及线上跨境电商等多种经营模式。

（二）汽车商圈体验中心模式

汽车商圈体验中心作为新能源汽车品牌推广和市场培育的重要平台，在品牌销量尚未达到建设传统4S店条件时，扮演着至关重要的角色。

1. 市场先行者

在新能源汽车市场竞争日益激烈的背景下，商圈体验中心能够作为品牌的先行者，提前进入主流汽车商圈，为品牌争取更多的曝光机会，增加潜在客户的接触点。

2. 品牌形象展示

体验中心提供了一个展示品牌理念、技术和产品优势的窗口，通过精心设计的环境和互动体验，增强消费者对品牌的认知和好感度。

3. 消费者教育

新能源汽车作为新兴事物，许多消费者对其技术特点和使用方式还不够了解。商圈体验中心可以通过教育性展示和互动体验，帮助消费者更好地理解新能源汽车，消除他们的顾虑。

4. 可持续发展的跳板

随着品牌销量的增长，商圈体验中心可以逐步升级为更全面的销售和服务网络，成为品牌可持续发展的重要跳板。

（三）汽车商圈集中交付中心和售后服务模式

提升品牌形象。商圈体验中心作为新能源汽车品牌的展示窗口，可以提升品牌的可见度和形象。

集中服务提升效率。集中交付中心可以提供一站式服务，包括车辆交付、保险咨询、上牌服务等，从而提高交付效率，减少客户的等待时间，提升整体的客户满意度。

专业化售后服务。新能源汽车的维修保养与传统燃油车有所不同，商圈内的售后服务中心可以提供专业的三电系统（电池、电机、电控）检测与维修服务，确保车辆的性能和安全。

增强客户黏性。通过提供高质量的客户服务和持续的保客活动，商圈体验中心有助于建立忠实的客户群体，增强客户对品牌的忠诚度。

（四）新能源商超店模式

新能源商超店模式是将汽车销售与商业综合体结合的一种创新模式。这种模式的优势在于能够吸引更多的潜在客户，提高品牌的曝光度。同时，商超店通常采用现代化的展示方式，更加吸引年轻消费者，同时提供了便捷的购车服务，如上门试驾，大大提高了购车的便捷性。

港宏智电集团目前拥有小鹏金牛万达体验中心、小鹏天府艺术公园体验中心、smart汽车金楠天街展厅和岚图汽车大魔方体验中心等新能源商超店。其中小鹏金牛万达体验中心月均销量约40台，远高于行业内商超店的平均效能，对品牌的销量目标完成起到了很大的支撑作用。

（五）新能源商超快闪店模式

新能源商超快闪店是对商超店的补充，相较商超店更加灵活，品牌能够根据市场动态和消费者行为灵活调整展位位置和展示内容，商超快闪位置一般在中庭或商超客流主动线的连廊上，其曝光效果更好，获客能力也更强。

港宏智电集团各品牌均在节假日期间进入不同的商超进行展示，也会在口岸较好、客流较大、客户购买力较强的商超做长期快闪展示，以辅助正式门店收集潜客。

（六）新能源品牌集合店模式

智电世界·蔚蓝中心坐落于成都市天府大道与华府大道交界处，于2022年1月1日正式开业，建筑面积约7500平方米，是全国首家新能源专属沉浸式体验集合中心，汇集 smart 成都旗舰中心、极狐品牌旗舰中心、小鹏汽车西南用户运营中心、蔚来、上汽智己、上汽飞凡、上汽 ID.、东风猛士、东风岚图、广汽昊铂、广汽埃安、吉利银河等12大新能源品牌，及汽车之家空间站新零售门店，更有亚洲藏品最多的穆夏艺术馆、毕加索亲笔签名版画、智读书屋、100%Action 健身馆、穆夏繁花咖啡，以及各类收藏级潮玩，是一个智能制造、潮玩文化、经典艺术跨界结合的打卡胜地。

智电世界聚集多个新能源汽车品牌，为消费者提供了创新、科技、时尚，场景丰富的购车场景，增加了品牌的曝光机会，形成多品牌和多异业同时引流的作用。从展示、试驾到销售，为消费者提供便捷的一站式购车体验。

（七）汽车之家空间站模式

汽车之家空间站新零售门店是一种集科技体验、一站式选车、试车和购车的新零售场景。这种模式的优势在于能够利用高科技手段，用裸眼3D 的方式1 ∶ 1呈现上百款时下最热门的新车，增强消费者的购车体验，便于消费者一站式对比，省去了为购车东奔西跑的烦恼。在汽车之家的大力支持下，港宏智电集团已在成都和绵阳建立了2家汽车之家空间站，并于近期获得了深圳的正式授权，为消费者提供特斯拉、比亚迪、蔚来、理想、小鹏、极氪、宝马、奥迪等近40余个主流新能源汽车品牌，提供一站式多品牌看车、对比试驾、无忧购车和换车服务，解决消费者为品牌对比满城奔波的问题，真正打通了线上和线下的销售链路。以3D 技术的全息智能舱、EV 智能云及一系列 AI 工具，提供客户1 ∶ 1的多品牌立体看车和拆车对比的解决方案，形成差异化的服务模式。

（八）电动汽车跨境电商

港宏智电准新电动车跨境电商业务于2023年1月1日已正式上线阿里巴巴国际站，且团队已到中亚和东欧多国实地建立销售网络和客户渠道。业务上线以来，已实现近1000辆的销量。2024年，电动车出口业务将会是港宏智电销售业务的重要发力和增长点。多种经营模式相结合的好处如下。

1. 市场覆盖广泛

通过结合不同的经营模式，港宏智电集团能够覆盖更广泛的市场和消费群体，满足不同消费者的需求。

2. 资源整合

集团层面可以整合不同模式的资源，如客户信息、营销策略、服务网络等，提高运营效率。

3. 风险分散

不同的经营模式可以分散市场风险，即使某一模式受到市场波动的影响，其他模式仍可保持稳定。

4. 品牌形象提升

多种模式的结合展现了集团的创新能力和市场适应性，有助于提升品牌形象。

5. 数据共享

不同模式可以共享客户数据和市场反馈，为集团提供宝贵的市场信息，指导未来的战略决策。

港宏智电集团通过创新的多种经营模式，实现了市场的多元化覆盖和风险的有效分散。同时，通过不断地探索和创新，港宏智电集团有望在激烈的市场竞争中保持领先地位，为消费者提供更优质的服务。

捷通达汽车集团股份有限公司

一、集团简介

捷通达汽车集团股份有限公司（以下简称“捷通达集团”），成立于2010年，总部位于天津市西青经济技术开发区大寺高新技术产业园。作为一家以投资汽车4S店为主的集团化企业，捷通达集团的主营业务涵盖汽车销售、售后服务、汽车配件供应、二手车交易、汽车进出口、汽车租赁以及汽车衍生服务等多元化领域。经过多年的发展，集团注册资本达到19375万元，实缴资本与之相同，显示出企业雄厚的资金实力和稳健的经营策略。

截至目前，捷通达集团已拥有子公司132家，与33个国内外知名汽车品牌建立了紧密的经销合作业务关系。集团经营的汽车4S店及各类门店数量超过130家，员工总数超过4300人，服务车主数量近85万。凭借强大的品牌影响力和广泛的市场覆盖，捷通达集团在业界树立了良好的口碑，成为汽车流通领域的佼佼者。

二、营销创新

随着互联网技术的快速发展和新媒体平台的崛起，直播销售逐渐成为汽车产业营销的新趋势。特别是在疫情期间，线下汽车销售受到严重冲击，线上直播销售模式以其独特的优势，为汽车企业提供了新的营销渠道和增长动力。捷通达集团作为汽车行业的领军企业，敏锐地捕捉到了这一市场机遇，决定启动汽车新媒体营销项目，以拓展线上市场，提升品牌影响力。

此外，新媒体营销还能够为捷通达集团带来更为直接和高效的客户互动。通过直播形式，品牌可以实时展示汽车产品、解答消费者疑问、提供购车咨询等服务，从而增强客户黏性，提高转化率。同时，直播平台的数据分析能力也能够帮助集团更精准地把握市场动态和消费者需求，为未来的产品开发和营销策略提供有力支持。

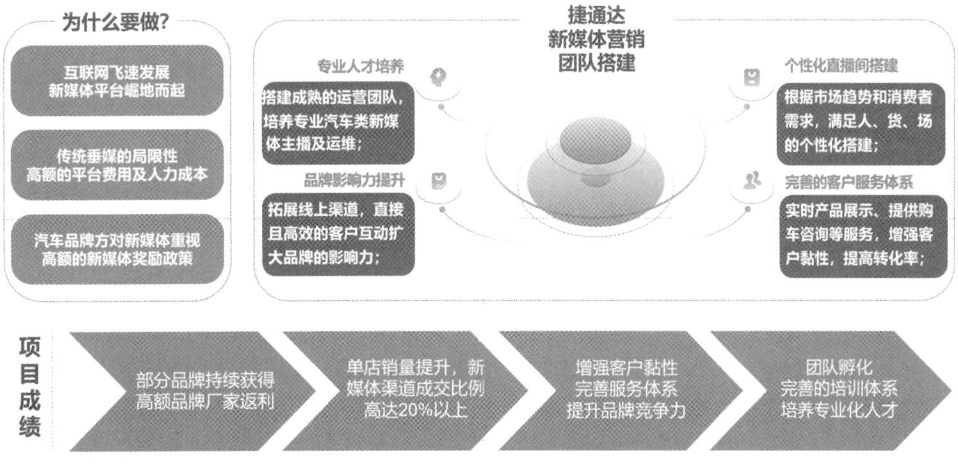

新媒体拓客营销渠道

捷通达集团旨在搭建专业的新媒体营销团队与人才发展平台。项目主要从培养汽车类主播及新媒体运维、新媒体线上销售等方面的人才培养入手，并根据市场趋势和消费者需求，满足人、货、场的个性化搭建，制订直播内容策划方案，包括产品介绍、购车优惠、互动环节等，以吸引粉丝的关注和参与。致力于打造全新的汽车营销时代。

该项目实施以来，取得了显著的成效。首先，在品牌宣传方面捷通达集团品牌知名度和影响力得到了显著提升，也增强了消费者对品牌的信任感与忠诚度，并且以直播销售的模式，让包含集团二手车在内的各大汽车品牌在销量及品牌返利上实现了快速的增长。2023年至今，仅一汽－大众及捷达 BG 共计获取厂家现金及流量支持返利约达220.6万元。其中天津捷众、天津捷兴等分公司新媒体团队荣获一汽－大众华北区域多项新媒体赛事大奖；天津通达津宝新媒体业务也在捷达品牌稳居全国排名第二；2024年1—5月集团高端品牌天津路特斯中心新媒体直播线索量排名品牌全国第一。

在销售业绩方面，新媒体直播项目有效带动了汽车销量的增长。直播活动不仅吸引了大量潜在客户的关注，还促进了现有客户的转化和复购。通过直播营销，捷通达集团成功实现了线上线下的融合，提升了整体销售效率。其中一汽－大众天津华泰通集团店、天津捷兴、天津捷通、天津捷众等店直播平台销量均占单月成交比例的20% 以上，天津荣宝行宝马5s 领创中心抖音平台直播大车型销量占单月成交比例达30.8%。

在客户服务方面，该项目也发挥了重要作用。通过直播平台，捷通达集团能够更加及时、准确地了解消费者的需求和反馈，从而不断优化产品和服务。同时，直播还为消费者提供了更加便捷、高效的沟通渠道，提升了客户满意度和忠诚度。

此外，该项目在人才培养方面也有突出的贡献。至今，集团新媒体营销团队共计拥有资深新媒体搭建培训讲师2名、专业汽车主播共计43名，运维人员共计12名。

面对新媒体直播项目的良好开局和广阔前景，捷通达集团将继续加大投入力度，推动项目向更高层次、更广领域发展。具体而言，集团将采取以下举措。

1. 加强直播团队建设

通过引进更多专业人才、提升团队整体素质，打造一支高效、专业的直播团队，为新媒体直播业务的顺利开展提供有力保障。

2. 丰富直播内容形式

在保持现有直播内容的基础上，进一步拓展直播形式和内容，如增加互动环节、引入更多汽车文化元素等，提升直播的吸引力和趣味性。

3. 拓展合作渠道

积极寻求与更多新媒体平台、汽车品牌及相关企业的合作机会，共同打造更具影响力的直播活动，实现资源共享和互利共赢。

4. 加强数据分析与运用

通过对直播数据的深入挖掘和分析，了解消费者的购车偏好和需求变化，为集团的产品研发、市场营销等提供有力支持。

综上所述，捷通达集团的新媒体直播项目在提升品牌知名度、促进销售业绩增长、优化客户服务等方面取得了显著成效。未来，集团将继续加大投入力度，推动项目不断发展和完善，为企业的可持续发展注入新的动力。

恒信汽车集团

恒信汽车集团基于旗下经营门店多，分布范围广，在全国范围内形成数十个汽车城园区（以下简称“园区”），且合资与豪华品牌交互聚集的现状。集团深入探索园区、门店有效的营销新模式、新途径，在汽车行业形成一套全新而有效的营销活动体系，即在汽车消费的传统节点以及主流消费节日期间，集团统一指导，组织园区所有门店统一举办活动，让园区各个门店对外营销活动整齐划一，创意统一，形象统一，培训统一。

相较于单店独立开展活动而言，园区统一组织活动具备多方面的优势。首先，在活动筹备上，各园区围绕集团指引，不仅做到步调一致，同时，能够结合品牌特点，融合区域差异，整合全链条业务，举办内容新颖多样，各具风格特色的主题活动;在宣传推广上，各园区统一节奏，同时主动出击，在市场上营造强大声量，形成合力；最后，利于集团与各园区上下联动，各店之间相互协同，中高端品牌客户资源互补，有效提升各园区整体订单量。

集团经过长时间的实践，园区活动组织与实施方面已经趋于完善、成熟。2023年共计策划并实施170多次园区活动。每次活动，集团精心策划、悉心指导，积极在主题创新、活动形式创新、宣传推广创新三大板块上下硬功夫，做到月月有主题，次次有新意。同时，在落地执行环节，严格督促落实，并做好推广、邀约、订单等方面跟踪反馈，使每个园区、门店能够按照集团指引执行到位，达成预期成果。从创意策划到落地执行全过程严格把控，使单店日均订单量较日常单日订单增长约87.43%，取得良好的营销效果。

集团策划的园区活动在形式上积极创新，灵活多样。春有购车季，夏有仲夏夜，秋有黄金周，冬有年终巨惠节，根据四季不同，园区活动也是特色鲜明，富含时节韵味。不仅如此，集团策划的活动也紧跟潮流，在“520”“618”“双11”等电商促销节和年轻人喜闻乐见的节日，也会采用线上优惠促进汽车消费。另外，在春节、端午节、妇女节、父亲节、教师节、中秋节、重阳节等传统节日，集团也会策划带有传统文化特色的主题活动，并结合当前市场流行元素，为客户带来不一样的看车、购车体验。

除了园区内生动的活动，集团也主动采用走出去与引进来相结合的方式，多集客，增转换。一方面，集团支持由大区总牵头，带动整个园区由点拓面，资源嫁接拓展银行、保险、地产、服装、美容、文旅等多方联合，通过定制团购会、试乘试驾会、专属购车节等活动多维切入，走出园区，更大范围获取客户资源、集客转换订单。另一方面，积极嫁接导入全域资源，对接教培机构、企业单位，举办音乐节、露营节等资源拓宽营销活动，吸引更多的购车意向客户来园区参加丰富多彩的营销活动。

经过长时间实践，在园区活动方面集团已经积累丰富而又完善的经验，从组织、策划、执行、反馈全流程环节形成一套成熟的体系。接下来，集团将继续以“1+N”构建活动框架，即坚持以园区活动作为一个活动组织举办的核心，N种源源不断的创意和资源落地执行。用好用足创新营销模式，紧抓市场消费和政策红利，在短期内，把握昼长时机，打一场夏季攻坚战，策划园区落日活动计划，指导园区举办落日后备厢市集、落日夏令营、落日音乐会、亲子互动等系列主题活动，在看车、购车过程中给予客户丰富多彩的活动体验。长期而言，一方面，抓住传统汽车消费节点红利，用好用足政府推出的“以旧换新”汽车消费政策及后期陆续出台的各类促消费政策，盘活私域客户资源。另一方面，坚持异业合作、资源嫁接，主动跨行业合作，通过重点物料植入方式把核心价值元素推到市场，将汽车关联客户引进来，从公域获得更多客户资源。为各园区提供更专业、更细致、全方位的创意指导和活动策划。

厦门信达国贸汽车集团股份有限公司

一、集团简介

厦门信达国贸汽车集团股份有限公司（以下简称“信达国贸汽车”）从事汽车经销行业已超过20年。截至2023年末，信达国贸汽车已拥有汽车经销4S门店、新能源体验中心及钣喷中心50余家，主要经销宝马、奥迪、雷克萨斯、特斯拉、玛莎拉蒂、凯迪拉克、英菲尼迪、红旗、大众、丰田、本田、智己、问界、智界、奇瑞星途等28个品牌，覆盖全国多个省市，是福建省区域龙头汽车经销商集团之一。

信达国贸汽车紧跟行业趋势，通过抢抓新能源发展的快车道、坚持创新营销形式，致力于打造更真诚、更能触达消费者的用车体验，凭借多模业态发展，不断朝着“引领优质汽车生活”的目标迈进。

二、多模业态营销

（一）顺应市场，海内外全面布局

2024年3月，厦门市新能源乘用车报牌5421辆，首次超过燃油车（5023辆）。信达国贸汽车代理的新能源品牌表现抢眼。如奇瑞新推出的品牌 iCAR，刚开业就收获了近100个订单，问界报牌348辆，环比增长58.15%，宝马 i 则创下销量新高，报牌178辆。此外，智己、大众 ID、奥迪 e-tron、星途等新能源品牌的销量也持续增加。

图1 厦门 iCAR 正式开业

近年来，信达国贸汽车顺应市场变化，持续加码新能源“赛道”。销售门店方面，信达国贸汽车新增厦门 iCAR、福州 iCAR、厦门智己 SM 慢闪店、福州华为鸿蒙智行、泉州红旗新能源、厦门星途星纪元等新能源品牌；售后服务方面，开设昆明蔚来授权钣喷中心，并通过收购保利汽车，获得了5家特斯拉钣喷中心和1家岚图钣喷中心的授权。此外，信达国贸汽车旗下保利汽车（昆明）有限公司成为小米汽车1S 店授权合作商，开展钣喷及机修业务。

图2　出口业务

除了布局好国内市场，信达国贸汽车紧抓中国新能源车的“出海”机遇。依托二手车出口资质，自建四大直营团队，并实现属地化经营。目前，信达国贸汽车的出口业务覆盖俄罗斯、哈萨克斯坦、乌兹别克斯坦、吉尔吉斯斯坦、约旦等数十个国家。相关数据显示，2022年信达国贸汽车完成车辆出口1800辆。

（二）坚持创新，打造行业新典范

面对瞬息万变的市场，信达国贸汽车坚持创新优化线上结合线下的市场营销方式。近年来，信达国贸汽车引入大数据技术进行精准营销，旗下各门店及服务板块集思广益，持续运营抖音号、视频号、小红书等新媒体平台，打造出“美车城”视频号、“淘靓车”抖音号以及特价车、售后秒杀、好物优品、精彩互动等多个线上服务，成效显著。2023年，信达国贸汽车全品牌累计线上直播近12000场，累计观看超1706万人次，累计成交1501辆。此外，组织开展多场线上线下相结合的联合活动，如“五一焕新季”，收获订单1277笔。“双12淘车嘉年华”，订单达1566笔。2023年，信达国贸汽车荣获了中国汽车流通协会颁发的“2023年中国汽车流通行业创新优秀会员”“新媒体营销优秀会员”等奖项。

此外，信达国贸汽车于2023年6月创新推出了“星曜一号”应急救援装备，深入探索应急救援设备领域，推动国家应急救援装备技术的革新与进步，为我国应急救援领域科技综合水平的提高贡献国企力量。

（三）用心服务，为民保驾护航

2024年春节复工交通高峰期，一场寒潮席卷我国多个省份，全国多地车主遭遇行车困难。信达国贸汽车第一时间奔赴救援最前线。在厦门同安高速口，同安东风本田联合高速公路管理局临时搭建了“感心服务站”，为往来车辆提供免费的餐食和车辆检查服务；福州国贸启润和福州大往服务区携手，推出春节出行专项服务活动，提供车辆补给、车辆救援、用户补给等服务。救援人员奔赴现场的同时，线上服务平台同样保持24小时在线，通过线上、线下的协同服务，第一时间为客户解决各类问题。

2023年8月，信达国贸汽车走进厦门市湖里区殿前街道嘉福社区，提供二手车免费评估、车辆检测、新能源汽车体验等服务，以实际行动为民服务。

浙江东江汽车

随着互联网和新媒体时代的急速发展，传统营销模式已经不能满足消费者日益多样化的需求。为了更好地与消费者互动，提升品牌知名度和销售业绩，浙江东江汽车集团于2022年启动了新媒体营销创新项目。

一、项目概述

该项目的核心目标是通过整合多种新媒体平台，打造一个全方位、多角度的营销生态系统。我们的策略包括以下四个方面。

1. 社交媒体运营

在微信、微博、抖音等主流社交媒体平台上建立了官方账号，定期发布有趣、有用、有价值的内容，包括汽车资讯、促销活动、车主故事等。同时，我们还通过社交媒体平台与消费者进行互动，解答他们的疑问，收集他们的反馈，提高客户满意度。

2. 短视频制作与推广

组建专业的短视频制作团队，制作了一系列高质量的短视频，包括汽车评测、驾驶技巧、汽车文化等。这些短视频在抖音、快手等平台上发布后，受到了广大消费者的喜爱和关注，有效提升了品牌知名度和美誉度。

3. 直播营销

利用直播平台，开展了多次直播营销活动，包括新车发布会、试驾直播、售后保养直播等。通过直播，消费者可以实时了解汽车的性能、配置、价格等信息，同时还可以与主播进行互动，提问解答，提高购买意愿。

4. 新媒体广告投放

在巨量引擎、今日头条、小红书、腾讯广点通等新媒体平台上投放了大量的广告，包括图文广告、视频广告等。这些广告精准地触达了目标消费者，提高了广告效果和转化率。

二、团队情况

集团内部配备专职新媒体主播128人，专职新媒体运营56人，新媒体管理岗11人。该团队具备丰富的新媒体营销经验和专业技能，能够迅速捕捉市场热点和消费者需求，创作出吸引人的内容。在团队管理方面，建立了完善的管理机制。

1. 明确分工

集团内部以品牌及地域为基础，设立5大新媒体运营中心，确保新媒体团队每个成员都能明确自己的职责和任务，形成高效的协作体系。

2. 培训与提升

集团成立专项新媒体培训赋能子公司，由该子公司赋能团队进行新媒体专项赋能，定期组织内部培训和学习交流活动，不断提升团队成员的专业能力和综合素质。

3. 激励机制

设立合理的绩效奖励制度，激励团队成员发挥最大的创造力和工作积极性。

三、实施成效

通过实施新媒体营销创新项目，取得了以下显著成效。

浙江东江汽车集团新媒体营销成果

1. 门店及品牌曝光大幅提升

截至目前，通过社交媒体、短视频、直播等新媒体平台的广泛传播，我们的新媒体各平台账号矩阵，累计更新视频10万多条，累计直播近12万场，累计曝光已突破30亿次。

2. 销售业绩显著增长

新媒体营销创新项目的实施，有效地促进了汽车销售。通过新媒体平台的精准推广和互动，我们成功地吸引了大量潜在客户，提高了客户转化率和销售业绩。项目实施以来，新媒体项目累计达成超20万条新媒体专项线索，累计产生新媒体订单近7000台次，新媒体订单渗透率达19%。

3. 客户满意度提高

通过社交媒体平台与消费者的互动，及时了解了消费者的需求和反馈，为消费者提供了更加优质的服务和体验。同时，通过短视频和直播等新媒体平台的推广，消费者对品牌和产品有了更加深入的了解和认识，提高了客户满意度和忠诚度。

4、团队能力提升

新媒体营销创新项目的实施，锻炼了团队能力。团队成员在社交媒体运营、短视频制作、直播营销等方面积累了丰富的经验，为今后的发展奠定了坚实的基础。

四、下一步举措

为了进一步提升新媒体营销创新项目的效果，我们将采取以下举措。

1. 优化内容策略

我们将继续优化社交媒体、短视频、直播等新媒体平台的内容策略，制作更加有趣、有用、有价值的内容，吸引更多消费者的关注和参与。

2. 加强数据分析

我们将加强对新媒体平台数据的分析和挖掘，了解消费者的行为和需求，优化广告投放策略和营销活动方案，提高营销效果和转化率。

3. 拓展新媒体平台

我们将积极拓展新的新媒体平台，如小红书、B 站等，扩大品牌影响力和覆盖面。

4. 加强合作与联盟

我们将加强与汽车厂商、媒体、网红等合作伙伴的合作与联盟，共同打造更加优质的营销生态系统，提升品牌知名度和美誉度。

总之，通过新媒体营销创新项目的实施，取得了显著的成效。未来，我们将继续加强新媒体营销创新，不断提升品牌知名度和销售业绩，为消费者提供更加优质的服务和体验。

江苏益昌集团有限公司

一、集团简介

江苏益昌集团有限公司在如皋农机公司的基础上，成立于1998年，专业从事汽车4S店投资管理、国内知名品牌摩托车和农机销售、服务、管理等业务，公司总部设在南通如皋，本着“让有车生活更美好”的理念，始终致力于汽车品牌的长期建设作为企业实现可持续发展的核心，依托江苏益昌集团平台优势及日臻成熟的汽车4S店品牌运营优势，已在一汽奥迪、上汽奥迪、宝马、凯迪拉克、一汽丰田、广汽丰田、东风本田、领克、哈弗等多家汽车品牌4S店和小鹏、欧拉、埃安、零跑等新能源汽车体验中心、特斯拉授权钣喷中心等。多品牌的资源整合，均取得了可喜、优异的经济效益和社会效益。

二、新媒体运营

集团层面重视新媒体运营，组织新媒体运营论坛，各子公司互相促进、学习，并对新媒体运营提出具体要求。

（一）组织架构、人员要求

① 要有主管兼运营，主要职责：剧本创作、文案策划；要求专职。

② 主播：要有品牌的专业知识，形象气质符合相应要求；要求专职人员从公司销售顾问、培训经理转岗，如果是外招，也要经过销售顾问岗位实习。

③ 摄影、剪辑制作：人员可以通过现有员工培训或外招产生；要求专职。

④ 副播：主播的搭档，要求说话口才较好，反应灵活，有一定的才艺；可以兼职。

⑤ 线索收集、互动邀约专员：线索收集、私信回复、邀约；要求专职。

（二）对短视频和直播场次要求

子公司运营两个抖音直播号，一个播新车，一个播二手车。每个直播号每天（无休息）新车和二手车至少各播两场，每场至少1小时，黄金时间不能缺席，短视频新车和二手车各发布一条；如新媒体订单达不到和二手车直销、收购置换完不成计划的，增加直播场次和短视频发布量。

（三）鼓励并要求员工个人进行新媒体营销

要求每个新车、二手车销售顾问至少在1个新媒体开立个人账户进行直播和发布短视频。鼓励个人用抖音、小红书、微信视频号等进行直播，短视频发布，同时鼓励全员进行新媒体营销。

各子公司在新媒体运营方面逐步稳定新媒体运营，已经成为不可或缺的获客来源和成交渠道，并对提高集团综合竞争力有着显著成效。

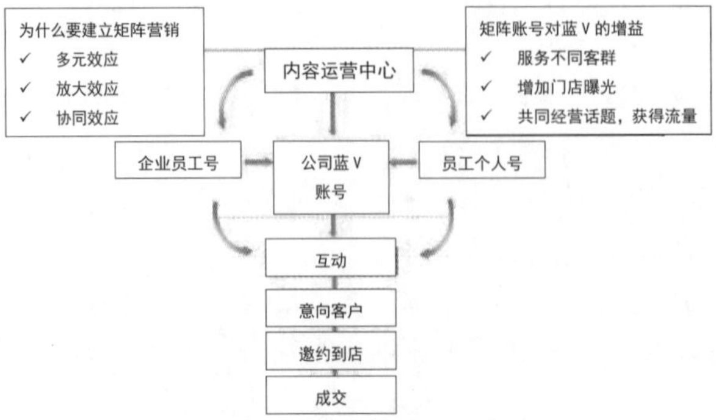

江苏益昌集团新媒体营销成果

汽车经销商运营案例

广州海珠埃安体验中心

随着新媒体技术的发展，使汽车行业的营销方式产生了巨大的影响。在传统营销模式下，经销商主要依靠三大垂直媒体或广告投放获取线索。但如今垂直媒体的线索质量越来越差，平台费用却不降反涨，导致经销商获客成本越来越高。

为降低获客成本，提高经营效益，广州美轮集团开始尝试在新媒体领域寻求突破，将汽车营销推广与新媒体技术相结合，通过流量带动销量，经多年实践，已经取得了一定成效。下面以集团旗下子公司——广州海珠埃安体验中心（以下简称“广州海珠埃安”）为例。

广州海珠埃安成立于2018年3月，是广汽埃安的首批经销商之一，连续3年蝉联“广汽埃安全国十佳店”的称号。在集团的统一领导下，广州海珠埃安在成立之初即开展新媒体运营工作。

一、组建独立于网销的新媒体团队

初期，受传统营销模式的影响，广州海珠埃安并未设立独立的新媒体团队，采用全员兼岗的模式，市场部兼账号运营，销售部兼直播和视频拍摄，DCC部门兼新媒体线索邀约转化，此为新媒体团队1.0模式。该模式下通常因销售人员忙于业务无法直播出镜或出镜人员不固定而影响运营效果。

2021年初，开始设立独立的新媒体团队，团队成员包括新媒体经理，运营和主播，此为新媒体团队2.0模式。专人专岗，解决了人员不固定的问题，但线索仍然交由垂媒DCC部门统一邀约。

2022年初，账号运营逐渐成熟，线索加速增长，但对比传统垂媒，新媒体线索成交周期长，对跟进的时效性要求也更高，需要电销人员花费更多精力去跟进。为了加强新媒体线索管理，提高销量，海珠埃安又增设了专门的新媒体DCC团队，包含线索运营专员、新媒体电邀和直销人员，形成新媒体团队3.0模式。

新媒体人员架构从1.0模式到3.0模式，人数由2人兼职到14人专职的升级与完善过程，代表着广州海珠埃安在新媒体工作方面的不断创新与尝试。

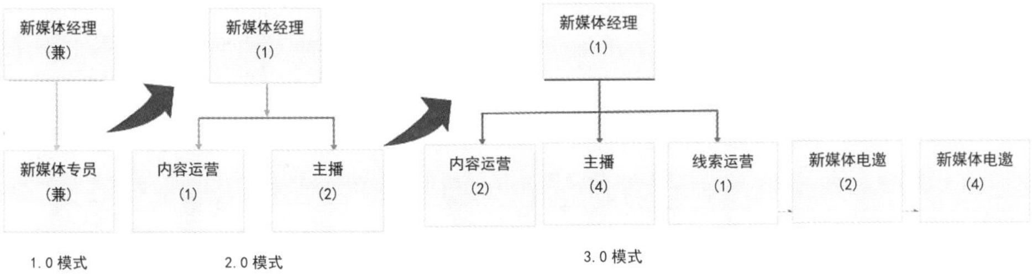

新媒体人员架构

二、矩阵营销，广撒网

为了获取更多客户线索，降低营销成本的同时增强线索留存，广州海珠埃安在新媒体领域构建了矩阵账号体系，其中共有6个官方抖音账号，平均每个账号每天至少出品“1条视频+1场直播”，每场直播时长2小时，累计收获粉丝“15万+”，月均曝光达10万次。

除抖音外，广州海珠埃安要求所有业务人员注册小红书、闲鱼、B站等主流自媒体平台账号，目前共有小红书账号约60个，闲鱼账号约60个，B站账号约60个，每个平台账号每周至少发品4次。

新媒体矩阵的营销方式相较于传统的营销模式在线索留存和营销获客上都拥有明显的优势。通过全员全平台多账号的广撒网式营销策略，有效扩大了门店信息的覆盖和传播范围，且各平台均有一定的意向收获和订单产出。

2023年，广州海珠埃安通过新媒体矩阵，累计获取线索13875条，已经超出了中下游垂直媒体的线索量。

为应对大量销售线索的管理挑战，广州海珠埃安通过建立标准化跟进流程，采用自动化工具提高效率。线索运营专员要做好数据统计与分析工作，及时反馈团队优化策略，持续提升线索转化率。

经过团队流程化协作，2023年广州海珠埃安全年共产出订单1158辆，同比2021年增长503%。同时成为率先在广汽埃安全国经销商中实现新媒体破百的门店，多次获得区域性及全国性新媒体贡献奖。

三、新媒体工作展望

当然，我们在新媒体矩阵的建设与运营同样面临着诸多困局与挑战，需要我们在实践中不断探索和解决。

接下来，广州美轮各品牌会持续做好矩阵运营，打造出以店铺为特色的“美轮 + 品牌”IP，扩大流量入口。让用户找到“美轮 + 品牌”“美轮 + 品牌”也能找到用户。其次，要做好私域流量精细化运营，通过粉丝关怀、线上一站式顾问服务，粉丝见面会、粉丝专享市场活动等措施做好粉丝服务，助力销售，提升集团竞争力。

另外，新媒体环境下汽车营销模式中，售后保障服务占有重要位置，这是汽车营销链中的一个重要环节。我们在新媒体环境下所需要竞争的就是售后服务的质量，这不仅能够加强品牌门店在消费群体中的信任感和归属感，还能促进用户在朋友圈、抖音等自媒体平台进行品牌门店价值的传递，加速门店口碑的建立和宣传。我们计划在抖音开通汽车精品橱窗、线上预约及线上售后专栏等服务，实现消费者与“美轮 + 品牌”的多元化沟通途径，以此来提高各门店营销水平和经营效益。

广东鸿粤林肯中心

自2014年林肯品牌正式进驻中国市场以来，广东鸿粤林肯中心便承载着林肯在华发展的使命，以全国首批林肯中国授权代理经销商、华南地区首家官方授权经销商的身份，持续为客户带来卓越的汽车服务体验。在业务快速发展的同时，广东鸿粤林肯中心始终坚守“以客为先、以诚待人、专业对车、积极创造、回馈社会”的企业价值观，将公益精神融入品牌文化，积极履行社会责任。

一、公益补给站

在炎炎夏日，广东鸿粤林肯中心设立了公益补给站，为环卫工人、人民警察、快递小哥、外卖骑士、建筑工人等户外劳动者提供免费冷饮补给。这一举措不仅为这些辛勤工作的人送去一份清凉，更传递了林肯品牌对社会的关爱与责任。

二、大瑶山公益助学自驾游活动

作为“为爱启航·驭见林肯”公益活动的第一季，大瑶山助学活动得到了广大林肯车主的积极响应。车主们带着满载爱心物资的“载梦后备厢”，驱车前往韶关市乳源大瑶山，为当地贫困学校的孩子们送去温暖和关怀。这次活动不仅让孩子们感受到了来自社会的关爱，也让车主们深刻体会到了公益的意义和价值。

三、清远保安镇新塘小学公益助学自驾游活动

在连续两年的时间里，广东鸿粤林肯中心成功举办了多次“为爱启航·驭见林肯”公益活动。其中，清远保安镇新塘小学公益助学自驾游活动更是吸引了超过320位车主的积极参与。车主们不仅为孩子们捐赠了爱心物资，还与孩子们进行了深入的互动和交流，传递了林肯品牌尊重、陪伴、以人为本的服务理念。

四、公益的意义

“为爱启航·驭见林肯”公益活动不仅为贫困地区的孩子们送去了温暖和希望，更让参与的车主们深刻体会到了公益的力量和价值。在帮助他人的同时，车主们也在不断成长和蜕变，学会了感恩和付出。广东鸿粤林肯中心将继续秉承“林肯之道”，将公益精神融入品牌文化，为社会贡献更多的爱与力量。

公益活动

江阴上通汽车

随着新媒体的崛起，江阴上通汽车紧跟时代潮流，在新媒体领域精耕细作，以短视频和直播为突破口，成功扩大了销售开口端，提升了品牌影响力。以下是江阴上通汽车在新媒体运营方面的主要实践和成效。

一、组建专业团队，明确绩效目标

江阴上通汽车组建了一支专业的新媒体运营团队，设定了明确的绩效目标，包括直播场次、线索量、本地线索量、视频拍摄数量等，不断优化和迭代工作流程，确保团队高效运作。

二、短视频精准营销，直击用户痛点

团队针对用户痛点，精心策划和制作短视频内容，包括产品讲解类、政策导向类、粉丝共鸣引导类等，通过金融、置换、活动、服务等政策，提升视频流量，引导用户留资。团队坚持提升视频质量，从脚本撰写到拍摄剪辑，再到投放和跟进，每个环节都做的精益求精。

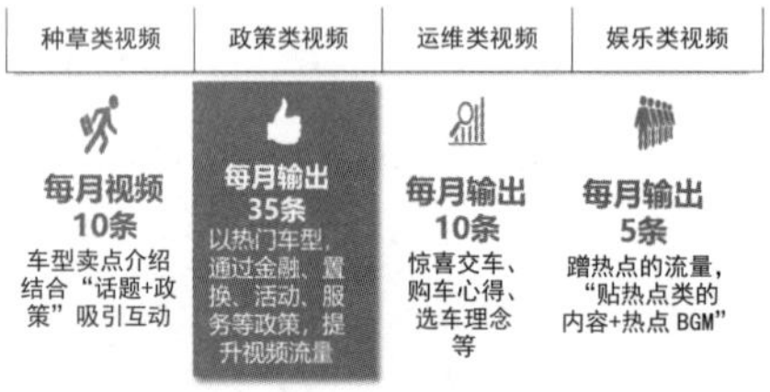

短视频营销

三、直播创新模式，扩大销售开口

江阴上通汽车采用“白 + 黑”直播模式，全天候覆盖用户，通过主播引导和后台专人专岗主动出击，提高留咨率。团队还策划了主题直播活动，如“五一”假期“母亲节”“父亲节”“618”等，通过全场景活动规划和全员参与协同分工，确保直播活动精准执行。此外，团队还通过场复盘、日复盘、周会议“月总结 + 月计划”等方式，不断提升直播效果和主播能力。2023年在新媒体短视频和直播方面不断深挖，给销售业务扩大了开口。2023年新媒体月度抖音端口获取线索“500+”，属于区域头部，新媒体销售占比10%。

四、后端转化精细化，提升线索转化率

江阴上通汽车注重后端转化工作，总经理亲自监控线索流转情况，销售副经理和销售顾问高度重视新媒体线索的跟进工作。团队通过及时复盘数据、分析线索情况、制订跟进计划等方式，确保高意向客户得到及时有效的跟进和维护。同时，团队还通过提升主播话术、优化咨询引导留资流程、提升3分钟跟进率等方式，提高线索转化率。

五、持续学习与改进，迈向更高目标

江阴上通汽车将继续深入学习新媒体运营知识，不断优化和完善新媒体框架，增加新媒体主播数量，精耕细作短视频内容，持续扩大本地线索开口量。团队设定了本地线索目标30% 和本地线索转化率12% 的目标，通过精细化管理和持续努力，力争实现销售业务的新突破。在新媒体流量时代，江阴上通汽车凭借坚定的信心和持之以恒的努力，在新媒体领域取得了显著成效。相信在不久的将来，江阴上通汽车将在新媒体运营的道路上越走越远。

厦门丰华汽车

在竞争激烈的商业环境中，品牌间的异业合作成为一种新颖而高效的营销策略。厦门劳斯莱斯汽车与厦门帝景苑的此次合作，旨在通过强强联合，打造一场前所未有的高端体验活动，提升双方品牌的影响力，同时加强与客户之间的情感连接。

一、营销策略

1. 品牌合作亮点

劳斯莱斯汽车（厦门）。作为劳斯莱斯在中国区的顶级经销商之一，以其卓越的产品质量和尊贵的服务体验，赢得了广大客户的信赖与喜爱。

厦门帝景苑。作为厦门 CBD 的标志性建筑，帝景苑以其独特的地理位置和奢华的居住环境，成为众多成功人士的首选。

2. 活动创意与执行

飞天奢华。将一辆净重2.5吨的劳斯莱斯古思特汽车从地面平移至帝景苑44楼、高达166米的空中阳台，这一前所未有的创意不仅展示了劳斯莱斯汽车的卓越品质，也彰显了帝景苑的尊贵与非凡。

多维沉浸式全息投影晚宴。结合先进的科技手段，打造了一场视觉与听觉的盛宴。全息投影技术将晚宴现场装点得如梦如幻，让每一位宾客都仿佛置身于一个梦幻般的世界。

二、实施成效

1. 宣传效应

活动在社交媒体上引发了广泛关注和热议，成为当日的热门话题。劳斯莱斯汽车与厦门帝景苑的品牌形象得到了极大的提升，进一步巩固了它们在各自领域内的领导地位。活动照片和视频被广泛传播，不仅吸引了潜在客户的关注，也激发了他们对高品质生活的追求和向往。

2. 客户反馈

参与活动的宾客对活动赞不绝口，纷纷表示这是一场前所未有的体验。他们对劳斯莱斯汽车的品质和帝景苑的居住环境表示高度认可，并表示愿意成为双方品牌的忠实拥趸。活动也促进了宾客之间的交流与互动，为双方品牌积累了宝贵的客户资源。

三、回顾与展望

飞天奢华的创意、多维沉浸式的全息投影晚宴，都成为本次活动的亮点。这些创新元素不仅提升了活动的品质，也为客户带来了独特的体验。

异业合作的模式也为双方品牌带来了更多的可能性。通过资源共享和优势互补，双方品牌实现了互利共赢的局面。

劳斯莱斯汽车（厦门）与厦门帝景苑将继续深化合作，探索更多创新的营销方式。他们计划举办更多类似的高端体验活动，以吸引更多潜在客户的关注。同时，双方品牌也将加强在产品质量和服务体验方面的提升，为客户提供更加尊贵、舒适的生活享受。

在未来合作中，双方品牌可以进一步挖掘彼此的潜在优势，共同开发新的产品和服务。例如，可以推出定制化的汽车与豪宅套餐，为客户提供更加个性化的选择。同时，双方品牌也可以加强在社交媒体等线上渠道的宣传和推广力度，以扩大品牌知名度和影响力。

厦门盈众福海

随着汽车行业的深刻变革和新媒体时代的快速发展，传统汽车品牌面临着前所未有的挑战与机遇。盈众集团的厦门盈众福海作为上汽大众品牌的五星级经销商，在应对市场变革中展现了出色的适应力和创新力。通过紧跟时代步伐，积极拥抱新媒体，厦门盈众福海在激烈的市场竞争中脱颖而出，实现了销量的稳步增长和品牌声量的显著提升。

近年来，汽车行业经历了新一轮的洗牌和重组，新势力品牌崛起，传统品牌则需要在夹缝中求生存。面对市场的变革和消费者需求的变化，厦门盈众福海意识到只有不断创新和突破，才能在竞争中立于不败之地。尤其是在特殊时期，客户量减少、消费能力下降等问题给公司经营带来了巨大压力。然而，厦门盈众福海并未被困境所束缚，而是积极寻求突破，利用新媒体时代的红利，开启了新的营销模式。

一、创新举措

1. 顺应形势，开启新媒体之旅

面对市场低迷和线下拓客受限的情况，厦门盈众福海迅速组建新媒体运营团队，并与主机厂紧密合作，开始了新媒体营销的尝试。通过直播、短视频等形式宣传品牌、展示产品，不仅有效提升了品牌声量，也为公司带来了可观的客户增量。

2. 注重结果导向，实现常态化运营

随着新媒体营销工作的逐步推进，厦门盈众福海逐渐认识到流量并非唯一追求。公司坚持以结果为导向，注重潜在客户的挖掘和转化。通过优化直播和短视频内容、提高互动性和专业性等措施，公司成功实现了新媒体营销的常态化运营和销量的稳步增长。

3. 鼓励创新，打造自媒体矩阵

面对新媒体行业的日新月异和竞争环境的不断变化，厦门盈众福海积极开拓新的自媒体渠道，形成了包括抖音、小红书、视频号、哔哩哔哩等在内的自媒体矩阵。同时，公司鼓励员工积极参与自媒体运营和创作，打造个人IP，提升品牌影响力和市场竞争力。

二、显著成效

通过新媒体渠道的开发和运营，厦门盈众福海取得了显著的成效。经过三年多的深耕，新媒体团队实现了月均贡献销量25台，在众多作品中，有场观上万的热门直播，也有浏览量突破几十万的热门视频和笔记，在艰难的汽车市场中，真正做到有效的渠道开拓。同时，公司品牌声量得到了显著提升，吸引了大量潜在客户。在新媒体的带动下，公司其他渠道也变得更加活跃和高效。通过举办多种形式的营销活动促进客户成交转化，公司成功实现了规模上升并跻身2024百强经销商榜单。

三、总结与展望

厦门盈众福海的成功经验表明，在新媒体时代下，传统汽车品牌只有紧跟时代步伐、不断创新和突破才能在竞争中立于不败之地。未来随着汽车行业的持续变革和新媒体技术的不断发展，厦门盈众福海将继续保持敏锐的市场洞察力和创新精神，在差异化运营中寻找新的增长点，不断巩固和提升自身的市场竞争力。同时，公司也将继续关注市场动态和消费者需求变化，不断优化产品和服务质量，提升客户满意度和忠诚度。

南通益昌奥迪

一、运营创新举措

1. 打造专属新能源团队

南通益昌奥迪针对新能源汽车领域，打造了专属的团队，并进行了针对性培训和演练。这样的专业团队能够更精准地满足新能源汽车客户的需求，提供专业的服务和建议。

2. 商超体验中心

公司自行打造了新能源汽车商超体验中心，不仅展示了各款新能源汽车，还设置了多种互动体验区，如模拟驾驶区、智能科技展示区等。这一举措极大地提升了奥迪新能源的曝光度和集客量，让客户能够更深入地了解新能源汽车的优势和特点。

3. 线上线下融合营销

通过社交媒体、直播平台等线上渠道进行广泛宣传和互动，同时线下举办各类主题活动和试驾活动，提高品牌知名度和客户参与度。这种融合营销模式有效地扩大了品牌影响力。

4. 与当地企业、社区合作

通过提供企业二手车置换新能源政策、团购优惠、社区免费试驾等活动，与当地企业和社区建立合作关系，共同推广新能源汽车的使用。

5. 一站式新能源汽车服务

提供从购车咨询、金融方案订制、车辆交付到后续的维修保养、电池检测与维护等全方位服务，确保客户购车无忧。

二、实施成效

新能源商超体验中心的设立吸引了大量潜在客户，提高了客户对新能源汽车的兴趣和购买意愿，销售转化率明显提高。“一站式服务”增强了客户的满意度和忠诚度，客户口碑相传，为公司带来了更多新客户。

线上线下融合的营销模式扩大了品牌影响力，公司在新能源汽车市场的份额稳步上升。南通益昌奥迪在2023年新车总销量东部区排名第五，新能源车销量二线城市排名第一，南通地区奥迪单店奥迪新能源销量市占率55%，2024年1月、2月江苏省新能源销量苏中、苏北排名第一。

三、下一步举措

加强线上及新媒体营销。打造新能源抖音专场、小红书销售顾问全员矩阵，利用大数据和人工智能技术精准定位目标客户，提高营销效果。

人才保障。培养和引进更多新能源汽车领域的专业人才，为公司的发展提供坚实的人才保障。同时，不断完善服务质量监督机制，确保各项服务的高品质和高效率。

关注行业动态。积极关注行业动态和技术发展趋势，适时引入新的技术和理念，保持公司在业务运营创新方面的领先地位。

南通益昌奥迪将继续在业务运营创新和提高综合竞争力方面不断探索和努力，为客户提供更优质的产品和服务，推动新能源汽车行业的健康发展。

四川港宏智电小鹏品牌

四川港宏集团有限公司旗下的小鹏品牌自2019年成立以来，凭借其独特的经营策略、精准的网络布局以及创新的人才晋升机制，连续五年荣获全国销量冠军，并荣获金牌投资人、Top1核心经销商、全国十佳体验门店等多项殊荣。

一、经营创新

1. 分组竞争机制

小鹏品牌在成都及周边地区拥有10家门店，分为A、B两组，每组5家门店。通过组间的竞争，激发团队之间的竞争意识，形成良性的业绩比拼氛围。同时，明确制定了与PK机制相匹配的绩效奖励政策和处罚措施，以确保团队成员对奖励和后果有明确认知。

2. 组内业绩 PK

在A、B两组内部，门店之间也进行业绩PK，通过内部评比，激励员工的积极性和创造性，进一步促进销售业绩的增长。

3. 业绩提升

分组PK和组内PK实施后，门店的管理水平和业绩均得到了显著提升。星级评定中，获得4星、5星、6星的门店数量从3家增加至7家。同时，门店任务完成率和厂家端口任务完成率均提升到了最高档次，获得了最高档次的返利。

二、网络发展

港宏智电在网络布局上采取了精准的策略。从2019年的3家体验中心开始，到2022年和2023年相继开设的多个商超门店和地州门店，以及商圈综合店，小鹏品牌的网络覆盖了成都及周边地区的多个核心商圈和地段，为消费者提供了便捷的购车和服务体验。

三、人员晋升及团队管理

港宏智电在人员晋升和团队管理方面也有一套独特的管理方案。首先，以业绩为导向的薪资制度激励员工积极工作；其次，通过完善的培训计划和晋升机制，为员工提供成长的空间和机会；最后，通过分组PK和组内PK等机制，激发团队的竞争意识和合作精神，提高整体业绩。

下一步，港宏智电将继续强化区域总经理在门店管理中的作用，加强门店对标和细项指标的对比，以及重视店长和区域总经理能力的进一步成长，为集团的新开门店做好人员储备。通过这些措施的实施，期待小鹏品牌在未来新能源汽车市场稳中求进。

通过这些创新改革和优化措施，港宏智电集团小鹏品牌不仅在销量上取得了显著成绩，更在门店影响力和市场竞争力上实现了质的飞跃。未来，港宏智电旗下小鹏门店将继续坚持创新驱动，不断探索和实践，为消费者提供更优质的服务，为社会创造更大的价值。

云南雅迪

在竞争激烈的汽车行业中，提升客户满意度和增加销售附加值是经销商持续发展的关键。然而，传统的4S店销售模式往往存在销售顾问和客户之间兴奋点不一致的问题，导致客户满意度低和投诉频繁。为了改善这一状况，捷通达集团云南雅迪经销店创建了VIP服务销售团队，致力于提供高品质的一对一交车服务，以优化客户购车体验。

一、创新运营

1.VIP服务团队的组建

捷通达集团云南雅迪经销店组建了一支独立于传统4S店销售模式的VIP服务销售团队，该团队由经验丰富的服务顾问组成，他们接受专业培训，具备深厚的汽车知识和卓越的客户服务能力。

2.一对一高品质交车服务

VIP服务团队致力于为客户提供从订车到交车的一站式服务。他们与客户建立紧密的联系，了解客户的需求和期望，确保在交车过程中为客户提供专业、细致的服务。

3.避免兴奋点不对称

通过VIP服务团队的介入，避免了销售顾问和客户在交车过程中的兴奋点不一致问题。服务顾问以客户为中心，关注客户的实际需求和感受，以确保客户在购车过程中获得愉快的体验。

4.直销刚需产品和感兴趣产品

VIP服务团队在获得客户认可的基础上，直销客户刚需产品和感兴趣的产品。他们通过深入了解客户需求和喜好，推荐合适的产品，实现销售附加值的提升。

5.优化工作流程

捷通达集团云南雅迪经销店制定了一套规范且可行的工作流程和标准，确保VIP服务团队能够高效、有序地开展工作。同时，他们还不断优化工作流程，提高服务效率和质量。

二、成果与影响

通过实施VIP服务销售团队方案，捷通达集团云南雅迪经销店取得了显著的成果。2023年，该店年产值达到1000万元，盈利480万元。客户满意度大幅提升，投诉率显著降低。VIP服务销售团队的成功经验也为其他经销商提供了有益的借鉴和参考。

三、总结与展望

捷通达集团云南雅迪经销店的VIP服务销售团队通过提供高品质的一对一交车服务，成功解决了传统4S店销售模式中存在的客户满意度低和投诉频繁的问题。他们的成功经验表明，以客户为中心、提供个性化的服务是提升客户满意度和增加销售附加值的有效途径。未来，随着汽车市场的不断发展和变化，捷通达集团云南雅迪经销店将继续优化服务流程、提升服务质量、创新服务模式，为客户提供更加优质、便捷的汽车购买和使用体验。

湖州卓御比亚迪

浙江东江汽车集团的湖州卓御比亚迪，以其卓越的销售业绩和优秀的营销策略提升经销店运营的管理心得，展示了其独特的经营之道。

在竞争激烈的汽车市场中，湖州卓御比亚迪凭借其对市场的敏锐洞察力和创新的营销策略，成功实现了销售业绩的快速增长。特别是在提升首客成交率方面，湖州卓御比亚迪取得了显著成效。

一、创新营销策略：提升首客成交率的关键

湖州卓御比亚迪深知，在竞争激烈的汽车市场中，要想脱颖而出，就必须在营销策略上不断创新。为此，公司制定了一系列有针对性的营销策略，旨在提升首客成交率。

1. 主动沟通策略。湖州卓御比亚迪强调客户经理在接待客户时的主动性，要求客户经理在接待过程中积极与客户沟通，了解客户需求，并主动提出购车建议。这种主动沟通的策略使得客户经理能够更快地与客户建立信任关系，提高客户的购车意愿。

2. 团队协作。湖州卓御比亚迪注重团队协作的力量。对于首次进店的客户且进入报价阶段时，客户经理会向展厅主管详细描述客户情况，主管则根据客户意向判断进行介入，共同提升首次成交概率。这种团队协作的方式不仅提高了销售效率，也确保了高意向客户能够得到更好的服务。

3. 线上线索客户管理。湖州卓御比亚迪针对线上线索客户进行了优化管理。从以前的“一对一模式”转变为“多对一”模式，确保每条线索都能得到充分利用。同时，公司还建立了“3、5、7”原则进行交叉回访，即3日未邀约到店、5日未邀约到店、7日未成交则进行线索交叉，以保证线索不浪费。这种管理方式使得线索邀约到店率大大提高，进而提高了整体的成交概率。

4. 持续改进。湖州卓御比亚迪深知服务质量是提升首客成交率的关键。为此，公司定期举行晨会分享和周会对标活动，让客户经理分享首次成交客户的接待经验，从客户线索的跟进频次、间隔、内容等方面进行交流学习。同时，公司还会对个人过程指标进行分析，从试驾率、接待时长、邀约率、首客成交率等方面进行部门内对标，寻找差距和薄弱点，并进行点对点培训指导。这种持续改进的机制使得湖州卓御比亚迪的服务质量得到了持续提升。

二、成果显著：首客成交率大幅提升

经过一年的努力实践，湖州卓御比亚迪的首客成交率取得了显著提升。从2023年的18.3%提升至2024年的27.92%，这一成绩不仅证明了公司营销策略的有效性，也彰显了其服务质量的提升。湖州卓御比亚迪的成功经验为其他企业提供了宝贵的借鉴。

三、展望未来：持续创新

面对未来，湖州卓御比亚迪将继续秉持客户至上的服务理念，不断探索新的销售策略和服务模式。公司将进一步加强与客户的沟通互动，深入了解客户需求，提供更加个性化的购车方案。同时，公司还将加强与其他行业的合作与交流，借鉴其他行业的成功经验，不断提升自身的竞争力。

湖州卓御比亚迪凭借其独特的销售策略和卓越的服务质量，在提升首客成交率方面取得了显著成果。未来，湖州卓御比亚迪将继续秉持客户至上的服务理念，不断创新营销策略和服务模式，为消费者提供更加优质的购车体验。

第十部类

政策法规和标准

DISHIBULEI | ZHENGCEFAGUIHEBIAOZHUN

2023年汽车行业相关政策法规

发布时间	政策类别	政策名称	发文机关	原文
1月16日	CCC 政策	TC11 下发汽车及汽车零部件产品强制性认证标准修订技术决议	国家认证认可监督管理委员会	
11月10日		TC11 下发汽车及汽车零部件产品强制性认证标准修订和新增技术决议	国家认证认可监督管理委员会	
2月3日	双碳政策	《关于组织开展公共领域车辆全面电动化先行区试点工作的通知》	工业和信息化部、交通运输部、国家发展和改革委员会、财政部、生态环境部、住房城乡建设部、国家能源局、国家邮政局	
2月20日		《关于统筹节能降碳和回收利用 加快重点领域产品设备更新改造的指导意见》	国家发展和改革委员会、工业和信息化部、财政部、住房城乡建设部、商务部、中国人民银行、国务院国资委、市场监管总局、国家能源局	
3月20日		《关于进一步加强节能标准更新升级和应用实施的通知》	国家发展和改革委员会、国家市场监管总局	
4月21日		《节能减排补助资金管理暂行办法》	财政部	
4月22日		《碳达峰碳中和标准体系建设指南》	国家标准化委员会、国家发展和改革委员会、工业和信息化部、自然资源部、生态环境部、住房和城乡建设部交通运输部、中国人民银行、中国气象局、国家能源局、国家林草局	

续表

发布时间	政策类别	政策名称	发文机关	原文
10月12日	双碳政策	《关于统筹运用质量认证服务碳达峰碳中和工作的实施意见》	国家市场监管总局	
10月19日		《温室气体自愿减排交易管理办法（试行）》	生态环境部、国家市场监管总局	
10月20日		《国家碳达峰试点建设方案》	国家发展和改革委员会	
11月28日		发改委印发首批碳达峰试点名单	国家发展和改革委员会	
12月28日		《加快传统制造业转型升级的指导意见》	工业和信息化部、国家发展和改革委员会、教育部、财政部、中国人民银行、国家税务总局、金融监管总局、中国证监会	
2月24日	产品公告	《关于GB19578-2021等三项标准整改确认的通知》	工业和信息化部装备工业发展中心	
3月23日	一致性监管政策	《关于组织开展2023年度道路机动车辆生产企业及产品监督检查工作的通知》	工业和信息化部装备工业一司	
6月3日	消费政策	《关于组织开展汽车促消费活动的通知》	商务部	

续表

发布时间	政策类别	政策名称	发文机关	原文
7月21日	消费政策	《关于促进汽车消费的若干措施》	国家发展和改革委员会、工业和信息化部、公安部、财政部、住房城乡建设部、交通运输部、商务部、中国人民银行、海关总署、国家税务总局、国家市场监管总局、国家机关事务管理局、国家能源局	
7月27日		《推动汽车后市场高质量发展指导意见》	商务部	
5月6日	交通营运政策	《道路运输车辆技术管理规定》	交通运输部	
9月18日		《道路运输安全生产突出问题集中整治“百日行动”的通知》	交通运输部	
9月19日		《道路运输企业和城市客运企业安全生产重大事故隐患判定标准》	交通运输部	
7月7日	双积分政策	《2022年度中国乘用车企业双积分情况公告》	工业和信息化部、商务部、海关总署、国家市场监管总局	
12月28日		《2024-2025年度乘用车双积分管理有关事项的通知》	工业和信息化部	
6月30日	市场监管政策	《制造业可靠性提升实施意见》	工业和信息化部、教育部、科学技术部、财政部、国家市场监督管理总局	

续表

发布时间	政策类别	政策名称	发文机关	原文
11月6日	市场监管政策	《确定首批汽车安全沙盒监管试点名单》	国家市场监督管理总局	
1月3日	新能源政策	《关于支持新能源商品汽车铁路运输 服务新能源汽车产业发展的意见》	国家铁路局、工业和信息化部、中国国家铁路集团有限公司	
3月2日		《关于开展新能源汽车动力电池梯次利用产品认证工作的公告》	国家市场监管总局、工业和信息化部	
5月14日		《关于加快推进充电基础设施建设 更好支持新能源汽车下乡和乡村振兴的实施意见》	国家发展和改革委员会、国家能源局	
6月15日		《关于开展2023年新能源汽车下乡活动的通知》	工业和信息化部办公厅、国家发展和改革委员会办公厅、农业农村部办公厅、商务部办公厅、国家能源局综合司	
6月19日		《关于进一步构建高质量充电基础设施体系的指导意见》	国务院办公厅	
7月26日	智能网联政策	《国家车联网产业标准体系建设指南（智能网联汽车）（2023版）》	工业和信息化部、国家标准化管理委员会	
12月5日		《自动驾驶汽车运输安全服务指南（试行）》	交通运输部	

2023年汽车行业相关标准

标准代号	标准名称	发布日期	实施日期
GB/T 17346—2023	汽车脚踏板位置尺寸测量方法	2023年3月17日	2023年10月1日
GB/T 5374—2023	摩托车和轻便摩托车可靠性试验方法	2023年3月17日	2023年10月1日
GB/T 26765—2023	机动车安全技术检验业务信息系统及联网规范	2023年3月17日	2023年10月1日
GB/T 22551—2023	旅居车辆 居住要求	2023年5月23日	2023年12月1日
GB/T 22550—2023	旅居车辆 术语	2023年5月23日	2023年12月1日
GB/T 26778—2023	汽车列车性能要求及试验方法	2023年5月23日	2023年12月1日
GB/T 42691.1—2023	道路车辆 局域互联网络（LIN） 第1部分：一般信息和使用案例定义	2023年5月23日	2023年12月1日
GB/T 42691.5—2023	道路车辆 局域互联网络（LIN） 第5部分：应用程序接口	2023年5月23日	2023年12月1日
GB/T 42691.6—2023	道路车辆 局域互联网络（LIN） 第6部分：协议一致性测试规范	2023年5月23日	2023年12月1日
GB/T 42691.8—2023	道路车辆 局域互联网络（LIN） 第8部分：电气物理层（EPL）规范：直流电源线上的局域互联网络（DC-LIN）	2023年5月23日	2023年12月1日
GB/T 42691.7—2023	道路车辆 局域互联网络（LIN） 第7部分：电气物理层（EPL）一致性测试规范	2023年5月23日	2023年12月1日
GB/T 42691.2—2023	道路车辆 局域互联网络（LIN） 第2部分：传输层协议和网络层服务	2023年5月23日	2023年12月1日
GB/T 42691.3—2023	道路车辆 局域互联网络（LIN） 第3部分：协议规范	2023年5月23日	2023年12月1日
GB/T 42685—2023	机动车检验术语	2023年5月23日	2023年12月1日
GB/T 12541—2023	汽车通过性试验方法	2023年5月23日	2023年12月1日
GB/T 31887.4—2023	自行车 照明和回复反射装置 第4部分：自行车发电机供电的照明系统	2023年5月23日	2023年12月1日
GB/T 42703—2023	自行车 鸣号装置 技术规范和试验方法	2023年5月23日	2023年12月1日
GB/T 31887.5—2023	自行车 照明和回复反射装置 第5部分：自行车非发电机供电的照明系统	2023年5月23日	2023年12月1日
GB/T 22790—2023	自行车 两轮自行车行李架 要求和试验方法	2023年5月23日	2023年12月1日
GB/T 42691.4—2023	道路车辆 局域互联网络（LIN） 第4部分：12V/24V电气物理层规范	2023年5月23日	2023年12月1日
GB/T 14951—2023	汽车节油技术评定方法	2023年5月23日	2023年5月23日

续表

标准代号	标准名称	发布日期	实施日期
GB/T 3564—2023	自行车部件分类、名称和主要术语	2023年8月6日	2024年3月1日
GB/T 42825—2023	电动滑板车通用技术规范	2023年8月6日	2023年8月6日
GB/T 42711—2023	立体停车库无线供电系统 技术要求及测试规范	2023年8月6日	2024年3月1日
GB/T 20234.1—2023	电动汽车传导充电用连接装置 第1部分：通用要求	2023年9月7日	2023年9月7日
GB/T 20234.3—2023	电动汽车传导充电用连接装置 第3部分：直流充电接口	2023年9月7日	2023年9月7日
GB/T 43187—2023	车载无线通信终端	2023年9月7日	2023年9月7日
GB/T 38775.8—2023	电动汽车无线充电系统 第8部分：商用车应用特殊要求	2023年9月7日	2023年9月7日
GB/T 16739.2—2023	汽车维修业经营业务条件 第2部分：汽车综合小修及专项维修业户	2023年9月7日	2024年4月1日
GB/T 16739.1—2023	汽车维修业经营业务条件 第1部分：汽车整车维修企业	2023年9月7日	2024年4月1日
GB/T 38698.2—2023	车用动力电池回收利用 管理规范 第2部分：回收服务网点	2023年9月7日	2023年9月7日
GB/T 33014.11—2023	道路车辆 电气/电子部件对窄带辐射电磁能的抗扰性试验方法 第11部分：混响室法	2023年9月7日	2024年4月1日
GB/T 20234.4—2023	电动汽车传导充电用连接装置 第4部分：大功率直流充电接口	2023年9月7日	2024年4月1日
GB/T 18487.1—2023	电动汽车传导充电系统 第1部分：通用要求	2023年9月7日	2024年4月1日
GB/T 43192.1—2023	道路车辆 牵引车和挂车电气连接的数字信息交互 第1部分：物理层和数据链路层	2023年9月7日	2024年4月1日
GB 22757.1—2023	轻型汽车能源消耗量标识 第1部分：汽油和柴油汽车	2023年9月8日	2024年7月1日
GB 22757.2—2023	轻型汽车能源消耗量标识 第2部分：可外接充电式混合动力电动汽车和纯电动汽车	2023年9月8日	2024年7月1日
GB 13057—2023	客车座椅及其车辆固定件的强度	2023年9月8日	2024年1月1日
GB 29753—2023	道路运输 易腐食品与生物制品 冷藏车安全要求及试验方法	2023年9月8日	2024年1月1日
GB/T 28957.1—2023	道路车辆 用于滤清器评定的试验粉尘 第1部分：氧化硅试验粉尘	2023年11月27日	2024年8月1日
GB/T 43267—2023	道路车辆 预期功能安全	2023年11月27日	2023年11月27日
GB/T 43407.3—2023	道路车辆 低地板专线行驶客车驾驶区人体工程学要求 第3部分：信息装置和控制器	2023年11月27日	2024年3月1日
GB/T 43407.1—2023	道路车辆 低地板专线行驶客车驾驶区人体工程学要求 第1部分：总体描述和基本要求	2023年11月27日	2024年3月1日
GB/T 19515—2023	道路车辆 可再利用率和可回收利用率要求及计算方法	2023年11月27日	2024年3月1日

续表

标准代号	标准名称	发布日期	实施日期
GB/T 43408—2023	道路车辆 压缩天然气（CNG）加气连接器	2023 年 11 月 27 日	2024 年 3 月 1 日
GB/T 43399—2023	道路车辆 液化天然气（LNG）加注连接器 3.1MPa 连接器	2023 年 11 月 27 日	2024 年 3 月 1 日
GB/T 43400—2023	道路车辆 3.5t 以下挂车 钢制牵引杆机械强度计算	2023 年 11 月 27 日	2024 年 3 月 1 日
GB/T 43401.1—2023	道路车辆 旅居挂车和轻型挂车稳定装置 第 1 部分：集成式	2023 年 11 月 27 日	2024 年 3 月 1 日
GB/T 43402—2023	乘用车 驾驶员手控制区域	2023 年 11 月 27 日	2024 年 3 月 1 日
GB/T 43403—2023	道路车辆 3.5t 以下挂车 连接球用焊接牵引支架疲劳试验后的质量检查	2023 年 11 月 27 日	2024 年 3 月 1 日
GB/T 43405—2023	封闭式货车 货物隔离装置及系固点技术要求和试验方法	2023 年 11 月 27 日	2024 年 3 月 1 日
GB/T 43382—2023	道路车辆手控装置常规运动方向	2023 年 11 月 27 日	2024 年 3 月 1 日
GB/T 17867—2023	汽车手操纵件、指示器及信号装置的位置	2023 年 11 月 27 日	2024 年 3 月 1 日
GB/T 43332—2023	电动汽车传导充放电安全要求	2023 年 11 月 27 日	2023 年 11 月 27 日
GB/T 43249—2023	汽车用被动红外探测系统	2023 年 11 月 27 日	2023 年 11 月 27 日
GB/T 26990—2023	燃料电池电动汽车 车载氢系统技术条件	2023 年 11 月 27 日	2023 年 11 月 27 日
GB/T 43252—2023	燃料电池电动汽车能量消耗量及续驶里程试验方法	2023 年 11 月 27 日	2023 年 11 月 27 日
GB/T 43250—2023	汽车用主动红外探测系统	2023 年 11 月 27 日	2023 年 11 月 27 日
GB/T 43253.4—2023	道路车辆 功能安全审核及评估方法 第 4 部分：硬件层面	2023 年 11 月 27 日	2023 年 11 月 27 日
GB/T 43253.2—2023	道路车辆 功能安全审核及评估方法 第 2 部分：概念阶段和系统层面	2023 年 11 月 27 日	2023 年 11 月 27 日
GB/T 43253.3—2023	道路车辆 功能安全审核及评估方法 第 3 部分：软件层面	2023 年 11 月 27 日	2023 年 11 月 27 日
GB/T 43255—2023	燃料电池电动汽车低温冷起动性能试验方法	2023 年 11 月 27 日	2023 年 11 月 27 日
GB/T 43253.1—2023	道路车辆 功能安全审核及评估方法 第 1 部分：通用要求	2023 年 11 月 27 日	2023 年 11 月 27 日
GB/T 43258.3—2023	道路车辆 基于因特网协议的诊断通信（DoIP） 第 3 部分：基于 IEEE 802.3 有线车辆接口	2023 年 11 月 27 日	2023 年 11 月 27 日
GB/T 43258.2—2023	道路车辆 基于因特网协议的诊断通信（DoIP） 第 2 部分：传输协议与网络层服务	2023 年 11 月 27 日	2023 年 11 月 27 日
GB/T 43258.4—2023	道路车辆 基于因特网协议的诊断通信 （DoIP） 第 4 部分： 基于以太网的高速数据链路连接器	2023 年 11 月 27 日	2023 年 11 月 27 日

续表

标准代号	标准名称	发布日期	实施日期
GB/T 31467—2023	电动汽车用锂离子动力电池包和系统电性能试验方法	2023年11月27日	2023年11月27日
GB/T 12538—2023	道路车辆 质心位置的测定	2023年11月27日	2024年6月1日
GB/T 43299—2023	机动车玻璃电加热性能试验方法	2023年11月27日	2024年6月1日
GB/T 43388—2023	家用汽车产品严重安全性能故障判断指南	2023年11月27日	2024年6月1日
GB/T 43404—2023	轻型汽车道路负载 底盘测功机再现	2023年11月27日	2024年6月1日
GB/T 26777—2023	挂车支承装置	2023年11月27日	2024年6月1日
GB/T 12428—2023	客车装载质量计算方法	2023年11月27日	2024年6月1日
GB/T 43254—2023	电动汽车用驱动电机系统功能安全要求及试验方法	2023年11月27日	2024年6月1日
GB/T 43398—2023	乘用车行李移动对乘员伤害的安全要求	2023年11月27日	2024年6月1日
GB/T 5764—2023	汽车用离合器面片	2023年12月28日	2024年7月1日
GB/T 11834—2023	工农业机械用摩擦片	2023年12月28日	2024年7月1日
GB/T 22311—2023	道路车辆 制动衬片 压缩应变试验方法	2023年12月28日	2024年7月1日
GB/T 22309—2023	道路车辆 制动衬片 盘式制动块总成和鼓式制动蹄总成剪切强度试验方法	2023年12月28日	2024年7月1日
GB/T 5766—2023	摩擦材料洛氏硬度试验方法	2023年12月28日	2024年7月1日
GB/T 26741—2023	机动三轮车用制动器衬片	2023年12月28日	2024年7月1日
GB/T 22310—2023	道路车辆 制动衬片 盘式制动衬块受热膨胀量试验方法	2023年12月28日	2024年7月1日
GB/T 34425—2023	燃料电池电动汽车加氢枪	2023年12月28日	2024年7月1日
GB/T 26991—2023	燃料电池电动汽车动力性能试验方法	2023年12月28日	2024年7月1日
GB/T 24933—2023	全地形车警示符号	2023年12月28日	2024年7月1日
GB/T 43499—2023	机动车检测系统软件测试方法	2023年12月28日	2024年7月1日
GB/T 43407.2—2023	道路车辆 低地板专线行驶客车驾驶区人体工程学要求 第2部分：视野	2023年12月28日	2024年4月1日
GB/T 43407.4—2023	道路车辆 低地板专线行驶客车驾驶区人体工程学要求 第4部分：驾驶区环境	2023年12月28日	2024年4月1日

新能源汽车地方补贴和推广政策

区域		政策类别	政策名称
北京		新能源补贴	《关于申报〈大兴区促进氢能产业发展暂行办法（2022 年修订版）〉项目的通知》
		新能源配套设施	《2023 年北京市电动汽车充换电设施建设运营奖励实施细则》
		新能源补贴	《北京海淀区氢燃料电池汽车第一示范年度车辆推广和高效运营项目奖励申报指南》
		新能源补贴	《北京经济技术开发区促进绿色低碳高质量发展资金奖励办法》
		新能源推广	《关于开展 2022—2023 年度北京市燃料电池汽车示范应用项目申报的通知》
		新能源补贴	《关于开展 2022 年氢能产业政策相关事项申报的通知》
上海		新能源推广	《上海交通领域氢能推广应用方案（2023—2025 年）》的通知
		新能源配套设施	《公共停车场（库）充电设施建设管理办法》
		新能源推广	《关于转发市发展改革委等五部门制订的〈上海市鼓励购买和使用新能源汽车实施办法〉的通知》
		新能源配套设施	《上海市进一步推进新型基础设施建设行动方案（2023—2026 年）》
		新能源补贴	关于印发《上海市燃料电池汽车示范应用专项资金实施细则》的通知
天津		新能源配套设施	《高质量充电基础设施体系的实施方案》
		新能源推广	《加快推进充电基础设施建设更好支持新能源汽车下乡和乡村振兴若干举措》
		新能源推广	《加快新能源和智能网联汽车产业发展实施方案（2023—2027 年）》
		新能源补贴	《燃料电池汽车示范城市地方财政支持政策指导意见》
重庆		新能源配套设施	《关于印发重庆市巴南区加快建设充换电基础设施工作方案的通知》
		新能源配套设施	《中心城区充换电基础设施专项规划》
		燃料电池政策	《重庆市九龙坡区氢能产业中长期发展规划（2023—2035）》
安徽	安徽	新能源配套设施	《高质量充换电服务体系建设方案（2023—2027 年）》
		新能源配套设施	《关于进一步做好全省充换电基础设施建设工作的通知》
		新能源推广	《加快推进公共领域新能源汽车应用》
	芜湖	新能源配套设施	《支持新能源汽车和智能网联汽车产业高质量发展若干政策项目申报实施细则》
		新能源推广	《关于印发芜湖市关于支持新能源汽车和智能网联汽车产业高质量发展若干政策的通知》
福建	福建	新能源推广	《关于印发全面推进“电动福建”建设的实施意见（2023—2025 年）的通知》
	福州	新能源配套设施	《进一步构建高质量充电基础设施体系的实施意见》
	宁德	新能源配套设施	《电动汽车充（换）电基础设施三年发展规划》
	厦门	新能源推广	《“电动厦门”发展规划（2023—2025 年）》
广东	广东	新能源配套设施	《关于印发广东省推动新型储能产业高质量发展指导意见的通知》
		新能源配套设施	《关于印发广东省推进能源高质量发展实施方案的通知》
		燃料电池政策	《加快氢能产业创新发展意见》
	广州	新能源补贴	《关于印发广州市鼓励支持个人领域新能源汽车推广应用工作指引的通知》
		新能源推广	《推进新能源产业高质量发展行动方案》

续表

区域		政策类别	政策名称
广东	广州	新能源补贴	《新能源公交车推广应用财政补贴奖励办法》
	深圳	新能源推广	《促进消费的若干措施》
		新能源推广	《促进新能源汽车和智能网联汽车产业高质量发展的若干措施》
		新能源路权	《关于对新能源纯电动物流车继续实施通行优惠政策的通告》
	东莞	燃料电池政策	《东莞市氢能产业发展行动计划（2023—2025 年）》
	云浮	新能源推广	《关于印发 < 云浮市加快建设燃料电池汽车示范城市群示范点行动计划（2022—2025 年）> 的通知》
广西	广西	新能源路权	《构建高质量充电基础设施体系实施方案》
		燃料电池政策	《广西氢能产业发展中长期规划（2023—2035 年）》
	柳州	新能源推广	《柳州市进一步构建高质量充电基础设施体系打造新能源汽车推广应用“升级版”实施方案（2023—2025 年）》的通知
贵州		新能源推广	《加快新能源汽车产业高质量发展推进“电动贵州”建设的指导意见》
海南		新能源补贴	《2023 年鼓励新能源汽车推广应用补贴申报》
		新能源补贴	《鼓励新能源汽车推广应用若干措施》
河北	河北	新能源推广	《关于推进城市公共交通高质量发展的意见》
		新能源配套设施	《关于印发 < 加快推动农村地区充电基础设施建设促进新能源汽车下乡和乡村振兴实施意见 > 的通知》
	唐山	新能源推广	《关于印发 < 美丽唐山建设行动方案（2023—2027 年）> 的通知》
河南	河南	新能源配套设施	《电动汽车充电基础设施建设三年行动方案》
		新能源推广	《关于印发 < 河南省新能源和可再生能源发展“十四五”规划 > 的通知》
		新能源推广	《实施扩大内需战略三年行动方案》
		新能源推广	《推动生态环境质量稳定向好三年行动计划》
	驻马店	新能源推广	《贯彻实施扩大内需战略三年行动方案》
河南	安阳	新能源推广	《加快燃料电池汽车产业高质量发展若干政策》
	开封	新能源推广	《实施扩大内需战略三年行动方案（2023—2025 年）》
	许昌	新能源补贴	《重卡换电支持政策》
湖北	湖北	新能源配套设施	《高质量充电基础设施体系的实施意见》
	武汉	新能源推广	《创建全国绿色货运配送示范城市实施方案》
		新能源路权	《进一步优化载货汽车通行规定》
湖南	湖南	新能源路权	《构建高质量充电基础设施体系实施意见》
	长沙	新能源配套设施	《加快充电基础设施建设促进新能源汽车消费的实施方案》
		新能源推广	《氢能产业发展行动方案（2023—2025 年）》
江苏	江苏	新能源配套设施	《电动汽车充（换）电基础设施规划实施方案（2023—2025 年》
	常州	新能源推广	《关于印发 < 武进区加快推动氢能产业发展的实施意见 > 的通知》
	盐城	新能源推广	《关于加快推进新能源及智能网联汽车产业高质量发展政策意见的通知》
	无锡	新能源推广	《促进新能源汽车推广消费的若干政策措施》
		新能源推广	《无锡市氢能和储能产业发展三年行动计划（2023—2025 年）》
江西		新能源推广	《氢能产业发展中长期规划（2023—2035 年）》
内蒙古		新能源配套设施	《关于印发 < 推进城镇新能源汽车充电设施建设六条政策措施 > 的通知》

续表

区域		政策类别	政策名称
山东	山东	新能源配套设施	《2023 年全省能源工作指导意见》
		新能源推广	《2023 年山东省新能源汽车下乡活动方案》
		新能源推广	《建设绿色低碳高质量发展先行区三年行动计划》
		新能源推广	《推动新能源汽车下乡三年行动计划（2023—2025 年）》
		新能源推广	《新能源汽车产业高质量发展行动计划》
	济南	新能源推广	《济南市新能源高质量发展三年行动计划》
		新能源推广	《支持新能源汽车产业高质量发展和推广应用行动计划（2023—2025 年）》
	青岛	燃料电池政策	《青岛市加氢站布局规划（2021—2035 年）》
		新能源推广	《支持新能源汽车产业发展政策清单（第一批）》
		新能源推广	《促进氢能产业发展的若干政策措施》
		新能源推广	《氢能产业发展三年行动方案》
		新能源推广	《氢能产业发展中长期规划》
	临沂	新能源推广	《新能源汽车下乡三年行动实施方案》
	烟台	燃料电池政策	《烟台市氢能产业中长期发展规划（2022—2030 年）》
山西	山西	新能源推广	《关于印发〈山西省氢能产业链 2023 年行动方案〉的通知》
	晋中	新能源路权	《充（换）电基础设施建设三年行动计划》
	阳泉	新能源配套设施	《电动汽车充（换）电基础设施建设三年行动计划（2023—2025 年）》
四川	四川	新能源配套设施	《关于印发〈四川省充电基础设施建设运营管理办法〉的通知》
		新能源配套设施	《四川省加快推进充电基础设施建设支持新能源汽车下乡和乡村振兴工作方案》
		新能源推广	《支持宜宾建设生态优先绿色低碳发展先行区的意见》
	成都	新能源推广	《关于成都市促进新能源汽车产业发展的实施意见》
		新能源补贴	《关于印发成都市促进新能源汽车产业发展财政奖励实施细则的通知》
		新能源推广	《关于印发成都市新能源和智能网联汽车产业发展规划（2023—2030 年）的通知》
		新能源推广	《组织申报新能源汽车换电模式应用试点联合体的通知》
		新能源配套设施	《成都市电动汽车充换电基础设施专项规划（2023—2025 年）》
云南		新能源路权	《构建高质量充电基础设施体系实施意见》
浙江	浙江	新能源配套设施	《关于浙江省推动城市停车设施高质量发展的实施意见的通知》
		新能源推广	《加快新能源汽车产业发展行动方案》
		新能源推广	《扩大消费促进高质量发展若干举措》
		新能源推广	《新能源汽车下乡“十大行动”清单》
		新能源配套设施	《浙江省加氢站发展规划》
		新能源配套设施	《浙江省完善高质量充电基础设施网络体系 促进新能源汽车下乡行动方案（2023—2025 年）》
	杭州	新能源推广	《海南省新能源汽车推广中长期行动方案（2023—2030 年）》
		新能源补贴	《关于加快推进绿色能源产业高质量发展的实施意见》
		新能源推广	《杭州市能源发展（可再生能源）“十四五”规划》
		新能源补贴	《新能源电动汽车公共充电设施奖励补贴资金分配实施细则》
	温州	新能源补贴	《推动新能源高质量发展若干政策的通知》
	湖州	燃料电池政策	《湖州市储能和氢能产业发展实施意见（2023—2027 年）》
	金华	新能源推广	《金华市推进充电基础设施建设促进新能源汽车下乡行动方案（2023—2025 年）》
	绍兴	新能源推广	《绍兴市新能源汽车下乡行动方案（2023—2025 年）》 《绍兴市完善高质量充电基础设施网络体系实施方案（2023—2025 年）》

第十一部类

统计数据

DISHIYIBULEI | TONGJISHUJU

表1 1983—2023年公路线路年末里程　　单位：万千米

年份	公路里程	# 高速公路
1983	91.51	—
1984	92.67	—
1985	94.24	—
1986	96.28	—
1987	98.22	—
1988	99.96	0.01
1989	101.43	0.03
1990	102.83	0.05
1991	104.11	0.06
1992	105.67	0.07
1993	108.35	0.11
1994	111.78	0.16
1995	115.70	0.21
1996	118.58	0.34
1997	122.64	0.48
1998	127.85	0.87
1999	135.17	1.16
2000	167.98	1.63
2001	169.80	1.94
2002	176.52	2.51
2003	180.98	2.97
2004	187.07	3.43
2005	334.52	4.10
2006	345.70	4.53
2007	358.37	5.39
2008	373.02	6.03
2009	386.08	6.51
2010	400.82	7.41
2011	410.64	8.49
2012	423.75	9.62
2013	435.62	10.44
2014	446.39	11.19
2015	457.73	12.35
2016	469.63	13.10
2017	477.35	13.64
2018	484.65	14.26
2019	501.25	14.96
2020	519.81	16.10
2021	528.07	16.91
2022	535.48	17.73
2023	543.68	18.36

表2 公路线路年末里程（2023年底）（按地区分） 单位：千米

地 区	总计	等级公路合计	公路等级					等外公路
			高速	一级	二级	三级	四级	
总 计	5436845	5270055	183645	139833	438746	494800	4013030	166790
北 京	22433	22433	1211	1458	4020	4087	11657	—
天 津	15221	15221	1358	1432	1993	997	9440	—
河 北	211107	211107	8408	8083	22380	23639	148596	—
山 西	146545	146115	6188	3147	15824	23233	97725	430
内蒙古	219407	216120	7863	9213	22458	33232	143355	3287
辽 宁	132371	129772	4409	4328	19021	21075	80939	2599
吉 林	110465	107881	4644	2271	10072	9732	81162	2584
黑龙江	169273	147940	5037	3494	12739	34538	92132	21333
上 海	12989	12989	881	466	3923	2448	5272	—
江 苏	158734	158734	5128	16543	24005	17487	95572	—
浙 江	121408	121408	5510	9349	11159	10681	84710	—
安 徽	239129	239106	5804	7098	14153	22876	189175	23
福 建	115645	105713	5964	1667	11969	10029	76084	9932
江 西	209560	205380	6742	3221	12556	19956	162904	4180
山 东	293411	293411	8433	12993	27029	41603	203352	—
河 南	281101	279937	8321	5227	31979	23198	211211	1164
湖 北	307566	305336	7849	8591	25053	9526	254317	2231
湖 南	242769	232205	7530	3254	16976	8032	196412	10564
广 东	223391	223383	11481	13710	18066	27711	152415	8
广 西	183618	179629	9067	2074	17265	10271	140951	3989
海 南	41817	41737	1399	507	2346	1960	35525	80
重 庆	186598	177545	4142	1310	9677	7533	154883	9054
四 川	418254	409359	9806	5278	18778	19502	355995	8895
贵 州	219839	204918	8784	1565	11337	6649	176584	14920
云 南	329344	315819	10466	1780	13315	13534	276725	13525
西 藏	122712	106416	407	587	1112	16008	88302	16296
陕 西	187831	180259	6735	2408	10484	16098	144534	7572
甘 肃	158219	155294	6181	1772	11187	15882	120273	2925
青 海	89416	79421	4022	987	9235	5600	59577	9995
宁 夏	38739	38739	2122	2019	4385	5231	24982	—
新 疆	227934	206728	7757	4001	24251	32451	138269	21205

表3 2005—2023年公路营运汽车拥有量

年份	汽车总计（万辆）	载客汽车		载货汽车			
		数量（万辆）	客位（万客位）	数量（万辆）	# 普通载货汽车	吨位（万吨）	# 普通载货汽车
2005	733.22	128.40	1859.28	604.82	580.28	2537.75	2282.15
2006	802.58	161.92	2312.41	640.66	598.43	2822.69	2343.13
2007	849.22	164.73	2428.81	684.49	648.01	3135.69	2643.74
2008	930.61	169.64	2560.36	760.97	720.18	3686.20	3139.76
2009	1087.35	180.79	2799.71	906.56	859.27	4655.23	4002.80
2010	1133.32	83.13	2017.09	1050.19	996.43	5999.82	5223.23
2011	1263.75	84.34	2086.66	1179.41	1116.36	7261.20	6273.51
2012	1339.89	86.71	2166.55	1253.19	1184.58	8062.14	6963.29
2013	1504.73	85.26	2170.26	1419.48	1080.75	9613.91	5008.34
2014	1537.93	84.58	2189.55	1453.36	1091.32	10292.47	5241.45
2015	1473.12	83.93	2148.58	1389.19	1011.87	10366.50	4982.50
2016	1435.77	84.00	2140.26	1351.77	946.03	10826.78	4843.83
2017	1450.22	81.61	2099.18	1368.62	902.90	11774.81	4868.40
2018	1435.48	79.66	2048.11	1355.82	816.76	12872.97	4791.21
2019	1165.49	77.67	2002.53	1087.82	489.77	13587.00	4479.25
2020	1171.54	61.26	1840.89	1110.28	414.14	15784.17	4660.76
2021	1231.96	58.70	1751.03	1173.26	406.94	17099.50	4923.43
2022	1222.08	55.42	1647.24	1166.66	387.69	16967.33	4716.19
2023	1226.20	55.24	1638.29	1170.97	358.71	17216.71	4434.51

注：1. 从2013年起，公路营运载客汽不再包含公路运输管理部门管理并注册登记的公共汽车和出租汽车，统计口径发生调整，数据与上年同期不可比。

2. 从2013年起，公路营运载货汽车包括货车、牵引车和挂车，统计口径发生调整，数据与上年同期不可比。

3. 小轿车包括在载客汽车中。

表4 公路营运汽车拥有量（2023年底）（按地区分）

地　区	合计（辆）	载客汽车		载货汽车			
		数量（辆）	客位（个）	数量（辆）	# 普通载货汽车	吨位（吨）	# 普通载货汽车
总　计	12262024	552372	16382880	11709652	3587050	172167119	44345098
北　京	129984	13485	598800	116499	54120	1029328	539552
天　津	126735	8506	353863	118229	20430	1698980	226935
河　北	1209092	15017	483499	1194075	194326	19588192	2553634
山　西	612692	9353	284398	603339	88673	9466393	1226514
内蒙古	288978	10066	338028	278912	52749	3516112	630624
辽　宁	532529	19737	737114	512792	160699	7334250	1727154
吉　林	267016	10922	355902	256094	100407	3061315	1094811
黑龙江	345673	13630	446797	332043	110294	4357809	1288291
上　海	279541	8735	383885	270806	88709	4022180	987149
江　苏	784450	29231	1208401	755219	327758	10565969	3751082
浙　江	383969	16667	612704	367302	119970	5525785	1570962
安　徽	636942	14043	483229	622899	111525	8851278	1464309
福　建	239838	13765	432370	226073	64559	3668695	796865
江　西	386741	10495	325474	376246	102583	5929993	1460283
山　东	1432081	17847	672267	1414234	346042	21719727	4418985
河　南	857098	28119	880563	828979	208311	13066237	3219096
湖　北	354933	24647	657470	330286	146806	4679462	1797584
湖　南	289881	27536	717062	262345	116471	3748439	1376742
广　东	567208	32705	1293005	534503	185992	8194535	2370477
广　西	375433	19047	616313	356386	162265	5087658	2012623
海　南	34486	5366	175797	29120	12560	400410	131329
重　庆	241234	14139	361475	227095	121744	2788600	1217317
四　川	469775	46157	1033249	423618	184440	6101734	2264105
贵　州	112758	22078	534767	90680	48219	1225471	611913
云　南	281461	37645	681293	243816	139534	3222398	1617634
西　藏	51336	4275	81029	47061	37355	591844	453434
陕　西	303186	16087	482748	287099	93415	4070909	1155875
甘　肃	133898	14629	330747	119269	56010	1579898	680426
青　海	49870	4282	119320	45588	21079	629099	264285
宁　夏	146946	4195	126299	142751	19953	1857970	253523
新　疆	336260	39966	575012	296294	90052	4586450	1181587

注：1. 小轿车包括在载客汽车中。

2. 从2013年起，公路营运载货汽车包括货车、牵引车和挂车，统计口径发生调整，数据与上年同期不可比。

表5 1970—2023年全社会货运量 单位：万吨

年份	总计	铁路	公路	水运		民航	管道
					#远洋		
1970	167913	68132	72929	26848	—	3.7	—
1975	251593	88955	117633	38968	—	4.7	—
1978	319431	110119	151602	47357	3659	6.4	10347
1980	310841	111279	142195	46833	4292	8.9	10525
1985	745763	130709	538062	63322	6627	19.5	13650
1986	853557	135635	620113	82962	7228	22.4	14825
1987	948229	140653	711424	80979	7984	29.9	15143
1988	982195	144948	732315	89281	8530	32.7	15618
1989	988435	151489	733781	87493	9027	31.0	15641
1990	970602	150681	724040	80094	9408	37.0	15750
1991	985793	152893	733907	83370	10567	45.2	15578
1992	1045899	157627	780941	92490	11191	57.5	14783
1993	1115902	162794	840256	97938	12508	69.4	14845
1994	1180396	163216	894914	107091	13421	82.9	15092
1995	1234938	165982	940387	113194	15251	101.1	15274
1996	1298421	171024	983860	127430	14213	115.0	15992
1997	1278218	172149	976536	113406	20287	124.7	16002
1998	1267427	164309	976004	109555	18892	140.1	17419
1999	1293008	167554	990444	114608	22621	170.4	20232
2000	1358682	178581	1038813	122391	22949	196.7	18700
2001	1401786	193189	1056312	132675	27573	171.0	19439
2002	1483447	204956	1116324	141832	29896	202.1	20133
2003	1564492	224248	1159957	158070	34002	219.0	21998
2004	1706412	249017	1244990	187394	39469	276.7	24734
2005	1862066	269296	1341778	219648	48549	306.7	31037

续表

年份	总计	铁路	公路	水运		民航	管道
					# 远洋		
2006	2037060	288224	1466347	248703	54413	349.4	33436
2007	2275822	314237	1639432	281199	58903	401.8	40552
2008	2585937	330354	1916759	294510	42352	407.6	43906
2009	2825222	333348	2127834	318996	51733	445.5	44598
2010	3241807	364271	2448052	378949	58054	563.0	49972
2011	3696961	393263	2820100	425968	63542	557.5	57073
2012	4100436	390438	3188475	458705	65815	545.0	62274
2013	4098900	396697	3076648	559785	71156	561.3	65209
2014	4167296	381334	3113334	598283	74733	594.1	73752
2015	4175886	335801	3150019	613567	74685	629.3	75870
2016	4386763	333186	3341259	638238	79769	668.0	73411
2017	4804850	368865	3686858	667846	76030	705.9	80576
2018	5152732	402631	3956871	702684	76969	738.5	89807
2019	4713624	438904	3435480	747225	83243	753.1	91261
2020	4725862	455236	3426413	761630	380087	676.6	81907
2021	5298499	477372	3913889	823973	405095	731.8	82534
2022	5152571	498424	3711928	855352	415145	607.6	86260
2023	5570636	503535	4033681	936746	457658	735.4	95939

注：1. 2019 年起铁路货运量和货物周转量数据来自国家铁路局，与以往年份相比统计范围增加部分地方铁路（以下相关表同）。

2. 1993 年起铁路货物运输增加行包运量（以下相关表同）。

3. 2019 年公路货运量及货物周转量统计口径，根据 2019 年道路货物运输量专项调查进行了调整，数据与上年不可比（以下相关表同）。

4. 2020 年起，沿海和远洋合并为海洋；2019 年及以前年份为远洋运输数据（以下相关表同）。

单位：%

表6 2023年货运量构成

总计	铁路	公路	水运		民航	管道
				# 远洋		
100.0	9.0	72.4	16.8	8.2	0.01	1.7

表7 各地区全社会货运量（2023年） 单位：万吨

地 区	总计	铁路	公路	水运
总 计	5570636	503535	4033681	936746
北 京	19707	308	19399	—
天 津	56073	11673	33742	10659
河 北	253091	30124	217492	5475
山 西	222753	101001	121751	1
内蒙古	236621	90250	146372	—
辽 宁	179704	20073	153305	6325
吉 林	54410	5376	49034	—
黑龙江	54458	12137	41619	701
上 海	153213	547	50436	102230
江 苏	310363	9315	183485	117563
浙 江	344881	5565	222803	116512
安 徽	422888	8054	260939	153895
福 建	178749	5211	110497	63040
江 西	209403	5131	188006	16267
山 东	346633	35842	285567	25224
河 南	283056	12521	251333	19202
湖 北	248947	6159	173045	69743
湖 南	228497	5091	200674	22732
广 东	371033	12344	252809	105880
广 西	228355	11503	172005	44846
海 南	35987	890	7774	27324
重 庆	141104	2518	117584	21001
四 川	201400	8437	185814	7148
贵 州	102678	6503	95909	266
云 南	144427	6226	137540	661
西 藏	5058	104	4954	—
陕 西	180282	46129	134102	51
甘 肃	79807	9905	69902	—
青 海	21605	3622	17983	—
宁 夏	54996	9935	45061	—
新 疆	103783	21041	82742	—
不分地区	96674	—	—	—

注：不分地区合计数中包括民航、管道等完成数（以下相关表同）。

表8 1975—2023年全社会货物周转量　　单位：亿吨／千米

年份	总计	铁路	公路	水运		民航	管道
					#远洋		
1975	7594.20	4255.64	248.12	2827.83	—	0.60	262.00
1978	9928.19	5345.19	350.27	3801.76	2487.00	0.97	430.00
1980	11628.64	5717.53	342.87	5076.49	3532.00	1.41	491.00
1985	18365.11	8125.66	1903.00	7729.30	5329.00	4.15	603.00
1986	20147.44	8764.78	2118.00	8647.90	5948.00	4.76	612.00
1987	22228.51	9471.49	2660.40	9465.10	6576.00	6.52	625.00
1988	23825.71	9877.59	3220.40	10070.40	6966.00	7.32	650.00
1989	25591.71	10394.18	3374.80	11186.80	7689.00	6.93	629.00
1990	26207.56	10622.38	3358.10	11591.90	8140.86	8.18	627.00
1991	27986.49	10971.99	3428.00	12955.40	8990.40	10.10	621.00
1992	29217.57	11575.55	3755.40	13256.20	9034.00	13.42	617.00
1993	30646.81	12090.90	4070.50	13860.80	9133.90	16.61	608.00
1994	33435.48	12632.00	4486.30	15686.60	10267.70	18.58	612.00
1995	35908.88	13049.48	4694.90	17552.20	11938.00	22.30	590.00
1996	36589.79	13106.16	5011.20	17862.50	11254.00	24.93	585.00
1997	38384.69	13269.88	5271.50	19235.00	14874.70	29.10	579.21
1998	38088.71	12560.08	5483.38	19405.80	14920.28	33.45	606.00
1999	40567.64	12910.30	5724.30	21262.80	17014.40	42.34	627.90
2000	44320.51	13770.49	6129.40	23734.20	17073.00	50.27	636.15
2001	47709.94	14694.14	6330.44	25988.89	20873.00	43.72	652.75
2002	50685.85	15658.42	6782.46	27510.64	21733.00	51.55	682.78
2003	53859.18	17246.65	7099.48	28715.76	22304.77	57.90	739.39
2004	69445.04	19288.77	7840.86	41428.69	32255.00	71.80	814.92
2005	80258.10	20726.03	8693.19	49672.28	38552.00	78.90	1087.70
2006	88839.85	21954.41	9754.25	55485.75	42577.30	94.28	1551.17
2007	101418.81	23797.00	11354.69	64284.85	48686.00	116.39	1865.89
2008	110300.49	25106.29	32868.19	50262.74	32850.60	119.60	1943.68
2009	122133.31	25239.17	37188.82	57556.67	39524.12	126.23	2022.42
2010	141837.42	27644.13	43389.67	68427.53	45999.00	178.90	2197.19
2011	159323.62	29465.79	51374.74	75423.84	49355.40	173.91	2885.44
2012	173804.46	29187.09	59534.86	81707.58	53412.10	163.89	3211.04
2013	168013.80	29173.89	55738.08	79435.65	48705.37	170.29	3495.89
2014	181667.69	27530.19	56846.90	92774.56	55935.06	187.77	4328.28
2015	178355.90	23754.31	57955.72	91772.45	54236.09	208.07	4665.35
2016	186629.48	23792.26	61080.10	97338.80	58074.60	222.45	4195.87
2017	197372.65	26962.20	66771.52	98611.25	55083.86	243.55	4784.13
2018	204686.24	28820.99	71249.21	99052.82	51926.58	262.50	5300.72
2019	199394.33	30181.95	59636.39	103963.04	54057.47	263.20	5349.75
2020	201945.74	30514.46	60171.85	105834.44	89896.90	240.20	5184.79
2021	223600.38	33238.00	69087.65	115577.51	97841.51	278.16	5419.07
2022	231782.69	35945.69	68958.04	121003.14	101977.41	254.10	5621.73
2023	247745.32	36460.39	73950.21	129951.52	109178.98	283.62	7099.58

表9 2023年货物周转量构成　　单位：%

铁路	公路	水运		民航	管道
			# 远洋		
14.7	29.8	52.5	44.1	0.1	2.9

表 10 各地区全社会货物周转量（2023 年）　　单位：亿吨 / 千米

地 区	总计	铁路	公路	水运
总 计	247745.32	36460.39	73950.21	129951.52
北 京	1062.60	805.67	256.93	—
天 津	2785.84	566.62	690.04	1529.18
河 北	14796.92	5436.68	8472.24	888.00
山 西	6877.42	3494.20	3383.22	0.00
内蒙古	5556.14	3195.70	2360.44	—
辽 宁	4685.93	1196.64	2869.10	620.19
吉 林	2012.99	572.20	1440.79	—
黑龙江	1942.22	1011.88	891.37	38.96
上 海	32789.82	22.10	895.42	31872.31
江 苏	13232.13	368.72	3459.48	9403.93
浙 江	15062.19	277.98	3142.23	11641.99
安 徽	12097.16	833.61	3792.65	7470.90
福 建	12230.90	214.59	1319.11	10697.20
江 西	5348.05	598.15	4256.76	493.14
山 东	15043.18	1868.77	7999.35	5175.05
河 南	12228.82	2696.26	8183.17	1349.39
湖 北	8593.36	1172.25	2424.33	4996.79
湖 南	3036.90	1015.42	1574.36	447.12
广 东	29304.37	370.84	2850.49	26083.05
广 西	5589.63	772.43	2000.37	2816.83
海 南	11713.20	12.65	45.31	11655.24
重 庆	3928.52	334.82	1126.59	2467.11
四 川	3434.43	1159.93	1983.93	290.57
贵 州	1468.67	678.48	783.92	6.26
云 南	2062.09	515.37	1538.58	8.14
西 藏	161.55	36.06	125.49	—
陕 西	4478.08	2547.79	1930.13	0.16
甘 肃	4245.68	2155.17	2090.51	—
青 海	803.38	593.86	209.52	—
宁 夏	946.62	281.36	665.26	—
新 疆	2843.32	1654.18	1189.14	—
不分地区	7383.20	—	—	—

表11 1975—2023年全社会客运量　　单位：万人

年份	总计	铁路	公路	水运	民航
1975	192969	70465	101350	21015	139
1978	253993	81491	149229	23042	231
1980	341785	92204	222799	26439	343
1985	620206	112110	476486	30863	747
1986	688211	108579	544259	34377	996
1987	746422	112479	593682	38951	1310
1988	809592	122645	650473	35032	1442
1989	791374	113805	644508	31778	1283
1990	772682	95712	648085	27225	1660
1991	806048	95080	682681	26109	2178
1992	860855	99693	731774	26502	2886
1993	996634	105458	860719	27074	3383
1994	1092882	108738	953940	26165	4039
1995	1172596	102745	1040810	23924	5117
1996	1245357	94797	1122110	22895	5555
1997	1326094	93308	1204583	22573	5630
1998	1378717	95085	1257332	20545	5755
1999	1394413	100164	1269004	19151	6094
2000	1478573	105073	1347392	19386	6722
2001	1534122	105155	1402798	18645	7524
2002	1608150	105606	1475257	18693	8594
2003	1587497	97260	1464335	17142	8759
2004	1767453	111764	1624526	19040	12123
2005	1847018	115583	1697381	20227	13827
2006	2024158	125656	1860487	22047	15968
2007	2227761	135670	2050680	22835	18576
2008	2867892	146193	2682114	20334	19251
2009	2976898	152451	2779081	22314	23052
2010	3269508	167609	3052738	22392	26769
2011	3526319	186226	3286220	24556	29317
2012	3804035	189337	3557010	25752	31936
2013	2122992	210597	1853463	23535	35397
2014	2032218	230460	1736270	26293	39195
2015	1943271	253484	1619097	27072	43618
2016	1900194	281405	1542759	27234	48796
2017	1848620	308379	1456784	28300	55156
2018	1793820	337495	1367170	27981	61174
2019	1760436	366002	1301173	27267	65993
2020	966540	220350	689425	14987	41778
2021	830257	261171	508693	16337	44056
2022	558738	167296	354643	11627	25171
2023	1574331	385450	1101153	25771	61958

注：1. 从 1979 年起，公路运输包括社会车辆完成数量，从 1984 年起，还包括私营运输完成的数量（以下相关表同）。从 2008 年起，公路、水路运输量统计口径有调整，公路运输量统计范围原则上为营运车辆，水路运输量统计范围为在交通运输主管部门审批、备案、从事营业性旅客和货物运输生产的船舶（以下相关表同）。

2. 2013 年公路水路客货运输数据，源自 2013 年交通运输业经济统计专项调查，统计范围口径有所调整（以下相关表同）。

3. 2014 年、2015 年公路水路运输量统计数据根据 2015 年开展的公路水路运输量小样本抽样调查结果进行了调整。

表12 各地区全社会客运量（2023年） 单位：万人

地区	总计	铁路	公路	水运
总计	1574331	385450	1101153	25771
北京	75655	15165	60489	—
天津	16441	4969	11310	162
河北	41973	12388	29585	—
山西	31382	8514	22662	206
内蒙古	24877	5060	19817	—
辽宁	60234	11187	48517	530
吉林	35932	5933	29873	127
黑龙江	44507	8161	36114	232
上海	20548	13007	6908	633
江苏	109961	31821	75309	2831
浙江	103647	26686	71866	5094
安徽	62177	15191	46763	223
福建	40941	12471	27381	1089
江西	41623	12702	28693	228
山东	78752	21003	55197	2552
河南	81138	20224	60622	291
湖北	56087	17042	38328	718
湖南	80916	17552	62006	1358
广东	100636	36939	60923	2774
广西	40504	12078	27532	893
海南	12336	3035	7017	2284
重庆	43461	9538	33050	872
四川	92804	21927	69769	1108
贵州	46122	8067	37709	345
云南	43992	9442	33934	616
陕西	39820	12057	27670	92
甘肃	31128	6200	24770	157
青海	10040	1033	8878	129
宁夏	8543	1053	7264	226
新疆	34628	4583	30045	—
不分地区	61958	—	—	—

注：不分地区合计数为民航完成数（以下相关表同）。

表13 1975—2023年全社会旅客周转量 单位：亿人／千米

年份	总计	铁路	公路	水运	民航
1975	1434.55	954.09	374.48	90.59	15.39
1978	1743.06	1093.22	521.30	100.63	27.91
1980	2281.34	1383.16	729.50	129.12	39.56
1985	4435.39	2416.14	1724.88	178.65	115.72
1986	4896.51	2586.71	1981.74	182.06	146.00
1987	5415.47	2843.06	2190.43	195.92	186.06
1988	6209.38	3260.31	2528.24	203.92	216.91
1989	6074.56	3037.41	2662.11	188.27	186.77
1990	5628.35	2612.64	2620.32	164.91	230.48
1991	6178.32	2828.05	2871.74	177.21	301.32
1992	6949.38	3152.24	3192.64	198.38	406.12
1993	7858.00	3483.30	3700.70	196.40	477.60
1994	8591.42	3636.04	4220.30	183.50	551.58
1995	9001.90	3545.70	4603.10	171.80	681.30
1996	9164.80	3347.60	4908.79	160.57	747.84
1997	10055.48	3584.86	5541.40	155.70	773.52
1998	10636.74	3773.42	5942.81	120.27	800.24
1999	11299.74	4135.94	6199.20	107.30	857.30
2000	12261.09	4532.59	6657.42	100.54	970.54
2001	13155.13	4766.82	7207.08	89.88	1091.35
2002	14125.64	4969.38	7805.77	81.78	1268.70
2003	13810.50	4788.61	7695.60	63.10	1263.19
2004	16309.08	5712.17	8748.38	66.25	1782.28
2005	17466.74	6061.96	9292.08	67.77	2044.93
2006	19197.21	6622.12	10130.85	73.58	2370.66
2007	21592.58	7216.31	11506.77	77.78	2791.73
2008	23196.70	7778.60	12476.11	59.18	2882.80
2009	24834.94	7878.89	13511.44	69.38	3375.24
2010	27894.26	8762.18	15020.81	72.27	4039.00
2011	30984.03	9612.29	16760.25	74.53	4536.96
2012	33383.09	9812.33	18467.55	77.48	5025.74
2013	27571.65	10595.62	11250.94	68.33	5656.76
2014	28647.13	11241.85	10996.75	74.34	6334.19
2015	30058.90	11960.60	10742.66	73.08	7282.55
2016	31258.46	12579.29	10228.71	72.33	8378.13
2017	32812.80	13456.92	9765.18	77.66	9513.04
2018	34218.15	14146.58	9279.68	79.57	10712.32
2019	35349.24	14706.64	8857.08	80.22	11705.30
2020	19251.46	8266.19	4641.01	32.99	6311.28
2021	19758.15	9567.81	3627.54	33.11	6529.68
2022	12921.55	6577.53	2407.54	22.60	3913.87
2023	29832.15	14729.36	4740.04	53.77	10308.98

表14 各地区全社会旅客周转量（2023年） 单位：亿人／千米

地 区	总计	铁路	公路	水运
总 计	29832.15	14729.36	4740.04	53.77
北 京	295.37	163.18	132.19	—
天 津	233.18	178.84	54.10	0.24
河 北	1118.16	1003.91	114.25	—
山 西	316.20	231.88	84.24	0.07
内蒙古	252.96	184.17	68.80	—
辽 宁	698.59	553.21	141.61	3.76
吉 林	335.83	225.41	110.32	0.09
黑龙江	342.01	229.63	112.08	0.30
上 海	191.66	118.96	71.80	0.89
江 苏	1353.90	1052.55	300.24	1.12
浙 江	995.36	739.34	250.33	5.69
安 徽	1050.66	883.72	166.61	0.33
福 建	494.05	378.58	114.48	0.99
江 西	864.63	749.06	115.22	0.34
山 东	1053.39	810.86	234.16	8.37
河 南	1543.30	1124.62	418.24	0.44
湖 北	915.00	743.23	167.83	3.94
湖 南	1218.74	967.78	248.90	2.07
广 东	1315.17	1014.11	292.51	8.56
广 西	663.57	467.48	192.53	3.56
海 南	105.36	47.77	53.39	4.20
重 庆	411.69	267.33	138.84	5.52
四 川	814.18	529.03	284.14	1.01
贵 州	544.53	370.70	173.19	0.64
云 南	469.55	294.46	174.09	1.00
西 藏	47.11	22.35	24.75	—
陕 西	673.77	528.42	145.19	0.15
甘 肃	519.54	402.35	116.98	0.21
青 海	147.53	86.94	60.45	0.14
宁 夏	85.70	43.27	42.29	0.14
新 疆	452.47	316.20	136.27	—
不分地区	10308.98	—	—	—

表15 2009—2023年民用汽车拥有量（载客）　　单位：万辆

年份	民用汽车总计	载客汽车总计	载客汽车类型			
			大型	中型	小型	微型
2009	6280.61	4845.09	107.95	145.80	4246.90	344.44
2010	7801.83	6124.13	116.44	146.07	5498.36	363.25
2011	9356.32	7478.37	126.54	147.41	6827.54	376.88
2012	10933.09	8943.01	128.13	131.78	8302.63	380.47
2013	12670.14	10561.78	131.38	117.06	9951.46	361.87
2014	14598.11	12326.70	139.61	112.06	11748.19	326.84
2015	16284.45	14095.88	140.07	89.66	13580.48	285.66
2016	18574.54	16278.24	146.03	83.82	15813.84	234.55
2017	20906.67	18469.54	152.94	78.95	18038.69	198.96
2018	23231.23	20555.40	158.33	75.40	20135.22	186.46
2019	25376.38	22474.27	160.58	72.08	22069.74	171.88
2020	27340.92	24166.18	157.01	68.29	23782.77	158.12
2021	29418.59	26015.84	153.00	65.45	25651.99	145.40
2022	31184.44	27715.55	147.57	61.91	27372.60	133.47
2023	32911.60	29395.60	143.06	58.03	29074.95	119.55

注：小轿车包括在载客汽车中（下表同）。

表16 2009—2023年民用汽车拥有量（载货）　　单位：万辆

年份	载货汽车总计	载货汽车类型				其他汽车
		重型	中型	轻型	微型	
2009	1368.60	315.08	262.21	765.33	25.97	66.92
2010	1597.55	394.80	269.75	911.88	21.12	80.14
2011	1787.99	460.58	267.80	1042.07	17.54	89.96
2012	1894.75	472.51	229.20	1179.65	13.40	95.33
2013	2010.62	501.97	196.40	1300.02	12.23	97.75
2014	2125.46	533.67	188.09	1385.77	17.93	145.95
2015	2065.62	530.05	148.87	1375.79	10.90	122.95
2016	2171.89	569.48	138.69	1455.29	8.43	124.41
2017	2338.85	635.41	130.68	1566.30	6.46	98.28
2018	2567.82	709.53	124.39	1728.53	5.37	108.00
2019	2782.84	761.70	116.27	1900.76	4.11	119.27
2020	3042.64	840.64	106.19	2092.72	3.09	132.09
2021	3258.47	907.09	95.88	2253.26	2.25	144.28
2022	3317.65	894.15	86.29	2335.60	1.61	151.24
2023	3358.94	881.94	77.40	2398.01	1.59	157.02

表17 民用车辆拥有量（载客）（2023年底按地区分）

单位：辆

地 区	载客汽车	载客汽车类型			
	总计	大型	中型	小型	微型
总 计	293955900	1430629	580301	290749487	1195509
北 京	5737730	57572	84652	5574755	20751
天 津	3766149	23029	10035	3715996	17089
河 北	17598544	61033	16601	17346673	174237
山 西	8224018	33806	10441	8082021	97750
内蒙古	6572794	29103	11093	6488066	44532
辽 宁	9833144	65031	28651	9701113	38349
吉 林	5136314	32663	10521	5073964	19166
黑龙江	5738732	43265	17941	5659039	18487
上 海	4979927	42464	17409	4915325	4729
江 苏	22565271	99381	28691	22383095	54104
浙 江	19760856	69198	26328	19607865	57465
安 徽	10430351	52324	17597	10340032	20398
福 建	7754774	33449	16332	7684789	20204
江 西	7070871	28171	10644	7019485	12571
山 东	26876680	123277	33559	26489566	230278
河 南	18973625	67230	27188	18773608	105599
湖 北	10176390	56245	20879	10087186	12080
湖 南	10538373	57353	31508	10430747	18765
广 东	27729175	140527	35840	27502878	49930
广 西	8337821	33415	13472	8263264	27670
海 南	1757467	13428	4650	1736806	2583
重 庆	5495109	29360	8613	5453105	4031
四 川	13922076	68374	17247	13796459	39996
贵 州	6136591	26602	14027	6086803	9159
云 南	8195396	29750	16137	8116658	32851
西 藏	551587	4595	2545	543083	1364
陕 西	8152037	38597	12947	8064933	35560
甘 肃	3852287	22985	8627	3812256	8419
青 海	1282226	9295	5080	1263798	4053
宁 夏	1670246	9827	3043	1651368	6008
新 疆	5139365	29280	18003	5084751	7331

表18　民用车辆拥有量（载货）（2023年底按地区分）　单位：辆

地　区	载货汽车	载货汽车类型			
	总计	重型	中型	轻型	微型
总　计	33589400	8819443	774022	23980051	15929
北　京	596900	102425	14824	477420	2231
天　津	396334	87770	5721	302469	374
河　北	2484042	750720	25946	1706787	589
山　西	990581	392959	7959	589438	225
内蒙古	877566	259046	10582	607853	85
辽　宁	1135671	366280	35469	733855	67
吉　林	554645	177544	13253	363811	37
黑龙江	821465	241413	32499	547507	46
上　海	351430	226265	30279	94886	
江　苏	1544153	577846	82156	883825	326
浙　江	1736771	326282	29354	1380873	262
安　徽	1395042	449907	23856	920717	562
福　建	926488	163042	14674	748704	68
江　西	880083	274018	21459	584510	96
山　东	3311130	980642	50705	2277777	2006
河　南	1974141	552895	20147	1400309	790
湖　北	1091646	288211	36444	766726	265
湖　南	954591	190573	30818	732345	855
广　东	2848838	541488	82313	2218871	6166
广　西	1045315	276711	30128	738306	170
海　南	214151	22112	7219	184772	48
重　庆	547192	159745	16274	371116	57
四　川	1434367	349659	40800	1043704	204
贵　州	765346	98198	14356	652750	42
云　南	1324803	176310	22209	1126208	76
西　藏	225536	43217	15988	166323	8
陕　西	837016	241268	13089	582478	181
甘　肃	725027	118317	15629	591049	32
青　海	254704	41711	5653	207322	18
宁　夏	417210	110251	5410	301539	10
新　疆	927261	232618	18809	675801	33

表19 2006—2023年私人汽车拥有量（载客）

单位：万辆

年份	汽车总计	载客汽车	载客汽车类型			
		总计	大型	中型	小型	微型
2006	2333.32	1823.57	11.19	56.20	1491.18	265.00
2007	2876.22	2316.91	7.91	55.73	1984.29	268.98
2008	3501.39	2880.50	8.57	57.97	2533.28	280.68
2009	4574.91	3808.33	8.72	59.96	3436.26	303.39
2010	5938.71	4989.50	9.34	61.00	4593.46	325.70
2011	7326.79	6237.46	9.99	62.34	5823.62	341.52
2012	8838.60	7637.87	8.26	55.43	7226.48	347.71
2013	10501.68	9198.23	6.95	46.95	8810.51	333.83
2014	12339.36	10945.39	7.70	42.10	10590.75	304.83
2015	14099.10	12737.23	8.27	28.89	12432.26	267.81
2016	16330.22	14896.27	4.99	24.84	14645.61	220.83
2017	18515.11	17001.51	4.58	22.17	16788.42	186.35
2018	20574.93	18930.29	4.48	20.39	18731.80	173.62
2019	22508.99	20710.58	4.21	18.99	20527.27	160.11
2020	24291.19	22333.81	3.82	17.65	22165.13	147.21
2021	26152.02	24074.19	3.24	16.66	23919.16	135.14
2022	27792.11	25662.21	2.77	15.35	25520.30	123.78
2023	29356.90	27195.00	2.29	13.88	27068.69	110.14

表20 2006—2023年私人汽车拥有量（载货）

单位：万辆

年份	载货汽车	载货汽车类型				其他汽车
	总计	重型	中型	轻型	微型	
2006	494.91	64.23	108.64	288.94	33.09	14.84
2007	539.45	68.89	110.44	332.69	27.43	19.86
2008	596.39	73.28	115.68	384.12	23.31	24.50
2009	753.40	108.73	129.59	494.97	20.12	13.17
2010	931.52	141.44	140.52	632.77	16.78	17.69
2011	1067.43	164.28	144.52	744.39	14.24	21.90
2012	1175.63	168.13	128.51	867.64	11.35	25.09
2013	1275.49	174.39	111.85	978.73	10.52	27.95
2014	1352.78	182.68	104.90	1050.60	14.59	41.20
2015	1330.65	173.86	86.62	1060.70	9.47	31.22
2016	1401.16	184.82	79.77	1129.13	7.45	32.79
2017	1478.40	193.98	73.22	1205.66	5.54	35.19
2018	1605.10	208.78	68.59	1323.25	4.48	39.55
2019	1753.66	218.11	63.07	1469.04	3.44	44.76
2020	1907.28	222.62	55.58	1626.49	2.60	50.10
2021	2022.34	227.97	47.48	1745.07	1.82	55.49
2022	2072.26	229.27	41.41	1800.36	1.22	57.64
2023	2102.74	225.31	34.94	1841.55	9.53	59.15

表21　私人车辆拥有量（载客）（2023年底按地区分）　单位：辆

地　区	载客汽车	载客汽车类型			
	总计	大型	中型	小型	微型
总　计	271949971	22886	138812	270686901	1101372
北　京	5100851	2918	54139	5023590	20204
天　津	3455561	748	3515	3434820	16478
河　北	16613916	2819	3784	16447481	159832
山　西	7697494	538	1520	7602865	92571
内蒙古	6207574	785	3500	6160158	43131
辽　宁	9132515	3817	10511	9082036	36151
吉　林	4745495	1968	2932	4722599	17996
黑龙江	5407903	3396	5881	5380778	17848
上　海	4208653	373	3641	4200356	4283
江　苏	19970297	155	4311	19916071	49760
浙　江	18079268	308	3603	18024811	50546
安　徽	9813793	275	2820	9791202	19496
福　建	7045945	163	1840	7025020	18922
江　西	6739804	106	741	6727020	11937
山　东	24804165	1530	11216	24587586	203833
河　南	18115129	270	1762	18010374	102723
湖　北	9505203	231	1783	9491827	11362
湖　南	9984077	218	2308	9964113	17438
广　东	25594057	778	7108	25541475	44696
广　西	7966815	230	2029	7937317	27239
海　南	1603500	86	634	1600519	2261
重　庆	5072338	107	865	5067704	3662
四　川	12743917	214	1072	12711371	31260
贵　州	5776121	89	776	5766313	8943
云　南	7711293	206	1089	7678210	31788
西　藏	489984	38	161	488512	1273
陕　西	7565568	146	365	7531279	33778
甘　肃	3456567	63	870	3449156	6478
青　海	1130410	35	588	1127166	2621
宁　夏	1567590	83	688	1560933	5886
新　疆	4644168	193	2760	4634239	6976

表22 私人车辆拥有量（载货）（2023年底按地区分） 单位：辆

地区	载货汽车	载货汽车类型			
	总计	重型	中型	轻型	微型
总计	21027424	2253051	349382	18415462	9529
北京	325079	5339	1179	316931	1630
天津	217501	3462	682	213146	211
河北	1746818	336732	13348	1396343	395
山西	539100	90514	2301	446126	159
内蒙古	657015	140094	5447	511420	54
辽宁	687958	110138	20238	557540	42
吉林	370404	75768	7769	286839	28
黑龙江	592798	115600	21111	456047	40
上海	6980	1860	714	4406	
江苏	714068	174056	32030	507765	217
浙江	1023471	29649	7377	986326	119
安徽	761176	39287	9502	712250	137
福建	558215	20093	4723	533385	14
江西	513926	34593	11417	467848	68
山东	2021655	108459	19605	1892843	748
河南	1255924	60248	8280	1187172	224
湖北	700659	100289	20239	579948	183
湖南	739420	108557	21869	608863	131
广东	1432757	71727	28585	1327802	4643
广西	750471	106882	19366	624141	82
海南	141618	6497	4351	130748	22
重庆	313455	17421	6905	289105	24
四川	858392	64723	17173	776425	71
贵州	637270	48681	7784	580772	33
云南	1129120	95175	15786	1018121	38
西藏	185871	36631	14074	135162	4
陕西	594143	120868	6291	466830	154
甘肃	501949	39667	9280	452990	12
青海	181741	12427	3143	166161	10
宁夏	333157	63305	3668	266175	9
新疆	535313	14309	5145	515832	27

表23 2009—2023年民用汽车新注册情况（载客）　　单位：辆

年份	载客汽车	载客汽车类型			
	总计	大型	中型	小型	微型
2009	10248554	114984	69548	9794452	269570
2010	12546891	148234	76519	12086273	235865
2011	13694540	163258	76472	13244774	210036
2012	15248801	163517	71013	14875884	138387
2013	17522965	168946	81160	17173792	99067
2014	19366787	151405	79646	19050695	85041
2015	21202815	191034	67080	20862002	82699
2016	24648115	194829	59767	24338735	54784
2017	24802416	171474	46657	24507374	76911
2018	23139385	155760	39514	22876458	67653
2019	21845871	133357	35844	21648138	28532
2020	19724444	86902	23424	19608897	5221
2021	21961429	81366	28291	21850635	1137
2022	20695447	66735	17677	20610868	167
2023	21813708	63508	17697	21732451	52

表24 2009—2023年民用汽车新注册情况（载货）　　单位：辆

年份	载货汽车	载货汽车类型			
	总计	重型	中型	轻型	微型
2009	2148355	500593	242679	1391249	13834
2010	2637605	769644	238595	1614803	14563
2011	2442601	726854	173140	1535590	7017
2012	2386173	560063	139793	1681908	4409
2013	2689898	739027	133402	1814385	3084
2014	2542287	630588	104425	1805471	1803
2015	2043257	454979	72274	1513773	2231
2016	2507282	649352	77114	1779643	1173
2017	3087575	980068	66974	2037906	2627
2018	3238847	967089	49591	2220492	1675
2019	3434877	1041421	55776	2337472	208
2020	4102293	1436723	58835	2606241	494
2021	4038153	1370833	68424	2598107	789
2022	2379396	417423	36220	1924343	1410
2023	2601817	563705	36294	1997845	3973

表25 民用汽车新注册情况（载客）（2023年底按地区分） 单位：辆

地 区	载客汽车	载客汽车类型			
	总计	大型	中型	小型	微型
总 计	21813708	63508	17697	21732451	52
北 京	474853	3796	3633	467424	—
天 津	328166	701	289	327176	—
河 北	1136578	3167	517	1132892	2
山 西	483826	1051	439	482335	1
内蒙古	354044	818	339	352887	—
辽 宁	551772	2361	417	548994	—
吉 林	340862	1240	219	339403	—
黑龙江	309544	782	277	308485—	—
上 海	596365	3076	694	592595	—
江 苏	1939188	4915	999	1933273	1
浙 江	1724539	5229	1770	1717540	—
安 徽	848919	2651	379	845887	2
福 建	549813	1545	768	547500	—
江 西	536999	1233	321	535445	—
山 东	1599276	3319	548	1595391	18
河 南	1366294	1938	413	1363924	19
湖 北	825224	2655	394	822175	—
湖 南	726279	2520	691	723068	—
广 东	2326904	4332	810	2321762	—
广 西	466827	1179	323	465325	—
海 南	182752	485	104	182160	3
重 庆	455458	1433	265	453759	1
四 川	1104789	4093	600	1100096	—
贵 州	460653	1105	310	459238	—
云 南	527434	2039	546	524846	3
西 藏	46768	168	122	46478	—
陕 西	661413	1750	449	659212	2
甘 肃	275132	884	236	274012	—
青 海	84794	714	111	83969	—
宁 夏	114823	1094	90	113639	—
新 疆	413420	1235	624	411561	—

表26 民用汽车新注册情况（载货）（2023年底按地区分） 单位：辆

地 区	载货汽车	载货汽车类型			
	总计	重型	中型	轻型	微型
总 计	2601817	563705	36294	1997845	3973
北 京	40207	5301	484	34288	134
天 津	25579	5268	330	19888	93
河 北	220997	72997	1772	146115	113
山 西	112488	59680	669	52098	41
内蒙古	67137	11252	706	55157	22
辽 宁	57751	17007	1243	39483	18
吉 林	32343	5731	453	26154	5
黑龙江	45119	6348	1127	37635	9
上 海	27520	15980	1111	10429	—
江 苏	141442	36816	3915	100510	201
浙 江	132189	17688	1676	112670	155
安 徽	106201	24512	1405	79853	431
福 建	64805	9215	1195	54349	46
江 西	52212	9466	914	41809	23
山 东	232670	57491	3152	171474	553
河 南	171670	40099	1807	129168	596
湖 北	79389	12752	1066	65516	55
湖 南	72563	9008	1510	61303	742
广 东	171107	21635	4133	144878	461
广 西	57790	8991	801	47961	37
海 南	18803	1567	239	16966	31
重 庆	48405	8189	666	39531	19
四 川	128990	26046	1246	101581	117
贵 州	61568	6185	685	54683	15
云 南	103603	8606	708	94273	16
西 藏	19527	814	386	18327	—
陕 西	75160	16380	1060	57693	27
甘 肃	64337	7401	449	56480	7
青 海	27590	3140	297	24148	5
宁 夏	36171	15949	131	20091	—
新 疆	106484	22191	958	83334	1

表27 1990—2023年机动车及汽车驾驶员情况　　单位：万人

年份	机动车驾驶员	汽车驾驶员
1990	1635.85	790.96
1995	3501.52	1673.39
2000	7655.56	3746.51
2005	13069.52	8017.76
2006	14213.87	9317.24
2007	15363.88	10567.15
2008	17336.56	12276.80
2009	19167.58	13740.73
2010	20068.47	15129.89
2011	22817.62	17416.76
2012	25250.83	20028.52
2013	26955.93	21742.70
2014	29892.32	24812.07
2015	32853.05	28012.99
2016	35876.98	30328.77
2017	36016.94	31658.20
2018	41030.16	36923.42
2019	43636.74	39752.86
2020	45702.49	41794.89
2021	48113.64	44379.72
2022	50178.05	46434.41
2023	52319.46	48617.16

表28　机动车及汽车驾驶员情况（2023年底按地区分）　单位：人

地　区	机动车驾驶员	汽车驾驶员
总　计	523194628	486171566
北　京	12370519	12267838
天　津	5508233	5497765
河　北	27882996	27492449
山　西	12806768	12645957
内蒙古	9298259	8975010
辽　宁	15272545	14697336
吉　林	8716581	8183251
黑龙江	10435401	10135884
上　海	10020051	9888576
江　苏	34700687	33280685
浙　江	28345860	27273365
安　徽	19201569	18559473
福　建	15932321	13683126
江　西	16187150	13953641
山　东	37500156	36752461
河　南	36196479	35272575
湖　北	20358053	18770675
湖　南	20234979	18142643
广　东	53018837	48322266
广　西	18025204	14933387
海　南	3612097	2890796
重　庆	11018217	9900020
四　川	28755722	25032096
贵　州	13092550	11155782
云　南	18086011	14032944
西　藏	896268	830226
陕　西	14373633	13696842
甘　肃	7793864	6948938
青　海	1883347	1872873
宁　夏	2755187	2691330
新　疆	8915084	8391356

表 29 机动车及汽车驾驶员情况（2022 年底按地区分） 单位：人

地 区	机动车驾驶员	汽车驾驶员
总 计	501780542	464344083
北 京	12135062	12056374
天 津	5388395	5378122
河 北	26714236	26335093
山 西	12265770	12098888
内蒙古	8946067	8597547
辽 宁	14786747	14180113
吉 林	8418156	7854996
黑龙江	10091713	9785558
上 海	9442225	9304760
江 苏	33473562	31968112
浙 江	27068650	25998718
安 徽	18529093	17839475
福 建	15405160	13075616
江 西	15747397	13404374
山 东	36010408	35258876
河 南	34589660	33604558
湖 北	19760679	18173732
湖 南	19266547	17236060
广 东	50209375	45467212
广 西	17301366	14217637
海 南	3235265	2657441
重 庆	10581354	9458010
四 川	27823223	24058741
贵 州	12491749	10537446
云 南	17402482	13375500
西 藏	789451	740725
陕 西	13715281	13050477
甘 肃	7579155	6645172
青 海	1781847	1771096
宁 夏	2614455	2546153
新 疆	8216012	7667501

表30 进口汽车保有量（载客）（2023年底按地区分） 单位：辆

地 区	载客汽车	载客汽车类型			
		大型	中型	小型	微型
总 计	15339565	6787	13256	15197315	122207
北 京	832963	565	647	827557	4194
天 津	215360	113	290	212572	2385
河 北	452742	217	293	446764	5468
山 西	256678	434	412	251168	4664
内蒙古	375098	308	424	370484	3882
辽 宁	584617	581	417	580266	3353
吉 林	222571	144	216	220809	1402
黑龙江	270274	292	398	268319	1265
上 海	627774	248	448	625240	1838
江 苏	1316738	360	1209	1297923	17246
浙 江	1603961	259	942	1586908	15852
安 徽	342748	129	233	338986	3400
福 建	567370	129	495	560114	6632
江 西	244764	112	165	243189	1298
山 东	982315	635	1467	965485	14728
河 南	506915	335	613	502103	3864
湖 北	411135	179	471	408547	1938
湖 南	469397	157	344	466364	2532
广 东	2150809	347	787	2140724	8951
广 西	286017	73	335	283471	2138
海 南	87562	89	133	86852	488
重 庆	298005	49	137	296954	865
四 川	712382	167	362	707699	4154
贵 州	207973	76	157	206475	1265
云 南	362090	115	431	357415	4129
西 藏	45350	38	103	45157	52
陕 西	393191	151	380	389915	2745
甘 肃	129960	132	203	129051	574
青 海	57957	72	176	57595	114
宁 夏	86870	76	126	86216	452
新 疆	237979	205	442	236993	339

表31 进口汽车保有量（载货）（2023年底按地区分） 单位：辆

地区	载货汽车	载货汽车类型			
		重型	中型	轻型	微型
总计	90245	32995	398	56830	22
北京	8608	1839	26	6743	—
天津	1755	809	9	937	—
河北	5068	475	14	4575	4
山西	1783	76	13	1694	—
内蒙古	3859	92	28	3739	—
辽宁	5835	644	74	5116	1
吉林	1707	143	17	1545	2
黑龙江	3314	896	38	2380	—
上海	3123	2727	14	382	—
江苏	4303	2242	9	2052	—
浙江	8417	5437	10	2968	2
安徽	2699	1741	4	954	—
福建	2518	1661	6	851	—
江西	2992	2331	3	658	—
山东	6307	1519	26	4758	4
河南	2165	609	7	1548	1
湖北	2028	791	2	1235	—
湖南	1499	492	5	1002	—
广东	7343	4731	24	2588	—
广西	871	427	1	443	—
海南	272	8	1	263	—
重庆	1045	266	2	777	—
四川	3259	1051	15	2192	1
贵州	689	89	6	594	—
云南	2424	849	4	1571	—
西藏	349	2	1	341	5
陕西	2247	380	6	1859	2
甘肃	538	52	1	485	—
青海	497	12	3	482	—
宁夏	903	227	6	670	—
新疆	1828	377	23	1428	—

表32 1984—2023年国内生产总值（本表按当年价格计算）

单位：亿元

年份	国民总收入	国内生产总值	产业类型												人均国内生产总值（元）	人均国民总收入（元）
			第一产业	第二产业	第三产业	农林牧渔业	工业	建筑业	批发和零售业	交通运输、仓储和邮政业	住宿和餐饮业	金融业	房地产业	其他		
1984	7314.2	7278.5	2295.6	3124.7	1858.2	2316.0	2815.8	317.9	363.6	338.6	96.8	230.6	162.0	637.3	705	702
1985	9123.6	9098.9	2541.7	3886.4	2670.8	2564.3	3478.2	419.3	802.5	421.8	138.3	293.9	214.8	765.8	868	866
1986	10375.4	10376.2	2764.1	4515.1	3097.0	2788.6	4000.7	527.3	852.7	499.0	163.2	401.2	297.5	846.1	973	973
1987	12166.6	12174.6	3204.5	5273.8	3696.3	3232.9	4621.1	667.5	1059.7	568.5	187.1	506.2	381.9	949.8	1122	1123
1988	15174.4	15180.4	3831.2	6607.2	4742.0	3865.2	5814.0	811.8	1483.6	685.9	241.4	658.9	472.8	1146.8	1377	1378
1989	17188.4	17179.7	4228.2	7300.7	5650.8	4265.8	6525.5	796.1	1536.4	812.9	277.4	1079.9	565.1	1320.7	1537	1536
1990	18923.3	18872.9	5017.2	7744.1	6111.6	5061.8	6904.5	861.7	1269.2	1167.2	301.9	1144.1	660.9	1501.7	1667	1663
1991	22050.3	22005.6	5288.8	9129.6	7587.2	5341.9	8137.9	1017.7	1834.8	1420.5	442.3	1195.2	762.2	1853.1	1916	1912
1992	27208.2	27194.5	5800.3	11725.0	9669.2	5866.2	10340.2	1417.9	2405.4	1689.2	584.6	1482.1	1099.1	2309.8	2336	2334
1993	35599.2	35673.2	6887.6	16472.7	12313.0	6963.3	14248.4	2269.9	2817.0	2174.3	712.1	1903.5	1376.9	3207.8	3021	3027
1994	48548.2	48637.5	9471.8	22452.5	16713.1	9572.1	19546.3	2968.8	3774.0	2788.2	1008.5	2557.9	1905.6	4516.1	4073	4081
1995	60356.6	61339.9	12020.5	28676.7	20642.7	12135.1	25023.2	3733.7	4779.4	3244.7	1200.1	3211.5	2349.4	5662.8	5009	5091
1996	70779.6	71813.6	13878.3	33827.3	24108.0	14014.7	29528.9	4393.0	5600.5	3782.6	1336.8	3700.7	2611.9	6844.5	5813	5898
1997	78802.9	79715.0	14265.2	37545.0	27904.8	14440.8	33022.6	4628.3	6328.4	4149.1	1561.3	4179.2	2914.5	8490.9	6406	6481
1998	83817.6	85195.5	14618.7	39017.5	31559.3	14816.4	34133.9	4993.0	6914.3	4661.5	1786.9	4318.2	3427.7	10143.7	6749	6860
1999	89366.5	90564.4	14549.0	41079.9	34935.5	14768.7	36014.4	5180.9	7492.2	5175.9	1941.2	4489.7	3674.5	11827.0	7134	7229
2000	99066.1	100280.1	14717.4	45663.7	39899.1	14943.6	40258.5	5534.0	8159.8	6161.9	2146.3	4842.2	4140.9	14092.9	7846	7942
2001	109276.2	110863.1	15502.5	49659.4	45701.2	15780.0	43854.3	5945.5	9120.8	6871.3	2400.1	5202.8	4705.8	16982.6	8592	8717
2002	120480.4	121717.4	16190.2	54104.1	51423.1	16535.7	47774.9	6482.1	9996.8	7494.3	2724.8	5555.8	5334.5	19818.6	9410	9506
2003	136576.3	137422.0	16970.2	62695.8	57756.0	17380.6	55362.2	7510.8	11171.2	7914.8	3126.1	6045.7	6157.0	22753.8	10600	10666

续表

年份	国民总收入	国内生产总值	产业类型												人均国内生产总值（元）	人均国民总收入（元）
			第一产业	第二产业	第三产业	农林牧渔业	工业	建筑业	批发和零售业	交通运输、仓储和邮政业	住宿和餐饮业	金融业	房地产业	其他		
2004	161415.4	161840.2	20904.3	74285.0	66650.9	21410.7	65774.9	8720.5	12455.8	9306.5	3664.8	6600.2	7152.1	26754.6	12454	12487
2005	185998.9	187318.9	21806.7	88082.2	77430.0	22416.2	77958.3	10400.5	13968.5	10668.8	4195.7	7486.0	8482.7	31742.1	14267	14368
2006	219028.5	219438.5	23317.0	104359.2	91762.2	24036.4	92235.8	12450.1	16533.4	12186.3	4792.6	9972.3	10320.9	36910.8	16707	16738
2007	270704.0	270092.3	27674.1	126630.5	115787.7	28483.7	111690.8	15348.0	20941.1	14605.1	5548.1	15200.0	13714.0	44561.5	20541	20494
2008	321229.5	319244.6	32464.1	149952.9	136827.5	33428.1	131724.0	18807.6	26186.2	16367.6	6616.1	18345.6	14600.3	53169.3	24250	24100
2009	347934.9	348517.7	33583.8	160168.8	154765.1	34659.7	138092.6	22681.5	29004.6	16522.4	6957.0	21836.8	18760.5	60002.6	26136	26180
2010	410354.1	412119.3	38430.8	191626.5	182061.9	39619.0	165123.1	27259.3	35907.9	18783.6	7712.0	25733.1	23326.6	68654.7	30676	30808
2011	483392.8	487940.2	44781.5	227035.1	216123.6	46122.6	195139.1	32926.5	43734.5	21842.0	8565.4	30747.2	27780.7	81082.2	35939	36277
2012	537329.0	538580.0	49084.6	244639.1	244856.2	50581.2	208901.4	36896.1	49835.5	23763.2	9536.9	35272.2	30751.9	93041.6	39679	39771
2013	588141.2	592963.2	53028.1	261951.6	277983.5	54692.4	222333.2	40896.8	56288.9	26042.7	10228.3	41293.4	35340.4	105847.3	43143	43497
2014	644380.2	643563.1	55626.3	277282.8	310654.0	57472.2	233197.4	45401.7	63170.4	28534.4	11228.7	46853.4	38086.4	119618.5	46971	46912
2015	685571.2	688858.2	57774.6	281338.9	349744.7	59852.6	234968.9	47761.3	67719.6	30519.5	12306.1	56299.8	42573.8	136856.5	49684	49922
2016	742694.1	746395.1	60139.2	295427.8	390828.1	62451.0	245406.4	51498.9	73724.5	33028.7	13607.8	59964.0	49969.4	156744.3	53516	53783
2017	830945.7	832035.9	62099.5	331580.5	438355.9	64660.0	275119.3	57905.6	81156.6	37121.9	15056.0	64844.3	57086.0	179086.3	59514	59592
2018	915243.5	919281.1	64745.2	364835.2	489700.8	67558.7	301089.3	65493.0	88903.7	40337.2	16520.6	70610.3	64623.0	204145.2	65246	65534
2019	983751.2	986515.2	70473.6	380670.6	535371.0	73576.9	311858.7	70648.1	95650.9	42466.3	17903.1	76250.6	70444.8	227715.8	69881	70078
2020	1005451.3	1013567.0	78030.9	383562.4	551973.7	81396.5	312902.9	72444.7	96086.1	40582.9	15285.4	83617.7	73425.3	237825.3	71253	71828
2021	1141230.8	1149237.0	83216.5	451544.1	614476.4	86994.8	374545.6	78741.2	110147.0	48423.9	18026.9	90308.7	77215.9	264833.0	80803	81370
2022	1194401.4	1204724.0	88207.0	473789.9	642727.1	92576.8	395043.7	80766.0	116294.1	51076.9	17755.0	93285.3	73766.1	284160.2	84579	85310
2023	1249990.6	1260582.1	89755.2	482588.5	688238.4	94462.6	399103.1	85691.1	123072.4	57819.8	21023.6	100676.6	73722.7	305010.2	88607	89358

表33 1995—2023年居民人均可支配收入和指数　　单位：元

年份	全国居民人均可支配收入		城镇居民人均可支配收入		农村居民人均可支配收入	
	绝对数	指数（1978年=100）	绝对数	指数（1978年=100）	绝对数	指数（1978年=100）
1995	2363.3	347.6	4283.0	290.3	1577.7	383.6
2000	3721.3	500.7	6255.7	382.3	2282.1	489.6
2001	4070.4	543.8	6824.0	414.1	2406.9	512.3
2002	4531.6	610.4	7652.4	469.1	2528.9	539.2
2003	5006.7	666.3	8405.5	510.6	2690.3	564.9
2004	5660.9	725.1	9334.8	549.0	3026.6	606.1
2005	6384.7	803.4	10382.3	600.9	3370.2	646.6
2006	7228.8	896.2	11619.7	662.5	3731.0	697.6
2007	8583.5	1015.4	13602.5	742.2	4327.0	767.7
2008	9956.5	1112.2	15549.4	803.5	4998.8	833.1
2009	10977.5	1234.8	16900.5	881.0	5435.1	908.3
2010	12519.5	1363.3	18779.1	948.5	6272.4	1012.1
2011	14550.7	1503.3	21426.9	1028.1	7393.9	1127.4
2012	16509.5	1662.5	24126.7	1126.8	8389.3	1248.1
2013	18310.8	1797.1	26467.0	1205.4	9429.6	1364.5
2014	20167.1	1940.5	28843.9	1287.1	10488.9	1490.5
2015	21966.2	2084.4	31194.8	1371.5	11421.7	1602.3
2016	23821.0	2216.1	33616.2	1448.0	12363.4	1702.1
2017	25973.8	2378.4	36396.2	1541.6	13432.4	1825.5
2018	28228.0	2532.1	39250.8	1627.6	14617.0	1945.3
2019	30732.8	2679.7	42358.8	1708.4	16020.7	2066.0
2020	32188.8	2737.3	43833.8	1728.4	17131.5	2144.2
2021	35128.1	2959.7	47411.9	1851.6	18930.9	2352.9
2022	36883.3	3046.8	49282.9	1886.1	20132.8	2452.1
2023	39218.0	3232.2	51820.7	1976.4	21690.9	2638.2

注：1. 本表2013年及以后人均可支配收入来源于住户收支与生活状况调查，1978-2012年数据是根据历史数据按住户收支与生活状况调查可比口径推算获得。可支配收入绝对数按当年价计算，指数按可比价计算。

2. 全国居民人均收入是根据全国十几万户抽样调查基础数据，依据每个样本户所代表的户数加权汇总而成。由于受城镇化和人口迁移等因素影响，各时期的分城乡、分地区人口构成发生变化，有时会导致全国居民收入增速超出分城乡居民收入增速区间的现象发生。全国居民收入增速快于分城乡居民收入增速的原因主要是在城镇化过程中，一部分在农村收入较高的人口进入城镇地区，但在城镇属于较低收入人群，他们的迁移对城乡居民收入均有拉低作用；但无论在城镇还是农村，其收入增长效应都会体现在全体居民收入增长中。

表34 2023年月度汽车销售完成情况

单位：辆

产品名称	1月	2月	3月	4月	5月	6月	7月	8月	9月	10月	11月	12月
汽车总计	1648966	1976173	2451030	2158704	2381614	2622326	2386933	2582401	2858234	2852570	2970122	3156367
其中：国内制造	1648610	1975684	2450185	2158538	2381426	2622326	2386932	2582402	2858234	2852570	2970116	3156367
CKD	356	489	845	166	188	0	1	-1	0	0	6	0
总计中：乘用车	1468597	1652664	2016942	1811079	2051123	2267821	2099850	2272783	2487274	2487873	2604370	2792005
其中：柴油汽车	7466	9820	15178	10741	11873	15455	11773	9578	12119	12326	12241	11495
汽油汽车	1017324	1090153	1330055	1131589	1290251	1419615	1281269	1376514	1532063	1482568	1548025	1561303
其他燃料汽车	443807	552691	671709	668749	748999	832751	806808	886691	943092	992979	1044104	1219207
其中：基本型乘用车（轿车）	644243	731493	912733	802225	916076	998168	923051	991468	1074549	1074443	1134613	1241316
多功能乘用车（MPV）	54654	69832	90494	90622	89993	88766	85098	93359	115454	104081	94047	119261
运动型多用途乘用车（SUV）	758349	824401	993183	894461	1023535	1160159	1072014	1168570	1273215	1283007	1350199	1406583
交叉型乘用车	11351	26938	20532	23771	21519	20728	19687	19386	24056	26342	25511	24845
总计中：商用车	180369	323509	434088	347625	330491	354505	287083	309618	370960	364697	365752	364362
其中：柴油汽车	111282	193407	252319	191571	176988	186697	154304	158432	184246	171687	172088	167527
汽油汽车	49234	97835	134743	116620	116665	113988	88525	93143	115414	121373	122956	118686
其他燃料汽车	19853	32267	47026	39434	36838	53820	44254	58043	71300	71637	70708	78149
其中：客车	21488	33362	45080	38076	36731	44803	38692	39501	45027	42516	47503	55293
其中：客车非完整车辆	381	1219	1288	1214	833	733	702	415	725	805	893	636
货车	158881	290147	389008	309549	293760	309702	248391	270117	325933	322181	318249	309069
其中：半挂牵引车	24420	38754	59197	43038	42497	45919	32490	42139	58293	51133	40003	26474
货车非完整车辆	13877	21817	36980	21358	19665	25088	15608	15956	21260	20721	20169	17186

注：由于调整的数据在累计中体现，故各月数据相加与全年累计略有出入。

表35 2022—2023年全国乘用车品牌销量情况 单位：辆，%

车型	2022年	2023年	同比增长
乘用车总计：	23563287	26062824	10.61
1. 比亚迪	1862603	3012906	61.76
秦 PLUS	315283	455863	44.59
秦 PLUSDM-i1.5L（PHEV）	195350	327371	67.58
秦 PLUS（BEV）	119933	128492	7.14
元 PLUS	202058	412202	104.00
元 PLUS 二驱（BEV）	202058	412202	104.00
海豚	205417	367419	78.86
海豚（BEV）	205417	367419	78.86
宋 PLUSDM-i	78750	333249	323.17
宋 PLUSDM-i 二驱 1.5T（PHEV）	77528	244939	215.94
宋 PLUSDM-i 四驱 1.5T（PHEV）	1222	88310	7126.68
海鸥	0	280217	0.00
海鸥（BEV）	0	280217	0.00
汉	274015	228383	-16.65
汉 DM2.0T（PHEV）	129351	121881	-5.77
汉（BEV）	144664	106502	-26.38
宋 ProDM-i	40084	203491	407.66
宋 ProDM-i1.5L（PHEV）	40084	203491	407.66
海豹	51200	127323	148.68
海豹（BEV）	51200	84277	64.60
海豹 DM-i1.5T（PHEV）	0	43046	0.00
全新唐	125687	124010	-1.33
唐四驱 2.0T（PHEV）	125687	124010	-1.33
腾势 D9	9803	119182	1115.77
腾势 D91.5T（PHEV）	9803	111615	1038.58
腾势 D9（BEV）	0	7567	0.00
宋 PLUSEV	15390	93822	509.63
宋 PLUS（BEV）	15390	93822	509.63
驱逐舰 05	62162	92008	48.01
驱逐舰 05 三厢 1.5L（PHEV）	62162	92008	48.01
护卫舰 07	1805	69697	3761.33
护卫舰 07 二驱 1.5T（PHEV）	1805	69697	3761.33
秦	33792	26282	-22.22
全新秦（BEV）	33792	26282	-22.22
e2	17935	19132	6.67
e2（BEV）	17935	19132	6.67
元 EV	26962	16378	-39.26
元二驱（BEV）	26962	16378	-39.26
唐（EV）	25145	13174	-47.61
唐二驱（BEV）	25145	13174	-47.61

续表

车型	2022年	2023年	同比增长
宋L	0	10003	0.00
宋L（BEV）	0	10003	0.00
腾势N7	0	6437	0.00
腾势N7（BEV）	0	6437	0.00
方程豹豹5	0	5712	0.00
方程豹豹51.5T（PHEV）	0	5712	0.00
E6	5949	2733	-54.06
E6（BEV）	5949	2733	-54.06
腾势N8	0	2221	0.00
腾势N81.5T（PHEV）	0	2221	0.00
仰望U8	0	2001	0.00
仰望U82.0T（PHEV）	0	2001	0.00
宋MAX	11055	1782	-83.88
宋MAXDM1.5T（PHEV）	11055	1782	-83.88
D1	1719	185	-89.24
D1（BEV）	1719	185	-89.24
T3	3546	0	-100.00
T3（BEV）	3546	0	-100.00
F3	1544	0	-100.00
F3三厢1.5L	1544	0	-100.00
e3	5726	0	-100.00
e3（BEV）	5726	0	-100.00
宋	3505	0	-100.00
宋二驱1.5T	3505	0	-100.00
宋DM	292192	0	-100.00
宋DM二驱1.5T（PHEV）	292192	0	-100.00
宋EV	51704	0	-100.00
宋-e二驱（BEV）	51704	0	-100.00
腾势X	175	0	-100.00
腾势X二驱（PHEV）	175	0	-100.00
2. 一汽大众	1801577	1850017	2.69
速腾	236142	280028	18.58
速腾1.5T	34244	268904	685.26
速腾1.2T	18424	6685	-63.72
速腾1.4T	183474	4439	-97.58
迈腾	162114	206213	27.20
迈腾2.0T	136607	173391	26.93
迈腾1.4T	13308	19353	45.42
迈腾GTE1.4T（PHEV）	12199	13469	10.41
奥迪A6L	129582	174123	34.37
奥迪A6L2.0T	111308	168607	51.48

续表

车型	2022年	2023年	同比增长
奥迪 A6L3. 0	15036	4930	-67. 21
奥迪 A6L2. 0T（PHEV）	3238	584	-81. 96
奥迪 A6L1. 8T	0	2	0. 00
Q5	141582	156999	10. 89
Q5 四驱 2. 0T	131657	146882	11. 56
Q5 四驱 SPB2. 0T	9925	10117	1. 93
新宝来	211104	149873	-29. 01
新宝来 1. 2T	67963	92810	36. 56
新宝来 1. 5L	122148	43163	-64. 66
新宝来 1. 4T	20993	13900	-33. 79
探岳	113812	139815	22. 85
探岳二驱 2. 0T	59848	94551	57. 99
探岳二驱 1. 4T	32529	25749	-20. 84
探岳 X 四驱 2. 0T	14108	8569	-39. 26
探岳二驱 1. 5T	0	8073	0. 00
探岳二驱 1. 4T（PHEV）	7327	2873	-60. 79
奥迪 A4L	136026	138718	1. 98
奥迪 A4L2. 0T	136026	138715	1. 98
奥迪 A4L1. 4T	0	3	0. 00
捷达 VS5	71846	78075	8. 67
捷达 VS5 二驱 1. 4T	71846	78075	8. 67
奥迪 A3	69584	63250	-9. 10
奥迪 A3 三厢 LIMNF1. 4T	41322	34007	-17. 70
奥迪 A3 两厢 SPBNF1. 4T	28262	29232	3. 43
奥迪 A3 两厢 2. 0T	0	5	0. 00
奥迪 A32. 0T	0	5	0. 00
奥迪 A3 两厢 1. 4T	0	1	0. 00
Q3	77815	62334	-19. 89
Q3 二驱 1. 5T	0	30625	0. 00
Q3 二驱 1. 4T	57307	15094	-73. 66
Q3 四驱 2. 0T	10407	9576	-7. 99
Q3 二驱 SPB2. 0T	8121	6555	-19. 28
Q3 二驱 SPB1. 4T	1980	253	-87. 22
Q3 二驱 SPB1. 5T	0	231	0. 00
探歌	86499	59414	-31. 31
探歌二驱 1. 5T	0	39926	0. 00
探歌二驱 1. 4T	86499	19488	-77. 47
高尔夫 A8	85599	54671	-36. 13
高尔夫 A81. 4T	71636	49702	-30. 62
高尔夫 A82. 0T	12778	4253	-66. 72
高尔夫 A81. 2T	1185	716	-39. 58

续表

车型	2022 年	2023 年	同比增长
捷达 VA3	48659	51671	6.19
捷达 VA31.5L	48659	51671	6.19
ID.4CROZZ	45528	37430	-17.79
ID.4CROZZ 二驱（BEV）	44407	36395	-18.04
ID.4CROZZ 四驱（BEV）	1121	1035	-7.67
CC	33394	33875	1.44
CC2.0T	27452	29564	7.69
CC 两厢 2.0T	5942	4311	-27.45
揽巡	8101	32681	303.42
揽巡四驱 2.0T	3657	18722	411.95
揽巡二驱 2.5T	4444	13959	214.11
捷达 VS7	28395	32010	12.73
捷达 VS7 二驱 1.4T	28395	32010	12.73
揽境	26939	31377	16.47
揽境四驱 2.0T	23500	29414	25.17
揽境四驱 2.5T	3439	1963	-42.92
奥迪 Q4E-TRON	6626	23715	257.91
奥迪 Q4 二驱 E-TRON（BEV）	5672	22092	289.49
奥迪 Q4 四驱 E-TRON（BEV）	954	1623	70.13
Q2	30886	17103	-44.63
Q2 二驱 1.4T	29122	10377	-64.37
Q2 二驱 1.5T	0	6558	0.00
Q2L 二驱 E-tron（BEV）	1764	168	-90.48
探影	24408	12814	-47.50
探影二驱 1.5L	23048	9909	-57.01
探影二驱 1.2T	5	2412	48140.00
探影二驱 1.4T	1355	493	-63.62
ID.6CROZZ	26040	11003	-57.75
ID.6CROZZ 二驱（BEV）	25690	10742	-58.19
ID.6CROZZ 四驱（BEV）	350	261	-25.43
奥迪 C	899	2003	122.80
奥迪 C 四驱（BEV）	899	2003	122.80
ID.7VIZZION	0	822	0.00
ID.7VIZZION 三厢 E-GOLF（BEV）	0	822	0.00
3. 奇瑞	1149636	1784439	55.22
新瑞虎 7 改款（T1E）	143380	207272	44.56
新瑞虎 7 改款二驱 1.5L	110457	130299	17.96
新瑞虎 7 改款二驱 1.6L	32923	76973	133.80
T19	114930	162188	41.12
T19 二驱 1.5	114927	162188	41.12
T19 二驱（BEV）	3	0	-100.00

续表

车型	2022 年	2023 年	同比增长
捷途 X70	137152	151323	10.33
捷途 X70 二驱 1.5T	136974	150625	9.97
捷途 X70 二驱 2.0T	0	607	0.00
捷途 X70 二驱（BEV）	178	91	-48.88
奇瑞 OMODA5（T19C）	27525	129190	369.36
奇瑞 OMODA5 二驱 1.5T（T19C）	19725	68236	245.94
奇瑞 OMODA5 二驱 1.6T	7800	60954	681.46
艾瑞泽 8	0	115001	0.00
艾瑞泽 81.6	0	91873	0.00
艾瑞泽 82.0T	0	21122	0.00
艾瑞泽 81.5（PHEV）	0	2000	0.00
艾瑞泽 81.5	0	6	0.00
瑞虎 8	50098	109061	117.70
瑞虎 8 二驱 1.6L	32726	68027	107.87
瑞虎 8 二驱 2.0L	10288	32127	212.28
瑞虎 8 二驱 1.5L	7084	8907	25.73
瑞虎 3X	73596	94096	27.85
瑞虎 3X 二驱 1.5L	73596	94096	27.85
艾瑞泽 5	45659	89399	95.80
艾瑞泽 51.5	30796	76938	149.83
艾瑞泽 5（BEV）	13195	7281	-44.82
艾瑞泽 51.6	1668	5180	210.55
瑞虎 8plus（T1D）	77751	88524	13.86
瑞虎 8plus 二驱 1.6L	61364	63446	3.39
瑞虎 8plus 二驱 2.0L	12825	24564	91.53
瑞虎 8plus 二驱 1.5L（PHEV）	3562	514	-85.57
捷途大圣	0	86460	0.00
捷途大圣二驱 1.5L	0	47214	0.00
捷途大圣二驱 1.6T	0	37590	0.00
捷途大圣二驱 1.6T（PHEV）	0	1656	0.00
QQ 冰淇淋	96539	68644	-28.90
QQ 冰淇淋（BEV）	96539	68644	-28.90
瑞虎 9	0	43606	0.00
瑞虎 9 二驱 2.0T	0	43606	0.00
捷途 X90	27515	38324	39.28
捷途 X90 二驱 1.5T	27515	28539	3.72
捷途 X90 二驱 2.0T	0	9785	0.00
捷途旅行者（T1J）	0	37738	0.00
捷途旅行者（T1J）2.0T	0	34213	0.00
捷途旅行者（T1J）1.5T	0	3525	0.00
瑶光（M38T）	0	37402	0.00

续表

车型	2022 年	2023 年	同比增长
瑶光（M38T）2.0T	0	37402	0.00
探索 06	0	36954	0.00
探索 061.6	0	36954	0.00
新瑞虎 8（T1A）	53047	35907	-32.31
T1A 二驱 1.5	10027	22223	121.63
T1A 二驱 1.6	29180	13683	-53.11
T1A 二驱 2.0（原 1.6）	13840	1	-99.99
星途 LX（T1C）	13210	32166	143.50
星途 LX（T1C）二驱 1.5T	9509	21835	129.62
星途 LX（T1C）二驱 1.6T	2692	9171	240.68
星途 LX 二驱 1.5T（PHEV）	1009	1160	14.97
星途 TXL（M32T）	29972	31654	5.61
星途四驱 1.6L	22147	18871	-14.79
星途四驱 2.0T	7825	12783	63.36
凯翼炫界	22565	30009	32.99
凯翼炫界二驱 1.5L	11305	18041	59.58
炫界 Pro 二驱 1.5T	7004	10463	49.39
炫界 Pro 二驱（BEV）	4256	1505	-64.64
小蚂蚁	95669	29744	-68.91
小蚂蚁（BEV）	95669	29744	-68.91
瑞虎 7（T15）	10397	29247	181.30
瑞虎 7 二驱 1.5L	10350	27847	169.05
瑞虎 7 二驱 2.0L	47	1400	2878.72
艾瑞泽 GX	0	24119	0.00
艾瑞泽 GX1.5L	0	24119	0.00
星途 VX（M36T）	9794	23557	140.52
星途 VX 二驱 2.0T	9794	23557	140.52
凯翼轩度	11717	19183	63.72
凯翼轩度 1.5T	11717	19183	63.72
昆仑 FX12	208	13223	6257.21
昆仑 FX121.6T	139	11893	8456.12
昆仑 FX122.0T	69	1330	1827.54
大蚂蚁（S61）	300	6548	2082.67
大蚂蚁（S61）二驱（BEV）	300	6548	2082.67
凯翼拾月	0	4380	0.00
凯翼拾月（BEV）	0	4380	0.00
瑞虎 3	6833	2040	-70.14
瑞虎 3 二驱 1.6L	3710	2040	-45.01
瑞虎 3（BEV）	3	0	-100.00
瑞虎 3 二驱 2.0L	3120	0	-100.00
S56（ICAR03）	0	1446	0.00

续表

车型	2022 年	2023 年	同比增长
S56（ICAR03）（BEV）	0	1446	0.00
捷途山海 L9	0	1322	0.00
捷途山海 L91.5L（PHEV）	0	1322	0.00
Q22L 开瑞优优加长	1117	1101	-1.43
Q22L1.2L	953	1101	15.53
Q22L1.3L	164	0	-100.00
无界	2054	1028	-49.95
无界（BEV）	2054	1028	-49.95
开瑞 K60	1644	940	-42.82
K60 二驱（BEV）	520	804	54.62
开瑞 KM23 二驱 1.5L	1124	136	-87.90
EH（智界 S7）	0	899	0.00
EH（智界 S7）（BEV）	0	899	0.00
星途新纪元 ES	0	742	0.00
星途新纪元 ES（BEV）	0	742	0.00
凯翼 X3（CX51）	60	1	-98.33
凯翼 X3 二驱 1.6L	60	1	-98.33
开瑞 K50	37	1	-97.30
开瑞 K50（BEV）	37	1	-97.30
艾瑞泽 7	21941	0	-100.00
艾瑞泽 71.6	21941	0	-100.00
凯翼 X5	15400	0	-100.00
凯翼 X5 二驱 2.0L	15400	0	-100.00
艾瑞泽 PLUS（M1DFL2）	48694	0	-100.00
艾瑞泽 PLUS1.5T（M1DFL2）	48694	0	-100.00
QQ	230	0	-100.00
新 QQ1.0	230	0	-100.00
艾瑞泽 EX	9982	0	-100.00
艾瑞泽 EX（BEV）	9982	0	-100.00
星途 TX（M31T）	465	0	-100.00
M31T 二驱 1.6L	465	0	-100.00
开瑞 X30	65	0	-100.00
开瑞 X301.6	65	0	-100.00
Q22 开瑞优优	90	0	-100.00
Q221.2L	90	0	-100.00
4. 吉利	1432988	1686516	17.69
博越	149638	224853	50.26
博越 L 二驱 1.5T	22554	137521	509.74
博越二驱 1.5T	17360	62455	259.76
博越二驱 1.8T	82663	22033	-73.35
博越 L 二驱 2.0T	8843	2665	-69.86

续表

车型	2022 年	2023 年	同比增长
博越 LHiF 二驱 1.5T（HEV）	319	179	-43.89
博越四驱 1.5T	17899	0	-100.00
帝豪	211001	191294	-9.34
帝豪 1.5L	150158	176772	17.72
帝豪（BEV）	28100	11536	-58.95
帝豪 LHiXPHEV	22980	2986	-87.01
帝豪（PHEV）	1	0	-100.00
帝豪 L1.4T	9762	0	-100.00
缤越	184468	190244	3.13
缤越二驱 1.4T	61279	115138	87.89
缤越二驱 1.5T	122778	75106	-38.83
缤越二驱 1.5T（PHEV）	411	0	-100.00
星越 L	131381	182626	39.00
星越 L 二驱 2.0T	93678	135412	44.55
星越 L 四驱 2.0T	18050	40998	127.14
星越 L 二驱 1.5T（HEV）	18448	3732	-79.77
星越 LHiP 二驱 1.5T（PHEV）	1205	2484	106.14
星瑞	110747	126277	14.02
星瑞 2.0T	110747	65497	-40.86
星瑞 1.5T	0	57531	0.00
星瑞 L1.5T	0	3249	0.00
熊猫 mini（BEV）	0	109642	0.00
熊猫 mini（BEV）	0	109642	0.00
极氪 001	71941	76246	5.98
极氪 001（BEV）	71941	76246	5.98
领克 03	53858	70365	30.65
领克 031.5T	23921	53255	122.63
领克 032.0T	29046	16554	-43.01
领克 03EMF1.5T（HEV）	890	556	-37.53
领克 031.5T（PHEV）	1	0	-100.00
领克 06	47798	70226	46.92
领克 06 二驱 1.5T	40515	60734	49.90
领克 06EMP 二驱 1.5T（PHEV）	0	6709	0.00
领克 06 二驱 1.5T（PHEV）	7283	2783	-61.79
银河 L7	0	66247	0.00
银河 L7 二驱 1.5T（PHEV）	0	66247	0.00
豪越	34176	46779	36.88
豪越二驱 1.8T	34176	46779	36.88
几何 E	29362	33136	12.85
几何 E（BEV）	29362	33136	12.85
缤瑞	60530	32683	-46.01

续表

车型	2022 年	2023 年	同比增长
缤瑞 1.5T	52324	32683	-37.54
缤瑞 1.4T	8206	0	-100.00
领克 08	0	32129	0.00
领克 08EMP 两驱 1.5T（PHEV）	0	27430	0.00
领克 08EMP 四驱 1.5T（PHEV）	0	4699	0.00
领克 01	36464	27659	-24.15
领克 01 二驱 2.0T	10381	13451	29.57
领克 01 二驱 1.5T（PHEV）	14753	10822	-26.65
领克 01 四驱 2.0T	2710	1553	-42.69
领克 01EM-F 二驱 1.5T（HEV）	5380	971	-81.95
领克 01EM-P 二驱 1.5T（PHEV）	2533	791	-68.77
领克 01 二驱 1.5T（HEV）	707	71	-89.96
星越	16959	23260	37.15
星越 S 四驱 2.0T	14370	17843	24.17
星越 S 二驱 2.0T	2554	5417	112.10
星越二驱 1.5T（PHEV）	35	0	-100.00
极氪 X（BEV）	0	22372	0.00
极氪 X（BEV）	0	22372	0.00
ICON	24336	19238	-20.95
ICON 二驱 1.5T	24336	19238	-20.95
极氪 009（BEV）	0	19210	0.00
极氪 009（BEV）	0	19210	0.00
几何 A	53361	18481	-65.37
几何 A（BEV）	53361	18481	-65.37
银河 L6	0	17250	0.00
银河 L61.5T（PHEV）	0	17250	0.00
领克 09	24078	14893	-38.15
领克 09EM-P 四驱 2.0T（PHEV）	3165	7205	127.65
领克 09 四驱 2.0T	9878	4945	-49.94
领克 09 四驱 2.0L（PHEV）	11035	2743	-75.14
睿蓝汽车 - 曹操 60	0	11866	0.00
睿蓝汽车 - 曹操 60（BEV）	0	11866	0.00
几何 C	25270	10391	-58.88
几何 C 二驱（BEV）	25270	10391	-58.88
睿蓝汽车 -X3PRO	15217	8963	-41.10
睿蓝汽车 -X3PRO 二驱 1.5L	15217	8963	-41.10
睿蓝汽车 -X70 二驱 1.8L	0	0	0.00
枫叶 60S	20597	7454	-63.81
枫叶 60S（BEV）	20597	7454	-63.81
几何 G6	3140	6021	91.75
几何 G6（BEV）	3140	6021	91.75

续表

车型	2022 年	2023 年	同比增长
领克 05	10128	4978	-50.85
领克 05 二驱 2.0T	5309	3141	-40.84
领克 05 四驱 2.0T	3708	1209	-67.39
领克 05 二驱（PHEV）	1111	338	-69.58
领克 05EMP 二驱 1.5T（PHEV）	0	290	0.00
远景 X6	32649	4956	-84.82
远景 X6 二驱 1.4T	32649	4956	-84.82
睿蓝汽车 -RL7	0	3014	0.00
睿蓝汽车 -RL7（BEV）	0	3014	0.00
睿蓝汽车 -X6PRO	0	2484	0.00
睿蓝汽车 -X6PRO 二驱 1.5T	0	2484	0.00
帝豪 GS	27858	2153	-92.27
帝豪 GS 二驱 1.4T	27858	2153	-92.27
几何 M6	3144	2139	-31.97
几何 M6 二驱（BEV）	3144	2139	-31.97
睿蓝汽车 -S6PRO	0	1987	0.00
睿蓝汽车 -S6PRO 三厢 1.5T	0	1987	0.00
嘉际	6933	1910	-72.45
嘉际 1.5T	2428	1824	-24.88
嘉际 1.5T（PHEV）	1444	86	-94.04
嘉际 1.8T	3061	0	-100.00
枫叶 80V	19825	1398	-92.95
枫叶 80V（BEV）	19825	1398	-92.95
极氪 007	0	857	0.00
极氪 007（BEV）	0	857	0.00
睿蓝汽车 -RL9	501	835	66.67
睿蓝汽车 -RL9（BEV）	501	835	66.67
博瑞	3940	0	-100.00
博瑞 1.8T	3424	0	-100.00
博瑞 GE（PHEV）	516	0	-100.00
领克 02	7801	0	-100.00
领克 021.5T	1460	0	-100.00
领克 021.5T（PHEV）	1	0	-100.00
领克 022.0T	6340	0	-100.00
远景 X3	8875	0	-100.00
远景 X3 二驱 1.5L	8875	0	-100.00
几何 EX3	7012	0	-100.00
几何 EX3 二驱（BEV）	7012	0	-100.00
5. 长安	1404582	1604723	14.25
CS75	237615	253611	6.73
CS75plus 二驱 1.5T	171725	182691	6.39

续表

车型	2022年	2023年	同比增长
CS75二驱1.5T	50142	62045	23.74
CS75plus二驱2.0T	15748	6085	-61.36
CS75plusiDD二驱1.5T（PHEV）	0	2790	0.00
逸动	173084	174818	1.00
逸动1.6L	147300	163752	11.17
逸动（BEV）	21977	11064	-49.66
逸动DT1.6L	3807	2	-99.95
UNI-V	108845	156741	44.00
UNI-V1.5T	108786	133109	22.36
UNI-ViDD1.5TPHEV	59	23632	39954.24
Lumin	70267	144485	105.62
Lumin（BEV）	70267	144485	105.62
CS55	152794	130386	-14.67
CS55Plus二驱1.5T	152793	130386	-14.66
CS55E-ROCK二驱（BEV）	1	0	-100.00
欧尚Z6	54362	121637	123.75
欧尚Z6二驱1.5T	48030	80490	67.58
欧尚Z6iDD二驱1.5T（PHEV）	6332	41147	549.83
UNI	100714	78481	-22.08
UNI-T二驱1.5T	59104	37352	-36.80
UNI-K二驱2.0T	26063	35430	35.94
UNI-K二驱1.5T（原2.0）（PHEV）	15547	5699	-63.34
欧尚X5	97645	73427	-24.80
欧尚X5二驱1.5T	97645	73427	-24.80
CS35	76968	71740	-6.79
全新CS35二驱1.6L	76968	71740	-6.79
深蓝SL03	33354	68069	104.08
深蓝SL031.5L（PHEV）	21851	55024	151.81
深蓝SL03三厢（BEV）	11503	13045	13.41
深蓝S7	0	60796	0.00
深蓝S7二驱1.5T（PHEV）	0	54171	0.00
深蓝S7二驱（BEV）	0	6625	0.00
逸达	0	54670	0.00
逸达三厢1.5T	0	54670	0.00
欧尚X7（F202）	60457	45074	-25.44
欧尚X7（F202）二驱1.5L	60457	45074	-25.44
第三代悦翔	22378	31937	42.72
阿维塔11	757	21381	2724.44
阿维塔11（BEV）	757	21381	2724.44
奔奔	98627	16096	-83.68
新奔奔（BEV）	98627	16096	-83.68

续表

车型	2022年	2023年	同比增长
睿骋 CC	32987	15286	-53.66
锐程 PLUS1.5T	19706	15286	-22.43
睿骋 CC1.5T	13281	0	-100.00
启源 A07	0	15178	0.00
启源 A071.5L（PHEV）	0	13724	0.00
启源 A07（BEV）	0	1454	0.00
启源 A05	0	14178	0.00
启源 A051.5L（PHEV）	0	14178	0.00
欧诺	12091	12548	3.78
欧诺 1.3	12091	12548	3.78
新长安之星	17345	12103	-30.22
新长安之星 1.2	17345	12103	-30.22
CS95	5617	6167	9.79
CS95 二驱 2.0T	5617	6167	9.79
CS15	11012	6054	-45.02
CS15 二驱 1.5	8985	6054	-32.62
全新 CS15 二驱 1.5	2027	0	-100.00
启源 Q05	0	5888	0.00
启源 Q051.5L（PHEV）	0	5888	0.00
阿维塔 12	0	5026	0.00
阿维塔 12（BEV）	0	5026	0.00
启源 A06	0	3778	0.00
启源 A061.5L（PHEV）	0	3778	0.00
长安之星 9（星光 4500）	7736	3239	-58.13
长安之星 9（星光 4500）1.3	4448	2915	-34.46
长安之星 9（星光 4500）（BEV）	3288	324	-90.15
CS85	14469	1780	-87.70
CS85 二驱 2.0T	14469	1780	-87.70
欧尚	5447	149	-97.26
欧尚 1.5	3650	149	-95.92
欧尚（BEV）	1797	0	-100.00
科尚	1143	0	-100.00
科尚（BEV）	578	0	-100.00
科尚 1.5T	565	0	-100.00
CX70	5056	0	-100.00
CX70 二驱 1.6	5056	0	-100.00
COS1¡ã	3812	0	-100.00
COS1° 二驱 1.6	3812	0	-100.00
6. 上汽大众	1320833	1215003	-8.01
NewLavida 朗逸	376627	351931	-6.56
朗逸 1.5L	246243	328023	33.21

续表

车型	2022 年	2023 年	同比增长
朗逸 1.4T	130384	23908	-81.66
新帕萨特	190629	212473	11.46
新帕萨特 2.0T	154678	180357	16.60
新帕萨特 1.4T	19762	21452	8.55
新帕萨特 1.4T（PHEV）	16189	10664	-34.13
Tiguan 途观	161114	158440	-1.66
途观 L 二驱 2.0T	137221	116107	-15.39
全新途观二驱 1.5T	0	19431	0.00
途观 L 四驱 2.0	7180	13351	85.95
途观 L 二驱 1.4T（PHEV）	5967	4643	-22.19
途观 X 二驱 2.0T	7649	4419	-42.23
途观 L 二驱 1.4T	2796	333	-88.09
途观 X 四驱 2.0T	301	156	-48.17
凌渡	102618	105950	3.25
凌渡（LamandoL）1.4T	88335	103301	16.94
凌渡（LamandoL）1.2T	0	2646	0.00
凌渡 1.4T	14283	3	-99.98
Tharu 途岳	110137	102045	-7.35
途岳二驱 1.5T	0	89837	0.00
途岳二驱 1.4T	106624	11499	-89.22
途岳四驱 2.0T	3514	708	-79.85
途岳 e-Tharu（BEV）	-1	1	-200.00
ID3	26599	82676	210.82
ID3 二厢（BEV）	26599	82676	210.82
Teramont	63810	45825	-28.19
Teramont 四驱 2.0T	45428	28418	-37.44
TeramontX 四驱 2.0T	14328	13632	-4.86
Teramont 四驱 2.5T	3172	2619	-17.43
TeramontX 二驱 2.0T	1	554	55300.00
TeramontX 四驱 2.5T	881	378	-57.09
Teramont 二驱 2.0T	0	224	0.00
波罗	32220	35093	8.92
新波罗两厢 1.5L	32220	35093	8.92
ID4X	36637	21872	-40.30
ID4X 二驱（BEV）	36311	21205	-41.60
ID4X 四驱（BEV）	326	667	104.60
A7L	3801	20239	432.47
A7L2.0T	2713	19886	632.99
A7L3.0T	1088	353	-67.56
Viloran 威然	24240	17187	-29.10
威然二驱 2.0T	24240	17187	-29.10

续表

车型	2022 年	2023 年	同比增长
T-Cross	18453	13491	-26.89
T-Cross 二驱 1.5L	9855	13108	33.01
T-Cross 二驱 1.4T	8598	383	-95.55
桑塔纳	111704	12171	-89.10
新桑塔纳 1.5L	111704	12171	-89.10
Kamiq	12164	6070	-50.10
Kamiq1.5L	11818	5952	-49.64
柯米克运动版 1.2L	346	118	-65.90
ID6X	11622	5350	-53.97
ID6X（BEV）	11407	4988	-56.27
ID6X 四驱（BEV）	215	362	68.37
Q5e-tron	1721	5207	202.56
Q5e-tron 二驱（BEV）	1368	5065	270.25
Q5e-tron 四驱（BEV）	353	142	-59.77
Q6	758	4561	501.72
AudiQ6 四驱 2.0T	503	3543	604.37
AudiQ6 四驱 2.5T	255	1018	299.22
辉昂	4527	2983	-34.11
辉昂 2.0T	4527	2983	-34.11
速派	2822	2502	-11.34
新速派 1.4T	1833	2160	17.84
新速派 2.0T	989	342	-65.42
Kodiaq	5269	2489	-52.76
Kodiaq 二驱 2.0T	5195	2392	-53.96
Kodiaq 四驱 2.0T	74	97	31.08
Karoq	5205	2388	-54.12
Karoq 二驱 1.4T	5205	2388	-54.12
明锐	9347	1781	-80.95
新明锐 1.4T	4453	1164	-73.86
新明锐 1.5L	4894	617	-87.39
途安	2116	1201	-43.24
新途安 1.4T	2116	1201	-43.24
昕锐	6693	1078	-83.89
昕锐 1.5L	6693	1078	-83.89
7. 长城	880808	1027847	16.69
哈弗 H6	288083	273274	-5.14
哈弗 H6 二驱汽油 1.5	222288	232198	4.46
哈弗 H6 四驱汽油 2.0T	19085	18681	-2.12
哈弗 H6 二驱汽油 2.0	36362	15938	-56.17
哈弗 H6 二驱 1.5（PHEV）	10348	4292	-58.52
哈弗 H6 四驱 1.5（PHEV）	0	2150	0.00

续表

车型	2022 年	2023 年	同比增长
哈弗 H6 四驱汽油 1.5	0	15	0.00
哈弗大狗	97863	167681	71.34
哈弗大狗二驱 1.5T	68572	81581	18.97
哈弗大狗四驱 2.0T	24786	44563	79.79
哈弗大狗二驱 1.5T（PHEV）	0	23286	0.00
哈弗大狗二驱 2.0T	4505	18251	305.13
坦克 300	101787	107700	5.81
坦克 300 四驱 2.0T	101787	107700	5.81
哈弗初恋	51794	98269	89.73
哈弗初恋二驱 1.5T	51794	49636	-4.17
哈弗初恋四驱 1.5T	0	48633	0.00
欧拉好猫	68317	93943	37.51
欧拉好猫（BEV）	68317	93943	37.51
哈弗 M6	69954	68588	-1.95
哈弗 M6 二驱 1.5	69954	68588	-1.95
坦克 500	22094	43599	97.33
坦克 500 四驱 2.0T（PHEV）	0	22753	0.00
坦克 500 四驱 3.0T	22094	19684	-10.91
坦克 500 四驱 2.0T	0	1162	0.00
蓝山	0	30938	0.00
蓝山 1.5T（PHEV）	0	29525	0.00
蓝山二驱 1.5T（PHEV）	0	1413	0.00
枭龙	0	30526	0.00
枭龙四驱 1.5L（PHEV）	0	25172	0.00
枭龙二驱 1.5L（PHEV）	0	5354	0.00
哈弗 F7	15151	29731	96.23
哈弗 F7 二驱 1.5	6753	28048	315.34
哈弗 F7 四驱 1.5	0	760	0.00
哈弗 F7 二驱 2.0	1384	520	-62.43
哈弗 F7 四驱 2.0	7014	403	-94.25
猛龙	0	17207	0.00
猛龙四驱 1.5（PHEV）	0	17207	0.00
欧拉闪电猫	6042	11889	96.77
欧拉闪电猫（BEV）	6042	11889	96.77
坦克 400	0	11240	0.00
坦克 400 四驱 2.0（PHEV）	0	11240	0.00
哈弗 H9	15838	9737	-38.52
哈弗 H9 四驱汽油 2.0	15436	8315	-46.13
哈弗 H9 四驱柴油 2.0	402	1422	253.73
哈弗 H5	0	7166	0.00
哈弗 H5 四驱汽油 2.0L	0	3090	0.00

续表

车型	2022 年	2023 年	同比增长
哈弗 H5 四驱柴油 2.0	0	2726	0.00
哈弗 H5 二驱汽油 2.0T	0	1350	0.00
神兽	47582	6432	-86.48
神兽四驱 2.0	986	4195	325.46
神兽二驱 1.5	42420	1721	-95.94
神兽二驱 2.0	4176	516	-87.64
摩卡	13435	5307	-60.50
摩卡四驱 1.5T（PHEV）	4076	4905	20.34
摩卡四驱 2.0T（PHEV）	0	288	0.00
摩卡二驱 1.5T（PHEV）	1892	114	-93.97
摩卡二驱 2.0T	5970	0	-100.00
摩卡四驱 2.0T	1497	0	-100.00
哈弗赤兔	21318	4991	-76.59
哈弗赤兔二驱 1.5T	21318	4991	-76.59
拿铁	20056	4032	-79.90
拿铁二驱 1.5（PHEV）	8319	2637	-68.30
拿铁四驱 1.5（PHEV）	1335	1335	0.00
拿铁二驱 1.5	10402	28	-99.73
拿铁四驱 2.0（PHEV）	0	19	0.00
拿铁二驱 2.0（PHEV）	0	13	0.00
欧拉芭蕾猫	3816	2686	-29.61
欧拉芭蕾猫（BEV）	3816	2686	-29.61
哈弗酷狗	8967	1586	-82.31
哈弗酷狗二驱 1.5	7165	939	-86.89
哈弗酷狗四驱 1.5	1802	647	-64.10
高山	0	1325	0.00
高山 1.5（PHEV）	0	1325	0.00
玛奇朵	2890	0	-100.00
玛奇朵二驱 1.5（PHEV）	1868	0	-100.00
玛奇朵二驱 1.5	1022	0	-100.00
欧拉黑 / 白猫	25821	0	-100.00
欧拉黑猫（R1）（BEV）	21634	0	-100.00
欧拉白猫（BEV）	4187	0	-100.00
8. 通用五菱	1302554	1002113	-23.07
五菱缤果	0	233735	0.00
五菱缤果二厢（BEV）	0	233735	0.00
五菱宏光 mini	554071	118834	-78.55
五菱宏光 mini 二厢（BEV）	477389	112344	-76.47
五菱宏光 MINIEVGameBoy（BEV）	76682	6490	-91.54
五菱荣光 V	112990	100300	-11.23
五菱荣光 V	112912	100300	-11.17

续表

车型	2022年	2023年	同比增长
五菱荣光V1.2L	78	0	-100.00
五菱宏光	150117	93087	-37.99
五菱宏光1.5L	127427	92979	-27.03
五菱宏光1.2L	22690	108	-99.52
宝骏530	93324	83912	-10.09
宝骏530二驱1.5T	93324	83912	-10.09
五菱佳辰	50174	46446	-7.43
五菱佳辰1.5T	50174	45449	-9.42
五菱佳辰2.0L（HEV）	0	997	0.00
五菱星驰（原310S）	21821	45672	109.30
五菱星驰二驱1.5L	21821	45672	109.30
爱唯欧Aveo	364	41953	11425.55
爱唯欧Aveo三厢1.5L	32	29973	93565.63
爱唯欧Aveo二厢1.5L	332	11980	3508.43
五菱荣光	50395	37457	-25.67
五菱荣光1.5L	27571	37154	34.76
五菱荣光1.2L	22824	303	-98.67
宝骏510	45060	34827	-22.71
宝骏510二驱1.5T	45060	34827	-22.71
五菱星辰	83373	33012	-60.40
五菱星辰二驱1.5T	58024	32032	-44.80
五菱星辰二驱2.0L（HEV）	25349	980	-96.13
宝骏云朵	0	26165	0.00
宝骏云朵二厢（BEV）	0	26165	0.00
五菱之光	31847	24257	-23.83
五菱之光1.5L	3665	24096	557.46
五菱之光1.2L	28182	161	-99.43
宝骏悦也	0	23706	0.00
宝骏悦也二厢（BEV）	0	23706	0.00
Airev（原Spark）EV	18686	21798	16.65
AirevEV二厢（BEV）	18686	21798	16.65
五菱星光	0	16864	0.00
五菱星光三厢1.5L（PHEV）	0	16665	0.00
五菱星光三厢（BEV）	0	199	0.00
五菱星云	0	5823	0.00
五菱星云2.0L（HEV）	0	5823	0.00
五菱征程	8096	5597	-30.87
五菱征程1.5L	5971	4291	-28.14
五菱征程2.0L	2125	1107	-47.91
五菱征程（BEV）	0	199	0.00
五菱扬光	0	2988	0.00

续表

车型	2022 年	2023 年	同比增长
五菱扬光（BEV）	0	2988	0.00
五菱凯捷	22236	2215	-90.04
五菱凯捷 1.5L	18074	1322	-92.69
五菱凯捷 2.0L（HEV）	4162	893	-78.54
新宝骏 KiWi	30968	1789	-94.22
新宝骏 KiWi 二厢（BEV）	30968	1789	-94.22
五菱荣光加长版	8942	1673	-81.29
五菱荣光加长版（BEV）	8942	1673	-81.29
五菱 Nano 二厢	8400	2	-99.98
五菱 Nano 二厢（BEV）	8400	2	-99.98
宝骏 RS-3	2	1	-50.00
宝骏 RS-3 二驱 1.5T	2	1	-50.00
宝骏 630	2520	0	-100.00
宝骏 6301.5L	2520	0	-100.00
宝骏 E 系列	11	0	-100.00
宝骏 E100（BEV）	7	0	-100.00
宝骏 E200（BEV）	4	0	-100.00
宝骏 E300	2	0	-100.00
宝骏 E300（BEV）	2	0	-100.00
宝骏 E300P	2	0	-100.00
宝骏 E300P（BEV）	2	0	-100.00
新宝骏 RC-5	589	0	-100.00
新宝骏 RC-51.5T	390	0	-100.00
新宝骏 RC-5W 三厢 1.5T	199	0	-100.00
宝骏 730	8473	0	-100.00
宝骏 7301.5L	8473	0	-100.00
宝骏 RS-5	45	0	-100.00
宝骏 RS-5 二驱 1.5T	45	0	-100.00
新宝骏 RS-7	46	0	-100.00
新宝骏 RS-7 二驱 1.5T	46	0	-100.00
9. 上汽通用	1170107	1001017	-14.45
别克昂科威	172479	143054	-17.06
昂科威四驱 2.0T	82747	66429	-19.72
昂科威二驱 2.0T	57298	48746	-14.93
昂科威二驱 1.5L	32434	27879	-14.04
科鲁泽	113318	137891	21.68
科鲁泽三厢 1.5AT	98170	131804	34.26
科鲁泽 1.3T	15145	6086	-59.82
科鲁泽 1.0T	3	1	-66.67
威朗	127906	124650	-2.55
威朗 Pro 三厢 1.5T	127906	124649	-2.55

续表

车型	2022 年	2023 年	同比增长
威朗 NB1.3T	0	1	0.00
别克 GL8	116257	121326	4.36
新 GL82.0T	41443	74127	78.86
全新一代 GL82.0T	74814	47199	-36.91
凯迪拉克	75102	90737	20.82
凯迪拉克 CT52.0T	75102	90727	20.81
凯迪拉克 CT51.5T	0	10	0.00
别克新君威	79145	63800	-19.39
别克新君威 1.5T	67364	55011	-18.34
别克新君威 2.0T	11781	8789	-25.40
微蓝 Velite	38760	49610	27.99
微蓝 6Veliet6（别克 K228）（BEV）	25312	45538	79.91
微蓝 6Velite61.5L（PHEV）	13448	4072	-69.72
别克 ElectraE5	0	35131	0.00
别克 ElectraE5 二驱（BEV）	0	34883	0.00
别克 ElectraE5 四驱（BEV）	0	248	0.00
别克新君越	32082	31166	-2.86
新君越 2.0T	20888	28485	36.37
新君越 1.5T	11194	2681	-76.05
凯迪拉克 XT5	54689	27648	-49.45
凯迪拉克 XT5 二驱 2.0L	31671	14732	-53.48
凯迪拉克 XT5 四驱 2.0L	23018	12916	-43.89
科沃兹	35203	23005	-34.65
新科沃兹 1.0T	24175	12136	-49.80
新科沃兹 1.3T	11028	10869	-1.44
别克世纪 Century	4000	20422	410.55
别克世纪 Century2.0T	4000	20422	410.55
凯迪拉克 XT4	35259	19500	-44.69
凯迪拉克 XT4 二驱 2.0T	34624	17781	-48.65
凯迪拉克 XT4 二驱 1.5T	0	1348	0.00
凯迪拉克 XT4 四驱 2.0T	635	371	-41.57
雪佛兰新赛欧	40948	15336	-62.55
新赛欧三厢 1.5L	40948	15336	-62.55
雪佛兰迈锐宝	35779	13448	-62.41
迈锐宝 2.0T	10935	7280	-33.42
迈锐宝 1.5T	24844	6168	-75.17
雪佛兰探界者	21511	13081	-39.19
雪佛兰探界者四驱 2.0T	7261	7261	0.00
雪佛兰探界者二驱 1.5T	14250	5820	-59.16
凯迪拉克 XT6	22170	12000	-45.87
凯迪拉克 XT6 四驱 2.0T	20364	11096	-45.51

续表

车型	2022年	2023年	同比增长
凯迪拉克XT6二驱2.0T	1806	904	-49.94
凯迪拉克CT6	11763	10362	-11.91
凯迪拉克CT62.0	11763	10362	-11.91
凯迪拉克GT4	0	9457	0.00
凯迪拉克GT4二驱1.5T	0	8955	0.00
凯迪拉克GT4四驱2.0T	0	502	0.00
别克昂科旗	18710	9200	-50.83
别克昂科旗四驱2.0T	13931	6040	-56.64
别克昂科旗二驱2.0T	4779	3160	-33.88
雪佛兰畅巡	7203	5646	-21.62
雪佛兰畅巡（BEV）	7203	5646	-21.62
凯迪拉克锐歌LYRIQ	2538	5400	112.77
凯迪拉克锐歌LYRIQ（BEV）	2538	5400	112.77
别克ElectraE4	0	4211	0.00
别克ElectraE4二驱（BEV）	0	4159	0.00
别克ElectraE4四驱（BEV）	0	52	0.00
凯迪拉克CT4	13757	3303	-75.99
凯迪拉克CT4三厢1.5T	3083	2224	-27.86
凯迪拉克CT42.0T	10674	1079	-89.89
雪佛兰开拓者	2525	3214	27.29
开拓者二驱2.0T	1645	1956	18.91
开拓者四驱2.0T	880	1258	42.95
别克昂科拉GX	6827	3106	-54.50
别克昂科拉GX二驱1.5T	0	3100	0.00
别克昂科拉GX二驱1.3T	6827	6	-99.91
全新一代雪佛兰创酷	8272	2931	-64.57
全新一代雪佛兰创酷二驱1.5T	7863	1561	-80.15
全新一代雪佛兰创酷二驱1.0T	409	1366	233.99
全新一代雪佛兰创酷二驱1.3T	0	4	0.00
雪佛兰星迈罗Seekre	7302	1151	-84.24
雪佛兰星迈罗Seekre二驱1.5T	7302	1151	-84.24
别克昂扬Envista	5848	714	-87.79
别克昂扬Envista二驱1.5T	5848	714	-87.79
沃兰多	4247	503	-88.16
沃兰多1.3T	4247	503	-88.16
雪佛兰创界	594	4	-99.33
雪佛兰创界二驱1.3T	516	4	-99.22
雪佛兰创界四驱1.3T	78	0	-100.00
别克英朗	63744	3	-100.00
新英朗GT1.5L	57846	3	-99.99
新英朗GT1.3T	5898	0	-100.00

续表

车型	2022 年	2023 年	同比增长
全新一代别克昂科拉	1841	3	-99.84
全新一代别克昂科拉二驱 1.3T	1840	2	-99.89
全新一代别克昂科拉二驱 1.0T	1	1	0.00
别克 GL6	8317	2	-99.98
GL61.3T	8317	2	-99.98
微蓝 7Veliet7	511	2	-99.61
微蓝 7Veliet7（BEV）	511	2	-99.61
凯越	1500	0	-100.00
凯越三厢 1.3L	1500	0	-100.00
10. 上海股份	827037	965018	16.68
MGZS	174853	251346	43.75
MGZS 二驱 1.5L	116635	154462	32.43
MGZS 二驱（BEV）	34657	49418	42.59
MGZS 二驱 1.0T	14834	39785	168.20
MGZS 二驱 1.3T	8727	7681	-11.99
MG4	37588	152337	305.28
MG4 三厢（BEV）	37588	152337	305.28
MGi5	62005	84698	36.60
MGi51.5L	62005	84698	36.60
MG5	137860	84093	-39.00
全新 MG5 三厢 1.5L	63650	49137	-22.80
全新 MG5 三厢 1.5T	48401	19758	-59.18
MG5（BEV）	25809	15198	-41.11
荣威 i5	79047	65011	-17.76
荣威 i51.5L	68856	57137	-17.02
荣威 Ei5 三厢（BEV）	10177	7870	-22.67
荣威 i51.5T	14	4	-71.43
荣威 RX5	88560	61582	-30.46
荣威 RX5 二驱 1.5T	74467	54705	-26.54
荣威 RX5 二驱 1.5（PHEV）	13486	6877	-49.01
荣威 RX5 四驱 2.0T	607	0	-100.00
荣威 RX5 二驱（BEV）	0	0	0.00
MG 领航	1220	58282	4677.21
MG 领航二驱 1.5T	386	44709	11482.64
MG 领航二驱 1.5T（PHEV）	833	11643	1297.72
MG 领航四驱 2.0T	1	1644	164300.00
MG 领航二驱 2.0T	0	286	0.00
MG7	1	37048	3704700.00
MG71.5T	0	21023	0.00
MG7 三厢 2.0T	1	16025	1602400.00
MGHS	79976	35572	-55.52

续表

车型	2022 年	2023 年	同比增长
MGHS 二驱 1.5T	46309	31119	-32.80
MGHS 二驱 1.5T（PHEV）	29042	3247	-88.82
MGHS 四驱 2.0T	4426	1206	-72.75
MGHS 二驱 2.0T	199	0	-100.00
荣威 i6	18824	24412	29.69
荣威 i6 三厢（BEV）	13468	24402	81.19
荣威 i61.5T（PHEV）	1076	5	-99.54
荣威 i61.5T	2875	5	-99.83
荣威 i61.6L	1405	0	-100.00
MGONE	8071	23725	193.95
MGONE 二驱 1.5T	8071	23725	193.95
荣威科莱威	45178	20014	-55.70
荣威科莱威（BEV）	45178	20014	-55.70
MG3	31888	19088	-40.14
MG31.5L	31888	19088	-40.14
荣威 D7	0	16870	0.00
荣威 D71.5L（PHEV）	0	10788	0.00
荣威 D7 三厢（BEV）	0	6082	0.00
荣威 iMAX8	7741	7432	-3.99
荣威 iMAX8（BEV）	1944	3893	100.26
荣威 iMAX82.0T	5797	3539	-38.95
荣威 RX8	6199	6165	-0.55
荣威 RX8 四驱 2.0L	4227	5073	20.01
荣威 RX8 二驱 2.0L	1972	1092	-44.62
荣威 Rx5Max	7362	5541	-24.74
荣威 Rx5Max 二驱 1.5T	4654	5508	18.35
荣威 Rx5Max 二驱 1.5T（PHEV）	1790	16	-99.11
荣威 Rx5Max 二驱 2.0T	917	15	-98.36
荣威 Rx5Max 四驱 2.0T	1	2	100.00
荣威 MARVELX	15187	4251	-72.01
MARVELR 二驱（BEV）	9696	3001	-69.05
MARVELR 四驱（BEV）	5491	1240	-77.42
荣威 MARVELX 二驱（BEV）	0	6	0.00
荣威 MARVELX 四驱（BEV）	0	4	0.00
荣威 RX9	8	2760	34400.00
荣威 RX9 二驱 2.0T	1	2110	210900.00
荣威 RX9 四驱 2.0T	7	650	9185.71
MG6	16246	2308	-85.79
MG6 三厢 1.5T	15751	2299	-85.40
MG6 三厢 1.5T（PHEV）	495	9	-98.18
荣威鲸	460	1512	228.70

续表

车型	2022 年	2023 年	同比增长
荣威鲸二驱 2.0T	460	1510	228.26
荣威鲸二驱 1.5T	0	2	0.00
MGCyberster	0	887	0.00
MGCyberster 三厢（BEV）	0	887	0.00
荣威 RER6	9	45	400.00
荣威 RER6 三厢（BEV）	9	45	400.00
荣威 RX3PRO	5733	40	-99.30
荣威 RX3PRO 二驱 1.5L（HEV）	98	27	-72.45
荣威 RX3PRO 二驱 1.6L	5635	13	-99.77
MGRx8	3021	0	-100.00
MGRx8 四驱 2.0T	2537	0	-100.00
MGRx8 二驱 2.0T	484	0	-100.00
荣威 W5	0	-1	0.00
荣威 W5 四驱 1.8T	0	-1	0.00
11. 广汽丰田	1005000	950008	-5.47
新凯美瑞	249839	229223	-8.25
新凯美瑞 2.0L	139419	138941	-0.34
新凯美瑞 2.5	74181	61509	-17.08
新凯美瑞 2.5（HEV）	36239	28773	-20.60
锋兰达	99399	197831	99.03
锋兰达二驱 2.0L	99399	157382	58.33
锋兰达二驱 2.0L（HEV）	0	40449	0.00
威兰达	142609	155141	8.79
威兰达四驱 2.0L	117744	136396	15.84
威兰达四驱 2.5L（HEV）	21898	18365	-16.13
威兰达四驱 2.5L（PHEV）	2967	380	-87.19
雷凌	213426	130025	-39.08
雷凌 1.8L（HEV）	75959	64595	-14.96
雷凌 1.2T	98621	45136	-54.23
雷凌 1.5L	20949	9962	-52.45
雷凌三厢 2.0L	17607	8440	-52.06
雷凌三厢 2.0L（HEV）	0	1892	0.00
雷凌 1.8L（PHEV）	290	0	-100.00
赛那	74510	84379	13.25
赛那 2.5L（HEV）	74510	84379	13.25
汉兰达	87540	80944	-7.53
汉兰达四驱 2.5L（HEV）	74959	59983	-19.98
汉兰达四驱 2.0T	12581	20961	66.61
威飒	26036	31210	19.87
威飒四驱 2.0L	16110	21522	33.59
威飒四驱 2.5L（HEV）	9926	9688	-2.40

续表

车型	2022 年	2023 年	同比增长
致炫	81313	22598	-72.21
致炫 1.5	81313	22598	-72.21
奕泽 C-HR	21749	14500	-33.33
C-HR 二驱 2.0L	20998	14083	-32.93
C-HR 二驱 2.0L（HEV）	681	417	-38.77
C-HR 二驱（BEV）	70	0	-100.00
bZ4X	4408	3472	-21.23
bZ4X 四驱（BEV）	4408	3472	-21.23
铂智 4X	0	487	0.00
铂智 4X 二驱（BEV）	0	485	0.00
铂智 4X 四驱（BEV）	0	2	0.00
iA5	1268	198	-84.38
iA5（BEV）	1268	198	-84.38
致享	2903	0	-100.00
致享 1.5L	2903	0	-100.00
12. 特斯拉	710865	947742	33.32
ModelY	455091	646845	42.14
ModelY 四驱（BEV）	455091	646845	42.14
Model3	255774	300897	17.64
Model3（BEV）	255774	300897	17.64
13. 广汽乘用车	652622	906241	38.86
Aion	155515	249476	60.42
AionY 二驱（BEV）	119691	228555	90.95
AionV 二驱（BEV）	31830	20381	-35.97
AionLX 二驱（BEV）	3994	540	-86.48
AionS	115679	221227	91.24
AionS（BEV）	115679	221227	91.24
传祺 M8	65346	86099	31.76
传祺 M82.0T	57437	63396	10.37
传祺 M82.0T（HEV）	5962	19905	233.86
传祺 M81.8T	1947	2798	43.71
传祺 GS3	31605	67688	114.17
传祺 GS3 影速二驱 1.5T	0	61806	0.00
传祺 GS3 二驱 1.5L	6408	3284	-48.75
传祺 GS3POWER 二驱 1.5T	21825	1839	-91.57
传祺 GS3 二驱 1.3T	2485	739	-70.26
传祺 GS3 二驱 1.5T	887	20	-97.75
传祺 M6	37987	53740	41.47
传祺 M61.5T	37987	53740	41.47
传祺影豹	45824	45248	-1.26
传祺影豹 1.5T	43258	30100	-30.42

续表

车型	2022年	2023年	同比增长
传祺影豹 2.0T	0	7846	0.00
传祺影豹 2.0T（HEV）	2566	7302	184.57
传祺 GS8	57452	43813	-23.74
传祺 GS8 二驱 2.0T	31361	31961	1.91
传祺 GS8 二驱双擎 2.0（HEV）	25921	11671	-54.97
传祺 GS8 二驱 1.8T	167	181	8.38
传祺 GS8S 二驱 2.0T	3	0	-100.00
传祺影酷 EMKOO	17020	38099	123.85
传祺影酷 EMKOO1.5T	13454	30834	129.18
传祺影酷 EMKOO2.0T（HEV）	3215	6397	98.97
传祺影酷 EMKOO2.0T	351	868	147.29
传祺 GS4	90684	28210	-68.89
传祺 GS4 二驱 1.5T	50208	20592	-58.99
传祺 GS4PLUS 二驱 2.0T	7106	6212	-12.58
传祺 GS4PLUS 二驱 1.5T	33055	1213	-96.33
传祺 GS4 二驱 1.5L（PHEV）	293	193	-34.13
传祺 GS4coupe 二驱 1.5T	22	0	-100.00
传祺 E9	0	17519	0.00
传祺 E92.0T（PHEV）	0	17519	0.00
HYCANZ03	17746	16276	-8.28
HYCANZ03 二驱（BEV）	17746	16276	-8.28
传祺 GS5 系列	12208	11872	-2.75
传祺 GS5 二驱 1.5T	12208	11872	-2.75
传祺 E8	0	6801	0.00
传祺 E82.0T（PHEV）	0	6206	0.00
传祺 E81.8T（PHEV）	0	595	0.00
传祺 ES9	0	5947	0.00
传祺 ES92.0T（PHEV）	0	5947	0.00
HyperGT	0	5781	0.00
HyperGT（BEV）	0	5781	0.00
HyperHT	0	3504	0.00
HyperHT（BEV）	0	3504	0.00
合创 V09	0	1808	0.00
合创 V09（BEV）	0	1808	0.00
HYCANA06	1038	1614	55.49
HYCANA06（BEV）	1038	1614	55.49
传祺 GA4	227	788	247.14
传祺 GA41.5L	31	478	
传祺 GA41.3T	152	310	103.95
传祺 GA41.5T	44	0	-100.00
传祺 GA8	409	446	9.05

续表

车型	2022 年	2023 年	同比增长
传祺 GA82.0T	151	260	72.19
传祺 GA81.8T	258	186	-27.91
传祺 GA6	3786	235	-93.79
传祺 GA61.5T	3786	235	-93.79
HYCAN007	96	35	-63.54
HYCAN007 二驱（BEV）	96	35	-63.54
HyperSSR	0	15	0.00
HyperSSR（BEV）	0	15	0.00
14. 一汽丰田	834575	800011	-4.14
全新 RAV4	171268	186151	8.69
RAV4 二驱 2.0L	124059	150676	21.46
RAV4 四驱 2.0L	20630	16704	-19.03
RAV4 二驱 2.5L（HEV）	12045	11662	-3.18
RAV4 四驱 2.5L（HEV）	11691	6834	-41.54
RAV4 二驱 2.5L（PHEV）	2417	218	-90.98
RAV4 四驱 2.5L（PHEV）	426	57	-86.62
卡罗拉	257751	176071	-31.69
卡罗拉 1.2L	156059	87579	-43.88
卡罗拉（HEV）	67623	78861	16.62
卡罗拉 1.5L	31813	9626	-69.74
卡罗拉 1.8L（PHEV）	2256	5	-99.78
卡罗拉锐放	87753	149789	70.69
卡罗拉锐放二驱 2.0L	87753	122226	39.28
卡罗拉锐放二驱 2.0L（HEV）	0	27563	0.00
AVALON	112041	97770	-12.74
AVALON2.0L	49222	45818	-6.92
AVALON2.5L（HEV）	37384	28320	-24.25
AVALON2.5L	25435	23632	-7.09
格瑞维亚	725	56111	7639.45
格瑞维亚 2.5L（HEV）	725	56111	7639.45
皇冠陆放	56281	42288	-24.86
皇冠陆放四驱 2.5L（HEV）	51145	35286	-31.01
皇冠陆放四驱 2.0T	2899	6215	114.38
皇冠陆放二驱 2.5L（HEV）	2237	787	-64.82
bZ3	0	29073	0.00
bZ3 三厢（BEV）	0	29073	0.00
凌放	44025	24136	-45.18
凌放二驱 2.0L	29180	15658	-46.34
凌放四驱 2.5L	14845	8478	-42.89
新威驰	41436	12765	-69.19
新威驰 1.5L	41436	12765	-69.19

续表

车型	2022 年	2023 年	同比增长
亚洲狮	25428	8632	-66.05
亚洲狮三厢 2.0L	25428	8347	-67.17
亚洲狮 2.0L（HEV）	0	285	0.00
IZOA	18709	6071	-67.55
IZOA 二驱 2.0L	14449	4698	-67.49
IZOA 二驱 2.0L（HEV）	3711	1372	-63.03
IZOA 二驱（BEV）	549	1	-99.82
威驰 FS	16277	5767	-64.57
威驰 FS1.5L	16277	5767	-64.57
丰田 bz4x	2881	5387	86.98
丰田 bz4x 二驱（BEV）	2881	5387	86.98
15. 华晨宝马	694939	743885	7.04
宝马 3 系	161731	203691	25.94
325Li2.0L	82901	89415	7.86
i3eDRIVE（BEV）	16173	53971	233.71
320Li2.0L	31669	30304	-4.31
325i2.0	23204	23594	1.68
330Li2.0L	3199	2280	-28.73
320i2.0	2092	2168	3.63
330i2.0	2493	1959	-21.42
X3	176361	189198	7.28
X3 四驱 2.0	117210	115991	-1.04
X3 二驱（BEV）	59151	73207	23.76
宝马 5 系	173990	142366	-18.18
5302.0	112496	106832	-5.03
5252.0	43890	30982	-29.41
5303.0（PHEV）	17596	4513	-74.35
i5eDRIVE（BEV）	7	37	428.57
520Ld2.0L	0	2	0.00
5403.0L	1	0	-100.00
X5	58243	93724	60.92
X5 四驱 2.0L（xDRIVE）	39764	61568	54.83
X5 四驱 3.0L（xDRIVE）	18479	32156	74.01
X1	81913	83020	1.35
X1 二驱 2.0	51022	58191	14.05
X1 二驱 1.5T	22103	14177	-35.86
X1 四驱 2.0	8768	8428	-3.88
X1（BEV）	9	2218	24544.44
X1 四驱 1.5（PHEV）	11	6	-45.45
X2	18506	17230	-6.90
X2 二驱 2.0	17603	16637	-5.49

续表

车型	2022 年	2023 年	同比增长
X2 四驱 2.0	876	593	-32.31
X2 二驱 1.5	27	0	-100.00
宝马 1 系	24195	14638	-39.50
1201.5	14803	8622	-41.76
1252.0	9392	6016	-35.95
宝马 2 系	0	18	0.00
225i2.0L	0	8	0.00
220i1.5L	0	5	0.00
225L2.0L	0	5	0.00
16. 东风有限（本部）	921564	723139	-21.53
轩逸	437731	372492	-14.90
新轩逸经典 1.6L	221032	218818	-1.00
十四代轩逸 1.6L	196905	126460	-35.78
新轩逸（BEV）	0	18180	0.00
e-POWER 轩逸 1.2L（HEV）	19794	9034	-54.36
逍客	154460	103503	-32.99
新逍客二驱 2.0L	154460	96137	-37.76
全新第三代逍客二驱 2.0L	0	7366	0.00
新天籁	147015	86220	-41.35
七代天籁 2.0	147015	86220	-41.35
奇骏	28623	53264	86.09
新奇骏二驱 2.0L	21114	36766	74.13
奇骏 epower 四驱 1.5T	0	13675	0.00
全新一代奇骏二驱 1.5T	5247	1402	-73.28
新奇骏四驱 2.5L	929	713	-23.25
全新一代奇骏四驱 1.5T	1333	708	-46.89
启辰大 V	39959	35474	-11.22
启辰大 VDDI 二驱 1.5T（PHEV）	0	17790	0.00
启辰大 V 二驱 1.5T	39959	17684	-55.74
启辰 D60	51423	18174	-64.66
启辰 D60（BEV）	42784	14647	-65.77
启辰 D60PLUS1.6L	8639	3527	-59.17
骐达	27267	17500	-35.82
新骐达 1.6L	27267	17500	-35.82
劲客	8800	10902	23.89
劲客二驱 1.5L	8800	10902	23.89
楼兰	5553	5249	-5.47
楼兰二驱 2.5	5553	5249	-5.47
艾睿雅 ARIYA	1334	4025	201.72
艾睿雅 ARIYA 二驱（BEV）	1246	3518	182.34
艾睿雅 ARIYA 四驱（BEV）	88	507	476.14

续表

车型	2022 年	2023 年	同比增长
启辰 VX6	0	3416	0.00
启辰 VX6（BEV）	0	3416	0.00
启辰星	4166	3339	-19.85
启辰星二驱 1.5T	4166	3339	-19.85
英菲尼迪	1290	2050	58.91
英菲尼迪 Q50L2.0T	1290	2050	58.91
启辰 T60	5273	1828	-65.33
启辰 T60 二驱（BEV）	528	971	83.90
启辰 T60 二驱 1.6L	4745	857	-81.94
QX60	954	1712	79.45
QX60 四驱 2.0T	797	1357	70.26
QX60 二驱 2.0T	157	355	126.11
QX50	1993	1598	-19.82
QX50 四驱 2.0T	651	838	28.73
QX50 二驱 2.0T	1342	760	-43.37
奇骏荣耀	4725	1240	-73.76
奇骏荣耀二驱 2.0L	4725	1240	-73.76
新蓝鸟	919	1152	25.35
新蓝鸟 1.6	919	1152	25.35
日产探陆	0	1	0.00
日产探陆四驱 2.0T	0	1	0.00
启辰 T90	79	0	-100.00
启辰 T90 二驱 1.5T	79	0	-100.00
17. 广汽本田	741808	640466	-13.66
雅阁	233887	171200	-26.80
雅阁 1.5T	189223	144039	-23.88
雅阁 2.0L	44664	20199	-54.78
雅阁 2.0L（PHEV）	0	6962	0.00
皓影	128491	132870	3.41
皓影二驱 1.5T	100393	116243	15.79
皓影二驱 2.0	23941	11816	-50.65
皓影二驱 2.0（PHEV）	4157	4811	15.73
型格	82864	130236	57.17
型格 1.5T	82864	129194	55.91
型格 2.0L	0	1042	0.00
飞度	65545	49360	-24.69
飞度两厢 1.5L	65545	49360	-24.69
奥德赛	44586	40814	-8.46
奥德赛 2.0L	44586	40814	-8.46
缤智	99085	39573	-60.06
缤智二驱 1.5L	99085	39573	-60.06

续表

车型	2022 年	2023 年	同比增长
冠道	45910	33692	-26.61
冠道二驱 2.0T	30253	24790	-18.06
冠道二驱 1.5T	15657	8902	-43.14
致在	5807	30398	423.47
致在二驱 2.0L	0	18191	0.00
致在二驱 1.5T	5807	12207	110.21
凌派	27022	8139	-69.88
凌派三厢 1.0T	20956	5801	-72.32
凌派三厢 1.5L	6066	2338	-61.46
极湃 1（e:NP1）	4134	4163	0.70
极湃 1（e:NP1）（BEV）	4134	4163	0.70
绎乐 EA6	1299	18	-98.61
绎乐 EA6（BEV）	1299	18	-98.61
理念 VE-1	1503	3	-99.80
VE-1 二驱（BEV）	1503	3	-99.80
讴歌 CDX	615	0	-100.00
讴歌 CDX 二驱 1.5T	537	0	-100.00
讴歌 CDX 二驱 2.0L	78	0	-100.00
讴歌 RDX	1060	0	-100.00
讴歌 RDX 二驱 2.0T	1060	0	-100.00
18. 东风本田	661277	604800	-8.54
新 CR-V	229531	216553	-5.65
新 CR-V 二驱 1.5T	182726	153198	-16.16
CR-V 二驱 2.0L（PHEV）	9138	37149	306.53
新 CR-V 二驱 2.0L（HEV）	27951	22051	-21.11
新 CR-V 四驱 1.5T	9716	4155	-57.24
思域	156286	163655	4.72
思域 1.5T	136093	144411	6.11
思域 5D1.5T	20193	19244	-4.70
炫威 XR-V	94234	58813	-37.59
XR-V 二驱 1.5L	75131	58813	-21.72
XR-V 二驱 1.5T	19103	0	-100.00
INSPIRE	72785	53005	-27.18
INSPIRE1.5T	56460	40642	-28.02
INSPIRE2.0L（HEV）	16325	7259	-55.53
INSPIRE2.0L（PHEV）	0	5104	0.00
HR-V	0	37065	0.00
HR-V 二驱 1.5T	0	37065	0.00
艾力绅	40028	28733	-28.22
艾力绅 2.0L（HEV）	40028	28733	-28.22
URV	27729	17507	-36.86

续表

车型	2022 年	2023 年	同比增长
URV 四驱 2.0T	9223	6197	-32.81
URV 二驱 1.5T	3668	5896	60.74
URV 二驱 2.0T	14838	5414	-63.51
eNS1（本田 3BS）	7336	17201	134.47
eNS1（本田 3BS）二驱（BEV）	7336	17201	134.47
本田 LIFE	13857	5809	-58.08
本田 LIFE1.5L	13857	5809	-58.08
享域	9468	4395	-53.58
享域 1.5L（HEV）	2342	2882	23.06
享域 1.0T	7126	1513	-78.77
思铭	10023	2064	-79.41
M-NV 二驱（BEV）	10023	2064	-79.41
19. 北京奔驰	591716	590590	-0.19
奔驰 -C	143918	165109	14.72
奔驰 C1.5	141857	160550	13.18
奔驰 C3.0（PHEV）	2060	4559	121.31
奔驰 C2.0	1	0	-100.00
奔驰 -E	147871	154031	4.17
奔驰 E2.0	124873	148653	19.04
奔驰 E3.0（PHEV）	22998	5378	-76.62
奔驰 -GLC	150000	100676	-32.88
奔驰 -GLC 四驱 2.0L	150000	100676	-32.88
奔驰 -GLB	58809	68380	16.27
奔驰 -GLB 二驱 2.0L	32203	54185	68.26
奔驰 -GLB 二驱 1.3L	26606	14195	-46.65
奔驰 -A	49958	51959	4.01
奔驰 A1.3	47269	49875	5.51
奔驰 A2.0	2689	2084	-22.50
奔驰 -GLA	26347	22055	-16.29
奔驰 -GLA 四驱 2.0L	8640	15469	79.04
奔驰 -GLA 四驱 1.6L	17707	6586	-62.81
奔驰 -EQE	3859	8566	121.97
奔驰 -EQE（BEV）	3859	8566	121.97
奔驰 -EQB	4266	8062	88.98
奔驰 -EQB 四驱（BEV）	4266	8062	88.98
奔驰 -EQESUV	0	6435	0.00
奔驰 -EQESUV 四驱（BEV）	0	6435	0.00
奔驰 -EQA	3540	5298	49.66
奔驰 -EQA 四驱（BEV）	3540	5298	49.66
奔驰 -EQC	3148	19	-99.40
奔驰 -EQC 四驱（BEV）	3148	19	-99.40

续表

车型	2022 年	2023 年	同比增长
20. 中国一汽	385754	471443	22.21
红旗 H5	97191	110446	13.64
红旗新 H52.0T	26999	68558	153.93
红旗新 H5 三厢 1.5T	8494	36716	332.26
红旗 H51.5T	40051	2249	-94.38
红旗 H51.8L	20175	1918	-90.49
红旗新 H5 三厢 1.5T（HEV）	1472	1005	-31.73
红旗 HS5	140062	97741	-30.22
红旗 HS5 二驱 2.0T	100604	69237	-31.18
红旗 HS5 四驱 2.0T	39458	28504	-27.76
红旗 E-QM5	30745	76539	148.95
红旗 E-QM5（BEV）	30745	76539	148.95
奔腾 B70 III	27339	49720	81.86
奔腾 B70 III 1.5L	26009	46721	79.63
奔腾 B70 III 2.0L	1330	2999	125.49
奔腾 NAT	20293	26056	28.40
奔腾 NAT（BEV）	20293	26056	28.40
红旗 HS3	0	21421	0.00
红旗 HS3 二驱 1.5T	0	18329	0.00
红旗 HS3 二驱 2.0T	0	1755	0.00
红旗 HS3 四驱 2.0T	0	1337	0.00
奔腾 T77	13726	15368	11.96
奔腾 T77 二驱 1.5L	13726	15368	11.96
奔腾 T55	6949	14715	111.76
奔腾 T55 二驱 1.5L	6949	14715	111.76
红旗 H9	16721	12880	-22.97
红旗 H92.0T	15348	12479	-18.69
红旗 H93.0T	1373	401	-70.79
红旗 H6	0	10853	0.00
红旗 H6 三厢 2.0T	0	10853	0.00
奔腾 T90	0	8530	0.00
奔腾 T90 二驱 1.5L	0	7818	0.00
奔腾 T90 二驱 2.0L	0	712	0.00
红旗 HS7	8119	7234	-10.90
红旗 HS7 二驱 2.0T	6501	4965	-23.63
红旗 HS7 四驱 3.0T	1618	2269	40.23
红旗 HQ9	5662	7165	26.55
红旗 HQ92.0T	5662	7165	26.55
奔腾 T99	3740	3727	-0.35
奔腾 T99 二驱 2.0L	3740	3727	-0.35
红旗 E-HS9	6298	3469	-44.92

续表

车型	2022 年	2023 年	同比增长
红旗 E-HS9 四驱（BEV）	6298	3469	-44.92
红旗 H7	5187	2834	-45.36
红旗 H71.8L	4832	2804	-41.97
红旗 H72.0	355	30	-91.55
奔腾 -B70S	2745	1163	-57.63
奔腾 -B70S 二驱 1.5L	1861	761	-59.11
奔腾 -B70S 二驱 2.0L	884	402	-54.52
奔腾 M9	0	1081	0.00
奔腾 M92.0L	0	1081	0.00
奔腾 BTXM	0	300	0.00
奔腾 BTXM（BEV）	0	300	0.00
红旗 LS7	92	195	111.96
红旗 LS7 四驱 4.0T	92	195	111.96
奔腾 T33	832	4	-99.52
奔腾 T33 二驱 1.2L	632	4	-99.37
奔腾 T33 二驱 1.6L	200	0	-100.00
奔腾 B30	0	1	0.00
奔腾 B30（BEV）	0	1	0.00
奔腾 C105	0	1	0.00
奔腾 C105 二驱（BEV）	0	1	0.00
奔腾 X40	53	0	-100.00
奔腾 X40 二驱 1.6L	53	0	-100.00
21. 重庆理想	133246	376029	182.21
理想 L7	0	134089	0.00
理想 L7 四驱 1.5T（PHEV）	0	134089	0.00
理想 L8	15482	117990	662.11
理想 L8 四驱 1.5T（PHEV）	15482	117990	662.11
理想 L9	39262	114377	191.32
理想 L9 四驱 1.5T（PHEV）	39262	114377	191.32
理想 ONE	78502	9573	-87.81
理想 ONE 四驱 1.2T（PHEV）	78502	9573	-87.81
22. 江淮	302039	357051	18.21
思皓 X8	25888	80805	212.13
思皓 X8PLUS 二驱 1.5T	11204	80805	621.22
思皓 X8PLUS 二驱 1.5T（柴油）	1085	0	-100.00
思皓 X8 二驱 1.5T	13599	0	-100.00
蔚来 ES6	45490	54715	20.28
蔚来 SIRIUS 四驱（BEV）	39	54141	138723.08
蔚来 ES6 四驱（BEV）	45451	574	-98.74
蔚来 ET5	13819	40605	193.83
蔚来 ET5（BEV）	13819	40605	193.83

续表

车型	2022 年	2023 年	同比增长
思皓 A5	7924	30081	279.62
思皓 A51.5T	7924	30081	279.62
江淮 A5PLUS	0	29145	0.00
江淮 A5PLUS1.5T	0	29145	0.00
蔚来 EC5（Orion）	0	23553	0.00
蔚来 EC5（Orion）（BEV）	0	23553	0.00
瑞风 M3	10831	13134	21.26
瑞风 M31.8（原归 2.0）	6236	6679	7.10
瑞风 M31.5（原归 1.6）	4101	4979	21.41
瑞风 M3（BEV）	494	870	76.11
瑞风 M31.8 天然气	0	463	0.00
瑞风 M32.0（HEV）	0	143	0.00
蔚来 ES8	15763	12934	-17.95
蔚来 ES8（Aries）（BEV）	0	12900	0.00
蔚来 ES8 四驱（BEV）	15763	34	-99.78
江淮 X8PLUS	0	12620	0.00
江淮 X8PLUS1.5T	0	12620	0.00
钇为 3	0	11409	0.00
钇为 3（BEV）	0	11409	0.00
蔚来 EC6	18169	10718	-41.01
蔚来 LIBRA 四驱（BEV）	0	10506	0.00
蔚来 EC6 四驱（BEV）	18169	212	-98.83
思皓 E10X	49569	10187	-79.45
思皓 E10X 二驱（BEV）	49569	10187	-79.45
瑞风 M4	4975	5982	20.24
瑞风 M42.0L	4608	4689	1.76
瑞风 M42.0L 天然气	0	1067	0.00
瑞风 M41.9L	367	226	-38.42
蔚来 ES7	16113	5651	-64.93
蔚来 ES7 四驱（BEV）	16113	5651	-64.93
蔚来 ET7	26488	4860	-81.65
蔚来 ET7（BEV）	26488	4860	-81.65
思皓爱跑	4805	4337	-9.74
思皓爱跑（BEV）	4805	4337	-9.74
蔚来 EC7	0	4074	0.00
蔚来 EC7（BEV）	0	4074	0.00
思皓 QX	22346	2018	-90.97
思皓 QX（PHEV）	0	2018	0.00
思皓 QX 二驱 1.5T	22346	0	-100.00
瑞风 M5	321	157	-51.09
瑞风 M52.0L	321	157	-51.09

续表

车型	2022 年	2023 年	同比增长
瑞风 L6	198	66	-66.67
思皓 E50A	2879	0	-100.00
思皓 E50A（BEV）	2879	0	-100.00
思皓曜	21292	0	-100.00
思皓曜三厢 1.5T	17466	0	-100.00
思皓曜三厢柴油 1.5L	3826	0	-100.00
嘉悦	402	0	-100.00
嘉悦 X4 二驱 1.6T	402	0	-100.00
思皓 X6	14767	0	-100.00
思皓 X61.5T	14767	0	-100.00
23. 北京现代	250424	257216	2.71
伊兰特	95364	113445	18.96
伊兰特三厢 1.6	95364	113445	18.96
途胜	36609	58591	60.05
新途胜二驱 1.6	36170	58480	61.68
新途胜二驱 2.0	439	111	-74.72
IX35	66518	46116	-30.67
全新 IX35 二驱 2.0	48406	42187	-12.85
全新 IX35 二驱 1.4	18112	3929	-78.31
库斯途	13679	27984	104.58
库斯途 1.5T	4226	17551	315.31
库斯途 2.0T	9453	10433	10.37
悦动	26249	3607	-86.26
全新悦动 1.6L	26249	3607	-86.26
菲斯塔	1770	2554	44.29
菲斯塔 1.6	1770	2554	44.29
索纳塔	3737	2474	-33.80
索纳塔 2.0L	1693	1332	-21.32
索纳塔 1.6T	2044	1142	-44.13
新胜达	2834	2408	-15.03
新胜达二驱 2.0	2834	2408	-15.03
名图	613	36	-94.13
名图 2.0	360	21	-94.17
名图 1.6	30	15	-50.00
名图（BEV）	223	0	-100.00
悦纳	2869	1	-99.97
悦纳 1.4	2869	1	-99.97
领动	181	0	-100.00
领动 1.6L（PHEV）	181	0	-100.00
IX25	1	0	-100.00
IX25 二驱 1.6	1	0	-100.00

续表

车型	2022 年	2023 年	同比增长
24. 长安福特	251019	233122	-7.13
蒙迪欧	60883	73696	21.05
新一代蒙迪欧（CD5424D）2.0L	58630	55139	-5.95
新一代蒙迪欧 1.5T	0	18557	0.00
新致胜 1.5T	2253	0	-100.00
林肯航海家	15527	31627	103.69
CDX707 四驱 2.0T	3	29444	981366.67
航海家二驱 2.0T	0	1671	0.00
航海家二驱 2.7T	15524	512	-96.70
锐界	20934	28114	34.30
锐界二驱 2.0T	20934	28114	34.30
林肯	37846	28082	-25.80
冒险家二驱 2.0T	36406	28078	-22.88
冒险家二驱 1.5T（PHEV）	1440	4	-99.72
探险者	19011	27574	45.04
探险者二驱 2.3L	19011	27574	45.04
锐际	26303	21420	-18.56
锐际二驱 2.0T	26063	21421	-17.81
锐际二驱 1.5T（PHEV）	240	-1	-100.42
林肯 Zephyr	16172	12908	-20.18
林肯 Zephyr2.0	16172	12908	-20.18
林肯飞行家	6191	4308	-30.42
飞行家二驱 3.0T	6191	4308	-30.42
EVOS（新一代蒙迪欧）	6094	2212	-63.70
EVOS 二驱 2.0T	6094	2212	-63.70
玛斯丹	7782	1983	-74.52
MustangMach-E 四驱（BEV）	7782	1983	-74.52
新一代福克斯	16625	1198	-92.79
新一代福克斯 1.5L	16625	1198	-92.79
福睿斯	14667	3	-99.98
福睿斯 1.5L	14667	3	-99.98
金牛座	2984	-3	-100.10
金牛座 2.7L	2984	-3	-100.10
25. 大庆沃尔沃	181734	193435	6.44
XC60	94187	108208	14.89
XC60 四驱 2.0L	71677	77469	8.08
XC60 四驱 2.0L（PHEV）	14271	23492	64.61
XC60 二驱 2.0L	8239	7247	-12.04
S90	44178	47731	8.04
S902.0T	39975	42693	6.80
S902.0T（PHEV）	4203	5038	19.87

续表

车型	2022 年	2023 年	同比增长
S60	25949	23356	-9. 99
S602. 0L	25310	23017	-9. 06
S602. 0L（PHEV）	639	339	-46. 95
XC40	16283	13106	-19. 51
XC40 四驱 2. 0L	14007	11796	-15. 78
XC40 二驱（BEV）	2179	1310	-39. 88
XC40 二驱 1. 5L	97	0	-100. 00
C40	1137	1034	-9. 06
C40（BEV）	1137	1034	-9. 06
26. 江苏悦达	0	166242	0. 00
焕驰	0	51727	0. 00
焕驰 1. 4L	0	51727	0. 00
新一代傲跑	0	45227	0. 00
新一代傲跑二驱 1. 5L	0	40443	0. 00
新一代傲跑二驱 1. 4L	0	4784	0. 00
福瑞迪	0	25329	0. 00
福瑞迪 1. 6L	0	25329	0. 00
狮铂拓界（NQ5C）	0	12516	0. 00
狮铂拓界（NQ5C）二驱 1. 5T	0	6244	0. 00
狮铂拓界（NQ5C）二驱 2. 0T	0	3716	0. 00
狮铂拓界（NQ5C）二驱 2. 0L（HEV）	0	1650	0. 00
狮铂拓界（NQ5C）四驱 2. 0T	0	906	0. 00
奕跑	0	9380	0. 00
奕跑二驱 1. 4L	0	9380	0. 00
智跑	0	8925	0. 00
智跑二驱 2. 0L	0	8382	0. 00
智跑二驱 1. 5L	0	543	0. 00
悦达新 K3	0	7041	0. 00
悦达新 K31. 5L	0	6800	0. 00
悦达新 K31. 4L	0	241	0. 00
凯酷	0	2410	0. 00
凯酷 1. 5T	0	1452	0. 00
凯酷 2. 0L	0	958	0. 00
嘉华	0	1981	0. 00
新嘉华 2. 0L	0	1981	0. 00
OV（EV5）	0	1470	0. 00
OV（EV5）（BEV）	0	1470	0. 00
KX5	0	234	0. 00
KX5 二驱 1. 6	0	234	0. 00
QYC（索奈）	0	2	0. 00
QYC（索奈）1. 5L	0	2	0. 00

续表

车型	2022 年	2023 年	同比增长
27. 浙江零跑	111168	144155	29.67
零跑 C11	44371	80616	81.69
零跑 C11（BEV）	44371	47307	6.62
零跑 C111.2L（PHEV）	0	33309	0.00
零跑 T03	61919	38454	-37.90
零跑 T03（BEV）	61919	38454	-37.90
零跑 C01	4815	25085	420.98
零跑 C01（BEV）	4815	20840	332.81
零跑 C011.5L（PHEV）	0	4245	0.00
零跑 S01	63	0	-100.00
零跑 S01（BEV）	63	0	-100.00
28. 肇庆小鹏	120757	141601	17.26
小鹏 P7	59066	45402	-23.13
小鹏 P7（BEV）	59066	45402	-23.13
小鹏 G6	0	44545	0.00
小鹏 G6（BEV）	0	44545	0.00
小鹏 G9	6373	26437	314.83
小鹏 G9 二驱（BEV）	6373	26437	314.83
小鹏 P5	37982	19813	-47.84
小鹏 P5（BEV）	37982	19813	-47.84
小鹏 G3i	17336	5396	-68.87
小鹏 G3i 二驱（BEV）	17336	5396	-68.87
小鹏 X9	0	8	0.00
小鹏 X9（BEV）	0	8	0.00
29. 合众新能源	152073	127496	-16.16
哪吒 AYA（哪吒 V）	98847	50926	-48.48
哪吒 AYA 二驱（BEV）	98847	50926	-48.48
哪吒 X（哪吒 U）	51021	43809	-14.14
哪吒 X（哪吒 U）二驱（BEV）	51021	43809	-14.14
哪吒 S	2205	24197	997.37
哪吒 S 三厢 1.5L（PHEV）	1071	15713	1367.13
哪吒 S 三厢（BEV）	1134	8484	648.15
哪吒 GT	0	8564	0.00
哪吒 GT（BEV）	0	8564	0.00
30. 东风乘用车	190587	116971	-38.63
风神奕炫	62649	41045	-34.48
东风风神奕炫马赫版 1.5T	14442	31332	116.95
东风风神奕炫 MAX1.5T	30426	9713	-68.08
东风风神奕炫 1.5T	17781	0	-100.00
风神 E70	75439	33099	-56.12
风神 E70（BEV）	75439	33099	-56.12

续表

车型	2022年	2023年	同比增长
皓瀚	0	16758	0.00
皓瀚二驱1.5T（HEV）	0	16758	0.00
皓极	17156	8917	-48.02
皓极二驱1.5T	17156	8917	-48.02
风神AX7	20852	7491	-64.08
AX7二驱1.6T	20290	7491	-63.08
AX7二驱1.5T	562	0	-100.00
奕炫GS	10231	6726	-34.26
奕炫GS马赫版二驱1.5T	109	5953	5361.47
奕炫GS二驱1.5T	10122	773	-92.36
风神SKY	0	1785	0.00
风神SKYEV01（BEV）	0	1785	0.00
风神A60	3452	927	-73.15
风神A601.6L	3452	927	-73.15
东风风神E60	808	223	-72.40
东风风神E60（BEV）	808	223	-72.40
31. 江铃股份	78219	109864	40.46
领界	65122	91761	40.91
领界二驱1.5T	65037	91760	41.09
领界二驱（BEV）	85	1	-98.82
驭胜	3832	7730	101.72
驭胜二驱2.0T	3832	7730	101.72
领裕	5982	6407	7.10
领裕二驱2.0T	5982	6407	7.10
Tourneo	1047	2557	144.22
Tourneo2.0T	1047	2557	144.22
撼路者	2236	1409	-36.99
撼路者二驱2.0T	2236	1409	-36.99
32. 鑫源汽车	109018	109770	0.69
金杯X30	23435	31152	32.93
金杯X301.4L	23435	31152	32.93
金杯X30L	18226	22654	24.29
金杯X30L1.4L	18226	22654	24.29
SRMX30L	25420	13919	-45.24
SRMX30L（BEV）	25420	13919	-45.24
金杯750	10730	13263	23.61
金杯7501.5L	10730	13263	23.61
斯威G05	10988	9107	-17.12
斯威G05二驱1.5T	10988	9107	-17.12
斯威G01	5747	8490	47.73
斯威G01二驱1.5T	5747	8490	47.73

续表

车型	2022 年	2023 年	同比增长
斯威大虎	0	7735	0.00
斯威大虎二驱 1.5L	0	5464	0.00
斯威大虎二驱 1.5L（PHEV）	0	2271	0.00
SRMX30	3139	2889	-7.96
SRMX30（BEV）	3139	2889	-7.96
斯威 X7	2298	528	-77.02
斯威 X7 二驱 1.5T	1782	411	-76.94
斯威 X7 二驱 1.8L	516	117	-77.33
斯威 X2	510	30	-94.12
斯威 X2 二驱 1.5L	510	30	-94.12
斯威 X3	8525	3	-99.96
斯威 X3 二驱 1.5L	8525	3	-99.96
33. 赛力斯汽车	80218	106891	33.25
问界 M7	21226	68465	222.55
问界 M7 二驱 1.5L（PHEV）	11768	40812	246.80
问界 M7 四驱 1.5L（PHEV）	9458	27653	192.38
问界 M5	56855	35069	-38.32
问界 M5 二驱 1.5T（PHEV）	16270	13135	-19.27
问界 M5 二驱（BEV）	5812	10850	86.68
问界 M5 四驱 1.5T（PHEV）	32635	8664	-73.45
问界 M5 四驱（BEV）	2138	2420	13.19
赛力斯 SF5	51	3357	6482.35
赛力斯 SF5 四驱（BEV）	0	2178	0.00
赛力斯 SF5 二驱（BEV）	0	1162	0.00
赛力斯 SF5 四驱（PHEV）	51	12	-76.47
赛力斯 SF5 二驱（PHEV）	0	5	0.00
风光 E3	2086	0	-100.00
风光 E3 二驱（BEV）	2086	0	-100.00
34. 北汽股份	56989	104636	83.61
D50	35032	72202	106.10
全新 D50（BEV）	32034	61253	91.21
全新 D501.5L	2290	10928	377.21
D50（BEV）	708	21	-97.03
魔方	9518	16631	74.73
魔方二驱 1.5L	9518	16631	74.73
绅宝智达	10477	10887	3.91
智达二驱 1.5	10477	10887	3.91
BJ90	585	3587	513.16
BJ90 四驱 4.0L	78	2284	2828.21
BJ90 四驱 3.0L	507	1303	157.00
绅宝智行	1376	1329	-3.42

续表

车型	2022 年	2023 年	同比增长
绅宝智行二驱 1.5T	1372	1329	-3.13
绅宝智行二驱（BEV）	4	0	-100.00
绅宝 X25	1	0	-100.00
X25 二驱（BEV）	1	0	-100.00
35. 长安马自达	104032	88662	-14.77
昂科塞拉	63101	49419	-21.68
昂科塞拉三厢 2.0L	61420	48600	-20.87
昂科塞拉三厢 1.5L	1681	819	-51.28
CX-5	17359	17884	3.02
CX-5 二驱 2.0L	14053	16316	16.10
CX-5 二驱 2.5L	3306	1568	-52.57
CX-50	0	10363	0.00
CX-50 二驱 2.5L	0	6355	0.00
CX-50 二驱 2.0L	0	3889	0.00
CX-50 二驱 2.5L（HEV）	0	119	0.00
CX-4	5583	3908	-30.00
CX-4 二驱 2.0L	5469	3891	-28.85
CX-4 二驱 2.5L	114	17	-85.09
阿特兹	5699	3438	-39.67
阿特兹 2.5L	3987	2769	-30.55
阿特兹 2.0L	1712	669	-60.92
CX-30	11063	2870	-74.06
CX-30 二驱 2.0L	10729	2685	-74.97
CX-30（BEV）	334	185	-44.61
CX-8	1227	780	-36.43
CX-8 二驱 2.5L	1227	780	-36.43
36. 东风柳汽	122300	85680	-29.94
风行 T5	50843	43629	-14.19
风行 T5EVO 二驱 1.5T	8560	24722	188.81
风行 T5 二驱 1.6L	41591	13207	-68.25
风行 T5 二驱（BEV）	0	3386	0.00
风行 T5 二驱 2.0L	690	1386	100.87
风行 T5EVO（HEV）	0	782	0.00
风行 T5 二驱 1.7L	0	146	0.00
风行 T5EVO	2	0	-100.00
菱智	44177	31264	-29.23
菱智 2.0	8273	15671	89.42
菱智 1.6L	22043	6084	-72.40
菱智 2.0L 天然气	3470	5419	56.17
菱智（BEV）	3014	4089	35.67
菱智 1.5L（HEV）	0	1	0.00

续表

车型	2022 年	2023 年	同比增长
菱智 1.5L	6438	0	-100.00
菱智 1.6L 天然气	939	0	-100.00
风行游艇	3912	6837	74.77
风行游艇 1.5T	3912	6837	74.77
景逸 S50	23368	3950	-83.10
景逸 S50（BEV）	22900	3684	-83.91
景逸 S501.5	367	160	-56.40
景逸 S501.6	101	106	4.95
37. 神龙	125167	80345	-35.81
标致 408	22420	20885	-6.85
标致 4081.6T	22412	20882	-6.83
标致 4081.2T	8	3	-62.50
E43	45151	20572	-54.44
凡尔赛 C5X1.6TAT	27055	13683	-49.43
E43EIC 两厢 1.6T（PHEV）	9126	4560	-50.03
E43EIC 两厢 1.2T	5046	2067	-59.04
E43EIC 两厢 1.6T	3924	262	-93.32
标致 4008	13855	6924	-50.03
标致 4008 二驱 1.6T	11690	6732	-42.41
标致 4008 二驱 1.8T	2139	180	-91.58
标致 4008 二驱 1.6T（PHEV）	26	12	-53.85
408X	0	5196	0.00
408X 三厢 1.6T	0	5196	0.00
标致 508L	6424	4904	-23.66
标致 508L1.8T	4145	4201	1.35
标致 508L1.6T	2168	693	-68.04
标致 508L1.6T（PHEV）	111	10	-90.99
标致 5008	4674	4677	0.06
标致 5008 二驱 1.8T	1462	3681	151.78
标致 5008 二驱 1.6T	3212	996	-68.99
天逸	5586	4195	-24.90
天逸 C5AIRCROSS 二驱 1.6T	2546	2551	0.20
天逸 C5AIRCROSS 二驱 1.8T	3021	1626	-46.18
天逸 C5AIRCROSS 四驱 1.6T（PHEV）	19	18	-5.26
富康 ES	9769	3296	-66.26
富康 ES600（BEV）	9768	3296	-66.26
富康 ES500（BEV）	1	0	-100.00
标致 2008	11083	3194	-71.18
标致新一代 2008 二驱 1.2T	11083	3192	-71.20
e2008 二驱（BEV）	0	1	0.00
标致 2008 二驱 1.2T	0	1	0.00

续表

车型	2022年	2023年	同比增长
e爱丽舍	2326	3089	32.80
e爱丽舍（BEV）	2326	3089	32.80
C6	2688	2303	-14.32
C61.8T	2640	2301	-12.84
C61.6T	48	2	-95.83
C3-XR	1189	1110	-6.64
C3-XR二驱1.2T	1189	1110	-6.64
云逸C4	2	0	-100.00
云逸C4AIRCROSS二驱1.2T	2	0	-100.00
38. 易捷特新能源	99452	74508	-25.08
DACIASpring	63709	54091	-15.10
DACIASpring二驱（BEV）	63709	54091	-15.10
东风风神EX1	35743	20417	-42.88
东风风神EX1（BEV）	35743	12234	-65.77
东风风神EX1纳米BOX二厢（BEV）	0	8183	0.00
39. 精灵汽车	10725	67018	524.88
smart	10725	67018	524.88
smart二驱（BEV）	9574	47880	400.10
smart四驱（BEV）	1151	19138	1562.73
40. 东风小康	107052	59410	-44.50
蓝电E5	0	12575	0.00
蓝电E51.5L（PHEV）	0	12575	0.00
东风风光500	17790	7639	-57.06
东风风光500二驱1.5L	16148	5160	-68.05
东风风光500二驱1.5T	1642	2479	50.97
风光580	21019	6068	-71.13
风光新580二驱1.5L	6783	2209	-67.43
风光580二驱1.8L	7748	2058	-73.44
东风小康580二驱1.5T	5380	1790	-66.73
东风小康580二驱1.5L（PHEV）	361	11	-96.95
东风小康580二驱1.5L	747	0	-100.00
风光ix5	6497	5892	-9.31
风光ix5二驱2.0L	1761	3128	77.63
风光ix5二驱1.5T	4736	2764	-41.64
风光S560	14171	5346	-62.28
风光S560二驱1.8L	6923	3142	-54.62
风光S560二驱1.5T	5598	1674	-70.10
风光S560二驱2.0L	1650	530	-67.88
东风小康C系	5874	4129	-29.71
东风小康C1.3L	5874	4129	-29.71
风光380	3832	3601	-6.03

续表

车型	2022 年	2023 年	同比增长
风光 3801. 5L	0	2929	0. 00
风光 380（BEV）	210	377	79. 52
风光 3802. 0L	3622	295	-91. 86
东风小康 K 系	7330	3600	-50. 89
东风小康 K1. 3L	6644	2913	-56. 16
东风小康 K1. 0L	686	687	0. 15
风光 330	7422	3208	-56. 78
风光 3301. 5L	7422	3208	-56. 78
风光 E3	3183	2365	-25. 70
风光 E3 二驱（BEV）	3183	2365	-25. 70
EC36	4230	2319	-45. 18
EC36（BEV）	4230	2319	-45. 18
东风风光	12763	1083	-91. 51
东风风光 Mini（E501）（BEV）	12763	1083	-91. 51
风光 IX7	1463	1062	-27. 41
风光 IX7 二驱 2. 0L	1463	1062	-27. 41
EC35	1478	523	-64. 61
EC35（BEV）	1478	523	-64. 61
41. 极星汽车	0	59130	0. 00
Polestar2	0	59130	0. 00
Polestar2 三厢（BEV）	0	59130	0. 00
42. 上汽大通	48706	56538	16. 08
上汽 MAXUSG50	20781	20069	-3. 43
上汽 MAXUSG501. 5L	16198	17040	5. 20
上汽 MAXUSG50（BEV）	2308	1685	-26. 99
上汽 MAXUSG501. 3T（PHEV）	2275	1344	-40. 92
上汽 MAXUSG10	10700	15391	43. 84
上汽 MAXUSG101. 9	5344	9933	85. 87
上汽 MAXUSG102. 0	5152	5158	0. 12
上汽 MAXUSEUNIQ7（FCV）	204	300	47. 06
上汽 MAXUSD90	7935	8863	11. 70
上汽 MAXUSD90 四驱 2. 0L 柴油	4881	6181	26. 63
上汽 MAXUSD90 二驱 2. 0	1592	1403	-11. 87
上汽 MAXUSD90 四驱 2. 0	1363	1135	-16. 73
上汽 MAXUSD90 二驱 2. 0L 柴油	99	144	45. 45
上汽 MAXUSMIFA9	1731	6969	302. 60
上汽 MAXUSMIFA9（BEV）	1731	6969	302. 60
上汽 MAXUSG90	2967	2669	-10. 04
上汽 MAXUSG902. 0L	2967	2574	-13. 25
上汽 MAXUSG902. 0L 柴油	0	95	0. 00
上汽 MAXUSD60	4592	2577	-43. 88

续表

车型	2022年	2023年	同比增长
上汽 MAXUSD60 二驱 1.5L	1925	1812	-5.87
上汽 MAXUSD60（BEV）	2521	732	-70.96
上汽 MAXUSD60 二驱 1.3T（PHEV）	143	33	-76.92
上汽 MAXUSD60 二驱 1.3L	3	0	-100.00
43. 捷豹路虎	50737	51017	0.55
路虎极光	15183	15397	1.41
极光四驱 2.0T	14072	14784	5.06
极光四驱 1.5T（PHEV）	1111	613	-44.82
路虎发现神行	14774	13588	-8.03
发现神行四驱 2.0T	13292	13068	-1.69
发现运动四驱 1.5T（PHEV）	1482	520	-64.91
捷豹 XFL	10283	10535	2.45
捷豹 XFL2.0T	10283	10535	2.45
捷豹 XEL	10497	9987	-4.86
捷豹 XEL2.0T	10497	9987	-4.86
捷豹 E-PACE	0	1510	0.00
E-PACE 四驱 2.0T	0	1510	0.00
44. 岚图汽车	19409	50285	159.08
岚图梦想家	7551	26518	251.19
岚图梦想家 1.5（PHEV）	6379	21973	244.46
岚图梦想家（BEV）	1172	4545	287.80
岚图 FREE	11836	18796	58.80
岚图 FREE 四驱 1.5T（PHEV）	8486	17217	102.89
岚图 FREE 四驱（BEV）	2432	1406	-42.19
岚图 FREE 二驱（BEV）	917	173	-81.13
岚图 FREE 二驱 1.5T（PHEV）	1	0	-100.00
岚图追光	22	4965	22468.18
岚图追光（BEV）	20	3651	18155.00
岚图追光 1.5T（PHEV）	2	1314	65600.00
H37	0	6	0.00
岚图 H37 四驱（BEV）	0	6	0.00
45. 智己汽车	5000	38253	665.06
智己 LS6	0	22883	0.00
智己 LS6 二驱（BEV）	0	19846	0.00
智己 LS6 四驱（BEV）	0	3037	0.00
智己 LS7	189	14065	7341.80
智己二驱 LS7（BEV）	89	11113	12386.52
智己四驱 LS7（BEV）	100	2952	2852.00
智己 L7	4811	1305	-72.87
智己 L7（BEV）	4811	1305	-72.87
46. 福建奔驰	33024	32803	-0.67

续表

车型	2022 年	2023 年	同比增长
威霆	15927	16489	3.53
新威霆 2.0L	15927	16489	3.53
V 级	17097	16314	-4.58
V 级 2.0T	17097	16314	-4.58
47. 北汽越野车	27942	31799	13.80
BJ40	21686	22407	3.32
BJ40 四驱 2.0	20619	17473	-15.26
全新 BJ40 二驱 2.0	0	4858	0.00
BJ40 四驱 2.3	1003	59	-94.12
BJ40 二驱 2.0	64	17	-73.44
BJ60	3000	8972	199.07
BJ60 四驱 2.0L	3000	8972	199.07
BJ80	2982	413	-86.15
BJ80 四驱 3.0L	439	248	-43.51
BJ80 四驱 2.8	779	111	-85.75
BJ80 四驱 2.3L	1764	54	-96.94
BJ30	274	7	-97.45
BJ30 四驱 1.5T	274	7	-97.45
48. 北汽新能源	16219	30671	89.11
ARCFOX-α S	7593	15195	100.12
ARCFOX-α S（BEV）	7593	15195	100.12
ARCFOX-α T	5030	7535	49.80
ARCFOX-α T 二驱（BEV）	4805	6295	31.01
ARCFOX-α T5 二驱（BEV）	0	1018	0.00
ARCFOX-α T 四驱（BEV）	225	222	-1.33
考拉	0	7286	0.00
考拉（BEV）	0	7286	0.00
EU5	3545	655	-81.52
EU5（BEV）	3545	655	-81.52
EX3	23	0	-100.00
EX3（BEV）	23	0	-100.00
EC3（EC180）	3	0	-100.00
EC3（EC180）（BEV）	3	0	-100.00
EU300	25	0	-100.00
EU300（BEV）	25	0	-100.00
49. 北汽（广州）	11334	23050	103.37
绅宝 C62X（BEIJINAX7）	10077	18050	79.12
绅宝 C62X 二驱 1.5T（BEIJINAX7）	9918	18008	81.57
绅宝 C62X 二驱 1.5T（PHEV）（BEIJINAX7）	159	42	-73.58
绅宝 CC	0	3000	0.00
绅宝 CC2.0T	0	3000	0.00

续表

车型	2022年	2023年	同比增长
BEINGJINGX3	0	1500	0.00
BEINGJINGX31.5T	0	1500	0.00
EU 系列	1233	499	-59.53
EU 系列（BEV）	1233	499	-59.53
绅宝智道	24	1	-95.83
绅宝智道 1.5T	24	1	-95.83
50. 海南海马	20740	22848	10.16
S7	11760	12480	6.12
S7 二驱 1.8T	11760	12480	6.12
S5H	5280	5280	0.00
S5H 二驱 1.5T	5280	5280	0.00
7X	3700	5088	37.51
7X1.6T	3422	4904	43.31
7X-E（BEV）	122	184	50.82
7X1.5T	156	0	-100.00
51. 成都大运	18960	22160	16.88
悦虎（S191）	16456	16990	3.25
悦虎（S191）（BEV）	16456	16990	3.25
远志 M1（M171）	2496	5170	107.13
远志 M1（M171）（BEV）	2496	5170	107.13
帅虎（S171）	8	0	-100.00
帅虎（S171）二驱（BEV）	8	0	-100.00
52. 飞凡科技	12150	21000	72.84
飞凡 F7	0	14233	0.00
飞凡 F7 三厢（BEV）	0	14233	0.00
飞凡 R7	3501	6762	93.14
飞凡 R7 二驱（BEV）	2047	6254	205.52
飞凡 R7 四驱（BEV）	1454	508	-65.06
飞凡	7851	4	-99.95
飞凡 ER6 三厢（BEV）	7851	4	-99.95
飞凡 MARVELR	798	1	-99.87
飞凡 MARVELR 二驱（BEV）	750	1	-99.87
飞凡 MARVELR 四驱（BEV）	48	0	-100.00
53. 南京金龙	16611	17137	3.17
创维汽车	16611	17137	3.17
创维 EV6 二驱（BEV）	16611	17137	3.17
54. 北汽有限	10447	16427	57.24
锐胜	242	9118	3667.77
锐胜 2.0L	225	7603	3279.11
锐胜（BEV）	15	1515	10000.00
锐胜 2.0L 天然气	2	0	-100.00

续表

车型	2022年	2023年	同比增长
元宝	7525	3109	-58.68
元宝（BEV）	7525	3109	-58.68
BJ212	1058	2471	133.55
BJ212 四驱	1058	2471	133.55
极石 01	0	950	0.00
极石 011.5T（PHEV）	0	950	0.00
勇士	1339	639	-52.28
勇士四驱	1339	639	-52.28
燕铃	283	140	-50.53
Modernin（BEV）	283	140	-50.53
55. 江铃新能源	9499	9801	3.18
江铃 E180	862	5108	492.58
江铃 E180（BEV）	862	5108	492.58
羿 GSE	3857	3310	-14.18
羿 GSE（BEV）	3857	3310	-14.18
江铃 E300	4781	1383	-71.07
江铃 E300（BEV）	4781	1383	-71.07
江铃 E400	-1	0	-100.00
江铃 E400（BEV）	-1	0	-100.00
56. 江苏吉麦	30174	9056	-69.99
凌宝	24898	6763	-72.84
凌宝 BOX（BEV）	20694	5005	-75.81
凌宝 COCO（BEV）	4204	1758	-58.18
新特	5276	2293	-56.54
启能 AEVs（BEV）	4661	2293	-50.80
启能 GEV1（BEV）	615	0	-100.00
57. 广汽三菱	33579	8957	-73.33
欧蓝德	31004	6262	-79.80
新欧蓝德二驱 1.5T	1107	2131	92.50
新欧蓝德四驱 1.5T	866	1765	103.81
欧蓝德二驱 2.0L	24830	1591	-93.59
欧蓝德四驱 2.4L	4201	775	-81.55
劲炫	1145	1413	23.41
劲炫二驱 2.0L	589	1289	118.85
劲炫二驱 1.6L	556	124	-77.70
奕歌	731	1113	52.26
奕歌二驱 1.5L	648	1032	59.26
奕歌四驱 1.5L	83	81	-2.41
阿图柯	699	169	-75.82
阿图柯二驱（BEV）	699	169	-75.82
58. 郑州日产	11773	7831	-33.48

续表

车型	2022 年	2023 年	同比增长
途达	6616	5693	-13.95
途达四驱 2.5L	5822	5069	-12.93
途达二驱 2.5L	794	624	-21.41
东风风度 S15	0	1993	0.00
东风风度 S15 四驱	0	1993	0.00
霆睿	5157	145	-97.19
小虎（BEV）	5157	145	-97.19
59. 海马汽车	4607	5012	8.79
8S	1407	4998	255.22
8S 二驱 1.6T	1407	4998	255.22
6P	0	14	0.00
6P 二驱 1.2T（PHEV）	0	14	0.00
S5	3150	0	-100.00
S5 二驱 1.5T	3150	0	-100.00
爱尚	50	0	-100.00
爱尚（BEV）	50	0	-100.00
60. 昌河	2018	3760	86.32
北斗星（自主）	1478	3760	154.40
北斗星 1.4L	1478	3755	154.06
北斗星（BEV）	0	5	0.00
福瑞达	540	0	-100.00
福瑞达 1.4L	540	0	-100.00
61. 重汽轻型	8793	3742	-57.44
渝州 U70	3682	3340	-9.29
渝州 U70 二驱 1.5T	3190	2458	-22.95
渝州 U70 二驱 2.0T	492	882	79.27
天琴	5111	402	-92.13
天琴（BEV）	5111	402	-92.13
62. 福田	3873	3591	-7.28
蒙派克	3135	3262	4.05
蒙派克汽油	3135	2955	-5.74
蒙派克（BEV）	0	307	0.00
拓陆者	699	329	-52.93
拓陆者四驱 2.0	537	318	-40.78
拓陆者二驱 2.0	160	9	-94.38
拓陆者二驱（BEV）	2	2	0.00
萨瓦纳	37	0	-100.00
萨瓦纳二驱 2.0L	10	0	-100.00
萨瓦纳四驱 2.0	24	0	-100.00
萨瓦纳四驱 2.8L	3	0	-100.00
伽途 V	2	0	-100.00

续表

车型	2022 年	2023 年	同比增长
伽途	2	0	-100.00
63. 贵航云雀	2001	2151	7.50
云雀 Q1	2001	2151	7.50
云雀 Q11.4L	2001	2151	7.50
64. 极越汽车	0	1646	0.00
极越 01	0	1646	0.00
极越 01 二驱（BEV）	0	1237	0.00
极越 01 四驱（BEV）	0	409	0.00
65. 江西五十铃	1204	1452	20.60
五十铃	1204	1452	20.60
五十铃四驱 1.9	894	833	-6.82
五十铃二驱 2.4	158	321	103.16
五十铃二驱 1.9	84	277	229.76
五十铃四驱 2.4	67	18	-73.13
五十铃二驱 2.0	1	3	200.00
66. 深圳市宝能	2060	1115	-45.87
DS9	1760	1018	-42.16
DS91.6TPHEV	686	843	22.89
DS91.6T	1074	175	-83.71
DS7	300	97	-67.67
DS7 二驱 1.6T	300	97	-67.67
67. 东南	24930	896	-96.41
DX5	928	501	-46.01
DX5 二驱 1.5	928	501	-46.01
DX7	432	132	-69.44
DX7 二驱 1.5L	432	132	-69.44
东南 DX8S（F1）	8016	84	-98.95
东南 DX8S（F1）二驱 1.5T	8016	84	-98.95
翼舞	1557	64	-95.89
翼舞 1.5L	1557	64	-95.89
DX3	2473	42	-98.30
DX3 二驱 1.5L	2473	42	-98.30
东南 ev400	0	38	0.00
东南 ev400（BEV）	0	38	0.00
东南 ev500	0	35	0.00
东南 ev500（BEV）	0	35	0.00
捷途 JT	11524	0	-100.00
捷途 JT 二驱 1.5T	10482	0	-100.00

续表

车型	2022 年	2023 年	同比增长
捷途 JT 二驱 1.6T	1042	0	-100.00
68. 猛士科技	0	824	0.00
猛士 917	0	776	0.00
猛士 917 四驱 1.5T（PHEV）	0	776	0.00
猛士 M18	0	48	0.00
猛士 M18（BEV）	0	48	0.00
69. 翼真新能源	0	560	0.00
TX	0	560	0.00
TX1.5T（PHEV）	0	327	0.00
TX（BEV）	0	233	0.00
70. 东风股份	1689	368	-78.21
俊风	1689	368	-78.21
俊风（BEV）	1689	368	-78.21
71. 山西成功	167	315	88.62
太行成功	167	315	88.62
太行成功 1.2	3	312	10300.00
太行成功（BEV）	0	3	0.00
太行成功 1.5	164	0	-100.00
72. 晶马汽车	0	260	0.00
晶马 GSE	0	200	0.00
晶马 GSE（BEV）	0	200	0.00
晶马福运	0	60	0.00
晶马福运 2.8T	0	60	0.00
73. 长安铃耀	10920	245	-97.76
X70A	1978	245	-87.61
X70A 二驱 1.5L	1978	245	-87.61
启悦（欧尚标）	8942	0	-100.00
启悦 1.6L	8942	0	-100.00
74. 新龙马	3346	96	-97.13
启腾 M70	2692	80	-97.03
启腾 M70（BEV）	2113	50	-97.63
启腾 M701.3L	579	30	-94.82
EX80	654	16	-97.55
EX801.5	632	16	-97.47
EX80（BEV）	22	0	-100.00

表36 2023年整车（分车型）出口情况　　单位：万辆，亿美元，%

车型		出口数量	同比增长	出口金额	同比增长
乘用车	小轿车	129.66	73.5	156.18	89.8
	越野车	12.4	192.4	29.05	240.7
	旅行小客车	141.98	52.8	217.49	65.9
	其他乘用车	4.7	536.5	11.2	629.7
	电动乘用车	154.58	64.1	341.3	69.9
	乘用车合计	443.32	66.1	755.23	78
商用车	机动大、中型客车	6.04	48.4	26.51	91
	半挂式牵引车	14.39	110.3	65.7	135.1
	特种用途车	3.62	51.1	30.3	49.5
	载货汽车（非公路自卸车除外）	48.75	3.9	95.24	18.1
	非公路自卸车	1.15	18.2	12.59	21.4
	装有引擎的汽车底盘	0.59	-6.8	2.89	-24.9
	新能源商用车	4.27	40.7	27.66	38.3
	商用车合计	78.81	21.5	260.89	47.4
汽车合计（包括成套散件）		522.13	57.4	1016.12	69

表37 2023年中国主要汽车企业出口情况　　单位：万辆，%

序号	企业	出口数量	同比增长
1	上海汽车集团股份有限公司	109.9	21.3
2	奇瑞控股集团有限公司	92.49	104.8
3	浙江吉利控股集团有限公司	40.82	69.4
4	重庆长安汽车股份有限公司	35.85	43.9
5	特斯拉（上海）有限公司	34.41	26.9
6	长城汽车股份有限公司	31.6	82.5
7	比亚迪股份有限公司	25.23	330.2
8	东风汽车集团有限公司	23.11	-4.6
9	北京汽车集团有限公司	19.01	73.5
10	安徽江淮汽车集团有限公司	16.96	48.0
11	中国重型汽车集团有限公司	12.83	55.0
12	中国第一汽车集团有限公司	9.20	157. 5
13	江苏悦达起亚汽车有限公司	8.61	0.0
14	广州汽车工业集团有限公司	7.85	129.6
15	陕西汽车控股集团有限公司	5.68	65.3
16	华晨宝马汽车有限公司	3.39	13.1
17	海马汽车股份有限公司	2.68	0.0
18	鑫源汽车有限公司	2.67	39. 6
19	厦门金龙汽车集团股份有限公司	1.88	25.8
20	合众新能源汽车股份有限公司	1.59	360.5

注：表36、表37资料来源为海关统计数据。

表38 2023年中国汽车（分国别）出口情况　　单位：万辆，亿美元，%

序号	国家	出口量	增长	出口额	增长
1	俄罗斯	90.88	460.7	190.7	374.0
2	墨西哥	41.51	63.1	49.18	75.1
3	比利时	21.7	4.8	60.62	9.1
4	澳大利亚	21.45	34.3	42.63	41.9
5	英国	21.37	44.8	60.62	41.2
6	沙特阿拉伯	21.35	-3.7	35.22	12.2
7	菲律宾	17.22	19.3	11.22	-15.4
8	泰国	16.95	95.1	28.05	300.6
9	阿拉伯联合酋长国	15.92	71.1	27.39	34.0
10	西班牙	13.87	145.2	35.84	95.2
11	乌兹别克斯坦	11.74	400.9	25.63	337.5
12	巴西	11.46	225.5	22.95	188.4
13	土耳其	11.06	262.9	14.95	331.7
14	哈萨克斯坦	9.92	286.2	22.09	260.9
15	智利	9.53	-55.0	13.22	-46.1
其他国家合计		125.63	38.1	254.87	65.1
总计		522.13	57.4	1016.12	69.0

注：表 34、表 35、表 38 资料来源为中国汽车工业协会。

表39 2014—2023年二手车分车型交易情况　　单位：辆

车型		2014 年	2015 年	2016 年	2017 年	2018 年	2019 年	2020 年	2021 年	2022 年	2023 年
乘用车	基本型	3514309	5641412	6280245	7370077	8222020	8614045	8586835	10591063	9523654	10896652
	MPV	278754	354856	588956	723401	781916	957162	831889	1008555	969218	1141411
	SUV	203328	472859	681462	867993	1135577	1480801	1370676	1976256	2038326	2378366
	交叉型	121528	307673	329567	354206	310977	373465	339256	402334	350718	360709
商用车	货车	767389	1068628	1003825	1116871	1222764	1368647	1326071	1453826	1295897	1497160
	客车	902688	1176462	1062143	1332199	1467793	1413625	1233669	1320278	1040279	1072645
其他车型		90774	113171	175379	358904	385226	332767	287334	353773	317048	333126
低速载货汽车 三轮汽车		9730	16362	20602	25431	25291	31991	39166	50114	50666	65767
挂车		36812	84249	117794	109585	80418	122269	107687	133789	107339	132278
摩托车		127587	185315	132276	142183	189927	228019	218853	295091	334684	535204
总计		6052899	9417088	10392249	12400850	13821909	14922791	14341436	17585079	16027829	18413318

表40 2023年二手乘用车分区域交易情况

单位：辆

省份	总计	乘用车合计	基本型乘用车	多功能型 MPV	运动型多用途 SUV	交叉型乘用车
总计	18413318	14777138	10896652	1141411	2378366	360709
华北地区	2493390	2002453	1549352	126662	285474	40965
北　京	673193	523529	405166	23172	90097	5094
天　津	318831	253978	200566	16835	31036	5541
河　北	915630	729966	586887	48471	78020	16588
山　西	349806	284681	217807	15984	42780	8110
内蒙古	235930	210299	138926	22200	43541	5632
东北地区	1286713	1108342	731793	77062	274733	24754
辽　宁	431232	366906	273421	20762	63488	9235
吉　林	381214	331736	211203	24507	88216	7810
黑龙江	474267	409700	247169	31793	123029	7709
华东地区	5419543	4258458	3104752	408315	631317	114074
上　海	574693	453790	300440	131160	20670	1520
江　苏	1052546	873550	671570	56328	127887	17765
浙　江	1370662	1043350	750716	92335	177343	22956
安　徽	202233	167020	122150	12591	26070	6209
福　建	301901	244008	208172	12190	22300	1346
江　西	354623	278946	182276	15861	65950	14859
山　东	1562885	1197794	869428	87850	191097	49419
中南地区	5422980	4379745	3336289	325006	638414	80036
河　南	1070129	868368	664492	71773	120066	12037
湖　北	519993	428657	283495	41632	95885	7645
湖　南	410804	367309	225059	38746	89276	14228
广　东	2636617	2097333	1701479	131940	238293	25621
广　西	489943	391269	290502	29179	56766	14822
海　南	295494	226809	171262	11736	38128	5683
西南地区	2964808	2382422	1696589	147058	449642	89133
重　庆	499227	389270	320105	12572	48637	7956
四　川	1447711	1183014	784754	63340	292584	42336
贵　州	420962	336108	238794	15075	49883	32356
云　南	531573	422796	321612	52302	43744	5138
西　藏	65335	51234	31324	3769	14794	1347
西北地区	825884	645718	477877	57308	98786	11747
陕　西	164281	131487	98924	9157	20414	2992
甘　肃	125382	99293	64436	4537	26982	3338
青　海	61203	51594	33630	5506	11681	777
宁　夏	134526	96863	82761	4468	8366	1268
新　疆	340492	266481	198126	33640	31343	3372

表41 2023年二手商用车及其他车辆分区域交易情况 单位：辆

省份	总计	商用车合计	货车	客车	其他车	低速载货汽车和三轮汽车	挂车	摩托车
总计	18413318	2569805	1497160	1072645	333126	65767	132278	535204
华北地区	2493390	359129	201194	157935	45076	7504	27784	51444
北　京	673193	113983	51275	62708	14998	518	646	19519
天　津	318831	51790	27384	24406	3090	1487	3869	4617
河　北	915630	134728	84641	50087	13404	3513	15662	18357
山　西	349806	41056	26421	14635	9664	1104	6450	6851
内蒙古	235930	17572	11473	6099	3920	882	1157	2100
东北地区	1286713	121097	75877	45220	28829	5149	8926	14370
辽　宁	431232	43270	27823	15447	9201	1930	3268	6657
吉　林	381214	32444	17545	14899	10273	939	1484	4338
黑龙江	474267	45383	30509	14874	9355	2280	4174	3375
华东地区	5419543	842123	514257	327866	129046	14219	43693	132004
上　海	574693	50812	42928	7884	41008	29	10123	18931
江　苏	1052546	126629	60270	66359	31281	2679	6860	11547
浙　江	1370662	242191	104435	137756	17013	3201	3620	61287
安　徽	202233	27805	15478	12327	1254	260	1445	4449
福　建	301901	45592	23738	21854	1814	426	853	9208
江　西	354623	50612	39512	11100	9325	963	6228	8549
山　东	1562885	298482	227896	70586	27351	6661	14564	18033
中南地区	5422980	742182	389719	352463	66220	28310	33159	173364
河　南	1070129	139969	88133	51836	17325	6248	10434	27785
湖　北	519993	77378	19162	58216	6473	1772	2060	3653
湖　南	410804	35374	15097	20277	3208	1244	1228	2441
广　东	2636617	374053	203467	170586	26853	17074	15209	106095
广　西	489943	63429	35243	28186	10511	1342	3512	19880
海　南	295494	51979	28617	23362	1850	630	716	13510
西南地区	2964808	368671	241480	127191	49875	6319	9993	147528
重　庆	499227	83080	38381	44699	2239	876	1366	22396
四　川	1447711	146550	99393	47157	29296	3193	5434	80224
贵　州	420962	63031	39424	23607	7010	966	1691	12156
云　南	531573	64838	55413	9425	9911	989	1222	31817
西　藏	65335	11172	8869	2303	1419	295	280	935
西北地区	825884	136603	74633	61970	14080	4266	8723	16494
陕　西	164281	21288	16218	5070	4565	1124	2600	3217
甘　肃	125382	17723	11521	6202	2745	687	592	4342
青　海	61203	7338	4531	2807	693	225	288	1065
宁　夏	134526	28341	18108	10233	2100	855	3944	2423
新　疆	340492	61913	24255	37658	3977	1375	1299	5447

表42 2023年全国二手车交易经营情况

单位：辆，万元

车型年份		交易金额	交易数量					使用性质		产地		使用年限			
		全年	全年	直接交易	委托交易	本地过户	转籍	公车	私车	国产车	进口车	3年以内	3—6年	7—10年	10年以上
乘用车	基本型	117953223	18413318	11140586	7272732	13395041	5018277	3668354	14744964	16303834	2109484	5150118	8017910	3726936	1518354
	MPV	59133816	10896652	6692739	4203913	7833690	3062962	2174592	8722060	9860669	1035983	3052945	4887226	2075963	880518
	SUV	6751744	1141411	434245	707166	786792	354619	256841	884570	1035124	106287	325739	488877	202931	123864
	交叉型	32629004	2378366	1668969	709397	1797902	580464	263350	2115016	1777234	601132	695434	892618	534401	255913
商用车	货车	1311973	360709	291929	68780	291599	69110	30867	329842	342268	18441	90559	139442	94653	36055
	客车	11603924	1497160	871547	625613	1068663	428497	442677	1054483	1446276	50884	395901	664673	341995	94591
其他车型		5179786	1072645	619354	453291	824015	248630	256339	816306	965468	107177	289115	472565	242182	68783
低速载货汽车和三轮汽车		605779	333126	143839	189287	213225	119901	97249	235877	226702	106424	94701	141031	65693	31701
挂车		77310	65767	43207	22560	48013	17754	18271	47496	62908	2859	14336	26601	18767	6063
摩托车		329098	132278	66705	65573	105398	26880	70833	61445	126973	5305	36341	52469	35623	7845
总计		330783	535204	308052	227152	425744	109460	57335	477869	460212	74992	155047	252408	114728	13021

注：表39—表42资料来源为中国汽车流通协会。

第十二部类

附录

DISHIERBULEI | FULU

表1 2023年上市新车（燃油车） 单位：元

上市日期	制造商	品牌	车系	类型	变速箱	最低指导价	最高指导价
2月20日	北汽制造	锐胜	王牌 M7	MPV	MT5	66800	—
2月21日	奇瑞汽车	星途	星途瑶光	SUV	DCT7	152800	202800
2月28日	广汽本田	本田	型格	A 级轿车	MT6	139900	—
2月28日	广汽本田	本田	型格	A 级轿车	CVT	148900	171900
3月2日	上海汽车	荣威	荣威 RX9	SUV	TIP9	175800	243800
3月18日	长安汽车	长安	逸达	A 级轿车	DCT7	87900	107900
3月20日	奇瑞汽车	凯翼	凯翼昆仑	SUV	DCT7	99900	149900
4月12日	东风本田	本田	Honda HR-V	SUV	CVT	159900	195900
4月18日	一汽轿车	奔腾	奔腾 M9	MPV	TIP8	229800	249800
4月18日	神龙汽车	标致	标致 408	A 级轿车	TIP8	145700	179700
4月18日	一汽轿车	红旗	红旗 H6	B 级轿车	TIP8	192800	239800
4月18日	悦达起亚	起亚	起亚 KX3	SUV	CVT	109900	139900
4月26日	吉利汽车	吉利	博越	SUV	DCT7	102800	125800
5月25日	长安马自达	马自达	马自达 CX-50 行也	SUV	TIP6	159800	206800
5月28日	上汽通用	凯迪拉克	凯迪拉克 GT4	SUV	TIP9	219700	309700
5月30日	奇瑞汽车	奇瑞	瑞虎 9	SUV	DCT7	152900	179900
5月30日	奇瑞汽车	奇瑞	瑞虎 9	SUV	TIP8	183900	209900
6月13日	上汽大众	大众	朗逸新锐	A 级轿车	MT5	93990	—
6月13日	上汽大众	大众	朗逸新锐	A 级轿车	TIP6	99990	109990
6月18日	一汽轿车	奔腾	奔腾 T90	SUV	DCT7	100000	124999
6月18日	一汽轿车	奔腾	奔腾 T90	SUV	TIP8	130999	146999
6月18日	北京现代	现代	沐飒	SUV	TIP6	121800	139800
6月24日	江淮汽车	江淮	思皓 A5	A 级轿车	MT6	65800	—
6月24日	江淮汽车	江淮	思皓 A5	A 级轿车	CVT	75800	85800
7月17日	一汽轿车	红旗	红旗 HS3	SUV	DCT7	145800	159800
7月17日	一汽轿车	红旗	红旗 HS3	SUV	TIP8	172800	195800
7月29日	奇瑞汽车	捷途	捷途 X70	SUV	MT6	102900	105900
7月29日	奇瑞汽车	捷途	捷途 X70	SUV	DCT6	112900	115900
7月29日	奇瑞汽车	捷途	捷途 X70	SUV	DCT7	122900	162900
8月12日	东风乘用车	风神	风神皓瀚	SUV	DCT7	89900	111900
8月20日	奇瑞汽车	奇瑞	探索 06	SUV	DCT7	116900	139900
8月23日	上汽通用	别克	昂科拉	SUV	CVT	126900	136900
9月26日	奇瑞汽车	捷途	捷途旅行者	SUV	DCT7	139900	184900
10月13日	江淮汽车	江淮	思皓 X8	SUV	MT6	96800	99800
10月13日	江淮汽车	江淮	思皓 X8	SUV	DCT7	109800	179800
11月18日	上汽大通	迈克萨斯	大通 G70	MPV	TIP9	149800	199800

表2　2023年上市新车（新能源）

单位：元

上市日期	制造商	品牌	车系	燃油种类	类型	最低指导价	最高指导价
2月3日	北汽制造	燕铃	家宝	纯电动	A00级轿车	46900	56900
2月6日	华晨鑫源	斯威	斯威大虎	增程式混合	SUV	99900	123900
2月6日	吉利汽车	几何	熊猫 EV	纯电动	A00级轿车	39900	53900
2月10日	智己汽车	IM智己	智己LS7	纯电动	SUV	309800	459800
2月20日	广汽本田	本田	致在 ZR-V	非插电式混合	SUV	179900	228900
2月20日	北汽制造	锐胜	王牌M7	纯电动	MPV	144800	164800
2月24日	长安汽车	长安	长安 UNI-V	插电式混合	A级轿车	144900	159900
2月26日	江南汽车	江南	江南U2	纯电动	A0级轿车	56800	98800
2月26日	未奥汽车	其他	未奥BOMA	纯电动	A00级轿车	39900	51900
2月27日	长城汽车	哈弗	哈弗大狗	插电式混合	SUV	162800	175800
2月27日	上汽通用五菱	五菱	凯捷	非插电式混合	MPV	129800	149800
2月28日	广汽本田	本田	型格	非插电式混合	A级轿车	169900	182900
2月28日	云度汽车	云度	云度云兔	纯电动	SUV	85800	95800
3月1日	长江汽车	零跑	零跑 C11	插电式混合	SUV	149800	185800
3月6日	一汽丰田	丰田	bZ3	纯电动	B级轿车	169800	199800
3月17日	奇瑞汽车	奇瑞	瑞虎7	插电式混合	SUV	149900	166900
3月22日	奇瑞汽车	奇瑞	瑞虎8	插电式混合	SUV	159900	179900
3月25日	东风柳汽	Forthing	风行T5	纯电动	SUV	129900	229900
3月27日	飞凡汽车	飞凡	飞凡F7	纯电动	B级轿车	209900	301900
3月29日	曹操汽车	枫叶	曹操60	纯电动	A级轿车	119800	139800
3月29日	上汽通用五菱	五菱	五菱缤果	纯电动	A0级轿车	59800	83800
3月30日	蓝电汽车	蓝电	蓝电E5	插电式混合	SUV	139900	151900
4月12日	东风本田	本田	Honda HR-V	非插电式混合	SUV	179900	228900
4月12日	极氪汽车	极氪	ZEEKR X	纯电动	SUV	189800	229800
4月13日	上汽通用	别克	Electra E5	纯电动	SUV	208900	278900
4月13日	长城汽车	WEY	WEY 蓝山	插电式混合	SUV	273800	308800
4月18日	沃尔沃亚太	极星	Polestar 4	纯电动	B级轿车	349800	533800
4月18日	广汽丰田	丰田	锋兰达	非插电式混合	SUV	149800	184800
4月18日	岚图汽车	岚图	岚图追光	纯电动	C级轿车	322900	432900
4月18日	合众汽车	哪吒	哪吒GT	纯电动	轿跑	178800	226800

续表

上市日期	制造商	品牌	车系	燃油种类	类型	最低指导价	最高指导价
4月26日	比亚迪汽车	比亚迪	比亚迪 海鸥	纯电动	A0级轿车	73800	89800
5月15日	长城汽车	哈弗	哈弗枭龙	插电式混合	SUV	139800	156800
5月15日	长城汽车	哈弗	哈弗枭龙	插电式混合	SUV	159800	179800
5月20日	广汽本田	本田	雅阁	插电式混合	B级轿车	225800	258800
5月21日	广汽乘用车	传祺	传祺 GM8	插电式混合	MPV	329800	389800
5月22日	东风日产	日产	奇骏	非插电式混合	SUV	189900	199900
5月25日	上汽通用五菱	宝骏	宝骏悦也	纯电动	SUV	79800	89800
5月27日	北京奔驰	梅赛德斯奔驰	奔驰 EQE	纯电动	SUV	486000	630600
5月31日	吉利汽车	吉利	银河	插电式混合	SUV	138700	173700
6月1日	smart	smart	smart 精灵 #3	纯电动	SUV	209900	289900
6月13日	上汽通用五菱	五菱	五菱佳辰	非插电式混合	MPV	115800	—
6月15日	蔚来汽车	蔚来	ET5	纯电动	SW	298000	356000
6月16日	江淮汽车	江淮钇为	钇为 3	纯电动	A0级轿车	89900	127900
6月19日	上汽通用	别克	Electra E4	纯电动	SUV	189900	259900
6月25日	长安汽车	深蓝	深蓝 S7	增程式混合	SUV	149900	169900
6月25日	长安汽车	深蓝	深蓝 S7	纯电动	SUV	189900	202900
6月26日	长城汽车	坦克	坦克 500	插电式混合	SUV	335000	—
6月29日	小鹏汽车	小鹏	小鹏 G6	纯电动	SUV	209900	276900
7月3日	广汽乘用车	埃安	昊铂 Hyper GT	纯电动	B级轿车	219900	339900
7月3日	比亚迪戴姆勒	腾势	腾势 N7	纯电动	SUV	301800	379800
7月3日	东风本田	本田	英仕派	插电式混合	B级轿车	229800	258800
7月8日	东风启辰	启辰	启辰大 V	插电式混合	SUV	118900	149900
7月15日	华人运通	高合	Hiphi Y	纯电动	SUV	339000	449000
7月15日	广汽丰田	丰田	雷凌	非插电式混合	A级轿车	149800	169800
8月5日	比亚迪戴姆勒	腾势	腾势 N8	插电式混合	SUV	319800	326800
8月6日	一汽丰田	丰田	卡罗拉 锐放	非插电式混合	SUV	139800	184800
8月10日	上汽通用五菱	宝骏	宝骏云朵	纯电动	A0级轿车	95800	123800
8月12日	东风乘用车	风神	风神皓瀚	非插电式混合	SUV	99900	136900
8月22日	北汽制造	极石	极石 01	增程式混合	SUV	349900	359900

续表

上市日期	制造商	品牌	车系	燃油种类	类型	最低指导价	最高指导价
8 月 25 日	上汽大通	前境	MAXUS MIFA 7	纯电动	MPV	259800	304800
8 月 25 日	华晨宝马	宝马	宝马 X1	纯电动	SUV	299900	339900
8 月 25 日	长安福特	林肯	航海家	非插电式混合	SUV	368800	468800
8 月 25 日	猛士科技	猛士	猛士 917	增程式混合	SUV	637700	739000
8 月 28 日	长安汽车	长安	长安 CS75	插电式混合	SUV	169900	—
9 月 6 日	比亚迪汽车	比亚迪	比亚迪 海豹	插电式混合	B 级轿车	166800	236800
9 月 8 日	吉利汽车	领克	领克 08	插电式混合	SUV	208800	288000
9 月 12 日	奇瑞汽车	奇瑞	奇瑞 eQ7	纯电动	SUV	129900	169900
9 月 13 日	一汽丰田	丰田	亚洲狮	非插电式混合	A 级轿车	159800	179800
9 月 15 日	江淮大众	江淮	思皓 QX	插电式混合	SUV	129900	149900
9 月 15 日	上汽通用五菱	五菱	征程	纯电动	MPV	145800	155800
9 月 16 日	吉利汽车	银河	银河 L6	插电式混合	A 级轿车	115800	149800
9 月 20 日	北汽新能源	ARCFOX	考拉	纯电动	MPV	131800	169800
9 月 20 日	零跑汽车	零跑	零跑 C01	增程式混合	C 级轿车	145800	169800
9 月 20 日	仰望汽车	仰望	仰望 U8	插电式混合	SUV	1098000	—
9 月 20 日	上汽通用五菱	五菱	五菱星云	非插电式混合	SUV	89800	105800
9 月 21 日	睿蓝汽车	睿蓝	睿蓝 7	纯电动	SUV	117700	173700
9 月 25 日	长城汽车	坦克	坦克 400	插电式混合	SUV	279800	289800
9 月 26 日	长安汽车	启源	启源 A07	增程式混合	B 级轿车	155900	175900
9 月 26 日	长安汽车	启源	启源 A07	纯电动	B 级轿车	166900	176900
10 月 10 日	长城汽车	哈弗	哈弗猛龙	插电式混合	SUV	165800	183800
10 月 12 日	智己汽车	IM 智己	智己 LS6	纯电动	SUV	229900	291900
10 月 13 日	合创汽车	合创	合创 V09	纯电动	MPV	318800	438800
10 月 18 日	长城汽车	WEY	WEY 高山	插电式混合	MPV	335800	405800
10 月 18 日	合众汽车	哪吒	哪吒 X	纯电动	SUV	126800	146800
10 月 20 日	长安汽车	启源	启源 A05	插电式混合	A 级轿车	89900	132900
10 月 26 日	广汽乘用车	埃安	埃安 S	纯电动	A 级轿车	149900	202900
10 月 27 日	吉利汽车	极越	ROBO-01	纯电动	SUV	249900	339900
10 月 28 日	广汽乘用车	传祺	传祺 GS8	插电式混合	SUV	229800	269800

续表

上市日期	制造商	品牌	车系	燃油种类	类型	最低指导价	最高指导价
10月30日	东风乘用车	风神	风神皓瀚	纯电动	SUV	121900	139900
11月3日	东风启辰	启辰	启辰VX6	纯电动	SUV	141900	159900
11月3日	东风启辰	启辰	启辰大V	氢燃料电池	SUV	998800	—
11月8日	上汽乘用车	荣威	荣威 D7	插电式混合	B级轿车	125800	145800
11月8日	上汽乘用车	荣威	荣威 D7	纯电动	B级轿车	149800	176800
11月9日	比亚迪汽车	方程豹	豹5	插电式混合	SUV	289800	352800
11月10日	阿维塔科技	阿维塔	阿维塔12	纯电动	C级轿车	300800	400800
11月12日	沃尔沃亚太	沃尔沃	沃尔沃 EM90	纯电动	MPV	818000	—
11月14日	奇瑞汽车	捷途	捷途山海L9	插电式混合	SUV	166900	192900
11月15日	广汽乘用车	埃安	昊铂HT	纯电动	SUV	213900	329900
11月17日	上汽乘用车	MG	MG Cyberster	纯电动	轿跑	319800	359800
11月17日	广汽乘用车	传祺	传祺E8	插电式混合	MPV	209800	229800
11月17日	飞凡汽车	飞凡	飞凡F7	纯电动	B级轿车	189900	—
11月17日	悦达起亚	起亚	狮跑	纯电动	SUV	149800	174800
11月22日	凯翼汽车	凯翼	凯翼拾月	纯电动	A00轿车	53900	69900
11月28日	奇瑞汽车	智界	智界S7	纯电动	C级轿车	249800	349800
11月29日	蓝电汽车	蓝电	蓝电E3	纯电动	SUV	139800	145800
12月3日	吉利汽车	吉利	星瑞	非插电式混合	A级轿车	126700	146700
12月5日	岚图汽车	岚图	岚图追光	插电式混合	C级轿车	252800	277800
12月5日	江淮汽车	江淮	瑞风M3	非插电式混合	MPV	109900	122900
12月6日	上汽通用五菱	五菱	五菱星光	插电式混合	B级轿车	88800	105800
12月12日	长安汽车	启源	启源Q05	插电式混合	SUV	119900	149900
12月15日	一汽大众	大众	ID.7 VIZZION	纯电动	B级轿车	227777	262777
12月15日	比亚迪汽车	比亚迪	宋	纯电动	SUV	189800	249800
12月20日	奇瑞汽车	星途	星纪元	纯电动	B级轿车	225800	339800
12月26日	赛力斯汽车	AITO	问界 M9	纯电动	SUV	509800	549800
12月27日	北汽新能源	ARCFOX	ARCFOX α T5	纯电动	SUV	155800	199800
12月27日	极氪汽车	极氪	极氪 007	纯电动	B级轿车	209900	299900
12月28日	大运汽车	远航	远航 H8	纯电动	SUV	369800	559800
12月28日	大运汽车	远航	远航 Y6	纯电动	D级轿车	349800	529800

表3 2023年中国汽车经销商集团百强　　单位：亿元，辆

排名	公司名称	2023年营业总收入	2023年总销量（含二手车）
1	中升集团控股有限公司	1792.90	665679
2	广汇汽车服务集团股份公司	1379.98	713467
3	利星行汽车	941.11	242977
4	永达集团	830.51	286957
5	恒信汽车集团股份有限公司	796.28	399172
6	安吉汽车	734.12	557630
7	物产中大元通汽车有限公司	527.47	302704
8	北京北汽鹏龙汽车服务贸易股份有限公司	510.02	102569
9	大昌行汽车控股集团有限公司	450.32	157287
10	江苏万帮金之星车业投资集团有限公司	438.57	106819
11	国机汽车股份有限公司	435.20	100678
12	北京运通国融投资集团有限公司	413.17	148941
13	贵州通源集团	367.21	114731
14	广物汽贸股份有限公司	311.93	231846
15	中国美东汽车控股有限公司	285.55	66370
16	广汽商贸有限公司	279.48	182575
17	浙江宝利德股份有限公司	260.85	84065
18	中国正通汽车服务控股有限公司	241.32	72421
19	四川华星汽车集团有限公司	240.91	62457
20	深圳市东风南方实业集团有限公司	232.35	195128
21	浙江广成汽车集团有限公司	211.82	101680
22	欧龙汽车贸易集团有限公司	206.12	74802
23	山东远通汽车贸易集团有限公司	201.24	103380
24	万友汽车投资有限公司	188.29	141085
25	森那美华商管理（深圳）有限公司	184.71	54468
26	润华集团股份有限公司	181.01	104861
27	北京惠通陆华汽车销售有限公司	174.79	34031
28	北京奥吉通投资（集团）有限公司	172.15	104125
29	中国和谐汽车控股有限公司	170.34	42338
30	利泰汽车集团有限公司	168.66	94395
31	河南威佳汽车贸易集团有限公司	162.99	111754
32	湖南永通集团有限公司	158.00	55584
33	山东顺骋汽车集团有限公司	144.59	92479

续表

排名	公司名称	2023 年营业总收入	2023 年总销量（含二手车）
34	厦门建发汽车有限公司	140.56	21587
35	临沂易通汽贸有限公司	131.48	83175
36	河南博行汽车集团有限公司	131.36	64179
37	北京祥龙博瑞汽车服务（集团）有限公司	127.31	57230
38	湖南兰天集团有限公司	126.37	68638
39	捷通达汽车集团股份有限公司	125.55	75554
40	广东鸿粤汽车销售集团有限公司	124.07	37677
41	远方汽车贸易集团有限公司	119.58	56775
42	新丰泰集团控股有限公司	116.82	39584
43	蓝池集团有限公司	116.05	75179
44	华宏汽车集团股份有限公司	112.17	38377
45	盈众控股集团有限公司	110.76	61225
46	厦门信达国贸汽车集团股份有限公司	109.20	44995
47	北京百得利汽车进出口集团有限公司	107.28	22693
48	宁波轿辰集团股份有限公司	106.19	29336
49	安徽瑞英行集团有限公司	102.21	35113
50	山东广潍集团有限公司	101.12	77144
51	保定轩宇俊鹏汽车销售服务集团有限公司	100.39	32480
52	沈阳大众企业集团有限公司	96.85	49006
53	上海览海汽车发展有限公司	93.831	27169
54	广西玉柴物流集团有限公司	93.828	22873
55	北京嘉华基业投资有限公司	93.35	33541
56	捷成（中国）贸易有限公司	93.34	9425
57	金岛集团控股有限公司	90.89	35561
58	绿地汽车服务（集团）有限公司	89.82	34517
59	浙江东江汽车控股集团有限公司	89.19	49912
60	广东合诚集团有限公司	85.72	34062
61	广州南菱汽车股份有限公司	85.47	32661
62	金阳光汽车集团有限公司	85.39	38586
63	山西大昌汽车集团有限公司	85.01	36228
64	湖南九城投资集团有限公司	79.80	48216
65	河南合众汽车集团	73.08	38746
66	江苏海森汽车科技（集团）有限公司	72.72	54112

续表

排名	公司名称	2023 年营业总收入	2023 年总销量（含二手车）
67	深圳市佳鸿集团控股有限公司	72.01	8963
68	上海众国汽车集团有限公司	71.41	33011
69	红旭集团股份公司	70.02	31850
70	泉州华奥汽车销售集团	69.78	34404
71	重庆百事达汽车有限公司	69.65	37465
72	广东粤宝汽车销售服务有限公司	69.04	19568
73	江苏伟杰投资实业集团有限公司	68.37	23343
74	广东庆丰汽车集团有限公司	67.54	17669
75	湖南力天汽车集团有限公司	67.01	22671
76	苏州天利和汽车实业有限公司	65.96	22240
77	和通汽车投资有限公司	65.71	28806
78	上海申华晨宝汽车有限公司	65.04	18418
79	江苏明都汽车集团有限公司	64.86	31661
80	东安控股集团有限公司	62.01	23460
81	广东有道汽车集团股份有限公司	61.88	24480
82	重庆商社汽车贸易有限公司	60.87	30819
83	赛路丰汽车集团有限公司	60.53	44079
84	业乔投资（集团）有限公司	60.40	28246
85	河南宏冠达实业集团有限公司	60.30	48213
86	广东俊诚汽车集团股份有限公司	59.69	41559
87	江苏海鹏投资集团有限公司	59.61	39175
88	深圳市鼎晟投控有限公司	59.39	35003
89	四川港宏集团有限公司（四川港宏智电集团）	58.91	36934
90	陕西省汽车工业贸易集团有限公司	58.52	61710
91	武汉建银华盛集团股份有限公司	58.24	24919
92	吉林省华阳集团有限公司	57.90	20209
93	五洲汽车商贸集团有限公司	57.23	38924
94	成都三和企业集团有限公司	55.45	24031
95	山东大友集团有限公司	55.41	24506
96	成都永乐盛世汽车销售服务有限公司（成都新港集团）	55.33	32380
97	国北汽车控股有限公司	55.20	24576
98	苏州华成集团有限公司	55.16	24113
99	江苏华海汽车销售集团有限公司	55.07	27898
100	锦鸿汽车集团有限公司	53.10	30826

表4 2023年中国汽车卓越经销店（排名不分先后）

经销商集团	经销商名称
北京北汽鹏龙汽车服务贸易股份有限公司	烟台鹏龙伟东汽车销售服务有限公司
北京环耀科技集团股份有限公司	北京环耀汽车服务有限公司
北京惠通陆华汽车销售有限公司	北京惠通陆华汽车服务有限公司
北京嘉华基业投资有限公司	北京翼翔行汽车销售服务有限公司
北京运通国融投资集团有限公司	成都运通博奥汽车销售服务有限公司
北京运通国融投资集团有限公司	宁波运通宝晟汽车销售服务有限公司
常州外事旅游汽车集团有限公司	常州外汽永豪汽车销售服务有限公司
常州外事旅游汽车集团有限公司	常州外汽红旗汽车销售服务有限公司
成都永乐盛世汽车销售服务有限公司（成都新港集团）	乐山诚迪汽车服务有限责任公司
大昌行汽车控股集团有限公司	广州合亿汽车贸易有限公司
大昌行汽车控股集团有限公司	湛江市大昌行合荣汽车销售服务有限公司
大昌行汽车控股集团有限公司	深圳潮锋雷克萨斯汽车销售服务有限公司
东安控股集团有限公司	新乡市东安汽车贸易有限公司
广东鸿粤汽车销售集团有限公司	广东乘用汽车销售有限公司
广东鸿粤汽车销售集团有限公司	广东鸿粤国誉汽车销售有限公司
广汇汽车服务集团股份公司	辽宁尊荣亿方汽车销售服务有限公司
广物汽贸股份有限公司	中山市广物君奥汽车销售服务有限公司（东区）
广西玉柴物流集团有限公司	玉林市通菲悦汽车销售服务有限公司
广州南菱汽车股份有限公司	广州市南菱君达汽车有限公司
广州南菱汽车股份有限公司	广州南菱丰田汽车销售服务有限公司
广州南菱汽车股份有限公司	广州南菱华粤汽车有限公司
国北汽车控股有限公司	北京国服信奥兴汽车有限公司
国北汽车控股有限公司	北京国服信众达汽车贸易有限公司
河南博行汽车集团有限公司	信阳宝莲常汽车销售服务有限公司
河南博行汽车集团有限公司	洛阳海灵汽车销售服务有限公司
河南博行汽车集团有限公司	郑州大展红旗汽车销售有限公司
河南合众汽车集团	洛阳合众小智新能源汽车销售有限公司
河南合众汽车集团	河南合众汇成汽车销售服务有限公司
河南宏冠达实业集团有限公司	南阳驰朔汽车销售服务有限公司
河南宏冠达实业集团有限公司	徐州众锐迪汽车销售服务有限公司
河南宏冠达实业集团有限公司	亳州宏卓汽车销售服务有限公司
湖南九城投资集团有限公司	长沙市含浦埃安汽车销售服务有限公司
湖南九城投资集团有限公司	长沙九城河东汽车销售服务有限公司
湖南永通集团有限公司	湖南永誉汽车销售服务有限公司
湖南永通集团有限公司	湖南永通华锐汽车销售服务有限公司
湖南永通集团有限公司	常德华运通丰田汽车销售服务有限公司
华宏汽车集团股份有限公司	江西华宏星汽车有限公司
江苏海鹏投资集团有限公司	江阴市上通汽车销售服务有限公司
江苏海森汽车科技（集团）有限公司	无锡林犀汽车销售有限公司
江苏华海汽车销售集团有限公司	江苏华海领超新能源汽车销售服务有限公司
江苏华海汽车销售集团有限公司	江苏华通和盛汽车销售服务有限公司
江苏华海汽车销售集团有限公司	江苏华海智悦科技有限公司
江苏益昌集团有限公司	南通益昌汽车销售服务有限公司
江苏益昌集团有限公司	淮安益都汽车销售服务有限公司
捷通达汽车集团股份有限公司	云南雅迪汽车销售服务有限公司
捷通达汽车集团股份有限公司	曲靖宝捷汽车销售有限公司
捷通达汽车集团股份有限公司	天津荣宝行汽车销售服务有限公司
金岛集团控股有限公司	兰州金岛红旗汽车销售服务有限公司
金岛集团控股有限公司	兰州金岛华蔚汽车销售服务有限公司
金岛集团控股有限公司	兰州宝鑫行汽车销售服务有限公司

续表

经销商集团	经销商名称
金岛集团控股有限公司	兰州金岛煜奥汽车销售服务有限公司
金阳光汽车集团有限公司	威海市润洋汽车销售服务有限公司
利泰汽车集团有限公司	佛山市汇恒雷克萨斯汽车销售服务有限公司
临沂易通汽贸有限公司	临沂星辉新能源汽车销售服务有限公司
临沂易通汽贸有限公司	临沂瑞驰汽车销售服务有限公司
临沂易通汽贸有限公司	临沂易通汽贸有限公司
宁波轿辰集团股份有限公司	宁海轿辰新源汽车销售服务有限公司
欧龙汽车贸易集团有限公司	衢州欧龙汽车有限公司
欧龙汽车贸易集团有限公司	温州欧龙汽车有限公司
泉州华奥汽车销售集团	海口华之杰汽车销售有限公司
泉州华奥汽车销售集团	福建华升汽车有限公司
赛路丰汽车集团有限公司	长沙赛路丰汽车销售服务有限公司
赛路丰汽车集团有限公司	怀化泰丰汽车销售服务有限公司
山东顺骋汽车集团有限公司	济南金福骋汽车贸易有限公司（坦克店）
上海览海汽车发展有限公司	苏州市宝宁汽车销售服务有限公司
上海览海汽车发展有限公司	武汉览骏汽车销售服务有限公司
上海万卓汽车集团有限公司	上海万卓尊电汽车销售服务有限公司
上海协通集团汽车管理有限公司	上海协通丰田汽车销售服务有限公司
上海众国汽车集团有限公司	上海同普郅己汽车销售服务有限公司
深圳市佳鸿集团控股有限公司	深圳市骅克汽车销售服务有限公司
深圳市佳鸿集团控股有限公司	厦门丰华汽车销售服务有限公司
沈阳大众企业集团有限公司	长春汇宝汽车销售服务有限公司
沈阳大众企业集团有限公司	辽宁汇丰汽车销售服务有限公司
沈阳大众企业集团有限公司	鞍山汇阳汽车销售服务有限公司
四川港宏集团有限公司（四川港宏智电集团）	成都智电西物智灵汽车销售服务有限公司
四川港宏集团有限公司（四川港宏智电集团）	成都宏羽鑫势力汽车销售服务有限公司
苏州华成集团有限公司	苏州华美都汽车销售服务有限公司
苏州华成集团有限公司	苏州华成元丰汽车销售服务有限公司
苏州天利和汽车实业有限公司	宁波宁兴新宇汽车销售服务有限公司
苏州天利和汽车实业有限公司	南京和意汽车销售服务有限公司
万友汽车投资有限公司	成都万友汽车销售服务有限公司
万友汽车投资有限公司	江苏万友汽车销售服务有限公司上海浦东第二分公司
无锡商业大厦集团东方汽车有限公司	南通东沃汽车销售服务有限公司
五洲汽车商贸集团有限公司	苍南领瑞汽车销售服务有限公司
五洲汽车商贸集团有限公司	瑞安市金慧汽车销售服务有限公司
武汉建银华盛集团股份有限公司	武汉建银中美汽车销售服务有限公司
盈众控股集团有限公司	厦门市盈众福海汽车有限公司
盈众控股集团有限公司	厦门市盈众汽车销售有限公司
永达集团	上海永达腾骏汽车销售服务有限公司
永达集团	上海宝诚汽车销售服务有限公司
远方汽车贸易集团有限公司	威海宝通汽车销售服务有限公司
浙江东江汽车控股集团有限公司	嘉兴盛世汽车销售服务有限公司
浙江东江汽车控股集团有限公司	湖州卓御汽车销售有限公司
浙江东江汽车控股集团有限公司	嘉兴东晨汽车销售服务有限公司
浙江东江汽车控股集团有限公司	嘉兴东利汽车销售服务有限公司
中国正通汽车服务控股有限公司	天津汽车工业销售深圳南方有限公司
中升集团控股有限公司	南京中升之星汽车销售服务有限公司
中升集团控股有限公司	成都中升之星汽车销售服务有限公司
重庆百事达汽车有限公司	重庆百事达华轩汽车销售服务有限公司
珠海市珠光汽车有限公司	珠海市珠光汽车贸易有限公司

表5 2023年经销商集团新能源榜单 单位：辆

序号	集团名称	2023 年新能源车销量
1	安吉汽车	83384
2	浙江广成汽车集团有限公司	60224
3	江苏海森汽车科技（集团）有限公司	42973
4	广汇汽车服务集团股份公司	35612
5	物产中大元通汽车有限公司	34993
6	永达集团	32919
7	山东顺骋汽车集团有限公司	31874
8	北京环耀科技集团股份有限公司	31496
9	广东昊城汽车销售有限公司	31465
10	北京北汽鹏龙汽车服务贸易股份有限公司	31026
11	深圳市鼎晟投控有限公司	30104
12	浙江东江汽车控股集团有限公司	29614
13	成都永乐盛世汽车销售服务有限公司（成都新港集团）	28724
14	广汽商贸有限公司	27799
15	万友汽车投资有限公司	24678
16	中升集团控股有限公司	24121
17	欧龙汽车贸易集团有限公司	19253
18	深圳市东风南方实业集团有限公司	19184
19	山东远通汽车贸易集团有限公司	18103
20	广州市美轮汽车有限公司	15263
21	湖南永通集团有限公司	15177
22	四川港宏集团有限公司（四川港宏智电集团）	13637
23	山东广潍集团有限公司	13299
24	利泰汽车集团有限公司	12935
25	捷通达汽车集团股份有限公司	12478
26	江苏海鹏投资集团有限公司	12000
27	陕西省汽车工业贸易集团有限公司	10980
28	赛路丰汽车集团有限公司	10071
29	红旭集团股份公司	9414
30	北京祥龙博瑞汽车服务（集团）有限公司	9400
31	重庆百事达汽车有限公司	9297
32	河南合众汽车集团	9147
33	广物汽贸股份有限公司	9086
34	江苏华海汽车销售集团有限公司	8986
35	润华集团股份有限公司	8873
36	和通汽车投资有限公司	8770
37	贵州通源集团	8595
38	蓝池集团有限公司	8065
39	河南威佳汽车贸易集团有限公司	7031
40	大昌行汽车控股集团有限公司	7025
41	上海万卓汽车集团有限公司	6948
42	广西玉柴物流集团有限公司	6435
43	广东俊诚汽车集团股份有限公司	5730
44	森那美华商管理（深圳）有限公司	5530
45	广州南菱汽车股份有限公司	5438
46	中国正通汽车服务控股有限公司	5382
47	河南博行汽车集团有限公司	5259
48	上海协通集团汽车管理有限公司	5251
49	沈阳大众企业集团有限公司	5201
50	广东有道汽车集团股份有限公司	5168

续表

序号	集团名称	2023 年新能源车销量
51	上海众国汽车集团有限公司	5114
52	五洲汽车商贸集团有限公司	4810
53	湖南九城投资集团有限公司	4773
54	中国美东汽车控股有限公司	4710
55	江苏益昌集团有限公司	4612
56	江苏万帮金之星车业投资集团有限公司	4263
57	重庆商社汽车贸易有限公司	4069
58	武汉建银华盛集团股份有限公司	4036
59	厦门信达国贸汽车集团股份有限公司	4019
60	苏州华成集团有限公司	3842
61	金阳光汽车集团有限公司	3721
62	北京运通国融投资集团有限公司	3605
63	盈众控股集团有限公司	3438
64	泉州华奥汽车销售集团	3320
65	成都三和企业集团有限公司	3309
66	河南宏冠达实业集团有限公司	3235
67	保定轩宇俊鹏汽车销售服务集团有限公司	2962
68	安徽瑞英行集团有限公司	2939
69	临沂易通汽贸有限公司	2902
70	宁波轿辰集团股份有限公司	2743
71	无锡商业大厦集团东方汽车有限公司	2708
72	北京奥吉通投资（集团）有限公司	2659
73	上海览海汽车发展有限公司	2658
74	广东鸿粤汽车销售集团有限公司	2589
75	华宏汽车集团股份有限公司	2565
76	山东富豪汽车销售集团有限公司	2535
77	山西大昌汽车集团有限公司	2493
78	国北汽车控股有限公司	2432
79	广东粤宝汽车销售服务有限公司	2411
80	河北省国和投资集团有限公司	2368
81	新丰泰集团控股有限公司	2131
82	苏豪天泓汽车集团有限公司	2117
83	山东银座汽车有限公司	2097
84	恒信汽车集团股份有限公司	2094
85	远方汽车贸易集团有限公司	1943
86	北京嘉华基业投资有限公司	1890
87	湖南力天汽车集团有限公司	1887
88	江苏明都汽车集团有限公司	1800
89	四川华星汽车集团有限公司	1791
90	江苏伟杰投资实业集团有限公司	1755
91	绿地汽车服务（集团）有限公司	1731
92	广东合诚集团有限公司	1622
93	厦门建发汽车有限公司	1605
94	浙江宝利德股份有限公司	1499
95	上海申华晨宝汽车有限公司	1463
96	锦鸿汽车集团有限公司	1454
97	吉林省华阳集团有限公司	1361
98	辽宁惠华新业贸易集团有限公司	1336
99	湖南兰天集团有限公司	1317
100	常州外事旅游汽车集团有限公司	1096

表 6 2023 年度中国汽车流通行业二手车经销商百强排行榜

排名	市场名称	综合系数
1	澳康达集团	194029.6
2	山西卡乃驰壹加壹汽车销售服务有限公司	124767.3
3	湖北卡泰驰汽车科技服务有限公司	72365
4	唐山小松旧机动车交易有限公司	67910
5	杭州百优卡网络科技有限公司	62618.8
6	河南腾发汽车销售服务有限公司	55499
7	山西卡泰驰胤泽汽车科技服务有限公司	54100
8	杭州帅车网络科技有限公司	42680
9	广东千里发名车汇二手车经营有限公司	41326.4
10	潍坊蚂蚁好车网络科技有限公司	40019.5
11	西安卡泰驰大诚行汽车科技服务有限公司	39643.9
12	重庆卡乃驰致旭汽车销售服务有限公司	35232.7
13	青岛卡泰驰恒程致远汽车科技服务有限公司	34132.3
14	成都捌陆品值二手车经销有限公司	32980.7
15	成都百顺隆汽车销售服务有限公司	32353.6
16	浙江元通二手车有限公司	32039.6
17	西安圣保利二手车经销有限公司	31868.6
18	沈阳圣名澳汽车集团	31638.08
19	贵阳恒信二手车经营有限公司	28213.5
20	上海美天迈二手车经营有限公司	26601.7
21	广东骏威龙汽车贸易有限公司	26201.3
22	上海华驭二手机动车经营有限公司	26190.7
23	海南诚成互生汽车销售服务有限公司	25670
24	安徽明鑫商业运营管理集团有限公司	25507.4
25	山西中驰瑞通科技有限公司	25206
26	成都林丰汽车服务有限公司	24612
27	厦门中恒名车汽车销售有限公司	23573.6
28	徐州金欧汽车销售有限公司	23404.8
29	青岛中汇信达汽车服务有限公司	22079.1
30	华宏质选二手车有限公司	21752.8
31	成都嘉合二手车销售有限公司	21518
32	杭州良森汽车销售服务有限公司	19461.4
33	杭州协合铭车会汽车销售服务有限公司	19018.8
34	成都卡斯特名车馆汽车销售有限公司	18697.8
35	上海岳瀚二手机动车经营有限公司	18656
36	西藏瑞信通商贸有限公司	18125
37	宁波泛洋盛汽车销售服务有限公司	17376
38	成都全汇优品汽车服务有限公司	17086.6
39	太原大林好车汽车销售服务有限公司	17077.2
40	上海恒之星二手车经营有限公司	16834.3
41	陕西宝大行二手车信息咨询服务有限公司	16403
42	四川时代好车汽车服务有限公司	15730
43	天津凯立通汽车贸易服务有限公司	15592
44	惠州市惠丰惠车汽车销售有限公司	15513
45	车王（中国）二手车经营有限公司	14278.9
46	成都鸿升二手车经销有限公司	13560
47	重庆柳博汽车销售服务有限公司	13441.98
48	上海睿选汽车销售有限公司	13402.9
49	重庆商社领途汽车销售服务有限公司	12654
50	重庆琴琴汽车销售有限公司	12559.5
51	贵阳顺捷二手车经营有限公司	12016

续表

排名	市场名称	综合系数
52	浙江一号线汽车销售服务有限公司	11987.3
53	杭州汲鑫超豪汽车销售有限公司	11912
54	厦门动力原汽车服务有限公司	11865.6
55	沈阳芝麻好车汽车销售服务有限公司	11749.281
56	太原市庆峰合源机动车有限公司	11692
57	惠州市百顺汽车贸易有限公司	11442.3
58	河南宝泽利汽车销售有限公司	11405.45
59	宁波互生升汽车空间	10993
60	常州帅磊汽车销售有限公司	10906
61	徐州千车盛汽车销售服务有限公司	10757.835
62	车直优汽车超市	10580
63	广西红冠马汽车服务有限公司	10270.5
64	重庆市环宇汽车销售有限责任公司	9888.5
65	宁波车钛帅汽车贸易有限公司	9834
66	重庆市杰程汽车经纪有限公司	9592
67	天津卡泰驰车探汽车科技发展有限公司	9357.4
68	湖南灿哥说车汽车服务有限公司	9120
69	江西卡泰驰汽车销售服务有限公司	8682
70	宁波港之城汽车销售服务有限公司	8201
71	沈阳市奥驰二手车有限公司	8153.4
72	河北荣恒汽车销售有限公司	8110
73	广西南宁市金通汽车评估有限公司	8106.2
74	成都杨佳鑫二手车经纪有限公司	7943
75	成都叁蜀江二手车销售有限公司	7905.1
76	上海顺砀二手车经营有限公司	7678.97
77	成都小车驿站二手车销售有限公司	7331
78	广东金胜名驰汽车销售服务有限公司	7255.1
79	宁波浙东车源头汽贸有限公司	7206.5
80	南京首佳车辆信息咨询服务有限公司	6944
81	柏亿（厦门）汽车销售有限公司	6798.6
82	成都新世杰二手车经纪有限责任公司	6638
83	重庆天翔汽车销售有限公司	6402
84	成都汇众二手车经纪有限公司	6363
85	厦门卡乃驰隆达汽车服务有限公司	6296.5
86	丹东兄弟汽车销售有限公司	6209.7
87	贵阳启扬六一汽车服务有限公司	6012.6
88	成都新通天汇二手车销售有限公司	5422.6
89	温州优选浙业汽车销售服务有限公司	5293
90	汕头市泽锋工贸有限公司	5160.1
90	山西鑫峰名车服务有限公司	5160.1
91	广西卡泰驰零零柒汽车科技有限公司	4994.4
92	长春宝悦行汽车维修服务有限公司	4903.079
93	金华泰富车集智慧科技有限公司	4790.107
94	兰州金耀名车二手车交易有限公司	4665.6
95	青海星尚航汽车维修服务有限公司	4363
96	成都宜驰二手车经销有限公司	4193.6
97	成都锦锋二手车销售有限公司	3808
98	烟台市淘车帮二手车交易市场有限公司	3706
99	兰州天天二手车交易市场有限公司	3590.6
100	烟台嘉裕二手车交易有限公司	3321. 2

注：综合系数＝经营面积 ×10%+ 库存量 ×10% ＋零售销售量 ×30%+ 零售销售额 ×30%+ 批发销售量 ×10%+ 批发销售额 ×10%

表 7 全国汽车流通行业协（商）会合作组织

单位名称	地址	电话
中国汽车流通协会	北京市海淀区西三环北路 72 号世纪经贸大厦 A 座 23 层	010-53561247
天津市汽车流通行业协会	天津市南开区长江道 495 号（奥迪 4S 店后院一楼）	022-27651386
上海市汽车服务行业协会	上海市徐汇区东安路 239 号 4 楼	021-64181869
上海市汽车销售行业协会	上海市虹口区唐山路 535 号 2 楼	021-65370515
重庆市汽车商业协会	重庆市渝北区红锦街 2 号加州总商会大厦 11—8	023-68808116
黑龙江省汽车流通行业协会	黑龙江省哈尔滨市道里区经纬五道街 16 号	0451-84227211
黑龙江省汽车商会	黑龙江省哈尔滨市道外区先锋路 2 号 6 号楼百强车管所 3 层	0451-87606081
吉林省汽车流通协会	吉林省长春市皓月大路 1058 号	0431-81087327
沈阳汽车流通协会	吉林省沈阳市浑南新区三义街 6—1 号（天水 E 城 1603 室）	024-23663298
河北省汽车流通行业协会	河北省石家庄市北二环东路 68 号亚龙花园对过	0311-85665630
山东省汽车流通协会	山东省济南市槐荫区经十西路 239 号润华商务奔驰 2 楼 201 室	0531-87985346
山西省汽车流通商会	山西省太原市小店区长风街 125 号百盛大厦 A 座 30 层	0351-7998328
江苏省汽车交易管理协会	江苏省南京市秦淮区中山东路 402 号新时代大厦 6 楼	025-84783692
湖北省汽车流通协会	湖北省武汉市江汉北路 8 号金茂大楼 1404 室、武汉市江岸区解放大道 1511 号化工大厦 1103 室	027-84867777
贵州省汽车汽配行业商会	贵州省贵阳市南明区四方河山水黔城七组团 8—1—604 号	0851-5101868
湖南省汽车商会	湖南省长沙市蔡锷南路 119 号 5 号楼 511 室	0731-84406578
福建省汽车流通协会	福建省福州市鼓楼区东浦路湖前大井 138 号	0591-87725717
乌鲁木齐市新市区汽车流通商会	新疆维吾尔自治区乌鲁木齐鲤鱼山北路 1 号赛博特国际汽车城 E 区 6 栋 304 号	0991-6678906
广东省汽车流通协会	广东省广州市越秀区水荫路 52 号大院 9 号楼 802 室	020-37600301
陕西省汽车行业协会	陕西西安市高新区沣惠南路 20 号华晶广场 B 座 1106 室	029-82600326
江西省汽车流通协会	江西省南昌市清云谱区迎宾大道 1086 号	0791-85295056
宁夏汽车流通行业协会	宁夏回族自治区银川市兴庆区绿地 21 城 C 区 10 号	0951-7653075
广西汽车流通协会	广西壮族自治区南宁市白沙大道 30 号	0771-4892611
长春市汽车流通协会	吉林省长春市普阳街 3083 号	0431-87666867
白山市汽车流通协会	吉林省白山市北安大街 362 号	0439-8607966
大连市汽车流通协会	辽宁省大连市沙河口区中山路 480 号	0411-39795566
潍坊市汽车协会	山东省潍坊市胜利东街 287 号	0536-8566360
寿光市汽车行业协会	山东省潍坊市寿光市圣城西街 666 号	0536-5500060
珠海汽车流通协会	广东省珠海大道南屏科技园华科汽车展览中心 2 楼	0756-8829048
佛山市机动车经营行业协会	广东省佛山市禅城区佛山大道中 38 号佛山车城主楼 2 楼	0757-83831122
宁波市汽车流通协会	浙江省宁波市鄞州区江南路 168 号 C 区 306	0574-55127799
三明市汽车流通协会	福建省三明市乾龙新村 229 幢闽中汽车城综合楼 3 楼	0598-8219388
广州市汽车服务业协会	广东省广州市黄浦大道西 668 号赛马场汽车城东区 22 号 2 楼	020-22224388
太原市汽车流通行业协会	山西省太原市新建路 68 号	—
深圳市汽车经销商商会	广东省深圳市深南大道 3007 号国际科技大厦 1807—1808 室	0755-83279667
济宁市汽车销售服务业协会	山东省济宁市红星中路 22 号	0537-2348506
郑州市汽车流通行业协会	河南省郑州市花园北路西南角河南汽车贸易中心院内红楼 2 楼东	0371-63219666

表 8 中国汽车相关科研机构

单位名称	地址	电话
中国汽车工业经济技术信息研究所	北京市海淀区北洼西里 19 号 2 层 A211 室	010-88121615
中国北方车辆研究所	北京 969 信箱 11 分箱	010-83808617
清华大学汽车研究所	北京市海淀区清华园	010-62772515
北京市汽车研究所	北京市丰台区方庄南路 9 号院	010-67625111
北京特种机械研究所	北京市海淀区西四环北路 149 号	010-68386082
中国汽车技术研究中心	天津市东丽区先锋东路 68 号	022-84370000
天津市内燃机研究所	天津市南开区卫津路 92 号	022-27406447
天津市汽车研究所	天津经济技术开发区西区江泰路 26 号	022-58801537
中国第一汽车集团公司技术中心	吉林省长春市绿园区创业大街 1063 号	0431-82021262
机械工业第九设计研究院	吉林省长春汽车经济技术开发区创业大街1958号	0431-85125000
长春汽车车轮研究所	吉林省长春市宽城区青年路 4 号	0431-85805348
长春汽车工程研究发展中心	吉林省长春市东盛大街亚泰大街 2218 号	—
上海汽车工业总公司工程研究院	上海市逸仙路 50 号	021-65315097
上海交通大学发动机研究所	上海市东川路 800 号闵行机械楼群	—
泛亚汽车技术中心有限公司	上海市浦东新区龙东大道 3999 号	021-28902890
汉阳专用汽车研究所	湖北省武汉经济技术开发区沌阳大道 55 号	027-84398500
武汉市汽车研究所	湖北省武汉市汉阳区二桥东村 67 号	027-84841686
武汉市汽车车身附件研究所	湖北省武汉市硚口区古田五路 17 号（武汉三新材料孵化器 4—1 号）	027-82318175
东风汽车工程研究院	湖北省武汉经济技术开发区东风大道特 1 号产品设计楼 1 层 102 室	027-84306945
沈阳轻型汽车研究所	吉林省沈阳市铁西区兴工北街 67 号	024-23383296
中国重型汽车集团公司技术发展中心	山东省济南市英雄山路 165 号	—
青岛重型专用汽车研究所	山东省青岛市四方区瑞昌路 141 号	0532-84962366
山东交通学院山东内燃机研究所	山东省济南市历城区桑园路 52 号	0531-88601738
机械工业第二设计研究院	浙江省杭州市下城区石桥路 338 号	0571-88151964
重庆大学汽车工程学院汽车摩托车工程技术研究中心	重庆大学 A 区理科楼 5 楼	023-65106243
广西汽车拖拉机研究所	广西壮族自治区柳州市鱼峰区阳旭路东 2 号	0772-83310533
中国北方发动机研究所	天津市北辰区永进道 96 号	022-58707675
洛阳拖拉机研究所	河南省洛阳市涧西区西苑路 39 号	0379-62690029
四川省汽车产业技术研究院	四川省成都成龙大道二段 888 号总部经济港 F1—F2 栋	028-84813710
中保研汽车技术研究院有限公司	北京市朝阳区李家坟 5 号祥龙博瑞东坝汽车园区	010-85563077
清华大学苏州汽车研究院	江苏省苏州市吴江区联杨路 139 号	0512-63936800
长春工业大学汽车工程研究院	吉林省长春市南湖校区办公楼 1426 室	0431-85716285
广汽研究院	广东省广州市番禺区化龙镇金山大道东路 668 号广汽研究院	020-22933888
中国汽车工程研究院	重庆市北部新区金渝大道 9 号	023-68824060
同济大学汽车学院汽车仿真技术研究所	上海市嘉定区曹安公路 4800 号—同济大学汽车学院	021-69583715
北京理工大学汽车研究所	北京海淀区中关村南大街 5 号	010-68911516
东风设计研究院	湖北省武汉经济技术开发区东风三路 1 号东合中心 A 座	027-84899482
国汽（北京）智能网联汽车研究院	北京市北京经济技术开发区荣华南路 13 号院 7 号楼 1—4 层 101	010-57705900
中国重汽集团设计研究院	山东省济南市高新区华奥路 777 号中国重汽科技大厦 13 层	0531-58062517
国联汽车动力电池研究院	北京市怀柔雁栖经济开发区兴科东大街 11 号	010-82255385
国汽（北京）汽车轻量化技术研究院	北京市顺义仁和镇顺西南路 50 号 1 幢 108 室	010-50911079
吉林大学青岛汽车研究院	山东省青岛市李沧区楼山路 1 号	0532-68981166

表9 中国设置汽车相关专业高校

大学	院系	相关专业	地址	电话	网址
清华大学	车辆与运载学院	新能源汽车、新型动力、内燃动力、交通能源、汽车设计、汽车动力学、汽车安全、产业战略、智能汽车、车路协同、智慧信号、智能出行、特种车辆、特种动力、新型装备等	北京市海淀区清华园	010-62772515	www.tsinghua.edu.cn
浙江大学	能源工程学院	车辆工程	浙江省杭州市浙大路38号	0571-87951466	www.zju.edu.cn
同济大学	汽车学院	车辆工程、动力机械及工程、载运工具运用工程	上海市长安路4800号	021-69589204	www.tongji.edu.cn
山东大学	机械工程学院	机械制造及其自动化、机械设计及理论、机械电子工程、车辆工程	山东省济南市经十路17923号	0531-88395114	www.sdu.edu.cn
天津大学	机械工程学院	车辆工程、工业设计	天津市南开区卫津路92号	022-27406842	www.tju.edu.cn
湖南大学	机械与运载工程学院	车辆工程 、能源与动力工程	湖南省长沙市岳麓区麓山南路麓山门	0731-88822825	www.hnu.edu.cn
东北大学	机械工程与自动化学院	车辆工程、机械电子工程	吉林省沈阳市和平区文化路三巷11号	024-83687313	www.neu.edu.cn
福州大学	机械工程及自动化学院	车辆工程、机械工程、机械电子工程	福建省福州市福州大学城乌龙江北大道2号	0591-22866262	www.fzu.edu.cn
长安大学	汽车学院	交通运输系、车辆工程系、交通安全系、机电与动力工程系、物流工程系、汽车服务工程系	陕西省西安市南二环中段	029-82334458	www.xahu.edu.cn
吉林大学	汽车工程学院	工业设计（汽车造型）、工业设计（车身工程）、车身工程、设计艺术学、流体力学和工业设计工程	吉林省长春市人民大街5988 号	0431-85094027	www.jlu.edu.cn
东南大学	机械工程学院	车辆工程	江苏省南京江宁开发区东南大学路2号机械工程学院	025-52090520	www.seu.edu.cn
武汉大学	动力与机械学院	机械设计及理论、车辆工程	湖北省武汉市武昌区八一路299号	027-68756019	www.whu.edu.cn
重庆大学	汽车工程学院	车辆工程	重庆市沙坪坝区沙正街174号	023-65106243	www.cqu.edu.cn
北京理工大学	机械与车辆工程学院	车辆工程	北京市海淀区中关村南大街5号	010-68944115	www.bit.edu.cn
山东理工大学	交通与车辆工程学院	车辆工程、交通运输、交通工程	山东省淄博市张店区新村西路266号	0533-2786837	www.sdut.edu.cn
华东理工大学	机械与动力工程学院	机械制造及其自动化、虚拟样机与系统仿真、传感测控、车辆工程	上海市梅陇路130号	021-64252954	www.ecust.edu.cn
华南理工大学	机械与汽车工程学院	车辆工程	广东省广州市天河区五山路381号19号楼	020-87112488	www.scut.edu.cn

续表

大学	院系	相关专业	地址	电话	网址
华北理工大学	机械工程学院	工业工程、车辆工程	河北省唐山市曹妃甸新城渤海大道 21 号	021-64252954	www.ncst.edu.cn
上海理工大学	机械工程学院	车辆工程、机械工程	上海市军工路 516 号	021-55277040	www.usst.edu.cn
重庆理工大学	车辆工程学院	能源与动力工程（汽车发动机）、车辆工程、装甲车辆工程、汽车服务工程、车身造型设计	重庆市巴南区红光大道 69 号	023-62563098	www.cqut.edu.cn
天津理工大学	机械工程学院	汽车电子工程、新能源科学与工程	天津市西青区宾水西道 391 号	022-60214133	www.tjut.edu.cn
河南理工大学	机械与动力工程学院	车辆工程	河南省焦作市高新区世纪大道 2001 号	0391-83987511	www.hpu.edu.cn
安徽理工大学	机械工程学院	车辆工程	安徽省淮南市泰丰大街 168 号	0554-26668842	www.aust.edu.cn
湖南理工学院	机械工程学院	材料成型及控制工程专业	湖南省岳阳市湘北大道	0730-28640001	www.hnist.cn
哈尔滨理工大学	机械与动力工程学院	车辆工程	黑龙江省哈尔滨市南岗区学府路 52 号	0451-86390114	www.hrbust.edu.cn
武汉理工大学	汽车工程学院	热能与动力工程	湖北省武汉市珞狮路 122 号	027-87859017	www.whut.edu.cn
南京理工大学	机械工程学院	车辆工程	江苏省南京市孝陵卫 200 号	025-84315446	www.njust.edu.cn
太原理工大学	机械与运载工程学院	车辆工程	山西省太原市迎泽西大街 79 号	0351-26018818	www.tyut.edu.cn
长沙理工大学	汽车与机械工程学院	车辆工程、汽车服务工程	湖南省长沙市（雨花区）万家丽南路 960 号	0731-85258617	www.csust.edu.cn
青岛理工大学	机械与汽车工程学院	车辆工程、汽车服务工程、交通运输、交通工程	山东省青岛市黄岛区嘉陵江路 777 号	0532-85071060	www.qtech.edu.cn
哈尔滨工业大学(威海)	汽车工程学院	车辆工程、能源与动力工程、交通运输、交通工程	山东省威海市文化西路 2 号哈工大院内研究院一号楼南楼	0631-85687001	www.hit.edu.cn
安徽工业大学	机械工程学院	机械工程、车辆工程	安徽省马鞍山市马向路安工大东校区	0555-82315351	www.ahut.edu.cn
河北工业大学	机械学院车辆工程系	机械电子工程、车辆工程	天津市北辰区西平道 5340 号	022-60202050	www.hebut.edu.cn
浙江工业大学	机械工程学院	机械电子工程、车辆工程、工业工程	浙江省西湖区留和路 288 号	0571-88320114	www.zjut.edu.cn
沈阳工业大学	机械工程学院	车辆工程、新能源科学与工程、机械工程	辽宁省沈阳市铁西区兴华南街 58 号	024-25691488	www.sut.edu.cn

续表

大学	院系	相关专业	地址	电话	网址
长春工业大学	机电工程学院	车辆工程	吉林省长春延安大街2055号	0431-85717349	www.ccut.edu.cn
北京航空航天大学	交通科学与工程学院	车辆工程、载运工具运用工程、动力机械及工程、新能源汽车工程	北京市海淀区学院路37号	010-82316330	www.buaa.edu.cn
南京航空航天大学	能源与动力学院	车辆工程、机械设计及理论	江苏省南京市白下区御道街29号	025-84892448	www.nuaa.edu.cn
北京交通大学	机械与电子控制工程学院	车辆工程、能源与动力工程	北京市海淀区上园村3号	010-62256622	www.njtu.edu.cn
上海交通大学	机械与动力工程学院	车辆工程、新能源科学与工程	上海市华山路1954号	021-54740000	www.sjtu.edu.cn
西安交通大学	机械工程学院	机械电子工程、机械设计及理论、车辆工程	陕西省西安市咸宁西路28号	029-82665750	www.xjtu.edu.cn
大连交通大学	机车车辆工程学院	车辆工程	辽宁省大连市沙河口区黄河路794号	0411-84106969	www.djtu.edu.cn
兰州交通大学	新能源与动力工程学院	新能源科学与工程	甘肃省兰州市安宁区安宁西路88号	0931-84938023	www.lzjtu.edu.cn
西南交通大学	机械工程学院	车辆工程	四川省成都市高新区西部园区西南交通大学	028-87600114	www.swjtu.edu.cn
重庆交通大学	机电与车辆工程学院	车辆工程	重庆市南岸区学府大道66号	023-62651999	www.cqjtu.edu.cn
山东交通学院	汽车工程学院	车辆工程专业、车辆工程（校企合作）、交通运输专业、能源与动力工程专业、汽车服务工程专业、汽车运用与维修技术	山东省济南市长清大学科技园海棠路5001号	0531-80687622	www.sdjtu.edu.cn
河南科技大学	车辆与交通工程学院	车辆工程、能源与动力工程、交通运输	河南省洛阳市西苑路48号河南科技大学校本部77号	0379-64231480	www.haust.edu.cn
北京科技大学	机械工程学院	机械工程、车辆工程、物流工程、工业设计	北京市海淀区学院路30号	010-62332365	www.ustb.edu.cn
华中科技大学	机械科学与工程学院	智能机械与机构创新设计、新能源汽车设计理论与方法、专用汽车设计与控制技术	湖北省武汉市洪山区珞瑜路1037号	027-87542101	www.hust.edu.cn
北京信息科技大学	机电工程学院	机械设计制造及其自动化、工业设计、工业工程、车辆工程	北京市海淀区清河小营东路12号	010-82426906	www.bim.edu.cn
上海工程技术大学	机械与汽车工程学院	车辆工程、载运工具（汽车）运用工程	上海市龙腾路333号	021-67791000	www.sues.edu.cn
中国农业大学	工学院	车辆工程	北京市海淀区清华东路17号农大主楼327	010-62736428	www.cau.edu.cn

表 10　国内汽车生产企业

单位名称	地址	电话	网址
安徽柳工起重机有限公司	安徽省蚌埠市柳工大道 18 号	0552-4928470	www.liugong.com
安徽江淮汽车集团股份有限公司	安徽省合肥市东流路 176 号	0551-62296031	www.jac.com.cn
安徽安凯汽车股份有限公司	安徽省合肥市葛淝路 1 号	0551-62297706	www.ankai.com
大众汽车（安徽）有限公司	安徽省合肥市经济技术开发区珠江路 176 号	0551-62297525	www.jac-vwg.com
陕汽淮南专用汽车有限公司	安徽省淮南经济技术开发区吉兴路	0554-3306011	www.sqhnzyc.com
汉马科技集团股份有限公司	安徽省马鞍山市经济技术开发区	0555-8323600	—
芜湖中集瑞江汽车有限公司	安徽省芜湖市高新技术产业开发区	0553-3022395	www.cimc-rjst.com
奇瑞汽车股份有限公司	安徽省芜湖市经济技术开发区长春路 8 号	0553-5922609	www.chery.cn
集瑞联合重工有限公司	安徽省芜湖市三山区华电大道 8 号	0553-7527000	www.ctruck.com.cn
安徽奇瑞瑞弗特种车辆技术有限公司	安徽省芜湖市弋江区高新技术产业开发区天井山路 32 号车间 201 室	0553-2616706	www.revchery.com
奇瑞商用车（安徽）有限公司	安徽省芜湖市弋江区中山南路 717 号科技产业园 8 号楼	0553-5924658	www.zgfzc.com.cn
北京奔驰汽车有限公司	北京市北京经济技术开发区博兴路 8 号	010-67815337	www.bbac.com.cn
三一重工股份有限公司	北京市昌平区北清路 8 号 6 幢 5 楼	010-60738888	www.sanyhi.com
北汽福田汽车股份有限公司	北京市昌平区沙河镇沙阳路老牛湾村北	010-80708888	www.foton.com.cn
中国长安汽车集团有限公司	北京市海淀区车道沟 10 号西院科研楼南楼 3 层	010-68966537	www.ccag.cn
一汽丰田汽车销售有限公司	北京市海淀区马甸冠城园冠海大厦七层	010-59529999	www.ftms.com.cn
中恒天汽车集团有限公司	北京市海淀区紫竹院路 69 号 605 室、606 室	010-58830668	www.chtcauto.com
北京福田戴姆勒汽车有限公司	北京市怀柔区红螺东路 21 号	400-8900-977	www.aumantruck.com
北京北铃专用汽车有限公司	北京市密云区经济开发区科技路甲 50 号	18911513360	www.chinabeiling.com
宝沃汽车（中国）有限公司	北京市密云区西统路 188 号 -1	400-688-1919	www.borgward.com
北京现代汽车有限公司	北京市顺义区南环路 99 号院 1 幢 1-3 层	010-89490088	www.beijing-hyundai.com.cn
北京汽车制造厂有限公司	北京市顺义区仁和镇双河路南侧	0317-5605839	www.baw.com.cn
北京汽车股份有限公司	北京市顺义区双河大街 99 号院 1 幢五层 101 内 A5-061	010-56635595	www.baicmotor.com
福建新福达汽车工业有限公司	福建省福州市福新东路 368 号	0591-38123595	www.forta.com.cn
福建奔驰汽车有限公司	福建省福州市青口投资区奔驰大道 1 号	0591-22799999	www.fujianbenz.com

续表

单位名称	地址	电话	网址
山东时风商用车有限公司	福建省高唐县汇鑫路 2 号	0635-3956490	www. shifeng. com. cn
福建新龙马汽车股份有限公司	福建省龙岩经济技术开发区龙腾南路 14 号珠江大厦二楼	0597-5201566	www. newlongma. com
福建龙马环卫装备股份有限公司	福建省龙岩经济开发区	0597-2290612	www. fjlm. com. cn
龙岩市海德馨汽车有限公司	福建省龙岩市新罗区西陂街道赤坑村金龙路 9 号	0597-3295613	www. rs-helios. com
东南（福建）汽车工业有限公司	福建省闽侯县青口镇	0591-22766566	www. soueast-motor. com
云度新能源汽车有限公司	福建省莆田市涵江区江口镇石西村荔涵大道 729 号	0594-3551268	www. yudoauto. com
厦门金龙旅行车有限公司	福建省厦门市湖里区湖里大道 69 号（办公楼）	0592-5608888	www. xmjl. com
厦门金龙联合汽车工业有限公司	福建省厦门市集美区金龙路 9 号	0592-6371685	www. king-long. com. cn
中国重汽集团福建海西汽车有限公司	福建省永安市埔岭 99 号	0598-3819556	www. zqhaixi. com
广东粤海汽车有限公司	广东省佛山市南海区九江镇物流产业园	13702446066	www. gdyh. com. cn
广汽乘用车有限公司	广东省广州市番禺区金山大道东路 633 号	020-39206114	www. gacmotor. com
东风汽车有限公司东风日产乘用车公司	广东省广州市花都区风神大道 8 号	020-36877705	www. dongfeng-nissan. com. cn
广汽本田汽车有限公司	广东省广州市黄埔区广本路 1 号	020-62808888	www. ghac. cn
广汽丰田汽车有限公司	广东省广州市南沙区黄阁镇市南大道 8 号	020-39398888	www. gac-toyota. com. cn
合创汽车科技有限公司	广东省广州市南沙区香江金融商务中心南沙街金隆 37 号 1201 房	020-32336900	www. gac-nio. com
广州小鹏汽车科技有限公司	广东省广州市天河区岑村松岗大街 8 号	020-66806680	www. xiaopeng. com
广东信源物流设备有限公司	广东省广州市天河区元岗路 399 号	020-37089980	www. xinsource. com
中集车辆（江门市）有限公司	广东省江门市新会区大鳌镇沙角工业区	0750-6969888	www. zjcljm. cn
深圳东风汽车有限公司	广东省深圳市坪山区坑梓街道锦绣中路 14 号深福保现代光学厂区 C 栋第 5 层	0752-5200088	www. sz-dfl. com
比亚迪汽车工业有限公司	广东省深圳市坪山新区坪山横坪公路 3001、3007 号	0755-89888888	www. bydfans. club
深圳腾势新能源汽车有限公司	广东省深圳市坪山新区坪山横坪公路 3001 号比亚迪研发大楼	0755-89930999	www. byd-daimler. com. cn
桂林客车工业集团有限公司	广西壮族自治区桂林市苏桥经济开发区苏桥（工业）园广州街 9 号	0773-2252266	—
广西汽车集团有限公司	广西壮族自治区柳州市河西路 18 号	0772-3750212	www. wuling. com. cn
柳州五菱汽车工业有限公司	广西壮族自治区柳州市河西路 18 号	0772-3750212	www. wulingauto. com. cn
上汽通用五菱汽车股份有限公司	广西壮族自治区柳州市柳南区河西路 18 号	0772-3750508	www. sgmw. com. cn
东风柳州汽车有限公司	广西壮族自治区柳州市屏山大道 286 号	0772-3281175	www. dflzm. com. cn
一汽解放柳州特种汽车有限公司	广西壮族自治区柳州市社湾路 26 号	0772-3125476	www. faw-liut. com

续表

单位名称	地址	电话	网址
海马汽车股份有限公司	海南省海口市金盘工业区金盘路 12-8 号	0898-66820500	www.haima.com
长城汽车股份有限公司	河北省保定市朝阳南大街 2266 号	0312-2197815	www.gwm.com.cn
河北中兴汽车制造有限公司	河北省保定市建国路 860 号	0312-2190600	www.zxauto.com.cn
河北览众专用汽车制造有限公司	河北省保定市莲池区太行路 888 号	0312-2192645	www.hblzrv.com
河北长安汽车有限公司	河北省定州市定曲路	13184943118	—
石家庄盛健专用汽车有限公司	河北省石家庄市鹿泉区铜冶镇北铜冶村金河路 1 号	13933070436	www.shengjianqiche.com
唐鸿重工专用汽车股份有限公司	河北省唐山市丰南区开发区兴工街 6 号	0315-7771582	www.tanghongzhonggong.cn
唐山亚特专用汽车有限公司	河北省唐山市高新区贾庵道	0315-7729528	www.yateauto.com
领途汽车有限公司	河北省邢台市清河县挥公大道 12 号	0391-6300826	www.linktour.net
河北雷萨重型工程机械有限责任公司	河北省张家口市宣化区宣府大街 202 号	0313-3880077	—
幻电科技发展有限公司	河南省焦作市孟州市产业集聚区第三大街 17 号	400-656-5588	www.hdqccn.com
洛阳中集凌宇汽车有限公司	河南省洛阳市洛龙区科技园区关林大道西段	0379-65937666	www.lingyu.com
河南骏通车辆有限公司	河南省三门峡市陕州区陕州大道 3758 号	0398-3813578	www.hnjtcl.com
河南新飞专用汽车有限责任公司	河南省新乡市高新技术开发区新一街 339 号	0373-5119898	www.xf-rv.com
郑州宇通客车股份有限公司客车专用车分公司	河南省郑州经济技术开发区金柳南路 46 号	0371-66733857	www.yutongrv.com.cn
郑州宇通重工有限公司	河南省郑州经济技术开发区宇工路 88 号	0371-89990202	www.yutongzy.com
郑州红宇专用汽车有限责任公司	河南省中牟县城关镇建设南路 32 号	18703833246	www.zzhongyu.net
奇瑞汽车河南有限公司	河南省自贸试验区开封片区宋城路 99 号	0371-22773235	www.karryauto.cn
郑州日产汽车有限公司	河南省自贸试验区郑州片区（郑东）莲湖路 3 号	0371-56199267	www.zznissan.com.cn
湖北大冶汉龙汽车有限公司	湖北省大冶市罗家桥街道办事处金阳路 29 号	0714-3187991	www.hanlongqiche.com
湖北一专汽车股份有限公司	湖北省丹江口市六里坪工业园区	0719-8361508	www.hbyzzy.com
湖北帕菲特工程机械有限公司	湖北省十堰经济开发区港澳台工业园	0719-8023898	www.hbpft.com
湖北三环汽车有限公司	湖北省十堰市东环路 123 号	0719-8782079	www.sitom.com.cn
东风小康汽车有限公司	湖北省十堰市东环路 1 号	0719-8310986	www.dffengguang.com.cn
驰田汽车股份有限公司	湖北省十堰市黑龙江路 18 号	0719-8795285	www.chitianqiche.com
中正汽车股份有限公司	湖北省十堰市茅箭区东城经济开发区普林路 3 号 1 幢 1-1	0719-8266386	www.zhongzhengauto.com
东风商用车有限公司	湖北省十堰市张湾区车城路 2 号	0719-8885555	www.dfcv.com.cn

续表

单位名称	地址	电话	网址
湖北天威汽车有限公司	湖北省随州曾都经济开发区 6 号	13972993368	www.hbtwqc.net
湖北凯力专用汽车有限公司	湖北省随州高新区季梁大道 11 号	0722-3300696	www.kailiqc.com
随州市长兴机械科技有限公司	湖北省随州市北郊九间屋村二组	18971795933	www.cncxqc.com
湖北合力特种车制造有限公司	湖北省随州市北郊星光工业园	0722-3330080	www.helizhongke.com
湖北江南专用特种汽车有限公司	湖北省随州市北郊星光工业园特 1 号	0722-3331999	www.jnzytzqc.com
程力汽车集团股份有限公司	湖北省随州市曾都经济开发区	13872881328	www.clqc-group.com
湖北宏宇专用汽车有限公司	湖北省随州市曾都经济开发区（交通大道 1089 号）	0722-3330080	www.hbhyzq.cn
湖北润力专用汽车有限公司	湖北省随州市曾都经济开发区世纪大道 77 号	0722-3920666	www.hbrlqc.com
随州市力神专用汽车有限公司	湖北省随州市曾都经济开发区星光一路 99 号	0722-3813333	www.dzqcc.com
随州市东正专用汽车有限公司	湖北省随州市曾都区北郊星光工业园	0722-3330339	www.52775.net
湖北成龙威专用汽车有限公司	湖北省随州市曾都区季梁大道 6 号	0722-3308379	www.hbclw.com
楚胜汽车集团有限公司	湖北省随州市曾都区季梁大道 9 号	0722-7502166	www.cnxgcsw.com
程力专用汽车股份有限公司	湖北省随州市曾都区经济技术开发区程力汽车工业园	0722-3280566	www.clyfc.com
湖北东神专用汽车有限公司	湖北省随州市曾都区经济开发区世纪大道 1 号	0722-3221888	www.hbdsqc.com
湖北旺龙专用汽车有限公司	湖北省随州市曾都区经济开发区世纪大道 8 号	18062483222	www.jbclw.com
湖北浩天专用汽车有限公司	湖北省随州市曾都区南郊柳树淌工业园柳树淌大道 9 号	13886866607	www.hbhtzq.com
湖北聚力汽车技术股份有限公司	湖北省随州市高新技术开发区消防路	0722-3330317	www.juchenwang.cn
湖北帝成环卫科技有限公司	湖北省随州市高新区鹿鹤大道与五星路交叉口东南角 1 栋	15826715013	www.dchww.com
湖北中威专用汽车有限公司	湖北省随州市交通大道 1977 号（随县经济开发区）	0722-3338618	www.hbzwzyqc.com
东风随州专用汽车有限公司	湖北省随州市交通大道 267 号	0722-3319103	www.dfztruck.com
湖北力威汽车有限公司	湖北省随州市交通大道 669 号（曾都经济开发区）	0722-3583103	www.lwqc.com
湖北舜德专用汽车有限公司	湖北省随州市经济开发区季梁大道 27 号	0722-3827772	www.sdjjsb.com
湖北同威专用汽车有限公司	湖北省随州市经济开发区季梁大道 7 号	13277608333	www.hbtwqcw.com
湖北五环专用汽车有限公司	湖北省随州市经济开发区交通大道 K155 号	0722-3587889	www.whzyc.com
湖北盈通专用汽车有限公司	湖北省随州市经济开发区旭光路	0722-3259886	www.51ytssc.com
湖北大力专用汽车制造有限公司	湖北省随州市两水大道大力路特 1 号	0722-3309990	www.hbdali.com
湖北新中绿专用汽车有限公司	湖北省随州市两水工业区 8 号	0722-3308688	www.hbdfac.com
湖北四通专用汽车有限公司	湖北省随州市玉柴大道玉柴汽车产业园	0722-3300377	www.stdqc.com

续表

单位名称	地址	电话	网址
徐工湖北环保科技股份有限公司	湖北省天门经济开发区西环路 203 号	0728-5880888	—
东风本田汽车有限公司	湖北省武汉经济技术开发区车城东路 283 号	027-84286114	www.dongfeng-honda.com
东风雷诺汽车有限公司	湖北省武汉经济技术开发区黄金口产业园	027-84301552	—
程力重工股份有限公司	湖北省武汉市黄陂区孝天大道特 1 号	027-59885588	www.clwhi.com
东风英菲尼迪汽车有限公司	湖北省武汉市经济技术开发区东风大道 10 号	027-84283290	www.infiniti.com.cn
神龙汽车有限公司	湖北省武汉市武汉经济技术开发区	027-84290395	www.dongfeng-citroen.com.cn
东风汽车集团有限公司	湖北省武汉市武汉经济技术开发区东风大道特 1 号	027-84305555	www.dfmc.com.cn
东风汽车股份有限公司	湖北省襄阳市高新区东风汽车大道劲风路 3 幢	027-84287977	www.dfac.com
湖南汽车制造有限责任公司	湖南省邵阳市双清区邵阳大道宝庆工业园	0739-8931319	—
湖南恒润汽车有限公司	湖南省湘潭经济技术开发区恒润高科产业园	15197193090	www.hengrunauto.com
江苏旌航汽车有限公司	湖南省张家港保税区金港路东侧	0512-58905879	www.jinghangauto.com
长沙中联重科环境产业有限公司	湖南省长沙高新开发区林语路 288 号	0731-89939228	www.zoomlionhj.com
广汽长丰汽车有限公司	湖南省长沙经济技术开发区漓湘路 1 号	0731-88198052	—
广汽三菱汽车有限公司	湖南省长沙经济技术开发区漓湘中路 15 号	0731-88198888	www.gmmc.com.cn
三一汽车制造有限公司	湖南省长沙经济技术开发区三一工业城	0731-84031888	www.31truck.com
广汽菲亚特汽车有限公司	湖南省长沙经济技术开发区映霞路 18 号	0731-89989101	www.gacfca.com
中联重科股份有限公司	湖南省长沙市岳麓区银盆南路 361 号	0731-85650157	www.zoomlion.com
中车时代电动汽车股份有限公司	湖南省株洲国家高新技术开发区栗雨工业园	0731-28493788	www.tev.csrzic.com
一汽吉林汽车有限公司	吉林省吉林市高新开发区东山街 2888 号	18343208026	www.fawmc.com
一汽－大众汽车有限公司	吉林省长春市汽车产业开发区安庆路 5 号	0431-85990888	www.faw-vw.com
中国第一汽车集团有限公司	吉林省长春市汽车经济技术开发区东风大街 8899 号	0431-85901140	www.faw.com.cn
一汽解放集团股份有限公司	吉林省长春市汽车开发区东风大街 2259 号	0431-87666666	www.fawjiefang.com.cn
奇瑞捷豹路虎汽车有限公司	江苏省常熟经济技术开发区路虎路 1 号	0512-52967000	www.cheryjaguarlandrover.com
观致汽车有限公司	江苏省常熟经济技术开发区通达路 1 号	0512-52022367	www.qorosauto.com
常熟华东汽车有限公司	江苏省常熟市虞山北路 258 号	0512-52265010	www.h-d.cn
上汽大通房车科技有限公司	江苏省溧阳市昆仑街道中关村大道 200 号科技产业园内	021-60569322	www.rv2go.com
南京汽车集团有限公司	江苏省南京高新技术产业开发区浦泗路 18 号	025-58898995	—
航天晨光股份有限公司	江苏省南京市江宁经济技术开发区天元中路 188 号	025-52826011	www.aerosun.cn

续表

单位名称	地址	电话	网址
开沃新能源汽车集团股份有限公司	江苏省南京市溧水区柘塘镇滨淮大道 369 号	052-56226766	www.skywellcorp.com
南京金龙客车制造有限公司	江苏省南京市溧水区柘塘镇滨淮大道 369 号	025-56206709	www.njgdbus.com
南京徐工汽车制造有限公司	江苏省南京市雨花台区铁心桥	025-52891223	www.xcmgauto.com
金龙联合汽车工业（苏州）有限公司	江苏省苏州工业园区苏虹东路 288 号	0512-62581888	www.ehiger.com
江苏中汽高科股份有限公司	江苏省武进高新技术产业开发区龙飞路 18 号	0519-86523503	www.czzqs.com
北汽新能源汽车常州有限公司	江苏省武进高新技术产业开发区武进大道西路 98 号	0519-69650918	—
江苏车和家汽车有限公司	江苏省武进国家高新技术产业开发区凤林南路 108 号	13601387925	—
徐州徐工汽车制造有限公司	江苏省徐州高新技术产业开发区珠江东路 19 号	0516-83189578	www.xcmgauto.com
徐州徐工环境技术有限公司	江苏省徐州经济技术开发区 104 国道北延段东侧	0516-83557220	—
徐州徐工施维英机械有限公司	江苏省徐州经济技术开发区桃山路 29 号	0516-87892595	—
徐州工程机械集团有限公司	江苏省徐州经济技术开发区驮蓝山路 26 号	0516-87565101	www.xcmg.com
徐州徐工随车起重机有限公司	江苏省徐州经济技术开发区驮蓝山路 55 号	0516-87892821	www.xcmgsc.com
徐州海伦哲专用车辆股份有限公司	江苏省徐州经济开发区螺山路 19 号	0516-68782700	www.xzhlz.com
江苏悦达专用车有限公司	江苏省盐城经济开发区希望大道 99 号	0515-68029168	www.yuedazyc.com
东风悦达起亚汽车有限公司	江苏省盐城市经济开发区希望大道南路 1 号 3 幢	0515-88279453	www.dyk.com.cn
扬州亚星客车股份有限公司	江苏省扬州市邗江汽车产业园潍柴大道 2 号	0514-82989119	www.asiastarbus.com
江苏九龙汽车制造有限公司	江苏省扬州市江都区浦江东路 166 号	0514-86517019	www.joylong.net
扬州中集通华专用车股份有限公司	江苏省扬州市临江路 9 号	0514-89968539	www.chinatrailer.com
江苏卫航汽车通信科技有限责任公司	江苏省仪征市陈集镇工业集中区	0514-83872666	www.jswhqc.com
江西大乘汽车有限公司	江西省抚州市抚州高新技术产业开发区保税大道 99 号	0794-8733536	—
国机智骏汽车有限公司	江西省赣州市赣州经济技术开发区新能源汽车科技城旭日大道 6 号	025-69519668	www.zhijunauto.com
江西昌河汽车有限责任公司	江西省景德镇市珠山区新厂东路 208 号	0798-8462032	www.changheauto.com
江西志骋汽车有限责任公司	江西省九江市九江经济技术开发区前进西路 555 号	0792-8271061	www.changhe-suzuki.com
江铃集团新能源汽车有限公司	江西省南昌经济技术开发区庐山北大道（蛟桥镇）	0791-87369879	www.jmev.top
江西江铃汽车集团改装车股份有限公司	江西省南昌市南昌县小兰工业园	0791-85985398	www.jmcsv.com
江西江铃集团特种专用车有限公司	江西省南昌市南昌县小蓝经济技术开发区金沙南大道 388 号	0791-85773813	www.jmtsv.com
江西江铃专用车辆厂	江西省南昌市南昌县小蓝经济技术开发区金沙南一路 362 号	0791-85278329	—

续表

单位名称	地址	电话	网址
江西省金沙汽车股份有限公司	江西省南昌市南昌县小蓝经济技术开发区金沙大道 388 号	0791-82076096	www.jxkingsa.com
江铃控股有限公司	江西省南昌市南昌县迎宾中大道 319 号	0791-83806666	www.landwind.com
江铃汽车股份有限公司	江西省南昌市青云谱区迎宾北大道 509 号	0791-85266178	www.jmc.com.cn
江西五十铃汽车有限公司	江西省南昌市望城新区江铃大道 666 号	0791-82299114	www.jiangxi-isuzu.cn
江西江铃集团晶马汽车有限公司	江西省南昌市新建区长堎工业园区创业北路 60 号	0791-87193118	www.jmmc.com.cn
爱驰汽车有限公司	江西省上饶经济技术开发区兴园西大道	021-55670363	www.ai-ways.com
汉腾汽车有限公司	江西省上饶经济技术开发区远泉大道 3 号	0793-8655555	www.hantengauto.com
丹东黄海汽车有限责任公司	辽宁省丹东市银泉三街 51 号	0415-6275416	—
华晨雷诺金杯汽车有限公司	辽宁省沈阳市大东区东望街 39 号	024-31666666	www.renault-brilliance.com
华晨汽车集团控股有限公司	辽宁省沈阳市大东区东望街 39 号	024-31991111	www.brilliance-auto.com
华晨宝马汽车有限公司	辽宁省沈阳市大东区山嘴子路 14 号	024-84556000	www.bmw-brilliance.cn
北奔重型汽车集团有限公司	内蒙古自治区包头市装备制造产业园区兵工东路 9 号	0472-3119592	www.beiben.cn
河南速达电动汽车科技有限公司	河南省三门峡市经济开发区东区	0398-8529131	www.china-sdev.com
山推建友机械股份有限公司	山东省济南市段店南路 268 号	0531-89815336	www.janeoo.com
中国重汽集团济南卡车股份有限公司	山东省济南市市中区党家庄镇南首	0531-58067001	www.cnhtcpurch.com
中国重汽集团济南专用车有限公司	山东省济南市章丘区枣园街道潘王路 17668 号（世纪大道以北）	0531-58064371	www.cnhtcjz.com
山东东环专用车制造有限公司	山东省济宁市嘉祥县黄垓镇东丁垓村北	0537-6788999	www.donghuan123.com
山东中运专用汽车有限公司	山东省济宁市嘉祥县黄垓镇济董路 68 公里处	13562749888	www.sdzyhwsb.com
山东中达威专用车辆有限公司	山东省济宁市嘉祥县黄垓镇杨村西 300 米	18854759999	—
山东帝宏专用汽车制造有限公司	山东省济宁市嘉祥县黄垓镇张垓村北 600 米	13963763588	www.sddh1688.com
中国重汽集团济宁商用车有限公司	山东省济宁市诗仙路 369 号	0537-3317731	www.jncnhtc.cn
山东祥农专用车辆有限公司	山东省嘉祥县黄垓乡张垓村东 200 米	18854787363	www.sdxnhwcl.com
中通新能源汽车有限公司	山东省聊城市经济技术开发区中华北路 9 号	0635-8518000	www.zhongtongnev.com
中通客车股份有限公司	山东省聊城市经济技术开发区黄河路 261 号	0635-8322791	www.zhongtong.com
中国重汽集团青岛重工有限公司	山东省青岛高新技术产业开发区锦荣路 369 号	0532-84855297	www.sinotrukqingdao.com
青岛五菱专用汽车有限公司	山东省青岛经济技术开发区齐长城路 509 号	0532-80985050	—
青岛索尔汽车有限公司	山东省青岛市胶州市经济技术开发区物流大道 17 号	0532-88283688	www.china-soar.com
一汽解放青岛汽车有限公司	山东省青岛市青岛汽车产业新城解放大道 100 号	0532-55659232	www.faw.jiefang.com.cn

续表

单位名称	地址	电话	网址
山东五征环保科技股份有限公司	山东省日照市五莲县市北经济开发区莲海大道与潮石路交会处	0633-5329999	—
山东凯马汽车制造有限公司	山东省寿光市东环路 5888 号	0536-5202820	www.kamaqc.com
潍柴新能源科技有限公司	山东省潍坊高新区清池街道永春社区潍安路 169 号 2 幢	0536-2298726	—
山东梅拉德能源动力科技有限公司	山东省潍坊市昌乐县	0536-6856850	www.letinauto.net
山东正泰希尔专用汽车有限公司	山东省潍坊市诸城市密州东路 98 号	0536-6055288	www.xierqiche.com
山东汽车制造有限公司	山东省烟台市莱阳市经济开发区富山路 99 号	0535-7997013	www.sdqc.com
中国重汽集团济南商用车有限公司	山东省章丘市圣井潘王路西	0531-58069693	www.cnhtc-sitrak.com
山东唐骏欧铃汽车制造有限公司	山东省淄博市淄川区经济开发区招村社区唐骏欧铃路 1 号	0533-5180043	www.tjqcgroup.com
山西新能源汽车工业有限公司	山西省晋中市山西示范区晋中开发区新能源汽车园区吉利路 388 号	0354-3110881	—
大运汽车股份有限公司	山西省运城空港经济开发区机场大道 1 号	0329-2537537	www.dayunmotor.com
山西成功汽车制造有限公司	山西省长治市经济技术开发区光明路 100 号	13546658108	www.cgqc.cn
中集陕汽重卡（西安）专用车有限公司	陕西省西安经济技术开发区泾渭工业园中钢路 18 号	029-86038882	www.xacimc.com
陕西汽车集团股份有限公司	陕西省西安市经开区泾渭工业园	029-86955952	www.sxqc.com
华人运通控股有限公司	上海市崇明区港沿镇港沿公路 1700 号 3 幢 8438 室（上海港沿经济小区）	021-65900075	www.human-horizons.com
沃尔沃汽车（亚太）投资控股有限公司	上海市嘉定工业区绿意路 2088 号 3 幢第 1 层	021-69019300	www.volvocars.com.cn
极星汽车（上海）有限公司	上海市嘉定工业区叶城路 925 号 B 区 4 幢 JT18092 室	13651971461	www.polestar.com/zh-cn
上汽大众汽车有限公司	上海市嘉定区安亭于田路 123 号	400-820-1111	svw-volkswagen.com
上海蔚来汽车有限公司	上海市嘉定区安亭镇安驰路 569 号 115 室	021-69083522	www.nio.com
上汽大通汽车有限公司	上海市杨浦区军工路 2500 号	021-60569999	www.saicmaxus.com
四川汽车工业集团有限公司	四川省成都经济技术开发区（龙泉驿区）北京路	028-8327750	www.yemaauto.cn

续表

单位名称	地址	电话	网址
成都大运汽车集团有限公司	四川省成都经济技术开发区车城大道 8 号	028-69929118	www.cddayun.com
四川一汽丰田汽车有限公司	四川省成都市龙泉驿区经济技术开发区经开区南三路 222 号	028-88435010	www.sftm.com.cn
成都客车股份有限公司	四川省成都市郫县红光镇成灌路西段 1098 号	028-87897333	www.shudubus.com
中国重汽集团成都王牌商用车有限公司	四川省成都市青白江区弥牟镇长城路 8 号	028-83679128	www.wangpai.cn
成都广通汽车有限公司	四川省成都市新津县金华镇新科大道 168 号	028-82111888	—
吉利四川商用车有限公司	四川省南充市嘉陵区远程大道二段 198 号	0817-7103102	oa.geely.com/scsyc
四川江淮汽车有限公司	四川省遂宁市安居区工业集中区汽配产业园	0825-8669595	www.jac.com.cn
现代商用汽车（中国）有限公司	四川省资阳市雁江区城南工业集中发展区现代大道 1 号	028-26119003	www.hyundai-trucknbus.com.cn
四川南骏汽车集团有限公司	四川省资阳市雁江区南骏大道南骏汽车工业园内	028-26181179	www.nanjunauto.com
天津比亚迪汽车有限公司	天津市武清区汽车零部件产业园天福路 2 号	022-82191888	www.tjbyd.com.cn
东风商用车新疆有限公司	新疆乌鲁木齐经济技术开发区沂蒙山街 456 号	0991-3923010	www.dfxq.com
一汽红塔云南汽车制造有限公司	云南省曲靖市麒麟区南宁北路	0874-3146528	www.faw-hongta.com.cn
枫盛汽车科技集团有限公司	浙江省杭州市西湖区西溪路 550 号 3 幢	0571-89775550	www.mapleauto.cn
浙江飞碟汽车制造有限公司	浙江省杭州余杭区五常荆长路 33 号	0571-85221188	www.chinaufo.cn
浙江戴德隆翠汽车有限公司	浙江省嘉兴市桐乡市梧桐街道同仁路 333 号	0573-88588708	www.daideauto.com
合众新能源汽车有限公司	浙江省嘉兴市桐乡市梧桐街道同仁路 988 号	0573-89806207	www.hozonauto.com
零跑汽车有限公司	浙江省金华市婺城区苏孟乡新荣路 888 号	400-008-1234	www.leapmotor.com
众泰汽车股份有限公司	浙江省金华市永康市经济开发区北湖路 1 号	400-8875858	www.zotye.com
浙江吉利汽车有限公司	浙江省宁波市北仑区梅山街道港城路 118 号	0574-86853058	www.geely.com

续表

单位名称	地址	电话	网址
天际汽车科技集团有限公司	浙江省绍兴市滨海新区马欢路 398 号科创园 A 幢 1403-1 室	010-59916099	www.enovatemotors.com
浙江新吉奥汽车有限公司	浙江省台州市集聚区海豪路 788 号 1 号楼 1104 室	0576-89872699	www.newgonow.cn
浙江威马汽车销售有限公司	浙江省温州瓯江口产业集聚区瓯帆路 999 号 -2	0577-56607081	www.wm-motor.com
特斯拉汽车销售服务（上海）有限公司	中国（上海）自由贸易试验区蓝天路 518-2 号	400-9100-707	www.tesla.cn
上汽通用汽车有限公司	中国（上海）自由贸易试验区申江路 1500 号	021-28902890	www.saic-gm.com
上海汽车集团股份有限公司	中国（上海）自由贸易试验区松涛路 563 号 1 号楼 509 室	021-22011888	www.saicmotor.com
重庆铃耀汽车有限公司	重庆市巴南区鱼洞街道	023-66288605	www.lingyaoauto.com
上汽依维柯红岩商用车有限公司	重庆市北部新区黄环北路 1 号	023-63112000	www.sih.cq.cn
长安福特汽车有限公司	重庆市北部新区鸳鸯镇长福西路 1 号	023-67458888	www.changanford.cn
重庆金冠汽车制造股份有限公司	重庆市璧山区璧泉街道康宁路 2 号	023-81670112	www.jinguanauto.com
华晨鑫源重庆汽车有限公司	重庆市涪陵新城区鑫源大道 111 号	023-64666548	www.jinbeicq.com
重庆金康新能源汽车有限公司	重庆市江北区福生大道 229 号	023-89095666	www.sokon.com
重庆瑞驰汽车实业有限公司	重庆市江北区复盛镇盛泰路 111 号	023-88216031	www.rc-ev.com
重庆长安汽车股份有限公司	重庆市江北区建新东路 260 号	023-67594008	www.changan.com.cn
重庆庆铃专用汽车有限公司	重庆市九龙坡区工业园区 C 区聚业路 125 号	023-65765957	www.qlshangzhuang.cn
重庆长安跨越商用车有限公司	重庆市高新区九龙工业园 C 区聚业路 117 号	18987337199	—
庆铃汽车股份有限公司	重庆市九龙坡区中梁山协兴村 1 号	023-65262233	www.qingling.com.cn
重庆迪马工业有限责任公司	重庆市南岸区长电路 8 号	023-61521584	www.dima-industry.com
重庆卓通汽车工业有限公司	重庆市渝北龙兴镇迎龙大道 19 号	023-88959196	—

表 11　大型汽车交易市场

名称	地址	电话
北京北辰亚运村汽车交易市场	北京昌平区北七家镇立汤路东侧（近地铁天通苑北站）	13910703249
北京酷车小镇	北京市朝阳区金蝉西路甲 1 号	010-67389668
金港汽车公园	北京市朝阳区金盏乡金盏大道 1 号	010-84334018
欧德宝汽车交易市场	北京市昌平区昌平路 347 号	010-84992171
北京国际汽车贸易服务园区	北京石景山古城西路 63 号	010-88921513
北京东方基业国际汽车城有限公司	北京市朝阳区姚家园路东口甲 1 号	010-51193333
北京市旧机动车交易市场有限公司	北京市丰台区南四环西路 123 号	010-83638888
新发地汽车交易市场	北京市丰台区南四环中路 260 号	010-87501812
天津滨海盛世国际汽车园	天津市津南区葛沽镇滨海汽车园	022-88717666
天津滨海国际汽车城	天津市滨海新区保税区天保大道 86 号	022-25762296
天津空港国际汽车园发展公司	天津自贸试验区（空港经济区）保航路 1 号航空产业支持中心	022-59096088
上海外高桥汽车交易市场有限公司	上海市外高桥保税区富特西一路 459 号 A 座	021-58666600
洲业投资（上海）有限公司	上海市闵行区中春路 7001 号明谷科技园 E 楼 13 层	021-51132533
重庆汽博中心	重庆市渝北区金渝大道 99 号	023-89186250
重庆协信汽车公园有限公司	重庆市巴南区南彭街道南东路 1 号 3 单元 310 室	023-67029890
重庆保税港区开元国际汽车城	重庆市江北区海尔路 319 号	023-67632828
中国西部汽车城股份有限公司	四川省成都市佳灵路 53 号	028-85060394
成都宏盟二手车交易市场管理有限公司	四川省成都市双流区西航港街办大件路白家段 17 号	028-67039555
成都鑫博泰集团	四川省成都市武侯区府城大道西段 399 号天府新谷 8 号楼 2 单元 13 楼 1305 室	028-62610977
昆明车立方汽车交易市场	云南省昆明市官渡区金源大道 1 号世纪金源时代购物中心	0871-28589190
云南车行天下汽车服务有限公司	云南省昆明市北市区北辰大道中段	0871-25821733
云南世博汽车市场有限公司	云南省昆明市盘龙区白龙路 429 号	0871-25103999
昆明凯旋利车博汇	云南省昆明市官渡区广福路与官南大道交叉口南 200 米	0871-84644216
临沧国际汽车城	云南省临沧市临翔区临翔旗山花园 1 号楼	0883-82651222
大理泛亚汽车城	云南省大理市苍山路东 539 号	0872-82323876
昆明经开区国际汽车城	云南省昆明市经开区出口加工区海关大楼 4 楼 405 室	0871-28362699
深圳市深业车城	广东省深圳市罗湖区清水河三路 18 号	0755-22315520
珠海市众大利物资车业有限公司	广东省珠海市梅华西路 2370 号众大利二手车交易大楼	0756-28589388
深圳平方汽车城开发有限公司	广东省深圳市南山区兴海大道 1 号	0755-26887666
花都汽车城	广东省广州市花都区新华街车城大道 1 号	0756-36867700
佛山国际车城	广东省佛山市禅城区佛山大道中 83 号佛山国际车城	0757-82266288
华南汽车城	广东省佛山市南海区文华北路 4 号	400-910-0707
湛江车城服务有限公司	广东省湛江市赤坎区人民大道北 57 号	0759-83481081
湛江海田国际车城发展有限公司	广东省湛江市赤坎区海天路 16 号大埠综合楼 3 楼	0759-28217775
湖南大中南汽车经营有限公司	湖南省长沙经济技术开发区中南汽车世界博展路	0731-84088800
开利星空长沙国际汽车城	湖南省长沙市望城区雷锋大道 1389 号	4000-000-288
株洲汽车城	湖南省株洲市荷塘区红港路 1 号	0731-28861515

续表

名称	地址	电话
湖南弘高二手车市场交易管理有限公司	湖南省长沙市天心区芙蓉南路凯逸中央园著西北 120 米（原暮云国际汽车城）	0731-88890010
长沙麓谷汽车世界投资开发有限公司	湖南省长沙高新开发区文轩路 27 号麓谷企业广场科技金融大厦 22 层	0731-88982583
柳州风驰旧机动车交易市场	广西壮族自治区柳州市西环路 10 号	0722-82869996
广西圣路鑫资产管理有限公司	广西壮族自治区南宁市青秀区佛子岭路 6 号 C 座 5 楼	0771-25782329
玉林国际汽车城	广西壮族自治区玉林市玉州区常乐路	0775-83281188
贵州凯里汽车城	贵州省黔东南苗族侗族自治州凯里市凯开大道	0855-28585111
遵义宝源汽车市场	贵州省遵义市长沙路汽车城 A 区 1 层	0851-23139855
黔北国际汽车博览城	贵州省遵义市播州区遵南大道	400-818-0066
六盘水市旧机动车交易市场	贵州省六盘水市钟山大道德坞社区	0858-28329371
杭州汽车城	浙江省杭州市石祥路 589 号	0571-28887381
浙江世纪汽车市场	浙江省杭州市萧山区兴园路 118 号	0571-82836938
杭州理想车城有限公司	浙江省杭州市余杭区南苑街道迎宾路 588 号	0571-86157333
温州汽车城	浙江省温州市瓯海大道 358 号温州汽车城管理处	0577-86086888
温州力天汽车梦工场	浙江省温州市龙湾区沙城街道	0577-56607779
浙江长三角汽车城	浙江省嘉兴市海宁市长安镇天盐线浙江长三角赛车场附近	0571-87570999
浙江元通国际汽车广场	浙江省绍兴市袍江工业区中兴大道与康宁路交叉口	0575-88153030
浙江金恒德汽车用品城	浙江省杭州市余杭区金恒路 68 号 19 幢 6 楼	0571-89019802
嘉兴市汽车商贸园投资有限公司	浙江省嘉兴市广益路 1338 号	0573-82670001
青口汽车城	福建省福州市闽侯县祥通路 15 号	0591-83343446
海峡金港汽车文化广场（福州）股份有限公司	福建省福州市闽侯县青口投资区新榕路 3 号汽车用品市场	0591-22070591
嘉华汽车城	海南省海口市美兰区琼山大道 289 号	0898-36326777
海南万物汽车城运营有限公司	海南省海口市迎宾大道 26 号	0898-68966669
江西恒望集团	江西省南昌市望城新区璜溪大道 19 号 505 室	0791-87770888
九江国际汽车城	江西省九江市濂溪区九瑞大道 171 号	0792-28361620
江西赣东北汽车园有限公司	江西省上饶市叶挺大道 101 号	0793-28361111
上饶市二手车交易市场	江西省上饶市三清山大道 70 号	15179388196
国购淮北汽车产业园	安徽省合肥市南一环与徽州大道交口世纪云顶 A 座 1709	15956915977
安徽国际汽车城	安徽省合肥市瑶海区北二环双七路 22 号	15156996966
六安国际汽车城	安徽省六安市经济技术开发区 G312	0564-83995666
芜湖汽车城	安徽省芜湖市弋江北路附近	0553-82870555
太仓市森茂汽车城开发有限公司	江苏省太仓市太平北路 55 号—23	0512-53125235
睢宁洲业国际汽车城	江苏省徐州市睢宁县东环路西中央大街北侧	021-51132533
新沂洲业国际汽车城	江苏省徐州市新沂市原苏北农贸市场地块	021-51132533
江苏中驰二手车市场有限公司	江苏省南京市江宁区宏运大道 1468 号	025-52152222
连云港振兴汽车城	江苏省连云港市海州区新浦街道	0518-25012225
沛县洲业国际汽车城	江苏省沛县南路南侧、西环路东侧	021-51132533
武汉竹叶山中环商贸城汽车市场	湖北省武汉市江岸区金桥大道特 1 号	027-82295712
松滋洲业国际汽车城	湖北省松滋市贺炳炎大道	0716-26655777
山东天齐华迅汽车园区发展有限公司	山东省淄博市桓台县果周路以南、柳泉北路以西	0533-26277001

续表

名称	地址	电话
烟台汽车交易广场	山东省烟台市机场路 40 号	0535-26013151
济南鲁南二手车交易市场有限公司	山东省济宁高新区东外环与鸿广路交界东南角	13954783151
青岛保税港区国际汽车展示交易中心有限公司	山东省青岛市黄岛区保税港区东京路 51 号	0532-85758080
陆海汽车交易市场	山东省青岛市市北区萍乡路 55 号	0532-88959999
山东梁山华通二手车交易市场	山东省济宁市梁山县四通路	0537-27769687
山东泺口旧机动车交易市场	山东省济南市天桥区无影山北路北首 2 号	0531-83168188
西安汽车自选市场	陕西省西安莲湖区劳动北路 15 号	029-88702966
中国西部国际车城	西安市未央区西宝高速疏导路 58 号	029-82378075
河南田川博泰汽车产业园有限公司	河南省郑州经济技术开发区南三环与鹏程大道交会处	0371-60965557
泌阳洲业国际汽车城	河南省驻马店市泌阳县铜山湖大道与温泉路交会处	0396-51132533
洛阳市林安商贸有限公司	河南省洛阳市洛龙区龙门大道 292 号	0379-65555908
焦作市汽车交易市场	河南省焦作市山阳区迎宾路	0391-83566888
哈尔滨国际汽车城	黑龙江省哈尔滨市道里区机场路 161 号	0451-84899900
哈尔滨中华汽车产业园有限公司	黑龙江省哈尔滨市南岗区学府路 316 号	0451-58567856
大庆北方汽车城有限公司	黑龙江省大庆市让胡路区西强路 40 号	0459-25963666
长春华港机动车市场开发有限公司	吉林省长春市绿园区西环城路 6778 号	0431-87971363
长春市汽贸商城	吉林省长春市正阳街 81 号 3—3 室	0431-86109402
大连领航家汽车城经营管理有限公司	辽宁省大连市甘井子区西北路 872 号大连亿丰汽车城 D 区 4 楼千兆集团	0411-39993993
大连北市汽车城	辽宁省大连市南关岭街 777 号	13942622881
大连保税区国际车城	辽宁省大连市大连保税区国际车城 B 座	0411-87303026
沈阳国际汽车城	辽宁省沈阳市苏家屯区会展路 9 号	13332477377
大连迈世汽车城	辽宁省大连市西岗区香周路 103 号 4 楼	0411-83994020
亿丰大连汽车城	辽宁省大连市甘井子区西北路 872 号亿丰大连汽车城	18900980111
山西汇众汽车家园有限公司	山西省太原市万柏林区晋祠路 110 号	0351-26550305
太原旧机动车交易中心	山西省太原市尖草坪区金桥东街 8 号	0351-83290901
山西万国二手车交易市场	山西省太原市集阜东路与集阜路三巷交叉口西南 150 米	0351-25245830
怀特宝车城	河北省石家庄富强大街与东风路交口	0311-66505555
城美国际汽车城	河北省廊坊市三河市燕郊 102 国道电厂桥向东 2000 米路南	0316-85758881
唐山兴瑭旧机动车交易市场有限公司	河北省唐山开越路王盼庄立交桥东北侧	0315-82887703
鄂尔多斯铜川汽车博览园	内蒙古自治区鄂尔多斯市东胜区铜川北二环路与铜川一路交会处西北	0477-82233666
内蒙古恒信精功投资有限公司	内蒙古自治区乌兰察布市集宁区新丰镇路矿机宾馆 3 楼	0474-84852051
呼伦贝尔二手车交易市场	内蒙古自治区呼伦贝尔市鄂温克旗海伊公路东侧汽车城	13789709777
天恒基汽车城	新疆维吾尔自治区乌鲁木齐市头屯河区头屯河路 2345 号	0991-83101738
青海省汽车交易市场	青海省西宁市五一路 4 号	0971-28177108
定西和盟二手车交易市场有限公司西部汽车城	甘肃省定西市（南川开发区）定临公路与滨河西路交会处	18653013355
万商国际汽车城	青海省银川市永宁县望远工业园区内	0951-27838888
恒亿达二手车市场	青海省银川清河北街国际汽车城二期	0951-28421777

表 12 汽车零配件市场

名称	地址	电话
北京四元桥汽车配件市场	北京市朝阳区北四环东路北侧	010-64393155
北京大南郊汽车配件市场	北京市房山区良乡地区东沿村	022-60406669
北京市回龙观北郊汽车配件市场	北京市昌平区回龙观二拨子开发区	010-80798936
北京草桥汇丰汽车配件市场	北京市丰台区草桥东路 27 号	010-51751999
北京十八里店汽配城	北京市朝阳区十八里店大洋路商业街	010-67473868
北京城环城国际汽车配件城	北京市朝阳区南四环东路 69 号	010-51102828
北京家和家美小武基汽配城	北京市朝阳区十八里店乡小武基	010-87370909
南法信汽配市场	北京市顺义区顺平路 558 号	010-69476699
密云汽车配件批发市场	北京市密云区西大桥路 57 号、61 号	010-69097088
天津实达汽配城	天津市滨海新区新北路 4556 号	022-65159969
天津滨海汽配城	天津市滨海新区津塘公路 4912 号	022-25352621
天津北方汽贸园	天津市北辰区铁东北路	022-86879555
石家庄市机动车配件中心批发市场	河北省石家庄市北外环路 88 号	0311-86837015
邯郸市中原汽车配件商城	河北省邯郸市渚河路 137 号	0310-83162111
石家庄南二环汽车配件大市场	河北省石家庄市翟营南大街 658 号	0311-87693222
河北唐齿汽配城	河北省唐山市胜利路 2 号	0315-27235556
盘锦华联汽配城	辽宁省盘锦市兴隆台区兴隆台	0427-27266911
沈阳东北机动车配件批发市场	辽宁省沈阳市皇姑区昆山西路 238 号	024-86051555
大连北市汽车城	辽宁省大连市甘井子区南关岭街道 777 号	0411-82135953
齐齐哈尔市德丰汽车配件城	黑龙江省齐齐哈尔市南苑开发区	0452-26164111
黑龙江鸡西市汽贸城	黑龙江省鸡西市金三角开发区	021-69573033
山西蓝海汽车配件大世界	山西省太原市许坦西街 118 号	0351-27635160
山西海天汽配城	山西省太原市五龙口街 666 号	0351-84687111
山东临沂汽摩配城	山东省临沂市工业大道北段	0539-28370288
潍坊北王汽配城	山东省潍坊市潍州路	0536-82115555
山东汽车配件城	山东省济南市张庄路 132 号	0531-87515588
淄博市鲁中汽车配件市场	山东省淄博市张店区张房路 1 号（市人防办办公楼）	0533-82722851
滕州市汽车配件城	山东省滕州市荆河西路西转盘	0632-25676313
山东潍坊汽车配件商城	山东省潍坊市奎文区鸢飞路 480 号	0536-28806244
青岛汽车配件城	山东省青岛市四方区洛阳路 1 号	0532-84961496
山东聊城天昊置业服务有限公司	山东省聊城市建设西路西首服务中心	0635-8465969
威海韩国之窗汽配广场	山东省威海市文登经济开发区	0631-83907597
上海东方汽配城	上海市曹安路 1926 号	021-59184868
上海吴中汽配城	上海市闵行区吴中路 1099 号	021-54476500
上海嘉定汽配科技城	上海市嘉定区宝安公路 3799 号	021-59150909
上海国际汽配贸易中心	上海安亭国际汽车城嘉安公路	021-59154668
上海新阳光汽配市场	上海市宝山区逸仙路 1611 号	021-65427211
上海黎安汽摩配市场	上海市闵行区七莘路 1149 号	021-54530636
上海国际汽车城汽车市场	上海市嘉定区安亭镇墨玉路 29 号	021-59569111
上海曹安汽车用品（汽配）市场	上海市江桥曹安路 2738 弄	021-51048000
上海鑫世纪汽配城	上海市古浪路 1681 号	021-63637603
上海奉贤汽车配件市场	上海市奉贤南桥运河路 376 号	021-57424799
无锡市广益商城汽配市场	江苏省无锡市江海东路 58 号	—

续表

名称	地址	电话
泰州锦天汽配港	江苏省泰州市姜堰区经济开发区职业介绍中心大楼 5 楼	0523-82077666
常熟国际汽配城	江苏省常熟市青墩塘路 198 号	0512-52308902
南通永兴国际车城	江苏省南通市城港路 187 号	0513-85601456
中国•义乌汽车用品汽车配件专业街	浙江省义乌城北路 205 号	0579-25598506
杭州汽车城	浙江省杭州市石祥路 589 号杭州国际	0571-28879576
杭州浙江汽配城	浙江省杭州市新塘北路 353—361 号	0571-86463388
绍兴圆通汽车汽配城	浙江省杭州市沈半路 195 号	0575-88019398
嘉兴市汽车商贸园	浙江省嘉兴市中环南路 999 号	0573-82670333
宁波国际汽车城	浙江省宁波市江南路 346—355 号	0574-87908892
南京新伊汽配商城	江苏省南京市雨花台区宁南大道 9 号	—
常州市中凉亭汽摩配件交易市场	江苏省南京市玄武区墨香路 9 号	025-85356908
徐州汽配城	江苏省徐州市三环东路	0516-83362616
合肥汽配城	安徽省合肥市长江东路 714 号	0551-84228890
河南汽车配件物流贸易园	河南省郑州市老 107 国道与南三环交叉口	0371-66891018
郑州国产汽车配件市场	河南省郑州市管城区南曹乡姚庄	0371-66736111
兰州汽车配件城	甘肃省兰州市城关区排洪南路 313 号	0931-84860541
兰州通宝汽配市场	甘肃省兰州市七里河区西津西路 859 号	0931-82920622
银川汽配城	宁夏回族自治区银川市丽景南街汽配城 1—1 号、1—2 号	0951-84095688
宁夏国际汽车城	宁夏回族自治区银川市清河北街（北门金三角）	0951-83888918
西宁市昆仑汽车配件城	青海省西宁市昆仑路 37 号	0971-26143095
西安汽车配件市场	陕西省西安市环城西路北段 368 号	029-83100019
新疆华凌国际汽车用品（配件）进出口中心	新疆维吾尔自治区乌鲁木齐市河滩北路 38 号	0871-27369701
新疆赛伯特国际汽车城	新疆维吾尔自治区乌鲁木齐市鲤鱼山路 20 号	0991-26180008
江西省洪城汽车配件城	江西省南昌市迎宾中大道 1399 号	0791-5760066
武汉万国汽配城	湖北省武汉市东西湖区东西湖大道 146—148 号	027-83881620
武汉太平洋汽车配件城	湖北省武汉市硚口区解放大道 545 号	027-83883196
中国（十堰）汽配城	湖北省十堰市白浪中路 50 号	0719-28255878
武汉万泰汽配城	湖北省武汉市硚口区解放大道 665 号	027-83888735
长沙市高桥友谊汽配大市场	湖南省长沙市二环线赤新路立交桥西南角	0731-82613797
中南汽车世界	湖南省长沙经济技术开发区博展路	0731-84088011
湖南星沙汽车配件城	湖南省长沙市世界之窗斜对面	0731-84065798
湖南省三湘南湖大市场汽配城	湖南省长沙市芙蓉区五里牌	0731-84711812
贵州太慈桥汽车配件城	贵州省贵阳市太慈桥花溪大道北 466 号	0851-25101868
昆明东聚汽车配件城	云南省昆明市官渡区关雨路晓东村	0871-27369701
广州市广源湛隆汽配广场	广东省广州市广园中路 283 号	020-86562988
广州永福国际汽车用品广场	广东省广州市永福路 35 号	020-61313136
广州三元汽配城	广东省广州市三元里大道 715 号	020-37222677
广州汽车配件用品全球采购港	广东省广州经济技术开发区宝石路 11 号留学人员广州创业园	020-62682265
广州倚云汽车用品广场	广东省广州市永福路 79 号	020-87725772
广园致友汽配城	广东省广州市广园东路 1540 号	020-37220880
深圳劲力汽配城	广东省深圳市宝安新城广深路劲力大厦	0755-27494168
深圳市深南汽配专业大市场	广东省深圳市福田区农林路	0755-83707089
佛山市粤丰汽车配件批发市场	广东省佛山市南海区桂丹路	0757-86489115

2023年国内汽车展览

【第五届海口国际新能源暨智能网联汽车展览会】

1月6—9日，2023（第五届）海口国际新能源暨智能网联汽车展览会在海南国际会展中心举办。车展以“绿动未来”为主题，全面展示全球新能源暨智能网联汽车行业的前沿产品、最新技术与创新解决方案，聚焦行业未来发展前景与方向，助推新能源暨智能网联汽车行业不断突破升级。本届车展展览面积约6万平方米，是迄今为止全球规模最大、品牌最齐全的新能源汽车专业展。

【2023第二十届上海国际汽车工业展览会】

4月18—27日，2023第二十届上海国际汽车工业展览会在国家会展中心（上海）举办。以“拥抱汽车行业新时代”为主题的2023年上海车展是涵盖整车、汽车供应链和汽车科技企业的国际A级车展，受到了全球汽车行业的高度重视。展出总面积超过36万平方米，整车展区展出车辆1413台，其中，全球首发车93台（其中跨国公司全球首发车28台），概念车64台，新能源车型271个（其中中国车企新能源车型186个）。本届车展共接待13000余名中外媒体工作者竞相报道车展盛况，海内外观众90.6万人次。

【河北（第十一届）汽车文化节暨国际新能源、智能汽车博览会】

4月29日—5月3日，河北（第十一届）汽车文化节、2023中国（石家庄）国际新能源、智能汽车博览会在石家庄国际会展中心举办。本届文化节以“电动·智能，驭见未来”为主题，启用5个展馆，百余4S店携1000余款热门车型亮相现场。

【第九届成都国际汽车零配件及售后服务展览会】

5月18日，由中国贸促会汽车行业分会、四川省贸促会、法兰克福展览（上海）有限公司主办的第九届成都国际汽车零配件及售后服务展览会在成都世纪城新国际会展中心开幕，作为本届展会的主题活动，2023中国新能源汽车国际合作大会同步召开。展会展览面积4.8万平方米。来自全球多个国家及国内18个汽车产业重点省（区、市）的620家企业参展。覆盖成渝地区双城经济圈、新能源智能网联、商用车、零配件采配、保修/供应链及终端连锁、轮胎、用品及改装等七个特色展区。

【第二十一届华中国际汽车展览会】

5月25—29日，2023第二十一届华中国际汽车展览会在武汉国际博览中心举办。展出面积近10万平方米，汇聚超豪华、豪华、合资、自主、新势力等80余个汽车品牌、400余家车企、近1000款车型。2023华中国际车展由商务部外贸发展事务局、武汉市会展行业协会、武汉尚格会展股份有限公司主办。

【第十五届呼和浩特国际车展暨新能源产业博览会】

6月8—12日，2023第十五届呼和浩特国际车展暨新能源产业博览会在内蒙古国际会展中心举办。本届车展以“智享未来、绿色出行”为主题，展览面积达7万平方米，汇集国内外80余个品牌参展，展会订单及意向订单6420辆，成交额约9.63亿元，观众突破15万人次。

【第二十五届重庆国际汽车展览会】

6月9—18日，第二十五届重庆国际汽车展览会在重庆（悦来）国际博览中心举办。本次车展重磅打造了两个智能网联新能源汽车专馆，面积扩大到3万平方米，集中展示超40个新能源品牌逾300款车型，接待观众超50万人次。重庆车展由中国国际贸易促进委员会汽车行业分会、中国汽车工业协会主办，是重庆乃至中西部地区规模最大的汽车专业展览会。

【2023粤港澳大湾区国际汽车博览会暨新能源及智能汽车博览会】

6月16—24日，2023粤港澳大湾区国际汽车博览会暨新能源汽车博览会在深圳会展中心（福田）举办。本届车展以“先行向未来”为主题，展出面积超过15万平方米，100余家中外汽车品牌携1000余款车型集中亮相。本届展会观展人数累计约70.2万人次，预订成交车辆合计38967辆，成交总金额逾95亿元。

【第二十四届中国（昆明）国际汽车博览会】

6月22—26日，2023第二十四届中国（昆明）国际汽车博览会在昆明滇池国际会展中心举办。本届昆明国际车展总展出面积再创新高，室内外超15万平方米，展出车辆达到2000多辆，其中新车20多款，吸引观展人次35万，累计成交金额达14.8亿元。

【第十四届西安国际汽车工业展览会】

7月5—9日，2023第十四届西安国际汽车工业展览会暨第四届西安国际摩托车博览会在西安国际会展中心举办，展会以“驾驶明天，更美好”为主题，是一场涵盖汽车和摩托车、供应链和科技企业的国际汽车展览会，展出面积逾7.5万平方米，近300家汽车、摩托车、摩托车装备/配件品牌等超过3000款产品亮相。展会参观人次共计45.1万，其中专业观众2.4万人次，展会共订购/采购汽车、摩托车、摩托车总成及配件58011辆，交易额超过40亿元。

【2023海南国际汽车博览会】

7月6—9日，2023海南国际汽车博览会暨第五届海南国际新能源汽车展在海南国际会展中心举办。展出面积超4万平方米，其中新能源汽车的参展面积占比45%。本届车展由海南广播电视总台（集团）、海南日报报业集团、海南省汽车流通行业协会主办。

【第二十届长春国际汽车博览会】

7月15—24日，第二十届长春国际汽车博览会暨2023消夏汽车文化生活节在长春国际会展中心举办。本届长春国际汽车博览会以“出行新时代”为主题，体现百姓出行方式由单一交通工具转向“汽车＋新能源”“汽车＋生活”“汽车＋文化”“汽车＋新业态”的新时代变化。全球151个汽车品牌参展。本届汽博会名称由中国（长春）国际汽车博览会，调整为长春国际汽车博览会，由长春市人民政府、中国汽车工业协会、中国汽车流通协会、中国贸促会汽车行业分会共同主办。

【第二十三届新疆国际汽车工业博览会】

7月26—31日，第二十三届新疆国际汽车工业博览会在新疆国际会展中心举办。本届车展以“绿色出行 擎动未来”为主题，将目光聚焦新能源汽车产业链，关注汽车新能源领域及造车新势力。车展共吸引了70余个汽车品牌、近千款热销车型参展，涵盖了市面所有主流汽车品牌及热销车型。

【第二十六届哈尔滨国际车展】

8月1—7日，2023第二十六届哈尔滨国际车展在哈尔滨国际会展中心举行。车展共有来自德国、英国、法国、意大利、美国、日本、瑞典、韩国、俄罗斯、新加坡等共12个国家和地区的336家厂商参展，展出面积达到125000平方米。国内外87个品牌参展，展出车辆868辆。

【第二十六届成都国际汽车展览会】

8月25日—9月3日，第二十六届成都国际汽车展览会在中国西部国际博览城举行。车展为期10天，以“智享蓉城，驭见未来”为主题，启用中国西部国际博览城11个展馆，展示面积超过20万平方米，德系、美系、法系、日系、韩系及合资、自主等129个汽车品牌将带来全球首发首秀及热卖爆款车型，展出车辆近1600辆。整个展期观展人次达90.2万，共产生订单35028辆，成交金额达60.87亿元。

【2023中国（石家庄）国际汽车工业展览会】

9月14—28日，由石家庄市人民政府、中机国际共同主办，石家庄市商务局、中机国际联合承办的2023中国（石家庄）国际汽车工业展览会在石家庄国际会展中心隆重开幕。车展以“无畏•无界－「潮」前看”的差异化定位，打造专业汽车展示平台和促进汽车消费为目标，汇聚包括豪华、进口、合资、自主、新能源品牌等约70个品牌，携1000余款热销车型和全新上市车型亮相。

【2023世界智能网联汽车大会】

9月20—24日，2023世界智能网联汽车大会在北京·中国国际展览中心（顺义馆）举办。大会由北京市政府、工业和信息化部、公安部、交通运输部、中国科学技术协会联合主办。大会以“聚智成势 协同向新——迈向商业化应用新征程”为主题。大会同期举办中国国际新能源和智能网联汽车展览会、2023全国智能驾驶测试赛（京津冀赛区）、“真无人”自动驾驶安全接驳演示体验活动、潮FUN汽车消费节、“天竺车谈”直播访谈等配套活动。展会设立八大展区，展览总面积达4万余平方米，参展企业达223家，展示车辆达162款，集中展示新能源和智能网联汽车领域先进产品、创新技术及典型应用场景和商业化进程。

【2023合肥国际新能源汽车展览会】

9月29日，2023合肥国际新能源汽车展览会在合肥滨湖国际会展中心开幕，展会面积达20万平方米。共吸引95个新能源汽车品牌参展，涵盖国内主流在销的新能源品牌车企，参展车辆1000余辆，同时还有众多新能源汽车零部件品牌参展。

【2023中国（天津）国际汽车展览会】

9月28日—10月4日，以“向新·向上”为主题的2023中国（天津）国际汽车展览会在国家会展中心（天津）二期展馆举办。本届展会共展出车辆1082台，其中新能源车403台，新车上市发布活动20余场。国内外主流汽车品牌均携旗下重要车型倾力参展。

【2023中国·沈阳国际汽车展览会】

10月1—6日，2023中国·沈阳国际汽车展览会在沈阳国际展览中心举办。展出车辆1000余辆，展会规模超16万平方米，展会期间举办精彩纷呈的新车发布活动近30场，吸引国内外200余家主流媒体及自媒体报道展会盛况，展会共产生订单12108辆、意向成交金额25.09亿元。展会是中国汽车流通协会响应商务部“2023消费提振年”工作安排，统筹开展“百城联动”汽车节和“千县万镇”新能源汽车消费季活动。

【2023第十八届西安国际汽车展览会】

10月1—7日，2023第十八届西安国际汽车展览会在西安国际会展中心举办。本届车展展出面积超12万平方米，共吸引117余个国内外知名汽车、房车、摩托车品牌参展。观展人次达384352人次，销售车辆21235辆，销售额超42亿元。

【第十八届南昌国际汽车展览会暨新能源·智能汽车展】

9月30日—10月3日，2023第十八届南昌国际汽车展览会暨新能源·智能汽车展在南昌绿地国际博览中心举办。本届南昌国际车展以“焕新出行 惠购洪城”为惠民宗旨，车展共吸引近70个国内外品牌，800余辆汽车参展，携新能源车型参展的整车品牌接近100%，展会规模超4万平方米。

【第十五届郑州国际汽车展览会】

11月2—6日，2023第十五届郑州国际汽车展览会暨新能源·智能网联汽车展览会在郑州国际会展中心举办，共吸引近80个国内外知名汽车、房车、摩托车品牌参展，展出车辆近1000辆，展会规模近7万平方米。

【第二十一届广州国际汽车展览会】

11月17—26日，第二十一届广州国际汽车展览会在广交会展馆举办。共展出展车1132辆，其中新能源汽车469辆，占比超过40%。中国品牌新能源展车350辆，在所有新能源展车中占比超过七成。车展贯彻“新科技·新生活”的主题理念，共吸引到观众84.7万人次。车展期间共举办67场新闻发布会，近5000家海内外媒体机构的1.2万名记者参与报道了展会盛况，再创历史新高。

【第十九届中国（长沙）国际汽车博览会暨新能源汽车·智能汽车展览会】

12月6—11日，第十九届中国（长沙）国际汽车博览会在长沙国际会展中心举行。本次车展共吸引80余个国内外知名汽车品牌参展，展出新车1029辆，展会规模超10万平方米，车展现场成交量19962辆，现场销售额超50亿元。

【2023第十五届山东国际车展】

12月8—11日，2023第十五届山东国际车展在青岛国际会展中心举办。本次展会有80余个品牌600余款新车参展，展览面积近4万平方米，各主流品牌车企和经销商均带着重磅新车以及未来出行解决方案等新产品和新技术参展。

2023年国内汽车赛事

【2023 CEC 中国耐力锦标赛】

5月2日，2023 CEC 中国汽车耐力锦标赛在天津 V1 汽车世界开赛。赛事设立 GT 杯、厂商杯、国家杯三大组别，共设置天津、宁波、鄂尔多斯、成都四个赛场。12月3日，赛事在成都天府国际赛道圆满落幕。

CEC 中国汽车耐力锦标赛，是经中国汽车摩托车运动联合会批准，纳入国家体育总局年度比赛计划的 A 类国家级体育赛事。

比赛采取群发车，采用国际汽联、中国汽车摩托车运动联合会制定和颁发的通用的场地类汽车赛比赛规则。参赛车手须持有中国汽车摩托车运动联合会颁发的 B 级及以上（相当）的比赛执照。中国新能源汽车拉力锦标赛已连续举办六年，是目前我国规模最大的新能源汽车赛事。

【2023中国新能源汽车拉力锦标赛】

5月12日，2023中国新能源汽车拉力锦标赛在浏阳市体育中心开赛，7月31日，锦标赛在郴州结束。赛事由中国汽车摩托车运动联合会、湖南省体育局、湖南体育产业集团有限公司联合主办。

【2023 CTCC 中国房车锦标赛】

5月13日，2023 CTCC 中国房车锦标赛在上海国际赛场正式开幕，赛事在上海、绍兴、株洲、澳门四地进行了六场比赛。11月19日，2023CTCC 中国汽车场地职业联赛收官之战在澳门进行。曹宏炜获得年度车手杯冠军，壳牌捷凯领克车队获得年度车队杯冠军。

CTCC 中国房车锦标赛是中国赛车运动第一品牌、国际汽联唯一支持国家级房车赛事，是被纳入国家体育总局年度比赛计划的 A 类体育赛事。CTCC 中国房车锦标赛前身为 CCC 全国汽车场地锦标赛（简称“全锦赛”），正式成立于2004年。将风靡全球的赛车运动正式引入中国，在全国引起了强烈反响。

【2023超吉联赛吉速挑战赛】

5月19日，2023超吉联赛吉速挑战赛在珠海揭幕，之后经过宁波、平潭、宁波三场分站比赛后，10月22日在珠海举行收官战。TRACKFUN 1087X RACING 逆势反击后来居上，以 102 分逆转战局荣膺年度车队冠军，捷凯车队以 101.5 分位列年度车队亚军，魔赛车队共积 100 分夺得年度车队季军。

“超吉联赛”是吉利控股集团汽车运动部（GGM）主办的面向普通大众的单一品牌房车赛事，是入门级的赛车体验平台。历经10余年发展，超吉联赛已逐步演化成集“体验—培训—竞赛”于一体的专业级赛车入门体验型赛事平台，通过选拔和赛车驾驶培训的选手可获得国家 B 级场地赛车驾驶执照。

【2023年粤港澳大湾区·卡丁车锦标赛】

5月21日，2023粤港澳大湾区·卡丁车锦标赛揭幕战在广东省东莞市举行，该锦标赛全年设置麻涌、珠海、恩平、道滘4站比赛。

粤港澳大湾区·卡丁车锦标赛是一个卡丁车竞速的极限挑战，也是一项大型的体育与旅游结合的活动，赛事带动整个粤港澳地区，目标是打造粤港澳大湾区赛车活动中最具影响力的品牌之一。

【2023 CKC 中国卡丁车锦标赛】

5月27日，2023中国卡丁车锦标赛在东莞拉开帷幕，10月29日，赛事在株洲结束。赛事共经历东莞、武汉、金华、上海、北京、邯郸、东莞、株洲八个站点。

中国卡丁车锦标赛（CKC）是中国汽联于1997年创立的全国卡丁车锦标赛，每年一届，分为3个组别进行比赛，即国际 A 级、国家级和国际 A 级少年组。按照国际惯例，中国卡丁车锦标赛以分站赛积分制进行。每年最后一站比赛结束后排出各级别总成绩的车手名次。国际卡丁车运动的优秀车手都在欧洲，尤以意大利和荷兰的水平最高。

【2023 CCPC 中国量产车性能大赛】

5月27日，2023 CCPC 中国量产车性能大赛性能公众站在重庆开赛，本年度 CCPC 大赛分为重庆公众站、吐鲁番极限站、东海专业站三站赛程。

中国量产车大赛（CCPC）是中国第一个使用完全未经改装的量产车型作为比赛车辆的全新比赛。通过设立各种类型的竞赛项目来展示不同车辆之间的性能差异，是中国汽车行业唯一也是最权威的汽车产品性能竞赛平台。大赛由中国汽车技术研究中心与国家体育总局汽车摩托车运动管理中心联合打造的国家级专业汽车赛事。

【2023 China GT 中国超级跑车锦标赛】

6月30日，2023 China GT 中国超级跑车锦标赛在郑州站举办了排位赛，该赛事全年共开设了八个站点，其中七站在国内，分别是珠海、郑州、宁波、上海、平潭、成都、澳门。9月24日，赛事在马来西亚雪邦国际赛车场圆满落幕，代表 Craft-Bamboo Racing 车队出战的中国车手刘旭赢得 GT3车手年度总冠军；首次征战该项赛事的中国车队 R&B Racing 以豪揽冠亚的方式结束年度最后一回合竞逐，摘得 GT3车队年度荣誉。

China GT 中国超级跑车锦标赛是经国家体育总局和中国汽车摩托车运动联合会批准，并列入年度全国体育竞赛计划及中国汽联赛的系列赛事。China GT 中国超级跑车锦标赛分为两个组别：GT3 组和 GTC 组。China GT 致力于提升中国本土赛事品质，推广赛车文化，并在不同领域对中国赛车运动进行了革新。

【2023 CRC 中国汽车拉力锦标赛】

7月14日，2023 CRC 中国汽车拉力锦标赛在四川炉霍开幕。10月29日，赛事在龙游站圆满落幕。根据赛事规则，本年度各分站赛事为 S10组别的比赛独立设置组别（希望杯）奖项。全场排名第一的林德伟 / 乐柯鹏获得希望杯冠军，浩胜拉力车队还获得该组别的队赛第一。

中国汽车拉力锦标赛是经过国家体育总局和国际汽车运动联合会批准的一项国家级汽车赛事，最高管理机构是中国汽车运动联合会。目前，中国汽车拉力锦标赛（CRC）是我国最高级别的汽车拉力赛事。

【2023 COC 中国汽车场地越野锦标赛】

8 月 16 日，2023 COC 中国汽车场地越野锦标赛在大庆开幕，DN 多耐减振器车队区志斌和孙莹莹分别斩获改装组、女子组冠军，奇瑞在厂商组和量产组勇夺双冠，车仆车队杨志敏登上了公开组最高颁奖台，而北极星青年车队的杜炫义获得 UTV 组冠军奖杯。11 月 19 日，COC 衢州柯城站落幕，DN 多耐减振器车队区志斌和孙莹莹分别斩获改装组、女子组冠军，奇瑞在厂商组和量产组再夺桂冠，车仆车队姜波登上了公开组最高颁奖台，金马腾飞漆业的赵善鹏逆袭杜炫义获得 UTV 组冠军奖杯。11 月 26 日，2023 COC 总决赛在浙江省台州市玉环市大麦屿街道韩魏赛车运动公园落幕。K-MAN（中国）车队赵向前夺得改装组冠军；车仆车队孙莹莹和姜波分别斩获女子组和公开组冠军；吕和平和孟斌帮助黑熊轮胎奇瑞赛车队包揽厂商组和量产组冠军；北极星青年车队杜炫义取得 UTV 组桂冠；韩魏汽车运动车队陈晖、车仆燃油宝车队童喜君和 EF（中国）骉神飞速车队金家鹏分别在大黄蜂组、轻型越野车 A 组和 B 组夺魁。

中国汽车场地越野锦标赛（COC）是经国家体育总局批准的、由中国汽车摩托车运动联合会主办的重要汽车赛事，与 CTCC（中国汽车场地职业联赛）、CRC（中国汽车拉力锦标赛）并称为中国汽车三大传统赛事。

【2023 壳牌喜力国际汽联 F4 方程式中国锦标赛】

5 月 19 日，2023 壳牌喜力国际汽联 F4 方程式中国锦标赛于珠海正式开幕，11 月 19 日，在宁波收官。来自 Champ Motorsport（凯飞车队）的中国澳门车手帝雅戈夺得年度车手总冠军。

F4 四级方程式，是国际汽车联合会于 2014 年创立的方程式赛事，年满 15 周岁的青少年在接受方程式培训课程后即可参赛。F4 四级方程式赛事旨在填补卡丁车与 F3 之间的空白，为青少年车手搭建一条从卡丁车到 F4 再到 F3、F2，最终进入 F1 的晋升之路。壳牌喜力国际汽联 F4 方程式中国锦标赛，创立于 2015 年，是中国境内由国际汽车联合会授权举办的方程式系列赛，锦标赛由中国汽车摩托车运动联合会主办。